Dietel/Gintzel/Kniesel
Demonstrations- und Versammlungsfreiheit   14. Auflage

Demonstrations- und Versammlungsfreiheit

Kommentar zum Gesetz über Versammlungen und
Aufzüge vom 24. Juli 1953

Von
Alfred Dietel,
Dr. iur. Kurt Gintzel
und
Michael Kniesel

14., aktualisierte Auflage

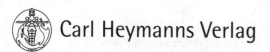

Carl Heymanns Verlag

Bibliografische Information der Deutschen Bibliothek

Die Deutsche Bibliothek verzeichnet diese Publikation in der Deutschen Nationalbibliografie; detaillierte bibliografische Daten sind im Internet über http://dnb.ddb.de abrufbar.

© Carl Heymanns Verlag KG · Köln · Berlin · München 2005
50926 Köln
E-Mail: service@heymanns.com
http://www.heymanns.com

ISBN 3-452-26023-2

Satz: John + John, Köln
Druck: Gallus Druckerei KG Berlin
Gedruckt auf säurefreiem und alterungsbeständigem Papier

Vorwort zur 14. Auflage

Die ursprüngliche Absicht, das Versammlungsgesetz von Grund auf zu überarbeiten und neu zu fassen, ist nur bis zu einen Referentenentwurf gediehen. Die lange fällige Totalüberarbeitung unter Berücksichtigung der aktuellen Wirklichkeit des Versammlungsgeschehens und der inzwischen ergangenen verfassungsgerichtlichen Rechtsprechung ist wohl in dieser Legislaturperiode nicht mehr beabsichtigt.

Auch die von der Föderalismuskommission vorgeschlagene Übertragung der Kompetenz zur Versammlungsgesetzgebung an die Bundesländer wurde (zunächst) aufgegeben. Wie bei der in 16 Bundesländern möglicherweise zu erwartenden unterschiedlichen Regelung des Versammlungsrechts die gesamtstaatliche »Rechtseinheit« (Art. 72 Abs. 2 GG) beim Vollzug des Versammlungsrechts unter Maßgabe des hohen Ranges der Versammlungsfreiheit und der dazu ergangenen Rechtsprechung des Bundesverfassungsgerichts gewahrt bleiben kann, ist eine offene Frage. Auch wie das für eine bundeseinheitliche Regelung sprechende Interesse nach Rechtssicherheit und Rechtsanwendungsgleichheit insbesondere bei Landesgrenzen überschreitenden Demonstrationen, etwa bei Castortransporten, Menschenketten u.ä. entsprochen werden soll, wird nicht einfach zu beantworten sein.

Letztlich blieb eine kleine Lösung durch Konkretisierung von Befugnisnormen in § 15 VersG. Damit wurde der zum Teil aufgeregten öffentlichen Diskussion entsprochen, die durch Wahlerfolge der NPD und durch das provokativ Auftreten in ihrem Dunstkreis agierender rechtsextremistischer Gruppierungen ausgelöst worden war. Der Schutz symbolträchtiger Örtlichkeiten, die als Mahnmale und Erinnerung an die systematische Vernichtung von Menschengruppen durch den nationalsozialistischen Unrechtsstaat bestimmt sind und bestimmt werden, soll verbessert werden. Ob das gelingt, wird abzuwarten sein. Festzuhalten ist, dass Rechtsextremismus nach Auschwitz in Deutschland eine andere Qualität hat als in jeder anderen freiheitlichen Demokratie. Die für noch viele Generationen bestehende Belastung des Deutschlandbildes in der Welt lässt zu, ja fordert geradezu, die durch demokratische Grundrechte geschützten Aktivitäten, die die nationalsozialistische Gewalt- und Willkürherrschaft relativieren, zu unterbinden.

Die im Vorwort zur Vorauflage des Kommentars erhobene Aufforderung an die Politik, auf die öffentliche Empörung über das medienwirksame Auftreten rechtsextremistischer Gruppierungen mit einer Novellierung des

Versammlungsrechts zu antworten, die das gesetzliche Instrumentarium erweitert, wurde nur unzureichend reagiert. Nicht berücksichtigt wurde die vorgeschlagene Ausweitung des befriedeten Bezirks des Bundestages bis zum Einschluss des Brandenburger Tore als Instrument zur Abwehr rechtsextremistischer Versammlungen und Aufmärsche an diesem historisch bedeutsamen nationalen Symbol. Sie wäre zum einen verfassungsrechtlich bedenklich, zum anderen tatsächlich wirkungslos. Der Verbotszweck, die Abwehr von Gefahren für die Funktionsfähigkeit des Bundestages, hätte ohnehin mit dieser Regelung nicht erreicht werden können. Der Bundesminister des Innern als zuständiges Organ nach § 5 des Gesetzes über befriedete Bezirke von Verfassungsorganen des Bundes hätte (ohne Ermessensspielraum) die Versammlungen zulassen müssen.

Mit der neuen Befugnisnorm des § 15 Abs. 2 VersG wurde eine Fallgruppe erfasst, die bisher mit der rechtlich nicht unproblematischen Heranziehung von Schutzgütern der öffentlichen Ordnung zu lösen versucht wurde. Dazu muss angemerkt werden, dass die Hineinnahme der öffentlichen Ordnung in die Eingriffsermächtigung des § 15 Abs. 1 VersG auf eine juristische Fehlinterpretation des Gesetzgebers von 1953 zurückgeht (Rz. 32 zu § 15). Beweggrund war der Schutz des Ordnungsgutes *Leichtigkeit des Verkehrs* (BT-Drucks. 1/1102, Anl.2, S.15), das aber längst wegen der Verrechtlichung des Straßenverkehrs Schutzgut der *öffentlichen Sicherheit* geworden war. Gleichwohl bleibt die Regelung anwendbar, auch wenn es um andere Schutzgüter der öffentlichen Ordnung geht. Das folgt aus den feststehenden Methoden zur Auslegung von Rechtsquellen. Der insoweit sprachlich eindeutige Gesetzestext schließt die Relativierung durch Rekurs auf den Willen und die Motive des Gesetzgebers aus.

In der 14. Auflage wird die neu geschaffene Eingriffsermächtigung des § 15 Abs. 2 VersG kommentiert. Dabei wird auch die Beziehung zwischen der Eingriffsermächtigung des § 15 Abs. 1 VersG (Gefährdung der öffentlichen Sicherheit, insbesondere durch Verletzung von Strafgesetzen) zum nunmehr erweiterten Straftatbestand in § 130 StGB verdeutlicht. Thematisiert werden auch Probleme, die sich bei der Anwendung und Auslegung der neuen Tatbestände ergeben werden. Auch auf die Rechtsschutzmöglichkeiten zur Überprüfung der Rechtssätze, die die zu schützenden Symbolträchtigen Örtlichkeiten festlegen, wird eingegangen.

Berücksichtigt sind Gesetzesänderungen sowie Rechtsprechung und einschlägige Literatur bis März 2005.

Im April 2005

Alfred Dietel
Kurt Gintzel
Michael Kniesel

VI

Inhalt

Abkürzungen

a. A.	anderer Auffassung
a. a. O.	am angegebenen Ort
abl.	ablehnend
AK	Alternativkommentar
Anm.	Anmerkung
AöR	Archiv des öffentlichen Rechts
Art.	Artikel
AuslG	Ausländergesetz
AVV	Allgemeine Verwaltungsvorschrift
Bay	Bayern
BayObLG	Bayerisches Oberstes Landesgericht
BayVBl.	Bayerisches Verwaltungsblatt
BayVerfGH	Bayerischer Verfassungsgerichtshof
BayVerwGH	Bayerischer Verwaltungsgerichtshof
Bd.	Band
Begr.	Begründung
BGB	Bürgerliches Gesetzbuch
BGBl.	Bundesgesetzblatt
BGH	Bundesgerichtshof
BGHSt	Entscheidungen des Bundesgerichtshofs in Strafsachen
BGHZ	Entscheidungen des Bundesgerichtshofs in Zivilsachen
BK	Bonner Kommentar zum Grundgesetz
Bl.	Blatt
Bln	Berlin
Brem	Bremen
BR	Bundesrat
BRRG	Beamtenrechtsrahmengesetz
BT	Bundestag
BVerfG	Bundesverfassungsgericht
BVerfGE	Entscheidungen des Bundesverfassungsgerichts
BVerfGG	Gesetz über das Bundesverfassungsgericht
BVerwG	Bundesverwaltungsgericht
BVerwGE	Entscheidungen des Bundesverwaltungsgerichts
BW	Baden-Württemberg
bzw.	beziehungsweise
CurR	Computer und Recht
ders.	derselbe
dies.	dieselben

DNP	Die neue Polizei
DÖV	Die öffentliche Verwaltung
DRiZ	Deutsche Richterzeitung
Drucks.	Drucksache
DuR	Demokratie und Recht
DVBl.	Deutsches Verwaltungsblatt
Einf.	Einführung
Erl.	Erläuterung
Fn.	Fußnote
GA	Goltdammers Archiv für Strafrecht
GG	Grundgesetz
GS	Preußische Gesetzessammlung
Hbg	Hamburg
Hdb.	Handbuch
He	Hessen
h. M.	herrschende Meinung
i. d. F.	in der Fassung
i. V. m.	in Verbindung mit
JA	Juristische Arbeitsblätter
JBl.	Justizblatt
JGG	Jugendgerichtsgesetz
JSchG	Gesetz zum Schutze der Jugend in der Öffentlichkeit
JR	Juristische Rundschau
Jura	Juristische Ausbildung
JuS	Juristische Schulung
JW	Juristische Wochenschrift
JZ	Juristenzeitung
KG	Kammergericht
KJ	Kritische Justiz
krit.	kritisch
KritV	Kritische Vierteljahresschrift für Gesetzgebung und Rechtswissenschaft
LG	Landgericht
LKV	Landes- und Kommunalverwaltung
LS	Leitsatz
MBliV	Ministerialblatt für die preußische innere Verwaltung
MDR	Monatsschrift für deutsches Recht
ME	Musterentwurf

X

MRK	Konvention zum Schutze der Menschenrechte und Grundfreiheiten
MV	Mecklenburg-Vorpommern
m. w. H.	mit weiteren Hinweisen
NJW	Neue Juristische Wochenschrift
Nr.	Nummer
Nds	Niedersachsen
NPA	Neues Polizeiarchiv
NStZ	Neue Zeitschrift für Strafrecht
n. v.	nicht veröffentlicht
NVwZ	Neue Zeitschrift für Verwaltungsrecht
NVwZ-RR	Neue Zeitschrift für Verwaltungsrecht – Rechtsprechungs-Report
NW	Nordrhein-Westfalen
OEG	Gesetz über die Entschädigung für Opfer von Gewalttaten
OLG	Oberlandesgericht
OVG	Oberverwaltungsgericht
ParteienG	Gesetz über die politischen Parteien
Pr	Preußen
PVG	Polizeiverwaltungsgesetz
RG	Reichsgericht
RGBl.	Reichsgesetzblatt
RGSt	Entscheidungen des Reichsgerichts in Strafsachen
Rh-Pf	Rheinland-Pfalz
RuP	Recht und Politik
RVG	Vereinsgesetz des deutschen Reiches
Rz.	Randziffer
S.	Seite
s.	siehe
SH	Schleswig-Holstein
SL	Saarland
SOG	Gesetz über die öffentliche Sicherheit und Ordnung
SoldatenG	Gesetz über die Rechtsstellung der Soldaten
Sten. Ber.	Stenographischer Bericht
StGB	Strafgesetzbuch
StPO	Strafprozeßordnung
StR	Staatsrecht
StuKVw	Staats- und Kommunalverwaltung
StV	Strafverteidiger
StVO	Straßenverkehrsordnung
Th	Thüringen

u. a.	und andere, unter anderem
u. ä.	und ähnliche
VereinsG	Gesetz zur Regelung des öffentlichen Vereinsrechts
VerfGH	Verfassungsgerichtshof
VerfR	Verfassungsrecht
VersG	Gesetz über Versammlungen und Aufzüge
VerwArch	Verwaltungsarchiv
VerwV	Verwaltungsvorschrift
VG	Verwaltungsgericht
VGH	Verwaltungsgerichtshof
Vorbem.	Vorbemerkungen
VR	Verwaltungsrundschau
VVDStRL	Veröffentlichungen der Vereinigung der Deutschen Staatsrechtslehrer
VwGO	Verwaltungsgerichtsordnung
VwRspr.	Verwaltungsrechtsprechung
VwVfG	Verwaltungsverfahrensgesetz
VwVG	Verwaltungsvollstreckungsgesetz
WaffG	Waffengesetz
ZBR	Zeitschrift für Beamtenrecht
ZRP	Zeitschrift für Rechtspolitik
zust.	zustimmend

§§ ohne Gesetzesangabe sind solche des Versammlungsgesetzes.

Literatur I Aufsätze, Monographien, Dissertationen, Festschriften

Alberts Hans-Werner Alberts, Die Bedeutung des Brokdorf-Urteils für die Informationserhebung der Polizei bei und aus Versammlungen, Die Polizei 1986, 389

Ders. Die Polizeifestigkeit der Versammlungsfreiheit – zugleich eine Anmerkung zum sog. »Hamburger Kessel«-Urteil, VR 1987, 298

Ders. Nochmals: Der »Hamburger Kessel«, NVwZ 1988, 224

Ders. Novellierungsbedürftigkeit des Versammlungsrechts, ZRP 1988, 285

Ders. Staatsfreiheit von Versammlungen, NVwZ 1989, 839

Ders. Zum Spannungsverhältnis zwischen Art. 8 GG und dem Versammlungsgesetz, NVwZ 1992, 38

Alberts/Croppenstedt Probleme des Versammlungsrechs aus polizeilicher Sicht, Die Polizei 1991, 85

Arndt Alexander Arndt, Politisch missliebige Meinung und grundgesetzliches Friedensgebot, BayVBl. 2002, 653

Arndt/Droege Nina Arndt und Michael Droege, Versammlungsfreiheit versus Sonn- und Feiertagsschutz?, NVwZ 2002, 906

Bäumler Helmut Bäumler, Versammlungsfreiheit und Verfassungsschutz, JZ 1986, 469

Battis/Grigoleit Ulrich Battis und Joachim Grigoleit, Neue Herausforderungen für das Versammlungsrecht, NVwZ 2001, 121

Dies. Die Entwicklung des versammlungsrechtlichen Eilrechtsschutzes. Eine Analyse der neuen BVerfG-Entscheidungen, NJW 2001, 2051

Dies. Rechtsextremistische Demonstrationen und öffentliche Ordnung – Roma locuta ?, NJW 2004, 3459

Baumann Jürgen Baumann, Demonstrationsziel als Bewertungsposten bei der Entscheidung nach § 240 II StGB?, NJW 1987, 36

Bayer	Hermann-Wilfried Bayer, Staatsbesuch und politische Demonstration, DÖV 1968, 709
Behmenburg	Ben Behmenburg, Polizeiliche Maßnahmen bei der Anfahrt zur Versammlung, LKV 2003,500
Beljin	Saša Beljin, Neonazistische Demonstrationen in der aktuellen Rechtsprechung, DVBl. 2002, 15
Benrath	Gerd Benrath, Legalität und Opportunität bei strafrechtlichem Vermummungsverbot, JR 1984, 1
Bergmann	Michael Bergmann, Die Polizeifestigkeit des Versammlungsgeschehens, Aachen, 1996
Bertuleit	Achim Bertuleit, Der Fernzielbeschluß des 1. Strafsenats des BGH vor dem BVerfG, ZRP 1992, 46
Ders.	Sitzdemonstrationen zwischen prozedural geschützter Versammlungsfreiheit und verwaltungsrechts-akzessorischer Nötigung, Berlin, 1994
Bertuleit/Herkströter	Achim Bertuleit und Dirk Herkströter, Nötigung durch Versammlung?, KJ 1987, 331
Bethge	Herbert Bethge, Die Demonstrationsfreiheit – ein mißverstandenes Grundrecht? – Zum Stellenwert des Grundrechts der Demonstrationsfreiheit in der freiheitlich parlamentarischen Demokratie –, ZBR 1988, 205
Birk	Dieter Birk, Polizeiliche Unterbindung der Anreise zur Demonstration, JuS 1982, 496
Blanke	Thomas Blanke, Kritik der systemfunktionalen Interpretation der Demonstrationsfreiheit, KJ 1987, 157
Blanke/Sterzel	Thomas Blanke und Dieter Sterzel, Inhalt und Schranken der Demonstrationsfreiheit des Grundgesetzes, Vorgänge 1983, Heft 2/3, S. 67
Dies.	Demonstrationsfreiheit – Geschichte und demokratische Funktion, KJ 1981, 347
Blumenwitz	Dieter Blumenwitz, Versammlungsfreiheit und polizeiliche Gefahrenabwehr bei Demonstrationen, in: Festschrift für Rudolf Samper, hrsg. von M. Schreiber, 1982, S. 131
Borchert	Hans Dieter Borchert, Die Spontanversammlung, Diss. Marburg, 1972
Bosshardt	Jürg Bosshardt, Demonstrationen auf öffentlichem Grund, Diss. Zürich, 1973

Breitbach	Michael Breitbach, Die Crux mit der Anmeldepflicht: Strafrechtliche Verantwortlichkeit von Versammlungsleitern?, NJW 1984, 841
Ders.	Das Versammlungsverbot innerhalb von Bannmeilen um Parlamente und seine Ausnahmeregelungen, NVwZ 1988, 584
Ders.	Die Bannmeile als Ort von Versammlungen, Baden-Baden, 1994
Breitbach/Rühl	Michael Breitbach und Ulli F. H. Rühl, Versammlungsrecht und Zensurverbot, NJW 1988, 8
Breitenwieser	Christian Breitenwieser, Die Versammlungsfreiheit in den deutschen und US-amerikanischen Polizeikonzepten zur Bewältigung von Demonstrationen, Diss. München, 1993
Brenneisen	Hartmut Brenneisen, Die Versammlungsfreiheit und ihre Grenzen, Kriminalistik 1999, 483
Brenneisen/Rogosch	Hartmut Brenneisen und Konrad Rogosch, Hoheitliche Maßnahmen im Vorfeld von Versammlungen im Ausland, Kriminalistik 2001, 147
Brohm	Winfried Brohm, Demonstrationsfreiheit und Sitzblockaden, JZ 1985, 501
Ders.	Demonstrationsmüll und Straßenreinigung, JZ 1989, 324
Brüning	Christoph Brüning, Das Grundrecht der Versammlungsfreiheit in der »streitbaren Demokratie«, Der Staat 2002, 213
Bühring	Patrick Bühring, Demonstrationsfreiheit für Rechtsextremisten? Diss. München, 2004
Bull	Hans Peter Bull, Grenzen des grundrechtlichen Schutzes für rechtsextremistische Demonstrationen, Landeszentrale für politische Bildung, Hamburg, 2000
Burfeind	Thees Burfeind, Polizeiliche Maßnahmen gegen gewalttätige Demonstranten, Diss. Göttingen, 1993
Burgi	Martin Burgi, Art. 8 GG und die Gewährleistung des Versammlungsorts, DÖV 1993, 633
Busch	Jost-Dietrich Busch, Bannkreise zugunsten der Parlamente im vorläufigen Rechtsschutz bei Demonstrationen, NVwZ 1985, 634
Buschmann	Wolfgang Buschmann, Kooperationspflichten im Versammlungsrecht, Diss. Kiel, 1990

Crombach	Egon Crombach, Die öffentliche Versammlung unter freiem Himmel, Diss. Berlin, 1976
Deger	Johannes Deger, Polizeirechtliche Maßnahmen bei Versammlungen, NVwZ 1999, 265
Denninger	Erhard Denninger, Demonstrationsfreiheit und Polizeigewalt, ZRP 1968, 42
Ders.	Zwölf Thesen zur Demonstrationsfreiheit, DRiZ 1969, 70
Deutelmoser	Anna Deutelmoser, Angst vor den Folgen eines weiten Versammlungsbegriffs?, NVwZ 1999, 240
Dierlamm	Alfred Dierlamm, Sitzblockaden und Gefahrenabwehr, NStZ 1992, 573
Dietel	Alfred Dietel, Ermessensschranken bei Eingriffen in das Versammlungs- und Demonstrationsrecht, DVBl. 1969, 569
Ders.	Die Problematik der politischen Informationsstände auf öffentlichen Straßen, Die Polizei 1976, 18
Ders.	Ist die öffentliche Ordnung tragfähige Grundlage zum Einschreiten bei rechtsextremistischen Aufmärschen?, Die Polizei 2002, 307
Ders.	Zur Umdeutung von Versammlungsverboten im gerichtlichen Eilverfahren, Die Polizei 2003, 94
Ders.	Der opponierende Versammlungsteilnehmer als Beteiligter im Verwaltungsverfahren der Versammlungsbehörde, Die Polizei 2004, 189
Dietel/Kniesel	Alfred Dietel und Michael Kniesel, Der Brokdorf-Beschluß des BVerfG und seine Bedeutung für die polizeiliche Praxis, Die Polizei 1985, 355
Dietlein	Johannes Dietlein, Zeltlager der Roma als Versammlung i. S. des § 1 VersG, NVwZ 1992, 1066
Dörr	Oliver Dörr, Keine Versammlungsfreiheit für Neonazis? Extremistische Demonstrationen als Herausforderung für das geltende Versammlungsrecht, VerwArch. 2002, 485
Ebert	Frank Ebert, Versammlungsrechtliche Schein- und Mehrfachversammlungen, LKV 2001, 60
Ehrentraut	Christoph Ehrentraut, Die Versammlungsfreiheit im amerikanischen und deutschen Verfassungsrecht, Diss. Bonn, 1989
Enders	Christoph Enders, Der Schutz der Versammlungsfreiheit, Teil I und II, Jura 2003, 34 und 102

Ettemeyer/Bütter	Ulrich Ettemeyer und Michael Bütter, Am Beispiel der Parole:»Ruhm und Ehre der Waffen-SS« – Zum Begriff der öffentlichen Ordnung im Versammlungsrecht, Die Polizei 2000, 164
Förster	Christoph Förster, Die Friedlichkeit als Voraussetzung der Demonstrationsfreiheit, Diss. Gelsenkirchen, 1985
Frankenberg	Günter Frankenberg, Demonstrationsfreiheit – eine verfassungsrechtliche Skizze, KJ 1981, 370
Friedrich	Dieter Friedrich, Versammlungsfreiheit im Arbeitskampf aus polizeilicher Sicht, Die Polizei 1987, 307
Fritz	Roland Fritz, Stellung nehmen und Standpunkt bezeugen, in: Festschrift für Helmut Simon, hrsg. von W. Brandt, Baden-Baden, 1987, S. 403
Führing	Thorsten Führing, Zu den Möglichkeiten der Verhinderung von Skinheadkonzerten, NVwZ 2001, 157
Geis	Max-Emanuel Geis, Die»Eilversammlung« als Bewährungsprobe verfassungskonformer Auslegung, NVwZ 1992, 1025
Ders.	Polizeiliche Handlungsspielräume im Vorbereich und Verlauf von außergewöhnlichen Demonstrationslagen, Die Polizei 1993, 293
Geulen	Rainer Geulen, Versammlungsfreiheit und Großdemonstrationen, KJ 1983, 189
Gintzel	Kurt Gintzel, Zum Passivbewaffnungs- und Vermummungsverbot, Die Polizei 1986, 185
Ders.	Vermeintliche bzw. tatsächliche Regelungslücken im Versammlungsrecht und im Strafrecht als Ursache polizeilicher Einsatzprobeme, Die Polizei 1982, 299
Ders.	Wertentscheidungen der Verfassung als Richtlinien polizeilichen Handelns bei der Lösung aktueller Probleme des Versammlungsrechts, Bereitschaftspolizei – heute 1991, 25
Gintzel/Möllers	Kurt Gintzel und Hermann Möllers, Das Berufsbild der Polizei zwischen Sein und Sollen, Die Polizei 1987, 1
Götz	Volkmar Götz, Versammlungsfreiheit und Versammlungsrecht im Brokdorf-Beschluß des Bundesverfassungsgerichts, DVBl. 1985, 1347
Ders.	Polizeiliche Bildaufnahmen von öffentlichen Versammlungen, NVwZ 1990, 112

Gröpl	Christoph Gröpl, Grundstrukturen des Versammlungsrechts, Jura 2002, 18
Grooterhorst/Schmidt	Johannes Grooterhorst und Holger Schmidt, Blockadeaktionen vor mittelständischen Betrieben im Spannungsfeld von Demonstrations- und Gewerbefreiheit, DÖV 1996, 355
Gusy	Christoph Gusy, Lehrbuch der Versammlungsfreiheit – BVerfGE 69, 315, JuS 1986, 608
Ders.	Aktuelle Fragen des Versammlungsrechts, JuS 1993, 555
Ders.	Einführung in das Versammlungsrecht, JA 1993, 321
Heintzen	Markus Heintzen, Das alte Versammlungsgesetz in der neuen Hauptstadt, in: Festschrift für Josef Isensee, Berlin, 2002, S. 118
Henninger	Markus Henninger, Observation im Versammlungsgeschehen, DÖV 1998, 713
Hermanns	Caspar David Hermanns, Grundfragen des Rechts der Versammlungsfreiheit, JA 2001, 79
Hölscheidt	Sven Hölscheidt, Das Grundrecht der Versammlungsfreiheit nach dem Brokdorf-Beschluß des Bundesverfassungsgerichts, DVBl. 1987, 666
Hoffmann-Riem	Wolfgang Hoffmann-Riem, Demonstrationsfreiheit durch Kooperation, in: Festschrift für Helmut Simon, hrsg. von W. Brandt, Baden-Baden, 1987, S. 379
Ders.	Neuere Rechtsprechung des BVerfG zur Versammlungsfreiheit, NVwZ 2002, 257
Ders.	Demonstrationsfreiheit auch für Rechtsextremisten?, NJW 2004, 2727
Hofmann	Jochen Hofmann, Zur Frage der Rechtswidrigkeit polizeilicher Maßnahmen – »Hamburger Kessel«, NVwZ 1987, 769
Ders.	Demonstrationsfreiheit und Grundgesetz, BayVBl. 1987, 98 und 129
Hofmann-Hoeppel	Jochen Hofmann-Hoeppel, Die Entwicklung der versammlungsrechtlichen Rechtsprechung seit den Urteilen von VG und LG Hamburg zum »Hamburger Kessel«, DÖV 1992, 867
Höllein	Hans-Joachim Höllein, Das Verbot rechtsextremistischer Veranstaltungen, NVwZ 1994, 635

Hollerbaum	Alexander C. Hollerbaum, Demonstrationsfreiheit, Diss. Köln, 1981
Huba	Hermann Huba, Die Versammlungsfreiheit – ein weites Feld für politische Entscheidungen, JZ 1988, 394
Huber	Thomas Huber, Der Veranstalter einer Versammlung im Rechtskreis der Exekutive, Diss. München, 1991
Ders.	Zweckveranlassung und Organisationspflichten im Versammlungsrecht, BayVBl. 1994, 513
Jahn	Ralf Jahn, Verfassungsrechtliche Probleme eines strafbewehrten Vermummungsverbots, JZ 1988, 545
Kang	Tae-Soo Kang, Der Friedlichkeitsvorbehalt der Versammlungsfreiheit, Diss. Bonn, 1992
Kanther	Wilhelm Kanther, Zur »Infrastruktur« von Versammlungen: vom Imbissstand bis zum Toilettenwagen, NVwZ 2001, 1239
Kast	Herbert Kast, Das neue Demonstrationsrecht, Köln, 1986
Kellner	Franz Kellner, Schadensersatzansprüche polizeigeschädigter Demonstranten gegen den Staat, MDR 1987, 617
Ketteler	Gerd Ketteler, Die Einschränkbarkeit nichtöffentlicher Versammlungen in geschlossenen Räumen, DÖV 1990, 954
Knemeyer/Deubert	Franz-Ludwig Knemeyer und Michael Deubert, Kritische Überlegungen zum Verhältnis Staatsanwaltschaft – Polizei / Polizei – Staatsanwaltschaft, NJW 1992, 3131
Kniesel	Michael Kniesel, Polizeiliche Lagebeurteilung bei Sitzblockaden nach Maßgabe der Versammlungsfreiheit, Die Polizei 1986, 217
Ders.	Verhinderung von Gewalttätigkeiten bei Demonstrationen – Operative und gesetzliche Notwendigkeiten, RuP 1988, 203
Ders.	Versammlungsrecht contra Strafrecht bei Sitzdemonstrationen, Die Polizei 1992, 53
Ders.	Die Versammlungs- und Demonstrationsfreiheit – Verfassungsrechtliche Grundlagen und versammlungsgesetzliche Konkretisierung, NJW 1992, 857
Ders.	Die Versammlungs- und Demonstrationsfreiheit – Aktuelle höchstrichterliche Rechtsprechung zu Art. 8 GG, NJW 1996, 2606

Ders.	Versammlungs- und Demonstrationsfreiheit, NJW 2000, 2857
Kniesel/Poscher	Michael Kniesel und Ralf Poscher, Die Entwicklung des Versammlungsrechts 2000 bis 2003, NJW 2004, 422
Kostaras	Alexander P. Kostaras, Zur strafrechtlichen Problematik der Demonstrationsdelikte, Diss. Berlin, 1982
Kränz	Joachim Kränz, Polizeikostenersatz bei Demonstrationen, JuS 1987, 451
Krüger	Ralf Krüger, Rechtsgrundlage präventivpolizeilicher Maßnahmen bei nichtöffentlichen Versammlungen in geschlossenen Räumen, DÖV 1993, 658
Ders.	Rechtliche Problemfelder beim Einschreiten anläßlich nichtöffentlicher Versammlungen, DÖV 1997, 13
Kühl	Kristian Kühl, Demonstrationsfreiheit und Demonstrationsstrafrecht, NJW 1985, 2379
Ders.	Sitzblockaden vor dem Bundesverfassungsgericht, StV 1987, 122
Ders.	Landfriedensbruch durch Vermummung und Passivbewaffnung?, NJW 1986, 847
Kutscha	Martin Kutscha, Bewegung im Versammlungsrecht, Die Polizei 2002, 250
Ders.	Ist das Versammlungsrecht noch zeitgemäß? NJ 2001, 346
Ladeur	Karl-Heinz Ladeur, Demonstrationsfreiheit – Eine Kontroverse, KJ 1987, 150
Lammermann	Friedrich Lammermann, Welche Auswirkungen hat die zunehmende Nutzung des Internets auf die Bestimmungen des Versammlungsrechts?, Die Polizei 1999, 139
Laubinger/Repkewitz	Hans-Werner Laubinger und Ulrich Repkewitz, Die Versammlung in der verfassungs- und verwaltungsgerichtlichen Rechtsprechung, VerwArch. 2001, 585 und 2002, 149
Leist	Wolfgang Leist, Zur Rechtmäßigkeit typischer Auflagen bei rechtsextremistischen Demonstrationen, NVwZ 2003, 1300
Ders.	Versammlungsrecht und Rechtsextremismus, Diss. Hamburg, 2003
Lohse	Volker Lohse, Kooperation im Sinne des Brokdorf-Beschlusses und Verwaltungsverfahrensgesetz, Die Polizei 1987, 93

Ders.	Verbot des Tragens gleichartiger Kleidungsstücke in der Öffentlichkeit, VR 1983, 263
Lohse/Vahle	Volker Lohse und Jürgen Vahle, Polizeiliche Gefahrenabwehr bei Veranstaltungen radikaler Gruppen, VR 1992, 321
Mayer	Matthias Mayer, Vorfeldkontrollen bei Demonstrationen, JA 1998, 345
Meyn	Jörn-Henrik Meyn, Die sogenannte Vermummung und passive Bewaffnung, Diss. Hamburg, 1988
Mikesic	Ivana Mikesic, Versammlungs- und Demonstrationsrecht auf Flughafengelände, NVwZ 2004, 788
Mohl	Helmut Mohl, Die Interpretation des Grundrechts der Versammlungsfreiheit gemäß Art. 8 des Grundgesetzes im Spiegel der Grundrechtstheorien, VR 1991, 245
Müller	Werner Müller, Wirkungsbereich und Schranken der Versammlungsfreiheit, insbesondere im Verhältnis zur Meinungsfreiheit, Diss. Berlin, 1974
Musil	Andreas Musil, Berlin, Hauptstadt der Demonstrationen, LKV 2002, 115
Ossenbühl	Fritz Ossenbühl, Versammlungsfreiheit und Spontandemonstration, Der Staat 1971, 61
Ott	Sieghard Ott, Rechtsprobleme bei der Auflösung einer Versammlung in Form eines Sitzstreiks, NJW 1985, 2384
Ders.	Das Recht auf freie Demonstration, 2. Aufl., Berlin, 1967
Poscher	Ralf Poscher, Neue Rechtsgrundlagen gegen rechtsextremistische Versammlungen, NJW 2005, 1316
Preuß	Ulrich K. Preuß, Nötigung durch Demonstration? Zur Dogmatik des Art. 8 GG, in: Festschrift für Richard Schmid, hrsg. von H.-E. Böttcher, Baden-Baden, 1985, S. 419
Quilisch	Martin Quilisch, Die demokratische Versammlung, Diss. Berlin, 1970
Rademacher/Janz	Sonja Rademacher und Norbert Janz, Fälle und Lösungen zum Versammlungsrecht, Stuttgart, 2005
Riegel	Reinhard Riegel, Nochmals: Polizeiliche Bildaufnahmen von öffentlichen Versammlungen, NVwZ 1990, 745
Rinken	Alfred Rinken, Die Demonstrationsfreiheit – ein riskantes Grundrecht, StV 1994, 95

Röger	Ralf Röger, Demonstrationsfreiheit für Neonazis?, Berlin, 2004
Roellecke	Gerd Roellecke, Der kommunikative Gegendemonstrant, NJW 1995, 3101
Rösing	Jenny Rösing, Kleidung als Gefahr? Baden-Baden, 2004
v. Rötteken	Torsten v. Rötteken, Versammlungsfreiheit und Rechtsradikalismus, KJ 2001, 330
Rozek	Jochen Rozek, Der versagte Versammlungszutritt, JA 1996, 224
Ders.	Versammlungsrechtliche Maßnahmen gegen rechtsradikale Demonstrationen und Aufzüge, NJW 1995, 561
Rühl	Ulli Rühl, Die Polizeipflichtigkeit von Versammlungen bei Störungen durch Dritte und bei Gefahren für die öffentliche Sicherheit bei Gegendemonstrationen, NVwZ 1988, 577
Ders.	»Öffentliche Ordnung« als sonderrechtlicher Verbotstatbestand gegen Neonazis im Versammlungsrecht, NVwZ 2003, 531
Sachs	Michael Sachs, in: Stern/Grupp, Gedächtnisschrift für Joachim Burmeister, Grenzen der Versammlungsfreiheit in der wehrlosen Demokratie, München, 2005, S. 339
Sander	Hilmar Sander, Wiederkehrthema: Die öffentliche Ordnung – das verkannte Schutzgut, NVwZ 2002, 831
Schieder	Alfons Schieder, Die Verwaltungsakzessorietät der Nötigung durch Sitzblockaden, Bay VBl. 2004, 678
Schmidt-Jortzig	Edzard Schmidt-Jortzig, Polizeilicher Notstand und Versammlungsverbote, JuS 1970, 507
H.-P. Schneider	Hans-Peter Schneider, Frieden statt Bann. – Über eine Reform, die nichts kostet, aber auch wenig wert ist, NJW 2000, 263
Schnoor	Herbert Schnoor, Abbau des Gewaltpotentials als politische Aufgabe, KritV 1987, 279
Ders.	Brauchen wir Verschärfungen des Demonstrationsrechts?, ZRP 1983, 185
Schnur	Reinhold Schnur, Minusmaßnahmen gegen Versammlungsteilnehmer, VR 2000, 114
Schörnig	Wolfgang Schörnig, Änderung von Zeitpunkt und Ort einer Versammlung im Wege einer »Auflage«, NVwZ 2001, 1246

Schwäble	Ulrich Schwäble, Das Grundrecht der Versammlungsfreiheit, Diss. Freiburg, 1975
Schwarze	Jürgen Schwarze, Demonstrationen vor den Parlamenten, DÖV 1985, 213
Schwerdtfeger	Gunther Schwerdtfeger, »Leichtigkeit des Verkehrs« als Grenze der Demonstrationsfreiheit, in: Gedächtnisschrift für Wolfgang Martens, hrsg. von P. Selmer u. I. von Münch, 1987, S. 445
Seidel	Gerd Seidel, Das Versammlungsrecht auf dem Prüfstand, DÖV 2002, 283
Selbmann	Frank Selbmann, Die Zulässigkeit polizeirechtlicher Maßnahmen zum Schutze der Integrität und der Würde diplomatischer Missionen und konsularischer Vertretungen nach § 15 Abs. 2 Versammlungsgesetz, DÖV 2004, 947
Sigrist	Hans Sigrist, Einige Anmerkungen zum Versammlungsrecht, Die Polizei 2002, 132
Soiné/Mende	Michael Soiné und Boris Mende, Das Gesetz zur Neuregelung des Schutzes von Verfassungsorganen des Bundes, eine Bestandsaufnahme, DVBl. 2000, 1505
Sterzel	Dieter Sterzel, Versammlungsfreiheit und Anwesenheitspflicht in der Schule, KJ 1990, 307
Tölle	Oliver Tölle, Polizei- und ordnungsbehördliche Maßnahmen bei rechtsextremistischen Versammlungen, NVwZ 2001, 153
Tsatos/Wietschel	Dimitris Th. Tsatos und Wiebke Wietschel, Bannmeilenregelungen zum Schutz der Parlamente wieder in der Diskussion, ZRP 1994, 211
Tschentscher	Axel Tschentscher, Versammlungsfreiheit und Eventkultur, NVwZ 2001, 1243
Weichert	Thilo Weichert, Verwaltungsakzessorietät bei Feststellung und Rechtswidrigkeit nach § 240 StGB, StV 1989, 459
Welsing	Bertram Welsing, Bannmeilen und Art. 8 GG – Sind die Bannmeilengesetze mit Art. 8 GG vereinbar?, Die Polizei 1996, 196
Werner	Sascha Werner, Formelle und materielle Versammlungsrechtswidrigkeit, Diss. Berlin, 2001
Ders.	Das neue Bannmeilengesetz der »Berliner Republik«, NVwZ 2000, 369

Wiefelspütz	Dieter Wiefelspütz, Angesichts von provozierenden Neo-Nazi-Demonstrationen durch das Brandenburger Tor: Bannmeile in Bonn – befriedeter Bezirk in Berlin, Die Polizei 2000, 215
Ders.	Versammlungsrecht und Rechtsextremisten, Die Polizei 2000, 281
Ders.	Das Gesetz über befriedete Bezirke für Verfassungsorgane des Bundes – ein Gesetz, das seinen Zweck erfüllt, NVwZ 2000, 1016
Ders.	Aktuelle Probleme des Versammlungsrechts in der Hauptstadt Berlin, DÖV 2001, 21
Ders.	Versammlungsfreiheit und öffentliche Ordnung, KritV 2002, 19
Zeitler	Stefan Zeitler, Die polizeiliche Durchsuchung von Personen vor öffentlichen politischen Veranstaltungen in geschlossenen Räumen, Die Polizei 1991, 300
Ders.	Transport von Demonstranten zu einer verbotenen Versammlung als Störung im Sinne des Polizeirechts, DÖV 1997, 371
Zilles	Hans Zilles, Zur Frage der Erlaubnispflicht von Martinszügen, NWVBl. 1990, 370
Zitzmann	Jutta Zitzmann, Öffentliche Versammlungen unter freiem Himmel und Aufzüge – verfassungsrechtliche Probleme und sicherheitsrechtliche Fragen der repressiven Störungsabwehr, Diss. München, 1984

Literatur II   Kommentare und Lehrbücher

AK-GG

Erhard Denninger, Wolfgang Hoffmann-Riem, Hans-Peter Schneider und Ekkehard Stein, Kommentar zum Grundgesetz für die BRD, Reihe Alternativkommentare, 3. Aufl., Neuwied, 2001

BK

Rudolf Dolzer und Klaus Vogel (Hrsg.): Bonner Kommentar zum Grundgesetz, Heidelberg, 2001

Bleckmann

Albert Bleckmann, Staatsrecht II – Die Grundrechte, 4. Aufl., Köln, 1997

Brenneisen/Wilksen

Hartmut Brenneisen und Michael Wilksen, Versammlungsrecht, Hilden, 2001

Dreier

Horst Dreier (Hrsg.), Grundgesetz, Bd. I, Kommentar, 2. Aufl., Tübingen, 2004

Drews/Wacke/Vogel/ Martens

Bill Drews, Gerhard Wacke, Klaus Vogel und Wolfgang Martens, Gefahrenabwehr, 9. Aufl., Köln, 1986

Erichsen/Ehlers

Hans-Uwe Erichsen und Dirk Ehlers, Allgemeines Verwaltungsrecht, 12. Aufl., Berlin, 2002

Frowein/Peukert

Jochen Abr. Frowein und Wolfgang Peukert, Europäische Menschenrechtskonvention, 2. Aufl., Kehl, 1996

Götz

Volkmar Götz, Allgemeines Polizei- und Ordnungsrecht, 13. Aufl., Göttingen, 2001

Gusy

Christoph Gusy, Polizeirecht, 5. Aufl., Tübingen, 2003

Hesse

Konrad Hesse, Grundzüge des Verfassungsrechts der Bundesrepublik Deutschland, 20. Aufl., Heidelberg, 1995, Nachdruck 1999

Jarass/Pieroth

Hans D. Jarass und Bodo Pieroth, Grundgesetz, 7. Aufl., München, 2004

Kloepfer

Michael Kloepfer, in: Josef Isensee / Paul Kirchhof (Hrsg.), Handbuch des Staatsrechts VI, Versammlungsfreiheit, Heidelberg, 2001, S. 739

Kniesel

Michael Kniesel, in: Hans Lisken / Erhard Denninger, (Hrsg.), Handbuch des Polizeirechts, Versammlungswesen, 3. Aufl., München, 2001, S. 603 ff.

Köhler/Dürig-Friedl	Gerd Michael Köhler und Cornelia Dürig-Friedl, Demonstrations- und Versammlungsrecht, 4. Aufl., München, 2001
Krüger	Ralf Krüger, Versammlungsrecht, Lehrbuch, Stuttgart, 1994
v. Mangoldt/Klein/Starck	Hermann von Mangoldt, Friedrich Klein und Christian Starck, GG, Bd. 1, 4. Aufl., München, 1999
Maunz/Dürig	Theodor Maunz und Günter Dürig (Hrsg.), Grundgesetz, München, 2003
Maurer	Hartmut Maurer, Allgemeines Verwaltungsrecht, 15. Aufl., München, 2005
v. Münch/Kunig	Ingo von Münch und Philip Kunig, GG-Kommentar, Bd. 1, 5. Aufl., München, 2005
Ott/Wächtler	Sieghart Ott und Hartmut Wächtler, Gesetz über Versammlungen und Aufzüge, 6. Aufl., Stuttgart, 1996
Pieroth/Schlink	Bodo Pieroth und Bernhard Schlink, Grundrechte, 20. Aufl., Heidelberg, 2004
Pieroth/Schlink/Kniesel	Bodo Pieroth, Bernhard Schlink und Michael Kniesel, Polizei- und Ordnungsrecht, 2. Aufl., München, 2004
Ridder u. a.	Helmut Ridder, Michael Breitbach, Ulli Rühl und Frank Steinmeier, Versammlungsrecht, Baden-Baden, 1992
Sachs	Michael Sachs, Grundgesetz, 3. Aufl., München, 2003
Schenke	Wolf-Rüdiger Schenke, Polizei und Ordnungsrecht, 3. Aufl., Heidelberg, 2004
Wolff/Bachof/Stober II	Hans J. Wolff, Otto Bachof und Rolf Stober, Verwaltungsrecht II, 5. Aufl., München, 1987
Wolff/Bachof III	Hans J. Wolff und Otto Bachof, Verwaltungsrecht III, 4. Aufl., München, 1978
Zeitler	Stefan Zeitler, Versammlungsrecht, Stuttgart, 1994

Einleitung zur ersten Auflage 1968

Sobald einer von den
Staatsangelegenheiten sagt:
was geht mich das an,
muss man damit rechnen,
dass der Staat verloren ist.
Rousseau

Die Verfasser haben es sich zur Aufgabe gemacht, das Versammlungsgesetz vom Grundgesetz her zu interpretieren.

Das Versammlungsrecht ist lange Zeit ausschließlich als negatives Statusrecht betrachtet worden. Seine Ausübung wurde geduldet, nicht gewünscht. Der Gebrauch der Versammlungsfreiheit galt als potenziell gefährlich, besonders, wenn es um politische Aussagen ging. Von dieser Grundauffassung ist viel geblieben. Dabei wird verkannt, dass Versammlungen und Demonstrationen zum demokratischen Alltag gehören. Sie geben der öffentlichen Diskussion, die Strukturelement der Demokratie ist, neue Impulse. Durch sie findet Kommunikation zwischen Regierten und Regierenden statt, und zwar außerhalb etablierter Institutionen und damit außerhalb möglicher Manipulation.

In einer freiheitlichen demokratischen Verfassungsordnung ist das Versammlungs- und Demonstrationsrecht aktives Statusrecht. Es eröffnet eine wesentliche Möglichkeit zur Teilnahme am komplexen Prozess der politischen Willensbildung. Es macht Demokratie sichtbar und glaubwürdig. Es macht Volkssouveränität praktizierbar. Es beseitigt das Gefühl, anonymen Mächten ausgeliefert zu sein, auf die Einfluss zu nehmen nicht möglich ist. Das Versammlungs- und Demonstrationsrecht muss im Sinne der allgemeinen Freiheitsvermutung, die das Grundgesetz beherrscht, interpretiert werden.

Im Verständnis der Wertentscheidungen und politischen Zielsetzungen des Grundgesetzes ist die Ausübung des Versammlungs- und Demonstrationsrechts erwünschte Verlebendigung öffentlicher Diskussion in einer freien Gesellschaft. Daraus ergibt sich eine Ausgangsvermutung für die Zulässigkeit von Versammlungen und Demonstrationen.

Eine lebendige Demokratie ist auf Kommunikation zwischen der im Staat organisierten Gesellschaft, ihren Gruppen und den Repräsentanten der öffentlichen Gewalt, seien sie der Regierung oder der Opposition zuzuordnen, angewiesen. Eine Möglichkeit des Anrufs der Verantwortlichen ist

Demonstration. Sie ist einer der Kommunikationskanäle zur Übertragung politischer Aussagen von unten nach oben.

Versammlungen und Demonstrationen sind Zeichen einer demokratischen Gesellschaft. Sie sind ein dynamisches Element. Nicht Ruhe und Ordnung sind der Maßstab, an dem sie zu werten sind, sondern ihr Einfluss auf das Neudurchdenken von Problemen. Eine Gesellschaft, die Probleme offen diskutiert, bleibt imstande, sie zu lösen. Demokratie braucht Diskussion. Der Volkswille muss sich öffentlich äußern können. Versammlungen und Demonstrationen sind Handlungsfelder, in denen es geschieht. Deshalb sind Versammlungen und Demonstrationen wichtig. Dass das Überzeugung aller werde, ist ein wesentliches Anliegen des vorgelegten Werks.

Im September 1968

Teil A   Gesetzestext

Gesetz über Versammlungen und Aufzüge (Versammlungsgesetz) vom 24. Juli 1953 (BGBl. I S. 684) in der Fassung der Bekanntmachung vom 15. November 1978 (BGBl. I S. 1790)

Gesetzesänderungen – Übersicht

Lfd. Nr.	Änderndes Gesetz	Datum	Fund-stelle	Geänderte Paragraphen	Art der Änderung
1.	6. Strafrechtsände-rungsgesetz	30. 6. 1960	BGBl. I S. 478	4 28	aufgehoben geändert
2.	Vereinsgesetz	5. 8. 1964	BGBl. I S. 593	3 Abs. 2	geändert
3.	Einführungsgesetz zum Gesetz über Ordnungswidrig-keiten (EG OWiG)	24. 5. 1968	BGBl. I S. 503	29 a	eingefügt
4.	Drittes Gesetz zur Reform des Straf-rechts (3. StRG)	20. 5. 1970	BGBl. I S. 505	23 29 Nr. 4 29 Nr. 5 u. 6	aufgehoben aufgehoben wird Nr. 4 und 5
5.	Einführungsgesetz zum Strafgesetzbuch (EG StGB)	2. 3. 1974	BGBl. I S. 469	21 Satz 1 21 Satz 2 22 24 25 26 Abs. 1 26 Abs. 2 27 28 29 Abs. 1 29 Abs. 2	geändert aufgehoben geändert geändert geändert geändert aufgehoben geändert geändert geändert eingefügt

3

Lfd. Nr.	Änderndes Gesetz	Datum	Fund-stelle	Geänderte Paragraphen	Art der Änderung
6.	Gesetz zur Änderung des Gesetzes über Versammlungen und Aufzüge	25. 9. 1978	BGBl. I S. 1571	2 Abs. 3 5 Nr. 2 9 Abs. 1 13 Abs. 1 Nr. 3 14 Abs. 1 15 Abs. 1 24 27 29 29 a (jetzt 30)	geändert geändert geändert geändert geändert geändert geändert geändert geändert geändert
7.	Gesetz zur Änderung des Strafgesetzbuches und des Gesetzes über Versammlungen und Aufzüge	18. 7. 1985	BGBl. I S. 1511	17 a 29 Abs. 1 Nr. 1 a und 1 b 30	eingefügt eingefügt geändert
8.	Gesetz zur Änderung des Strafgesetzbuches, der Strafprozessordnung und des Versammlungsgesetzes und zur Einführung einer Kronzeugenregelung bei terroristischen Straftaten	9. 6. 1989	BGBl. I S. 1059	12 a 17 a 23, 19 a 27 Abs. 2 29 Abs. 1 Nr. 1 a und 1 b neue Nr. 1 a 30	eingefügt geändert eingefügt eingefügt aufgehoben eingefügt geändert
9.	Gesetz zur Neuregelung des Schutzes von Verfassungsorganen des Bundes	11. 8. 1999	BGBl. I S. 1818	16 29 a	geändert eingefügt
10.	Gesetz zur Änderung von Regelungen zum Schutz von Verfassungsorganen des Bundes	20. 6. 2003	BGBl. I S. 864	16 Abs. 1 Satz 2 und Abs. 3 2. Halbsatz	Außerkraftsetzung (30. 6. 2003) aufgehoben

Lfd. Nr.	Änderndes Gesetz	Datum	Fund- stelle	Geänderte Paragraphen	Art der Änderung
11.	Gesetz zur Ände- rung des Versamm- lungsgesetzes und des Strafgesetzbu- ches	24. 3. 2005	BGBl. I S. 969	§ 15 Abs. 2 § 25 Nr. 2 § 29 Abs. 1 Nr. 3	eingefügt geändert geändert

Gesetz über Versammlungen und Aufzüge (Versammlungsgesetz)

Abschnitt I Allgemeines

§ 1

(1) Jedermann hat das Recht, öffentliche Versammlungen und Aufzüge zu veranstalten und an solchen Veranstaltungen teilzunehmen.

(2) Dieses Recht hat nicht,

1. wer das Grundrecht der Versammlungsfreiheit gemäß Artikel 18 des Grundgesetzes verwirkt hat,
2. wer mit der Durchführung oder Teilnahme an einer solchen Veranstaltung die Ziele einer nach Artikel 21 Abs. 2 des Grundgesetzes durch das Bundesverfassungsgericht für verfassungswidrig erklärten Partei oder Teil- oder Ersatzorganisation einer Partei fördern will,
3. eine Partei, die nach Artikel 21 Abs. 2 des Grundgesetzes durch das Bundesverfassungsgericht für verfassungswidrig erklärt worden ist, oder
4. eine Vereinigung, die nach Artikel 9 Abs. 2 des Grundgesetzes verboten ist.

§ 2

(1) Wer zu einer öffentlichen Versammlung oder zu einem Aufzug öffentlich einlädt, muss als Veranstalter in der Einladung seinen Namen angeben.

(2) Bei öffentlichen Versammlungen und Aufzügen hat jedermann Störungen zu unterlassen, die bezwecken, die ordnungsgemäße Durchführung zu verhindern.

(3) Niemand darf bei öffentlichen Versammlungen oder Aufzügen Waffen oder sonstige Gegenstände, die ihrer Art nach zur Verletzung von Personen oder zur Beschädigung von Sachen geeignet und bestimmt sind, mit sich führen, ohne dazu behördlich ermächtigt zu sein. Ebenso ist es verboten, ohne behördliche Ermächtigung Waffen oder die in Satz 1 genannten Gegenstände auf dem Weg zu öffentlichen Versammlungen oder Aufzügen mit sich zu führen, zu derartigen Veranstaltungen hinzuschaffen oder sie zur Verwendung bei derartigen Veranstaltungen bereitzuhalten oder zu verteilen.

§ 3

(1) Es ist verboten, öffentlich oder in einer Versammlung Uniformen, Uniformteile oder gleichartige Kleidungsstücke als Ausdruck einer gemeinsamen politischen Gesinnung zu tragen.

(2) Jugendverbände, die sich vorwiegend der Jugendpflege widmen, ist auf Antrag für ihre Mitglieder eine Ausnahmegenehmigung von dem Verbot des Absatzes 1 zu erteilen. Zuständig ist bei Jugendverbänden, deren erkennbare Organisation oder Tätigkeit sich über das Gebiet eines Landes hinaus erstreckt, der Bundesminister des Innern, sonst die oberste Landesbehörde. Die Entscheidung des Bundesministers des Innern ist im Bundesanzeiger und im Gemeinsamen Ministerialblatt, die der obersten Landesbehörden in ihren amtlichen Mitteilungsblättern bekannt zu machen.

§ 4

(weggefallen)

Abschnitt II   Öffentliche Versammlungen in geschlossenen Räumen

§ 5

Die Abhaltung einer Versammlung kann nur im Einzelfall und nur dann verboten werden, wenn
1. der Veranstalter unter die Vorschriften des § 1 Abs. 2 Nr. 1 bis 4 fällt, und im Falle der Nummer 4 das Verbot durch die zuständige Verwaltungsbehörde festgestellt worden ist,
2. der Veranstalter oder Leiter der Versammlung Teilnehmern Zutritt gewährt, die Waffen oder sonstige Gegenstände im Sinne von § 2 Abs. 3 mit sich führen,
3. Tatsachen festgestellt sind, aus denen sich ergibt, dass der Veranstalter oder sein Anhang einen gewalttätigen oder aufrührerischen Verlauf der Veranstaltung anstreben,
4. Tatsachen festgestellt sind, aus denen sich ergibt, dass der Veranstalter oder sein Anhang Ansichten vertreten oder Äußerungen dulden werden, die ein Verbrechen oder ein von Amts wegen zu verfolgendes Vergehen zum Gegenstand haben.

§ 6

(1) Bestimmte Personen oder Personenkreise können in der Einladung von der Teilnahme an einer Versammlung ausgeschlossen werden.

(2) Pressevertreter können nicht ausgeschlossen werden; sie haben sich dem Leiter der Versammlung gegenüber durch ihren Presseausweis ordnungsgemäß auszuweisen.

§ 7

(1) Jede öffentliche Versammlung muss einen Leiter haben.
(2) Leiter der Versammlung ist der Veranstalter. Wird die Versammlung von einer Vereinigung veranstaltet, so ist ihr Vorsitzender der Leiter.
(3) Der Veranstalter kann die Leitung einer anderen Person übertragen.
(4) Der Leiter übt das Hausrecht aus.

§ 8

Der Leiter bestimmt den Ablauf der Versammlung. Er hat während der Versammlung für Ordnung zu sorgen. Er kann die Versammlung jederzeit unterbrechen oder schließen. Er bestimmt, wann eine unterbrochene Versammlung fortgesetzt wird.

§ 9

(1) Der Leiter kann sich bei Durchführung seiner Rechte aus § 8 der Hilfe einer angemessenen Zahl ehrenamtlicher Ordner bedienen. Diese dürfen keine Waffen oder sonstigen Gegenstände im Sinne von § 2 Abs. 3 mit sich führen, müssen volljährig und ausschließlich durch weiße Armbinden, die nur die Bezeichnung »Ordner« tragen dürfen, kenntlich sein.
(2) Der Leiter ist verpflichtet, die Zahl der von ihm bestellten Ordner der Polizei auf Anfordern mitzuteilen. Die Polizei kann die Zahl der Ordner angemessen beschränken.

§ 10

Alle Versammlungsteilnehmer sind verpflichtet, die zur Aufrechterhaltung der Ordnung getroffenen Anweisungen des Leiters oder der von ihm bestellten Ordner zu befolgen.

§ 11

(1) Der Leiter kann Teilnehmer, welche die Ordnung gröblich stören, von der Versammlung ausschließen.
(2) Wer aus der Versammlung ausgeschlossen wird, hat sie sofort zu verlassen.

§ 12

Werden Polizeibeamte in eine öffentliche Versammlung entsandt, so haben sie sich dem Leiter zu erkennen zu geben. Es muss ihnen ein angemessener Platz eingeräumt werden.

§ 12 a

(1) Die Polizei darf Bild- und Tonaufnahmen von Teilnehmern bei oder im Zusammenhang mit öffentlichen Versammlungen nur anfertigen, wenn tatsächliche Anhaltspunkte die Annahme rechtfertigen, dass von ihnen erhebliche Gefahren für die öffentliche Sicherheit oder Ordnung ausgehen. Die Maßnahmen dürfen auch durchgeführt werden, wenn Dritte unvermeidbar betroffen werden.

(2) Die Unterlagen sind nach Beendigung der öffentlichen Versammlung oder zeitlich und sachlich damit unmittelbar im Zusammenhang stehender Ereignisse unverzüglich zu vernichten, so weit sie nicht benötigt werden
1. für die Verfolgung von Straftaten von Teilnehmern oder
2. im Einzelfall zur Gefahrenabwehr, weil die betroffene Person verdächtig ist, Straftaten bei oder im Zusammenhang mit der öffentlichen Versammlung vorbereitet oder begangen zu haben, und deshalb zu besorgen ist, dass von ihr erhebliche Gefahren für künftige öffentliche Versammlungen oder Aufzüge ausgehen.

Unterlagen, die aus den in Satz 1 Nr. 2 aufgeführten Gründen nicht vernichtet wurden, sind in jedem Fall spätestens nach Ablauf von drei Jahren seit ihrer Entstehung zu vernichten, es sei denn, sie würden inzwischen zu dem in Satz 1 Nr. 1 aufgeführten Zweck benötigt.

(3) Die Befugnisse zur Erhebung personenbezogener Informationen nach Maßgabe der Strafprozessordnung und des Gesetzes über Ordnungswidrigkeiten bleiben unberührt.

§ 13

(1) Die Polizei (§ 12) kann die Versammlung nur dann und unter Angabe des Grundes auflösen, wenn
1. der Veranstalter unter die Vorschriften des § 1 Abs. 2 Nr. 1 bis 4 fällt, und im Falle der Nummer 4 das Verbot durch die zuständige Verwaltungsbehörde festgestellt worden ist,
2. die Versammlung einen gewalttätigen oder aufrührerischen Verlauf nimmt oder unmittelbare Gefahr für Leben und Gesundheit der Teilnehmer besteht,

3. der Leiter Personen, die Waffen oder sonstige Gegenstände im Sinne von § 2 Abs. 3 mit sich führen, nicht sofort ausschließt und für die Durchführung des Ausschlusses sorgt,

4. durch den Verlauf der Versammlung gegen Strafgesetze verstoßen wird, die ein Verbrechen oder von Amts wegen zu verfolgendes Vergehen zum Gegenstand haben, oder wenn in der Versammlung zu solchen Straftaten aufgefordert oder angereizt wird und der Leiter dies nicht unverzüglich unterbindet.

In den Fällen der Nummern 2 bis 4 ist die Auflösung nur zulässig, wenn andere polizeiliche Maßnahmen, insbesondere eine Unterbrechung, nicht ausreichen.

(2) Sobald eine Versammlung für aufgelöst erklärt ist, haben alle Teilnehmer sich sofort zu entfernen.

Abschnitt III   **Öffentliche Versammlungen unter freiem Himmel und Aufzüge**

§ 14

(1) Wer die Absicht hat, eine öffentliche Versammlung unter freiem Himmel oder einen Aufzug zu veranstalten, hat dies spätestens 48 Stunden vor der Bekanntgabe der zuständigen Behörde unter Angabe des Gegenstandes der Versammlung oder des Aufzuges anzumelden.

(2) In der Anmeldung ist anzugeben, welche Person für die Leitung der Versammlung oder des Aufzuges verantwortlich sein soll.

§ 15

(1) Die zuständige Behörde kann die Versammlung oder den Aufzug verbieten oder von bestimmten Auflagen abhängig machen, wenn nach den zur Zeit des Erlasses der Verfügung erkennbaren Umständen die öffentliche Sicherheit oder Ordnung bei Durchführung der Versammlung oder des Aufzuges unmittelbar gefährdet ist.

(2) Eine Versammlung oder ein Aufzug kann insbesondere verboten oder von bestimmten Auflagen abhängig gemacht werden, wenn

1. die Versammlung oder der Aufzug an einem Ort stattfindet, der als Gedenkstätte von historisch herausragender, überregionaler Bedeutung an die Opfer der menschenunwürdigen Behandlung unter der nationalsozialistischen Gewalt- und Willkürherrschaft erinnert, und

2. nach den zur Zeit des Erlasses der Verfügung konkret feststellbaren Umständen zu besorgen ist, dass durch die Versammlung oder den Aufzug die Würde der Opfer beeinträchtigt wird.
Das Denkmal für die ermordeten Juden Europas in Berlin ist ein Ort nach Satz 1 Nr. 1. Seine Abgrenzung ergibt sich aus der Anlage zu diesem Gesetz.* Andere Orte nach Satz 1 Nr. 1 und deren Abgrenzung werden durch Landesgesetz bestimmt.

(3) Sie kann eine Versammlung oder einen Aufzug auflösen, wenn sie nicht angemeldet sind, wenn von den Angaben der Anmeldung abgewichen oder den Auflagen zuwidergehandelt wird oder wenn die Voraussetzungen zu einem Verbot nach Absatz 1 oder 2 gegeben sind.

(4) Eine verbotene Versammlung ist aufzulösen.

§ 16

(1) Öffentliche Versammlungen unter freiem Himmel und Aufzüge sind innerhalb des befriedeten Bannkreises der Gesetzgebungsorgane des Bundes oder der Länder sowie des Bundesverfassungsgerichts verboten. Ebenso ist es verboten, zu öffentlichen Versammlungen unter freiem Himmel oder Aufzügen nach Satz 1 aufzufordern.

(2) Die befriedeten Bannkreise für die Gesetzgebungsorgane des Bundes und für das Bundesverfassungsgericht werden durch Bundesgesetz, die befriedeten Bannkreise für die Gesetzgebungsorgane der Länder durch Landesgesetze bestimmt.

(3) Das Weitere regeln die Bannmeilengesetze des Bundes und der Länder und das Gesetz über befriedete Bezirke für Verfassungsorgane des Bundes.

---

* Anlage zu § 15 Abs. 2
Die Abgrenzung des Ortes nach § 15 Abs. 2 Satz 2 (Denkmal für die ermordeten Juden Europas) umfasst das Gebiet der Bundeshauptstand Berlin, das umgrenzt wird durch die Ebertstraße, zwischen der Straße In den Ministergärten bzw. Lennéstraße und der Umfahrung Platz des 18. März, einschließlich des unbefestigten Grünflächenbereichs Ebertpromenade und des Bereichs der unbefestigten Grünfläche im Bereich des J.W.-von-Goethe-Denkmals, die Behrenstraße, zwischen Ebertstraße und Wilhelmstraße, die Cora-Berliner-Straße, die Gertrud-Kolmar-Straße, nördlich der Einmündung der Straße In den Ministergärten, die Hannah-Arendt-Straße, einschließlich der Verlängerung zur Wilhelmstraße. Die genannten Umgrenzungslinien sind einschließlich der Fahrbahnen, Gehwege und aller sonstigen zum Betreten oder Befahren bestimmter öffentlicher Flächen Bestandteil des Gebiets.

§ 17

Die §§ 14 bis 16 gelten nicht für Gottesdienste unter freiem Himmel, kirchliche Prozessionen, Bittgänge und Wallfahrten, gewöhnliche Leichenbegängnisse, Züge von Hochzeitsgesellschaften und hergebrachte Volksfeste.

§ 17 a

(1) Es ist verboten, bei öffentlichen Versammlungen unter freiem Himmel, Aufzügen oder sonstigen öffentlichen Veranstaltungen unter freiem Himmel oder auf dem Weg dorthin Schutzwaffen oder Gegenstände, die als Schutzwaffen geeignet und den Umständen nach dazu bestimmt sind, Vollstreckungsmaßnahmen eines Trägers von Hoheitsbefugnissen abzuwehren, mit sich zu führen.

(2) Es ist auch verboten,
1. an derartigen Veranstaltungen in einer Aufmachung, die geeignet und den Umständen nach darauf gerichtet ist, die Feststellung der Identität zu verhindern, teilzunehmen oder den Weg zu derartigen Veranstaltungen in einer solchen Aufmachung zurückzulegen,
2. bei derartigen Veranstaltungen oder auf dem Weg dorthin Gegenstände mit sich zu führen, die geeignet und den Umständen nach dazu bestimmt sind, die Feststellung der Identität zu verhindern.

(3) Die Absätze 1 und 2 gelten nicht, wenn es sich um Veranstaltungen im Sinne des § 17 handelt. Die zuständige Behörde kann weitere Ausnahmen von den Verboten der Absätze 1 und 2 zulassen, wenn eine Gefährdung der öffentlichen Sicherheit oder Ordnung nicht zu besorgen ist.

(4) Die zuständige Behörde kann zur Durchsetzung der Verbote der Absätze 1 und 2 Anordnungen treffen. Sie kann insbesondere Personen, die diesen Verboten zuwiderhandeln, von der Veranstaltung ausschließen.

§ 18

(1) Für Versammlungen unter freiem Himmel sind § 7 Abs. 1, §§ 8, 9 Abs. 1, §§ 10, 11 Abs. 2, §§ 12 und 13 Abs. 2 entsprechend anzuwenden.

(2) Die Verwendung von Ordnern bedarf polizeilicher Genehmigung. Sie ist bei der Anmeldung zu beantragen.

(3) Die Polizei kann Teilnehmer, welche die Ordnung gröblich stören, von der Versammlung ausschließen.

§ 19

(1) Der Leiter des Aufzuges hat für den ordnungsgemäßen Ablauf zu sorgen. Er kann sich der Hilfe ehrenamtlicher Ordner bedienen, für welche § 9 Abs. 1 und § 18 gelten.

(2) Die Teilnehmer sind verpflichtet, die zur Aufrechterhaltung der Ordnung getroffenen Anordnungen des Leiters oder der von ihm bestellten Ordner zu befolgen.

(3) Vermag der Leiter sich nicht durchzusetzen, so ist er verpflichtet, den Aufzug für beendet zu erklären.

(4) Die Polizei kann Teilnehmer, welche die Ordnung gröblich stören, von dem Aufzug ausschließen.

§ 19 a

Für Bild- und Tonaufnahmen durch die Polizei bei Versammlungen unter freiem Himmel und Aufzügen gilt § 12 a.

§ 20

Das Grundrecht des Artikels 8 des Grundgesetzes wird durch die Bestimmungen dieses Abschnitts eingeschränkt.

Abschnitt IV   Straf- und Bußgeldvorschriften

§ 21

Wer in der Absicht, nicht verbotene Versammlungen oder Aufzüge zu verhindern oder zu sprengen oder sonst ihre Durchführung zu vereiteln, Gewalttätigkeiten vornimmt oder androht oder grobe Störungen verursacht, wird mit Freiheitsstrafe bis zu drei Jahren oder mit Geldstrafe bestraft.

§ 22

Wer bei einer öffentlichen Versammlung oder einem Aufzug dem Leiter oder einem Ordner in der rechtmäßigen Ausübung seiner Ordnungsbefugnisse mit Gewalt oder Drohung mit Gewalt Widerstand leistet oder ihn während der rechtmäßigen Ausübung seiner Ordnungsbefugnisse tätlich angreift, wird mit Freiheitsstrafe bis zu einem Jahr oder mit Geldstrafe bestraft.

§ 23

Wer öffentlich, in einer Versammlung oder durch Verbreiten von Schriften, Ton- oder Bildträgern, Abbildungen oder anderen Darstellungen zur Teilnahme an einer öffentlichen Versammlung oder einem Aufzug auffordert, nachdem die Durchführung durch ein vollziehbares Verbot untersagt oder die Auflösung angeordnet worden ist, wird mit Freiheitsstrafe bis zu einem Jahr oder mit Geldstrafe bestraft.

§ 24

Wer als Leiter einer öffentlichen Versammlung oder eines Aufzuges Ordner verwendet, die Waffen oder sonstige Gegenstände, die ihrer Art nach zur Verletzung von Personen oder Beschädigung von Sachen geeignet und bestimmt sind, mit sich führen, wird mit Freiheitsstrafe bis zu einem Jahr oder mit Geldstrafe bestraft.

§ 25

Wer als Leiter einer öffentlichen Versammlung unter freiem Himmel oder eines Aufzuges
1. die Versammlung oder den Aufzug wesentlich anders durchführt, als die Veranstalter bei der Anmeldung angegeben haben, oder
2. Auflagen nach § 15 Abs. 1 oder 2 nicht nachkommt,
wird mit Freiheitsstrafe bis zu sechs Monaten oder mit Geldstrafe bis zu einhundertachtzig Tagessätzen bestraft.

§ 26

Wer als Veranstalter oder Leiter
1. eine öffentliche Versammlung oder einen Aufzug trotz vollziehbaren Verbots durchführt oder trotz Auflösung oder Unterbrechung durch die Polizei fortsetzt oder
2. eine öffentliche Versammlung unter freiem Himmel oder einen Aufzug ohne Anmeldung (§ 14) durchführt,
wird mit Freiheitsstrafe bis zu einem Jahr oder mit Geldstrafe bestraft.

§ 27

(1) Wer bei öffentlichen Versammlungen oder Aufzügen Waffen oder sonstige Gegenstände, die ihrer Art nach zur Verletzung von Personen oder Beschädigung von Sachen geeignet und bestimmt sind, mit sich führt, ohne

dazu behördlich ermächtigt zu sein, wird mit Freiheitsstrafe bis zu einem Jahr oder mit Geldstrafe bestraft. Ebenso wird bestraft, wer ohne behördliche Ermächtigung Waffen oder sonstige Gegenstände im Sinne des Satzes 1 auf dem Weg zu öffentlichen Versammlungen oder Aufzügen mit sich führt, zu derartigen Veranstaltungen hinschafft oder sie zur Verwendung bei derartigen Veranstaltungen bereithält oder verteilt.

(2) Wer

1. entgegen § 17 a Abs. 1 bei öffentlichen Versammlungen unter freiem Himmel, Aufzügen oder sonstigen öffentlichen Veranstaltungen unter freiem Himmel oder auf dem Weg dorthin Schutzwaffen oder Gegenstände, die als Schutzwaffen geeignet und den Umständen nach dazu bestimmt sind, Vollstreckungsmaßnahmen eines Trägers von Hoheitsbefugnissen abzuwehren, mit sich führt,

2. entgegen § 17 a Abs. 2 Nr. 1 an derartigen Veranstaltungen in einer Aufmachung, die geeignet und den Umständen nach darauf gerichtet ist, die Feststellung der Identität zu verhindern, teilnimmt oder den Weg zu derartigen Veranstaltungen in einer solchen Aufmachung zurücklegt oder

3. sich im Anschluss an oder sonst im Zusammenhang mit derartigen Veranstaltungen mit anderen zusammenrottet und dabei

   a) Waffen oder sonstige Gegenstände, die ihrer Art nach zur Verletzung von Personen oder Beschädigung von Sachen geeignet und bestimmt sind, mit sich führt,

   b) Schutzwaffen oder sonstige in Nummer 1 bezeichnete Gegenstände mit sich führt oder

   c) in der in Nummer 2 bezeichneten Weise aufgemacht ist,

wird mit Freiheitsstrafe bis zu einem Jahr oder mit Geldstrafe bestraft.

§ 28

Wer die Vorschrift des § 3 zuwiderhandelt, wird mit Freiheitsstrafe bis zu zwei Jahren oder mit Geldstrafe bestraft.

§ 29

(1) Ordnungswidrig handelt, wer

1. an einer öffentlichen Versammlung oder einem Aufzug teilnimmt, deren Durchführung durch vollziehbares Verbot untersagt ist,

1. a) entgegen § 17 a Abs. 2 Nr. 2 bei einer öffentlichen Versammlung unter freiem Himmel, einem Aufzug oder einer sonstigen öffentlichen Veranstaltung unter freiem Himmel oder auf dem Weg dorthin Ge-

genstände, die geeignet und den Umständen nach dazu bestimmt sind, die Feststellung der Identität zu verhindern, mit sich führt,

2. sich trotz Auflösung einer öffentlichen Versammlung unter freiem Himmel oder eines Aufzuges durch die zuständige Behörde nicht unverzüglich entfernt,

3. als Teilnehmer einer öffentlichen Versammlung unter freiem Himmel oder eines Aufzuges einer vollziehbaren Auflage nach § 15 Abs. 1 oder 2 nicht nachkommt,

4. trotz wiederholter Zurechtweisung durch den Leiter oder einen Ordner fortfährt, den Ablauf einer öffentlichen Versammlung oder eines Aufzuges zu stören,

5. sich nicht unverzüglich nach seiner Ausschließung aus einer öffentlichen Versammlung oder einem Aufzug entfernt,

6. der Aufforderung der Polizei, die Zahl der von ihm bestellten Ordner mitzuteilen, nicht nachkommt oder eine unrichtige Zahl nennt (§ 9 Abs. 2),

7. als Leiter oder Veranstalter einer öffentlichen Versammlung oder eines Aufzuges eine größere Zahl von Ordnern verwendet, als die Polizei zugelassen oder genehmigt hat (§ 9 Abs. 2, § 18 Abs. 2), oder Ordner verwendet, die anders gekennzeichnet sind, als es nach § 9 Abs. 1 zulässig ist,

8. als Leiter den in eine öffentliche Versammlung entsandten Polizeibeamten die Anwesenheit verweigert oder ihnen keinen angemessenen Platz einräumt.

(2) Die Ordnungswidrigkeit kann in den Fällen des Absatzes 1 Nr. 1 bis 5 mit einer Geldbuße bis tausend Deutsche Mark* und in den Fällen des Absatzes 1 Nr. 6 bis 9 mit einer Geldbuße bis zu fünftausend Deutsche Mark geahndet werden.

§ 29 a

(1) Ordnungswidrig handelt, wer entgegen § 16 Abs. 1 an einer öffentlichen Versammlung unter freiem Himmel oder an einem Aufzug teilnimmt oder zu einer öffentlichen Versammlung unter freiem Himmel oder zu einem Aufzug auffordert.

(2) Die Ordnungswidrigkeit kann mit einer Geldbuße bis zu dreißigtausend Deutsche Mark* geahndet werden.

---

* Umstellung der DM-Beträge auf Euro-Beträge bisher nicht erfolgt (vgl. Fn. 1 zu Abschn. IV).

§ 30

Gegenstände, auf die sich eine Straftat nach § 27 oder § 28 oder eine Ordnungswidrigkeit nach § 29 Abs. 1 Nr. 1 a oder 3 bezieht, können eingezogen werden. § 74 a des Strafgesetzbuches und § 23 des Gesetzes über Ordnungswidrigkeiten sind anzuwenden.

Abschnitt V   Schlussbestimmungen

§ 31   (Aufhebungsvorschriften)

§ 32   (gegenstandslos)

§ 33   (In-Kraft-Treten)

Teil B   Kommentar

Gesetz über Versammlungen und Aufzüge (Versammlungsgesetz)

Abschnitt I   Allgemeines

Zu Abschnitt I

Zentrale Bestimmung des Abschnitts I ist § 1 Abs. 1 VersG. Auf der Ebene   **1**
des einfachen Gesetzes greift der Gesetzgeber die Gewährleistungsgarantie
der Versammlungs- und Demonstrationsfreiheit in Art. 8 Abs. 1 GG auf,
konkretisiert bzw. gestaltet sie aus und begründet gleichzeitig die Polizeifestigkeit des VersG (Rz. 188 zu § 1). In Abs. 3 werden enumerativ Gewährleistungsschranken als Ausschlussgründe genannt.

§ 1 Abs. 1 VersG spricht im Gegensatz zu Art. 8 Abs. 1 GG ausdrücklich   **2**
vom Veranstaltungsrecht und verdeutlicht so, dass auch das Veranstaltungsrecht zur Versammlungs- und Demonstrationsfreiheit gehört.

Das VersG stellt mit wenigen Ausnahmen auf *öffentliche* Versammlungen   **3**
und Aufzüge ab. Wo in den Bestimmungen der Abschn. II und III das Adjektiv »öffentlich« bei »Versammlung« fehlt, ergibt sich die Beschränkung
auf öffentliche Versammlung aus der jeweiligen Abschnittsüberschrift.

Ausdrückliche Regelungen für nichtöffentliche Versammlungen fehlen.
Diese gesetzgeberische Zurückhaltung entspricht angesichts der rechtlichen
Probleme im Zusammenhang mit den Ereignissen bei nichtöffentlichen
Versammlungen extremistische Gruppierungen nicht mehr der Lebens-
wirklichkeit.

§ 2 Abs. 1 VersG konkretisiert mit der Einladung als organisatorischem   **4**
Akt das Veranstaltungsrecht. Abs. 2 enthält das allgemeine Störungsverbot,
Abs. 3 das Verbot des Mitführens von Waffen.

§ 3 Abs. 1 VersG spricht ein Uniformierungsverbot nicht nur für Ver-   **5**
sammlungen, sondern allgemein in der Öffentlichkeit aus. Mit dieser Erweiterung sprengt die Regelung den Rahmen des VersG und wäre daher,
wie bei § 4 VersG erfolgt, systematisch besser im Strafgesetzbuch aufgehoben.

§ 1

(1) Jedermann hat das Recht, öffentliche Versammlungen und Aufzüge zu veranstalten und an solchen Veranstaltungen teilzunehmen.

(2) Dieses Recht hat nicht,

1. wer das Grundrecht der Versammlungsfreiheit gemäß Art. 18 des Grundgesetzes verwirkt hat,

2. wer mit der Durchführung oder Teilnahme an einer solchen Veranstaltung die Ziele einer nach Art. 21 Abs. 2 des Grundgesetzes durch das Bundesverfassungsgericht für verfassungswidrig erklärten Partei oder Teil- oder Ersatzorganisation einer Partei fördern will,

3. eine Partei, die nach Art. 21 Abs. 2 des Grundgesetzes durch das Bundesverfassungsgericht für verfassungswidrig erklärt worden ist, oder

4. eine Vereinigung, die nach Art. 9 Abs. 2 des Grundgesetzes verboten ist.

A. Versammlungs- und Demonstrationsfreiheit nach Maßgabe des GG

I. Allgemeines

1 »Die versammlungsgesetzlichen Bestimmungen sind im Lichte der grundlegenden Bedeutung« des Grundrechts der Versammlungsfreiheit »im freiheitlichen demokratischen Staat« des Grundgesetzes »grundrechtsfreundlich« auszulegen und anzuwenden[1]. Insoweit ist es geboten, die Darstellung der für die Versammlungsfreiheit relevanten verfassungsrechtlichen Grundlagen der Kommentierung des VersG voranzustellen.

2 Die Versammlungsfreiheit hat ihre vorrangige Bedeutung als Demonstrationsfreiheit. Die hohe Aufmerksamkeit, die die Versammlungsfreiheit seit Ende der sechziger Jahre in der öffentlichen Diskussion sowie in Rechtsprechung und Rechtslehre gefunden hat, resultiert vor allem aus dem Demonstrationsgeschehen. Insoweit liegt in der Demonstrationsfreiheit der eigentliche Anwendungsfall des Art. 8 Abs. 1 GG.

II. Schutzbereich der Versammlungs- und Demonstrationsfreiheit

1. Grundlegung

3 Die Grundrechtsgarantie in Art. 8 Abs. 1 GG schützt die Betätigungen der Versammlungsbeteiligten (Veranstalter, Leiter, Teilnehmer) sowohl für das Zustandebringen und Durchführen einer Versammlung als auch die mit der Versammlung verbundenen Betätigungen, soweit sie im Rahmen der verfassungsunmittelbaren Gewährleistungsschranken der Friedlichkeit und Waffenlosigkeit bleiben. Geschützt sind auch die im Rahmen einer Versammlung erfolgenden Aktivitäten, die unmittelbar Aufmerksamkeit bei Dritten herbeiführen sollen. Vom Schutzbereich erfasst ist ebenso die negative Versammlungsfreiheit[2]. Staatlich organisierte Massenaufmärsche sind das Gegenteil freier Betätigung. In ihnen zeigen sich konkrete Pervertierungen des demokratischen Gedankens im 20. Jahrhundert. Insoweit hat die negative Ausformung des Grundrechts Relevanz[3].

4 Wie die Koalitionsfreiheit des Art. 9 Abs. 3 GG nicht nur die Koalition als solche, sondern auch die ihr gemäßen Betätigungen und damit die Streikfreiheit garantiert[4], so gewährleistet die Versammlungsfreiheit nicht

---

1 *BVerfGE* 69, 315 (Leitsatz) u. 349.
2 *BVerfGE* 69, 315 (343); *Herzog*, in: Maunz/Dürig, Art. 8, Rz. 26; *Schulze-Fielitz*, in: Dreier, Art. 8, Rz. 21; *Höfling*, in: Sachs, Art. 8, Rz. 25; krit. *Gusy*, in: v. Mangoldt/Klein/Starck, Art. 8, Rz. 33.
3 Vgl. *Schulze-Fielitz*, in: Dreier, Art. 8, Rz. 21.
4 *Scholz*, in: Maunz/Dürig, Art. 9, Rz. 321.

nur das Sichversammeln als solches, sondern auch die im Rahmen einer Versammlung möglichen kollektiven Betätigungen und damit die Demonstrationsfreiheit.

2. Begriff der Versammlung

Weder in Art. 8 Abs. 1 GG noch in § 1 Abs. 1 VersG wird das, was eine **5** Versammlung ausmacht, definiert oder auch nur beschrieben. Offensichtlich sind Verfassungs- und Gesetzgeber von einem überkommenen Versammlungsbegriff ausgegangen. Danach ist Mindestvoraussetzung, dass die Zusammenkommenden untereinander durch einen verbindenden Zweck geeint sind, womit zufällige Personenmehrheiten, etwa Gaffer an einem Unfallort, als bloße Ansammlungen nicht vom Versammlungsbegriff erfasst werden[5].

Wie der verbindende Zweck der Zusammenkunft beschaffen sein muss, **6** wird ganz unterschiedlich beurteilt. Die Vertreter eines engen Versammlungsbegriffs[6] stellen an den verbindenden Zweck die Anforderung, dass es um kollektive Meinungsbildung bzw. -äußerung in öffentlichen Angelegenheiten gehen muss, während die Vertreter eines erweiterten Versammlungsbegriffs[7] insoweit private Angelegenheiten ausreichen lassen. Dagegen lösen sich die Vertreter eines weiten Versammlungsbegriffs[8] von der Ausrichtung auf die gemeinsame Meinungsbildung bzw. -äußerung und sehen als Essential von Art. 8 Abs. 1 GG die Garantie der Persönlichkeitsentfaltung in Gruppenform. Beim weiten Versammlungsbegriff sind die Zwecke beliebig, entscheidend ist die gemeinsame Zweckerreichung durch innere Verbindung der Teilnehmer untereinander.

Nach dem engen Versammlungsbegriff sind Versammlungen *politische* **7** Versammlungen, weil sie sich mit öffentlichen Angelegenheiten befassen. Der erweiterte Versammlungsbegriff öffnet sich in die private Sphäre und betrachtet auch solche Veranstaltungen als Versammlungen, bei denen es um die Erörterung oder Kundgabe privater Angelegenheiten geht. Der weite Versammlungsbegriff erfasst dagegen ein breites Spektrum von Veranstaltungen, weil die innere Verbindung sich nicht auf den Versammlungs-

---

5 *Herzog,* in: Maunz/Dürig, Art. 8, Rz. 49. *Höfling,* in: Sachs, Art. 8, Rz. 15.
6 *Hoffmann-Riem,* AK-GG, Art. 8, Rz. 15 ff.; dazu näher *Laubinger/Repkewitz,* VerwArch 2001, 585 ff. m. w. N.; *Enders,* Jura 2003, 35.
7 *BVerwGE* 56, 63 (69); *Kunig,* in: v. Münch/Kunig, Art. 8 Rz. 17; *Schwäble,* S. 97 ff.; *Hesse,* Rz. 405; *v. Mutius,* Jura 1988, 36; offen gelassen von *VGH Kassel,* NJW 1994, 1750.
8 *Herzog,* in: Maunz/Dürig, Art. 8, Rz. 13, 49 ff.; *Müller,* S. 45 ff.; *Pieroth/Schlink,* Rz. 692 ff.; *Höfling,* in: Sachs, Art. 8, Rz. 13 f.; *Schulze-Fielitz,* in: Dreier, Art. 8, Rz. 23 ff.; *Gusy,* in: v. Mangoldt/Klein/Starck, Art. 8, Rz. 18; *Deutelmoser,* NVwZ 1999, 240 ff.; *Tschentscher,* NVwZ 2001, 1243.

gegenstand erstrecken muss; das Spektrum reicht von öffentlichen Versammlungen in geschlossenen Räumen und unter freiem Himmel über nichtöffentliche Versammlungen (Parteitage, Kongresse, Betriebsversammlungen) bis zu sonstigen unter dem Schutz von Art. 8 Abs. 1 GG stehenden Versammlungen (Kultfilm, Nostalgieparty), wo es den Teilnehmern um das Zusammenkommen und -bleiben mit bestimmten Personen geht.

8 Das BVerfG, das mit seinen Ausführungen im Brokdorf-Beschluss[9] durchaus für den weiten Versammlungsbegriff vereinnahmt werden konnte[10], hat sich inzwischen eindeutig gegen den weiten Versammlungsbegriff ausgesprochen und sich wohl auf den engen festgelegt[11]. Es definiert als Versammlung i. S. von Art. 8 Abs. 1 GG *»eine örtliche Zusammenkunft mehrerer Personen zur gemeinschaftlichen, auf die Teilhabe an der öffentlichen Meinungsbildung gerichteten Erörterung oder Kundgebung«*[12].

9 Unter den Schutzbereich fallen für das BVerfG nur Veranstaltungen und Aktionen, die durch gemeinschaftliche Kommunikation geprägt sind und diese auf die Teilhabe an der öffentlichen Meinungsbildung zielt. Privilegierungsgrund für Versammlungen (Erörterung von Meinungen) und Demonstrationen (Kundgabe von Meinungen) gegenüber sonstigem gemeinschaftlichen Verhalten mit beliebiger Zwecksetzung ist die demokratische Funktion der Versammlungsfreiheit[13].

10 Deshalb werden für das BVerfG Volksfeste und Vergnügungsveranstaltungen ebenso wenig wie Veranstaltungen, die der bloßen Zurschaustellung eines Lebensgefühls dienen oder die als eine auf Spaß und Unterhaltung ausgerichtete öffentliche Massenparty gedacht sind (z. B. die »Love-Parade«), vom Schutzbereich erfasst, unabhängig davon, ob der dort vorherrschende Musiktyp ein Lebensgefühl von Subkulturen zum Ausdruck bringt oder dem Mehrheitsgeschmack entspricht. Solche Veranstaltungen können nur dann durch Art. 8 Abs. 1 GG geschützt werden, wenn Musik und Tanz eingesetzt werden, um auf die öffentliche Meinungsbildung einzuwirken. Eine Musik- bzw. Tanzveranstaltung wird jedoch nicht allein dadurch zur geschützten Versammlung, wenn bei ihrer Gelegenheit auch Meinungen bekundet werden. Solange die Veranstaltung in ihrem Schwergewicht, ihrem Gesamtgepräge nach auf Spaß, Tanz oder Unterhaltung ausgelegt, Meinungskundgabe nur beiläufiger Nebenakt ist, kann sie nicht Versammlung sein. Nur wenn insoweit – also was Schwergewicht und Ne-

---

9 *BVerfGE* 69, 315 (343).
10 So *Pieroth/Schlink*, Rz. 693.
11 *BVerfGE* 104, 92 (104 f.); NVwZ 2005, 80 f.
12 Im Tenor Nr. 2 der Senatsentscheidung E 104, 92.
13 *BVerfGE* 104, 92 (104).

benakt angeht – Zweifel bleiben, bewirkt der hohe Rang der Versammlungsfreiheit, dass die Veranstaltung als Versammlung zu behandeln ist[14].

Mit seiner Rückführung auf die demokratische Funktion und die Rückbesinnung auf die historische Entstehung der Versammlungsfreiheit lässt das BVerfG die Persönlichkeitsentfaltung in Gruppenform bei beliebiger Zwecksetzung, aber innerer Verbundenheit der Teilnehmer bei der Zweckerreichung nicht mehr unter den Schutzbereich von Art. 8 Abs. 1 GG fallen. **11**

Ob das BVerfG sich bei seiner Ablehnung des weiten Versammlungsbegriffs auf den engen oder den erweiterten festgelegt hat, kann man unterschiedlich beurteilen[15]. Diese Streitfrage mag indes dahinstehen, denn wegen der Ausrichtung der Kommunikation auf die Teilhabe an der öffentlichen Meinungsbildung erscheint die Differenzierung zwischen öffentlichen und privaten Angelegenheiten von vornherein als nicht überzeugend. Ob mit dem Schritt auf die Straße als Forum öffentlicher Meinungsbildung aus einer bis dahin privaten Angelegenheit eine öffentliche wird und damit politische Qualität bekommt, bleibt zweifelhaft. Das BVerfG ist mit seiner Ablehnung des weiten Versammlungsbegriffs auf Kritik gestoßen[16], die hier nicht abgehandelt werden soll. Jedenfalls dürfte Folge der Verengung des Schutzbereichs sein, dass künftigen Veranstaltungen der Event-Kultur Meinungskundgabeelemente in dem Maße beigegeben werden, dass die Zweifelsfallregelung des BVerfG durchschlägt und die um politische Inhalte angereicherte Musikveranstaltung dann doch als Versammlung zu behandeln ist. **12**

Wenn bei Musikveranstaltungen, Theaterstücken oder Dichterlesungen die Teilnehmer durch ihre Anwesenheit Anteilnahme ausdrücken wollen – etwa für die Menschenrechte, um die es dem Autor geht, oder bei »Rock gegen rechts«, um gegen Rechtsextremismus anzutreten –, so handelt es sich um eine Meinungskundgabe zwecks Teilhabe an der öffentlichen Meinungsbildung. **13**

Bei Wahlkampfveranstaltungen politischer Parteien handelt es sich regelmäßig um Versammlungen, da die Besucher nicht nur politische Informationen einholen, sondern darüber hinaus mit ihrer Teilnahme Zustimmung oder Ablehnung mit dem Redner bzw. der veranstaltenden Partei zum Ausdruck bringen wollen. Indes bleibt auch der durch Missfallenskundgabe Ablehnung zeigende Kritiker Versammlungsteilnehmer. **14**

---

14 *BVerfG*, NJW 2001, 2460 f. (Love-Parade, Kammerbeschluss).
15 *Laubinger/Repkewitz*, VerwArch 2001, 609, gehen davon aus, dass das BVerfG noch nicht zwischen dem engen und dem erweiterten Versammlungsbegriff entschieden hat.
16 Vgl. *Höfling*, in: Sachs, Art. 8, Rz. 13 a.; *Schulze-Fielitz*, in Dreier, Art. 8, Rz. 27.

15   Bei Staatsbesuchen, internationalen Politikertreffen (Weltwirtschaftsgipfel u. a.), einem öffentlichen Gelöbnis oder einem Großen Zapfenstreich der Bundeswehr handelt es sich um Staatsveranstaltungen, nicht um Versammlungen. Stoßen solche Veranstaltungen auf organisierte Ablehnung, so handelt es sich dabei regelmäßig um eine Demonstration. Deren Teilnehmer stehen auch im Hinblick auf die Intensität des zum Ausdruck gebrachten Protestes so lange unter dem Schutz des Art. 8 Abs. 1 GG, als die im Rahmen der öffentlichen Sicherheit zu schützende Staatsveranstaltung nicht wesentlich beeinträchtigt wird[17]. Wird gegen einen Staatsbesucher selbst demonstriert (z. B. beim Besuch des chinesischen Ministerpräsidenten mit dem Transparent »Li Peng, Menschen sterben, der Handel lebt«), so sind versammlungsbehördliche Maßnahmen (Untersagung, Sicherstellung) erst zulässig, wenn der Inhalt des Transparents tatsachenwidrig ist. Empfindlichkeiten des Staatsgastes, der sich beleidigt fühlt, reichen nicht.

16   Der verbindende Zweck kann sich auch nachträglich herausbilden, sodass eine Ansammlung zur Versammlung wird[18]. So können an einem Informationsstand aus passiv Zuhörenden aktiv Diskutierende werden, die, wenn sie sich ihres Zusammenseins bewusst sind und zusammenbleiben wollen, eine Versammlung bilden. Unabhängig davon handelt es sich bei den Akteuren an einem Informationsstand dann um eine Versammlung bzw. Demonstration, wenn die Besonderheiten der Ausgestaltung (z. B. Transparente) des Informationsstandes vorrangig auf eine kollektive Aussage abzielen. Der Informationsstand ist dann Mittel zum Zweck, nicht selbst Zweck. Wenn etwa an einem Informationsstand der virulente Rassismus thematisiert wird, um Diskussionen anzuregen oder um als Kristallisationspunkt für politisch-theatralische Aufführungen die Öffentlichkeit anzusprechen, so bilden die Initiatoren und Beteiligten eine Versammlung, die für das Hinzutreten weiterer Teilnehmer offen ist[19]. Wird nach dem Verbot bzw. der Auflösung einer Versammlung erneut demonstriert[20], kann es sich um die unzulässige alte oder eine neue, (zunächst) unter dem Schutz von Art. 8 Abs. 1 GG stehende Demonstration handeln. Von letzterem kann ausgegangen werden, wenn ein neuer Demonstrationsgegenstand, nämlich der spontane Protest gegen das Verbot bzw. die Auflösung der alten Versammlung vorliegt; das gilt auch bei Identität der Teilnehmer. Im Zweifelsfall ist von einer neuen (Spontan-)Demonstration auszugehen[21], die indes

---

17 *BVerwG*, NJW 1990, 2076 (2079); vgl. auch *KG Berlin*, NStZ 2004, 45 ff.
18 *Kunig*, in: v. Münch/Kunig, Art. 8, Rz. 14.
19 So auch *VGH Mannheim*; DVBl. 1995, 361; a. A. *VGH München*, Beschluss vom 13. 5. 1994, 21 CE 94.1563, Leitsatz in NVwZ-RR 1994, 581 im Zusammenhang mit einem politisch orientierten Straßenfest.
20 *VG Berlin*, NVwZ-RR 1990, 189.
21 *Hofmann-Hoeppel*, DÖV 1992, 871.

bei weiterhin gegebener unmittelbarer Gefahr nach § 15 Abs. 2 VersG sogleich wieder aufgelöst werden kann.

Abzugrenzen bleibt die Versammlung noch von der Vereinigung i. S. von **17** Art. 9 GG. Ist letztere auf Dauer und organisierte Willensbildung angelegt, so stellt sich die Versammlung als vorübergehende Personenverbindung ohne organisatorische Verfestigung dar.

Art. 8 Abs. 1 GG und § 1 Abs. 1 VersG schweigen sich auch darüber aus, **18** wie viele Personen eine Versammlung ausmachen. Die dazu vertretenen Auffassungen reichen von zwei[22], über drei[23] bis zu sieben[24] Personen. Sieben Personen werden in Anlehnung an das Vereinsrecht als ausreichend erachtet. Indes taugt das Vereinsrecht als Vergleich nicht. Zunächst ist § 56 BGB nur eine Sollvorschrift, und zum anderen braucht die Versammlung als vorübergehende Erscheinung im Gegensatz zum Verein keine Posten zu besetzen. Definiert man i. S. eines allgemeinen Sprachgebrauchs eine Versammlung als eine Mehrzahl von Personen, so spricht dies für die Mindestzahl drei. Dafür könnte auch die jüngste Rechtsprechung des BVerfG zum Versammlungsbegriff sprechen, wonach »mehrere Personen«[25] eine Versammlung konstituieren. Gleichwohl wird man i. S. der Definition des BVerfG aber auch zwei Personen als ausreichend ansehen müssen, weil nicht einsichtig ist, warum sich nicht schon zwei Personen zwecks gemeinsamer Meinungsbildung und -äußerung unter dem Schutz der Versammlungsfreiheit zusammenschließen sollen können.

3. Begriff der Demonstration

Obwohl es Demonstrationen und nicht Versammlungen waren, die seit den **19** sechziger Jahren das Geschehen prägten, ist der Demonstrationsbegriff eher ein Stiefkind in Rechtsprechung und Literatur geblieben. Der Begriff der Demonstration steht indes in engem Zusammenhang mit dem Begriff der Versammlung. Auszublenden aus dem Schutzbereich von Art. 8 Abs. 1 GG ist aber die – auch als Demonstration bezeichnete – Meinungskundgabe einer einzelnen Person[26] (der Sandwichman als wandelndes Plakat oder die Ein-Mann-Mahnwache). Mit dieser Einschränkung wird die Demonstration gekennzeichnet als Zusammenkunft von mindestens zwei Personen

---

22 *Kloepfer*, Rz. 14; *Höfling*, in: Sachs, Art. 8, Rz. 9; *Pieroth/Schlink*, Rz. 695; *Herzog*, in: Maunz/Dürig, Art. 8, Rz. 48; *Schulze-Fielitz*, in: Dreier, Art. 8, Rz. 13; *Jarass*, in: Jarass/Pieroth, Art. 8, Rz. 3.
23 *Hoffmann-Riem*, AK-GG, Art. 8, Rz. 15; *Hölscheidt*, DVBl. 1987, 667; *BayObLG*, NJW 1979, 1985; so wohl auch jüngst *Enders*, Jura 2003, 36.
24 *v. Münch*, GG, 3. Aufl., Art. 8, Rz. 9.
25 *BVerfGE* 104, 92 Tenor Nr. 2.
26 *Kunig*, in: v. Münch/Kunig, Art. 8, Rz. 13; *Schulze-Fielitz*, in: Dreier, Art. 8, Rz. 13; a. A., aber ohne Begründung, *BVerfG*, NJW 1982, 3245.

mit dem verbindenden Zweck gemeinsamer Meinungskundgabe. Ein eigenständiger Demonstrationsbegriff macht auch Sinn, weil nicht jede Versammlung eine Demonstration ist. Das BVerfG verzichtet indes in seiner jüngsten Rechtsprechung auf einen selbstständigen Demonstrationsbegriff, handelt die Demonstration als kollektive Meinungskundgabe unter dem übergeordneten Dach des Versammlungsbegriffs ab. Die Demonstration, obwohl prägender Lebenssachverhalt im Versammlungsgeschehen, ist kein Rechtsbegriff. So wie die Versammlungsfreiheit die Demonstrationsfreiheit einschließen soll, scheint offensichtlich der Versammlungsbegriff auszureichen, um den Lebenssachverhalt Demonstration rechtlich zu erfassen.

4. Inhaltsbestimmung der Versammlungs- und Demonstrationsfreiheit

20 Die in Art. 8 Abs. 1 GG garantierte Versammlungsfreiheit verbürgt als Individualrecht hinsichtlich der Teilnahme das Recht, friedlich und ohne Waffen mit anderen Personen zusammenzukommen und eine gewisse Zeitspanne zusammenzubleiben, hinsichtlich der Veranstaltung einer Versammlung das Recht zur Vorbereitung, Organisation und Durchführung einschließlich der Leitung[27].

21 Wollen Veranstalter und Teilnehmer darüber hinaus kollektive Aktivitäten entwickeln, etwa ihr Demonstrationsanliegen optisch (Transparente), akustisch (Alarmsirene, Musik) oder dramaturgisch (Anachronistischer Zug) verdeutlichen bzw. in Szene setzen, so ist zu klären, ob auch diese Aktivitäten auf Art. 8 Abs. 1 GG gestützt werden können oder insoweit andere Grundrechte bemüht werden müssen.

22 Eine Demonstrationsfreiheit ist dem Wortlaut nach weder Art. 8 Abs. 1 GG noch anderen Grundrechtsartikeln zu entnehmen. Deshalb ist die verfassungsdogmatische Verortung unklar bzw. streitig. Es bestehen Bezüge zur Meinungs-, Versammlungs- und Vereinigungsfreiheit, zum Petitionsrecht als verfassungshistorischer Wurzel sowie zum Demokratieprinzip.

23 So wird denn die Auffassung vertreten, das Grundgesetz enthalte kein Grundrecht der Demonstrationsfreiheit; Art. 8 Abs. 1 GG schütze lediglich den Vorgang des Sichversammelns, aber nicht die in oder von einer Versammlung entwickelten Aktivitäten, etwa die gemeinsame Fortbewegung in einem Aufzug[28]. Insoweit müssten andere Grundrechte in Anspruch genommen werden (allgemeine Handlungs-, Meinungsfreiheit). Bei der Anerkennung der Demonstrationsfreiheit als Grundrecht soll es sich um eine »ochlokratische Fehlinterpretation der Demonstrationsdemokratie« han-

---

27 Vgl. auch *Kunig*, in: v. Münch/Kunig, Art. 8, Rz. 18; *Gusy*, Jus 1993, 556.
28 *Samper*, BayVBl. 1969, 77; *Stöcker*, DÖV 1983, 993; *Drosdzol*, JuS 1983, 409.

deln[29]; Großdemonstrationen sollen sich überhaupt nicht auf ein Grundrecht stützen lassen[30].

Diese Auffassung kann nicht überzeugen. Ihr ist zunächst entgegenzuhalten, dass neben der stationären auch die sich fortbewegende Versammlung als Aufzug von Art. 8 Abs. 1 GG erfasst wird[31]. Aus der besonderen Erwähnung der Aufzüge in § 1 VersG lässt sich keine Wesensverschiedenheit gegenüber Versammlungen ableiten; Aufzüge bedurften der Sonderregelung, weil von ihnen regelmäßig erhebliche Auswirkungen auf Rechte Dritter ausgehen, die Duldungspflichten auslösen können[32]. Selbst wenn man nach der die Demonstrationsfreiheit leugnenden Auffassung noch eine sich nicht fortbewegende kollektive Meinungskundgabe als grundrechtlich geschützt ansähe, käme man gleichwohl zu der absurden Konsequenz, dass Art. 8 Abs. 1 GG nur insoweit Wirkung zeigte, als er die Teilnehmer bei ihrem Zustandekommen und -bleiben schützte[33]; Art. 8 Abs. 1 GG wäre dann nur eine leere Hülse. Wer eine solche Reduzierung im Schutzbereich vornimmt, muss sich überdies fragen lassen, worin denn dann die vom *BVerfG* herausgestellte besondere Bedeutung von Art. 8 Abs. 1 GG für den Einzelnen und das demokratische Gemeinwesen[34] liegen soll; als Versammlungsfreiheit im engen Sinne würde Art. 8 Abs. 1 GG im Grundrechtskatalog eine nur untergeordnete Rolle spielen. In krassem Widerspruch dazu steht auch die Demonstrationswirklichkeit. Belegen doch die Veränderungen auf verschiedenen Politikfeldern (Umweltschutz, Abrüstung, Nutzung der Kernenergie, die Montagsdemonstrationen in der ehemaligen DDR), dass die Ausübung der Demonstrationsfreiheit, insbesondere in Großdemonstrationen, politische Veränderungen bewirkt hat.

Nach h. M. hat die Demonstrationsfreiheit ebenso Grundrechtsqualität wie die Versammlungsfreiheit[35]. Sehen einige Autoren die Demonstrationsfreiheit nur als Unterfall oder Teilaspekt der Versammlungsfreiheit[36], be-

24

25

---

29 *Stöcker*, DÖV 1983, 993.
30 *Stöcker*, DÖV 1983, 1001.
31 *BVerfGE* 69, 315 (343); *Hoffmann-Riem*, AK-GG, Art. 8, Rz. 12; *Europ. Menschenrechtskommission*, EuGRZ 1981, 217; *Schwäble*, S. 108.
32 So auch *Kostaras*, S. 167.
33 So auch *Ehrentraut*, S. 116.
34 *BVerfGE* 69, 315 (344).
35 So verortet das *BVerfG* in E 69, 315 (343 ff.) die Demonstrationsfreiheit wie selbstverständlich in Art. 8 Abs. 1 GG; so auch *Herzog*, in: Maunz/Dürig, Art. 8, Rz. 18; *Denninger*, ZRP 1968, 42; *Blumenwitz*, S. 131; *Schwäble*, S. 108; *Götz*, DVBl. 1985, 1347; *Brohm*, JZ 1985, 506; *Kühl*, NJW 1985, 2382; *Förster*, S. 15; *Gallwas*, JA 1986, 484; *Hofmann*, BayVBl. 1987, 99 ff.
36 *Kunig*, in: v. Münch/Kunig, Art. 8, Rz. 12; *Hollerbaum*, S. 7; *Götz*, DVBl. 1985, 1347; *Blumenwitz*, S. 131.

trachten andere sie gegenüber der Versammlungsfreiheit als umfassenderes Recht[37] oder zumindest als ein Kombinationsprodukt[38].

26 Die Eigenständigkeit der Demonstrationsfreiheit als Bestandteil der Versammlungsfreiheit ist nicht unstreitig. *Gusy* hält sie nur für eine Ausprägung der Versammlungsfreiheit, nicht für ein eigenständiges Grundrecht[39]. *Herzog* führt die Demonstrationsfreiheit im Kern auf Art. 2 Abs. 1 GG als Hauptfreiheitsrecht zurück; er sieht in der Versammlungsfreiheit einen Menschenwürdekern, der dem Einzelnen die Persönlichkeitsentfaltung in Gruppenform sichert und so den individuell-humanen Bedürfnissen des Menschen dient[40]. Mit der Rückführung von Art. 8 Abs. 1 GG auf den Menschenwürdesatz des Art. 1 GG soll der Tendenz entgegengetreten werden, die Versammlungs- und Demonstrationsfreiheit als politisches Grundrecht zu verabsolutieren, ohne damit den politischen Aspekt gänzlich verneinen zu wollen[41]. Eine Relativierung der Bedeutung der politisch-demokratischen Funktion von Art. 8 Abs. 1 GG ist mit dieser Reduktion gleichwohl verbunden.

27 Der Schutz des menschlichen Strebens nach Gemeinschaft rechtfertigt den Ableitungsstrang aus Art. 1 Abs. 1 und Art. 2 Abs. 1 GG[42]. Andererseits ist nicht zu verkennen, dass der ausschließliche oder vorrangige Bezug zur Menschenwürde und zum Persönlichkeitsrecht eine Entpolitisierung von Art. 8 Abs. 1 GG bewirkt[43]. Realisierung von Menschenwürde wird indes nicht nur über Freiheits- und Gleichheitsrechte garantiert, sondern ebenso unter dem aus der Menschenwürde folgenden Aspekt der mündigen Teilhabe am politischen Willensbildungsprozess. Im Kernbereich schützt Art. 8 Abs. 1 GG die politische, in einem breiten Restbereich auch die übrige Kommunikation[44].

28 Die h. M. verortet die Demonstrationsfreiheit als kollektive Meinungsfreiheit in Art. 8 Abs. 1 und Art. 5 Abs. 1 GG. Beide Grundrechte seien komplementär verschränkt, Ersteres ergänze Letzteres in kollektiver Wei-

---

37 *Denninger*, ZRP 1968, 42.
38 *Gallwas*, JA 1986, 484; *Starke/Stein*, JR 1984, 99; *H. Schneider*, DÖV 1985, 783.
39 *Gusy*, JuS 1993, 555; *ders.*, in: v. Mangoldt/Klein/Starck, Art. 8, Rz. 18; kritisch auch *Höfling*, in: Sachs, Art. 8, Rz. 18.
40 *Herzog*, in: Maunz/Dürig, Art. 8, Rz. 13 u. 16.
41 *Herzog*, in: Maunz/Dürig, Art. 8, Rz. 10 ff.; auf *BVerfGE* 69, 315 (343) lässt sich diese Sicht indes kaum stützen.
42 *Müller*, S. 48 f.; *Gallwas*, JA 1986, 484.
43 *Hofmann*, BayVBl. 1987, 105, unter Hinweis auf *Schwäble*, S. 91; auch das *BVerfG* stellt den Aspekt der Persönlichkeitsentfaltung in den Begründungszusammenhang mit der Demonstrationsfreiheit als politisch-demokratischem Grundrecht, E 69, 315 (344 f.).
44 *Bleckmann*, § 29, Rz. 8.

se[45]. Die Demonstrationsfreiheit stellt sich danach als Medium der Meinungsfreiheit dar[46], ist ihr Instrument für Meinungsäußerung in Gemeinsamkeit. Liegt bei diesem modalen Verständnis der Vorrang der Meinungsfreiheit nahe, betrachtet die h. M. die Demonstrationsfreiheit gleichwohl nicht als Unterfall der Meinungsfreiheit[47]; beide Grundrechte werden als Teilaspekte des einheitlichen Lebenssachverhalts Demonstration verstanden[48] und stehen insoweit selbständig nebeneinander[49].

5. Die Demonstrationsfreiheit als spezifisches Kommunikationsrecht

Die komplementäre Verschränkung hat im Wortlaut des Art. 8 Abs. 1 GG **29** keinen Niederschlag gefunden[50]. Lässt sich auch eine Aufeinanderbezogenheit der beiden Grundrechte nicht leugnen, so erschöpft sich doch das Grundrecht der Demonstrationsfreiheit nicht in der durch die Verschränkung vorgegebenen modalen Funktion; es ist als Querschnittsgrundrecht für kollektive Freiheitsausübung[51] Spezialgrundrecht[52] und insoweit mehr als nur ein Medium zur Realisierung der Meinungsfreiheit, nämlich selber spezifisches Kommunikationsrecht[53] mit der besonderen Gewährleistung, durch Kollektivität Meinungsäußerung potenzieren zu können[54], ja ihr eine andere Qualität zu geben. Konstitutiv-spezifisch ist die räumliche, zeitliche

---

45 *BVerfGE* 69, 315 (345); die 1. Kammer des *BVerfG* leitet die Demonstrationsfreiheit indes ausschließlich aus Art. 8 Abs. 1 GG ab (NJW 1998, 834); *BVerwGE* 56, 63 (69); *BGHSt* 23, 46 (56 ff.); *BGHZ* 59, 30 (36); *Herzog,* in: Maunz/Dürig, Art. 5, Rz. 9 u. 62; *Kunig,* in: v. Münch/Kunig, Art. 8, Rz. 37; *Ott/Wächtler,* Einf., Rz. 15; *Schwäble,* S. 59; *Hesse,* Rz. 404; *Brohm,* JZ 1985, 510; *Götz,* DVBl. 1985, 1347; *Gallwas,* JA 1986, 484; *Gusy,* JuS 1986, 610; a. A. *Geck,* DVBl. 1980, 797; *Müller,* S. 42 ff.; *v. Mutius,* Jura 1988, 30; *Ladeur,* in: Ridder u. a., Art. 8, Rz. 10 ff.
46 Krit. dazu *Ladeur,* in: Ridder u. a., Art. 8, Rz. 10 f.
47 So aber etwa *Hollerbaum,* S. 7; *Götz,* DVBl. 1985, 1347.
48 *Hofmann,* BayVBl. 1987, 131; offensichtlich auch *BVerfGE* 69, 315 (343); vgl. auch *Ott/Wächtler,* Einf., Rz. 15; *v. Mutius,* Jura 1988, 34; *Schmitt Glaeser,* Festschrift für Dürig, 1990, S. 99.
49 *BVerfGE* 82, 236 (258); *Mohl,* VR 1991, 253; *Kunig,* in: v. Münch/Kunig, Art. 8, Rz. 37.
50 *Jarass/Pieroth,* Art. 8, Rz. 2.
51 *Poscher,* 1998, 107.
52 *Quilisch,* S. 169; *Ehrentraut,* S. 133; so wohl auch *Herzog,* in: Maunz/Dürig, Art. 8, Rz. 22 (anders noch in der Bearbeitung 1981 zu Art. 8, Rz. 29); *Schwabe,* Probleme der Grundrechtsdogmatik, 1977, S. 411, Fn. 65; *Ossenbühl,* Der Staat 1971, 61.
53 *Ehrentraut,* S. 114 ff.; *Ladeur,* KJ 1987, 154 ff.; *Ladeur,* in: Ridder u. a., Art. 8, Rz. 10; *Scholz,* in: Maunz/Dürig, Art. 9, Rz. 8; *Höfling,* in: Sachs, Art. 8, Rz. 11 f.
54 *Mohl,* VR 1991, 254.

und körperliche Unmittelbarkeit der Personenmehrheit[55]. Kommt eine solche auf engerem Raum zusammen, gewinnt die Versammlung eine räumlich-physische Dimension, die in ihrer verkörperten Präsenz und Wirkung als Kundgebung spezifischer Ausdruck von Art. 8 Abs. 1 GG ist. Bei gemeinschaftlicher Meinungsäußerung vermischt sich diese räumlich-physische Komponente mit dem von den Demonstrationsteilnehmern vertretenen Anliegen dadurch zu einer Wirkungseinheit, dass die Menge durch ihre unmittelbare körperliche Anwesenheit sichtbar für eine bestimmte Meinung eintritt, also im eigentlichen Sinne Stellung nimmt und Standpunkt bezieht[56]. Dies belegen eindrucksvoll Schweigemärsche wie die der Mütter der Verschwundenen gegen die Militärdiktatur in Argentinien[57]. Hier werden Form und Aussage eins. Drücken bei einer Dichterlesung die Besucher durch ihre Anwesenheit Anteilnahme aus (etwa für die Durchsetzung von Menschenrechten, um die es dem Autor geht), so ist das kollektive Zuhören als Solidaritätsbekundung eine demonstrative Aktion. Wird durch eine Demonstration eine bestimmte Forderung artikuliert (z. B. gegen Fremdenfeindlichkeit), so liegt bereits im Versammeltsein eine (kollektive) Meinungskundgabe.

30 Mit der Reduzierung auf die modale Funktion beschränkte sich der Grundrechtsgehalt der Demonstrationsfreiheit auf die Garantie für mehrere oder viele, das tun zu können, was sie als Einzelne auch dürften[58]. Das wäre aber kein spezifischer Grundrechtsgehalt von Art. 8 Abs. 1 GG, denn die Meinungsäußerung in Gemeinsamkeit wird bereits durch Art. 5 Abs. 1 GG geschützt[59]. Ginge es also nur um den Schutz der kollektiven Meinungsäußerung, so wäre Art. 8 Abs. 1 GG insoweit entbehrlich und es verbliebe ihm nur die Bedeutung, den prozesshaften Vorgang des Sichversammelns zu schützen bzw. das Vehikel für die bereits durch Art. 5 Abs. 1 GG geschützte gemeinsame Meinungsäußerung zu stellen.

31 Die Wesensverwandtschaft zwischen der Versammlungs- und Demonstrationsfreiheit einerseits und der Meinungsfreiheit andererseits lässt sich unter dem Aspekt der räumlich-physischen Dimension auch insoweit in Frage stellen bzw. zumindest relativieren, als das für Art. 5 Abs. 1 GG Spezifische, die geistige Auseinandersetzung und Mitteilung, bei der Durchführung von Demonstrationen hinter deren Dimension des Eindruckma-

---

55 *Ehrentraut*, S. 115; *Ladeur*, in: Ridder u. a., Art. 8, Rz. 10.
56 *Ehrentraut*, S. 115; *Frank*, S. 45; so im Ergebnis auch *Kunig*, in: v. Münch/Kunig, Art. 8, Rz. 14.
57 *Ehrentraut*, S. 115.
58 So aber *Herzog*, in: Maunz/Dürig, Art. 8, Rz. 101; *Gusy*, JuS 1986, 610; *Gusy*, JuS 1993, 556; *VGH Mannheim*, BwVP 1992, 182; BayObLG, NJW 1995, 271.
59 *Schwäble*, S. 94; *Ehrentraut*, S. 109; *Ladeur*, in: Ridder u. a., Art. 8, Rz. 15; *Herzog*, in: Maunz/Dürig, GG, Art. 8, Rz. 7.

chens, des Beziehens einer polarisierenden Position mit entsprechender Drohgebärde zurücktritt[60]. Wird aber die von der Personenmehrheit vertretene Ansicht mit ihrer physisch-räumlichen Präsenz »beglaubigt«, ist der Bereich argumentativer Auseinandersetzung verlassen; identifizieren sich Demonstranten so mit ihrer Sache, bekommt die Auseinandersetzung zwangsläufig eine moralische Dimension[61], wodurch eine Argumentation von vornherein nicht möglich, wohl auch gar nicht gewollt ist. Solange bei dieser moralisierenden Auseinandersetzung Gewalttätigkeit und Zwang ausgeschlossen sind, bleibt der Schutz durch Art. 8 Abs. 1 GG bestehen. Grenzen setzen die Gebote der Friedlichkeit und Waffenlosigkeit. Die Grenze der Friedlichkeit wird überschritten, wenn nicht nur Druck ausgeübt, psychische Spannung erzeugt wird, sondern Zwang eingesetzt wird[62].

Gegen die ausschließlich modale Funktion der Demonstrationsfreiheit spricht zudem, dass inzwischen auch die Anreise zu einer Demonstration als vom Schutzbereich des Art. 8 Abs. 1 GG erfasst angesehen wird (Rz. 71 zu § 1). Damit wird ein Verhalten geschützt, das als Element der Entstehenssicherung einer Demonstration eine sachlich-eigenständige Grundrechtsverbürgung darstellt und sich insoweit der modalen Funktionsbetrachtung entzieht[63]. **32**

Zu klären bleibt, ob die bei Ausübung der Demonstrationsfreiheit geäußerten bzw. dargestellten Inhalte immer auf Art. 8 Abs. 1 GG gestützt werden können oder ob der Zugriff auf Art. 5 Abs. 1 GG geboten ist bzw. erforderlich bleibt. Die der Auffassung von der komplementären Verschränkung zugrunde liegende Trennung zwischen den durch eine Demonstration ausgedrückten Inhalten und ihrer technischen Seite als Transportmittel wird Art. 8 Abs. 1 GG nicht gerecht. Ist der Inhalt der durch eine Demonstration artikulierten Forderung identisch mit den Einzelnen verwendeten Darstellungsmitteln (z. B. reproduzieren oder auch konkretisieren die Inhalte der Spruchbänder und Transparente das Demonstrationsanliegen), so ist der Rückgriff auf Art. 5 Abs. 1 GG überflüssig, weil der Inhalt der die Gesamtforderung verdeutlichenden einzelnen Darstellungsträger mit der demonstrativen Anwesenheit der Menge in einer Gesamtaussage aufgeht bzw. eine untrennbare Wirkungseinheit eingeht. Eine Aufspaltung dieser Wirkungseinheit in einem nach Art. 5 Abs. 1 GG zu beurteilenden kommunikativen und einen auf Art. 8 Abs. 1 GG zu stützenden physisch-räumlichen Teil träfe die grundrechtliche Substanz von **33**

---

60 *Huba*, JZ 1988, 395; *Ehrentraut*, S. 144; vgl. auch *Gusy*, in: v. Mangoldt/Klein/ Starck, Art. 8, Rz. 9.
61 *Huba*, JZ 1988, 295.
62 *Bertuleit/Herkströter*, KJ 1987, 345; *Kniesel*, NJW 1992, 859, NJW 1996, 2609 u. NStZ 1998, 288 f.
63 *Ehrentraut*, S. 114.

Art. 8 Abs. 1 GG; würde doch eine versammlungsbehördliche Maßnahme gegen einzelne Darstellungsmittel (z. B. Transparente) zwar die physisch-räumliche Dimension der Demonstration nicht wesentlich beeinträchtigen, ihre Erfolgschancen bezüglich der Propagierung ihres Anliegens jedoch nachhaltig schmälern[64]. Dass sich Inhalt und Form letztlich nicht trennen lassen, ist wohl auch dem *BVerfG* im Brokdorf-Beschluss bewusst gewesen. Ist auch das *BVerfG* Anhänger der Auffassung von der komplementären Verschränkung der beiden Grundrechte[65], bezieht es doch die aus Art. 8 Abs. 1 GG fließende Gestaltungsfreiheit nicht nur auf die an der physisch-räumlichen Dimension orientierten Kriterien von Ort, Zeit und Form, sondern auch auf den Inhalt der demonstrativen Aussage[66].

34   Nicht ausgeschlossen, ja erforderlich ist der Rückgriff auf Art. 5 Abs. 1 GG indes dann, wenn bei Versammlungen bzw. Demonstrationen abweichende oder relativierende Meinungsäußerungen erfolgen. Erst recht gilt das für den (seltenen) Fall, dass keine einheitliche Gesamtaussage vorhanden ist, vielmehr eine kontroverse Behandlung eines Themas, die ja auch Gegenstand einer Versammlung sein kann, beabsichtigt ist. Kritische Distanz zum Gegenstand der Versammlung bzw. Demonstration, die sich in mannigfaltiger Weise äußern kann, steht immer auch unter dem Schutz des mit der Versammlungsfreiheit verbürgten Teilnahmerechts[67].

35   Als spezifisches Kommunikationsgrundrecht enthält die Demonstrationsfreiheit somit eine besondere Gewährleistung. Die Kollektivität der Kommunikation ist nicht von vornherein von untergeordneter Bedeutung oder sogar nur unter dem fraglos gegebenen Aspekt der Gefahrenintensivierung Anlass für Grundrechtseinschränkungen[68], sondern sie soll Meinungsäußerung potenzieren, ja in eine neue Qualität bringen können. Die Demonstrationsfreiheit lässt sich dann auch als politisches Kampfrecht begreifen, das auch physische Formen der Druckausübung zulässt[69].

36   Die Demonstrationsfreiheit verfügt als spezifisches Kommunikationsgrundrecht über besondere Ausdrucksformen. Sie gehen über bloße Verbalität, Schriftlichkeit oder Bildhaftigkeit hinaus und reichen bis ins Symbolische, garantieren unmittelbar Eindruck erzeugende Aktionen. Deshalb ist auch eine Reduzierung auf rein geistige Auseinandersetzung eine unzulässi-

---

64 *Ehrentraut*, S. 133.
65 *BVerfGE* 69, 315 (343).
66 *BVerfGE* 69, 315 (343).
67 Vgl. dazu *BVerfGE* 92, 191 (202); *Pieroth/Schlink*, Rz. 705; krit. *Roellecke*, NJW 1995, 3101.
68 So aber wohl *Gusy*, JuS 1986, 610.
69 So auch *Quilisch*, S. 151; *Bleckmann*, § 29, Rz. 28.

ge Einengung des Schutzbereichs[70]. Eine solche Beschränkung würde etwa das Einnehmen einer polarisierenden moralischen Position (s. o. Rz. 31) im Allgemeinen und demonstrative Blockaden oder identifizierungsvereitelnde Aufmachung durch Verkleidung bzw. »Vermummung« im Besonderen als zeichenhafte Ausdrucksmittel von der Gewährleistung des Art. 8 Abs. 1 GG ausschließen[71].

In der politischen Auseinandersetzung, in der die Meinungs- und Demonstrationsfreiheit als Lebenselemente einer freiheitlichen demokratischen Staatsordnung wirken[72], muss zwischen der Auseinandersetzung als solcher und den in ihr verwendeten Mitteln differenziert werden. Jede politische Auseinandersetzung, ob als geistige oder moralisierende, muss frei von Gewalt und Zwang bleiben. Beim Wettbewerb von Ideen, Meinungen und Lösungsansätzen geht es um Werbung, Überredung und Überzeugung, nicht um das Schaffen von Tatsachen. Die in dieser geistigen Auseinandersetzung zulässigen *Mittel* müssen aber nicht geistiger Art sein. Ausgeschlossen sind Gewalttätigkeit und Zwang. Das ergibt sich für die Meinungsäußerungsfreiheit aus der Aufzählung der Ausdrucksformen »Wort, Schrift und Bild«, für die Versammlungs- und Demonstrationsfreiheit aus den Geboten der Friedlichkeit und Waffenlosigkeit[73]. Der Bereich geistiger Auseinandersetzung wird überschritten, wenn nicht nur Druck ausgeübt, sondern Zwang eingesetzt wird, wenn nicht Entscheidungen beeinflusst, sondern Tatsachen geschaffen werden sollen. **37**

Dies hat das BVerfG in seiner jüngsten Blockadeentscheidung deutlich herausgestellt[74]. Zu beurteilen hatte es eine Blockadeaktion von Sinti und Roma, die einen Autobahngrenzübergang mittels auf der Fahrbahn abgestellter Pkw sperrten, um nach Verweigerung ihrer Einreise in die Schweiz ein Gespräch mit dem Hohen Flüchtlingskommissar zu erreichen und dafür die Einreise zu erzwingen. Hier urteilt das BVerfG, dass es den Blockierern mit ihrer Aktion nicht, jedenfalls nicht in erster Linie, um die Kundgebung einer Meinung oder die Erregung öffentlicher Aufmerksamkeit für ein kommunikatives Anliegen ging, sondern um die unmittelbare Durchsetzung ihrer Forderung; die zwangsweise oder sonstwie selbsthilfeähnliche Durchsetzung eigener Forderungen werde aber nicht vom Schutzbereich des Art. 8 Abs. 1 GG erfasst[75]. **38**

---

70 So aber *BGHSt* 23, 46 (57); *BGH, JZ* 1984, 521 (523); *Götz*, DVBl. 1985, 1347; *Brohm*, JZ 1985, 510; *Broß*, Jura 1986, 195.
71 So *Broß*, Jura 1986, 195; *Honigl*, BayVBl. 1987, 139; *Maatz*, MDR 1990, 581.
72 *BVerfGE* 7, 198 (208); 12, 113 (125); 20, 56 (97); 42, 163 (169); 69, 315 (344).
73 Dazu näher Rz. 136 ff.
74 *BVerfGE* 104, 92 (105).
75 *BVerfGE* 104, 92 (105); zust. *Enders*, Jura 2003, 37 f.

39   Diese weitere Verengung des Versammlungsbegriffs in Gestalt des Aus-
schlusses nur mittelbar zwangsweiser oder selbsthilfeähnlicher Durchsetzung eigener Forderungen, die der Senatsentscheidung zur Blockadeaktion
der Sinti und Roma wohl als tragender Grund i. S. von § 31 Abs. 1
BVerfGG zu Grunde liegt, überzeugt nicht und ist auch überflüssig. Die
Versammlungsfreiheit ist – gerade bei Rückführung auf ihre demokratische
Funktion und Rückbesinnung auf ihre historische Entstehung – politisches
Kampfrecht. Der Druck der Straße war und ist Hebel für politische Veränderungen. Werden beim Ausüben von Druck auf politische Entscheidungsträger physische Mittel – etwa in Form von Blockaden – eingesetzt, so
bieten die verfassungsunmittelbaren Gewährleistungsschranken der Friedlichkeit aus Art. 8 Abs. 1 GG einerseits und Maßnahmen nach § 15 Abs. 1
und 2 VersG andererseits ausreichende Möglichkeiten der Grundrechtsein-
schränkung, ohne dass es einer weiteren Beschneidung des Schutzbereichs
der Versammlungsfreiheit bedürfte.

40   Die zwangsweise Durchsetzung eigener Forderungen ist bereits bei der
Friedlichkeit zu berücksichtigen. Das Friedlichkeitsgebot als Garant kommunikativer geistiger Auseinandersetzung schließt zwar die Beeinflussung
politischer Entscheidungsträger durch den Druck der Straße auch mittels
physisch wirkender Blockaden nicht aus, verbietet aber die zwangsweise
Durchsetzung der aufgestellten Forderungen. Zwangsweise Durchsetzung
oder selbsthilfeähnlicher Vollzug meint, dass vollendete Tatsachen geschaffen werden, dass mit den eingesetzten Mitteln schon das eigentliche Ziel
erreicht wird und nicht nur Aufmerksamkeit, um dieses Ziel in einem politischen Prozess zu erreichen. In Anbetracht des vom BVerfG zu entschei-
denden Falles der die Einreise begehrenden Sinti und Roma macht es immer noch einen Unterschied, ob das physische Mittel eingesetzt wird, um
die Einreise selber unmittelbar zu realisieren, oder dazu, ein Gespräch zu
erzwingen, das später die legale Einreise ermöglichen soll. Im ersteren Fall
wäre Unfriedlichkeit gegeben, im letzteren nicht. Das Friedlichkeitsgebot
darf, ja muss keine allzu hohe Hürde sein, weil das auf der Grundlage von
Art. 8 Abs. 1 GG erlassene VersG noch weitere Möglichkeiten der Grundrechtsbeschränkungen bietet, die umso funktionsloser werden, je höher die
Anforderungen an das Gebot der Friedlichkeit ausfallen. Ist also im letzteren Fall der Schutzbereich eröffnet, weil die Hürde der Friedlichkeit genommen wurde, bedeutet das nicht, dass von der Versammlungsfreiheit im
Ergebnis auch Gebrauch gemacht werden kann. Im Grenzbereich, besser
Überlappungsbereich des eröffneten Schutzbereiches bei bereits gegebener
verwerflicher Nötigung kann und wird die zuständige Versammlungsbehörde Verfügungen nach § 15 Abs. 1 oder 2 VersG treffen, d. h. ein Verbot
bzw. eine Auflösung wegen Verstoßes gegen die öffentliche Sicherheit in

Form der Verletzung von § 240 Abs. 1 StGB aussprechen und so den Schutz durch Art. 8 Abs. 1 GG von Anfang an nehmen bzw. beenden[76].

So wird als Essential der grundrechtlichen Verbürgung der Demonstra- **41** tionsfreiheit die Ermöglichung auch nichtverbaler Expressivität und dramatischer Inszenesetzung öffentlicher Angelegenheiten gesehen. Der über die mediale Sicht der Demonstrationsfreiheit hinausgreifende Gewährleistungsbereich erfasst dann auch alle die aus der unmittelbaren Anwesenheit von Versammelten resultierenden sozialen Erscheinungsformen, die über den sozialen und rechtlichen Institutionalisierungsgrad der in Art. 5 Abs. 1 Satz 1 GG unter Schutz gestellten Kommunikationsformen hinausgehen. Art. 8 Abs. 1 GG garantiert somit eine durch körperliche Anwesenheit potenzierte Wirkungschance, die (Ein-)Druck mittels öffentlicher Dramatisierung einer Angelegenheit erzeugt[77]. So würde etwa in Form einer Sitzdemonstration[78] mittels kollektiven Körpereinsatzes durch Sitzen auf der Straße im doppelten Sinne sowohl »Stellung genommen als auch Standpunkte bezeugt«[79]. Die Handlungsformen und Ausdrucksmittel der kollektiven Inanspruchnahme von Art. 8 Abs. 1 GG sind weder dort noch im VersG näher ausgestaltet oder gar abschließend aufgeführt; insoweit ist Selbstbestimmung[80] in der Gestaltung garantiert, besteht Typenfreiheit.

---

76 Vgl. dazu *BVerfGE* 73, 206 (250); *BVerfG*, NJW 1991, 771, 1992, 2688, auch *BVerfGE* 87, 399 (407), wo es von der Verzahnung von Verwaltungsrecht mit dem Straf- und Ordnungswidrigkeitsrecht spricht; vgl. auch *BVerfGE* 92, 192 (201 f.); *BayObLG*, NVwZ 1990, 196, wonach mit wirksamer polizeilicher Auflösungsverfügung Art. 8 Abs. 1 GG als Rechtfertigungsgrund für tatbestandswidriges Verhalten entfällt; *OLG Zweibrücken,* StV 1986, 103; *Brohm,* JZ 1985, 211; *Kühl,* StV 1987, 132; *v. Mutius,* Jura 1988, 89; *Pieroth/Schlink,* Rz. 716; *Weichert,* StV 1989, 459 ff.; *Eser,* in: Festschrift für Jauch, 1990, S. 45; *Bertuleit/ Herkströter,* in: Ridder u. a., § 240, Rz. 46; *Hoffmann-Hoeppel,* DÖV 1992, 873 f.; *Knemeyer/Deubert,* NJW 1992, 3122 ff.; *Ebel,* Kriminalistik 1993, 47, Fn. 19; *Küpper-Bode,* Jura 1993, 190; *Rinken,* StV 1994, 104; *Bertuleit,* Sitzdemonstrationen, 1994, S. 82 ff., 110 ff.; *Ott/Wächtler,* § 15, Rz. 40; *Höfling,* in: Sachs, Art. 8, Rz. 30; *Schulze-Fielitz,* in: Dreier, Art. 8, Rz. 24 und 58. *BVerfGE* 82, 236 (264) steht der Notwendigkeit einer Auflösungsverfügung nicht entgegen. Die Entscheidung steht nicht im Kontext mit den Sitzblockadenentscheidungen des *BVerfG.* Es ging um Landfriedensbruch, nicht um Nötigung, vgl. dazu *Kniesel,* NStZ 1998, 289; *Höfling,* in: Sachs, Art. 8, Rz. 30; a. A. *Schwabe,* NStZ 1998, 22 f.

77 *Preuß,* S. 423 ff.; so auch *Müller,* S. 147; *Förster,* S. 159; *Kühl,* StV 1987, 132; *Bertuleit/Herkströter,* KJ 1987, 337 ff.; *Ladeur,* KJ 1987, 154 f.; krit. *Badura,* S. 205.

78 Das *BVerfG* spricht in E 73, 206 ff. nicht von Sitzblockaden, sondern von Sitzdemonstrationen; zum Schutz durch Art. 8 Abs. 1 GG; näher § 15, Rz. 137 ff.

79 *BVerfGE* 69, 315 (345).

80 *BVerfGE* 69, 315 (343).

42   Die Demonstrationsfreiheit ist vor diesem Hintergrund sowohl Element staatlichen Integrationsbemühens als auch des politischen Konflikts[81]. In der letzten Eigenschaft ermöglicht sie Protest, hat sie die Funktion eines Ventils für aufgestaute politische Missstimmungen. Dieses Sicherheitsventil[82] fängt systemstabilisierend[83] revolutionäre Tendenzen ab[84]. Dabei muss allerdings die Bedeutung von Art. 8 Abs. 1 GG für die politische Einflussmöglichkeit des Einzelnen maßgebliche Berücksichtigung beim Abwägungsvorgang finden[85].

43   Der Einsatz auch nichtgeistiger Mittel in der politisch-demokratischen Auseinandersetzung entspricht den vom *BVerfG* besonders für sonst einflusslose Minderheiten geforderten realen Wirkungschancen[86]. Inwieweit Personen ihre Interessen durchsetzen können, ist nicht nur eine Frage der Überzeugungskraft ihrer Argumente, sondern auch ihrer gesellschaftlichen Macht. Die Macht des Arguments ist beschränkt. Verfestigten Meinungen oder Verhältnissen wird man mit reiner Rationalität schwerlich beikommen können; vor allem nicht in Anbetracht des Befundes, dass in einer Gesellschaft, in der der direkte Zugang zu den Medien und die Chance, sich durch sie zu äußern, auf wenige beschränkt ist, dem Einzelnen neben seiner organisierten Mitwirkung in Parteien und Verbänden nur die kollektive Inanspruchnahme von Art. 8 Abs. 1 GG in Form des »Auf-die-Straße-Gehens« bleibt[87].

44   Die Mittel zur Einführung von Botschaften in die öffentliche Diskussion sowie zu ihrer Verbreitung und Verstärkung sind für den Einzelnen beschränkt. Demgegenüber haben große Verbände, finanzkräftige Personen und Institutionen sowie die Meinungsmacher in den Medien gewichtige Mittel, um ihre Argumente und Botschaften im politisch-demokratischen Willensbildungsprozess zur Geltung zu bringen. Insoweit haben Demonstrationen Kompensationsfunktion, sind letzter Ausweg aus dem Ghetto politischer Ohnmacht[88], und gleichzeitig konkretisieren sie das in Art. 8 Abs. 1 GG aufgehobene plebiszitäre Element[89]. Soll im demokratischen Verfassungsstaat die als »Mehrheit in being« zu verstehende Minderheit ei-

---

81 *Schwäble*, S. 70.
82 *Blumenwitz*, S. 133.
83 *BVerfGE* 69, 315 (347) unter Hinweis auf *Blanke/Sterzel*, Vorgänge 1983, S. 69.
84 *Denninger*, DRiZ 1969, 71.
85 So auch *Schwäble*, S. 111.
86 *BVerfGE* 69, 315 (347).
87 *BVerfGE* 69, 315 (346).
88 Nach *BVerfGE* 69, 315 (346) wirkt die ungehinderte Ausübung des Grundrechts aus Art. 8 Abs. 1 GG dem Bewusstsein politischer Ohnmacht entgegen; *Herzog*, in: Maunz/Dürig, Art. 8, Rz. 11.
89 *Ladeur*, in: Ridder u. a., Art. 8, Rz. 10.

ne reale Veränderungschance haben, dann kann als politisches Kampfmittel nicht nur das Argument, sondern müssen auch physische Formen der Druckausübung zugelassen werden, weil gerade angesichts der hohen Aufmerksamkeitsschwelle der Massenmedien nur dann eine attraktive und effiziente Kommunikationschance gegeben ist, mit der die bestehende Mehrheit erreichbar ist. Dass mit Demonstrationen Druck ausgeübt werden darf, belegt ein Vergleich mit anderen nach der Verfassung zulässigen Einflussmöglichkeiten auf die politische Willensbildung[90]. So ist das in Art. 9 Abs. 3 GG garantierte Streikrecht Beispiel für verfassungsrechtlich legitimierte Einflussnahme durch Druckerzeugung bis hin zur Pression durch wirtschaftliche Mittel. Art. 21 Abs. 1 Satz 3 GG erlaubt mit der Finanzierung politischer Parteien durch private Spender handfeste interessengeleitete Einflussnahme auf den politischen Willensbildungsprozess, womit das Grundgesetz nichtgeistige Formen der Ausübung sozialen und politischen Drucks in Form gesellschaftlicher Machtentfaltung anerkennt.

Im Hinblick auf die Eigenschaft der Demonstrationsfreiheit als Kommunikationsgrundrecht errichtet eine stationäre Einschließung bzw. die mobile einschließende Begleitung einer Demonstration durch starke mit Einsatzanzug, Helm und gezogenem langen Schlagstock ausgerüstete Polizeikräfte Barrieren für die Kommunikation zwischen den Demonstranten und der Öffentlichkeit, die mit dem Demonstrationsanliegen erreicht werden soll, und stellt deshalb einen Eingriff in § 8 Abs. 1 GG dar[91]. **45**

6. Gestaltungsfreiheit

Die Gestaltungsfreiheit beinhaltet das Recht der Selbstbestimmung über Ort, Zeitpunkt, Art und Inhalt der Versammlung. Indes erscheint auch hier das Verhältnis der die Schutzgehalte einspeisenden Art. 8 Abs. 1 GG und Art. 5 Abs. 1 GG zueinander nicht gänzlich geklärt. Insoweit hat das BVerfG in seinen Kammerentscheidungen der letzten Jahre zu rechtsextremistischen Versammlungen einerseits seine zentrale Aussage des Brokdorf-Beschlusses wiederholt, wonach Art. 8 Abs. 1 GG das Recht der Selbstbestimmung über Ort, Zeitpunkt, Art und Inhalt der Versammlung beinhaltet[92]. Gleichzeitig knüpft es aber auch an seine Entscheidung zur Leugnung des Holocaust aus dem Jahr 1994 an, in der Art. 8 Abs. 1 GG nur den Maßstab für die Art und Weise der kollektiven Meinungskundgabe in Gestalt einer Versammlung abgibt, während Art. 5 Abs. 1 GG entscheidend für den Inhalt, also die in Versammlungen geäußerten Meinungen ist[93]. Geht es um **46**

---

90 So auch *Prittwitz*, JA 1987, 24; *Preuß*, S. 425.
91 *OVG Bremen*, NVwZ 1990, 1191.
92 *BVerfGE* 69, 315 (343); vgl. auch *BVerfGE* 104, 92 (108).
93 *BVerfGE* 90, 241 (246); NJW 2001, 1411; NJW 2001, 2072.

Inhalt und Symbolträchtigkeit von Aussagen und mitgeführten Gegenständen (Redebeiträge, Parolen, Transparente, Fahnen, Trommeln), soll Art. 5 Abs. 1 GG Garant der Gestaltungsfreiheit sein. Zusätzlich sei Art. 8 Abs. 1 GG beeinträchtigt, wenn in den äußeren und inneren Ablauf der Versammlung, etwa durch Verbot eines Rednerauftritts, eingegriffen werde[94].

47   Die vom BVerfG vorgenommene Aufteilung – Art. 8 Abs. 1 GG als Maßstab für die Art und Weise, Art. 5 Abs. 1 GG als maßgeblich für den Inhalt – vermag nicht zu überzeugen. Ort, Zeitpunkt und Art der Veranstaltung können beinahe regelmäßig, zumindest oft, nicht vom Inhalt abgetrennt gesehen werden. So ist der für eine Demonstration ausgewählte Ort nicht nur von funktionaler Bedeutung, sondern geht mit der Demonstrationsaussage eine Wirkungseinheit ein (Demonstration vor Parlament, Sitzblockade vor Raketendepot). Gleiches gilt für den Zeitpunkt, etwa die Demonstration an einem Gedenk- oder Geburtstag bzw. am Tag der drohenden Abschiebung einer Person. In der durch die Versammlungsbehörde verfügten Verschiebung des Demonstrationstermins liegt dann nicht nur ein Eingriff in Art. 8 Abs. 1 GG im Hinblick auf den Zeitpunkt, sondern auch auf die inhaltliche Aussage, die an dem anderen Termin an entscheidender Aussagekraft verliert. Dass Art. 8 Abs. 1 GG auch die inhaltliche Ausgestaltung schützt, belegt gerade das Redeverbot. Hier wird in Art. 8 Abs. 1 GG nicht nur insoweit eingegriffen als die Möglichkeit kommunikativer Entfaltung in Gemeinschaft mit anderen Teilnehmern beeinträchtigt wird, sondern es wird auch die inhaltliche Gestaltungsfreiheit des Veranstalters beeinträchtigt, dessen Veranstaltung ein Programmpunkt genommen wird.

48   Die Veranstalter haben das Recht auf Darstellung ihres Anliegens in der Öffentlichkeit. Die Versammlungsbehörden dürfen inhaltlich auf Programm bzw. Thema oder Rednerauswahl grundsätzlich keinen Einfluss nehmen; sie haben die Grundrechtsausübung als solche zu gewährleisten, aber auch bei durch die geplante Veranstaltung bedingten Kollisionen mit Grundrechten Dritter durch beschränkende Verfügung ein gesichertes Nebeneinander der Grundrechtsausübung mittels Herstellung praktischer Konkordanz[95] zu ermöglichen und im Übrigen Rechtsgutverletzungen abzuwehren. Gegenstand einer Demonstration kann auch ein behördliches Verbot sein. Will etwa ein Motorradclub eine Protestfahrt seiner Mitglieder als Demonstration gegen das Verbot des Befahrens einer bestimmten Strecke für Motorräder durchführen, so fällt das unter den Schutzbereich von Art. 8 Abs. 1 GG. Die vom *VGH Mannheim* vertretene ablehnende Auffassung, wonach das Grundrecht der Versammlungsfreiheit keine Verhaltensweisen im Gewand einer Versammlung schütze, die dem Einzelnen un-

---

94 *BVerfG*, DVBl. 2002, 690; DVBl. 2002, 970.
95 *Hesse*, Rz. 72.

tersagt sind, überzeugt nicht[96]. Den demonstrierenden Motorradclubmitgliedern geht es nicht um das Befahren auf dem Umweg über die Demonstrationsfreiheit, sondern um den Protest gegen das Streckenverbot, den sie durch eine gemeinsame (einmalige) Fahrt zum Ausdruck bringen wollen. Damit sind Beschränkungen nach § 15 Abs. 2 VersG zum Schutze von Rechten Dritter nicht ausgeschlossen.

In die Selbstbestimmung über Form und Inhalt wird eingegriffen, wenn **49** das Erscheinungsbild einer Demonstration durch hautenge einschließende Begleitung durch starke Polizeikräfte verändert wird[97].

Die Gestaltungsfreiheit erstreckt sich auch auf Ort, Zeitpunkt und Dauer **50** der geplanten Veranstaltung. Da aber Dritte durch die gewählte Örtlichkeit und den Zeitpunkt bzw. Zeitraum in ihren Rechten betroffen werden können (z. B. als Gewerbetreibende oder Verkehrsteilnehmer), gibt es für den Veranstalter kein Selbstbestimmungsrecht i. S. einer absoluten Verfügungsbefugnis über Ort und Zeit; er muss auf entgegenstehende Rechte Dritter Rücksicht nehmen, was zu Änderungen, ggf. auch zur Undurchführbarkeit seiner geplanten Veranstaltung führen kann. Die Auswahl einer bestimmten Örtlichkeit kann die Wirkungschancen einer Demonstration steigern. Die Nähe zu einem bestimmten Objekt (Parlament, Kernkraftwerk) ist oft essentielle Voraussetzung, um in der Öffentlichkeit bzw. in den Medien Aufmerksamkeit für das Demonstrationsanliegen zu erregen. Art. 8 Abs. 1 GG verbürgt insoweit sowohl das Recht, sich die anzusprechende Öffentlichkeit hinsichtlich ihrer Qualität aussuchen zu können, als auch die Möglichkeit, den Veranstaltungsort unter dem quantitativen Aspekt zu wählen, dass möglichst viele Adressaten erreicht werden[98]. Im Hinblick auf den weitgehenden Verlust der Möglichkeit, Volksvertreter mit den Forderungen von Demonstranten zu konfrontieren, stößt das generelle Demonstrationsverbot des § 16 für Bannkreise trotz seiner inzwischen für die Bundesorgane erfolgten Relativierung auf verfassungsrechtliche Bedenken[99] (Rz. 18 zu § 16).

Die Gewährleistung der Selbstbestimmung des Ortes schließt das Recht **51** zur Benutzung öffentlicher Straßen und Plätze ein[100]. Es handelt sich insoweit weder um Gemeingebrauch noch Sondernutzung, sondern schlicht um Ausübung des Grundrechts der Demonstrations- und Versammlungsfreiheit[101]. Die Optimierung der Wirkungschancen der Versammlungsfreiheit

---

96 *VGH Mannheim*, BWVP 1992, 182; siehe auch Rz. 30.

97 *OVG Bremen*, NVwZ 1990, 1191 f.

98 *Schwerdtfeger*, S. 456; vgl. auch *OVG Weimar*, NJ 1 998, 554.

99 *Höfling*, in: Sachs, Art. 8, Rz. 62.

100 *BVerfGE* 73, 206 (249).

101 So zutr. *Burgi*, DÖV 1993, 638; das *BVerfG* spricht in E 73, 206 (249) von Allgemeingebrauch.

verlangt den öffentlichen Raum[102]. Die Sachherrschaft des öffentlichen Eigentümers der von den Veranstaltern gewählten öffentlichen Flächen bzw. Räume ist mit einer aus dem Grundrecht fließenden Duldungspflicht belastet[103]; das bedeutet, dass Art. 8 Abs. 1 GG dem öffentlichen Sachenrecht und seiner Sach- und Güterordnung vorgeordnet ist[104]. Insoweit greift eine Dogmatik zu kurz, die das Selbstbestimmungsrecht in Bezug auf den Veranstaltungsort auf solche Flächen bzw. Räume beschränkt, auf die der Veranstalter nur deshalb Zugriff hat, weil eine Verfügungsbefugnis schon vorher besteht[105]. Bei Straßen mit eingeschränktem Widmungszweck kann gleichwohl Ergebnis der erforderlichen Güterabwägung sein, dass eine Örtlichkeit, die außerhalb des Widmungszwecks liegt, nicht in Anspruch genommen werden kann (z. B. Demonstration auf einer Autobahn). Die Festlegung eines militärischen Sicherheitsbereiches, z. B. für ein öffentliches Gelöbnis der Bundeswehr, schränkt de facto die Selbstbestimmungsmöglichkeit des Ortes ein, steht aber der Nutzung einer angrenzenden Fläche für eine Gegendemonstration nicht entgegen[106].

52 Mit der Gestaltungsfreiheit bezüglich des Ortes ist kein Anspruch gegen Private auf Überlassung eines Grundstücks eingeräumt. Art. 8 Abs. 1 GG richtet sich in seiner Dimension als Leistungsrecht ausschließlich gegen den Staat und seine Hoheitsträger. Wird zur Durchführung einer Demonstration ein im Privateigentum stehendes Grundstück benötigt, so ist der Veranstalter auf eine privatrechtliche Einigung mit dem Eigentümer bzw. Besitzer angewiesen, es sei denn, es kann von einer mutmaßlichen Einwilligung ausgegangen werden. Findet eine Demonstration auf öffentlich zugänglichem Privatgelände, etwa als Protestveranstaltung gegen die Abschiebung von Asylbewerbern in der Eingangshalle eines Flughafens statt, so ist zu differenzieren. Dem privaten Eigentümer bleibt es zivilrechtlich unbenommen, das ursprünglich jedermann eingeräumte Betretungsrecht gegen-

102 *Röthel*, Grundrechte in der mobilen Gesellschaft, 1996, S. 98; *Steiner*, in: Steiner, Besonderes Verwaltungsrecht, 1995, V, Rz. 136; für Grundrechtsgebrauch und -schutz innerhalb des Gemeingebrauchs vgl. *Salzwedel*, in: Schmidt-Aßmann, Besonderes Verwaltungsrecht, 1995, 8. Abschn., Rz. 29.
103 *Höfling*, in: Sachs, Art. 8, Rz. 38.
104 *Burgi*, DÖV 1993, 638 f.; so wohl auch *Schlink*, NJW 1993, 610; a. A. *BVerwG*, NJW 1993, 609; *OVG Münster*, NWVBl. 1992, 245 f.; während das *BVerwG* Art. 8 Abs. 1 GG zumindest bei der Entscheidung über den Antrag auf Erteilung einer Sondernutzungserlaubnis maßgebliche Bedeutung beimisst (NJW 1993, 610), verneint das *OVG Münster* bei Art. 8 Abs. 1 GG jegliche Schutz- und Förderungspflicht (NWVBl. 1992, 246).
105 So aber *OVG Münster*, NWVBl. 1992, 243 (246); *BVerwG*, NJW 1993, 609; kritisch dazu *Höfling*, in: Sachs, Art. 8, Rz. 39.
106 *Ladeur*, in: Ridder u. a., Art. 8, Rz. 42; dazu näher *Deiseroth*, in: Ridder u. a., Demonstrationsfreiheit und Militär, Rz. 14 ff.

über den Demonstranten zurückzunehmen. Wird die Flughafen-GmbH mehrheitlich von der öffentlichen Hand betrieben, so unterliegt sie der Grundrechtsbindung aus Art. 8 Abs. 1 GG. Bei einer Minderheitsbeteiligung der öffentlichen Hand erwächst aus Art. 8 Abs. 1 GG die Verpflichtung, Einfluss auf den privaten Mehrheitseigner auszuüben, um die zulässige Grundrechtsausübung zu ermöglichen[107].

Die Gestaltungsfreiheit bezieht sich auch auf Zeitpunkt und Dauer. Dem 53 stehen beschränkende Verfügungen der Versammlungsbehörde nicht entgegen, die den Ausgleich mit betroffenen Rechtsgütern Dritter herstellen sollen (z. B. durch Berücksichtigung von Verkehrsspitzenzeiten oder eines verkaufsoffenen Samstags). Im Hinblick auf die Dauer von Versammlungen bzw. Demonstrationen wird zutreffend auf das Element der Zeitweiligkeit hingewiesen[108]. Selbst das kurzfristige Hochhalten eines Plakats oder Transparents durch zwei Personen kann eine Versammlung darstellen. In Abgrenzung zur Vereinigung als einer auf Dauer angelegten Veranstaltung ist bei Versammlungen die zeitliche Begrenzung Wesensmerkmal, was nicht ausschließt, dass sich Demonstrationen, etwa als Dauermahnwachen, über einen längeren Zeitraum erstrecken, vorausgesetzt, dass Rechte Dritter nicht unangemessen beeinträchtigt oder andere Demonstrationen an gleicher Stelle für längere Zeit verhindert werden. Maßgebend bleibt, ob die Wirksamkeit der Demonstration gerade von ihrer Dauer abhängt.

Was die inhaltliche Gestaltung angeht, so sind durch Art. 8 Abs. 1 GG 54 vielfältige Formen gemeinsamen Verhaltens bis hin zu nichtverbalen Ausdrucksformen gewährleistet[109]. Es besteht Typenfreiheit, kein vorgegebenes Muster. Das folgt schon aus dem Wortlaut von Art. 8 Abs. 1 GG, der mit dem Recht, sich zu versammeln, keine bestimmte Form vorgibt. Die Demonstrationsfreiheit verfügt als spezifisches Kommunikationsgrundrecht über besondere Ausdrucksmittel, die zur Symbolik geraten können und unmittelbaren Eindruck erzeugende Aktionen garantieren[110]. Will etwa Krankenhauspersonal dergestalt auf mangelnde Versorgung der Patienten aufmerksam machen, dass der angeprangerte Pflegenotstand mit entsprechenden Utensilien (Zelt, Betten, medizinischem Gerät) in Szene gesetzt wird, so ist die Aufstellung der Gegenstände essenzieller Bestandteil der demonstrativen Aussage und fällt deshalb unmittelbar unter Art. 8 Abs. 1

---

107 *VGH Kassel*, NVwZ 2003, 874; *Pieroth/Schlink*, Rz. 171; *Höfling*, in: Sachs, Art. 1, Rz. 96; *Mikesic*, NVwZ 2004, 788 ff. Für die Deutsche Bahn AG vgl. OVG Lüneburg, NVwZ-RR 2004, 575.
108 So *Lisken*, NJW 1995, 2475; andererseits kennt Art. 8 Abs. 1 GG keine Höchstdauer, vgl. *Gusy*, in: v. Mangoldt/Klein/Starck, Art. 8, Rz. 21.
109 *BVerfGE* 69, 315 (343).
110 *Müller*, S. 147; *Förster*, S. 159; *Kühl*, StV 1987, 132; *Ladeur*, KJ 1987, 154 f.; *Preuß*, S. 423 ff.

GG. Aktuelle Erscheinungsformen des spontanen, über Internet und Handy organisierten Zusammenkommens von Personen sind sog. smart mob (schlaue Meute) und flash mob (spaßorientierte Blitzmeute). Aktionen von smart mob haben ein politisches Ziel, wollen bessere Verhältnisse schaffen, und fallen deshalb unter den engen Versammlungsbegriff (Rz. 5 ff.), während flash mob-Aktionen wegen ihres gewollten Charakters als Blödsinnstheater auf Unterhaltung angelegt sind und deshalb wegen ihrer unpolitischen Ausrichtung keine Versammlungen sind.

55 Zulässig sind neben den klassischen Formen der Diskussionsversammlung, der Kundgebung und des Demonstrationsaufmarsches (Aufzug) auch Mischformen, z. B. Diskussionsversammlung mit Außenübertragung, Aufzug mit Zwischenkundgebung(en) sowie neue Veranstaltungsformen, z. B. Sitzdemonstrationen, Mahnwachen, Schweigemärsche, Straßentheater, Menschenketten. Das Hüttendorf als Basis des Protests gegen die Kernenergie oder das Zeltlager gegen die drohende Abschiebung protestierender Roma können Demonstrationen i. S. von Art. 8 Abs. 1 GG und § 1 Abs. 1 VersG sein[111]; auch das Abbrennen eines Mahnfeuers gehört zur wirksamen Wahrnehmung der Demonstrationsfreiheit[112]. Der Umstand, dass eine Veranstaltung in Form eines Festes durchgeführt wird (Karls-Preis-Gegenveranstaltung »Europa von unten«), steht der Qualifizierung als Demonstration nicht entgegen. Auch sog. Intervallversammlungen (als in Abständen wiederholte Versammlungen) sind möglich; sie sind als jeweils selbständige Versammlungen bzw. Demonstrationen zu betrachten, d. h., dass ein Verbot auf Vorrat ausgeschlossen ist[113]; jede Veranstaltung ist durch die Versammlungsbehörde isoliert zu beurteilen. Ein Gottesdienst, in dem sich religiöse und politische Inhalte mischen (Gottesdienst in der Bannmeile anlässlich der Änderung des Asylrechts, Rz. 4 zu § 17), ist nicht als Demonstration (die unter das Verbot nach § 16 VersG fiele) zu behandeln, wenn die Form (ausschließliche Verwendung liturgischer Mittel zur Vermittlung der inhaltlichen Aussage) für Religionsausübung spricht[114].

56 Art. 8 Abs. 1 GG schützt nicht nur die eng abgegrenzte oder abgrenzbare Einzelversammlung. Insbesondere Großdemonstrationen bestehen oft aus einer Mehr- oder Vielzahl parallel verlaufender Teil- bzw. Nebenveranstaltungen. Soweit diese Veranstaltungsstruktur keinen einheitlichen Veranstalter oder hierarchischen Leiter zulässt, ist der Verzicht auf einen konkret benannten Veranstalter bzw. Leiter möglich und Eigenorganisation zuläs-

111 *OVG Münster*, NVwZ-RR 1992, 360; krit. dazu *Dietlein*, NVwZ 1992, 1066 f.
112 *VGH Kassel*, NJW 1988, 2125 f.
113 So auch *Breitbach/Deiseroth/Rühl*, in: Ridder u. a., § 15, Rz. 309.
114 *OVG Münster*, Beschluß vom 24. 9. 1993, 23 B 1219/93, n. v.

sig[115]. Insoweit finden die §§ 7 Abs. 1, 8, 9 Abs. 1, 10 und 11 Abs. 2 nur auf hierarchisch strukturierte Versammlungen Anwendung[116]. Ist auch die durchorganisierte, straff geordnete Versammlung das Grundmodell des Versammlungsgesetzes, so ist die Existenz von Veranstalter und Leiter kein Muss, für eine Versammlung nicht wesensnotwendig; nicht hierarchisch strukturierte Versammlungen entsprechen zwar nicht der überkommenen Typik formierter Versammlungen, sind aber deshalb nicht formlos[117].

Der Gestaltungsfreiheit unterliegt auch, in welcher Aufmachung (Kostümierung, anonymisiertes Auftreten) an einer Demonstration teilgenommen wird[118]. Die identifizierungsvereitelnde Aufmachung (etwa die aufgesetzte Gasmaske als Protest gegen Luftverschmutzung) kann selber demonstrativer Akt sein. Gleiches gilt für Unkenntlichmachungen als Bestandteil künstlerischer Aussagen. **57**

Auch der Zweck, nicht erkannt werden zu können, kann verfassungsrechtlich zulässig sein. Wollen Aids-Kranke mit Bettlaken verhüllt gegen ihre Registrierung demonstrieren, so folgt die Zulässigkeit der Anonymität schon aus ihrem Protestanliegen selber, aber auch aus ihrem Schutzinteresse. Gleiches gilt für Ausländer, die gegen die politischen Zustände in ihren Heimatländern protestieren wollen und Repressalien fürchten müssen. **58**

Die Teilnahme mit Vermummung bzw. Passivbewaffnung kann zwar als Indiz für spätere Gewalttätigkeiten gewertet werden, sie ist aber nur Vorstufe bzw. Indiz für beabsichtigte Gewalttätigkeit, nicht diese selber. Solange es legitime Gründe für Schutzkleidung gibt (z. B. wollen sich die Demonstranten nicht für Auseinandersetzungen mit der Polizei wappnen, sondern sich gegen militante Gegen»demonstranten« oder die zwangsläufige Streuwirkung polizeilicher Ersatzmittel – z. B. Wasserwerfer – schützen), ist sie zulässig[119]. **59**

Werden bei Versammlungen bzw. Demonstrationen auf öffentlichem Grund Hilfsmittel verwendet (z. B. Tapetentische als Informationsstände, die Teil einer Demonstration sind, außerdem Zelte, Segel oder Schirme als Regenschutz), so bedürfen diese keiner Erlaubnis als Sondernutzung durch die (eigentlich) zuständige Ordnungsbehörde[120], wenn diese Gegenstände funktionale Bedeutung für die Durchführung der Veranstaltung haben (zur sog. Konzentrationswirkung vgl. Rz. 12 zu § 15). Imbissstände und Toilet- **60**

---

115 *Hoffmann-Riem*, AK-GG, Art. 8, Rz. 49; *Pieroth/Schlink*, Rz. 715.
116 *Bleckmann*, § 29, Rz. 48.
117 *Hoffmann-Riem*, AK-GG, Art. 8, Rz. 49.
118 *Herzog*, in: Maunz/Dürig, Art. 8, Rz. 75; *v. Mutius*, Jura 1988, 37; *Hölscheidt*, DVBl. 1987, 672; *Hofmann*, BayVBl. 1987, 129 f.; *Gusy*, JuS 1986, 614; *Gallwas*, JA 1986, 489; *Kühl*, NJW 1985, 2382; a. A. *Broß*, Jura 1986, 195.
119 *Amelung*, StV 1989, 72; *Herzog*, in: Maunz/Dürig, Art. 8, Rz. 68.
120 *BVerwG*, NJW 1989, 2412.

tenwagen haben als Infrastruktur einer Versammlung dann funktionale Bedeutung für diese, wenn sich die Veranstaltung über einen so langen Zeitraum erstreckt, dass Trinken und Essen dazugehören und entsprechend auch die Toilettennutzung zu ermöglichen ist. In einem solchen Fall kann die Versammlungsbehörde die Infrastruktur in ihrer Verfügung mit regeln[121].

7. Veranstaltung, Leitung und Teilnahme als Teilrechte von Art. 8 Abs. 1 GG

61 Demonstrationen bzw. Versammlungen als solche haben keinen unmittelbaren verfassungsrechtlichen Schutz. Rechte haben nur Personen, nämlich Veranstalter, Leiter und Teilnehmer, also nicht die Versammlung auf Entstehung und Bestand, sondern die genannten Grundrechtsträger auf Vorbereitung, Durchführung und Fortsetzung ihres Vorhabens[122]. Es gibt somit nur ein Recht *auf* Versammlung, kein Recht *der* Versammlung. Faktisch erfährt indes jede Versammlung bzw. Demonstration dadurch Schutz, dass Teilnehmer und Veranstalter einen grundrechtlichen Anspruch auf eine konkret existente Veranstaltung haben.

62 Art. 8 Abs. 1 GG spricht nur vom »sich versammeln«; der Wortlaut scheint damit nur die Teilnahme zu erfassen. Vom Schutzbereich der Versammlungs- und Demonstrationsfreiheit wird aber nicht nur die spontan entstehende Demonstration bzw. Versammlung gedeckt, sondern ebenso die im Voraus geplante. Dann muss aber über die Möglichkeit zur Teilnahme hinaus Gelegenheit zur Vorbereitung und Organisation der Veranstaltung bestehen und auch das Recht, diese geordnet durchzuführen. Neben der Teilnahme verbürgt Art. 8 Abs. 1 GG somit als weitere eigenständige Teilrechte das Veranstaltungs- und Leitungsrecht[123]; auch in diese kann nur nach Maßgabe von Art. 8 Abs. 1 und 2 GG eingegriffen werden.

Art. 8 Abs. 1 GG beinhaltet damit drei selbständige Freiheiten. Die Veranstaltungsfreiheit garantiert Vorbereitung und Organisation, etwa durch Werbung, Einladung, Raumbeschaffung, Rednergewinnung, Planung der Anreise usw. Die Freiheit zur Leitung als Derivat der Veranstaltungsfreiheit gibt das Recht zu Ordnungsmaßnahmen bei der Durchführung der Veran-

---

121 *VGH Mannheim*, DÖV 1994, 568; *OVG Berlin*, LKV 1999, 373 und *VG Berlin*, NVwZ 2004,761 verneinen das in der Regel. Im vom *VGH* entschiedenen Fall für eine dreistündige Versammlung, vgl. auch *OVG Frankfurt (Oder)*, NVwZ-RR 2004,847; differenzierend auch *Hoffmann-Riem*, AK-GG, Art. 8 Rz. 19; näher zur Frage der Infrastruktur *Sauthoff*, NVwZ 1998, 246; eher ablehnend *Kanther*, NVwZ 2001, 1239 ff.
122 *Herzog*, in: Maunz/Dürig, Art. 8, Rz. 36.
123 *Herzog*, in: Maunz/Dürig, Art. 8, Rz. 58; *Hoffmann-Riem*, AK-GG, Art. 8, Rz. 24; *Pieroth/Schlink*, Rz. 705.

staltung. Der Leiter bestimmt den Ablauf, entscheidet über Wortgewährung bzw. -entzug, Unterbrechung, Schließung und Fortsetzung der Veranstaltung. Die Teilnahmefreiheit gewährleistet zunächst das Recht auf Anwesenheit und alsdann die Beteiligungsmöglichkeit an der Veranstaltung, etwa durch Redebeitrag, Zwischenruf, Beifalls- oder Missfallenskundgebung.

8. Grundrechtsträger

Die Versammlungs- und Demonstrationsfreiheit ist nach Maßgabe von **63** Art. 8 Abs. 1 GG nur Deutschenrecht, nicht Menschenrecht, steht nicht jedermann, sondern nur Deutschen i. S. von Art. 116 Abs. 1 GG zu. Anders einige Landesverfassungen der neuen Bundesländer, die die Versammlungsfreiheit als Menschenrecht verbürgen[124]. Ist damit Ausländern nach dem eindeutigen Wortlaut dieser erhöhte verfassungsrechtliche Schutz vorenthalten, so wird die personelle Beschränkung in der Praxis überspielt, wenn man von einem Menschenrechtskern im Grundrecht der Versammlungs- und Demonstrationsfreiheit ausgeht[125]. Art. 11 MRK garantiert überdies als unmittelbar – im Range eines einfachen Bundesgesetzes – geltendes Recht die Versammlungsfreiheit allen Menschen. Die personelle Beschränkung der Versammlung verliert vollends ihre Bedeutung, indem das Art. 8 Abs. 1 GG konkretisierende VersG in § 1 vom Jedermannsrecht ausgeht und so die Beschränkung aufgibt[126].

Juristische Personen des Privatrechts können Grundrechtsträger sein, **64** wenn gemäß Art. 19 Abs. 3 GG das Grundrecht aus Art. 8 Abs. 1 GG seinem Wesen nach auf diese juristischen Personen anwendbar ist. Unstreitig muss das für das Veranstaltungsrecht gelten. Indes können juristische Personen kein Teilnahmerecht geltend machen, weil sie sich nicht unmittelbar an Demonstrationen und Versammlungen beteiligen können[127].

Art. 8 Abs. 1 i. V. mit Art. 19 Abs. 3 GG verbürgt aber juristischen Personen **65** sonen auch das Teilnahmerecht der für sie handelnden Organe. Insoweit hat die jeweilige juristische Person – etwa ein Verein – nicht nur das Recht zur Veranstaltung der Mitgliederversammlung, sondern auch auf ungehinderte Teilnahme all ihrer Glieder[128].

Auch nicht-rechtsfähige Vereinigungen können sich im aufgezeigten **66** Rahmen auf Art. 8 Abs. 1 GG berufen[129]. Zusammenschlüsse wie »Organi-

---

124 Art. 23 BrandenbgVerf., Art. 23 SächsVerf., Art. 12 SachsAnhVerf.
125 *Herzog*, in: Maunz/Dürig, Art. 8, Rz. 31.
126 In Ansehung des Zusammenrückens der Staaten in der EG wäre ein anderes Ergebnis nicht vertretbar.
127 *Herzog*, in: Maunz/Dürig, Art. 8, Rz. 34; weitergehend *Kunig*, Jura 1990, 152.
128 *Herzog*, in: Maunz/Dürig, Art. 8, Rz. 34; *v. Mutius*, Jura 1988, 35.
129 *Hoffmann-Riem*, AK-GG, Art. 8, Rz. 26; a. A. *OVG Münster*, NJW 1975, 463.

sationskomitees« oder »Aktionseinheiten« können nur dann Zuordnungssubjekt von Art. 8 Abs. 1 GG sein, wenn sie vergleichbar nichtrechts-
fähigen Vereinen oder Gesellschaften des bürgerlichen Rechts eine fest gefügte Struktur haben und auf gewisse Dauer angelegt sind[130].

9. *Grundrechtsfähigkeit und -mündigkeit*

67 Angesichts der Teilnahme von Kindern und Jugendlichen an Demonstrationen und Versammlungen stellt sich die Frage, inwieweit Fähigkeit und
Mündigkeit zur Grundrechtsausübung gegeben sind. Auch Minderjährige
sind Träger der Versammlungs- und Demonstrationsfreiheit, die nur persönlich, nicht vertretungsweise durch die Erziehungsberechtigten ausgeübt
werden kann[131]. Insoweit kommt es nicht auf die Grundrechtsfähigkeit,
sondern allein auf die Grundrechtsmündigkeit an. Die Grundrechtsmündigkeit bestimmt sich nach der individuellen Fähigkeit zu eigenständiger
Ausübung der Versammlungsfreiheit, sei es als Veranstalter, Leiter oder
Teilnehmer. Das kann nicht generell von einem bestimmten Alter oder der
vollen Geschäftsfähigkeit abhängig gemacht werden[132]. Aus der Regelung
des § 9 Abs. 1 Satz 2, wonach Ordner »volljährig« sein müssen, darf nicht
geschlossen werden, dass das erst recht für Veranstalter und Leiter gelten
müsse. Der Veranstalter ist dem Leiter, der Leiter den Ordnern übergeord-
net. Veranstalter und Leiter haben mit jeweils stärkeren Rechten auch ein
höheres Maß an Verantwortung. Gleichwohl legt das VersG für sie im
Gegensatz zu den Ordnern kein Mindestalter fest. Deshalb ist davon auszugehen, dass auch die Volljährigkeitsklausel für Ordner keine stringente
Vorschrift ist. Sie würde die für Veranstalter und Leiter aus der Versammlungsfreiheit fließende Gestaltungsfreiheit übermäßig einschränken. Insoweit ist die Volljährigkeitsvorschrift für Ordner insbesondere bei Min-
derjährigenversammlungen verfassungskonform zu interpretieren (vgl.
Rz. 8. zu § 9).

68 Die Frage der Grundrechtsmündigkeit von Minderjährigen in Bezug auf
die Ausübung der Versammlungs- und Demonstrationsfreiheit kann nur
im Einzelfall nach der jeweils gegebenen persönlichen Entwicklung und
Reife zur *selbständigen* Grundrechtsrealisierung beantwortet werden. Die

---

130 *VGH München*, JuS 1984, 979.
131 *Bleckmann*, § 17, Rz. 19.
132 Der Hinweis auf § 106 BGB (beschränkte Geschäftsfähigkeit mit 7 Jahren) und
§ 5 des Gesetzes über die religiöse Kindererziehung (Entscheidungskompe-
tenzen mit 12 bzw. 14 Jahren) führt nicht weiter. *Hohn*, NJW 1986, 3107 (3110,
3112), hält in Bezug auf ein Mindestalter eine spezielle gesetzliche Regelung für
erforderlich. Dem ist zuzustimmen. Praktische Schwierigkeiten, die sich für beschränkt Geschäftsfähige etwa bei der Anmietung von Versammlungsräumen
ergeben, sind kein Ausschlussgrund für die Grundrechtsausübung.

Grundrechtsmündigkeit ist bei Kleinkindern zu verneinen, die von ihren Erziehungsberechtigten lediglich als Objekt eigener demonstrativer Aktivität benutzt werden[133], z. B. beim Protest gegen hohe Kindergartenbeiträge. Hinsichtlich der Fähigkeit zur eigenständigen Grundrechtsausübung ist zu differenzieren, ob Veranstalterrechte, Leiterfunktionen oder Teilnehmerrechte wahrgenommen werden sollen, die jeweils andere Anforderungen stellen.

10. Geschützte Phasen, Vor- bzw. Nachwirkung von Art. 8 Abs. 1 GG

Art. 8 Abs. 1 GG schützt zunächst die Beteiligung an einer existenten Demonstration bzw. Versammlung. Zu prüfen ist, ob darüber hinaus ein vorlaufender Schutz bzw. eine Nachwirkung begründet werden kann. Der insoweit angesprochene Umfang des Schutzbereichs und der Versammlungsbegriff stehen in engem Zusammenhang, doch können Anreise und Abfahrt bzw. Abgang von einer beendeten oder aufgelösten Veranstaltung nicht vom Versammlungsbegriff erfasst werden[134]. Insoweit ist zu klären, ob neben der eigentlichen Veranstaltung auch die Phase des freien Zusammenströmens und die Phase des freien Auseinanderströmens der Teilnehmer vom Schutzbereich des Art. 8 Abs. 1 GG erfasst werden[135]. **69**

a) Vorwirkung

Vorbereitende Maßnahmen für eine konkret geplante Veranstaltung einschließlich der Anreise werden vom Schutzbereich des Art. 8 Abs. 1 GG erfasst[136]. Wenn Vorbereitungshandlungen durch exzessive behördliche Maßnahmen wesentlich beeinträchtigt werden, wäre die Versammlungsfreiheit sogar im Kern getroffen. **70**

Das gilt insbesondere für die Anreise. Hat diese selber Demonstrationscharakter – etwa in Form einer Sternfahrt oder eines Autokorsos[137] –, so ist die Geltung von Art. 8 Abs. 1 GG unstreitig. Davon zu trennen ist die Frage, ob auch Anreise oder Anmarsch, einzeln oder gemeinschaftlich, unter den Schutzbereich der Versammlungsfreiheit fallen. Davon ist auszugehen; auch das *BVerfG* bezieht Art. 8 Abs. 1 GG auf den gesamten Vorgang des Sichversammelns, wozu auch der Zugang zu einer bevorstehenden bzw. **71**

---

133 *Kunig*, in: v. Münch/Kunig, Art. 8, Rz. 9.
134 So etwa *Kunig*, in: v. Münch/Kunig, Art. 8, Rz. 18.
135 Vgl. auch *VG Hamburg*, NVwZ 1987, 833.
136 So auch *Ladeur*, in: Ridder u. a., Art. 8, Rz. 18; *Gusy*, in: v. Mangoldt/Klein/Starck, Art. 8, Rz. 30.
137 *Birk*, JuS 1982, 497; *Höfling*, in: Sachs, Art. 8, Rz. 23, Fn. 55.

sich bildenden Versammlung gehört[138]. Vorbereitungshandlungen jeder Art fallen unter die Veranstaltungsfreiheit. Was die organisatorische Vorbereitung für das Veranstaltungsrecht ist, sind Anmarsch oder Anfahrt für das Teilnahmerecht. Beide erfolgen im Schutzbereich der Versammlungsfreiheit. Mit Art. 8 Abs. 1 GG sind etwa behördliche Maßnahmen nicht vereinbar, die den Zugang zu einer Demonstration durch Behinderung von Anfahrten und schleppende vorbeugende Kontrollen unzumutbar erschweren[139]. Auch die Anreise zu einer Versammlung im Ausland (Demonstrationen anlässlich eines Weltwirtschaftsgipfels) wird vom Schutzbereich des Art. 8 Abs. 1 GG erfasst; weil die Anreise die Ausreisemöglichkeit voraussetzt, schützt Art. 8 Abs. 1 GG auch vor Ausreiseverboten an der Grenze. Auch noch vorher greifende Maßnahmen zur Verhinderung der Teilnahme an einer Versammlung im Ausland (von der Polizeibehörde des Wohnorts des potenziellen Teilnehmers auf der Grundlage der einschlägigen polizeigesetzlichen Generalklausel verfügte Meldeauflagen) greifen in Art. 8 Abs. 1 GG ein und können nur übergangsweise gerechtfertigt werden.

72 Der Versammlungsbegriff, der die bereits bestehende Versammlung voraussetzt, wird damit nicht aufgegeben[140]; deutlich wird aber, dass dieser den Schutzbereich der Versammlungsfreiheit nicht ausschließlich bestimmen kann; für den Schutz durch Art. 8 Abs. 1 GG ist die bestehende Versammlung nicht zwingende Voraussetzung[141].

b) Nachwirkung

73 Art. 8 Abs. 1 GG soll nachwirkenden Schutz entfalten; auch die aufgelöste Demonstration oder Versammlung sei grundrechtsgeschützt, indem es sich noch nicht um eine Ansammlung, sondern um eine privilegierte Bürgermenge handele[142]. Auch nach erfolgter Auflösung schütze Art. 8 Abs. 1 GG noch das freie Auseinanderströmen der Teilnehmer[143].

74 Mit der Auflösung durch die Polizei entsteht für die Teilnehmer aus § 13 Abs. 2 VersG die Pflicht, sich sofort zu entfernen. Das VersG entfaltet in-

---

138 *BVerfGE* 69, 315 (349), 84, 203 (209); *VG Hamburg*, NVwZ 1987, 830; *Hoffmann-Riem*, AK-GG, Art. 8, Rz. 29; *Alberts*, VR 1987, 299; *Vahle*, DNP 1984, 205; *Dietel/Kniesel*, Die Polizei 1985, 339; *Bäumler*, JZ 1986, 470; *v. Mutius*, Jura 1988, 38; *Alberts*, NVwZ 1988, 224; *Höfling*, in: Sachs, Art. 8, Rz. 23; *Behmenburg*, LKV 2003,500 ff.
139 *BVerfGE* 69, 315 (349).
140 Krit. insoweit *Hofmann*, NVwZ 1987, 769 f., der aber hinsichtlich des Schutzes der Anreise über die Ausstrahlungswirkung von Art. 8 Abs. 1 GG zum gleichen Ergebnis kommt.
141 So auch *VG Hamburg*, NVwZ 1987, 830.
142 *v. Simson*, ZRP 1968, 10 f.
143 *VG Hamburg*, NVwZ 1987, 833.

soweit eine Nachwirkung, als es mit dieser Bestimmung eine Verhaltensnorm *nach* Beendigung der Veranstaltung vorsieht. Die Missachtung dieser Verhaltensnorm ist mit Geldbuße bedroht (§ 29 Abs. 1 Nr. 2). Soweit die Entfernungspflicht unbeachtet bleibt und unmittelbarer Zwang durch Wegführen oder Abdrängen erfolgen soll, muss der Zwangsanwendung eine auf allgemeines Polizeirecht gestützte Platzverweisung vorangehen, die zweckmäßigerweise mit der Auflösungsverfügung zu verbinden ist[144].

Mit der Auflösung (bzw. Beendigung durch den Leiter) verändert die   75
konkrete Demonstration oder Versammlung ihre Qualität; sie wird zur Ansammlung. Anstelle dieser insoweit klaren Konsequenz aus dem Schutzgedanken der Versammlungsfreiheit ein besonderes »tertium« in Form der privilegierten Bürgermenge einzuführen, ist nicht geboten.

11. Schutz vor Informationserhebung und -verarbeitung

Die zuständige Behörde benötigt vor und bei Großdemonstrationen In   76
formationen für die Lagebeurteilung. So hängt die Zahl der einzusetzenden Polizeibeamten vom erwarteten Störerpotenzial ab. Will die Polizei den Vorgaben des *BVerfG* im Brokdorf-Beschluss nachkommen und Aggressionsanreize durch »martialisches« Auftreten vermeiden[145], so muss sie, was den mutmaßlichen Ablauf betrifft, über gesicherte Informationen verfügen, um sich ggf. weißbemützt im Wesentlichen auf die Verkehrslenkung beschränken zu können. Während des Demonstrationsverlaufs können Globalaufnahmen zur Lagebeurteilung für die Einsatzzentrale erforderlich werden. Werden Straftaten oder Ordnungswidrigkeiten begangen oder stehen diese unmittelbar bevor, dienen informationelle Maßnahmen der Beweissicherung.

Observiert und videografiert die Polizei zu diesen Zwecken, so liegen   77
faktische Grundrechtseingriffe vor[146]. Beeinträchtigt sein können das Recht auf informationelle Selbstbestimmung aus Art. 1 Abs. 1 und Art. 2 Abs. 1 GG und/oder Art. 8 Abs. 1 GG selber.

Das informationelle Selbstbestimmungsrecht (allgemeines Persönlich   78
keitsrecht) wird zunächst durch seinen Menschenwürdegehalt bestimmt. Dieser wird angetastet, wenn der Staat den Einzelnen in seiner ganzen Persönlichkeit registriert und katalogisiert und ihn damit wie eine Sache behandelt, die einer Bestandsaufnahme in jeder Beziehung zugänglich ist[147]. Das Urteil des *BVerfG* zum Volkszählungsgesetz bekräftigt diese Recht-

---

144 Vgl. § 13, Rz. 53.
145 *BVerfGE* 69, 315 (355).
146 *Henninger*, DÖV 1998, 713 f.; *Kloepfer/Breitkreutz*, DVBl. 1998, 1152.
147 *BVerfGE* 27, 1 (6).

sprechung durch ein Verdikt über das allgemeine Personenkennzeichen[148]. Art. 1 Abs. 1 GG schützt demnach vor jeder Totalerhebung und Katalogisierung des Einzelnen. Diese absolute Grenze umreißt als Extrakt der Menschenwürdegarantie den verfassungsrechtlichen Datenschutz im engeren Sinne.

79 Daneben steht als erweiterter verfassungsrechtlicher Datenschutz die allgemeine Garantie der dynamisch verstandenen Entfaltungsfreiheit aus Art. 2 Abs. 1 GG, die den Einzelnen vor einem Staat schützt, der die Daten seiner Bürger umfassend und perfekt beschafft, festhält, verwendet, weitergibt oder allgemein zugänglich macht.

80 Art. 8 Abs. 1 GG garantiert das möglichst unbeeinflusste Engagement des einzelnen vor und bei Demonstrationen bzw. Versammlungen, schützt damit auch davor, das Grundrecht im Visier von Polizei oder Verfassungsschutz wahrnehmen zu müssen. Unter den Schutzbereich von Art. 8 Abs. 1 GG fällt damit die ungestörte Nutzung bestehender Kommunikationsmöglichkeiten vor und bei Demonstrationen und Versammlungen. Wer damit rechnen muss, dass seine Versammlungsteilnahme behördlich registriert wird und ihm dadurch Risiken entstehen können, wird möglicherweise auf die Ausübung der Versammlungsfreiheit verzichten, wodurch die individuellen Entfaltungschancen des Einzelnen beeinträchtigt werden[149]. Art. 8 Abs. 1 GG schützt damit die personenbezogenen Daten der Betroffen bei der Vorbereitung von Demonstrationen und Versammlungen und während ihrer Durchführung vor staatlicher Ausspähung (Bild- und Tonaufnahmen, Erstellen von Teilnehmerlisten) und damit möglicherweise bewirkter Einschüchterung[150].

81 Hinsichtlich informationeller Aktivitäten von Polizei und Verfassungsschutz ist damit Art. 8 Abs. 1 GG gegenüber dem informationellen Selbstbestimmungsrecht lex specialis, ohne aber den Rückgriff auf das als Auffanggrundrecht zu verstehende allgemeine Persönlichkeitsrecht auszuschließen[151].

---

148 *BVerfGE* 65, 1 (57).
149 *BVerfGE* 65, 1 (43); *OVG Bremen*, NVwZ 1990, 1189; *Alberts*, NVwZ 1989, 839; *Benda*, in: BK, Art. 8, Rz. 96.
150 *BVerfGE* 65, 1 (43); 69, 315 (349); *Herzog*, in: Maunz/Dürig, Art. 8, Rz. 98; *Alberts*, Die Polizei 1986, 392; *ders.*, VR 1987, 299; *Bäumler*, JZ 1986, 470; *VG Hamburg*, NVwZ 1987, 830; *Hoffmann-Riem*, AK-GG, Art. 8, Rz. 24; *Benda*, in: BK, Art. 8, Rz. 96; *Henninger*, DÖV 1998, 715; *Kloepfer/Breitkreutz*, DVBl. 1998, 1151 f.; *Heußner*, in: Festschrift für H. Simon, 1987, S. 237; unvertr. weit legt *Honigl*, BayVBl. 1987, 138, den Beobachtungsauftrag des Verfassungsschutzes aus.
151 Ausschließlich das Recht auf informationelle Selbstbestimmung sehen beeinträchtigt *Schmitt Glaeser*, Hdb. StR VI, 1989, § 129, Rz. 83 f., *Götz*, NVwZ

Fraglich ist, ob Art. 8 Abs. 1 GG schon bei psychisch vermittelter Er- **82**
schwerung der Entschließung über die Ausübung des Grundrechts beeinträchtigt ist bzw. die Angstfreiheit bei der Grundrechtswahrnehmung selber (innere Versammlungsfreiheit) zum Schutzbereich gehört oder ob ein
Eingriff erst bei exzessiven, also unverhältnismäßigen informationellen Aktivitäten vorliegt. Der Schutzbereich eines Grundrechts kann nicht danach
dimensioniert werden, was die Beachtung der Wesensgehaltsgarantie in
Art. 19 Abs. 2 GG und des Übermaßverbots als Restgröße übrig lassen,
also nicht lediglich Ergebnis einer Verhältnismäßigkeitsprüfung sein. Der
Schutzbereich beginnt nicht erst bei unverhältnismäßigen Maßnahmen. Insoweit ist zu beachten, dass die Bejahung eines Eingriffs nur die Beeinträchtigung des Schutzbereiches bedeutet, nicht seine Verletzung; Letztere
ist erst gegeben, wenn die Rechtswidrigkeit einer Maßnahme aus dem Fehlen einer Ermächtigungsgrundlage bzw. ihrer Voraussetzungen oder der
Verfassungswidrigkeit der Ermächtigungsnorm folgt.

Wenn das *BVerfG* in diesem Zusammenhang unter ausdrücklicher Be- **83**
zugnahme auf das VZG-Urteil[152] von exzessiven Beobachtungen und
Registrierungen[153] spricht, so markiert es eine Grenze, jenseits derer Maßnahmen der genannten Qualität verfassungswidrig sind. Überwachungsmaßnahmen unterhalb dieser Schwelle können deshalb bereits als Beeinträchtigungen des Schutzbereiches Grundrechtseingriffe darstellen[154]. Hinsichtlich informationeller Aktivitäten ist der Schutzbereich von Art. 8
Abs. 1 GG somit weit dimensioniert. Eingriffe sind nur nach Maßgabe der
§§ 12 a, 19 a VersG zulässig.

Hinsichtlich polizeilicher Informationsbeschaffung gegenüber Veranstal- **84**
tern bei der Vorbereitung von Versammlungen ist die Abgrenzung zu den
Aufgaben des Verfassungsschutzes von besonderer Bedeutung. Das Zweck-
bindungsgebot steht einer unbegrenzten »Informationshilfe« entgegen,
denn die Überwachung des politischen Extremismus im Vorfeld der konkreten Gefahr ist exklusiver Auftrag des Verfassungsschutzes und nicht
Aufgabe der politischen Kommissariate der Polizei.

Bild- und Tonaufnahmen bei Demonstrationen bzw. Versammlungen un- **85**
ter freiem Himmel zum Zwecke der Lagebeurteilung für die Einsatzzentrale sind nach Einsatzende unverzüglich zu vernichten, es sei denn, sie
kommen nach Begehung von Gewalttätigkeiten als Beweismittel zur Strafverfolgung in Betracht. Entsprechende Kontrolle als flankierende Grund-

---

1990, 116 und *Geiger*, Verfassungsfragen zur polizeilichen Anwendung der
  Video-Überwachungstechnologie bei der Straftatenbekämpfung, 1994, S. 162 ff.
152 *BVerfGE* 65, 1 (43).
153 *BVerfGE* 69, 315 (349).
154 So zutr. *Alberts*, Die Polizei 1986, 391; *v. Mutius*, Jura 1988, 31.

rechtssicherung ist zu garantieren. Eine Aufbewahrung von Informationen – Datenspeicherung – aus Gründen der Gefahrenvorsorge ist nur zulässig, so weit sie von § 12 a gedeckt ist.

86   Als Regelungsstandorte für Befugnisnormen kommen das VersG und die Polizeigesetze in Betracht[155]. Zur Bekämpfung versammlungsspezifischer Gefahren ist die Gesetzgebungskompetenz des Bundes begründet. Daneben ist nur dann noch Raum für landesrechtliche Regelungen, wenn man davon ausgehen kann, dass im VersG hinsichtlich versammlungsspezifischer Gefahrenabwehr keine abschließende Regelung erfolgt ist[156].

87   Damit in engem Zusammenhang steht die Frage, ob Maßnahmen im Vorfeld aktueller Demonstrationen und Versammlungen auf die Polizeigesetze gestützt werden können. Versammlungsgesetzliche Ermächtigungen sind erforderlich, wenn polizeiliche Maßnahmen unmittelbar auf die Versammlungsfreiheit der Betroffenen einwirken. Das ist dann der Fall, wenn die Teilnahme ausdrücklich untersagt bzw. durch starken Abschreckungseffekt in Frage gestellt oder der Zugang zur Veranstaltung durch polizeiliche Sperren, Behinderung der Anfahrt oder schleppende Abfertigung an Kontrollstellen tatsächlich verhindert wird[157]. Zielen Vorfeldmaßnahmen hingegen auf die Verhütung versammlungsbezogener Straftaten oder Ordnungswidrigkeiten, bezwecken sie also den Schutz der Veranstaltung, so kann für Identitätsfeststellungen, Durchsuchungen, Sicherstellungen und ggf. auch Ingewahrsamnahmen das allgemeine Polizeirecht angewandt werden, solange das VersG keine entsprechenden Ermächtigungsgrundlagen vorsieht. Wegen des Versammlungsbezugs ist indes eine Regelung im VersG angezeigt[158].

88   Wird eine Fläche, auf der eine Versammlung stattfinden soll, auf polizeigesetzlicher Grundlage videoüberwacht, so gehen während der Versammlung die §§ 12 a, 19 a VersG den polizeigesetzlichen Bestimmungen vor und die Videoüberwachung ist nur unter versammlungsgesetzlichen Voraussetzungen zulässig.

III. Dimensionen des Grundrechtsschutzes

89   Für die am Versammlungs- und Demonstrationsgeschehen Beteiligten ergeben sich aus Art. 8 Abs. 1 GG mehrdimensionale Rechtsstellungen. Auf

---

155 Regelungsstandort für Informationsgewinnungsbefugnisse zur Beweissicherung ist die StPO.
156 So die Begründung zum Vorentwurf zur Änderung des ME eines einheitlichen PolG vom 12. 3. 1986, S. 13; vgl. dazu *Pieroth/Schlink/Kniesel*, Rz. 31 ff.
157 *BVerfGE* 65, 1 (43).
158 Zur Notwendigkeit der Reform des VersG vgl. Rz. 261 ff.; vgl. dazu *Deger*, NVwZ 1999, 265 ff.; *Brenneisen*, Kriminalistik 1999, 483.

dem Hintergrund der Statuslehre *Jellineks*[159] sind folgende Schutzrichtungen gegeben.

1. Status negativus

Nach ihrer Entstehungsgeschichte sind die Grundrechte zunächst Abwehr- 90
rechte in Frontstellung gegen den Staat. In der Eigenschaft als subjektive
Rechte begründen sie die Rechtsmacht des Einzelnen, die Beachtung der
Grundrechte als objektives Recht[160] zu verlangen und vor Gericht durchzusetzen. Als Abwehrrechte garantieren sie einen staatsfreien Bereich, in dem
der Bürger vor Eingriffen der Staatsgewalt sicher sein kann, weil hoheitlichem Machtanspruch ein Riegel vorgeschoben wird. So ist im status negativus als Magna Charta der Privatheit »die allgemeine und abstrakte Freiheit
von ungesetzlichem Zwang aufgehoben«[161]. In ihrer Abwehrfunktion sind
die Grundrechte negative Kompetenznormen[162], aus denen Unterlassungsansprüche gegen den Staat folgen.

Abwehrrechte sind mit der Etablierung einer freiheitlichen verfassungsmäßigen Ordnung nicht überflüssig geworden; auch in der Demokratie
herrschen Menschen über Menschen, die den Versuchungen des Machtmissbrauchs ausgesetzt bleiben[163].

Grundrechte des status negativus sind fraglos in Funktionen erwachsen, 91
die über die Abwehr staatlicher Eingriffe hinausgehen, indem sie Ansprüche auf Teil*habe*[164] an staatlichen Leistungen oder eine Teil*nahme*[165] an
staatlichen Entscheidungsprozessen durch Einräumung von Partizipation
im Verfahren garantieren. Insoweit kann aber nicht von einem Funktionswandel, sondern nur von einer Funktions*ergänzung* die Rede sein; die Abwehr ungesetzlicher bzw. übermäßiger Eingriffe in Freiheitsrechte des Einzelnen ist nach wie vor zentrale Aufgabe der »klassischen« Grundrechte[166].

Wie der Einzelne sich im geschützten Bereich des status negativus verhält, ob er etwa aktiv auf den politischen Willensbildungsprozess Einfluss
nimmt oder sich passiv bzw. politisch-apathisch verhält, ist für den Grundrechtsschutz im status negativus irrelevant[167].

---

159 *Jellinek*, Allgemeine Staatslehre, 3. Aufl. 1960 (Nachdruck), S. 418 ff.
160 Zu den Grundrechten als Bestandteil einer objektiven Werteordnung näher
Rz. 112 ff.
161 *Jellinek*, System, S. 103 f.
162 *Hesse*, Rz. 291; *Jarass*, AöR 1985, 368.
163 *Hesse*, Rz. 287.
164 Dazu näher Rz. 95 ff.
165 Dazu näher Rz. 101 ff.
166 *Denninger*, AK-GG, vor Art. 1, Rz. 2; *Schlink*, EuGRZ 1984, 457; *Poscher*,
Grundrechte als Abwehrrechte, 2003.
167 *Starck*, JuS 1981, 240.

92   Das *BVerfG* erkennt im Brokdorf-Beschluss in Art. 8 Abs. 1 GG der
Entstehungsgeschichte der Grundrechte folgend zunächst ein Abwehrrecht, das dem Grundrechtsträger ein Entfaltungsrecht auf Selbstbestimmung über Ort, Zeitpunkt, Art und Inhalt der geplanten Veranstaltung
verbürgt[168]; damit korrespondierend sind Polizei bzw. Versammlungsbehörden in der Pflicht, die Grundrechtsbetätigung nicht durch Verbote und
beschränkende Verfügungen mehr als durch entgegenstehende Rechtspositionen (Grundrechte) Dritter geboten zu reglementieren.

93   Wie allen Abwehrrechten ist Art. 8 Abs. 1 GG auch die negative Komponente eigen, an einer Versammlung bzw. Demonstration nicht teilnehmen zu müssen (negative Versammlungsfreiheit)[169].

94   Ausfluss der Selbstbestimmung ist insbesondere die Wahl der Mittel und
Formen kollektiven Auftretens. Das *BVerfG* sieht insoweit durch Art. 8
Abs. 1 GG vielfältige Formen gemeinsamen Verhaltens bis hin zu nicht-
verbalen Ausdrucksformen gewährleistet[170].

Grundsätzlich unterliegt der Selbstbestimmung auch, ob an einer Demonstration offen oder anonym teilgenommen wird[171].

2. *Status positivus*

95   Aus dem status positivus kann der einzelne Leistungsrechte ableiten; sie
geben ihm Vornahme- bzw. Teilhaberechte[172] gegen den Staat und lassen
sich als unter dem Vorbehalt ausreichend vorhandener Kapazität stehende
Grundrechtsansprüche qualifizieren[173].

96   Fraglich ist, ob und inwieweit aus Art. 8 Abs. 1 GG Ansprüche gegen
staatliche Hoheitsträger auf Förderung der Versammlungs- und Demonstrationsfreiheit durch Erbringen positiver Leistungen begründet werden
können. Das ist hinsichtlich der Erstattung der Kosten für die Fahrt zu ei-

---

168 *BVerfGE* 69, 315 (343); wobei die Entscheidung über den Versammlungsort
keine absolute rechtliche Verfügungsbefugnis bedeuten kann, vgl. *Herzog,* in:
Maunz/Dürig, Art. 8, Rz. 78.

169 *BVerfGE* 69, 315 (343); *Herzog,* in: Maunz/Dürig, Art. 8 Rz. 26; *Schulze-
Fielitz,* in: Dreier, Art. 8, Rz. 21; *Höfling,* in: Sachs, Art. 8, Rz. 25; vgl. auch
o. Rz. 3; a. A. *Gusy,* JuS 1986, 609, unter Hinweis auf die historische Ableitung
der Versammlungsfreiheit.

170 *BVerfGE* 69, 315 (343).

171 *Gallwas,* JA 1986, 489; *Hoffmann-Riem,* AK-GG, Art. 8, Rz. 20 u. 22; *Herzog,*
in: Maunz/Dürig, Art. 8, Rz. 75; *Kühl,* NJW 1985, 2382; *Hofmann,* BayVBl.
1987, 129 f.; *Ott/Wächter,* § 17 a, Rz. 5; *Gusy,* JuS 1986, 614; *Hölscheidt,* DVBl.
1987, 672; a. A. *Broß,* Jura 1986, 195.

172 So *BVerfGE* 33, 303 (329 ff.) in der Frage des Zugangs zu den Hochschulen.

173 Vgl. *Henke,* DÖV 1985, 5; *Starck,* JuS 1981, 240 f.; *Hofmann,* BayVBl. 1987,
102.

ner Demonstration durch den zuständigen Träger der Sozialhilfe verneint
worden[174]. Was Ansprüche auf Überlassung öffentlicher Straßen und Plätze
bzw. öffentlicher Räumlichkeiten betrifft, so können sich diese schon aus
der Abwehrfunktion des Grundrechts ergeben. Mit dieser untrennbar verbunden ist das Recht, für eine Versammlung bzw. Demonstration öffentliche Straßen und Plätze zu benutzen, weil Art. 8 Abs. 1 GG die reale
Grundlage seiner Verwirklichung verlöre, hätte er kein »public forum«.
Das Recht zur Benutzung öffentlicher Straßen und Plätze fließt unmittelbar
aus Art. 8 Abs. 1 GG, ohne dass es dazu einer Berufung auf Gemeingebrauch oder gar Sondernutzung bedürfte[175]. Davon geht auch das *BVerfG*
aus, wenn es im Brokdorf-Beschluss bildhaft das Nebeneinander von flie-
ßendem Verkehr und Straßennutzung durch Demonstranten anspricht.

Geht es um die Überlassung von im Fiskaleigentum stehenden Ver- **97**
kehrswegen oder Flächen mit öffentlichem Bestimmungszweck oder von
sonstigen Räumlichkeiten im Bereich öffentlicher Sachen im Verwaltungs-
gebrauch, kann Art. 8 Abs. 1 GG als Abwehrrecht nicht durchschlagen,
weil es sich fraglos um eine Sonder*b*enutzung handelt[176]. Offen bleibt, ob
über diese Sonderbenutzung ausschließlich auf der Basis öffentlich-rechtlicher Sachherrschaft entschieden[177] oder Art. 8 Abs. 1 GG zur Anspruchs-
begründung herangezogen werden kann. Insoweit besteht ein subjektives
Recht auf ermessensfehlerfreie Entscheidung. Zu klären bleibt, ob Art. 8
Abs. 1 GG im Rahmen dieser Entscheidung nur als inhaltliches Korrektiv
zur Vermeidung von Ermessensfehlern bedeutsam oder vielmehr der
Grund ist, dass bei Ermessensreduzierung auf null das Recht auf ermessensfehlerfreie Entscheidung zum Sondernutzungsanspruch erstarkt. Nach
der ersten Auffassung strahlt Art. 8 Abs. 1 GG nur auf die Überlassungs-
entscheidung aus und vermag nur in seltenen Ausnahmefällen (z. B. wenn
bei einer Demonstration gegen eine Schulreform in der Schule ein spezifischer Zusammenhang zwischen Versammlungsort und -thema besteht) eine
Ermessensreduzierung auf null zu bewirken[178]. Insoweit verneint auch das
BVerwG ein aus Art. 8 Abs. 1 GG fließendes Recht auf Überlassung frem-
den Eigentums für Versammlungen und damit zugleich eine aus Art. 8
Abs. 1 GG folgende Pflicht, eine Liegenschaft außerhalb ihres Bestim-
mungszwecks für Versammlungen zur Verfügung stellen zu müssen, bejaht
aber, dass das Interesse eines Veranstalters an der Durchführung einer De-

---

174 *BVerwGE* 72, 113 (118); *VGH Kassel*, DVBl. 1983, 1200; *Bertuleit/Steinmeier*,
 in: Ridder u. a., § 1, Rz. 66; *Jarass/Pieroth*, Art. 8, Rz. 11; *Benda*, in: BK, Art. 8,
 Rz. 62.
175 So zutr. *Burgi*, DÖV 1993, 638; vgl. auch *OVG Bautzen*, NVwZ-RR 2002, 436.
176 So die Terminologie des *BVerwG*, NJW 1993, 609 f.
177 So *Burgi*, DÖV 1993, 641; *OVG Münster*, NWVBl. 1992, 243 ff.
178 *Burgi*, DÖV 1993, 642.

monstration sich gegen die Bestimmungs- und Verfügungsmacht etwa der Universität im Wege gebührender Berücksichtigung bei der Ermessensentscheidung über die Sonderbenutzung durchsetzen kann[179]. Ist aber, wovon auch das *BVerwG* im gegebenen Fall ausgeht, zu berücksichtigen, dass in Bonn Großdemonstrationen ab 65 000 Teilnehmern mangels anderer geeigneter Örtlichkeiten nur auf der Hofgartenwiese durchgeführt werden können, so ist die Verweigerung der Überlassung bei den Universitätsbetrieb nur wenig störenden Versammlungen (z. B. weil sie am Wochenende stattfinden) nicht nur ermessensfehlerhaft und rechtswidrig, sondern verursacht auch die Gefahren, die bei Durchführung der Demonstration an einem anderen, nicht geeigneten Ort drohen; daraus folgt, dass die Versammlungsbehörde die Universität in ihrer Monopolstellung als Störerin im Sinne des Polizeirechts behandeln kann[180]. Damit wird die Universität in eine doppelte Pflicht genommen; gegenüber den potenziellen Teilnehmern einer Großdemonstration und gegenüber der Versammlungsbehörde, die die öffentliche Sicherheit garantieren muss; beide Verpflichtungen beruhen auf Art. 8 Abs. 1 GG, ohne dass sie sich aus der Abwehrfunktion des Grundrechts ableiten ließen. Haben aber, wie *Schlink* feststellt, die Grundrechte diese Funktion gesprengt, dann durchdringen sie die gesamte Rechtsordnung[181] und können auch anspruchsbegründend wirken.

98   Geht es um die Überlassung von Räumlichkeiten auf privatrechtlicher Grundlage, etwa die Anmietung von Sälen oder Hallen zur Durchführung öffentlicher oder nichtöffentlicher Versammlungen, so ist der Veranstalter auf den Abschluss eines Vertrages auf der Grundlage der Privatautonomie angewiesen. Dabei kann sich über die Ausstrahlungswirkung der Grundrechte im Rahmen der Generalklauseln der §§ 138, 242 und 826 BGB ein Kontrahierungszwang ergeben, wenn der Eigentümer bzw. Besitzer der entsprechenden Räumlichkeit eine Monopolstellung hat und die Grundrechtsausübung ansonsten unmöglich würde. Sind öffentliche Einrichtungen privatrechtlich ausgestaltet (Stadthalle als GmbH) und würde bei öffentlich-rechtlicher Benutzungsordnung ein Zulassungsanspruch bestehen, so ist von der Verpflichtung zum Vertragsabschluss auszugehen[182].

99   Eine ganz andere Frage ist, ob aus Art. 8 Abs. 1 GG vom Staat eine Dienstleistung in Form des Schutzes vor Übergriffen Dritter geschuldet wird. Begreift man die Grundrechte auch als Ausgestaltungen von Verfassungswerten bzw. als objektivrechtliche Prinzipien[183], so erscheint es nur

---

179 *BVerwG*, NJW 1993, 610.
180 So auch *Schlink*, NJW 1993, 611.
181 *Schlink*, NJW 1993, 611; vgl. auch *Höfling*, in: Sachs, Art. 8, Rz. 38 f.; *Benda*, in: BK, Art. 8, Rz. 63.
182 *Burgi*, DÖV 1993, 642 m. w. N.
183 Dazu näher Rz. 112 ff.

konsequent, eine grundrechtsabgeleitete Schutzpflicht des Staates für seine Bürger gegen drohende Grundrechtsverletzungen durch Dritte zu bejahen. In einer höchst komplexen Gesellschaft, in der die staatliche Begrenzung der Rechte des einen erst die Sicherung von Freiheiten des anderen bewirkt, kann die Staatsgewalt Bürgerfreiheiten nicht mehr durch bloße Eingriffsenthaltsamkeit garantieren. Die in Art. 1 Abs. 1 Satz 2 GG ausgesprochene Verpflichtung zum Schutz der Grundrechte beinhaltet daher die Pflicht, Gefahren abzuwehren und Hindernisse zu beseitigen, die der Grundrechtsausübung von Dritten drohen[184]. Diese Verpflichtung kann bis zum Erlass von Strafgesetzen zum Schutz des bedrohten Rechtsguts gehen[185], wobei Strafgesetze Ultima Ratio, also letztes Mittel im Arsenal des Gesetzgebers sind[186]. Die Grundrechte können damit als objektivrechtliche Prinzipien Schutzpflichten begründen. Eine Pflicht zum Einschreiten auf der Grundlage von § 15 ergibt sich auch dann, wenn von Versammlungsbeteiligten Persönlichkeitsrechte Dritter beeinträchtigt werden, vorausgesetzt, dass das behördliche Entschließungsermessen »auf null« reduziert ist[187].

Die danach bestehende Garantenstellung des Staates bzw. der zuständigen Behörden für die Versammlungsfreiheit will das *BVerfG* im Brokdorf-Beschluss nicht in Frage stellen, wenn es die Ableitung der Schutzpflicht aus Art. 8 GG dahinstehen lässt[188]. Es bejaht die Schutzpflicht nämlich inzident, wenn es an anderer Stelle betont, dass den friedlichen Versammlungsteilnehmern die Versammlungsfreiheit auch dann erhalten bleiben muss, wenn Dritte Ausschreitungen begehen[189].

Eine andere Beurteilung wäre mit dem hohen Rang, den das *BVerfG* Art. 8 Abs. 1 GG beimisst, nicht vereinbar. Das *BVerfG* ging offensichtlich davon aus, die Frage der Schutzpflicht vernachlässigen zu können, weil es Grundrechtsschutz durch Verfahren für bedeutsamer hielt[190]. Die Effektuierung der Organisations- und Verfahrensgestaltung hat nämlich – neben der auch verbürgten Mitwirkungsfunktion – vor allem den Schutz der materiellen Rechtsposition im Auge, was die herangezogene Rechtsprechung

100

---

184 *Jarass*, AöR 1985, 378 ff.; *Hoffmann-Riem*, AK-GG, Art. 8, Rz. 31 f.; *Bethge*, DVBl. 1989, 848; *Klein*, NJW 1989, 1633 ff.; *Robbers*, Sicherheit als Menschenrecht, 1987, S. 125; *Schulze-Fielitz*, in: Dreier, Art. 8, Rz. 62 u. 64; *Höfling*, in: Sachs, Art. 8, Rz. 41.
185 *BVerfGE* 39, 1 (44 ff.).
186 *BVerfGE* 39, 1 (44 ff.).
187 *VGH Kassel*, NJW 1994, 1750.
188 *BVerfGE* 69, 315 (355); sehr weit in der Bejahung der Schutzpflicht *VG Hamburg*, NVwZ 1987, 831.
189 *BVerfGE* 69, 315 (361).
190 So auch *Hofmann*, BayVBl. 1987, 102 f.; vgl. auch *Dietel/Kniesel*, Die Polizei 1985, 336; *v. Mutius*, Jura 1988, 32.

des *BVerfG* nachdrücklich belegt. Die Schutzpflicht aus Art. 8 GG als von der zuständigen Behörde, insbesondere der Polizei geschuldete Dienstleistung kann somit nicht streitig sein. Sie entspricht im Übrigen der polizeilichen Praxis bei Versammlungen und ergibt sich außerdem aus dem Vorrang der Gefahrenabwehr vor der Beseitigung von Störungen.

3. Status activus

101 Die Stellung des Einzelnen als Staatsbürger – seine Wandlung vom bourgeois zum citoyen – ist im status activus aufgehoben. Dieser begründet Partizipationsrechte bei der politischen bzw. staatlichen Willensbildung; dazu gehören das aktive und passive Wahlrecht, das Stimmrecht bei Volksabstimmungen, das Recht auf Zugang zu öffentlichen Ämtern, das in Art. 9 Abs. 1 i. V. mit Art. 21 Abs. 1 Satz 2 GG enthaltene Recht auf Parteigründung sowie das ebenfalls als aktives Statusrecht zu begreifende Widerstandsrecht.

102　　Die genannten aktiven Statusrechte sind ambivalent; zunächst halten sie in Abwehrfunktion den Staat bei ihrer Ausübung auf Distanz, vor allem aber machen sie Partizipation durch Wahrnehmung von Mitwirkungsrechten möglich[191]. Garantieren Abwehrrechte die Freiheit *vom* Staat, so geht es im status activus um Rechte *im* Staat. Dadurch erwachsen die klassischen Abwehrrechte zusätzlich in demokratischer Beteiligungsfunktion. Die Verknüpfung von Art. 8 Abs. 1 GG mit dem demokratischen Willensbildungsprozess, die Herausstellung des Bürgerrechts auf Teilhabe an der politischen Willensbildung nicht nur bei Wahlen, sondern als ständiger Prozess, sind keine lamentablen Zugeständnisse an den Zeitgeist, sondern bedeuten in verfassungshistorischer Sicht Rückbesinnung. Der bourgeois – der Wirtschaftsbürger – wurde erst dadurch zum citoyen – zum verantwortlich handelnden Staatsbürger –, als ihm die in enger Anbindung an das Petitionsrecht verstandene Versammlungsfreiheit die Chance zum unmittelbaren kollektiven Einwirken auf das organisierte staatliche Geschehen gab und sich auf diese Weise das Versammlungsrecht als Freiheitsrecht im politischen Willensbildungsprozess konstituierte[192]. Die Demokratie des Grundgesetzes beruht damit im Wesentlichen auf zwei Säulen: dem Wahlrecht und den zwischen den Wahlen gegebenen Beteiligungschancen, insbesondere auch durch Wahrnehmung der Versammlungs- und Demonstrationsfreiheit.

103　　Die so umrissene Stellung des Bürgers ist eine staats*erzeugende*; er befindet sich in einem status constituens[193]. Dieser basiert auf der Vorstellung,

191 *Starck*, JuS 1981, 240.
192 *Hofmann*, BayVBl. 1987, 100.
193 *Denninger*, ZRP 1968, 42 ff.

dass die freiheitliche Demokratie ohne den Konflikt der Ideen und der sie tragenden Gruppen nicht lebensfähig und deshalb die Aktivität des Bürgers in diesem permanenten Konflikt für die Demokratie lebensnotwendig ist[194]. Ist somit die Versammlungs- und Demonstrationsfreiheit Mittel der Teilnahme und Teilhabe am politischen Willensbildungsprozess, so ist sie als unmittelbare Ausformung der Volkssouveränität zu verstehen und folgerichtig als demokratisches Grundrecht[195] und politisches Kampfrecht zu qualifizieren[196]. Versammlungen und Demonstrationen sind dann Volksunmittelbarkeit schlechthin, Lebenselement der Demokratie, vorbehaltener, nicht delegierter Rest an Souveränität. Insoweit ist die Versammlungs- und Demonstrationsfreiheit permanenter »Stachel im Fleisch des Parlamentarismus«[197]. Deshalb ist der Gebrauch von Art. 8 Abs. 1 GG mehr als ein Ergänzungsvotum[198] zum in Art. 38 GG verankerten Repräsentationsprinzip in Form der Abgeordnetenfreiheit; Versammlungen und Demonstrationen sind punktuelle Plebiszite[199], Mittel zur Realisierung der Volkssouveränität. **104**

Hier sind die zuständigen Behörden, insbesondere die Polizei gerade als Beschützer der Versammlungs- und Demonstrationsfreiheit in der Pflicht, Freiheitsräume für Veränderungen, für die Austragung politischer Konflikte offen zu halten. Die Fähigkeit, Konflikte auszutragen, ist Wesensmerkmal einer offenen rechtsstaatlichen Demokratie. Eine Gesellschaft, die Probleme offen diskutiert, bleibt imstande, sie zu lösen. Wegen dieser Garantenstellung kann die Polizei nicht in etatistischer Sicht als bloßer Bewahrer des status quo, als Niederhaltungsinstrument, als Wegputzer politischen Protests qualifiziert werden. Insoweit ist sie keine »Staats«polizei, sondern eine »Bürger«polizei, als sie der Minderheit, die als Subjekt politischer Veränderung »Mehrheit in being« ist, die Chance garantieren muss, Mehrheit **105**

---

194 *Denninger*, ZRP 1968, 42.
195 *Quilisch*, S. 30 ff.; *Schwäble*, S. 17 ff.; *Frankenberg*, KJ 1981, 370 ff.; *Geulen*, KJ 1983, 192; *Rinken*, StV 1994, 96; *Schulze-Fielitz*, in: Dreier, Art. 8, Rz. 9; *Kutscha*, JuS 1998, 678; *Gusy*, in: v. Mangoldt/Klein/Starck, Art. 8, Rz. 11; krit. *Höfling*, in: Sachs, Art. 8, Rz. 5; *Bethge*, ZBR 1988, 206; *Badura*, in: Festschrift für H. Simon, 1987, S. 206.
196 *Quilisch*, S. 151; *Ossenbühl*, Der Staat 1971, 55; *Hollerbaum*, S. 16.
197 *Blanke/Sterzel*, Vorgänge 1983, S. 69; *Ladeur*, KJ 1987, 150 ff. sieht Art. 8 Abs. 1 GG als Recht auf Störung der »geordneten« Willensbildung; krit. insoweit *Bethge*, ZBR 1988, 207.
198 *Hollerbaum*, S. 6, stellt die Frage, ob das Demonstrationsrecht ein sinnvolles Ergänzungsvotum zu Art. 38 GG darstellt oder durch seine Ausübung erste Anzeichen einer von der Verfassung nicht gewollten Rückführung in eine plebiszitäre Demokratie sichtbar werden.
199 *Ossenbühl*, Der Staat 1971, 64; krit. insoweit *Bethge*, ZBR 1988, 207; *H. Schneider*, DÖV 1985, 783.

werden zu können, solange sie sich im Rahmen der Verfassung hält. Diese Veränderungchance ist polizeiliches Schutzgut. Nicht Ruhe, sondern Unruhe i. S. von politischem Gestaltungswillen, Bereitschaft zur Einflussnahme auf den politischen Willensbildungsprozess ist im demokratischen Verfassungsstaat, der vom Engagement seiner Bürger lebt, Bürgerpflicht.

106   Gemäß Art. 20 Abs. 2 Satz 1 GG geht alle Staatsgewalt vom Volke aus, was in Art. 20 Abs. 2 Satz 2 GG insoweit relativiert wird, als das Volk die bei ihm liegende Staatsgewalt selber nur bei Wahlen und Abstimmungen, sonst durch von ihm demokratisch legitimierte »besondere Organe« ausübt. Hieraus ist der Schluss gezogen worden, außerhalb von Wahlen und Abstimmungen, die das Grundgesetz (nur) bei der Neugliederung des Bundesgebiets vorsieht, bleibe kein Raum für direkte Demokratie. Diese Auffassung widerspricht den ständigen Hinweisen der verfassungsgerichtlichen Rechtsprechung, wonach die politischen Entscheidungen nach Art. 20 GG auf Art. 1 GG zu zentrieren sind. Dieser an der Spitze der grundgesetzlichen Werteordnung stehende Verfassungswert verlangt eine menschenwürdige, d. h. eine Mündigkeit weckende und mündig machende politische Ordnung mit möglichst vielen und möglichst umfassenden Partizipationschancen für möglichst viele. Deshalb muss es auch im repräsentativen System neben dem Wahlrecht weitere demokratische Beteiligungsrechte geben, durch die sich die politische Willensbildung des demokratischen Gemeinwesens in einem offenen und öffentlichen Prozess von unten nach oben[200] vollziehen kann.

107   Das demokratische Modell des Grundgesetzes geht zwar idealtypisch von der Atomisierung der politischen Macht, ihrer gleichmäßigen Verteilung auf alle Bürger aus. Ideal und Wirklichkeit sind indes selten deckungsgleich. Das sieht auch das *BVerfG*, wenn es konstatiert, dass der Zugang zu den Medien auf einige wenige beschränkt ist[201]. Deshalb stellt es die Versammlungs- und Demonstrationsfreiheit als gleichrangig neben die Presse- und Berichterstattungsfreiheit[202], erklärt sie mithin zur Pressefreiheit der sonst Sprach- und Einflusslosen. Auch der kritische Beobachter unseres politischen Systems wird insoweit feststellen müssen, dass insbesondere der Gebrauch der Demonstrationsfreiheit nicht ohne Einfluss auf zentrale politische Entscheidungen unserer Zeit geblieben ist. Das Aufgreifen von Problemen und unablässiges Hinweisen auf Probleme mittels Demonstrationen hat Kurswechsel und nicht zuletzt die deutsche Wiedervereinigung bewirken können.

---

200 *BVerfGE* 69, 315 (346).
201 *BVerfGE* 69, 315 (346).
202 *BVerfGE* 69, 315 (345 ff.).

Das *BVerfG* begreift deshalb im Brokdorf-Beschluss die Versammlungs- **108** freiheit als demokratisches Bürgerrecht zur aktiven Teilnahme am politischen Prozess[203] und erblickt in Versammlungen ein Stück ursprünglich-ungebändigter unmittelbarer Demokratie[204].

Im demokratisch-politischen Prozess ist der Bürger autonomes Subjekt **109** politischer Veränderung. Demokratie lebt davon, dass heute getroffene Entscheidungen morgen angegriffen und in Frage gestellt werden[205]. In diesem demokratischen Prozess hat die Versammlungs- und Demonstrationsfreiheit die Funktion eines Sicherheitsventils, über das Dampf abgelassen werden kann[206]. Art. 8 Abs. 1 GG verbürgt somit gleichermaßen politische Autonomie und demokratische Opposition.

4. Status activus processualis

Weil Grundrechtsschutz allein durch Eingriffsabwehr nicht hinreichend **110** gewährleistet wird, ist die verfahrensrechtliche Dimension der Grundrechte zu bejahen[207]. Die Grundrechte sind dann nicht nur Bestimmungsgrößen für das materielle Recht, sondern auch für das Verfahrensrecht. Das jeweilige Grundrecht wird verfahrensmäßig »unterlegt«, erfährt durch Rechte im Verfahren eine Verstärkung. Grundrechtsschutz durch Verfahren vereinigt damit in einer über die Statuslehre *Jellineks*[208] hinausgreifenden Dimension Schutz-, Leistungs- und Beteiligungsrechte des Betroffenen.

Das *BVerfG* geht in ständiger Rechtsprechung[209] davon aus, dass Grundrechtsschutz auch durch die Gestaltung von Verfahren zu bewirken ist, und betont die Komplementärfunktion des Verfahrensrechts für die Grundrechtsverwirklichung. So kommt etwa eine Verletzung des Grundrechts auf Leben in Art. 2 Abs. 2 GG in Betracht, wenn die Genehmigungsbehörde im atomrechtlichen Verfahren solche Verfahrensvorschriften unbeachtet lässt, die der Staat in Erfüllung seiner Schutzpflicht aus Art. 2 Abs. 2 GG erlassen hat[210]. Gleiches gilt für das Recht auf informationelle Selbstbestimmung, wenn organisatorische und verfahrensrechtliche gesetzliche Vorkehrungen nicht eingehalten werden[211].

---

203 *BVerfGE* 69, 315 (346).
204 *BVerfGE* 69, 315 (347).
205 *Baumann*, Festschrift, S. 257.
206 *Blumenwitz*, S. 133.
207 Dazu auch *Jarass*, AöR 1985, 385 ff.; *Hofmann*, BayVBl. 1987, 102 f.; *v. Mutius*, Jura 1988, 32.
208 *Jellinek*, Allgemeine Staatslehre, 3. Aufl. 1960 (Nachdruck), S. 418 ff.
209 *BVerfGE* 53, 30 (65 f. u. 72 f.); 56, 216 (236); 63, 131 (143); 65, 1 (44 u. 49); 65, 76 (94).
210 *BVerfGE* 51, 31 (65 f.).
211 *BVerfGE* 65, 1 (44).

111   Das *BVerfG* setzt im Brokdorf-Beschluss und in seinen jüngsten Entscheidungen zu rechtsextremistischen Versammlungen diese Rechtsprechung fort, wenn es in Art. 8 GG einen wesentlichen verfahrens- und organisationsrechtlichen Gehalt erkennt[212]. Inhaltlich präzisiert wird der Grundrechtsschutz durch Verfahren durch die Herausstellung von Kooperationspflichten[213], die aus dem Gebot zur grundrechtsfreundlichen Verfahrensgestaltung fließen[214]. Dazu zählen zunächst die vom *BVerfG* selber herausgearbeiteten Pflichten, z. B. die Ankündigung eines vorbeugenden Verbots unter Fristsetzung, innerhalb derer Gelegenheit zur schriftlichen bzw. mündlichen Erörterung mit der zuständigen Behörde gegeben werden muss[215]. Hierher gehören aber auch die dem Schutze der Betroffenen dienenden Vorschriften der Verwaltungsverfahrensgesetze, die im Versammlungswesen als Teil des Rechts der Gefahrenabwehr uneingeschränkt gelten[216].

IV. Objektivrechtliches Prinzip

112   Nach ständiger Rechtsprechung des *BVerfG* stellen die Grundrechte nicht nur subjektive Abwehrrechte des Einzelnen gegen die öffentliche Gewalt dar, sondern zugleich objektivrechtliche Wertentscheidungen der Verfassung, die für alle Bereiche der Rechtsordnung gelten und Richtlinien für Gesetzgebung, Verwaltung und Rechtsprechung geben[217]. Das *BVerfG* sieht damit in den Grundrechten Wertentscheidungen bzw. objektivrechtliche Inhalte verbürgt[218]. Mit dieser prinzipiellen Verstärkung erwächst eine weitere Geltungsdimension der Grundrechte als Elemente einer objektiven Ordnung[219], deren oberster Wert die Würde des Menschen ist. Insoweit sind die Grundrechte Ausdruck und unverzichtbarer Bestandteil des materiellen Rechtsstaats, der im Gegensatz zum formalen die Grundrechte nicht zur Disposition des Gesetzgebers stellt.

---

212 *BVerfGE* 69, 315 (355); *BVerfG*, NVwZ 2002, 982; *OVG Weimar*, NVwZ-RR 2003, 207; *VGH Mannheim*, VBlBW 2002, 383/385.
213 Dazu näher § 14, Rz. 25 ff.
214 *BVerfGE* 69, 315 (335); *Schulze-Fielitz*, in: Dreier, Art. 8, Rz. 66; *Höfling*, in: Sachs, Art. 8, Rz. 45.
215 *BVerfGE* 69, 315 (362).
216 *Hoffmann-Riem*, AK-GG, Art. 8, Rz. 33; krit. zum Umfang der Kooperation *Lohse*, Die Polizei 1987, 93 ff.
217 *BVerfGE* 39, 1 (41), 49, 89 (141 f.); *Hesse*, Rz. 290; *Gintzel/Möllers*, Die Polizei 1987, 19.
218 *Jarass*, AöR 1985, 365, weist darauf hin, daß das *BVerfG* die Begriffe synonym gebraucht; krit. *Denninger*, AK-GG, vor Art. 1, Rz. 30.
219 *BVerfGE* 50, 290 (337); *Hesse*, Rz. 290.

Das *BVerfG* knüpft im Brokdorf-Beschluss an diese Rechtsprechung an. **113** Es wertet Art. 8 Abs. 1 GG als *Grundentscheidung der Verfassung*, die in ihrer Bedeutung über den Schutz gegen staatliche Eingriffe hinausreicht[220]; bei allen begrenzenden Regelungen ist diese verfassungsrechtliche Grundentscheidung zu beachten. Sie darf nur zum Schutz gleichgewichtiger anderer Rechtsgüter unter strikter Wahrung der Verhältnismäßigkeit relativiert werden[221].

Art. 8 Abs. 1 GG strahlt damit auf das einfache Gesetzesrecht aus, entfal- **114** tet insoweit *»Nach«wirkung* für das Straf-, Haftungs- und Kostenrecht[222]. Strafrechtsnormen – §§ 240, 125, 105 StGB –, haftungsrechtliche – § 830 BGB – und kostenrechtliche Bestimmungen können bei extensiver Anwendung den Schutz der Versammlungsfreiheit unterlaufen[223]. Bei der Auslegung unbestimmter Rechtsbegriffe muss daher beachtet werden, ob es zu mittelbaren Beeinträchtigungen der Versammlungsfreiheit kommen kann.

Die Teilnahme an Demonstrationen darf nicht zum riskanten Privat- **115** vergnügen werden. Eine Ausdehnung der zivilrechtlichen Haftung für die bei einer Großdemonstration angerichteten Schäden auf »passiv« bleibende Sympathisanten ist verfassungswidrig, weil sie die Ausübung des Demonstrationsrechts mit einem unkalkulierbaren und untragbaren Risiko verbindet und so das Recht auf öffentliche Kundgebung der Meinung unzulässig beschränkt[224]. Eine gesamtschuldnerische Haftung des nicht mehr anwesenden Demonstrationsteilnehmers nach § 830 Abs. 1 Satz 2 BGB besteht nicht, weil Zweifel bezüglich der Teilnahme an einer unerlaubten Handlung zu Lasten der anspruchstellenden Behörde gehen müssen[225]. Die Versammlungsteilnahme darf nicht das Risiko in sich bergen, Schadenersatz für Dritte leisten zu müssen. Mit ausdrücklichem Hinweis auf die zitierte Rechtsprechung des *BGH* ist auch das *BVerfG* der Auffassung, dass der

---

220 *BVerfGE* 69, 315 (343).
221 *BVerfGE* 69, 315 (348 f.).
222 Zur Verfassungsmäßigkeit der Erhebung von Kosten für die Festlegung von Auflagen nach § 15 Abs. 1 VersG vgl. die fragwürdige Entscheidung des *VGH München*, NVwZ 2003, 114.
223 *BGHZ* 89, 383 (395); vgl. auch *BVerwG*, NJW 1989, 52; dazu näher *Thommes*, in: Ridder u. a., Zivilrechtliche Haftung, Rz. 1 ff.; *Offczors*, in: Ridder u. a., Kostenerhebung nach öffentlichem Recht, Rz. 1 ff.; *Schulze-Fielitz*, in: Dreier, Art. 8, Rz. 67 ff.; *Höfling*, in: Sachs, Art. 8, Rz. 44; *Gusy*, in: v. Mangoldt/Klein/Starck, Art. 8, Rz. 48; zur Verkehrssicherungspflicht bei Massenveranstaltungen vgl. *LG Hamburg*, NJW 1998, 1411.
224 *BGHZ* 89, 383 (399); zum Polizeikostenersatz bei Demonstrationen *VGH Mannheim*, DÖV 1986, 881; *OVG Lüneburg*, NVwZ 1984, 323; *VG Stade*, NVwZ 1985, 933; *Kränz*, JuS 1987, 451 ff.; *Ott/Wächtler*, Einf., Rz. 105 ff.; *v. Mutius*, Jura 1988, 33.
225 *BGHZ* 89, 383 (399).

Grundrechtsschutz des Art. 8 Abs. 1 GG insoweit fortwirkt, dass Richter und Behörden bei straf- und haftungsrechtlichen Maßnahmen der verfassungsrechtlichen Grundentscheidung in Art. 8 GG durch restriktive Auslegung und Anwendung der einschlägigen Bestimmungen Rechnung tragen müssen[226].

V. Institutionelle Garantie

116 Nach institutionellem Grundrechtsverständnis wirken die Grundrechte über die individualrechtliche Seite hinaus als verfassungsrechtliche Gewährleistungen freiheitlich geordneter und ausgestalteter Lebensbereiche[227].

Im Schrifttum gibt[228] es die Tendenz, auch Art. 8 Abs. 1 GG institutionell abzusichern und den sozialen Tatbestand Versammlung bzw. Demonstration als institutionelle Garantie der Verfassung zu begreifen[229].

117 Ein Vergleich mit hergebrachten institutionellen Garantien ergibt indes, dass Demonstrationen bzw. Versammlungen als zeitlich begrenzte Veranstaltungen keine institutionelle Eigenständigkeit erreichen und nicht den Grad organisatorischer Verfestigung wie etwa die Presse bzw. das öffentlich-rechtliche Rundfunk- und Fernsehwesen aufweisen[230].

Demonstrationen und Versammlungen als solche genießen damit keinen unmittelbaren verfassungsrechtlichen Schutz; nicht sie selber, sondern Teilnehmer, Leiter und Veranstalter haben Rechte (Rz. 61 f.).

VI. Abgrenzung zum Schutzbereich anderer Grundrechte

1. Allgemeines

118 Bei Ausübung der Versammlungs- und Demonstrationsfreiheit kommt es zu Überschneidungen mit anderen Grundrechten, sodass sich die Frage der Grundrechtskonkurrenz stellt[231]. Eine solche liegt vor, wenn ein bestimmtes Verhalten vom Schutzbereich mehrerer Grundrechte erfasst wird.

---

226 *BVerfGE* 69, 315 (361 f.); zur Schadensersatzpflicht von Demonstranten für eine nicht nur kurzfristige Blockade, vgl. *BGH*, NJW 1998, 377 ff.

227 *Häberle*, Die Wesensgehaltsgarantie des Art. 19 Abs. 2 GG, 3. Aufl. 1983, S. 70.

228 *Ott/Wächtler*, Einf., Rz. 14; *Ladeur*, KJ 1987, 1 f.

229 Man kann indes mit *Jarass*, AöR 1985, 367, in institutionellen Garantien auch lediglich die besonders deutliche Ausprägung des objektivrechtlichen Gehalts des jeweiligen Grundrechts sehen.

230 *Herzog*, in: Maunz/Dürig, Art. 8, Rz. 4 u. 42; *Ossenbühl*, AöR 1985, 64; *Schwäble*, S. 75; *Schulze-Fielitz*, in: Dreier, Art. 8, Rz. 70; *Benda*, in: BK, Art. 8, Rz. 57.

231 Vgl. dazu *Bleckmann/Wiethoff*, DÖV 1991, 722 ff.

Grundrechtskonkurrenzen können in unterschiedlicher Weise aufgelöst 119
werden[232]. Im Wesentlichen kommt es darauf an, ob das eine Grundrecht
das andere als lex specialis verdrängt, also nur *ein* Grundrecht Schutz gewährt oder ob beide idealiter konkurrieren (Grundrechtskumulation), sodass sich der Grundrechtsträger auf *zwei* Grundrechte berufen kann[233]. Von
letzterem ist immer dann auszugehen, wenn es zur Verstärkung der gesamtgrundrechtlichen Schutzposition kommen kann, insbesondere dadurch,
dass bei unterschiedlicher Schrankenregelung in den beteiligten Grundrechten eine restriktive Schrankeninterpretation zur Effektuierung der grundrechtlichen Gesamtgarantie geboten ist[234].

2. Allgemeine Handlungsfreiheit, Recht auf informationelle Selbstbestimmung, Ausreisefreiheit

Die Versammlungsfreiheit reicht wegen ihrer demokratischen Funktion 120
über die allgemeine Handlungsfreiheit hinaus[235]. Im Verhältnis zum Mut-
tergrundrecht des Art. 2 Abs. 1 GG ist Art. 8 Abs. 1 GG fraglos das speziellere Grundrecht, sodass von vornherein nur Art. 8 Abs. 1 GG Anwendung findet. Spezialität besteht auch in negativer Hinsicht. Art. 2 Abs. 1
GG hat zwar die Funktion eines Auffanggrundrechts für all die Betätigungen des einzelnen, die nicht vom Schutzbereich anderer Freiheitsrechte auf-
gefangen werden[236]; insoweit könnten unfriedliche und bewaffnete Teilnehmer an Demonstrationen und Versammlungen, die sich nicht auf Art. 8
Abs. 1 GG berufen können, den Schutz von Art. 2 Abs. 1 GG reklamieren.
Die Auffangfunktion ist aber fraglich, wenn das Herausfallen aus dem
Schutzbereich eines speziellen Grundrechts Ausdruck des Unwerturteils
des Verfassungsgebers ist. Ein solches ist wohl in Art. 8 Abs. 1 GG über die
bewaffnete und unfriedliche Teilnahme gefällt worden[237]. Insoweit kann
Art. 8 Abs. 1 GG ein verfassungsrechtliches Verbot entnommen werden,
das den Rückgriff auf Art. 2 Abs. 1 GG ausschließt[238].

Art. 8 Abs. 1 GG konkretisiert auch das Recht auf informationelle 121
Selbstbestimmung, indem er vor informationellen Aktivitäten von Polizei

---

232 Vgl. *Hofmann*, BayVBl. 1987, 132 m. w. N.
233 *Pieroth/Schlink*, Rz. 343.
234 So auch *Berkemann*, NVwZ 1982, 87.
235 *BVerfGE* 104, 92 (104).
236 Seit *BVerfGE* 6, 32 (36 ff.).
237 *Herzog*, in: Maunz/Dürig, Art. 8, Rz. 77; *Bethge*, DVBl. 1989, 845; *Gallwas*, JA
   1986, 485; *Isensee*, Hdb. StR V, 1992, § 111, Rz. 177; *Gusy*, in: v. Mangoldt/
   Klein/Starck, Art. 8, Rz. 92; a. A. *Bleckmann/Wiethoff*, DÖV 1991, 726, *Kunig*,
   in: v. Münch/Kunig, Art. 8, Rz. 37; *Pieroth/Schlink*, Rz. 342.
238 *Gallwas*, JA 1986, 485.

und Verfassungsschutz im Zusammenhang mit Demonstrationen und Versammlungen schützt (Rz. 81 f.).

122   Die Ausreisefreiheit wird nach h. M. durch Art. 2 Abs. 1 GG geschützt[239]. Wollen deutsche Staatsbürger das Staatsgebiet der Bundesrepublik verlassen, um an einer Versammlung im Ausland teilzunehmen, so ist auch Art. 8 Abs. 1 GG einschlägig, weil vom Schutzbereich der Versammlungsfreiheit auch die Anreise zur Versammlung geschützt wird (Rz. 71). Die Ausreisemöglichkeit ist dabei Voraussetzung der Anreise und fällt damit ebenfalls unter den Schutzbereich. Ausreiseverbote an der Grenze durch den Bundesgrenzschutz[240] oder Meldeauflagen der Polizeibehörde des Wohnortes des potenziellen Versammlungsteilnehmers[241] (Rz. 71) greifen in den Gewährleistungsbereich des gegenüber Art. 2 Abs. 1 GG specialiter geltenden Art. 8 Abs. 1 GG ein, was von der für die Ausreisebeschränkungen zuständigen Behörde zu berücksichtigen ist.

3. Körperliche Bewegungsfreiheit

123   In engem Zusammenhang mit Art. 8 Abs. 1 GG steht auch das Grundrecht auf körperliche Bewegungsfreiheit aus Art. 2 Abs. 2 Satz 2 GG. Das Recht, sich im Rahmen einer Demonstration in beliebiger Richtung kollektiv fortzubewegen, ist durch Art. 8 Abs. 1 GG mit abgedeckt. Die Ausübung der Teilrechte zu Leitung und Teilnahme setzt die tatsächliche und rechtliche Möglichkeit zum Aufenthalt in einer bestimmten Demonstration bzw. Versammlung ebenfalls naturnotwendig voraus. Wird das Recht auf kollektive Fortbewegung bzw. auf Aufenthalt beeinträchtigt, so ist der Schutzbereich des insoweit spezielleren Art. 8 Abs. 1 GG unmittelbar betroffen.

124   Denkbar sind auch Beeinträchtigungen der Bewegungsfreiheit, die *mittelbar* zu einer Einschränkung von Art. 8 Abs. 1 GG führen. Der mittelbare Eingriff ist gedeckt durch die Vorbehaltsschranke aus Art. 2 Abs. 2 GG, die eine Einschränkung der Bewegungsfreiheit aufgrund eines förmlichen Gesetzes unter Einhaltung der Rechtsgarantien des Art. 104 GG zulässt. Die Einschränkung von Art. 8 Abs. 1 GG darf dabei aber nur zwangsläufige Nebenfolge, nicht Haupt- oder Teilzweck sein. Ist Letzteres der Fall, muss für die Einschränkung eine besondere versammlungsgesetzliche Ermächtigung gegeben sein.

---

239 *BVerfGE* 6, 32 (35 f.); 72, 200 (245); *BVerwG*, NJW 1971, 820; *Pieroth/Schlink*, Rz. 797; *Jarass*, in: Jarass/Pieroth, Art. 11, Rz. 3; dagegen *Pernice*, in: Dreier, Art. 11, Rz. 15, der die Ausreisefreiheit durch Art. 11 GG geschützt sieht.
240 Vgl. § 10 Abs. 1 i. V. mit § 7 Abs. 1 bzw. Abs. 2 PassG.
241 Vgl. dazu *Pieroth/Schlink/Kniesel*, § 16, Rz. 11.

Fällt die Anreise bereits unter den Schutzbereich von Art. 8 Abs. 1 GG **125** (Rz. 71), so wird die körperliche Bewegungsfreiheit auch insoweit specialiter konkretisiert, als potenzielle Teilnehmer nicht daran gehindert werden dürfen, einen bestimmten (Demonstrations- oder Versammlungs-)Ort aufzusuchen.

Werden Demonstrationsteilnehmer *ohne* Auflösung am Ort durch poli- **126** zeiliche Einschließung (»Hamburger Kessel«[242]) festgehalten, so ist Art. 8 Abs. 1 GG auch insoweit specialiter betroffen, als er das Recht auf Verlassen des Demonstrationsortes verbürgt[243]. Eine Einschließung *nach* Auflösung gemäß § 15 Abs. 3 VersG beeinträchtigt dagegen primär die körperliche Bewegungsfreiheit des Betroffenen, weil § 13 Abs. 2 VersG nur noch das Recht beinhaltet, sich in angemessener Zeit entfernen zu können (Rz. 73 ff.). Die sog. einschließende Begleitung greift so lange nicht in Art. 2 Abs. 2 Satz 2 GG ein, als die Betroffenen die Marschrichtung selber bestimmen können und auch weiterziehen wollen[244]. Allerdings wird ein Eingriff in Art. 8 Abs. 1 GG vorliegen, wenn durch einschließende Begleitung der Demonstrationszweck nicht mehr erreicht werden kann.

Eine auf die StPO oder Polizeirecht gestützte Freiheits*entziehung* hindert **127** den Betroffenen an der Ausübung der Versammlungs- und Demonstrationsfreiheit. Verfolgt die aus Polizeirecht abgeleitete Freiheitsentziehung gerade den Zweck, den Betroffenen von einer Demonstration bzw. Versammlung fern zu halten, weil als gesicherte Gefahrenprognose gelten kann, dass von ihm Störungen oder Aktionen ausgehen, die einen unfriedlichen Verlauf befürchten lassen, so muss neben der Ermächtigung zur Freiheitsentziehung eine versammlungsgesetzliche für den Eingriff in Art. 8 Abs. 1 GG vorhanden sein.

Durch Freiheitsbeschränkung wird regelmäßig lediglich das Teilnahme- **128** recht beeinträchtigt. Eine solche zur Verhinderung der Teilnahme ist nur zulässig, wenn und so weit die Demonstration bzw. Versammlung tatsächlich stattfindet. Die Ermächtigung, Teilnehmer als potenzielle Störer davon abzuhalten, sich Zutritt zu verschaffen, lässt sich im Rahmen des § 17 a

---

242 Vgl. auch sog. »Mainzer-Kessel«, *VG Mainz*, NVwZ-RR 1991, 242 ff., und sog. »Berliner-Kessel«, *VG Berlin*, NVwZ-RR 1990, 188; dazu näher *Hofmann-Hoeppel*, DÖV 1992, 870 ff.; zum »Münchener Kessel« *LG München*, Urteil vom 28. 2. 1994, 9 O 12730/93; vgl. dazu auch *OVG Münster*, NVwZ 2001, 1315; *Hermanns/Hönig*, NdsVBl. 2002, 201 ff.

243 Das *VG Hamburg*, NVwZ 1987, 844, geht von einem Eingriff in beide Grundrechte aus.

244 Durch einschließende Begleitung kann allerdings die innere Versammlungsfreiheit (Rz. 82) beeinträchtigt werden, vgl. *OVG Bremen*, NVwZ 1990, 1191; *VG Bremen*, NVwZ 1989, 898.

sonst nur aus allgemeinem Polizeirecht ableiten[245]. Gerechtfertigt ist damit aber nur eine Freiheitsbeschränkung als Verbot, einen bestimmten Ort aufzusuchen. Steht fest, dass das Verbot nicht beachtet werden wird, kann eine Freiheitsentziehung durch polizeiliche Ingewahrsamnahme[246] in Betracht kommen. Der Rückgriff auf allgemeines Polizeirecht für Maßnahmen gegen potentielle Versammlungsteilnehmer widerspricht der Spezialität des VersG; wegen des engen sachlichen Zusammenhangs ist eine Regelung im VersG angezeigt[247].

129 Soll eine Demonstration oder eine Versammlung an einem Ort stattfinden, an dem allen oder bestimmten Teilnehmern (Kindern und Jugendlichen) Gefahren drohen, kann eine Freiheitsbeschränkung durch Platzverweis (Verfügung des Inhalts, einen bestimmten Ort zu verlassen oder einen solchen nicht aufzusuchen) ergehen. Dieser kann auf eine entsprechende polizeigesetzliche Ermächtigung gestützt werden, solange die unmittelbare Einschränkung von Art. 8 Abs. 1 GG nur zwangsläufige Nebenfolge, nicht Haupt- oder Teilzweck ist. So kann z. B. die Durchführung einer Versammlung in einem baufälligen Gebäude oder zur Bekämpfung einer Seuchengefahr unter allgemeinen Gefahrenabwehraspekten untersagt werden. Kinder und Jugendliche können von der Teilnahme ausgeschlossen werden, wenn die Demonstration oder Versammlung an einem Ort stattfindet, wo ihnen Gefahren i. S. von § 1 JSchG drohen.

4. Meinungsäußerungsfreiheit

130 Für das BVerfG hat Art. 8 Abs. 1 GG wegen seines Charakters als Grundrecht zur kollektiven Meinungskundgabe eine Affinität zu Art. 5 Abs. 1 GG. Art. 5 Abs. 1 GG ist in diesem Konkurrenzverhältnis die maßgebliche Norm zur Beurteilung des *Inhalts* von Meinungsäußerungen auf Versammlungen, während Art. 8 Abs. 1 GG Maßstab für die Beurteilung der *Art und Weise der kollektiven Meinungskundgabe* in Form einer Versammlung ist[248]. In Anbetracht eines Verbots des Auftritts eines Redners als Programmpunkt einer Versammlung hat das BVerfG das Verhältnis der beiden Grundrechte und ihrer Schranken näher präzisiert. Das Rednerverbot greift als präventive Maßnahme besonders intensiv in die Meinungsäußerungsfreiheit des Redners ein. Da der Redebeitrag aber auch Programmpunkt der Versammlung ist, beeinträchtigt das Redeverbot auch die Möglichkeit kom-

---

245 *BVerfGE* 84, 203 ff.; *Alberts*, ZRP 1988, 288.
246 Der sog. Verbringungsgewahrsam im Zusammenhang mit Demonstrationen ist nur ausnahmsweise zulässig, vgl. dazu *VG Bremen*, NVwZ 1986, 862; *OVG Bremen*, NVwZ 1987, 235; *BVerwG*, NVwZ 1988, 250.
247 Dazu näher Rz. 266; vgl. dazu *Deger*, NVwZ 1999, 265 ff.
248 *BVerfG*, DVBl. 2002, 690; DVBl. 2002, 970; *BVerfG*, NJW 2004, 2814 (2816).

munikativer Entfaltung in Gemeinschaft mit anderen Versammlungsteilnehmern und damit das Grundrecht aus Art. 8 Abs. 1 GG[249]. Bezüglich der einschlägigen Schranken knüpft das BVerfG an seine für den einschlägigen Schutzbereich maßgebliche Unterscheidung zwischen Art und Inhalt der Versammlung an und entnimmt die Schranken für Meinungsäußerung und -kundgabe Art. 5 Abs. 2 GG und die Schranken für die Art der Kundgabe und Erörterung aus den auf der Grundlage von Art. 8 Abs. 2 GG erlassenen Gesetzen. Äußerungen, die nach Art. 5 Abs. 2 GG nicht unterbunden werden dürfen, können auch nicht Anlass für versammlungsbeschränkende Maßnahmen nach Art. 8 Abs. 2 GG sein[250].

5. Religionsfreiheit

Die Glaubensbetätigungs- und Religionsausübungsfreiheit aus Art. 4 Abs. 2 GG sind leges speciales gegenüber Art. 8 Abs. 1 GG, wenn es um Glauben und Gewissen und deren kollektive Äußerung in Gestalt von Versammlungen und Demonstrationen geht[251]. **131**

6. Kunstfreiheit

Insbesondere bei politischem Straßentheater kann es zur Konkurrenz zwischen der Kunstfreiheit und Art. 8 Abs. 1 GG kommen. Sind die Voraussetzungen des verfassungsrechtlichen Versammlungsbegriffs (Rz. 5 ff.) gegeben, können sich die Betroffenen auf beide Grundrechte berufen. Die Kunstfreiheit gewährt weitergehenden Schutz, indem sie auch den prozesshaften Vorgang der künstlerischen Schöpfung, der Gestaltung und allgemeinen Präsentation des Geschaffenen einbezieht[252], sodass es zur Verstärkung der gesamtgrundrechtlichen Position kommt. Als künstlerische Gestaltung war der als Demonstration angelegte »Anachronistische Zug«[253] des Jahres 1979 zu bewerten. Eine derartige Veranstaltung fällt nicht wegen der im Vordergrund stehenden politischen Orientierung aus dem Kunstbegriff und damit aus dem Schutzbereich des Art. 5 Abs. 3 Satz 1 GG[254] heraus. Die Schranken des Art. 8 Abs. 1 GG gelten indes auch für die künstlerische Gestaltung bei Demonstrationen, wenn und so weit es vorrangig zu versammlungsspezifischen Störungen oder Gefährdungen kommt[255]. **132**

---

249 *BVerfG*, DVBl. 2002, 690; DVBl. 2002, 970.
250 *BVerfG*, NJW 2001, 2070.
251 *Schulze-Fielitz*, in: Dreier, Art. 8, Rz. 73; *Höfling*, in: Sachs, Art. 8, Rz. 76.
252 *Berkemann*, NVwZ 1982, 87.
253 *BVerfGE* 67, 213 ff.; *Benda*, in: BK, Art. 8, Rz. 25; *Würkner*, NJW 1988, 327 f.
254 *Stern*, Staatsrecht, Bd. III/2, 1994, S. 1403.
255 *Ladeur*, in: Ridder u. a., Art. 8, Rz. 5.

7. Vereinigungs- und Koalitionsfreiheit

133 Eine enge Beziehung besteht auch zwischen Art. 8 Abs. 1 und 9 Abs. 1
bzw. 9 Abs. 3 GG. Vereinigungen als Träger des kollektiven Freiheitsrechts
aus Art. 9 Abs. 1 GG werden auch durch und in Demonstrationen und
Versammlungen aktiv, insbesondere dann, wenn eine Vereinigung als Veranstalter auftritt und eine Demonstration bzw. Versammlung zum Forum
organisierter Willensbildung[256] macht. Auch hier ist von einer gesamtgrundrechtlichen Position auszugehen.

8. Arbeitskampffreiheit

134 Von Bedeutung ist auch das Zusammentreffen von Art. 8 Abs. 1 GG und
dem durch Art. 9 Abs. 3 GG geschützten Arbeitskampfrecht, wenn Ar-
beitskampfmaßnahmen als demonstrative Aktionen angelegt werden. Das
traditionelle Bild des Streiks war geprägt durch die Niederlegung der Arbeit bei Verlassen der Arbeitsstätte unter Zurücklassung von Streikposten.
Dieses Bild hat sich grundlegend geändert.

Die Streikenden verlassen ihre Arbeitsstätte nicht unbedingt, sondern organisieren Zugangsblockaden, Betriebsbesetzungen, wenden sich mit Informationsständen vor den Werkstoren an Passanten oder veranstalten
Demonstrationszüge durch die Innenstädte, um an Politiker und Öffentlichkeit zwecks Verbesserung ihrer Arbeitsbedingungen bzw. wegen drohender Arbeitslosigkeit zu appellieren. Es handelt sich i. d. R. sowohl um
Demonstrationen als auch um Aktionen des Arbeitskampfes, sodass beide
Grundrechte Schutzwirkung entfalten[257]. Ausgenommen vom Schutzbereich des Art. 9 Abs. 3 GG sind sog. politische Streiks[258]. Das sind solche,
die sich weder unmittelbar noch mittelbar gegen den Tarifpartner richten.

9. Parteienfreiheit

135 Die Freiheit zur Gründung politischer Parteien aus Art. 21 Abs. 1 Satz 2
GG ist kein Grundrecht[259]. Die Verfassungsbestimmung enthält jedoch eine
objektiv-rechtliche Gewährleistung der Institution Partei, die mit subjek-
tiv-rechtlichen Elementen verbunden ist[260]. Insoweit wirkt die Parteienfreiheit bei der Inanspruchnahme einschlägiger Grundrechte, etwa der Versammlungsfreiheit, grundrechtsverstärkend[261]. Daraus folgt aber nicht, dass

---

256 *Schmitt Glaeser*, in: Hdb. StR II, 1987, § 31, Rz. 11.
257 *Dietel*, in: Ende des Arbeitskampfes, 1989, S. 169 f.
258 *BAGE* 58, 343 (348 ff.); *Pieroth/Schlink*, Rz. 738; *Schulze-Fielitz*, in: Dreier,
Art. 9, Fn. 365 m. w. N.
259 *Morlok*, in: Dreier, Art. 21, Rz. 49 m. w. N.
260 *Morlok*, in: Dreier, Art. 21, Rz. 50.
261 *Morlok*, in: Dreier, Art. 21, Rz. 55.

Art. 21 Abs. 1 GG bei Parteiversammlungen vorgeht[262]. Auch Parteiversammlungen unterliegen den aus § 8 Abs. 1 und 2 GG folgenden Beschränkungen.

VII. Schranken der Versammlungs- und Demonstrationsfreiheit

Es bestehen zunächst die Schranken, die die Verfassung selber ausdrücklich **136** oder konkludent errichtet, sodann die des VersG gemäß dem allgemeinen Gesetzesvorbehalt in Art. 8 Abs. 2 GG für Demonstrationen und Versammlungen unter freiem Himmel.

1. Gewährleistungsschranken aus Art. 8 Abs. 1 GG

Für die Ausübung der Versammlungs- und Demonstrationsfreiheit gelten **137** die Gebote der Friedlichkeit und der Waffenlosigkeit. Diese Vorbehalte in der Gewährleistung des Grundrechts sind Bedingungen für die Inanspruchnahme des Grundrechtsschutzes und insoweit Begrenzungen des Schutzbereichs des Art. 8 Abs. 1 GG.

Geht man von der komplementären Verschränkung der Grundrechte aus Art. 5 Abs. 1 und Art. 8 Abs. 1 GG im Hinblick auf die Demonstrationsfreiheit aus (Rz. 28), so beziehen sich die Vorbehalte auf den Ablauf, stützt man dagegen die Demonstrationsfreiheit allein auf Art. 8 Abs. 1 GG (Rz. 29 ff.), erstrecken sich die Vorbehalte auch auf den Gegenstand bzw. die Ziele einer Demonstration.

a) Gebot der Friedlichkeit

Die Ermittlung des Sinngehalts der Friedlichkeit leidet an den mangelnden **138** Konturen des Begriffs. Das Grundgesetz definiert ihn nicht, sondern setzt ihn voraus. Zur Konkretisierung kann es nicht mit der Gleichung sein Bewenden haben, Unfriedlichkeit bedeute Störung des Rechtsfriedens[263] oder sei jedenfalls zu bejahen, wenn Rechtsgüter anderer verletzt würden[264] oder Verstöße gegen das Strafrecht vorlägen[265].

Friedlichkeit kann nicht schlechthin Konfliktlosigkeit oder strikte Einhaltung der Rechtsordnung bedeuten. Eine solche Gleichsetzung stellte die **139** Versammlungs- und Demonstrationsfreiheit unter einen allgemeinen Gesetzesvorbehalt. Eine weite Auslegung verbietet sich aus mehreren Gründen. Das Friedlichkeitsgebot muss als Parallelbestimmung zum Waffenverbot gesehen werden, sodass es nur um den Ausschluss schwer wiegenden

---

262 So aber *Schulze-Fielitz*, in: Dreier, Art. 8, Rz. 77.
263 *Götz*, DVBl. 1985, 1352.
264 *Guradze*, ZRP 1969, 6.
265 *Frowein*, NJW 1969, 1083; *Kloepfer*, Rz. 44 f.

Missbrauchs bei der Durchführung von Versammlungen und Demonstrationen gehen kann[266].

140   Der weite Gesetzesvorbehalt des Art. 8 Abs. 2 GG schließt eine extensive Auslegung des Gebots der Friedlichkeit aus. Der Gesetzesvorbehalt würde funktionslos, wenn der Geltungsbereich der Grundrechtsgewährleistung derart restriktiv bemessen würde, dass bereits jede einfach-gesetzliche Rechtswidrigkeit zum Ausschluss aus dem Schutzbereich führte[267]. Deshalb war es konsequent, dass das *BVerfG* die weite Auslegung des Gewaltbegriffs in § 240 StGB als mit Art. 103 Abs. 3 GG unvereinbar für verfassungswidrig erklärt hat[268]. Bei weiter Auslegung würde auch die Wesensgehaltsgarantie des Art. 19 Abs. 2 GG angetastet.

Der Begriff der Unfriedlichkeit kann deshalb nicht durch einen erweiterten Gewaltbegriff definiert werden[269]. Die Verfassung bewertet die Unfriedlichkeit in gleicher Weise wie das Mitführen von Waffen, fordert damit ersichtlich äußerliche Handlungen von einer Gefährlichkeit, wie etwa Gewalttätigkeiten oder aggressive Ausschreitungen gegen Personen oder Sachen[270]. In seiner jüngsten Senatsentscheidung zu Blockadeaktionen[271] ist das BVerfG auf der Linie seiner Rechtsprechung im Brokdorf-Beschluss und in den Sitzblockadeentscheidungen (Rz. 38 ff.) geblieben. Auch Blockaden durch physisch wirkende Barrieren sind nicht unfriedlich. Unfriedlichkeit ist erst gegeben, wenn Handlungen von einiger Gefährlichkeit wie etwa aggressive Ausschreitungen gegen Personen oder Sachen oder sonstige Gewalttätigkeiten stattfinden[272]. Die konkrete Blockadeaktion, in der sich die Teilnehmer mit Metallketten an die beiden Pfosten eines Einfahrtstores gekettet hatten, stufte das BVerfG – ungeachtet einer möglichen strafrechtlichen Bewertung als Gewalt i. S. von § 240 Abs. 1 StGB – nicht als unfriedlich im gerade beschriebenen Sinne ein[273]. Die Anwendbarkeit von Art. 8 Abs. 1 GG kann somit – etwa bei Sitzblockaden – nicht davon abhängig gemacht werden, ob eine Behinderung Dritter gewollt ist oder nur in Kauf

---

266 *BVerfGE* 73, 206 (248); *Herzog*, in: Maunz/Dürig, Art. 8, Rz. 71; krit. *Gick*, JuS 1988, 591; vgl. auch *Ehrentraut*, S. 144.
267 *Herzog*, in: Maunz/Dürig, Art. 8, Rz. 71; *Pieroth/Schlink*, Rz. 697; *Höfling*, in: Sachs, Art. 8, Rz. 29; *Schulze-Fielitz*, in: Dreier, Art. 8, Rz. 23.
268 *BVerfGE* 92, 1 ff.; vgl. auch *Gusy*, in: v. Mangoldt/Klein/Starck, Art. 8, Rz. 22 f. und 80.
269 *BVerfGE* 73, 206 (248); *Höfling*, in: Sachs, Art. 8, Rz. 30; *Schulze-Fielitz*, in: Dreier, Art. 8, Rz. 24.
270 *BVerfGE* 73, 206 (248); *Herzog*, in: Maunz/Dürig, Art. 8, Rz. 18; *Kunig*, in: v. Münch/Kunig, Art. 8, Rz. 23; *Jarass/Pieroth*, Art. 8, Rz. 5; *Gusy*, in: v. Mangoldt/Klein/Starck, Art. 8, Rz. 23.
271 *BVerfGE* 104, 92 ff.
272 *BVerfGE* 104, 92 (106); vgl. auch *BVerfG*, NVwZ 2005, 80 .
273 *BVerfGE* 104, 92 (106).

genommen wird[274]. Das Friedlichkeitsgebot ist auf das Verbot *gewalttätigen* Verhaltens zu reduzieren[275]. Von dieser Vorstellung geht auch das VersG aus, wenn es zur Konkretisierung des Friedlichkeitsgebots in den §§ 5 Nr. 3 und 13 Abs. 1 Nr. 2 die Begriffe »gewalttätiger« oder »aufrührerischer« Verlauf verwendet. Ergibt bei Sitzdemonstrationen die Abwägung zwischen den beteiligten Rechtsgütern, dass die Demonstrationsfreiheit ab einem bestimmten Zeitpunkt zurücktreten muss[276], so liegt nicht schon Unfriedlichkeit vor. Der auf § 15 Abs. 2 gestützte Eingriff in den Schutzbereich der Versammlungsfreiheit beschränkt bzw. beendet lediglich das Sichberufenkönnen auf das Grundrecht.

Adressaten des Friedlichkeitsgebots sind Personen, nämlich Veranstalter, Leiter mit Ordnungskräften und Teilnehmer. § 15 setzt zwar bei der Versammlung als solcher an. Das heißt aber nicht, dass die Versammlung als solche Adressat des Friedlichkeitsgebots ist. Wäre das so[277], entfiele die Schutzwirkung des Art. 8 Abs. 1 GG, wenn eine Minderheit Gewalttätigkeiten verursachte. Ist kollektive Unfriedlichkeit nicht zu befürchten, dann muss für den friedlichen Teilnehmer der Schutz des Art. 8 Abs. 1 GG auch dann erhalten bleiben, wenn einzelne Teilnehmer oder auch eine Minderheit Ausschreitungen begehen[278]. Führten nämlich Gewalttätigkeiten Einzelner zum Entfallen des Grundrechtsschutzes für alle anderen, so hätten es die Gewalttäter in der Hand, Demonstrationen »umzufunktionieren«[279]. Ein pauschales Vorgehen gegen die Versammlung insgesamt ist demnach unzulässig; polizeiliche Maßnahmen sind gegen Störer zu richten.   **141**

Eine Demonstration bzw. Versammlung gilt dann als unfriedlich, wenn mehr als eine Minderheit der Teilnehmer, was nach Lage des Einzelfalles zu beurteilen ist, sich gewalttätig verhält[280] bzw. wenn solches Verhalten unmittelbar bevorsteht[281]. Von unmittelbarer Bedrohung gewalttätigen Verhaltens ist schon bei entsprechenden Absichtserklärungen auszugehen[282].   **142**

---

274 *Müller*, S. 99 f.; *Schwäble*, S. 119; *BVerfGE* 73, 206 (248). *Isensee*, Das Grundrecht auf Sicherheit, 1983, S. 63, u. *Schmitt Glaeser*, Festschrift für Dürig, 1990, S. 111 ff., gehen dagegen von der Unfriedlichkeit von Sitzblockaden aus; vgl. auch BayObLG, NJW 1995, 270.
275 Vgl. auch *Pieroth/Schlink*, Rz. 698 f.; *Höfling*, in: Sachs, Art. 8, Rz. 31.
276 Dazu näher *Kniesel*, Die Polizei 1992, 55 f.
277 *Götz*, DVBl. 1985, 1352.
278 *BVerfGE* 69, 315 (361) m. w. N.
279 *BVerfGE* 69, 315 (361).
280 *Hölscheidt*, DVBl. 1987, 669; *v. Mutius*, Jura 1988, 85.
281 *Pieroth/Schlink*, Rz. 702; *Höfling*, in: Sachs, Art. 8, Rz. 32; *Jarass/Pieroth*, Art. 8, Rz. 5; *Geis*, Die Polizei 1993, 285.
282 *BVerfGE* 69, 315 (360); *Burfeind*, S. 103.

Vermummung allein ist hierfür aber noch kein hinreichendes Indiz[283]. Ist insoweit polizeiliches Einschreiten geboten, so wird die Lagebewältigung dann zum Problem, wenn friedliche und unfriedliche Teilnehmer sich nicht voneinander trennen lassen, also ein isoliertes Vorgehen nicht möglich ist. Entschließt sich die Polizei in einem solchen Fall zum Einschreiten, was im Hinblick auf die Versammlungs- und Demonstrationsfreiheit der friedlichen Teilnehmer problematisch ist, so können Maßnahmen gegen Letztere nur im Rahmen der Haftung als Nichtstörer gerechtfertigt werden[284].

b) Das Gebot der Waffenlosigkeit

143 Das Waffenverbot steht in engem Zusammenhang mit dem Friedlichkeitsgebot und muss als Explikation bzw. Konkretisierung desselben verstanden werden[285].

Adressaten des Waffenverbots sind Personen, nicht Versammlungen bzw. Demonstrationen als solche. Es ist an Veranstalter, Leiter mit Ordnungskräften und die einzelnen Teilnehmer gerichtet. Nehmen Bewaffnete teil, so ist ihre weitere bewaffnete Teilnahme, nicht die Veranstaltung insgesamt zu verhindern.

Der Waffenbegriff (Rz. 15 ff. zu § 2) des Art. 8 Abs. 1 GG erfasst zunächst alle Waffen im technischen Sinne. Er bezieht darüber hinaus alle tauglichen Gegenstände ein, mit denen der Benutzer Verletzungen bzw. Beschädigungen beabsichtigt. Defensivwaffen, denen es aus technischen Gründen an der Verwendungsfähigkeit für Angriffe mangelt, fallen nicht unter das Waffenverbot.

2. Gewährleistungsschranke aus Art. 18 GG

144 Auf Art. 8 Abs. 1 GG kann sich der nicht berufen, für den das *BVerfG* die Verwirkung ausgesprochen hat, § 1 Abs. 2 Nr. 1 VersG. Die Verwirkungsfeststellung hat konstitutive Wirkung. Solange das BVerfG die Verwirkung von Grundrechten einer Person nicht festgestellt hat, erzeugt Art. 18 GG eine Sperrwirkung in der Weise, dass die Person, die für verfassungsfeindlich gehalten wird, zwar politisch bekämpft, ihre Grundrechtsausübung aber grundsätzlich nicht unterbunden werden darf[286]. Möglich ist eine befristete und eine teilweise Verwirkung. Diese kann sich nur auf das Ver-

---

283 *Pieroth/Schlink*, Rz. 702; *Herzog*, in: Maunz/Dürig, Art. 8, Rz. 68; *Hoffmann-Riem*, AK-GG, Art. 8, Rz. 20.
284 *BVerfGE* 69, 315 (361); *Herzog*, in: Maunz/Dürig, Art. 8, Rz. 116 f.; krit. insoweit *Alberts*, ZRP 1988, 289.
285 *BVerfGE* 73, 206 (248); 104, 92 (106).
286 *VGH Mannheim*, VBlBW 2002, 383 (386), unter Berufung auf *BVerfG*, NJW 2001, 2077.

anstaltungs- oder Leitungsrecht oder im Falle der Verwirkung des Teilnahmerechts nur auf politische Versammlungen erstrecken.

Für Ausländer ist die Verwirkungsfeststellung durch das *BVerfG* nicht 145
erforderlich, weil das Grundrecht des Art. 8 Abs. 1 GG für diesen Personenkreis nicht gewährleistet ist. Jedes Gericht kann gemäß Art. 17 MRK die Berufung auf ein Recht der MRK ablehnen, wenn dies missbraucht worden ist[287].

Außerdem besteht eine grundsätzliche Einschränkung der Versamm- 146
lungsfreiheit für Nichtdeutsche durch die Möglichkeit von Verbot und Beschränkung der politischen Betätigung gemäß § 37 Abs. 1 bzw. Abs. 2 AuslG.

3. Gewährleistungsschranken aus Art. 21 Abs. 2 GG

Nach § 1 Abs. 2 Nr. 2 soll die Versammlungsfreiheit für den ausgeschlossen 147
sein, der mit der Durchführung oder Teilnahme an einer solchen Veranstaltung die Ziele einer nach Art. 21 Abs. 2 GG durch das BVerfG für verfassungswidrig erklärten Partei oder Ersatzorganisation einer Partei fördern will. Diese Regelung ist gegenwärtig bedeutungslos. Sie ist in Bezug auf Art. 8 GG verfassungswidrig, in Bezug auf Art. 11 rechtlich fragwürdig. Sie sollte aufgehoben werden[288].

Eine Einschränkung der Versammlungsfreiheit für jede Art von Ver- 148
sammlung, also auch solche in geschlossenen Räumen, die dem Gesetzesvorbehalt des Art. 8 Abs. 2 GG nicht unterliegen, hat keine rechtlich bestandsfähige Grundlage.

Die vor langer Zeit ergangenen verfassungsgerichtlichen Verbotsfeststel- 149
lungen zum einen gegen die Sozialistische Reichspartei (1952)[289] und zum anderen gegen die Kommunistische Partei Deutschlands (1956)[290] haben neben dem Verhalten von Exponenten und Anhängern der jeweils vom Verbot betroffenen Partei auch die von diesen Organisationen verfolgten Ziele als Verbotsgrund herangezogen. Ziele, die sich gegen die freiheitliche demokratische Grundordnung richten, sollten aus »dem Prozess der politischen Willensbildung« ausscheiden.[291] Das allerdings nur, soweit sie mir einer »aktiv kämpferischen aggressiven Haltung« vertreten werden.[292]

Mit der verfassungsgerichtlichen Feststellung der Verfassungswidrigkeit 150
einer Partei , die sich bei den Verbotsgründen auf die von der Organisation

---

287 *Frowein/Peukert*, Art. 11, Rz. 1 ff.
288 *Bertuleit/Steinmeier*, in Ridder u.a., § 1, Rz. 92.
289 *BVerfGE* 1, 1 ff.
290 *BVerfGE* 2, 85 ff.
291 *BVerfGE* 1, 1 (73)
292 *BVerfGE* 5, 85 (LS 5 und 6 sowie S. 140 f.).

verfolgten Ziele als »wichtigstes Erkenntnismittel«[293]stützt, ist die Verfolgung dieser Ziele nicht generell illegalisiert, sondern nur soweit sie im politischen Meinungskampf im Namen und zu Gunsten der für verfassungswidrig erklärten Partei propagiert werden.[294] Parteibezogene Wirkungsmöglichkeiten sollten ausgeschlossen werden, sofern sie darauf gerichtet sind, den organisatorischen Zusammenhalt der verbotenen Partei zu sichern.[295]

151 Die Regelung des § 1 Abs. 2 Nr. 2 verstößt gegen das verfassungsrechtliche Bestimmtheitsgebot. Sie statuiert eine partielle Grundrechtsverwirkung. Das Entscheidungsmonopol des Bundesverfassungsgerichts im Hinblick auf das Aussprechen einer Grundrechtsverwirkung darf nicht durch Tatbestände relativiert werden, deren Rechtsfolge einer Grundrechtsverwirkung gleichkommt.[296] Eine Grundrechtsverwirkung ist schon dann gegeben, wenn »genau bezeichnete Beschränkungen« vorgenommen werden (§ 39 Abs. 1 BVerfGG), etwa wenn die Veranstaltung von oder die Teilnahme an Versammlungen generell untersagt wird, wie es § 1 Abs. 2 Nr. 2 bestimmt.

152 Art. 8 Abs. 1 GG gilt weiter nicht für diejenigen deutschen Parteien, die vom *BVerfG* für verfassungswidrig (Art. 21 Abs. 2 GG) erklärt worden sind, § 1 Abs. 2 Nr. 3 VersG. Nichtdeutsche Parteien und inländische Parteien von Nichtdeutschen haben nicht den Rechtsstatus von Parteien im Sinne des Art. 21 GG. Sie gelten als politische Vereinigungen (§ 2 Abs. 3 ParteienG). Ersatzorganisationen solcher Parteien, deren Verfassungswidrigkeit festgestellt worden ist, sind nicht Parteien, sondern Vereinigungen (§ 33 Abs. 3 ParteienG).

153 Mit der Feststellung der Verfassungswidrigkeit durch das *BVerfG* verliert eine Partei die Fähigkeit, Zuordnungssubjekt von Grundrechten zu sein. Bis zur Feststellung bleibt aber auch einer verfassungsfeindlichen Partei der Schutz des Art. 8 Abs. 1 GG. Solange das BVerfG ein Parteiverbot nicht festgestellt hat, erzeugt Art. 21 Abs. 2 GG eine Sperrwirkung dahin gehend, dass eine für verfassungsfeindlich gehaltene Partei zwar politisch bekämpft werden kann, ihre Grundrechtsausübung aber grundsätzlich nicht unterbunden werden darf[297]. Der von Versammlungsbehörden und Gerichten im Zusammenhang mit von rechtsextremistischen Gruppierungen initiierten Versammlungen und Demonstrationen bemühte Begriff der Verfassungs-

---

293 *BVerfGE* 5, 85 (143 ff.).
294 Das betraf insbesondere die Einschränkung der Wirkungsmöglichkeiten der Mandatsträger der verbotenen Partei, die aus den Volksvertretungen ausscheiden mussten, *BVerfGE* 1, 1 *(74)*; 5, 85 (392).
295 *BVerfGE* 25, 44 (56 f.).
296 *BVerfGE* 10, 118 (123 f.).
297 *BVerfG*, NJW 2001, 2077; *VGH Mannheim*, VBlBW 2002, 383 (386); *Hoffmann-Riem*, NVwZ 2002, 260; a. A. *OVG Münster*, NJW 2001, 2111.

feindlichkeit, die sich in einem Bekenntnis zu nationalsozialistischem Gedankengut äußert, vermag Einschränkungen der Versammlungsfreiheit nicht zu rechtfertigen. Verfassungsfeindlichkeit ist nicht Verfassungs*widrigkeit*.

Rechtsextremistische Betätigungen widersprechen den Intentionen des Grundgesetzes. Jede Wiederbelebung nationalsozialistischen Gedankenguts schadet dem Ansehen der Bundesrepublik in der Weltöffentlichkeit und beleidigt die Überlebenden des Holocaust. Doch politische Wünschbarkeit und geltendes Recht sind zweierlei. Das Grundgesetz als offene Verfassung leistet sich einen radikalen Pluralismus und lässt alle Richtungen und Vorstellungen im politischen Meinungskampf zu, solange sie nicht aggressivkämpferisch gegen die verfassungsmäßige Ordnung gerichtet sind. Ob das der Fall ist, darüber hat bei politischen Parteien das *BVerfG* zu befinden. Es muss aber von den antragsberechtigten Stellen (Bundestag, Bundesrat, Bundesregierung) angerufen werden, was in deren Ermessen steht. Diese können den Antrag stellen, es aber auch lassen, etwa weil die politische Auseinandersetzung für überzeugender gehalten wird, weil man keine politischen Märtyrer schaffen will oder weil sicherheitsbehördliche Aspekte (Abdrängen in den Untergrund) durchschlagen. Eine dritte Möglichkeit in Gestalt versammlungsbehördlicher Verbote der Veranstaltungen solcher Parteien wegen Verfassungswidrigkeit kann es von Verfassungs wegen nicht geben; sie wäre nichts anderes als ein Parteiverbot durch die Hintertür. Demonstrationen politisch missliebiger Parteien dürfen nicht unter Berufung auf vorgeschobene Verbotsgründe nach dem VersG verboten werden.

Eine neu gegründete Partei, die zwar den Namen einer durch Spruch des **154** *BVerfG* aufgelösten Partei trägt, aber nicht deren für verfassungswidrig erklärte Ziele verfolgt, wird durch die Verbotsentscheidung nicht erfasst. Die zunächst bestehende Vermutung, dass es sich um eine Ersatzorganisation der verbotenen Partei handelt, bedarf des Nachweises durch Tatsachen, dass die neu gegründete Partei sich die in der Verbotsentscheidung bezeichneten verfassungswidrigen Ziele zu Eigen gemacht hat.

4. Gewährleistungsschranken aus Art. 9 Abs. 2 GG

Art. 8 Abs. 1 GG gilt ferner nicht für diejenigen deutschen Vereinigungen, **155** die durch rechtskräftige Verbotsverfügung der zuständigen Behörde (§ 3 VereinsG) gemäß Art. 9 Abs. 2 GG verboten sind, § 1 Abs. 2 Nr. 4 VersG.

Entsprechendes gilt für nichtdeutsche Vereinigungen. Die Gewährleis- **156** tung des Versammlungsrechts aus Art. 11 MRK besteht nicht für diejenigen nichtdeutschen Vereinigungen und nichtdeutschen Parteien oder inländischen Parteien Nichtdeutscher (sie haben nach § 2 Abs. 3 ParteienG den Status von Vereinigungen), die durch rechtskräftige Verbotsverfügung gemäß Art. 11 Abs. 2 MRK i. V. mit Art. 9 Abs. 2 GG und den entsprechenden Bestimmungen des VereinsG (§§ 14 ff.), die Art. 11 Abs. 2 MRK konkretisieren[298], verboten sind. Mit der rechtskräftigen Feststellung des Verbots verliert die deutsche oder nichtdeutsche Vereinigung die Fähigkeit, Zuordnungssubjekt des Versammlungsrechts zu sein.

5. Immanente Schranken

157 Die Versammlungsfreiheit ist für Versammlungen in geschlossenen Räumen schrankenlos garantiert. Der Gesetzesvorbehalt in Art. 8 Abs. 2 GG gilt nur für Versammlungen unter freiem Himmel wegen des ihnen innewohnenden höheren Gefahrenpotenzials für die Rechte Dritter.

158 Um bei der Kollision von vorbehaltlosen Grundrechten mit anderen Grundrechten bzw. anderen hochrangigen verfassungsrechtlich gesicherten Rechtsgütern einen Ausgleich zu ermöglichen, verweist das *BVerfG* auf *immanente Schranken*, die im Interesse der Einheit der Verfassung und der Gemeinschaftsgebundenheit der Grundrechtsträger geboten sind[299].

159 Ein Ausgleich zwischen kollidierenden Rechtsgütern über immanente Schranken ist in zweifacher Weise möglich. Eine systematische Interpretation lässt den Schutzbereich eines vorbehaltlos garantierten Grundrechts nur so weit ausgreifen, wie es ein i. S. praktischer Konkordanz[300] hergestellter Ausgleich mit den kollidierenden Grundrechten oder Verfassungsgütern jeweils erlaubt; diese vermögen also bereits den Schutzbereich zu begrenzen[301]. Das hätte zur Folge, dass die Gesetzesvorbehalte der Grundrechte funktionslos würden[302]. Gleichzeitig laufen auch die an einen Grundrechtseingriff anknüpfenden rechtsstaatlichen Garantien insoweit leer, als ein Eingriff in die aus dem Schutzbereich ausgegrenzten Bereiche nicht mehr denkbar ist[303]. Hinzu kommt, dass die Reichweite des jeweiligen Schutzbereiches nicht mehr bestimmt wäre. Diesen bei richtiger Auslegung aus dem Grundgesetz sich aufdrängenden Bedenken trägt der zweite Ausgleichsversuch weitgehend Rechnung; entgegenstehende Grundrechte Dritter und andere Verfassungsgüter engen nicht den Schutzbereich ein, sondern liefern nur die *verfassungsrechtliche Rechtfertigung* für den (gesetz-

---

298 *Frowein/Peukert*, Art. 11, Rz. 7.
299 Ständige Rechtsprechung seit *BVerfGE* 28, 243 (261): Nur kollidierende Grundrechte Dritter und andere mit Verfassungsrang ausgestattete Rechtswerte sind mit Rücksicht auf die Einheit der Verfassung ausnahmsweise im Stande, auch uneinschränkbare Grundrechte in einzelnen Beziehungen zu begrenzen.
300 Vgl. *Hesse*, Rz. 72.
301 *BVerfGE* 28, 243 ff.; krit. dazu *Pieroth/Schlink*, Rz. 323 ff.
302 *Pieroth/Schlink*, Rz. 323.
303 *Bleckmann*, § 12, Rz. 16.

losen) Eingriff in den Schutzbereich des vorbehaltlos garantierten Grundrechts[304].

Ein so bewerkstelligter Grundrechtsausgleich unterliegt indes Restriktionen. Enthält ein Grundrecht einen Gesetzesvorbehalt, dann ist das der Beleg dafür, dass der Verfassungsgeber die Kollisionsgefahren gesehen und deshalb die Eingriffsmöglichkeit zum Ausgleich geschaffen hat. Immanente Schranken können somit bei unter Gesetzesvorbehalt stehenden Grundrechten nicht zum Tragen kommen[305]. Aber auch bei den vorbehaltlosen Grundrechten kann es nur um Ausnahmefälle gehen, denn das Grundgesetz hat bei diesen ja nicht umsonst keine Eingriffe vorgesehen[306]. Kollidierendes Verfassungsrecht rechtfertigt dann Eingriffe, wenn es um Verfassungsgüter auf der *Ebene des Art. 79 Abs. 3 GG* geht, nämlich die Menschenwürde unter Einschluss der Menschenwürdegehalte aller Grundrechte und die in Art. 20 GG enthaltenen Prinzipien[307]. Der Schutz hochrangiger Grundrechte wie Leib und Leben vermag dann einen Eingriff in ein vorbehaltloses Grundrecht zu legitimieren. Zur Rechtfertigung kommt indes nicht all das in Betracht, was das Grundgesetz für den Verfassungsalltag als Gesetzgebungs- und Verwaltungsmaterie kennt, auch nicht jedweder Grundrechtsgebrauch[308]. **160**

Ist entgegenstehendes Verfassungsrecht zur Rechtfertigung eines Grundrechtseingriffs tauglich, so muss auch das vorbehaltlos garantierte Grundrecht in seinem über Art. 1 GG am Schutz des Art. 79 Abs. 3 GG partizipierenden Menschenwürdegehalt gewahrt bleiben[309]. **161**

Bei Art. 8 Abs. 1 GG kann es demnach durch kollidierendes Verfassungsrecht legitimierte Eingriffe nur bei Versammlungen in geschlossenen Räumen geben, nicht aber bei Demonstrationen unter freiem Himmel, weil für diese in Art. 8 Abs. 2 GG ein Gesetzesvorbehalt gegeben ist[310]. **162**

---

304 *Pieroth/Schlink*, Rz. 325 ff.
305 *Pieroth/Schlink*, Rz. 331; a. A. *Lerche*, Hdb. StR V, 1992, § 122, Rz. 47.
306 *Pieroth/Schlink*, Rz. 334.
307 *Pieroth/Schlink*, Rz. 334.
308 *Pieroth/Schlink*, Rz. 334.
309 *Pieroth/Schlink*, Rz. 335.
310 Anders das *OVG Münster*, das in seiner Rechtsprechung zur öffentlichen Ordnung i. S. von § 15 Abs. 1 GG davon ausgeht, dass bei der Auslegung des Grundrechts der Demonstrationsfreiheit nach Art. 5 Abs. 1, 8 Abs. 1 GG und der dortigen Grundrechtsschranken verfassungsimmanente Beschränkungen (Menschenwürde, Friedensgebot) zu berücksichtigen sind, die zu einem Verbot der demonstrativen Äußerung nazistischer Meinungsinhalte führen können; *OVG Münster*, NJW 2001, 2111; vgl. auch *Battis/Grigoleit*, NVwZ 2001, 121 ff.). Die Entscheidung des *OVG Münster* ist vom *BVerfG* (NJW 2001, 2070) mit folgender Begründung aufgehoben worden: Eine Grenze der Meinungsäußerung bilden gemäß Art. 5 Abs. 2 GG Strafgesetze, die zum Rechtsgü-

163 Die in den §§ 5 Nr. 4, 12 a Abs. 1 und 13 Abs. 1 Nr. 4 über die Konkretisierung verfassungsunmittelbarer Gewährleistungsschranken hinausgehenden Eingriffsermächtigungen sind nur im Rahmen der dargelegten restriktiven Auslegung immanenter Schranken anzuwenden.

6. Vorbehaltsschranken aus Art. 8 Abs. 2 GG

164 Für Versammlungen unter freiem Himmel kann der Gesetzgeber aufgrund des Vorbehalts in Art. 8 Abs. 2 GG *selbständige*, nicht schon von der Verfassung vorgesehene Schranken durch Gesetz oder aufgrund eines Gesetzes vorsehen. Der hohe Rang von Art. 8 Abs. 1 GG lässt solche einfachgesetzliche Schranken aber nur zu, wenn sie der Störanfälligkeit bzw. Gefährlichkeit von Versammlungen bzw. Demonstrationen Rechnung tragen und den Ausgleich mit gleichrangigen Rechtspositionen bezwecken sollen. Mit dem Gesetzesvorbehalt trägt das Grundgesetz dem Umstand Rechnung, dass für die Ausübung der Versammlungs- und Demonstrationsfreiheit unter freiem Himmel wegen der Berührung mit der Außenwelt ein besonderer, namentlich organisations- und verfahrensrechtlicher Regelungsbedarf besteht, der Sicherstellen soll, dass einerseits die realen Voraussetzungen für die Ausübung geschaffen werden, andererseits kollidierende Interessen anderer hinreichend Berücksichtigung finden.

165 Der Gesetzesvorbehalt des Art. 8 Abs. 2 GG ist gegenständlich nicht beschränkt. Gleichwohl sind Vorbehaltsschranken keine Blankovollmacht für eine beliebige inhaltliche Einschränkung und Relativierung des Schutzbereiches, sondern müssen im Lichte der Bedeutung des eingeschränkten Grundrechts gesehen werden[311]. Dieser Wechselwirkung wird nur Rechnung getragen, wenn behördliche Maßnahmen auf das beschränkt werden, was zum Schutz gleichwertiger Rechtsgüter notwendig ist.

166 Dies hat das *BVerfG* im *Brokdorf-Beschluss* bestätigt; die Ausübung der Versammlungs- und Demonstrationsfreiheit darf nur zum Schutz gleichgewichtiger anderer Rechtsgüter unter strikter Wahrung des Grundsatzes der Verhältnismäßigkeit begrenzt werden[312]. Das Gesetz über Versammlungen und Aufzüge ist das wichtigste auf den Gesetzesvorbehalt in Art. 8 Abs. 2 GG zurückgehende Vorbehaltsgesetz. Es enthält zielgerichtete Ein-

---

terschutz ausnahmsweise bestimmte geäußerte Inhalte verbieten, wie allgemein §§ 185 ff. StGB (Beleidigung, Verleumdung) und speziell im Bereich politischer Auseinandersetzungen etwa § 130 StGB (Volksverhetzung), § 86 a StGB (Verwendung von Kennzeichen verfassungswidriger Organisationen) oder §§ 90 a, b StGB (Verunglimpfung des Staats und seiner Symbole oder von Verfassungsorganen). Daneben kommen zusätzlich »verfassungsimmanente Grenzen« der Inhalte von Meinungsäußerungen nicht zum Tragen.

311 *BVerfGE* 7, 198 (208 f.); 28, 191 (200 f.).
312 *BVerfGE* 69, 315 (349).

schränkungen für Versammlungen unter freiem Himmel. Soweit Regelungen für Versammlungen in geschlossenen Räumen vorgesehen sind, konkretisieren sie lediglich die verfassungsunmittelbaren Gewährleistungsschranken der Verfassung.

Die Veranstaltung von bzw. die Teilnahme an Versammlungen unter freiem Himmel innerhalb der befriedeten Bannkreise der Gesetzgebungsorgane des Bundes und der Länder sowie des Bundesverfassungsgerichts sind nach § 16 Abs. 1 VersG i. V. mit einem entsprechenden Ausfüllungsgesetz verboten. **167**

Die Ländergesetze zum *Schutz der Sonn- und Feiertage* verbieten Versammlungen unter freiem Himmel während der Hauptzeiten von Gottesdiensten. Teilweise sind auch Versammlungen in geschlossenen Räumen untersagt, so weit sie unmittelbar den Gottesdienst stören[313]. Die Landesgesetzgeber haben damit zwingende Versammlungsverbote statuiert. Mit der Nennung des Art. 8 Abs. 1 GG als eingeschränktem Grundrecht haben sie der Zitierpflicht des Art. 19 Abs. 1 Satz 2 GG genügt und damit zum Ausdruck gebracht, dass ein Eingriff in die Versammlungsfreiheit gewollt ist[314]. Dem folgen offensichtlich das BVerfG[315] und die Verwaltungsgerichtsbarkeit[316]. Als absolute Verbote erscheinen die Regelungen in ihrer tatbestandlichen Weite aber als verfassungswidrig[317], zumal wenn sie sich auch auf Versammlungen in geschlossenen Räumen erstrecken, für die kein Gesetzesvorbehalt besteht[318]. **168**

Die Privilegierung der Religionsausübungsfreiheit gegenüber der Versammlungsfreiheit lässt sich verfassungsrechtlich nicht rechtfertigen[319]. Das VersG bietet ausreichende rechtliche Möglichkeiten, um Kollisionen der Versammlungsfreiheit mit der Religionsausübungsfreiheit zu verhindern. Wer außerdem die Sperrwirkung der Gesetzgebungskompetenz des Bundes aus Art. 72 Abs. 1 GG für das Versammlungsrecht (Art. 74 Abs. 1 Nr. 3 GG) für die Gesetzgebungsbefugnis der Länder anerkennt, muss versammlungsspezifische Verbotsregelungen in den Feiertagsgesetzen überhaupt verneinen[320]. **169**

---

313 Z. B. § 5 Abs. 1 FeiertagsG NW.

314 Vgl. § 12 FeiertagsG NW.

315 *BVerfG*, NVwZ 2003, 601 (602); NJW 2001, 2075.

316 *OVG Frankfurt (Oder)*, NVwZ 2003, 623 f.

317 *Bertuleit/Steinmeier*, in: Ridder u. a., § 1, Rz. 45; *Arndt/Droege*, NVwZ 2003, 906 ff.

318 So auch *Zeitler*, Rz. 252.

319 *v. Mutius*, Jura 1988, 87; *Kunig*, in: v. Münch/Kunig, Art. 8, Rz. 31; *Zeitler*, Rz. 292; *Krüger*, S. 135.

320 *Bertuleit/Steinmeier*, in: Ridder u. a., § 1, Rz. 44.

170   Das *Ausländergesetz* eröffnet mit § 47 [321] die Möglichkeit die politische
Betätigung von Ausländern einzuschränken. Dazu gehört auch die Untersagung versammlungsrechtlicher Aktivitäten. Auf der Grundrechtsebene
berührt ist nicht Art. 8 Abs. 1 GG als Deutschenrecht, sondern Art. 2
Abs. 1 GG als Menschenrecht, der in Auffangfunktion auch Ausländern
versammlungspezifische Betätigungen verbürgt[322]. Mit der Untersagung
kann auch ein Eingriff in Art. 5 Abs. 1 GG gegeben sein, der als Jedermannsrecht auch Ausländern Meinungsäußerungsfreiheit garantiert. Im
Hinblick auf die Einschränkung beider Grundrechte ist § 37 AuslG einerseits Bestandteil der verfassungsmäßigen Ordnung im Sinne von Art. 2
Abs. 1 GG und andererseits von Art. 5 Abs. 2 GG. Für Beschränkungen in
den zitierten Grundrechtsbestimmungen besteht das Zitiergebot des Art. 19
Abs. 1 Satz 2 GG nicht[323].

171   Außer den versammlungsspezifischen, d. h. unmittelbar auf die Versammlung bezogenen gesetzlichen Schranken des Art. 8 Abs. 2 GG können
auch sonstige, d. h. nur mittelbar bzw. lediglich in zweiter Linie Versammlungen betreffende Gesetze Art. 8 Abs. 1 GG beschränken.

172   Die einschränkende Wirkung kommt allerdings erst über das Nadelöhr
des § 15 VersG zum Tragen[324]; die öffentliche Sicherheit als Schutzgut der
versammlungsgesetzlichen Generalklausel erfasst die Gesamtheit des geschriebenen Rechts und kann daher Eingriffe in Art. 8 Abs. 1 GG legitimieren. Damit aber die Versammlungs- und Demonstrationsfreiheit nicht zum
konturenlosen Gebilde gerät, müssen die über den Filter des § 15 VersG zu
berücksichtigenden Gesetze in Wechselwirkung unter Berücksichtigung der
wertsetzenden Bedeutung von Art. 8 Abs. 1 GG ausgelegt werden, was nur
mittels Güterabwägung zwischen dem Grundrecht und dem durch das allgemeine Gesetz geschützten Rechtsgut möglich ist.

173   Die dem Straßenverkehr gewidmete Straße ist i. d. R. die Örtlichkeit, wo
Verkehrsteilnehmer ihr Grundrecht auf körperliche Bewegungsfreiheit ausüben. Diesen Raum benötigen aber auch Demonstranten für ihre Aktionen.
Demonstranten sind bei Benutzung öffentlichen Straßenraums auch Verkehrsteilnehmer i. S. des Straßenverkehrs und können nicht pauschal von
der Einhaltung der Bestimmungen der Straßenverkehrsordnung suspendiert
werden. Wegen des drittbehindernden Effekts von Demonstrationen ist die
Straßenverkehrsordnung im Grundsatz anwendbar[325]; ihre Bestimmungen
können über § 15 VersG mittels beschränkender Verfügungen Wirkung

---

321 Vgl. Anhang 3
322 *Pieroth/Schlink*, Rz. 114.
323 *BVerfGE* 10, 89 (99); 28, 282 (289).
324 So auch *Kloepfer*, S. 765; *Schwertfeger*, S. 447.
325 *Schwerdtfeger*, S. 448.

entfalten. Allerdings wird die Wechselwirkung zwischen Grundrecht und einschränkendem Gesetz oft dazu zwingen, Vorschriften der Straßenverkehrsordnung für Versammlungen bzw. Demonstrationen zu suspendieren.

Die speziellen Regelungen des Versammlungsgesetzes verdrängen als leges speciales die Befugnisnormen der Polizeigesetze der Länder. § 15 Abs. 1 u. 2 als wichtigste Ermächtigungsgrundlagen des Versammlungsgesetzes berechtigen allerdings nur zu Regelungen, die sich inhaltlich auf die Versammlungs- bzw. Demonstrationsfreiheit als solche beziehen. Soll eine Versammlung oder Demonstration an einem Ort stattfinden, wo allen oder einzelnen Teilnehmern Gefahren drohen (Einsturzgefahr in einem baufälligen Gebäude, Gefahren i. S. des § 1 JSchG), so bleiben die Befugnisnormen der Polizeigesetze anwendbar, weil die polizeilichen Maßnahmen sich gegen versammlungsunspezifische Gefahren richten. **174**

Zu prüfen bleibt, ob Strafgesetze als spezifisches »Demonstrationsstrafrecht« oder als sonstige versammlungsunspezifische Gesetze der Versammlungs- und Demonstrationsfreiheit Schranken ziehen können. Art. 8 Abs. 1 GG darf nach dem Gesetzesvorbehalt des Art. 8 Abs. 2 GG nur durch solche Gesetze begrenzt werden, die die Bedeutung der Versammlungs- und Demonstrationsfreiheit für den Einzelnen und die Gemeinschaft berücksichtigen[326]. Strafgesetze tragen aber als allgemeine Gesetze gerade nicht der besonderen Wertigkeit von Grundrechten, hier der Versammlungs- und Demonstrationsfreiheit Rechnung. Deshalb können sie nicht selbständig in den Schutzbereich von Art. 8 Abs. 1 GG eindringen, sondern nur jenseits des Schutzbereichs liegende Betätigungen als Überschreitungen der Grundrechtswahrnehmung unter Strafe stellen[327]. **175**

Jenseits der Pönalisierung von Überschreitungen des Schutzbereichs ist das Verhältnis zwischen Art. 8 Abs. 1 GG und Strafrecht problematisch, wenn in oder aus einer Versammlung bzw. Demonstration Aktionen mit demonstrativem Charakter erfolgen, die weder unmittelbar durch Art. 8 Abs. 1 GG (Gebote der Friedlichkeit und Waffenlosigkeit) noch durch Vorbehaltsgesetze nach Art. 8 Abs. 2 GG verboten sind, aber möglicherweise Strafrechtstatbestände erfüllen. Wer aktiv körperliche Gewalt anwendet, handelt unfriedlich; hier ist das Verhältnis zwischen Strafrecht und Art. 8 Abs. 1 GG klar. Werden im Rahmen einer Demonstration Spruchbänder gezeigt (»X ist ein Kriegstreiber«), so liegt trotz des demonstrativen Charakters eine Beleidigung vor. **176**

Bei *demonstrativen Blockaden* stellt sich die Frage, ob strafbare Nötigung nach § 240 StGB vorliegt. Soweit solche Blockaden den Rahmen passiver Resistenz nicht überschreiten oder bei Errichtung physischer Sperren die **177**

---

326 *BVerfGE* 69, 315 (353).
327 *Müller*, S. 135; *v. Mutius*, Jura 1988, 89.

Friedlichkeitsgrenze nicht überschritten wird (Rz. 140), bleiben sie im Schutzbereich der Versammlungsfreiheit[328]. Die Beteiligung an solchen Blockaden ist zwar durch eine Verfügung nach § 15 Abs. 3 beendbar[329], damit aber noch nicht ohne weiteres strafbar. Nachdem das *BVerfG* die erweiternde Auslegung des Gewaltbegriffs in § 240 Abs. 1 StGB im Sinne einer nur psychischen Zwangswirkung (vergeistigter Gewaltbegriff) als mit Art. 103 Abs. 2 GG unvereinbar für verfassungswidrig erklärt hat[330], kann Nötigung nur angenommen werden, wenn im Rahmen einer demonstrativen Blockade *physische* Gewalt eingesetzt wird, wobei die Aktion trotz vorliegender tatbestandsmäßiger Nötigung (zunächst) im Schutzbereich von Art. 8 Abs. 1 GG verbleibt (Rz. 140). Der *BGH* hat die verfassungsgerichtliche Entscheidung dadurch relativiert, dass er von physischer Gewalt schon dann ausgeht, wenn mehr als ein Fahrzeug durch die Blockade angehalten wird, weil dann das erstblockierte Fahrzeug für alle weiteren Fahrzeugführer als Sperrmittel wirke, womit die Blockade physische Gewalt darstelle[331]. Auf diese Frage ist das BVerfG in seiner jüngsten Blockadeentscheidung[332] nicht eingegangen. Insoweit ist davon auszugehen, dass die Verfassungsmäßigkeit der sog. Zweite-Reihe-Rechtsprechung des BGH offen bleibt[333].

7. Vorbehaltsschranken aus Art. 17 a Abs. 1 GG

178 Art. 17 a Abs. 1 GG beinhaltet einen Gesetzesvorbehalt für das Wehr- und Ersatzdienstverhältnis auch in Bezug auf die Versammlungsfreiheit. Die Bestimmung steht gleichrangig neben dem aus Art. 8 Abs. 2 GG folgenden Vorbehalt[334], geht aber über diesen insoweit hinaus, als auch Versammlungen in geschlossenen Räumen einbezogen sind. Gegenüber Soldaten können daher auf Art. 17 a Abs. 1 GG gestützte, nur durch das Übermaßverbot begrenzte Beschränkungen ergehen. So ist es Soldaten nach § 15 Abs. 3 SoldatenG untersagt, in Uniform an politischen Veranstaltungen, worunter auch Versammlungen und Demonstrationen fallen, teilzunehmen[335].

---

328 *BVerfGE* 73, 206 (248 ff.); weitere Nachweise vgl. § 15 Fn. 147.
329 *BVerfGE* 73, 206 (249).
330 *BVerfGE* 92, 1 (12).
331 *BGH*, NStZ 1995, 541.
332 *BVerfGE* 104, 92 ff.
333 So ausdrücklich *Hoffmann-Riem*, NVwZ 2002, 260.
334 *Pieroth/Schlink*, Rz. 712; *Hoffmann-Riem*, AK-GG, Art. 17 a, Rz. 90.
335 *BVerfGE* 57, 29 (35 f.), wo indes fälschlich davon ausgegangen wird, Art. 8 Abs. 1 GG sei tatbestandlich nicht berührt; vgl. auch *Höfling*, in: Sachs, Art. 8, Rz. 72, Fn. 215.

Wird aber durch die konkrete Versammlung bzw. Demonstration die **179** Funktionsfähigkeit der Bundeswehr nicht berührt[336], etwa bei einer Demonstration für Frieden und Abrüstung, so können auch Berufssoldaten an der Veranstaltung teilnehmen[337].

8. Beschränkungen für Personen in Sonderstatusverhältnissen

Der mehrdimensionale Grundrechtsschutz des Bürgers endet nicht, wenn **180** ein Sonderstatusverhältnis[338] zwischen dem Bürger (als Soldaten, Beamten, Strafgefangenen, Schüler, Studenten) und dem Staat begründet wird; ansonsten hätte Art. 17 a GG nicht durch Verfassungsänderung in das Grundgesetz eingefügt werden müssen. Personen in Sonderstatusverhältnissen müssen indes zusätzliche Grundrechtsbeschränkungen hinnehmen. Diese dürfen nicht über das vom jeweiligen Sonderstatusverhältnis im öffentlichen Interesse zwingend gebotene Maß hinausgehen. Die Wesensgehaltssperre des Art. 19 Abs. 2 GG ist zu beachten. Auch in Sonderstatusverhältnissen streitet die Vermutung für die Grundrechte des Betroffenen.

Bei der Ausübung der Versammlungs- und Demonstrationsfreiheit müs- **181** sen Beamte als Veranstalter, Leiter oder Teilnehmer die ihrer Stellung in der Öffentlichkeit und ihren Amtspflichten entsprechende politische Mäßigung üben (§ 35 Abs. 2 BRRG), sofern das möglich und zumutbar ist[339].

Ein Anspruch auf Dienstbefreiung zwecks Beteiligung an Versammlun- **182** gen und Demonstrationen besteht grundsätzlich nicht; er kann sich aber ergeben, insbesondere wenn die Zeit der Dienstbefreiung angerechnet oder nachgeholt wird[340]. Die Weisungsgewalt des Dienstvorgesetzten und der sonstigen Vorgesetzten darf nicht missbraucht werden, etwa durch Anordnung besonderer Dienstveranstaltungen, um die Beteiligung zu verhindern. In einigen Bundesländern dürfen Polizeibeamte kraft beamtengesetzlicher Regelung bzw. Dienstanweisung nicht in Uniform an öffentlichen Versammlungen und Demonstrationen teilnehmen. Gleiches gilt sinngemäß auch in den anderen Bundesländern, wenn es im Einzelfall aus Gründen der den Beamten zur Pflicht gemachten politischen Mäßigung erforderlich erscheint.

Bei Demonstrationen im eigenen Interesse der Berufsgruppe, wo mangels **183** Solidarisierung mit bestimmten Gruppen die Unparteilichkeit der Demons-

---

336 *BVerwGE* 83, 60 (64).
337 *Schulze-Fielitz*, in: Dreier, Art. 8, Rz. 53.
338 *BVerfGE* 33, 1 (11).
339 Restriktiv für das Soldatenverhältnis *BVerwG*, JZ 1986, 537 ff.
340 *BVerwG*, NJW 1973, 1242 u. 1817.

tranten nicht in Frage gestellt werden kann, besteht kein sachlicher Grund für ein Verbot des Tragens der Dienstkleidung[341].

184   Soldaten dürfen außerdienstlich nicht in Uniform an öffentlichen Versammlungen oder Demonstrationen teilnehmen (§ 15 SoldatenG), es sei denn, sie nehmen an einer Veranstaltung zur Wahrung eigener berufsbezogener Belange ihres Berufsverbandes teil[342]. Weitere gesetzliche Einschränkungen sind nach Art. 17 a GG für Wehrdienst- und Ersatzdienstleistende zulässig, aber nicht vorhanden.

185   Schüler und Studenten dürfen die Versammlungs- und Demonstrationsfreiheit in den Räumen und auf dem Gelände der Bildungseinrichtung nur ausüben, wenn es von dem jeweiligen Leitungsorgan zugelassen worden ist. Das Sonderstatusverhältnis wirkt aber nicht nach außen. Schüler und Studenten dürfen nicht daran gehindert werden, sich an Versammlungen und Demonstrationen außerhalb der Bildungseinrichtung zu beteiligen. Ein Anspruch auf Teilnahme kann auch dann bestehen, wenn die Versammlung bzw. Demonstration während der Unterrichtszeit stattfindet. Hier kollidieren Art. 8 Abs. 1 GG und die landesgesetzlich konkretisierte Schulbesuchspflicht aus Art. 7 Abs. 1 GG. Die erforderliche Rechtsgüterabwägung muss einerseits den hohen Rang der Versammlungs- und Demonstrationsfreiheit und den von der Schule geschuldeten Erziehungsauftrag zum mündigen Staatsbürger berücksichtigen, aber andererseits auch der Funktionsfähigkeit des Schulbetriebes Rechnung tragen. Dabei kann die Schulbesuchspflicht dem Grundrecht aus Art. 8 Abs. 1 GG nicht grundsätzlich vorgehen, aber auch nicht umgekehrt die Versammlungs- und Demonstrationsfreiheit die allgemeine Schulpflicht überlagern[343]. Ob Art. 8 Abs. 1 GG im Einzelfall Vorrang einzuräumen ist, hängt von der Thematik der Demonstration und ihrem Bezug zu den Wertentscheidungen der Verfassung sowie der Dauer des Unterrichtsausfalls ab[344].

186   Benutzer öffentlicher Anstalten haben in den Räumen oder auf dem Gelände der Anstalt nur dann ein Versammlungs- und Demonstrationsrecht, wenn es die Anstaltssatzung nicht verbietet und wenn der Anstaltszweck im Interesse der anderen Anstaltsbenutzer nicht wesentlich gefährdet wird.

187   Untersuchungs- und Strafgefangene sowie Personen in polizeilichem Gewahrsam oder Insassen von Heil- und Pflegeanstalten können nicht unter Berufung auf Art. 8 Abs. 1 GG befristete Aufhebung der Freiheitsentziehung verlangen. Primär ist ihre Bewegungsfreiheit (Art. 2 Abs. 2 GG)

---

341 *BVerwG*, NJW 1984, 747.
342 *BVerwG*, NJW 1984, 747.
343 So aber *Sterzel*, KJ 1990, 314; dazu eingehend *Bertuleit/Steinmeier*, in: Ridder u. a., § 1, Rz. 72 ff.
344 *VG Hannover*, NJW 1991, 1001.

eingeschränkt. Damit sind sie gehindert, Grundrechte geltend zu machen, die Bewegungsfreiheit voraussetzen. Versammlungen und Demonstrationen innerhalb der Straf- oder Haftanstalt können zugelassen werden, wenn Anstaltszwecke nicht gefährdet werden.

9. Schranken bei Grundrechtskumulation

Besteht Grundrechtsschutz durch mehr als ein Grundrecht, stellt sich die Frage nach den maßgeblichen Schranken. Als Leitregel soll gelten, dass die Schrankenregelung des stärkeren Grundrechts Anwendung findet[345]. **188**

Geboten ist eine differenzierende Lösung, die der Wertigkeit der beteiligten Grundrechte und der Schutznotwendigkeit im konkreten Einzelfall Rechnung trägt. So kann es zur Verstärkung der Grundrechtsgewährleistung dadurch kommen, dass bei unterschiedlicher Schrankenregelung eine restriktive Schrankeninterpretation zur Effektuierung der grundrechtlichen Gesamtgarantie erfolgen muss[346]. Fällt ein Verhalten unter zwei nicht in einem Spezialitätsverhältnis stehende Grundrechte, so wird es durch beide Grundrechte geschützt. Ist der Schutz unterschiedlich stark ausgestaltet, sind Eingriffe nur zulässig, wenn sie den jeweils stärkeren Grundrechtsschutz berücksichtigen[347]. Das gilt etwa für eine Prozession unter freiem Himmel, für die Grundrechtsschutz sowohl aus Art. 4 Abs. 2 als auch aus Art. 8 Abs. 2 GG besteht. Wird diese Prozession über eine in religiöser Tradition wurzelnde Wegstrecke geführt, muss sich ein Eingriff an den engen Begrenzungen der Religionsausübungsfreiheit orientieren[348].

Das BVerfG entnimmt die Schranken für die Meinungsäußerung und -kundgabe Art. 5 Abs. 2 GG, die Schranken bezüglich der Art der Kundgabe und Erörterung aus den auf der Grundlage von Art. 8 Abs. 2 GG erlassenen Gesetzen. Äußerungen, die nach Art. 5 Abs. 2 GG nicht unterbunden werden dürfen, können auch nicht Anlass für versammlungsbeschränkende Maßnahmen nach Art. 8 Abs. 2 GG sein[349]. **189**

Bei Konkurrenz des vorbehaltlos gewährleisteten Art. 5 Abs. 3 GG und Art. 8 Abs. 1 GG (etwa bei politischem Straßentheater) ist die Kunstfreiheit dominant, sodass Beschränkungen auf der Grundlage von Art. 8 Abs. 2 GG restriktiv anzuwenden sind. Deshalb ist das VersG kunstfreundlich auszulegen. Polizeiliche Maßnahmen können sich grundsätzlich nur gegen die äußere Ordnung (Auswirkungen auf Verkehrsteilnehmer bei Straßenthea- **190**

---

345 Vgl. *Berkemann*, NVwZ 1982, 85; *Hofmann*, BayVBl. 1987, 132 m. w. N.; *Bleckmann/Wiethoff*, DÖV 1991, 729 f.
346 Dazu näher *Würkner*, DÖV 1992, 150 ff.
347 Vgl. *Pieroth/Schlink*, Rz. 343.
348 *Pieroth/Schlink*, Rz. 344.
349 *BVerfG*, NJW 2002, 2070.

ter) richten, gegen den Inhalt der künstlerischen Darbietung als Meinungsäußerung aber nur dann, wenn ein Verstoß gegen die Schranken des Art. 5
Abs. 2 GG vorliegt.

191   Beim Zusammentreffen von Art. 9 Abs. 3 GG und Art. 8 Abs. 1 GG im
Rahmen des Arbeitskampfes wird ersterer regelmäßig das dominierende
Grundrecht sein. Trotz damit gebotener restriktiver Anwendung des VersG
werden für den Veranstalter Verpflichtungen des VersG (z. B. Anmeldung,
Bestellung von Leiter und Ordnern) nicht suspendiert.

B. Versammlungs- und Demonstrationsfreiheit nach dem VersG

I. Allgemeines

192   Inhaltlich ist das Versammlungswesen zunächst als spezialisiertes Gefahrenabwehrrecht besonderes Polizeirecht. Es enthält als Konkretisierung des
Gesetzesvorbehalts in Art. 8 Abs. 2 GG polizeirechtliche Befugnisnormen
zum Schutz der öffentlichen Sicherheit. Für unmittelbar versammlungsbezogene Eingriffe stellt sich das VersG als abschließende Regelung dar, ist lex
specialis, das den Rückgriff auf das allgemeine Polizeirecht und seine Ermächtigungsgrundlagen ausschließt und so die Polizeifestigkeit der Ver-
sammlungs- und Demonstrationsfreiheit begründet[350]. Der abschließende
Charakter des VersG gilt auch für solche Veranstaltungen, die als Versammlungen i. S. des VersG unfriedlich werden und deshalb aus dem Schutzbereich von Art. 8 Abs. 1 GG herausfallen[351]. Das folgt auch aus der
Sinnlogik der Verbotstatbestände des § 5 Nr. 2 und 3 sowie der Auflösungstatbestände des § 13 Abs. 1 Nr. 2 und 3, die die sachlichen Gewährleistungsschranken des Unfriedlichkeitsverbots und des sich daraus ergebenden Bewaffnungsverbots aus Art. 8 Abs. 1 GG konkretisieren.

So weit das VersG keine Regelungen trifft, wie etwa in der Adressatenfrage (Störerprinzip), ist die Anwendung polizeigesetzlicher Regelungen
zulässig[352].

193   Darüber hinaus ist das VersG auch ein Ausführungsgesetz zu Art. 8
Abs. 1 GG, also nicht nur ein Vorbehaltsgesetz nach Abs. 2. Bei der Ausgestaltung der Beschränkungen nach Art. 8 Abs. 2 GG muss der Gesetzge-

---

350 Vgl. *Bergmann*, S. 3 ff.; *Deger*, NVwZ 1999, 265 ff.; *Alberts*, VR 1987, 298 ff.;
    ders., ZRP 1988, 286; *Ridder*, in: Ridder u. a., Geschichtliche Einleitung, Rz. 80,
    verneint die Polizeifestigkeit, weil etwa nichtöffentliche Versammlungen unter
    das Polizeirecht fielen; dazu näher Rz. 211 ff.
351 *OVG Bremen*, NVwZ 1987, 236; *VG Hamburg*, NVwZ 1987, 831; *Förster*,
    S. 189 f.; *Geis*, Die Polizei 1993, 296; *Kang*, S. 116 f.
352 Dazu näher *Huber*, S. 65 ff.

ber dem hohen Rang der Versammlungs- und Demonstrationsfreiheit und ihrer Bedeutung für den Einzelnen und die Gemeinschaft Rechnung tragen. Deshalb ist das VersG zugleich, wenn nicht vorrangig, ein Ausführungsgesetz zu Art. 8 Abs. 1 GG, das das Grundrecht auf der Ebene des einfachen Gesetzes konkretisiert und ausgestaltet. Die Aufgabenwahrnehmung der Versammlungsbehörden nach dem VersG soll die Ausübung der Versammlungs- und Demonstrationsfreiheit fördern und erleichtern. Deshalb darf das VersG nicht ausschließlich oder vorrangig unter dem Aspekt der Gefahrenabwehr interpretiert werden. Als Ausführungsgesetz zu Art. 8 Abs. 1 GG erfährt das VersG eine verfassungsrechtliche Überhöhung.

II. Erlaubnisfreiheit

Die Versammlungsbeteiligten (Veranstalter, Leiter, Teilnehmer) bedürfen **194** keiner verwaltungsrechtlichen Erlaubnis. Art. 8 Abs. 1 GG verbietet die gesetzliche Einführung eines Verbots mit Erlaubnisvorbehalt[353].

Der Gesetzesvorbehalt des Art. 8 Abs. 2 GG ist vom Gesetzgeber in § 14 VersG durch Einführung einer Anmeldepflicht genutzt worden, was auf verfassungsrechtliche Bedenken[354] stößt, weil Art. 8 Abs. 1 GG als zentrales Gewährleistungselement ausdrücklich das Verbot eines Anmeldezwangs enthält. Die Anmeldefreiheit gehört zum Normprogramm[355].

Infolge der Erlaubnisfreiheit ist die Einwirkungsmöglichkeit der Versammlungsbehörde geringer als die einer typischen Konzessionsbehörde. Deshalb ist die Versammlungsbehörde in besonderem Maße auf die Kooperationsbereitschaft des Veranstalters angewiesen.

Die Erlaubnisfreiheit führt zu einer Verkürzung des Rechtsschutzes für **195** von Versammlungen bzw. Demonstrationen Drittbetroffene (z. B. Anlieger, Verkehrsteilnehmer); wäre eine Erlaubnis erforderlich, so könnten Drittbetroffene gegen diesen Verwaltungsakt Widerspruch einlegen. Wegen des hohen Ranges von Art. 8 Abs. 1 GG wird diese mit der Erlaubnisfreiheit zwangsläufig einhergehende Unterentwicklung des Rechtsschutzes für Drittbetroffene hinnehmbar sein; allerdings sind die Versammlungsbehörden in der Pflicht, im Rahmen beschränkender Verfügungen entgegenstehenden Rechtspositionen Dritter als deren Sachwalterin Rechnung zu tragen. Gleichwohl bleibt problematisch, dass die Rechte Dritter nur über das Tatbestandsmerkmal öffentliche Sicherheit in § 15 VersG Berücksichtigung finden können. Das kann allerdings dadurch abgemildert werden, dass

---

353 *Herzog*, in: Maunz/Dürig, Art. 8, Rz. 82.
354 So überzeugend *Geis*, NVwZ 1992, 1027 f.; *Höfling*, in: Sachs, Art. 8, Rz. 58; vgl. auch *Gusy*, in: v. Mangoldt/Klein/Starck, Art. 8, Rz. 36.
355 *Stein*, S. 318.

Drittbetroffene im versammlungsgesetzlichen Verwaltungsverfahren nach
§ 13 Abs. 2 VwVfG als Beteiligte hinzugezogen werden können[356].

196 Aus der Erlaubnisfreiheit folgt, dass ansonsten bestehende Erlaubnisvorbehalte, z. B. straßenverkehrsrechtliche Sondernutzung nach § 29 Abs. 2
StVO für die nicht verkehrsübliche Inanspruchnahme von öffentlichem
Straßenraum, straßenrechtliche Sondernutzungserlaubnis für die Verwendung und Aufstellung von Hilfsmitteln (Tapetentisch, Sonnenschirme, Re-
genschutzsegel, Stände), Erlaubnis zum Betrieb von Lautsprechern nach
§ 46 Abs. 1 Nr. 9 StVO suspendiert werden. Weil die §§ 14 und 15 VersG
abschließende Regelungen zur Wahrung der öffentlichen Sicherheit bei Versammlungen sind, muss der Ausgleich zwischen dem Grundrecht aus Art. 8
Abs. 1 GG und anderen durch § 15 Abs. 1 VersG im Rahmen der öffentlichen Sicherheit geschützten Rechtsgüter nicht in einem vorgeschalteten Erlaubnisverfahren, sondern allein nach Maßgabe von § 15 VersG gefunden
werden[357]. Das gilt nicht in den Fällen, wo die erforderliche Erlaubnis erst
den Zugang zu der für die Versammlung benötigte Fläche verschafft, wie es
bei der Ausnahmegenehmigung für die Benutzung eines Friedhofs zwecks
demonstrativer Kranzniederlegung der Fall ist.[358]

197 Sind anderweitig bestehende Erlaubnisvorbehalte suspendiert, hat die
Versammlungsbehörde im Rahmen ihrer versammlungsgesetzlichen Verfügung aus einer Hand auch über die Frage der Zulässigkeit der Sondernutzung zu entscheiden (Konzentrationsmaxime). Entbehrlich ist nur die
förmliche Erlaubnis, nicht die Prüfung des Vorliegens ihrer Voraussetzungen. Allerdings wird die diesbezügliche Beurteilung auf die Versammlungsbehörde verlagert; diese hat im Innenverhältnis die eigentlich zuständige
Verwaltungsbehörde zu beteiligen[359]. Das gilt nicht nur im Rahmen von Erlaubnisverfahren, sondern auch dann, wenn eine (eigentlich zuständige) Behörde eine ordnungsbehördliche Verfügung für erforderlich hält. Ist etwa
ein Zeltlager von gegen ihre drohende Ausweisung protestierenden Roma
als Demonstration zu bewerten[360] und sind gesundheitspolizeiliche Belange
zu wahren, so sind diese von der zuständigen Versammlungsbehörde über

---

356 Der *VGH Kassel* (NJW 1994, 1750 f.) hat für den Drittbetroffenen einstweiligen
   Rechtsschutz gegen künftige Versammlungen durch ein vorläufiges Feststel-
   lungsbegehren anerkannt, wenn die zuständige Behörde es pflichtwidrig unterlässt, seine Persönlichkeitsrechte gegen eine Dauerprotestdemonstration vor
   seiner Privatwohnung zu schützen.
357 *BVerwG*, NJW 1989, 2412.
358 *OVG Frankfurt (Oder)*, NVwZ-RR 2004, 845; *OVG Bautzen*, NVwZ-RR
   2002, 436.
359 Krit. dazu *Dietlein*, NVwZ 1992, 1066 f.
360 *OVG Münster*, NVwZ-RR 1992, 360.

eine beschränkende Verfügung nach § 15 Abs. 1 bzw. 2 zur Geltung zu bringen[361].

Die Entscheidung aus einer Hand durch die Versammlungsbehörde ist auch im Rahmen versammlungsfreundlicher Verfahrensgestaltung angezeigt, damit Versammlungsanmelder nur mit einem Organ öffentlicher Verwaltung konfrontiert werden, ausschließlich mit diesem Verhandlungen führen müssen und von ihm einen Gesamtbescheid erhalten. Einsatztaktische Gesichtspunkte sprechen zudem für die Gesamtzuständigkeit der Versammlungsbehörde; werden etwa Hilfsmittel erst nachträglich oder im Rahmen von Spontandemonstrationen verwendet, kann darüber auch durch den polizeilichen Einsatzleiter vor Ort aus einer Hand entschieden werden. **198**

Unberührt bleiben dagegen straßen- und wegerechtliche Vorschriften über die Reinigungs- und Kostenerstattungspflicht, wenn bei Versammlungen bzw. Demonstrationen Straßen über das übliche Maß hinaus verschmutzt worden sind. Auch wenn die Verunreinigung zwangsläufige Folge der Veranstaltung ist, steht Art. 8 Abs. 1 GG der Inanspruchnahme des Veranstalters für die Verunreinigung nicht grundsätzlich entgegen[362]. **199**

III. Der Versammlungsbegriff des VersG

1. Öffentliche Versammlungen

Der versammlungsgesetzliche Versammlungsbegriff ist enger als der verfassungsrechtliche, weil außer den Kriterien »Personenmehrheit«, »kürzere Dauer« und »verbindender Zweck« öffentlicher Meinungsbildung oder Meinungskundgabe noch das Merkmal »öffentlich« hinzutreten muss. Letzteres bezieht sich auf die Personenmehrheit. Eine Versammlung ist dann öffentlich, wenn jedermann die Möglichkeit hat, sich an der Bildung der Personenmehrheit zu beteiligen. Die Öffentlichkeit bestimmt sich also danach, ob die Versammlung einen abgeschlossenen oder einen individuell nicht abgegrenzten Personenkreis umfasst[363]. Insoweit werden private, nur bestimmten Personen zugängliche Zusammenkünfte nicht erfasst, obwohl sie sich im Schutzbereich des Art. 8 Abs. 1 GG befinden können. **200**

Ob sich das Merkmal »öffentlich« auch auf den verbindenden Zweck bezieht, kann dahinstehen, denn jedenfalls kann nicht streitig sein, dass die Definition des BVerfG, wonach Versammlung i. S. des Art. 8 Abs. 1 GG die örtliche Zusammenkunft mehrerer Personen zur gemeinschaftlichen, auf die Teilhabe an der öffentlichen Meinungsbildung gerichteten Erörterung **201**

---

361 So wohl auch *OVG Münster*, NVwZ-RR 1992, 361.
362 *BVerwG*, NJW 1989, 52 f.; *BVerwG*, NJW 1989, 53 ff.; *Brohm*, JZ 1989, 324 ff.
363 *BVerwG*, NVwZ 1999, 992.

oder Kundgebung ist[364], auf die in § 1 Abs. 1 VersG nicht näher beschriebene Versammlung durchschlägt und sie prägt. D. h. verfassungsrechtlicher und versammlungsgesetzlicher Versammlungsbegriff korrespondieren i. S. des engen Versammlungsbegriffs. Dass der Anwendungsbereich des VersG mit seiner Ausrichtung auf öffentliche, d. h. jedermann zugängliche Versammlungen (noch) enger ist als der auch nichtöffentliche Versammlungen einbeziehende Art. 8 Abs. 1 GG, muss nicht zu einem speziellen Versammlungsbegriff des VersG führen.

202   Es geht also um Gruppenbildung mit politisch-demokratischem Bezug[365]. Die Gruppe hat eine andere Qualität als eine bloße Menge. Die Gruppenmitglieder entwickeln eine Zusammengehörigkeit durch übereinstimmende Meinungsbildung bzw. -kundgabe[366]. Die Zugehörigkeit zur Gruppe muss nicht ausdrücklich erklärt werden; bloße Anwesenheit ohne Distanzierung reicht aus. Die Gruppenbindung geht verloren, wenn sich Teilnehmer aus einer laufenden Versammlung abspalten, um eigene Ziele zu verfolgen. Es entsteht dann eine neue eigenständige Versammlung[367], meist in Form einer Spontanversammlung.

203   Eine *Versammlung in einer Versammlung* ist grundsätzlich möglich[368], sofern bei beiden die Voraussetzungen erfüllt sind. Das ist für Störergruppen in einer Versammlung nicht gegeben[369], weil sie den Bezug zur eigentlichen Versammlung nicht aufgeben, wenn dieser Bezug sich auch nur negativ ausdrückt, und zwar dadurch, dass die Versammlung Bezugspunkt der Störaktion bleibt. Gruppen *auf dem Weg* zu einer Versammlung sind noch keine Versammlung[370], es sei denn, Anmarsch bzw. Anfahrt wären als Demonstration angelegt.

204   Der versammlungsgesetzliche Versammlungsbegriff erfasst sowohl Veranstaltungen zur kollektiven Meinungsbildung (Diskussionsversammlungen) als auch solche zur kollektiven Meinungskundgabe (Kundgebungen, Demonstrationen).

205   Zufällige Personenansammlungen (z. B. Neugierige bei Unglücksfällen oder Aufsehen erregenden Ereignissen) fallen von vornherein nicht unter den Versammlungsbegriff.

206   Die besondere Erwähnung der Aufzüge in § 1 Abs. 1 VersG führt nicht zu einer Erweiterung des versammlungsgesetzlichen Versammlungsbegriffs gegenüber dem verfassungsrechtlichen. Aufzüge sind nur deshalb beson-

---

364 *BVerfGE* 104, 92 (104).
365 *BayVGH,* DVBl. 1979, 739; *Denninger,* ZRP 1968, 42; *Hesse,* Rz. 405.
366 *Frowein,* NJW 1969, 1081 f.
367 *BayObLG,* DÖV 1969, 73.
368 *Ott/Wächtler,* § 1, Rz. 43.
369 *Ganßer,* BayVBl. 1981, 713.
370 *Birk,* JuS 1982, 497.

ders im VersG erwähnt, weil dieses in seiner Funktion als Spezialmaterie des Polizei- und Ordnungsrechts über § 15 das Grundrecht aus Art. 8 Abs. 1 GG mit kollidierenden Grundrechten Dritter harmonisieren und berücksichtigen muss, dass mit dem dynamischen Charakter von Aufzügen zwangsläufig Auswirkungen für Rechte Dritter verbunden sind[371].

Hinsichtlich der Teilnehmerzahl sind wie beim verfassungsrechtlichen Versammlungsbegriff zwei Teilnehmer ausreichend (Rz. 18). **207**

Demonstrationen und Versammlungen setzen keine gemeinsame bzw. einheitliche Willensrichtung der Teilnehmer voraus; es können also auch Gegenmeinungen geäußert werden. **208**

Es ist nicht erforderlich, dass bei Demonstrationen oder Versammlungen Reden gehalten werden. Auch der Schweigemarsch ist eine Demonstration; die kollektive Kundgabe besteht im demonstrativen Schweigen. **209**

Eine enge zeitliche Begrenzung ist nicht Wesensmerkmal. Deshalb sind auch mehrtägige Mahnwachen als *eine* Veranstaltung anzusehen. Entscheidend ist, dass die einzelnen Aktionen in unmittelbarem Zusammenhang stehen. Auch eine enge räumliche Begrenzung lässt sich nicht begründen; insoweit sind weiträumige Menschenketten fraglos Aktionen i. S. von § 1 VersG. **210**

Kriterium der Öffentlichkeit einer Versammlung ist der zugelassene Personenkreis, nicht das Stattfinden auf öffentlichen Flächen. Öffentliche Versammlungen bedürfen öffentlicher Einladung[372]. Entscheidend ist, dass jedermann teilnehmen kann, der Teilnehmerkreis nicht auf individuell bezeichnete Personen beschränkt ist. Die Öffentlichkeit wird nicht dadurch ausgeschlossen, dass der Veranstalter aufgrund der Ermächtigung aus § 6 Abs. 1 VersG bestimmte Personen oder Personengruppen in der Einladung von der Teilnahme ausgeschlossen hat[373]. Das Erheben von Eintrittsgeldern oder Unkostenbeiträgen steht der Öffentlichkeit nicht entgegen[374]. **211**

Die ausdrückliche Bezeichnung einer Versammlung als öffentlich oder nichtöffentlich ist nur Indiz. Eine als nichtöffentliche Versammlung bezeichnete Zusammenkunft der Mitglieder eines großen Verbandes, etwa einer Gewerkschaft oder einer Partei, ist öffentliche Versammlung, sofern keine individuellen Einladungen ergangen sind und außer der Mitgliedschaft keine weiteren besonderen Integrationsmerkmale vorhanden sind, die die Teilnehmer nach außen abschließen und zu einem geschlossenen Kreis werden lassen[375]. Ein *Parteitag* wird regelmäßig als nichtöffentliche **212**

---

371 *Kostaras*, S. 167.
372 *Dietel*, Die Polizei 1976, 21.
373 *Hoffmann*, StuKVw 1967, 231.
374 *VGH Mannheim*, DVBl. 1993, 839.
375 *Samper*, S. 17; a. A. *Frowein*, NJW 1969, 1082.

Versammlung zu betrachten sein, weil nur bestimmte Delegierte und Gäste teilnehmen.

2. Aufzüge

213 Aufzüge sind sich fortbewegende Demonstrationen unter freiem Himmel. Es handelt sich um Aktionen im Schutzbereich von Art. 8 Abs. 1 GG und i. S. des Versammlungsbegriffs des VersG. Es geht um demonstrative kollektive Kundgabe. An dieser fehlt es etwa bei Karnevalsumzügen, Volksmärschen, Bittgängen, Wallfahrten, Wandergruppen, Prozessionen und Leichenzügen. Wesentliches Kriterium des Aufzuges gegenüber der Versammlung ist die Fortbewegung mit dem Ziel, durch Ortswechsel einen größeren Personenkreis mit der demonstrativen Aussage zu konfrontieren. Art, Ort und Geschwindigkeit der Fortbewegung sind unerheblich. Ein Aufzug muss nicht ständig in Bewegung sein. Das Formieren des Aufzugs am Aufstellungsort, Halte bei Verkehrsstockungen, Marschpausen und ähnliche Unterbrechungen beseitigen nicht den Aufzugscharakter. Möglich ist auch die Mischform von Aufzug und kürzeren ortsfesten Kundgebungen. Eine Abschlusskundgebung am Zielort ist nicht mehr Aufzug, sondern Versammlung im eigentlichen Sinne. Abgesehen davon, dass sich der Aufzug unter freiem Himmel vollziehen muss, ist es unerheblich, ob er sich innerhalb oder außerhalb des öffentlichen Verkehrsraumes bewegt.

214 Auch der Aufzug muss öffentlich sein, der Anschluss an die sich Fortbewegenden muss prinzipiell jedermann möglich sein. Nichtöffentliche Aufzüge sind nur außerhalb öffentlicher Verkehrsflächen auf Privatgrund denkbar. Wegen der Abschließung nach außen sind sie dann nicht als Versammlungen unter freiem Himmel anzusehen (Rz. 216 sowie Rz. 11 zu Abschn. III).

3. Sonderfall nichtöffentliche Versammlungen

215 Eine Versammlung ist dann nichtöffentlich, wenn die Teilnahme auf individuell bestimmte Personen beschränkt bleibt, wenn nicht prinzipiell jedermann Zugang hat[376]. Deshalb sind nichtöffentliche Versammlungen unter freiem Himmel ausgeschlossen, weil Öffentlichkeit gerade dadurch charakterisiert ist, dass eine Abschließung nach außen fehlt, sodass beliebige Dritte Zugang haben (Rz. 8 zu Abschn. II). Damit bezieht sich die Problematik der nichtöffentlichen Versammlung nur auf Versammlungen in geschlossenen Räumen. Sie sind wie die öffentlichen Versammlungen Betätigungen im Schutzbereich der Versammlungsfreiheit des Art. 8 Abs. 1 GG und unter-

---

376 *BVerwG*, NVwZ 1999, 992.

liegen wie die öffentlichen Versammlungen in geschlossenen Räumen nicht dem Gesetzesvorbehalt in Art. 8 Abs. 2 GG[377].

Im VersG sind nichtöffentliche Versammlungen nicht ausdrücklich ge- **216** nannt. Die versammlungsgesetzlichen Regelungen gelten nahezu ausschließlich für öffentliche Versammlungen. Wo in den Bestimmungen des Abschnitts II, der Regelungen für Versammlungen in geschlossenen Räumen enthält, das Adjektiv »öffentlich« fehlt, ergibt es sich aus der Abschnittszuordnung (Rz. 1 zu Abschn. II). Eine Ausnahme besteht nur in Abschn. I »Allgemeines« mit § 3 (Uniformierungsverbot) sowie im Abschnitt IV mit den Vorschriften der §§ 21, 23 und 28 sowie der Einziehungsregelung des § 30.

§ 3 und die darauf bezogene Strafbestimmung des § 28 verlieren den spe- **217** zifisch versammlungsgesetzlichen Bezug dadurch, dass sich ihr Geltungsbereich auf die *Öffentlichkeit* schlechthin bezieht[378]. Weil öffentliche Versammlungen begriffsnotwendig schon Öffentlichkeit repräsentieren, kann sich die dem Tatbestandsmerkmal »öffentlich« folgende Formulierung »oder in einer Versammlung« denknotwendig nur auf nichtöffentliche Versammlungen beziehen[379]. Diese tatbestandliche Formulierung »öffentlich oder in einer Versammlung« findet sich in einer Reihe von Strafbestimmungen des StGB[380]. In all diesen Regelungen bezieht sich das Tatbestandsmerkmal »in einer Versammlung« nur auf die nichtöffentliche Versammlung, da der Begriff »öffentlich« bereits die öffentliche Versammlung einschließt[381].

Die Strafvorschrift des § 21 schützt Versammlungen jeder Art, also auch **218** nichtöffentliche (Rz. 3 zu § 21)[382]. Geschützt sind nicht *verbotene* Ver-

---

377 *Bergmann*, S. 39.
378 *Breitbach/Steinmeier*, in: Ridder u. a., § 3, Rz. 45.
379 *Breitbach/Steinmeier*, in: Ridder u. a., § 3, Rz. 46.
380 § 80 a, Aufstacheln zum Angriffskrieg; § 86 a Abs. 1 Nr. 1, Verwenden von Kennzeichen verfassungswidriger Organisationen; § 90 Abs. 1, Verunglimpfung des Bundespräsidenten; § 90 a, Verunglimpfung der Bundesrepublik Deutschland, ihrer Länder, ihrer verfassungsmäßigen Ordnung, Farben, Flagge, Wappen, Hymne; § 90 b, Verunglimpfung von Verfassungsorganen (Bundestag, Bundesrat, Landtag, Abgeordnete); § 103 Abs. 2, Beleidigung von Organen und Vertretern ausländischer Staaten; § 130 Abs. 4 StGB, Billigen, Verherrlichen, Rechtfertigen nationalsozialistischer Gewalt- und Willkürherrschaft, § 130 a Abs. 2 Nr. 2, Anleitung zu Straftaten; § 140 Nr. 2, Billigung von Straftaten, die den öffentlichen Frieden gefährden; § 187 a Abs. 1, üble Nachrede gegen Personen des öffentlichen Lebens; § 219 a, Werbung für den Abbruch der Schwangerschaft.
381 *Stree/Sternberg-Lieben*, Schönke/Schröder, Rz. 5, mit Geltung für alle Straftatbestände, die auf Versammlungen abstellen.
382 *Pawlita/Steinmeier*, in: Ridder u. a., § 21, Rz. 9.

sammlungen. Dabei bleibt die Frage offen, auf welche Befugnisnorm ein Verbot nichtöffentlicher Versammlungen gestützt werden soll. Damit hat der Gesetzgeber die Möglichkeit eines Verbots präjudiziert.

§ 23 ist vergleichbar mit den in Fn. 370 bezeichneten Strafvorschriften des StGB und hat nur insofern einen versammlungsspezifischen Bezug, als die Regelung die Aufforderung zur Missachtung versammlungsgesetzlicher Verbots- bzw. Auflösungsanordnungen mit Strafe bedroht. § 28 ist ausschließlich auf § 3, § 30 teilweise auf § 3 bezogen. Somit kommt nur den Bestimmungen der §§ 3 und 23 ein eigener Regelungsgehalt in Bezug auf nichtöffentliche Versammlungen zu.

219   Nach alledem stellt sich die Frage, ob für nichtöffentliche Versammlungen neben den genannten Strafvorschriften und damit einhergehenden zulässigen Strafverfolgungsmaßnahmen auch präventiv-polizeiliche Anordnungen zulässig sind. Die Notwendigkeit polizeilichen Einschreitens bei nichtöffentlichen Versammlungen in geschlossenen Räumen ist belegbar. Seit Mitte der sechziger Jahre kommt es bei Parteitagen und Veranstaltungen rechtsextremistischer Parteien und Gruppierungen nahezu regelmäßig zu Ausschreitungen im Zusammenhang mit teilweise gewalttätigen Protestaktionen. Ähnlich verhält es sich bei Kameradschaftstreffen von Angehörigen der ehemaligen Waffen-SS[383].

220   Da nichtöffentliche Versammlungen Betätigungen im Schutzbereich der Versammlungsfreiheit sind und es sich bei ihnen typischerweise um Versammlungen in geschlossenen Räumen handelt (Rz. 211), liegt es nahe, auf die allgemeinen Regelungen im Abschn. I und die Regelungen im Abschn. II des VersG zurückzugreifen, sie analog anzuwenden, soweit die Sachverhalte gleich zu bewerten sind[384]. Dafür spricht, dass die der Versammlungsfreiheit zugeordneten persönlichen Gewährleistungsschranken der Art. 9 Abs. 1, 18 und 21 Abs. 2 GG sowie auch die sachlichen Gewährleistungsschranken des Unfriedlichkeits- und Bewaffnungsverbots des Art. 8 Abs. 1 GG nicht nur für öffentliche Versammlungen, sondern für Versammlungen schlechthin gelten. Die analoge Anwendung einschlägiger Bestimmungen des VersG auf nichtöffentliche Versammlungen entspricht am ehesten der Bedeutung des Grundrechts der Versammlungsfreiheit. Das in der Literatur vorgebrachte Argument, dass der Versammlungsgesetzgeber *»bewusst«* auf Befugnisnormen für nichtöffentliche Versammlungen im

---

383 *OVG Lüneburg*, NVwZ 1986, 925; *VGH Mannheim*, NVwZ 1987, 238; *Schmidt-Jortzig*, JuS 1970, 508.
384 So auch *Rühl*, in: NVwZ 1988, 581; *Drews/Wacke/Vogel/Martens*, S. 176; *Deger*, NVwZ 1999, 268; krit. dazu *Gusy*, in: v. Mangoldt/Klein/Starck, Art. 8, Rz. 63 und 83.

VersG verzichtet habe[385], womit mangels einer »*planwidrigen Regelungslücke*« die analoge Anwendung versammlungsgesetzlicher Befugnisnormen ausgeschlossen sei, vermag nicht zu überzeugen. Das VersG ist kein in sich geschlossenes Regelwerk, sodass nicht von einer planwidrigen Regelungslücke gesprochen werden kann. Die wenigen auf nichtöffentliche Versammlungen anwendbaren Bestimmungen des VersG haben keinen abschließenden Charakter, weshalb etwa unter den Voraussetzungen des polizeilichen Notstands erfolgende Eingriffe in nichtöffentlichen Versammlungen auf landesrechtlicher Grundlage zulässig sind[386].

Wegen des fehlenden Gesetzesvorbehalts in Art. 8 Abs. 2 GG für Versammlungen in geschlossenen Räumen, also auch und insbesondere für nichtöffentliche Versammlungen, ist ein Rückgriff auf allgemeines Polizeirecht, wie er verschiedentlich für zulässig erklärt wurde, ausgeschlossen[387]. Bei einem Rückgriff auf allgemeines Polizeirecht käme es zu unhaltbaren Ergebnissen[388]. Die öffentliche Versammlung unter freiem Himmel, die wegen ihrer Berührung mit der Außenwelt von besonderer Gefahrenneigung ist, hätte wesentlich engere Eingriffsvoraussetzungen (*unmittelbare* Gefährdung der öffentlichen Sicherheit) als die nichtöffentliche Versammlung in geschlossenen Räumen, obwohl diese eine erheblich geringere Gefahrentendenz aufweist. Die gebotene Abstufung der Eingriffsmöglichkeiten wäre auf den Kopf gestellt. Auch eine eingeschränkte Anwendung der polizeilichen Generalklausel, die den Gefahrenbegriff des § 15 übernimmt, ist keine befriedigende Lösung[389]. **221**

Die von *Krüger* vorgeschlagene Lösung, Art. 13 Abs. 7 erste Alt. GG als Ermächtigung zu präventiv-polizeilichen Maßnahmen heranzuziehen[390], führt nicht weiter, weil dabei übersehen wird, dass es nicht vorrangig um das Eindringen in einen durch Art. 13 Abs. 1 GG geschützten Raum durch Organe der öffentlichen Gewalt geht, sondern um die Abwehr versammlungsspezifischer Gefahren durch Eingriffe in die Versammlungsfreiheit[391]. **222**

---

385 *Bergmann*, S. 40; *Höllein*, NVwZ 1994, 636. *Ketteler*, DÖV 1990, 956, geht ohne eindeutigen Beleg in den Gesetzesmaterialien (a. a. O. Fn. 13) davon aus, dass »angenommen werden« könne, »daß die nichtöffentlichen Versammlungen mit Absicht aus dem Geltungsbereich des VersG ausgeklammert worden sind, weil ihr Gefahrenpotential geringer ist«.
386 *BVerwG*, NVwZ 1999, 992 f.
387 *OVG Saarbrücken*, DÖV 1973, 864; *OVG Lüneburg*, NVwZ 1985, 925 sowie NVwZ 1988, 638; *VGH Mannheim*, NVwZ 1987, 237 ff.; *VG Minden*, DÖV 1988, 55 ff.; a. A. *OVG Münster*, NVwZ 1989, 885; *Schmidt-Jortzig*, JuS 1970, 508; *Gallwas*, JA 1986, 484; *Drosdzol*, JuS 1983, 413.
388 *Alberts*, ZRP 1988, 288; *Krüger*, DÖV 1993, 660.
389 *Bergmann*, S. 46.
390 *Krüger*, DÖV 1993, 661.
391 *Bergmann*, S. 43.

223   Für die analoge Anwendung einschlägiger Bestimmungen des VersG auf
nichtöffentliche Versammlungen gibt es eine Reihe von Gründen. Es ist
nicht ersichtlich, dass der Gesetzgeber die nichtöffentlichen Versammlungen wegen ihrer angenommenen, nicht immer gegebenen geringeren Gefahrenneigung privilegieren wollte, indem er sie weitgehend rechtsfrei stellte.
Eine solche Privilegierung widerspräche schon der besonderen Bedeutung
von Versammlungen mit politisch-demokratischem Bezug, die notwendigerweise öffentlich sein müssen. Die besondere Bedeutung dieser Versammlungen ist vom *BVerfG* mehrfach hervorgehoben worden[392].

224   Das VersG ist kein so in sich schlüssiges Regelwerk, dass davon ausgegangen werden darf, der Gesetzgeber habe *bewusst* die nichtöffentlichen
Versammlungen von präventiv-polizeilichen Maßnahmen ausnehmen wollen. Dagegen spricht schon § 21, der von der Möglichkeit eines Verbots dieser Veranstaltungen ausgeht (Rz. 218). Analogie ist die Übertragung der für
einen Tatbestand geltenden Regelung auf einen nicht ausdrücklich geregelten Tatbestand, wenn Vergleichbares gleich zu bewerten ist[393].

Durch Analogie können vorhandene, nicht geplante Regelungslücken geschlossen werden, die innerhalb eines Regelungszusammenhangs festzustellen sind[394]. Dabei spielt der Gedanke der Gleichbehandlung von Gleich-
wertigem eine entscheidende Rolle.

Eine Regelungslücke ist nur dann zu verneinen, wenn der Gesetzgeber
einen bestimmten Lebenssachverhalt *absichtlich* ungeregelt lässt, ihm »einen rechtsfreien Raum zuweist«[395]. »Lässt sich annehmen, dass dem Gesetzgeber die Gesetzeslücke nicht bewusst war, spricht dies für eine plan-
widrige Regelungslücke.«[396] Diese Annahme wird allein schon durch die
mehrfach erwähnte nicht geregelte, aber präjudizierte Verbotsmöglichkeit
in § 21 gestützt. Sie wird dadurch verstärkt, dass nichts dafür spricht, dass
der Versammlungsgesetzgeber von 1953 die nichtöffentlichen Versammlungen unreglementiert lassen wollte. Wenn man davon ausgehen würde, hieße
das, dass er das Uniformierungsverbot für nichtöffentliche Versammlungen
für unabweisbar, das Bewaffnungsverbot dagegen für nicht erforderlich
gehalten hätte. Unverständlich wäre auch, dass Verbot oder Auflösung von
nichtöffentlichen Versammlungen, soweit sie von für verfassungswidrig
erklärten Parteien oder wirksam verbotenen Vereinigungen veranstaltet
werden, nicht auf versammlungsgesetzliche Befugnisnormen gestützt werden könnten. Da ein Rückgriff auf allgemeines Polizeirecht ausscheidet

---

392 *BVerfGE* 69, 315 (345 f., 360).
393 *Larenz*, Methoden der Rechtswissenschaft, 4. Aufl. 1979, S. 366 f.
394 *Larenz*, aaO, S. 358.
395 *Larenz*, aaO, S. 355.
396 *Schmalz*, Methodenlehre für das juristische Studium, 2. Aufl. 1990, Rz. 325.

(Rz. 221), kämen nur Strafverfolgungsmaßnahmen in Betracht. Fraglich bliebe auch, wie eine verfassungsgerichtlich festgestellte Verwirkung der Versammlungsfreiheit, die sich auch auf nichtöffentliche Versammlungen erstreckt, in versammlungsrechtliche Anordnungen umgesetzt werden soll.

Analoge Anwendung ist geboten, wenn Gesetze der Rechtswirklichkeit nicht mehr entsprechen (Rz. 219) und sich insofern als ergänzungsbedürftig erweisen[397].

Anwendbar auf nichtöffentliche Versammlungen sind die analogiefähigen **225** Regelungen für öffentliche Versammlungen in geschlossenen Räumen. Das sind zunächst die Bestimmungen der §§ 1 Abs. 2, 5 Nr. 1 und 13 Abs. 1 Nr. 1. § 1 Abs. 2 stellt klar, welche persönlichen Gewährleistungsschranken der Ausübung der Versammlungsfreiheit Grenzen setzen. Diese persönlichen Gewährleistungsschranken aus Art. 8 Abs. 1, 18 und 21 Abs. 2 GG sind im Verbotstatbestand des § 5 Nr. 1 (Rz. 17 zu § 5) und im Auflösungstatbestand des § 13 Abs. 1 Nr. 1 (Rz. 1 zu § 13) konkretisiert. Analog anwendbar sind auch die Regelungen der §§ 2, Abs. 3, 5 Nr. 2 und 3 sowie 13 Abs. 1 Nr. 2 und 3, in denen sich die sachlichen Gewährleistungsschranken des Unfriedlichkeits- und Bewaffnungsverbots aus Art. 8 Abs. 1 manifestieren. Obwohl persönliche wie sachliche Gewährleistungsschranken eine Berufung auf Versammlungsfreiheit für versammlungsrelevante Betätigungen ausschließen, scheidet ein Rückgriff auf allgemeines Polizeirecht zur Unterbindung oder Begrenzung solcher Betätigungen aus[398]. Das folgt aus der Sinnlogik der oben genannten Regelungen (Rz. 192)[399]. Auch eine eingeschränkte Anwendung der polizeilichen Generalklausel, wie sie teilweise empfohlen wird[400], ist unbefriedigend.

Nicht so eindeutig ist die analoge Anwendung des Verbotstatbestands des **226** § 5 Nr. 4 sowie des Auflösungstatbestands des § 13 Abs. 1 Nr. 4, soweit sie lediglich verfassungsimmanente Schranken konkretisieren (Rz. 33 zu § 5 und Rz. 25 zu § 13). Auch hier spricht die hohe Bedeutung des Grundrechts der Versammlungsfreiheit dafür, die analoge Anwendung von Regelungen des VersG der Heranziehung von Befugnisnormen des allgemeinen Polizeirechts vorzuziehen, weil sie als Spezialregelungen wesentlich restriktiver sind.

---

397 *Bleckmann*, § 12, Rz. 60, unter Hinweis auf *BVerfGE* 82, 6 (11 ff.).
398 *Ketteler*, DÖV 1990, 957.
399 *Kang*, S. 116 f.
400 *Bergmann*, S. 46; *Schulze-Fielitz*, in: Dreier, Art. 8, Rz. 42. Fragwürdig ist auch der von *Ketteler* (DÖV 1990, 957) gewiesene Weg, Eingriffsbefugnisse für Maßnahmen bei nichtöffentlichen Versammlungen unmittelbar aus der Verfassung abzuleiten, was er aber dadurch relativiert, dass er auf den rechtsstaatlichen Vorbehalt des Gesetzes für Eingriffe der Verwaltung hinweist.

Somit sind Verbots- und Auflösungsverfügungen sowie sie ersetzende Minusmaßnahmen auf entsprechende versammlungsgesetzliche Befugnisnormen zu stützen.

227 Nicht anwendbar auf nichtöffentliche Versammlungen sind die Regelungen der §§ 6 Abs. 2 und 12, die Zugangsrechte von Medienvertretern[401] und zuständigen Polizeibeamten statuieren. Hier setzt die aus Art. 13 Abs. 1 GG resultierende Verfügungsmacht des berechtigten Hausrechtsbesitzers Grenzen. Soweit polizeiliche Maßnahmen innerhalb des Versammlungsraums erforderlich werden, bedarf es für das Betreten des Raums besonderer gesetzlicher Ermächtigungen aus Polizei- oder Strafprozeßrecht[402]. Ebenfalls unanwendbar ist die Regelung des § 12 a wegen der verfassungsrechtlich fragwürdigen Einordnung in den Abschn. II des VersG (Rz. 7 zu § 12 a)[403]. Die überwiegend innerorganisatorischen Regelungen der §§ 2 Abs. 1 und 2, 6 Abs. 1, 7, 8, 9 Abs. 1 sowie 10 und 11 haben nur Sinn für öffentliche Versammlungen, weil sie Rechte und Pflichten des Veranstalters, des Leiters und der Teilnehmer abgrenzen[404]. Für nichtöffentliche Versammlungen, wie sie insbesondere von politischen Parteien, Gewerkschaften oder sonstigen Vereinigungen veranstaltet werden, bestehen zumeist eigene Versammlungsordnungen.

IV. Die Teilrechte des VersG

228 § 1 Abs. 1 VersG gliedert das Versammlungsrecht in die Teilrechte auf Veranstaltung, Leitung und Teilnahme. Diese können miteinander kollidieren. Zur Regelung möglicher Konflikte enthält das VersG Bestimmungen über die Rechtsbeziehungen zwischen Veranstalter, Leiter und Teilnehmern.

1. Veranstaltungsrecht

229 Veranstaltung ist Urheberschaft hinsichtlich des Zustandekommens und der Durchführung einer Demonstration bzw. Versammlung. Der Veranstalter ist Veranlasser der spezifischen Gruppenbildung[405]. In potenziellen Teilnehmern wird der Wille zum Sichversammeln hervorgerufen, was regelmäßig durch Einladung erfolgt. Aber auch derjenige, der nur äußere Voraussetzungen schafft, kann Urheber und damit Veranstalter sein[406]. Veranstalter ist demnach, wer im eigenen Namen Einladungen ausspricht bzw.

---

401 *Ketteler*, DÖV 1990, 960.
402 *Ketteler*, DÖV 1990, 960.
403 *Ketteler*, DÖV 1990, 960; *Benda*, in: BK, Art. 8, Rz. 99.
404 *Ketteler*, DÖV 1990, 960.
405 *OLG Düsseldorf*, NJW 1978, 118; *BayObLG*, MDR 1979, 80.
406 *BayObLG*, NJW 1979, 1896.

öffentlich zur Teilnahme auffordert, auf andere Weise Verantwortlichkeit erkennen lässt oder die Veranstaltung organisatorisch vorbereitet[407]. Vom Veranstaltungsrecht erfasst sind damit Vorbereitung und Organisation durch Werbung, Raumbeschaffung, Rednergewinnung, Planung der Anreise etc.

Bei Großveranstaltungen kann es eine Vielzahl von Veranstaltern geben. **230** Insoweit ist jeder, der zur Teilnahme öffentlich aufruft, Veranstalter. Die Großveranstaltung mit einem einigenden Veranstaltungsgegenstand ist auch bei einer Vielzahl von Veranstaltern *eine* (Gesamt-)Versammlung, nicht eine Summe von Einzelversammlungen; solche müssten räumlich und zeitlich von der Hauptversammlung abgegrenzt sein, wenn sie eigenständige Versammlungen sein sollen.

Geringfügige Organisationshandlungen, allgemein gehaltene Aufforderungen oder unverbindliche Verabredungen stellen keine konkrete Veran- **231** lassung dar und begründen deshalb keine Veranstaltereigenschaft[408]. Die Beteiligung an der Organisation der Veranstaltung reicht allerdings[409].

Veranstaltereigenschaft setzt nicht die spätere Teilnahme an der Veranstaltung voraus.

Spontandemonstrationen bzw. -versammlungen haben nach h. M. keinen **232** Veranstalter[410]. Das gilt im Grundsatz, aber nicht absolut. Auch spontan entstehende Demonstrationen bzw. Versammlungen können einen Veranstalter haben. Spontane Aktionen von Gruppen setzen neben bewusstseinsmäßiger Bereitschaft ein Auslöseereignis voraus. Dies geht häufig von einer Person aus. Führt diese das auslösende Ergebnis ohne Absicht herbei, etwa durch den Aufruf: Dagegen müssen wir demonstrieren!, der augenblicklich die Gruppenbildung zwecks Protestdemonstration zur Folge hat, so ist diese Person nicht Veranstalter, sondern nur Verursacher; sie wird auch von der Gruppe nicht als Veranstalter gesehen. Nutzt dagegen jemand die bewusstseinsmäßige Bereitschaft einer Gruppe aus, um gezielt eine Aktion zu starten, ist er Veranstalter (und Leiter), insbesondere dann, wenn er mit der Aktion eigene Ziele verfolgt[411].

---

407 Vgl. auch *Ott/Wächtler*, § 1, Rz. 36 f.
408 *OLG Düsseldorf*, NJW 1978, 118.
409 *BayObLG*, NJW 1979, 1896.
410 Vgl. *Hoch*, JZ 1969, 21; *Ott/Wächtler*, § 1, Rz. 16; *Dietel/Kniesel*, Die Polizei 1985, 338; differenzierend *Götz*, Rz. 176.
411 *BayObLG*, MDR 1979, 80; *Huber*, S. 238 f.; *Zeitler*, Rz. 86; krit. dazu *Ladeur*, in: Ridder u. a., Art. 8, Rz. 20.

2. *Leitungsrecht*

233 Leitung bedeutet Führung der Versammlung, um einen geordneten Ablauf der Veranstaltung zu gewährleisten. Insoweit bestimmt der Leiter den Ablauf, entscheidet über Wortgewährung und -entzug, Unterbrechung, Schließung und ggf. Fortsetzung der Versammlung bzw. Demonstration. Demgegenüber betont *Breitbach* die Bedeutung des Leitungsrechts im Hinblick auf seine Qualität als Gruppen- und Kampfrecht; insoweit soll etwa § 8 dem Veranstalter und seinem Leiter die aus Art. 8 Abs. 1 GG entspringende Organisationsgewalt sichern, insbesondere gegenüber Versuchen, die Versammlung durch politische Gegner zu majorisieren[412].

234 Das VersG geht vom Modell der geordneten Versammlung aus; Grundsatz ist, dass in erster Linie die Versammlung selber aus sich heraus die Ordnung zu garantieren hat[413]. Das Ordnungsmodell wird im VersG durch verschiedene Bestimmungen konkretisiert: Demonstrationen bzw. Versammlungen müssen einen Leiter haben (§§ 7, 18); er bestimmt den Ablauf (§§ 8, 18), hat für Ordnung zu sorgen (§§ 7, 18), wozu er Ordner heranziehen kann (§§ 9, 18) seinen Anweisungen zur Gewährleistung der Ordnung müssen die Teilnehmer folgen (§§ 10, 18); Teilnehmer, die die Ordnung gröblich stören, kann er von der Versammlung ausschließen (§ 11). Es besteht ein Waffen- (§ 2) und Uniformierungsverbot (§ 3) sowie ein Passivbewaffnungs- und Vermummungsverbot (§ 17 a). Gefahrenabwehrende Eingriffe durch die Polizei innerhalb der Veranstaltung sind die Ausnahme (§§ 5, 13, 15, 17 a, 18 Abs. 3, 19 Abs. 4), wodurch der Grundsatz verdeutlicht wird, dass die Polizei erst in zweiter Linie für Ordnung sorgen soll[414]. Gegenüber Dritten, die die Versammlung stören, ist die Polizei unmittelbar gefordert; die Versammlung steht insoweit unter polizeilichem Schutz (§ 2 Abs. 2).

235 Leiter und Ordner sind Selbstverwaltungsorgane der Versammlung, nicht Beliehene[415]. Beliehene sind natürliche oder juristische Personen des Privatrechts, denen die Zuständigkeit eingeräumt ist, bestimmte Einzelne hoheitliche Kompetenzen in eigenem Namen wahrzunehmen[416]. Wenn der Leiter mit Unterstützung der Ordner nach innen für Ordnung sorgt, nimmt er eigene, nicht übertragene Rechte wahr. Das Leitungsrecht folgt aus Art. 8

---

412 *Breitbach*, in: Ridder u. a., § 8, Rz. 11.
413 *Götz*, Rz. 172; *ders., DVBl.* 1985, 1350.
414 *Götz*, Rz. 173; *ders., DVBl.* 1985, 1350.
415 A. A. ohne Begründung *Wolff/Bachof*, VerwR III, § 131 II b; *Wolff/Bachof/ Stober*, VerwR II, § 104 I 2; *Gusy*, JuS 1986, 612; *Bracher*, Gefahrenabwehr durch Private, 1987, S. 39; differenzierend *Gusy*, in: v. Mangoldt/Klein/Starck, Art. 8, Rz. 41.
416 *Wolff/Bachof/Stober*, VerwR II, § 104 I 2.

Abs. 1 GG und ist insoweit auch Abwehrrecht gegen staatliche »Einmischung« bei der Gewährleistung der inneren Ordnung. Wird die Versammlungsaufsicht insoweit entlastet, so ist das nur ein Nebeneffekt. Der Leiter agiert als Grundrechtsträger, nicht als »Hilfspolizist«. Wer aber eigene Rechte wahrnimmt, kann nicht Beliehener sein. Im Übrigen wäre auch Kooperation i. S. des Brokdorf-Beschlusses des *BVerfG* nicht denkbar, wenn auf beiden Seiten Träger öffentlicher Gewalt agieren würden.

3. Teilnahmerecht

Die Teilnahmefreiheit garantiert die Anwesenheit in der Versammlung und die Teilhabe an den in der oder durch die Versammlung artikulierten oder publizierten Aussagen. Teilhabe kann Zustimmung oder Ablehnung sein. Beides kann ausdrücklich durch Diskussionsbeitrag, Zwischenruf, Beifall, Missfallensäußerungen, Zeigen von Spruchbändern etc. oder durch billigendes schlüssiges Verhalten, etwa durch widerspruchsloses Zuhören oder einfaches Dabeisein geäußert werden. 236

Teilnahme setzt Anteilnahme voraus. Wer zu anderen Zwecken in einer Versammlung anwesend ist, z. B. als Bedienungspersonal, »fliegender Händler« oder entsandter Polizeibeamter, ist nicht Teilnehmer.

Das Teilnahmerecht als subjektives öffentliches Recht wirkt auch gegenüber Veranstalter und Leiter. Nur in den vom VersG vorgesehenen Fällen kann die Teilnahme verwehrt werden. Das dient dann – abgesehen von der Regelung in § 6 Abs. 1 – der Ordnung der Versammlung, die es im Interesse optimaler Wirksamkeit des Teilnahmerechts möglichst vieler sicherzustellen gilt. Personen, die Rechte am Versammlungsraum an den Veranstalter übertragen haben, z. B. das Hausrecht, können nicht unter Berufung auf die verbliebenen Rechte Personen den Zutritt zwecks Teilnahme an der Versammlung verwehren.

4. Teilrechtskollisionen

Zwischen den Teilrechten kann es zu Spannungen kommen. Eine folgenorientierte Auslegung des Umfangs der einzelnen Teilrechte ergibt den Vorrang des Veranstaltungsrechts. Der Veranstalter als Initiator der Veranstaltung bestimmt den Versammlungszweck, den er mit der Einladung bekannt gibt. Um die Realisierung des Versammlungszwecks zu sichern, kann er gegen störende Teilnehmer vorgehen. Der Veranstalter eines Schweigemarsches etwa käme sonst gegenüber Teilnehmern, die Parolen skandieren oder Marschmusik abspielen wollen, ins Hintertreffen. Er hätte nur die Möglichkeit, seine Veranstaltung zu beenden, während die Teilnehmer ihre abweichenden Ziele durchsetzen könnten. Teilnehmer, die den in der Einladung bekannt gemachten Veranstaltungszweck konterkarieren und die 237

Zweckverfolgung durch Störungen behindern oder vereiteln, können sich dafür nicht auf ihr Teilnahmerecht berufen[417].

238 Der Veranstalter ist bei der Auswahl des Leiters in seiner Entscheidung frei, ihm gegenüber hat niemand Anspruch auf Übertragung des Leitungsrechts.

Beim Entzug des Leitungsrechts ist die Rechtsstellung des Veranstalters gegenüber dem Recht des Leiters stärker. Der Veranstalter hat eine Organisationsgewalt, die ihn zur Delegation von Kompetenzen berechtigt. Er kann eine Delegation widerrufen und einen anderen Leiter einsetzen. Übertragung der Leiter bzw. Wechsel in der Leitung müssen aber so vor sich gehen, dass die Ordnung der Versammlung nicht gestört, das Teilnahmerecht nicht wesentlich beeinträchtigt wird. Der Wechsel in der Leitung ist den Teilnehmern bekannt zu machen, damit sie wissen, wer etwa für die Worterteilung zuständig ist.

239 Gegenüber dem Teilnahmerecht ist das Veranstaltungsrecht nur insoweit stärker, als bei öffentlichen Versammlungen in geschlossenen Räumen bestimmte Personen oder Personenkreise in der Einladung von der Teilnahme ausgeschlossen werden können.

240 Das Leitungsrecht geht dem Teilnahmerecht vor, solange es nicht weiter ausgeübt wird, als es zur Realisierung der gleichberechtigten Teilnahmemöglichkeit möglichst vieler geboten ist[418]. Wird das Ordnungsrecht des Leiters in dieser dienenden Funktion gesehen, hat er keine diktatorische Stellung[419].

Teilnahmerechte müssen notfalls durch entsprechende polizeiliche Verfügung gegenüber dem Leiter durchgesetzt werden. Die polizeiliche Pflicht zum Einschreiten folgt aus ihrem Auftrag zum Schutz der öffentlichen Sicherheit, die den Schutz von Grundrechten einschließt.

241 Hat der Veranstalter zu einer Diskussionsversammlung eingeladen oder hat er in seiner Einladung den Demonstrationszweck oder die Veranstaltungsform des geplanten Aufzuges nicht näher konkretisiert, so sind die Möglichkeiten von Veranstalter und Leiter, ihrer Veranstaltung eine bestimmte Ausrichtung zu geben, beschränkt. Die Teilnehmer können dann selber gestaltend aktiv werden. Art. 8 Abs. 1 GG schützt nicht nur die einheitliche demonstrative Aussage, sondern *auch die kontroverse Auseinandersetzung* in der Sache. Deshalb haben Versammlungsteilnehmer das Recht auf gleichberechtigtes Agieren in einer Versammlung, etwa durch Zwischenruf, Missfallenskundgabe oder Entfalten von Spruchbändern. Es ist also auch ein Verhalten garantiert, das den Versammlungszweck konterka-

---

417 So wohl auch *Herzog*, in: Maunz/Dürig, Art. 8, Rz. 59; *Schwabe*, JR 1989, 131.
418 *Hoffmann-Riem*, AK-GG, Art. 8, Rz. 41.
419 Insoweit krit. *Ott/Wächtler*, § 8, Rz. 1.

rieren kann[420], solange die Versammlung (und damit das Teilnahmerecht der übrigen Teilnehmer) nicht gröblich gestört, das heißt in ihrem Bestand akzeptiert wird[421], was nicht mehr der Fall ist, wenn etwa der Redner dauerhaft niedergeschrieen wird oder Stinkbomben geworfen werden. Schreitet der Leiter mehr als zum Schutz des Teilnahmerechts anderer geboten gegen die Abweichler ein, überzieht er sein Leitungsrecht. Das Teilnahmerecht der Opponenten muss in diesem Fall durch die Polizei gegen den Missbrauch des Leitungsrechts geschützt werden. Wer in einer Demonstration per Transparent eine abweichende Meinung kundtut, bleibt Teilnehmer und stellt mit der Gruppe der Abweichler keine eigene Versammlung dar[422].

V. Zuordnungssubjekte

§ 1 Abs. 1 VersG garantiert das Versammlungsrecht als subjektives öffentliches Recht jedermann, also auch Ausländern, geht damit über die Grundrechtsverbürgung in Art. 8 Abs. 1 GG hinaus[423].   **242**

Auch nicht-rechtsfähige Personengruppen können Träger des Versammlungsrechts sein, insbesondere wenn Parteien, Gewerkschaften oder politische Vereinigungen es geltend machen[424]. Eine nicht körperlich verfasste Personenvereinigung kann indes nicht – auch nicht als Beteiligte – Rechtsschutz wegen Verletzung des Versammlungsrechts erlangen[425].   **243**

Seinem Inhalt nach wird das Versammlungsrecht von juristischen Personen oder Personenvereinigungen regelmäßig als Veranstaltungsrecht in Anspruch genommen werden. Es ist jedoch auch denkbar, dass eine juristische Person oder eine Personenvereinigung als Teilnehmergruppe auftritt, die das Teilnahmerecht nicht nur individuell durch ihre Glieder, sondern als Sozialverband kollektiv geltend macht[426].

Als subjektives öffentliches Recht ohne Grundrechtsrang ist das Versammlungsrecht auch nichtdeutschen natürlichen und nichtdeutschen juristischen Personen zugeordnet. Rechtsgrundlage ist Art. 11 MRK[427].   **244**

Wesentlich ist, dass Art. 16 MRK Beschränkungen der politischen Tätigkeit auch bei Ausübung des Versammlungsrechts zulässt. Zu beachten ist   **245**

---

420 Die Frage hat *Schwabe*, JR 1987, 131, aufgeworfen; krit. auch *Breitbach*, in: Ridder u. a., § 8, Rz. 11.
421 *BVerfGE* 84, 203 (209).
422 *BVerfGE* 84, 203 (209); *BVerfG*, NJW 1995, 3110 (3112); vgl. dazu auch *Dietel*, Die Polizei 2004,189 ff.
423 Dazu Rz. 63 ff.
424 *VGH München*, NJW 1984, 2116.
425 *OVG Münster*, DVBl. 1976, 50; *VGH München*, NJW 1984, 2116.
426 *Ott/Wächtler*, § 1, Rz. 50.
427 *Crombach*, S. 16 f.

§ 37 AuslG. Er verbietet Nichtdeutschen kraft Gesetzes eine politische Betätigung, die mit dem Völkerrecht unvereinbar ist oder die freiheitliche demokratische Grundordnung gefährdet oder dazu bestimmt ist, Parteien, Verbände, Einrichtungen oder Bestrebungen außerhalb der Bundesrepublik Deutschland zu unterstützen, die mit Verfassungsgrundsätzen der freiheitlichen demokratischen Grundordnung (§ 92 Abs. 2 StGB) nicht vereinbar sind. § 37 AuslG ermächtigt die zuständige Ausländerbehörde, im Interesse der öffentlichen Sicherheit oder Ordnung oder der ungestörten politischen Willensbildung oder wichtiger Belange der Bundesrepublik Deutschland durch Verfügung die politische Betätigung von Nichtdeutschen zu untersagen oder zu beschränken[428]. Das darf jedoch nicht so weit gehen, jegliche politische Tätigkeit im Bundesgebiet zu unterbinden, weil dann einerseits das auch Nichtdeutschen gewährleistete Grundrecht der freien Meinungsäußerung in seinem Wesensgehalt angetastet würde und der Grundsatz der Verhältnismäßigkeit verletzt wäre[429]. Indes ergibt sich aus Art. 11 MRK für nichtdeutsche natürliche oder nichtdeutsche juristische Personen in Bezug auf politische Versammlungen nur ein beschränktes oder wesentlich beschränkbares Versammlungsrecht.

246 Für Ausländer hat § 1 Abs. 1 bezüglich öffentlicher Versammlungen konstitutive Bedeutung. Eingriffe bedürfen einer Ermächtigung aus dem VersG, das insoweit Spezialgesetz ist und die (subsidiäre) Anwendung polizeirechtlicher Bestimmungen, insbesondere der Generalermächtigung ausschließt[430]. Von einem Eingriff kann indes nur ausgegangen werden, wenn der durch das AuslG generell begrenzte bzw. durch auf § 37 AuslG gestützte Einzelanordnung der Ausländerbehörde unberührte Erstreckungsbereich der durch Art. 11 MRK verbürgten Versammlungsfreiheit beeinträchtigt wird. § 1 Abs. 1 kann die nach der MRK möglichen und im AuslG vorgenommenen Beschränkungen nicht neutralisieren[431].

247 Bezüglich der altersbedingten Fähigkeit, das Versammlungsrecht aus § 1 Abs. 1 auszuüben, ergeben sich keine Abweichungen gegenüber den Ausführungen zur Grundrechtsmündigkeit (Rz. 68).

---

428 *BVerwG*, NJW 1975, 2158; *Dolde*, S. 199 f.
429 *OVG Münster*, VwRspr. Bd. 17, S. 854.
430 *OVG Münster*, DÖV 1970, 345; *OVG Bremen*, NVwZ 1987, 34; *Drews/ Wacke/Vogel/Martens*, S. 181.
431 Ähnlich *OVG Münster*, DÖV 1970, 346.

VI. Maßnahmeadressaten

1. Allgemeines

Versammlungsbehördliche Anordnungen richten sich an Personen, die am **248** Versammlungsgeschehen unmittelbar beteiligt sind (Veranstalter, Leiter, Ordner, Teilnehmer). Das sind im Regelfall natürliche Personen.

Weil Art. 8 Abs. 1 GG als Individualgrundrecht kein Recht *der* Versammlung, sondern nur ein Recht *auf* Versammlung gewährleistet, ist die Versammlung als solche kein Grundrechtsträger. Sie scheidet damit als Adressat versammlungsbehördlicher Maßnahmen aus.

Soweit das VersG in Befugnisnormen den personalen Bezug offen lässt und lediglich von »Versammlung« spricht (z. B. §§ 5, 15, 16 Abs. 1), die Adressatenfrage insoweit ungeregelt lässt, gelten für die Inanspruchnahme des jeweiligen Störers oder Gefahrverursachers die Grundsätze des allgemeinen Polizeirechts[432].

2. Veranstalter

Primärer Adressat versammlungsbehördlicher Verfügungen ist der Veran- **249** stalter[433], da er für Planung und Organisation der Veranstaltung verantwortlich ist. Eine beschränkende Verfügung mit ihren Restriktionen bzw. Anordnungen betreffend Zeit, Ort, Marschroute, Anreisemöglichkeit der Teilnehmer, Inhalt und Aufmachung etc. sind daher an ihn zu richten.

Der Durchgriff auf potenzielle Teilnehmer ist regelmäßig nur über den Veranstalter möglich. Auch teilnehmerbezogene Anordnungen (etwa bezüglich Anmarsch bzw. Anreise) müssen an ihn mit der Maßgabe adressiert werden, diese den potentiellen Teilnehmern bekannt zu machen. Dies erfolgt durch eine entsprechende beschränkende Verfügung. Ein Verstoß gegen diese Verfügung ist zwar denkbarer Auflösungsgrund nach § 15 Abs. 2, doch kann es für den Veranstalter schwierig oder sogar objektiv unmöglich sein, die potentiellen Teilnehmer zu erreichen. Das gilt insbesondere bei Großdemonstrationen.

3. Leiter

Vorgaben der Versammlungsbehörde für die Leitung (ordnungsgemäße **250** Durchführung) der Veranstaltung (z. B. den Ordnereinsatz) sind ebenfalls an den Veranstalter zu adressieren. Er hat diese, will er nicht gegen eine Anordnung nach § 15 Abs. 2 verstoßen, an den Leiter weiterzugeben.

---

432 *Drews/Wacke/Vogel/Martens*, S. 179.
433 Ausführlich dazu *Huber*, S. 139 ff.

Nach Beginn der Veranstaltung können beschränkende Verfügungen auch unmittelbar an den vom Veranstalter eingesetzten Leiter gerichtet werden. Die ihm übertragene Ordnungsgewalt verpflichtet ihn zur Weitergabe bzw. Umsetzung an die Teilnehmer.

4. Teilnehmer

251 Nachdem der Teilnahmewillige zu seiner Versammlung gestoßen ist, wird er zum Teilnehmer. Ausnahmen sind Bedienungspersonal, fliegende Händler und nach § 12 entsandte Polizeibeamte.

Vor Beginn einer Versammlung, insbesondere in der Vorbereitungsphase, ist der (potenzielle) Teilnehmer für die Versammlungsbehörde regelmäßig nicht erreichbar. Sie muss sich an den Veranstalter halten und kann nur über ihn mittels § 15 Abs. 1 bzw. 2 Anordnungen an potenzielle Teilnehmer adressieren. Das ändert sich mit Beginn der Versammlung. Nunmehr können Teilnehmer über § 15 Abs. 3 mit unmittelbar an sie gerichteten Anordnungen erreicht werden.

252 Eine »Teilauflösung« gegen ein Versammlungssegment ist nicht möglich, wohl aber der Ausschluss einer Teilnehmergruppe. Rechtsgrundlage hierfür ist insbesondere § 18 Abs. 3 bzw. § 19 Abs. 4. Befindet sich bei einer demonstrativen Sitzblockade nur ein Teil der Teilnehmer auf der Fahrbahn, der andere nicht behindernd auf dem Bürgersteig, so kann als ausschlussersetzende Minusmaßnahme eine Anordnung ergehen, sich auf den Gehweg zu begeben.

253 Eine *Versammlung in der Versammlung* ist denkbar[434], entspricht aber nicht der Realität von Versammlungen bzw. Demonstrationen. Opponierende Gruppen in einer Versammlung geben im Regelfall ihre Teilnehmerschaft an der Ausgangsversammlung nicht auf, auch dann nicht, wenn sie zu Störern werden. Gerade mit ihren Störungen dokumentieren sie, dass auf die Ausgangsversammlung fixiert bleiben. Wird in einer Versammlung gegen die vom Veranstalter vorgegebenen Ziele oder Inhalte opponiert, so sind die Opponierenden entweder Störer, die nach den §§ 11 Abs. 1, 18 Abs. 3, 19 Abs. 4 VersG ausgeschlossen werden können, oder Teilnehmer, die zulässige Kritik üben.

5. Gegendemonstranten

254 Der Protest gegen die Ziele einer Demonstration kann auch durch Veranstalten einer Gegendemonstration zum Ausdruck gebracht werden. Hier verbürgt die Gestaltungsfreiheit die Nähe zur Ausgangsveranstaltung, sei es, dass diese unter freiem Himmel, sei es, dass sie in geschlossenen Räumen

---

434 *Broß*, DVBl. 1981, 208; *Ott/Wächtler*, § 1, Rz. 43; *Meyn*, S. 126.

stattfindet. Gegendemonstranten können sich so lange auf Art. 8 Abs. 1 GG berufen, wie Ziel ihrer gemeinsamen Zweckverfolgung nicht die Verhinderung der Ausgangsveranstaltung ist[435]. Soweit das der Fall ist, muss gegen die Beteiligten der Gegendemonstration mit Maßnahmen aufgrund versammlungsgesetzlicher Befugnisnormen eingeschritten werden.

6. *Inanspruchnahme als Nichtstörer*

Sofern Störungen oder Gefährdungen nicht von den Versammlungsbeteiligten, sondern von Dritten verursacht werden, kommt eine Inanspruchnahme nur in den seltenen Fällen des polizeilichen Notstands in Frage. Rechtsgrundlage hierfür ist das allgemeine Polizeirecht; insoweit kommen auch landesrechtliche Bestimmungen in Betracht[436]. Auch die nur mittelbare Gefahrverursachung der Rechtsfigur des Zweckveranlassers schließt regelmäßig eine Inanspruchnahme aus[437]. Unabhängig davon bestehen gegen die Figur des Zweckveranlassers grundlegende Bedenken. Der sog. Zweckveranlasser ist eben nur Veranlasser und nicht unmittelbarer Verursacher, weder durch ursächliche Nähe seines Verhaltens zur Gefahr noch durch einen Verantwortungszusammenhang. Der Zweckveranlasser verhält sich legal und nimmt meist auch Grundrechte wahr. Ist es erforderlich, gegen einen legalen Provokateur vorzugehen, um eine Gefahr abwehren zu können, so bietet dafür gerade der polizeiliche Notstand die Grundlage[438]. Die ausnahmsweise in Betracht kommende Nichtstörerhaftung wird definiert als Polizeipflichtigkeit bei Vorliegen einer gegenwärtigen erheblichen Gefahr für wichtige Rechtsgüter bei gleichzeitiger polizeilicher Unmöglichkeit zur Gefahrenabwehr durch Inanspruchnahme des Störers oder Einsatz eigener Mittel (polizeilicher Notstand). Hier ist fraglich, ob es der Polizei überhaupt objektiv unmöglich sein kann, die durch Dritte verursachten Gefahren durch deren Inanspruchnahme oder den Einsatz eigener Mittel abzuwehren. Die Polizei verfügt im Regelfall über hinreichende Kräfte, die sie mittels vorausschauender Einsatzkonzeption in den Stand setzen, Demonstranten und Gegendemonstranten auseinander zu halten. Der Einwand, es hätten keine ausreichenden Einsatzkräfte zur Verfügung gestanden, greift indes dann durch, wenn die Polizei sich nicht auf den Einsatz vorbereiten und kurzfristig keine ausreichenden Kräfte mobilisieren konnte, wenn z. B. unvorhersehbar eine Vielzahl von Gegendemonstranten eine Versammlung gewalttätig verhindern will. Beim Zusammentreffen verschiedener Einsatzlagen (Staatsbesuch mit hohem Schutzaufwand, konflikt-

255

---

435 *BVerfGE* 84, 203 (209 ff.).
436 *BVerwG*, NVwZ 1999, 992 f.
437 *Rühl*, NVwZ 1988, 577 f.; *Götz*, NVwZ 1990, 731.
438 Vgl. dazu näher *Pieroth/Schlink/Kniesel*, § 9, Rz. 27 ff.

trächtige Begegnungen der Fußballbundesliga, Großdemonstrationen) kann es möglich sein, dass für eine verspätet oder nicht angemeldete Demonstration, die Gegendemonstranten auf den Plan ruft, keine ausreichenden Einsatzeinheiten mehr zur Verfügung stehen.

256 Neben dem Fall der objektiven Unmöglichkeit beim echten polizeilichen Notstand wird noch der sog. *unechte polizeiliche Notstand* anerkannt[439]. Ein solcher liegt vor, wenn die Schäden, die der öffentlichen Sicherheit bei einem Einschreiten gegen den Störer drohen würden, im extremen Missverhältnis zu den Nachteilen stünden, die durch das Vorgehen gegen die Ausgangsversammlung einträten. Das Einschreiten gegen den Störer müsste also unangemessen (unverhältnismäßig i. e. S.) sein, weil der zu erwartende Schaden in offenkundigem Missverhältnis zum erstrebten Erfolg stünde. Die in einem solchen Fall mögliche Inanspruchnahme des Nichtstörers durch Auflösung der Ausgangsveranstaltung kommt nicht schon dann in Betracht, wenn mit Rechtsbruch oder Gegenwehr der Gegendemonstranten zu rechnen ist[440], weil dann die legitime Grundrechtsausübung zur Disposition der Störer stünde. Es wäre unvereinbar mit Art. 8 Abs. 1 GG, wenn durch gezielte Herbeiführung eines polizeilichen Notstandes, etwa in Form der Anmeldung einer Gegendemonstration durch eine als gewaltbereit geltende Gruppierung, es diese in der Hand hätte, dem Veranstalter der Ausgangsdemonstration sein Versammlungsrecht zu nehmen[441]. Unverhältnismäßigkeit der Inanspruchnahme der Gegendemonstranten kann nur für den Extremfall bejaht werden, dass es beim Einschreiten der Polizei gegen die Störer zu schweren Ausschreitungen (»Straßenschlachten«) mit Auswirkungen auch für die Ausgangsversammlung bzw. unbeteiligte Dritte käme[442]. In einer solchen *Ausnahmesituation* muss der Grundrechtsschutz für die Ausgangsversammlung zurücktreten, weil rechtsstaatliches Polizeirecht keine Rechtsdurchsetzung um *jeden* Preis verlangt.

VII. Rechtsschutzfragen

1. Bedeutung der Rechtsschutzgarantie für die Versammlungsfreiheit

257 Hat eine Versammlung bzw. Demonstration einen kurzen zeitlichen Vorlauf oder entscheidet die Versammlungsbehörde über eine schon seit längerem angemeldete Veranstaltung erst kurzfristig vor deren Stattfinden, so kommt dem Eilverfahren nach § 80 Abs. 5 VwGO entscheidende Bedeutung für die tatsächliche Inanspruchnahme des Grundrechts aus Art. 8

---

439 *Schmidt-Jortzig*, JuS 1970, 509; *VGH Kassel*, DVBl. 1990, 1053.
440 *VGH Mannheim*, NVwZ 1987, 238.
441 *BVerfG*, NVwZ 2000, 1406; *Hoffmann-Riem*, NVwZ 2002, 263.
442 *Schmidt-Jortzig*, JuS 1970, 509 f.

Abs. 1 GG zu. So kann es sein, dass ein bestimmter Zeitpunkt, dessen Wahl ja gerade durch Art. 8 Abs. 1 GG garantiert wird[443], oft untrennbar mit der Demonstrationsaussage verbunden ist. Gleiches gilt, wenn es sich um eine Demonstration aus aktuellem Anlass handelt. Hier nutzt die Rechtsprechung zur Bedeutung und Reichweite der Versammlungs- und Demonstrationsfreiheit wenig, wenn sie prozessual leer läuft, weil die geplante Veranstaltung sich durch Zeitablauf erledigt hat.

Vor diesem Hintergrund setzt das *BVerfG* das Grundrecht aus Art. 8   **258**
Abs. 1 GG mit dem Gebot effektiven Rechtsschutzes aus Art. 19 Abs. 4 GG in eine untrennbare Beziehung. Insoweit garantiert Art. 19 Abs. 4 GG, dass im Verfahren auf Wiederherstellung der aufschiebenden Wirkung die Verwaltungsbehörden keine irreparablen Maßnahmen durchführen, bevor die Gerichte deren Rechtmäßigkeit geprüft haben[444]. Dabei ist der Rechtsanspruch des Bürgers umso stärker, je schwerer die ihm auferlegte Belastung wiegt und je mehr die Maßnahmen der Verwaltung Unabänderliches bewirken; deshalb müssen die Verwaltungsgerichte bei auf einen einmaligen Anlass bezogenen Versammlungen bzw. Demonstrationen schon im Eilverfahren durch eine intensive Prüfung dem Umstand gerecht werden, dass der Sofortvollzug der umstrittenen Maßnahme in der Regel zur endgültigen Verhinderung der Veranstaltung führt[445].

Im Hinblick auf die tatsächliche Inanspruchnahme der Versammlungs-   **259**
und Demonstrationsfreiheit tritt damit das Eilverfahren nach § 80 Abs. 5 VwGO praktisch an die Stelle des Hauptverfahrens. Die Verwaltungsgerichte können sich nicht mehr unter Berufung auf das summarische Verfahren auf eine allgemein gehaltene Interessenabwägung zurückziehen; im Ergebnis ist die Rechtmäßigkeit der versammlungsbehördlichen Maßnahme (Verbot, beschränkende Verfügung) wie im Hauptsacheverfahren zu prüfen.

2. Verfassungsgerichtlicher Rechtsschutz

Das *BVerfG* kann nach § 32 Abs. 1 BVerfGG im Streitfall einen Zustand   **260**
durch einstweilige Anordnung vorläufig regeln, wenn dies zur Abwehr schwerer Nachteile, zur Verhinderung drohender Gewalt oder aus einem anderen wichtigen Grund zum gemeinen Wohl dringend geboten ist. Ist der Ausgang des (möglichen) Verfassungsbeschwerdeverfahrens offen, muss das *BVerfG* die Folgen einer erfolgreichen einstweiligen Anordnung gegenüber den Nachteilen abwägen, die eintreten, wenn die begehrte einstweilige An-

---

443 *BVerfGE* 69, 315 (343); *BVerfG*, NVwZ 1998, 835.
444 *BVerfG*, NVwZ 1998, 835; NJW 1998, 3631 f.; vgl. schon *BVerfGE* 69, 315 (364); vgl. auch *Gusy*, in: v. Mangoldt/Klein/Starck, Art. 8, Rz. 49.
445 *BVerfG*, NVwZ 1998, 835; NJW 1998, 3631 f.

ordnung erginge, der späteren Verfassungsbeschwerde aber der Erfolg versagt bliebe[446].

261   Mit einer einstweiligen Anordnung kann somit das *BVerfG* selber den untrennbaren Zusammenhang von Art. 8 Abs. 1 GG und Art. 19 Abs. 4 GG[447] zur Geltung bringen und verhindern, dass durch Versammlungsbehörden und Verwaltungsgerichte im Hinblick auf die tatsächliche Inanspruchnahme des Grundrechts aus Art. 8 Abs. 1 GG vollendete Tatsachen geschaffen werden[448].

3. Verwaltungsgerichtlicher Rechtsschutz

262   Eine vorbeugende Unterlassungsklage gegen ein drohendes Versammlungs- bzw. Demonstrationsverbot soll dann zulässig sein, wenn durch das Verbot und seine Vollziehung vollendete Tatsachen geschaffen werden[449]. Das aus Art. 19 Abs. 4 GG folgende Gebot effektiven Rechtsschutzes lasse eine Durchbrechung der grundsätzlichen Unzulässigkeit einer vorbeugenden Unterlassungsklage als Unterfall der allgemeinen Leistungsklage nach § 43 Abs. 2 VwGO gegen einen drohenden Verwaltungsakt zu; ansonsten gäbe es bei Versammlungs- bzw. Demonstrationsverboten, die sich typischerweise kurzfristig erledigen, keinen vorherigen verwaltungsgerichtlichen Rechtsschutz. Das OVG Münster hat vorläufigen vorbeugenden Rechtsschutz nach § 123 VwGO gegen eine von Demonstranten befürchtete Einkesselung ihrer bevorstehenden Versammlung für zulässig erachtet[450].

263   Die Erledigung der Hauptsache kann auch nachträglichem Rechtsschutz im Wege stehen. In analoger Anwendung von § 113 Abs. 1 Satz 4 VwGO ist aber eine Fortsetzungsfeststellungsklage zulässig, wenn ein berechtigtes Interesse an der Feststellung der Rechtswidrigkeit des erledigten Verwaltungsaktes besteht. Das Grundrecht auf effektiven Rechtsschutz gebietet es, dass der Betroffene Gelegenheit erhält, in Fällen tief greifender tatsächlich jedoch nicht mehr fortwirkender Grundrechtseingriffe auch dann die Rechtmäßigkeit des Eingriffs gerichtlich klären zu lassen, wenn die direkte Belastung durch den angegriffenen Hoheitsakt sich nach dem typischen Verfahrensablauf auf eine Zeitspanne beschränkt, in welcher der Betroffene

---

446 *BVerfG*, NJ 1999, 86.
447 Vgl. *BVerfG*, NVwZ 1988, 835.
448 *BVerfG*, NJ 1999, 86; zu den Zulässigkeitsvoraussetzungen vgl. *Robbers*, Verfassungsprozessuale Probleme in der öffentlich-rechtlichen Arbeit, 1996, S. 89 ff.
449 *Schenke*, Verwaltungsprozessrecht, 8. Aufl. 2002, Rz. 359: indes wird nach Aufwertung des Verfahrens nach § 80 Abs. 5 VwGO durch das BVerfG das Rechtsschutzbedürfnis für eine vorbeugende Unterlassungsklage fehlen.
450 *OVG Münster*, NVwZ 2001, 1315.

die gerichtliche Entscheidung kaum erlangen kann[451]. Bei folgenden Fallgruppen ist ein berechtigtes Interesse zu bejahen: Wiederholungsgefahr; Rehabilitationsinteresse bei Diskriminierung; Vorliegen eines sich typischerweise kurzfristig erledigenden Verwaltungsaktes, insbesondere einer polizeilichen Maßnahme[452]. Versammlungs- bzw. Demonstrationsverbote fallen regelmäßig unter die Dritte, in Ausnahmefällen auch unter die erste oder zweite Fallgruppe[453].

In jüngster Zeit sind die Verwaltungsgerichte im Eilverfahren nach § 80 **264** Abs. 5 VwGO und das BVerfG im Verfahren einstweiliger Anordnungen nach § 32 Abs. 1 BVerfGG vermehrt dazu übergegangen, versammlungsbehördliche Versammlungsverbote nicht nur aufzuheben, sondern durch »Auflagen« bzw. »Maßgaben« zu ersetzen. Bei der im Eilverfahren gegebenen Dringlichkeit erhielt die Versammlungsbehörde keine Gelegenheit, bei der Festlegung solcher Beschränkungen eigene Gesichtspunkte der Durchsetzbarkeit einzubringen[454]. Ein Ausweg aus dem vom BVerfG anerkannten Dilemma – einerseits unaufschiebbare Wahrung von Rechtsschutzinteressen, andererseits fehlende Sach- und Ortsnähe bei der Festlegung verbotsersetzender Beschränkungen[455] – bietet eine versammlungsbehördliche *Umdeutung* des Versammlungsverbots in »Auflagen« (Rz. 43 zu § 15) nach § 15 Abs. 1. bzw. 2 Sie könnte der Verbotsverfügung für den Fall der gerichtlichen Verbotsaufhebung vorsorglich angefügt bzw. zur elektronischen Übermittlung bereitgehalten werden, worauf in der Verbotsverfügung zur Kenntnis des Gerichts hinzuweisen wäre[456].

VIII. Notwendigkeit der Reform des VersG

Das VersG ist nach wie vor reformbedürftig[457]. Als Konkretisierung von **265** Art. 8 Abs. 1 GG muss es der Entwicklung angepasst werden, die die Demonstrations- und Versammlungsfreiheit in der Rechtsprechung des *BVerfG*[458] genommen hat. Durch die eindrucksvolle Herausstellung von

---

451 *BVerfG*, NJW 1999, 292; *BVerfG*, NJW 2004,2510.
452 *BVerwG*, NVwZ 1999, 991; *Schenke,* Verwaltungsprozessrecht, 8. Aufl. 2002, Rz. 580 ff.; *Gusy,* in: v. Mangoldt/Klein/Starck, Art. 8, Rz. 49.
453 Vgl. dazu krit. *OVG Lüneburg,* NVwZ-RR 1998, 236.
454 Vgl. *BVerfG*, NJW 2000, 3051 (3052), NJW 2001, 1407 (1408), NJW 2001, 2069 (2070).
455 *BVerfG*, NJW 2001, 2072 (2075); ebenso *Hoffmann-Riem,* NVwZ 2002, 264 f.
456 Ausführlich zur Problematik *Dietel,* Die Polizei 2003, 94.
457 Dazu insbesondere *Alberts,* ZRP 1988, 285; *ders.,* NVwZ 1992, 40; *Geis,* Die Polizei 1993, 298; *Ridder,* in: Ridder u. a., Geschichtliche Einleitung, Rz. 83; *Bergmann,* S. 120 ff.; *Schreiber,* GMBl. 1995, 23.
458 *BVerfGE* 69, 315 ff.; 73, 206 ff.; 82, 236 ff.; 84, 203 ff.; 85, 69 ff.; 87, 399 ff.

Art. 8 Abs. 1 GG als demokratisches Bürgerrecht zur aktiven Teilnahme am politischen Prozess und als Ausdruck ursprünglich-ungebändigter unmittelbarer Demokratie[459] im status activus sowie als Bestimmungsgröße für verfahrensrechtliche Vorschriften[460] – Grundrechtsschutz durch Verfahren –, hat die Versammlungs- und Demonstrationsfreiheit eine Dimension gewonnen, die im VersG umzusetzen ist (Rz. 25 ff. zu § 14). Bei einer grundlegenden Überarbeitung ist die Chance gegeben, das Versammlungsrecht, ohne ihm den Charakter als Gefahrenabwehrrecht zu nehmen, seiner obrigkeitsstaatlichen Tradition gänzlich zu entkleiden und auch verfahrensrechtlich als Möglichkeit demokratischer Willensbildung und Selbstbestimmung auszubauen[461].

266   Eine Reform muss auch der Demonstrationsrealität Rechnung tragen. Der Typus von Demonstrationen, wie er sich seit den siebziger Jahren hinsichtlich Trägerschaft und Durchführung herausgebildet hat, entspricht nicht mehr dem Leitbild der straff organisierten und geleiteten Veranstaltung, die dem Gesetzgeber von 1953 vorschwebte. Auch das *BVerfG* sieht hier offensichtlich Bedarf für Aktivitäten des Gesetzgebers[462]. Das VersG geht in einer durch die tatsächliche Entwicklung überholten Sicht vom Typ der überschaubaren, durch *einen* Veranstalter organisierten und von *einem* Leiter beherrschten Einzelveranstaltung aus. Insoweit sind die versammlungsaufsichtlichen Maßnahmen vom Gesetzgeber als Gebote und Verbote gegen den Veranstalter als Adressaten konzipiert. Die Demonstrationsrealität, insbesondere bei Großdemonstrationen, ist hingegen komplexer als das Leitbild des VersG[463]. Die §§ 14 und 15 sind zwar verfassungskonform auslegbar[464], womit aber der Gesetzgeber nicht aus seiner Pflicht zur Nachbesserung[465] entlassen wird.

267   Im Rahmen einer Reform wird auch zu prüfen sein, ob die ausnahmslose Pflicht zur Leiterbestellung und Herstellung einer hierarchischen Versammlungsorganisation, aber auch die Beschränkung der Leiterbestellung auf den Veranstalter verfassungsmäßig sind[466]. Es könnte nämlich Gegenstand der Selbstbestimmung der Teilnehmer sein, über die Modalitäten des Ablaufs dergestalt zu verfügen, dass auf Veranstalter und/oder Leiter ver-

---

459 *BVerfGE* 69, 315 (346 f.).
460 *BVerfGE* 69, 315 (355).
461 *Hoffmann-Riem*, Festschrift, S. 393.
462 *BVerfGE* 69, 315 (358).
463 *Hoffmann-Riem*, Festschrift, S. 385.
464 *BVerfGE* 69, 315 (357 ff.).
465 *BVerfGE* 50, 290 (332); 56, 298 (316); 65, 1 (55); 72, 9 (22 f.).
466 *Quilisch*, S. 146; *Hoffmann-Riem*, AK-GG, Art. 8, Rz. 41; *Pieroth/Schlink*,
     Rz. 715; *Blanke/Sterzel*, Vorgänge 1983, S. 81 f.

zichtet und stattdessen auf nicht-hierarchische Selbstorganisation gesetzt wird[467].

Ein weiterer Schwerpunkt der Reform müsste die Erweiterung bzw. Präzisierung der Eingriffsermächtigungen des VersG sein. Für notwendige Eingriffsermächtigungen gegen nichtöffentliche Versammlungen sollten Regelungen im VersG erfolgen (Rz. 212 ff.).

268

Die relative Offenheit von § 15 hat dazu geführt, dass so genannte Auflagen zum Einfallstor für die Standardmaßnahmen der PolG werden[468]; als »Minus-Maßnahmen« lassen sich nämlich die Standardmaßnahmen in die Generalermächtigung des VersG inkorporieren[469], was im Hinblick auf das Bestimmtheitsgebot problematisch erscheint. Hier ist der Gesetzgeber zur Präzisierung gefordert.

269

Regelungsbedürftig sind auch die Möglichkeiten des Einschreitens gegen potenzielle Teilnehmer. Fällt die Anreise unter den Schutzbereich von Art. 8 Abs. 1 GG (Rz. 71), dann müssen Eingriffe gegen Anreisende, insbesondere bei polizeilichen Vorkontrollen, auch im VersG (z. B. durch Erweiterung von § 17 a) legitimiert werden. Ausreiseverbote an der Grenze und Meldeauflagen am Wohnort für potenzielle Versammlungsteilnehmer mit dem Ziel der Verhinderung der Teilnahme an Versammlungen im In- und Ausland bedürfen ebenfalls versammlungsgesetzlicher Regelung.

270

Bei einer Generalrevision des VersG wäre auch eine Reihe von Ungereimtheiten und Inkonsequenzen zu beseitigen, nämlich: die bestehende Möglichkeit in § 2 Abs. 1, bei konspirativer Einladung als Veranstalter die Namensangabe zu unterlassen (Rz. 6 zu § 2); die Fehlplatzierung des Uniformierungsverbots im VersG (Rz. 23 ff. zu § 3); die Präzisierung der Verbotsgründe in § 5 Nr. 2 und 4 (Rz. 24 ff. und 33 zu § 5); die Volljährigkeitsbestimmung für Ordner in § 9 Abs. 1 Satz 2 (Rz. 8 zu § 9); die fragwürdige Einordnung datenschutzrelevanter Befugnisnormen des § 12 a in den Abschn. II (Rz. 6 zu § 12 a) sowie die fehlende Möglichkeit für Versammlungsbehörden, personenbezogene Daten zur rechtlichen Begründung notwendiger Eingriffe zu speichern und zu übermitteln[470]; die verfassungsrechtlich bedenkliche Auflösungsermächtigung in § 13 Abs. 1 Nr. 4 (Rz. 25 zu § 13); fehlende Bestimmungen für Spontanversammlungen (Rz. 23 f. zu § 14); die ausdrückliche Kodifizierung von Minusmaßnahmen in § 15 Abs. 3 (Rz. 138 zu § 15); die Aufgabe des stringenten Versammlungsverbots für Bannkreise (Rz. 18 zu § 16); die nicht in das VersG gehörende Ausweitung der Verbote in § 17 a auf öffentliche Veranstaltungen nicht-

271

---

467 *Hoffmann-Riem*, Festschrift, S. 385.
468 *Alberts*, VR 1987, 300.
469 *BVerfGE* 64, 44 (58 ff.).
470 Vgl. *Höllein*, NVwZ 1994, 641.

versammlungsrechtlicher Art (Rz. 3 zu § 17 a); die fehlenden Verweisungen in § 19 in bezug auf § 7 und 12 (Rz. 3 f. zu § 19); die bisher nicht vorgenommene Umstellung der DM-Beträge in Euro-Beträge in den Bußgeldandrohungen der §§ 29 und 29 a; schließlich die teilweise überzogenen oder nicht schlüssigen Straf- und Bußgeldbestimmungen im Abschn. IV mit teilweise unverständlichen Differenzierungen im Strafmaß.

§ 2

(1) Wer zu einer öffentlichen Versammlung oder zu einem Aufzug öffentlich einlädt, muss als Veranstalter in der Einladung seinen Namen angeben.

(2) Bei öffentlichen Versammlungen und Aufzügen hat jedermann Störungen zu unterlassen, die bezwecken, die ordnungsmäßige Durchführung zu verhindern.

(3) Niemand darf bei öffentlichen Versammlungen oder Aufzügen Waffen oder sonstige Gegenstände, die ihrer Art nach zur Verletzung von Personen oder zur Beschädigung von Sachen geeignet und bestimmt sind, mit sich führen, ohne dazu behördlich ermächtigt zu sein. Ebenso ist es verboten, ohne behördliche Ermächtigung Waffen oder die in Satz 1 genannten Gegenstände auf dem Weg zu öffentlichen Versammlungen oder Aufzügen mit sich zu führen, zu derartigen Veranstaltungen hinzuschaffen oder sie zur Verwendung bei derartigen Veranstaltungen bereitzuhalten oder zu verteilen.

I. Pflicht zur Namensangabe

1. Normzweck

1   Mit der Pflicht zur Namensangabe bei öffentlichen Versammlungen in geschlossenen Räumen wie unter freiem Himmel mit Einschluss der Aufzüge soll Klarheit über die Identität des Veranstalters hergestellt werden[1]. Die potenziellen Teilnehmer sollen erkennen können, mit wem sie sich gegebenenfalls solidarisieren oder gegen wen sie protestieren wollen.

Die zuständigen Behörden sollen feststellen können, ob der Veranstalter gemäß § 1 Abs. 2 gehindert ist, die Versammlungsfreiheit in Form des Veranstaltungsrechts auszuüben. Sie sollen außerdem erkennen können, an wen sie sich als Verantwortlichen für die geplante Veranstaltung wenden können und wer als Adressat etwaiger Anordnungen in Frage kommt.

Die Namensangabe muss in der *Einladung* erfolgen. Die Einladung ist Aufforderung zur Teilnahme an einer geplanten Veranstaltung. Insoweit unterscheidet sie sich von der Bekanntgabe nach § 14 Abs. 1, mit der lediglich teilnehmerrelevante Informationen über Zeit, Ort und Thema der Versammlung mitgeteilt werden.

2. Pflichtiger

2   Zur Namensangabe verpflichtet ist der Veranstalter. Veranstalter kann eine natürliche oder juristische Person sein. Auch nichtrechtsfähige Vereinigungen können Veranstalter sein. Lose Zusammenschlüsse, z. B. »Organisationskomitees« oder »Aktionseinheiten«, wie sie sich bei Großveranstaltungen aus einer Vielzahl von Einzelpersonen und Personenvereinigungen bilden, sind nur dann als einheitlicher Veranstalter anzusehen, wenn sie ähnlich wie nichtrechtsfähige Vereinigungen eine fest gefügte Struktur aufweisen und auf gewisse Dauer angelegt sind (Rz. 66 zu § 1). Sonst gilt die Pflicht zur Namensangabe für alle, die zu der Großveranstaltung aufrufen.

Weil Spontanversammlungen in der Form von Sofortversammlungen (Rz. 18 zu § 14) regelmäßig keinen Veranstalter haben, entfällt die Pflicht zur Namensangabe. Das gilt nicht für Eilversammlungen (Rz. 18 zu § 14). So weit für öffentliche Versammlungen unter freiem Himmel Anmeldepflicht besteht, gilt auch die Pflicht zur Namensangabe.

3. Inhalt und Form der Namensangabe

3   Die Namensangabe muss hinreichend bestimmt sein. Bei natürlichen Personen genügen Name und Vorname. Bei Parteien und Vereinigungen ist neben der Organisationsbezeichnung anzugeben, welcher Organisationsteil

---

1 *Breitbach*, in: Ridder u. a., § 2, Rz. 19; 28.

mit welchem örtlichen Sitz als Veranstalter auftritt. Die Bezeichnung des verantwortlichen Vorsitzenden ist nicht erforderlich[2]. Bei Veranstalterzusammenschlüssen aus Anlass von Großdemonstrationen müssen die verantwortlichen Träger der Veranstaltung hinreichend bestimmt bezeichnet sein.

Die Vorbereitung einer Versammlung ist von der Grundrechtsgarantie des Art. 8 Abs. 1 GG mit umfasst[3]. Die Namensangabe ist an keine Form gebunden. Das gilt auch für die Einladung.

4. Begrenzung auf »öffentliche« Einladung

Die Pflicht zur Namensangabe gilt nicht für öffentliche Versammlungen schlechthin, sondern nur, wenn auch die Einladung »öffentlich« erfolgt. Das ergibt sich zwingend aus dem insoweit klaren Wortlaut des Gesetzes[4]. Die Einladung ist öffentlich, wenn sie sich an einen größeren Personenkreis richtet, der nicht durch persönliche Beziehungen verbunden ist. Nicht die Öffentlichkeit des Ortes, zu dem eingeladen wird, ist maßgebend, sondern die Unbestimmtheit der Adressaten[5]. Wie die Einladung veröffentlicht wird, ist unerheblich, z. B. durch Plakate, Anzeigen, Handzettel, Postwurfsendungen, Telefonketten, SMS[6] etc. Auch mündliche Einladung an Ort und Stelle, etwa an einem Informationsstand, ist möglich[7]. Ebenso kann über Rundfunk und Fernsehen, mittels Fax oder im Internet[8] eingeladen werden. Für den Betrieb von Lautsprechern bei der Einladung ist gemäß § 46 StVO eine Erlaubnis der Straßenverkehrsbehörde erforderlich, soweit der Lautsprecherbetrieb sich in den öffentlichen Verkehrsraum auswirkt, es sei denn, dass im Wahlkampf der Lautsprecherbetrieb generell zugelassen ist. Erlaubniserfordernisse werden sonst nur bei *Durchführung* von Versammlungen verdrängt (Rz. 10 zu § 15)[9].

Eine öffentliche Einladung liegt auch vor, wenn der Veranstalter gemäß § 6 Abs. 1 bestimmte Personen oder Personenkreise in der Einladung von der Teilnahme an der Versammlung ausschließt. Die Öffentlichkeit der Ein-

4

5

---

2 *Ott/Wächtler*, § 2, Rz. 4.
3 *OVG Koblenz*, NJW 1969, 1501; *Breitbach*, in: Ridder u. a., § 2, Rz. 20.
4 *Ott/Wächtler*, § 2, Rz. 2.
5 *Dietel*, Die Polizei 1976, 21; *Lammermann*, Die Polizei 1999, 139.
6 Bei Einladung über Telefonketten mit einer Vielzahl von Übermittlern ist derjenige Veranstalter, der die Ketteninformation auslöst.
7 *BayObLG*, NJW 1979, 1896.
8 Ein Beispiel, wie sich via Internet Personen für eine kurzfristige Ansammlung mobilisieren lassen, ist das in jüngster Zeit zu beobachtende Flashmob-Phänomen.
9 *OVG Koblenz*, NJW 1969, 1500 f.; *VG Hannover*, StuKVw 1973, 153; *OLG Stuttgart*, DÖV 1976, 534; *OLG Celle*, NJW 1977, 444.

ladung fehlt, wenn sie sich an individuell bestimmte Personen richtet, etwa durch mündliche, briefliche, telefonische, Fax- oder E-Mail-Nachricht.

5. Verdeckte Einladung

6   Eine verdeckte Einladung ist gegeben, wenn der Veranstalter bei der Mobilisierung potenzieller Teilnehmer bewusst auf nicht jedermann zugängliche Informationswege ausweicht, sei es, dass er ein versammlungsbehördliches Verbot umgehen oder Gegenveranstaltungen vermeiden will. Eine solche verdeckte Einladung ist z. B. über Telefonketten, SMS, E-Mail oder Chaträume mit Zugangscodierung im Internet möglich. Weil der Adressatenkreis von vornherein bestimmt ist, liegt keine »öffentliche« Einladung vor. Damit entfällt die Pflicht zur Namensangabe, obwohl die geplante Versammlung selbst auf Öffentlichkeit, also auf Teilnahme individuell unbestimmter Personen angelegt ist, die nur durch Sympathie mit den Intentionen des Veranstalters verbunden sind.

Dieses Modell der öffentlichen Versammlung mit verdeckter, also nichtöffentlicher Einladung wird vermehrt in konspirativer Weise von rechtsextremistischen Gruppierungen genutzt. So werden versammlungsgesetzliche Veranstalterpflichten unterlaufen, die Feststellung eines verantwortlichen Leiters erschwert und damit versammlungsbehördliche Präventivmaßnahmen vereitelt. Obwohl das der Transparenz des Versammlungsgeschehens und damit dem Normzweck widerspricht, lässt der eindeutige Wortlaut der Regelung des § 2 Abs. 1 keine andere Auslegung zu. Das Gesetz sollte rasch novelliert werden. Es würde genügen, das Adjektiv *öffentlich* in Bezug auf die Einladung zu streichen[10].

6. Rechtsfolgen bei unterlassener Namensangabe

7   Das Gesetz knüpft an die unterlassene Namensangabe keine Rechtsfolgen. Ob eine nachträgliche Namensangabe auf der öffentlichen Einladung versammlungsbehördlich, etwa gestützt auf § 15 Abs. 1, angeordnet werden und gegebenenfalls durch Festsetzung und Androhung von Zwangsgeld erzwungen werden kann, ist angesichts der Tatsache, dass unterlassene Namensangabe bei verdeckter Einladung rechtsfolgefrei bleibt, kaum vertretbar[11].

---

10 Zustimmend *Bull*, S. 33.
11 *Breitbach*, in: Ridder u. a., § 2, Rz. 19.

II. Verbot von Störungen

1. Verbotsadressaten

Das Verbot des § 2 Abs. 2 erfasst nur Störungen *bei*, also innerhalb einer **8**
Versammlung. Es gilt für alle, die sich in einer Versammlung befinden.
Die Regelung geht über den Regierungsentwurf hinaus, der die Pflicht
zum ordnungsmäßigen Verhalten auf die Versammlungsteilnehmer beschränkte[12]. Bei Versammlungen in geschlossenen Räumen werden neben
den Teilnehmern auch der Vermieter des Versammlungsraumes, das Bedienungspersonal sowie alle diejenigen verpflichtet, die unmittelbar störend
auf die Versammlung einwirken können. Hierbei ist zu beachten, dass der
Versammlungsleiter nur gegenüber Teilnehmern Ordnungsbefugnisse hat
(§ 11 Abs. 1). Gegenüber Anwesenden, die nicht Teilnehmer sind, jedoch
mit Ausnahme der dienstlich entsandten Polizeibeamten (§ 12), kann er
vom Hausrecht Gebrauch machen, soweit es ihm übertragen worden ist.
Bei Versammlungen unter freiem Himmel und bei Aufzügen sind neben
den Teilnehmern alle Anwesenden verpflichtet, Störungen zu unterlassen.
Der Ausschluss von Störern steht nur der Polizei zu (§§ 18 Abs. 3 und § 19
Abs. 4).

Gegen Personen, die von außen störend auf die Versammlung einwir- **9**
ken oder dies nach gegebenen Tatsachen erkennbar zu tun beabsichtigen,
kann mit den Mitteln des allgemeinen Polizeirechts vorgegangen werden[13].
Eine Berufung auf die Versammlungsfreiheit scheidet aus, wenn die Störhandlungen auf Verhinderung der Versammlung abzielen[14]. In Betracht
kommen Identitätsfeststellung, Platzverweisung, Durchsuchung, Sicherstellung, letztlich sogar Ingewahrsamnahme[15]. Eingriffsgrund ist die mit der
Störung der ungehinderten Ausübung der Versammlungsfreiheit verbundene Beeinträchtigung der öffentlichen Sicherheit, außerdem die Unterbindung bzw. Verhütung einer möglichen Straftat nach § 21[16].

Sofern die von außen störenden Personen Teilnehmer einer Gegen- **10**
demonstration sind, kommen für Maßnahmen zur Störungsunterbindung
oder Störungsminderung nur versammlungsgesetzliche Befugnisnormen
(Auflösung, beschränkende Verfügungen) in Frage. Dabei ist ein Ausgleich
der widerstreitenden Interessen im Rahmen praktischer Konkordanz anzu-
streben.

---

12 *Füßlein*, § 7, Anm. 7.
13 *OVG Münster*, DVBl. 1982, 853 f.; *VGH Mannheim*, DÖV 1990, 572.
14 *BVerfGE* 84, 203 (210).
15 *BVerwG*, NJW 1974, 808.
16 *VGH Mannheim*, DÖV 1990, 572.

2. Störungen

11 Störung ist jede erhebliche Beeinträchtigung des ordnungsgemäßen Ablaufs einer konkreten Veranstaltung. Das ergibt sich aus dem Wort »bei« einer öffentlichen Versammlung. Der Maßstab für Erheblichkeit der Störung hängt vom Charakter der Versammlung ab. So sind Zwischenrufe und Missfallensäußerungen bei Versammlungen mit Diskussionscharakter veranstaltungstypisch, bei Kundgebungen feierlicher Art (Gedenkfeiern) können sie möglicherweise schon als Störung zu betrachten sein[17].

12 Störungen können akustisch (anhaltendes Lärmen), durch Zeichen (Schrifttafeln mit strafbarem Inhalt) oder durch Tätlichkeiten begangen werden. Störungen verletzen häufig das für die Ausübung der Versammlungsfreiheit geltende Friedlichkeitsgebot des Art. 8 Abs. 1 GG, insbesondere dann, wenn sie darauf angelegt sind, der Versammlung einen gewalttätigen Verlauf zu geben. Das kann dadurch geschehen, dass Gewalt gegen Personen oder Sachen angewendet oder aktiver Widerstand gegen rechtmäßiges Einschreiten des Leiters, seiner Ordner (§ 22) oder zuständiger Vollzugskräfte geleistet wird. Eine Störung, die auf Verhindern, Sprengen oder Vereiteln der Versammlung angelegt ist, erfüllt den Tatbestand des § 21. Bei Störungen anderer Art, die den Ablauf der Versammlung wesentlich beeinträchtigen, ist ein Ausschluss der Störer durch den Leiter nach § 11 Abs. 1 zulässig, gegebenenfalls geboten (Rz. 7 zu § 11).

3. Motiv des Störverhaltens

13 Der Störer muss die Absicht haben, die ordnungsgemäße Durchführung der Versammlungen zu *verhindern*. Maskiertes Auftreten oder Mitführen von Angriffs- oder Verteidigungsmitteln kann diese Absicht indizieren[18]. Stören kann sowohl durch Handeln als auch durch Unterlassen geschehen, beispielsweise, wenn der Vermieter eines Versammlungsraumes sich weigert, eine durchgeschlagene Sicherung zu ersetzen.

Es kommt nicht darauf an, dass die Störung zum Erfolg führt.

Grundsätzlich ist absichtliches Störverhalten erforderlich. Für die Teilnahme an Störhandlungen genügt das Bewusstsein, dass sie geeignet sind, die Durchführung der Versammlung zu verhindern oder wesentlich zu erschweren.

Objektive Störungen, die nicht in der Absicht verursacht werden, die ordnungsmäßige Durchführung der Versammlung zu verhindern, müssen vom Veranstalter, vom Leiter und den Teilnehmern in Kauf genommen

---

17 *Breitbach*, in: Ridder u. a., § 2, Rz. 40.
18 Vgl. *BT-Drucks.* 8/1845, S. 11; *VG Würzburg*, NJW 1980, 2542.

werden. Zwischenrufe, Missfallensäußerungen, Zeigen von Schrifttafeln, Verkehrslärm, Baustellenlärm und zulässige Werbung sind hinzunehmen[19].

III. Verbot des Waffentragens

1. Allgemeines

§ 2 Abs. 3 konkretisiert die Gewährleistungsschranke *ohne Waffen* in Art. 8 **14** Abs. 1 GG, und zwar durch ein striktes Bewaffnungsverbot. Verbotsmissachtung indiziert potenzielle Unfriedlichkeit und damit ein Verhalten außerhalb des Schutzbereiches Versammlungsfreiheit. Gleichwohl bedarf es für Maßnahmen zur Durchsetzung des Verbots einer versammlungsgesetzlichen Befugnisnorm (Rz. 192 zu § 1), soweit nicht strafprozessuale Maßnahmen vorgehen (Rz. 48).

2. Waffen

Waffen im Sinne des VersG sind sowohl Waffen im technischen Sinne als **15** auch solche Gegenstände, die ihrer Art nach zur Verletzung von Personen oder zur Beschädigung von Sachen geeignet und bestimmt sind (Waffen im nichttechnischen Sinne).

Mit Waffen im technischen wie nichttechnischen Sinne meint der Gesetzgeber nur solche, die sich zum Angriff oder zur Gegenwehr[20] eignen. So genannte Schutzwaffen (Schutzschilde, Helme, Gasmasken etc.) fallen nicht unter den Waffenbegriff des VersG[21].

Zu den *Waffen im technischen Sinne* gehören alle Gegenstände, die dem **16** Waffenbegriff des Waffengesetzes bzw. des Kriegswaffenkontrollgesetzes entsprechen. Dazu gehören Schusswaffen, Hieb-, Stoß- und Stichwaffen, auch Wurfwaffen, Explosivmittel, Reizstoffe und andere gefährliche Stoffe mit Waffencharakter. Waffen im technischen Sinne sind ihrer Natur, ihren Konstruktionsmerkmalen oder ihren besonderen Eigenschaften nach von vornherein dazu bestimmt, als Waffe zu dienen.

Zu den *Waffen im nichttechnischen Sinne* gehören all die Gegenstände, **17** die ihrer Art nach zur Verletzung von Personen objektiv geeignet und subjektiv vom Gewahrsamsinhaber dazu bestimmt sind. Eine solche Zweckbestimmung kann bei der Mitführung von Baseballschlägern, Brandflaschen und Kampfhunden unterstellt werden. Insbesondere von Kampfhunden, die nach Landesrecht als gefährlich eingestuft sind[22], geht eine erhebliche

---

19 *BVerfG*, NJW 1995, 3112.
20 A. A. wohl *Ott/Wächtler*, Einf., Rz. 15, die Verteidigungsmittel vom Waffenbegriff ausnehmen wollen.
21 *Schulze-Fielitz*, in: Dreier, Art. 8, Rz. 26.
22 Vgl. § 2 Landeshundegesetz vom 18. 12. 2002 (GVBl. S. 656).

Zwangswirkung auf die freie Willensentscheidung aus.[23] . Als objektiv ungeeignet zur Verletzung von Personen scheiden Waffenattrappen und Spielzeugpistolen als gefährliche Gegenstände aus, obwohl sie Angstreaktionen auszulösen vermögen.

Als Verletzung einer Person ist jede Art Einwirkung auf den Körper eines Menschen anzusehen, die den Tatbestand der Körperverletzung im Sinne des § 223 StGB erfüllt.

18 Waffen im nichttechnischen Sinne sind darüber hinaus auch solche Gegenstände, die ihrer Art nach zur Beschädigung von Sachen objektiv geeignet und vom Gewahrsamsinhaber dazu bestimmt sind.

Hierzu gehören nicht nur die Gegenstände, mit denen eine Substanzverletzung der angegriffenen Sache herbeigeführt werden kann und soll (z. B. Bolzenschneider, Krähenfüße etc.), an die der Gesetzgeber vorrangig gedacht hat[24], sondern auch solche Gegenstände, die zur nicht unerheblichen Beeinträchtigung der Brauchbarkeit von Sachen geeignet und bestimmt sind (z. B. Farbbeutel, Fäkalienbeutel, Blutbeutel, u. U. auch rohe Eier, faules Obst etc.)[25]. Der Gesetzgeber hat mit der Neufassung des § 2 Abs. 3 diese Gegenstände unter das Waffenverbot des Versammlungsgesetzes gebracht. Der Wille dazu ist ausdrücklich erklärt[26]. Die Konsequenz dieser Regelung hat er aber möglicherweise nicht gewollt. Er hat sie aber auch nicht ausgeschlossen. Dem Gesetzesbegriff »Beschädigung« in § 2 Abs. 3 und in § 27 ist kein einschränkendes Adjektiv (etwa erheblich, schwer wiegend o. A.) beigefügt. Auch die Gesetzesmaterialien enthalten keine Aussage darüber, dass nur erhebliche oder schwer wiegende Beschädigungen von Sachen gemeint sind. Nicht unter das Verbot fallen Schein-

---

23 Aus den Materialien (BT-Drucks. zum WaffG) ergibt sich, dass auch bei den parlamentarischen Beratungen die Zwangswirkung gesehen wurde, die von gefährlichen Hunden ausgeht; zum Quellennachweis s. *Schnupp*, DÖD 2001, 189 ff.

24 *BT-Drucks.* 8/1845, S. 10.

25 Zustimmend *Kang*, S. 126; a. A. *Hoffmann-Riem*, in: AK-GG, Art. 8, Rz. 26; *Ott/Wächtler*, Einf., Rz. 26, und § 2, Rz. 14 noch zustimmend, 5. Aufl., ablehnend 6. Aufl., § 2, Rz. 14, mit dem Argument, dass das Werfen weicher Gegenstände historische Form des Protests sei. Dabei wird übersehen, dass im Versammlungsgeschehen »Waffengleichheit« herrscht. Die Protestadressaten könnten mit gleichen Mitteln reagieren, was die Friedlichkeit der Versammlung in Frage stellt, bei der es um geistige Auseinandersetzung, wenn auch mit nonverbalen Ausdrucksmitteln gehen soll. *Höfling*, in: Sachs, Art. 8, Rz. 36, weist darauf hin, dass auch der Einsatz weicher Wurfgeschosse dem Unfriedlichkeitsverbot widersprechen könne, wenn damit etwa ein Redner mundtot gemacht werden soll. Ähnlich *Kunig*, in: v. Münch/Kunig, Art. 8, Rz. 25; differenzierend *Pieroth/Schlink*, Rz. 700.

26 *BT-Drucks.* 8/1845, S. 10.

waffen (Spielzeugpistolen, Attrappen etc.). Sie sind weder geeignet noch dazu bestimmt, Personen zu verletzen bzw. Sachen zu beschädigen.

Als Beschädigung einer Sache sind deshalb auch äußere Einwirkungen anzusehen, die den Tatbestand des § 303 StGB erfüllen[27]. Gleiche Wortwahl begründet die Vermutung der Sinnidentität von Rechtsbegriffen[28]. Will der Gesetzgeber keine Sinngleichheit, müsste er das in den Gesetzesmaterialien mindestens andeuten. Das ist nicht geschehen. Deshalb gilt als Sachbeschädigung im Sinne des § 2 Abs. 3 (sowie des § 27) jede nicht ganz unerhebliche Einwirkung auf eine fremde Sache, durch die ihre stoffliche Zusammensetzung verändert oder ihre Unversehrtheit in einer die zweckbestimmte Brauchbarkeit mindernden Weise aufgehoben wird[29]. **19**

Verunreinigung oder Verunstaltung einer Sache gilt nur dann als Sachbeschädigung, wenn ihre Brauchbarkeit erheblich vermindert wird oder die Wiederherstellung des ursprünglichen Zustandes nur mit (wenn auch geringer) Substanzverletzung möglich ist[30].

Das Bewaffnungsverbot soll gewalttätiges Vorgehen bei Versammlungen und Demonstrationen verhindern. Insbesondere soll die von gewalttätigem Vorgehen ausgehende Zwangswirkung auf die freie Willensentscheidung Betroffener ausgeschlossen werden. Ein solcher Zwang kann sowohl von körperlicher Einwirkung (Misshandlung, Gesundheitsbeschädigung) als auch von Sachbeschädigungen ausgehen, ja sogar auch von einer die Brauchbarkeit beeinträchtigenden Verunreinigung einer Sache (z. B. eines Kleidungsstückes). Die Ausdehnung des Waffenverbots auf lediglich zur Sachbeschädigung geeignete und bestimmte Gegenstände ist mit Art. 8 Abs. 1 GG vereinbar, denn das Bewaffnungsverbot ist Konkretisierung des Unfriedlichkeitsverbots[31]. Das Unfriedlichkeitsverbot untersagt körperliche Gewalt nicht nur gegen Personen, sondern auch gegen Sachen[32]. Deshalb ist es mit Art. 8 Abs. 1 GG auch vereinbar, in der Verunreinigung von Sachen, soweit davon eine Zwangseinwirkung ausgeht, eine Verletzung des Unfriedlichkeitsverbots zu sehen. **20**

3. Verbotsadressaten

Das Bewaffnungsverbot besteht generell. Es gilt für alle Versammlungsbeteiligten (Veranstalter, Leiter und Ordner), für Berichterstatter und sonstige **21**

---

27 A. A. *Breitbach*, in: Ridder u. a., § 2, Rz. 67.
28 *Erichsen*, in: Erichsen/Ehlers, § 10, Rz. 6.
29 *BGHSt* 13, 207 (208) und 29, 129; *BGH*, NJW 1980, 350; *BayObLG*, StV 1997, 80 f.
30 *BGH*, NJW 1980, 350; *Preuß*, S. 350.
31 *Herzog*, in: Maunz/Dürig, Art. 8, Rz. 67.
32 *Herzog*, in: Maunz/Dürig, Art. 8, Rz. 71.

Pressevertreter, aber auch für alle anderen Anwesenden, wie z. B. Bedienungspersonal, Reinigungskräfte und Handwerker (bei Versammlungen in geschlossenen Räumen).

22   Nicht zum betroffenen Personenkreis gehören bei Vorliegen bestimmter Voraussetzungen Polizeibeamte, vgl. insoweit Rz. 35.

4. Verbotene Handlungen

23   § 2 Abs. 3 verbietet hinsichtlich der Waffen im technischen Sinne wie im nichttechnischen Sinne das *Mitführen* während und auf dem Weg zu einer öffentlichen Versammlung (Aufzüge eingeschlossen), das *Hinschaffen* zu einer öffentlichen Versammlung sowie das *Bereithalten* und Verteilen zur Verwendung in einer öffentlichen Versammlung.

24   Bei allen Verbotsalternativen wird bei Waffen im technischen Sinne die Verletzung des Bewaffnungsverbots unwiderleglich vermutet[33]. Ob der Gewahrsamsinhaber die Waffe bestimmungsgemäß verwenden oder verwenden lassen will, ist unerheblich. Die Beschränkung des eingeschobenen Nebensatzes in § 2 Abs. 3 – »die ihrer Art nach zur Verletzung von Personen oder zur Beschädigung von Sachen bestimmt sind« – bezieht sich nur auf Waffen im nichttechnischen Sinne. Bei Waffen im technischen Sinne bedarf es keiner Klarstellung hinsichtlich ihrer Eignung zur Verletzung von Personen, weil das der ihnen innewohnende Bestimmungszweck ist. Hieraus folgt, dass das Bewaffnungsverbot auch für Gewehre gilt, die lediglich zur Abgabe einer Ehrensalve mitgeführt werden. Es gilt ebenso für Säbel oder Degen, die zur Kostümierung von Teilnehmergruppen gehören.

25   Bei Waffen im nichttechnischen Sinne muss neben der objektiven Eignung zur Verletzung von Personen bzw. zur Beschädigung von Sachen nachgewiesen werden, dass sie hierzu auch subjektiv bestimmt sind. Dabei ist auf den erklärten oder offenkundigen Willen des Gewahrsamsinhabers abzustellen. Ein »gefährlicher Gegenstand« ist dann offenkundig zur Verwendung als Waffe im nichttechnischen Sinne bestimmt, wenn sich dem unbefangenen Betrachter geradezu aufdrängt, dass er zur Verletzung von Personen oder zur Beschädigung von Sachen eigens angefertigt wurde[34]. Das kann etwa für Stangen und Latten mit durchgetriebenen spitzen Nägeln, für Krähenfüße, Farb- und Fäkalienbeutel gelten.

26   *Mitführen* bedeutet die tatsächliche Gewalt mit der Maßgabe auszuüben, die Waffe in kürzester Zeit verfügbar zu haben und sich dessen bewusst zu sein. Mitführen schließt »Führen« im Sinne des WaffG ein (vgl. Anl. 1 zum WaffG, Abschn. 2, Nr. 4). Das Mitführen *während* einer öffentlichen Versammlung bezieht sich auf die unter Rz. 21 genannten Personen. Das Mit-

---

33 *Herzog*, in: Maunz/Düring, Art. 8, Rz. 66.
34 *Habermehl*, Rz. 168.

führen auf dem Wege zu einer öffentlichen Versammlung bezieht sich auf potenzielle Versammlungsbeteiligte (Veranstalter, Leiter, Ordner, Teilnehmer). Ob jemand als potenzieller Beteiligter einer öffentlichen Versammlung in Betracht kommt, ist eine Beweisfrage zu Lasten der zuständigen Behörde. Sie ist hinsichtlich der namentlich bekannten Veranstalter, Leiter oder Ordner relativ leicht zu beantworten. Hinsichtlich der Versammlungsteilnehmer muss der Beweis im Einzelfall aus besonderen Umständen, Äußerungen des Betroffenen, seinem Verhalten, seiner Ausrüstung usw. geführt werden. Nicht erforderlich ist der Nachweis der Beteiligung an einer bestimmten öffentlichen Versammlung. Es reicht aus, dass der Betroffene zu irgendeiner öffentlichen Versammlung unterwegs ist.

Hinschaffen meint den Transport von Waffen zu einer öffentlichen Versammlung: Sofern es sich bei den am Transport beteiligten Personen um potenzielle Versammlungsbeteiligte handelt, trifft die Verbotsalternative »Mitführen« zu.   **27**

Bereithalten zur Verwendung umfasst das Lagern, Verwahren, Verbergen von Waffen mit der Maßgabe der Verfügbarkeit zur Anwendung in einer öffentlichen Versammlung. Das Bereithalten kann schon längere Zeit vor einer aktuellen Versammlung erfolgen. Die Regelung soll verhindern, dass Ausschreitungen von langer Hand vorbereitet werden können. Erfahrungen haben gezeigt, dass Mitglieder und Helfer militanter Gruppen Angriffsmittel lange Zeit vor der Versammlung in den Veranstaltungsbereich bringen, um veranstaltungsbezogene polizeiliche Präventivkontrollen zu umgehen.   **28**

Verteilen zur Verwendung meint Übergabe herangeschaffter oder bereitgehaltener Waffen. Der Verteiler muss nicht potenzieller Versammlungsbeteiligter sein. Er muss auch nicht am Heranschaffen oder an der Bereithaltung teilgenommen haben.   **29**

Bereithalten oder Verteilen *zur Verwendung* setzt voraus, dass derjenige, der bereithält oder verteilt, um die Verwendung als Waffe bei einer öffentlichen Versammlung weiß, zumindest damit rechnet. Er muss die Verwendung nicht wollen oder billigen.   **30**

Alle Verbotsalternativen des § 2 Abs. 3 gelten sowohl für öffentliche Versammlungen in geschlossenen Räumen als auch für solche unter freiem Himmel (Aufzüge eingeschlossen). Für nichtöffentliche Versammlungen sind die Verbotstatbestände analog anzuwenden (Rz. 223 ff. zu § 1). Da nichtöffentliche Versammlungen Betätigungen im Schutzbereich der Versammlungsfreiheit sind, gelten auch für sie die sachlichen Gewährleistungsschranken des Unfriedlichkeitsverbots und des daraus folgenden Bewaffnungsverbots aus Art. 8 Abs. 1 GG. Das Bewaffnungsverbot für nichtöffentliche Versammlungen zu suspendieren, hieße zuzulassen, dass bei nichtöffentlichen Versammlungen extremistischer Gruppierungen ein be-   **31** waffneter Saalschutz und bewaffnete Teilnehmer zu dulden wären, die gegebenenfalls unter Berufung auf Notwehr gegen Aktionen von Gegendemonstranten vorgehen könnten, für die das strikte Bewaffnungsverbot gilt. Auf das in § 42 Abs. 2 WaffG statuierte Verbot, Schusswaffen sowie Hieb- und Stoßwaffen in Veranstaltungen mitzuführen, kann nicht zurückgegriffen werden, weil es nur für *öffentliche* Veranstaltungen gilt. Für öffentliche Veranstaltungen ohne Versammlungscharakter sind die Verbotsalternativen nicht anwendbar. Darin liegt angesichts des Verbotstatbestands in § 17 a Abs. 1, der das Mitführen von Schutzwaffen und ihnen gleichgestellter Gegenstände untersagt, eine seltsame Inkonsequenz. Wegen des Analogieverbots für Strafrechtsnormen[35] hat die Missachtung der Verbote der § 2 Abs. 3 in nichtöffentlichen Versammlungen keine der in § 27 Abs. 1 vorgesehenen strafrechtlichen Konsequenzen.

32 Mitgeführte oder bereitgehaltene Waffen sind als Beziehungsgegenstände von der Polizei sicherzustellen oder, wenn sie nicht freiwillig herausgegeben werden, zu beschlagnahmen. Sie unterliegen gemäß § 30 der Einziehung. Die Waffen werden zu Einziehungsgegenständen im Sinne des § 74 StGB, wenn Körperverletzungen oder Sachbeschädigungen oder sonstige vorsätzliche Straftaten damit begangen wurden.

5. Ausnahmen vom Verbot

33 Ausnahmen sind im Gegensatz zu § 42 WaffG von allen Verbotsalternativen zulässig, und zwar unabhängig davon, ob es sich um Waffen im technischen oder nichttechnischen Sinne handelt[36]. Möglich sind also Ausnahmen sowohl für das Mitführen von Waffen und ihnen gleichgestellten gefährlichen Gegenständen *in* einer Versammlung wie *auf dem Weg* zu einer Versammlung sowie das *Hinschaffen, Bereithalten* oder *Verteilen* zur Verwendung in einer Versammlung. Mit *»behördlicher Ermächtigung«* im Sinne der Ausnahmeregelung ist sowohl eine Ausnahmebewilligung (Dispens) als auch die für bestimmte Amtswalter gegebene Berechtigung zum Waffentragen gemeint.

---

35 *Eser*, in: Schönke/Schröder, 26. Aufl., § 1, Rz. 24 ff.
36 *Kang*, S. 127. § 2 Abs. 3 ist gegenüber § 42 WaffG die speziellere Regelung. Die Erlaubnisregelung des § 42 Abs. 2 WaffG lässt Befreiung vom Verbot der Führung von Waffen *bei* öffentlichen Veranstaltungen jeder Art zu. Sie bezieht sich außerdem nur auf Schusswaffen, Hieb- und Stoßwaffen im Sinne des WaffG und nur auf das Führen dieser Waffen innerhalb dieser Veranstaltungen. Die Erlaubnis nach § 2 Abs. 3 suspendiert nicht die allgemeine durch Waffenschein nachzuweisende Erlaubnis zum »Führen« von Waffen (Ausübung der tatsächlichen Gewalt außerhalb der eigenen Wohnung, der Geschäftsräume oder des eigenen befriedeten Besitztums (WaffG, Anl. 1, Abschn. 2 Nr. 4).

Da es sich bei allen Verbotsalternativen um repressive Verbote handelt, **34** sind Ausnahmen nur im Einzelfall und nur für bestimmte Verbotsabweichungen zulässig. Sie ergehen auf Antrag in Form einer Ausnahmebewilligung (Dispens). Solche Ausnahmebewilligungen werden nur in seltenen Fällen zu erteilen sein (etwa für nichtbeamtete Personenschützer). Vorausgesetzt ist, dass sich nach Prüfung aller Umstände ergibt, dass die gesetzliche und durch die Gewährleistungsschranke des Bewaffnungsverbots in Art. 8 Abs. 1 GG begründete Regelvermutung der Gefährlichkeit als widerlegt angesehen werden kann. Der Gesichtspunkt des aus der Versammlungsfreiheit resultierenden Anspruchs auf Gestaltungsfreiheit im Versammlungsgeschehen, der den symbolhaften Gebrauch bestimmter Gegenstände als Stilmittel einschließt, reicht für eine Ausnahmeregelung nur dann aus, wenn die der Verbotsregelung immanente abstrakte Gefährlichkeit tatsächlich auszuschließen ist.

Das absolute Bewaffnungsverbot für Ordner in § 9 Abs. 1 Satz 1 schließt Ausnahmebewilligungen für diesen Personenkreis aus.

Zuständig für die Prüfung und Erteilung von Ausnahmebewilligungen ist die Versammlungsbehörde (vgl. Rz. 55 zu § 5 und Rz. 17 zu § 14 sowie Anhang 8).

Die Berechtigung von Amtswaltern zum Führen von Dienstwaffen in öf- **35** fentlichen Versammlungen ist aus § 11 RVG übernommen[37]. Berechtigt sind nur solche Amtswalter, die nicht als Teilnehmer auftreten, sondern von Amts wegen in der Versammlung dienstliche Aufgaben wahrzunehmen haben[38]. Der Regierungsentwurf sah ausdrücklich vor, dass die amtliche Befugnis zum Waffentragen nicht eingeschränkt werden solle[39]. Berechtigt zum Führen von Waffen in öffentlichen Versammlungen sind deshalb nicht nur die nach § 12 *entsandten* Polizeibeamten, sondern auch solche, die Personenschutzaufgaben wahrnehmen oder im Rahmen gezielter Strafverfolgung tätig werden. Vom Sinn der Regelung ausgehend sind mit Waffen nur solche im technischen, insbesondere Schusswaffen gemeint.

Zu den Pflichten, die sich für den Leiter aus § 2 Abs. 3 ergeben, vgl. Rz. 5 **36** zu § 6, Rz. 16 zu § 8 und Rz. 19 zu § 13.

Wer ohne behördliche Ausnahmebewilligung oder ohne Berechtigung **37** kraft öffentlichen Amtes in einer Versammlung bewaffnet erscheint, macht sich gemäß § 27 Abs. 1 strafbar. Nach § 27 Abs. 1 Satz 2 macht sich auch strafbar, wer ohne behördliche Erlaubnis oder Berechtigung Waffen (im technischen wie nichttechnischen Sinne) auf dem Weg zu öffentlichen Versammlungen oder Aufzügen mit sich führt, zu derartigen Veranstaltungen

---

37 *Füßlein*, § 2, Anm. 3.
38 *Ott/Wächtler*, § 2, Rz. 12.
39 *Füßlein*, § 2, Anm. 13.

hinschafft oder sie zur Verwendung bei solchen Veranstaltungen bereithält oder verteilt.

IV. Polizeiliche Maßnahmen

1. Allgemeines

38 Die Verbote der Absätze 2 und 3 gelten nicht nur für Versammlungsteilnehmer, sondern für alle Anwesenden. Während die Verbote in Abs. 2 und Abs. 3 Satz 1 sich auf das Verhalten von Personen *innerhalb* einer Versammlung beziehen, gilt das Verbot in Abs. 3 Satz 2 auch für bestimmte Betätigungen im *Vorfeld* von Versammlungen.

39 Bei Maßnahmen gegen Verbotsverletzungen ist zu unterscheiden, ob die Betroffenen Versammlungsteilnehmer sind oder nicht.

Sofern dem Leiter gegenüber Personen, die Verbote der Absätze 2 oder 3 verletzen, eigene Rechte zur Unterbindung solcher Verbotsmissachtung zustehen, sind polizeiliche Maßnahmen nur zulässig, wenn der Leiter darum ersucht oder wenn er pflichtwidrig untätig bleibt[40].

40 Bei Versammlungen in geschlossenen Räumen hat der Leiter das Recht, Teilnehmer auszuschließen, die gröbliche Störungen verursachen (§ 11 Abs. 1). Bei bewaffneten Teilnehmern wird dieses Ausschlussrecht zur Ausschlusspflicht (§ 13 Abs. 1 Nr. 3). Gegenüber Störern ohne Teilnehmerstatus kann der Leiter vom Hausrecht Gebrauch machen, soweit es ihm übertragen ist (§ 7 Abs. 3).

41 Bei Versammlungen unter freiem Himmel und Aufzügen sind Ausschlussanordnungen zur Unterbindung von Verbotsverletzungen der Polizei vorbehalten (§§ 18 Abs. 3 und 19 Abs. 4).

42 Bei Spontanversammlungen, die keinen verantwortlichen Veranstalter und deshalb auch keinen Leiter haben und bei denen die Umstände es auch nicht zulassen, die Teilnehmer zur Einsetzung eines Leiters zu verpflichten (Rz. 5 zu § 7), muss die Polizei zum Schutz der Versammlung und zur Wahrung der öffentlichen Sicherheit einen Mindeststandard geordneter Durchführung gewährleisten[41].

43 Maßnahmen gegen realisierte wie gegen drohende Verbotsverletzungen im Vorfeld von Versammlungen stehen allein der Polizei zu.

2. Maßnahmen innerhalb von Versammlungen

44 Bei Versammlungen in *geschlossenen Räumen* kommen polizeiliche Maßnahmen zur Unterbindung von Verbotsverletzungen nach Abs. 2 und 3 nur

---

40 *Breitbach*, in: Ridder u. a., § 2, Rz. 31.
41 *Gusy*, JuS 1986, 612.

in Frage, wenn der Leiter untätig bleibt oder um Durchsetzung seiner Anordnungen ersucht[42].

In solchen Fällen ergeht die an Teilnehmer gerichtete polizeiliche Ausschlussanordnung als Minusmaßnahme zu einer möglichen Auflösung nach § 13[43]. Voraussetzung ist, dass die im Verbotstatbestand des § 2 Abs. 2 genannte *Störung* zugleich die Voraussetzungen eines Auflösungstatbestandes im Sinne des § 13 Abs. 1 Nr. 2 oder 4 erfüllt. Sofern Teilnehmer das in § 2 Abs. 3 statuierte Bewaffnungsverbot verletzen, ergibt sich die polizeiliche Ausschlussermächtigung als Minusmaßnahme einer möglichen Auflösung nach dem Auflösungstatbestand des § 13 Abs. 1 Nr. 3.

Mit dem vom Leiter bestimmten oder dem von der Polizei angeordneten Ausschluss verlieren betroffene Teilnehmer für die aktuelle Versammlung den Schutz der Versammlungsfreiheit. Für weitere Maßnahmen zur Durchsetzung der Ausschlussanordnung (Platzverweis, unmittelbarer Zwang) gilt allgemeines Polizeirecht. **45**

Gegen Personen ohne Teilnehmerstatus, die Verbote der Abs. 2 oder 3 missachten, kann der Leiter kraft des ihm übertragenen Hausrechts, die Polizei bei Untätigkeit des Leiters oder auf sein Ersuchen nach allgemeinem Polizeirecht tätig werden. **46**

Bei Versammlungen unter *freiem Himmel* sowie *Aufzügen* hat die Polizei gegenüber Teilnehmern das alleinige Ausschlussrecht. Ausschlussvoraussetzung ist eine »gröbliche« Ordnungsstörung. Sie ist immer dann gegeben, wenn im Sinne des Verbotstatbestandes des Abs. 2 Störungen auf *Verhinderung* der ordnungsgemäßen Durchführung der Versammlung gerichtet sind oder wenn im Sinne des Verbotstatbestandes des Absatzes 3 Teilnehmer Waffen oder gefährliche Gegenstände mit sich führen. **47**

Sofern die Verbotsverletzungen nach Abs. 2 oder 3 gleichzeitig den Verdacht einer Straftat nach § 21 (Versammlungssprengung) bzw. nach § 27 Abs. 1 begründen, hat die Polizei neben präventiv-polizeilichen Maßnahmen auch die notwendigen Maßnahmen zur Strafverfolgung (Identitätsfeststellung, Sicherstellung etc.) zu treffen. Welchen Maßnahmen Vorrang einzuräumen ist, muss im Einzelfall entschieden werden. **48**

3. Maßnahmen im Vorfeld von Versammlungen

Das VersG enthält keine teilnehmerbezogene Befugnisnorm die die Versammlungsbehörde bzw. die Polizei ermächtigt, Maßnahmen im Vorfeld von Versammlungen zu treffen, um Verletzungen der Verbote der Abs. 2 **49**

---

42 *Breitbach*, in: Ridder u. a., § 2, Rz. 31.
43 *Ott/Wächtler*, § 12, Rz. 6.

und 3 zu unterbinden bzw. zu verhindern[44]. Der von der neueren Rechtsprechung gewiesene Weg, für solche Fälle auf das allgemeine Polizeirecht zurückzugreifen[45], ist nicht ohne Probleme.

50   Mit der Missachtung der Verbote der Absätze 2 und 3 verbindet sich ausnahmslos eine Beeinträchtigung der öffentlichen Sicherheit, und zwar unabhängig davon, ob die Verbotsmissachtung zugleich gegen ein Strafgesetz verstößt oder nicht. Fraglich bleibt, ob potenzielle Teilnehmer einer Versammlung sich bei jeder Art denkbarer Verbotsverletzung schon außerhalb des Schutzbereichs der Versammlungsfreiheit befinden. Die Versammlungsfreiheit garantiert auch den Zugang zu einer bevorstehenden Versammlung (Rz. 71 zu § 1)[46]. Grundsätzlich schließt die Spezialität des VersG den Rückgriff auf allgemeines Polizeirecht auch für Maßnahmen gegen potenzielle Teilnehmer aus. Wenn potentielle Teilnehmer von außen störend auf die Versammlung einwirken oder die Versammlung in Störungsabsicht aufsuchen wollen, sich dabei aber nicht *unfriedlich* verhalten oder verhalten wollen, befinden sie sich noch im Schutzbereich der Versammlungsfreiheit[47]. Denkbar ist ein demonstratives Störverhalten, das den vom Veranstalter geplanten Ablauf zwar beeinträchtigt, die Versammlung als solche aber nicht verhindert oder sprengt.

51   Das Bundesverfassungsgericht hat in seinem Beschluss vom 11. 6. 1991[48] die bloße Absicht der Verhinderung einer Versammlung als Ausschlussgrund für den Schutz der Versammlungsfreiheit genannt. Die Berufung auf das aus der Versammlungsfreiheit folgende Teilnahmerecht soll nur zulässig sein, wenn die Bereitschaft bestehe, »die Versammlung in ihrem Bestand hinzunehmen und abweichende Ziele allein mit kommunikativen Mitteln zu verfolgen«. Damit ergibt sich ein gewisser Widerspruch zur Mutlangen-Entscheidung des Bundesverfassungsgerichts, nach der die sachliche Gewährleistungsschranke »friedlich« aus Art. 8 Abs. 1 GG nur dann überschritten wird, wenn »ersichtlich äußerliche Handlungen von einiger Gefährlichkeit, wie etwa Gewalttätigkeiten oder aggressive Ausschreitungen gegen Personen oder Sachen« und nicht nur eine bloße »Behinderung Dritter« vorgenommen oder beabsichtigt werden[49]. Bei dieser Prämisse ergibt sich, dass auch gegen potenzielle Teilnehmer, die nach den gegebenen

---

44 *Breitbach* in: Ridder u. a., § 2, Rz. 40; *Drews/Wacke/Vogel/Martens*, S. 177; *König*, BayVBl. 1982, 395.
45 *BVerfGE* 84, 203 ff.; *VGH Mannheim*, DÖV 1990, 572 f.
46 *BVerfGE* 84, 203 (209); *Ganßer* (BayVBl. 1981, 713 f.) weist zu Recht gegen *Broß* (DVBl. 1981, 213) darauf hin, daß die Teilnehmereigenschaft nicht durch bloße Störungsabsicht verloren geht.
47 A. A. wohl *Gusy*, Rz. 430.
48 *BVerfGE* 84, 203 ff.
49 *BVerfGE* 73, 206 (248).

Umständen den ursprünglich geplanten Ablauf einer Versammlung zu verhindern beabsichtigen, Maßnahmen nach allgemeinem Polizeirecht getroffen werden können, weil eine spezielle versammlungsgesetzliche Regelung fehlt.

Damit wird von der grundsätzlichen Spezialität des VersG für versammlungsspezifische Gefahren in atypischer Weise abgewichen. Auch die Verbotstatbestände des § 5 und die Auflösungstatbestände des § 13 Abs. 1 konkretisieren ganz überwiegend persönliche und sachliche Gewährleistungsschranken der Versammlungsfreiheit. Gleichwohl gelten für Eingriffe nicht die Befugnisse des allgemeinen Polizeirechts, sondern versammlungsgesetzliche Eingriffsermächtigungen (Rz. 192 zu § 1). **52**

Der Gesetzgeber sollte neben den bestehenden veranstalterbezogenen Ermächtigungen für Präventivverbote der §§ 5 und 15 Abs. 1 und 2 auch eine Befugnisnorm schaffen, die die zuständige Versammlungsbehörde bzw. die Polizei berechtigt, bestimmten Personen die `Teilnahme an einer aktuellen Versammlung zu untersagen, wenn Tatsachen darauf schließen lassen, dass diese Personen sich unfriedlich verhalten oder das Bewaffnungsverbot verletzen werden. **53**

Wenn im Vorfeld von Versammlungen Tatsachen auf die Absicht schließen lassen, den Verbotsnormen der Abs. 2 oder 3 zuwiderzuhandeln, liegt erkennbar eine Gefährdung der öffentlichen Sicherheit vor. Polizeiliche Maßnahmen zur Abwehr der Gefahr ergehen auf Grund von Ermächtigungen des allgemeinen Polizeirechts, und zwar zunächst als verbotskonkretisierende Verfügung[50], der sich weitere Maßnahmen zu ihrer Durchsetzung anschließen können. Das kann von einem Aufenthaltsverbot für den Versammlungsort über Meldeauflagen bei einer Polizeidienststelle bis zu einer polizeilichen Ingewahrsamnahme gehen[51]. **54**

Die Absicht der Verbotsverletzung darf aus den zurzeit des polizeilichen Einschreitens erkennbaren Umständen geschlossen werden. Der Gefahrbegriff des allgemeinen Polizeirechts stellt auf Wahrscheinlichkeit von Störungen ab. Er schließt die durch Tatsachen begründete *Annahme*, die sog. *Anscheinsgefahr*, ein. Präventivmaßnahmen sind so lange zulässig, wie vom Vorliegen der Gefahr ausgegangen werden darf[52]. Somit können Maßnahmen gegen potenzielle Störer so lange aufrechterhalten bleiben, wie die begründete Annahme der Gefahr nicht durch Gegenvorstellungen des Betroffenen oder polizeiliche Feststellungen ausgeräumt ist[53].

---

50 *OVG Münster*, DVBl. 1982, 654; *VG Berlin*, Urteil vom 17.12.2003, Az.VG 1 A 309.01, Die Polizei 2004,122.
51 *Brenneisen*, Kriminalistik 1999, 485 f.; *VGH Mannheim*, DÖV 2001, 218.
52 *BVerwG*, NJW 1974, 809; *OVG Münster*, NJW 1990, 138; kritisch dazu *Schwabe*, DVBl. 1982, 655 ff.; undifferenziert *Ott/Wächtler*, § 2, Rz. 28.
53 *VGH Mannheim*, DÖV 1990, 573.

55   Dem Verbot in § 2 Abs. 3 Satz 2, das das Mitführen von Waffen oder gefährlichen Gegenständen auf dem Wege zu einer Versammlung sowie das
Hinschaffen, Bereithalten oder Verteilen zur Verwendung in einer Versammlung untersagt, entspricht die Strafbestimmung des § 27 Abs. 1 Satz 2.
Das bedeutet, dass die Verbotsverletzung gleichzeitig strafbares Verhalten
darstellt, insoweit sind nicht nur präventiv-polizeiliche, sondern auch Maßnahmen zur Strafverfolgung geboten.

56   Wegen der aus dem Legalitätsprinzip folgenden Strafverfolgungspflicht
(§ 163 StPO) haben im Regelfall strafprozessuale Maßnahmen zur Identitätsfeststellung, Beweissicherung etc. Vorrang. Zumeist wird die Verbotsverletzung durch Verbringung des Tatverdächtigen zur Dienststelle sowie
durch Sicherstellung der verbotsrelevanten Waffen bzw. Gegenstände unterbunden sein, womit sich präventiv-polizeiliche Maßnahmen erübrigen,
es sei denn, dass Tatsachen darauf schließen lassen, dass sich der Betroffene
nach Freilassung erneut mit Waffen bzw. gefährlichen Gegenständen aus-
rüsten wird.

§3

(1) Es ist verboten, öffentlich oder in einer Versammlung Uniformen, Uniformteile oder gleichartige Kleidungsstücke als Ausdruck einer gemeinsamen politischen Gesinnung zu tragen.

(2) Jugendverbänden, die sich vorwiegend der Jugendpflege widmen, ist auf Antrag für ihre Mitglieder eine Ausnahmegenehmigung von dem Verbot des Absatzes 1 zu erteilen. Zuständig ist bei Jugendverbänden, deren erkennbare Organisation oder Tätigkeit sich über das Gebiet eines Landes hinaus erstreckt, der Bundesminister des Innern, sonst die Oberste Landesbehörde. Die Entscheidung des Bundesministers des Innern ist im Bundesanzeiger und im Gemeinsamen Ministerialblatt, die der Obersten Landesbehörde in ihren amtlichen Mitteilungsblättern bekannt zu machen.

§ 3 Abs. 2 hat die Fassung des § 29 VereinsG vom 5. 8. 1964 (BGBl. I 64, 593).

ÜBERSICHT

I. Das Verbot

1. Allgemeines

Das Uniformierungsverbot beruht auf den historischen Erfahrungen mit militanten Parteiarmeen in den Krisenjahren der Weimarer Republik. Die gesetzliche Regelung unterstellt ausnahmslos potenzielle Unfriedlichkeit bei politisch motivierter Uniformierung. Das erscheint im Hinblick auf die mit der Versammlungsfreiheit verbürgte Gestaltungsfreiheit der Ausdrucksmittel[1] **1**

---

1 *BVerfGE* 69, 315 (343); *Schulze-Fielitz*, in: Dreier, Art. 8, Rz. 20.

und unter Berücksichtigung des auch für den Gesetzgeber geltenden Übermaßverbots[2] verfassungsrechtlich fragwürdig[3].

2   Das Bundesverfassungsgericht hält die Regelung für verfassungsrechtlich unbedenklich, weil Uniformiertsein geeignet sei, *suggestiv-militante* Effekte auszulösen und *einschüchternde Militanz* auszudrücken[4]. Nur dieser Aspekt war für die verfassungsgerichtliche Überprüfung maßgebend, nicht das Uniformierungsverbot des § 3 insgesamt. Wenn das Gefahrenbild suggestiv-militanter, aggressionsstimulierender und einschüchternder Wirkung ausschlaggebend für das Verbot ist, besteht in der Tat kein Anlass, die Verfassungsmäßigkeit der Regelung in Frage zu stellen. Die beschriebene Wirkung geht nicht von gleichartiger Kleidung schlechthin, sondern von der Bedrohlichkeit des Gesamtbildes aus[5]. Deshalb ist das Verbot auch zutreffender mit *Uniformierungsverbot* als mit Uniformverbot bezeichnet.

3   Ein bedrohlicher Gesamteindruck als Kombination von gleichartiger Bekleidung und militant-aggressiver Wirkung wird in besonders typischer Weise vom »*Schwarzen Block*« der militanten Autonomen sowie neonazistischen Gruppierungen erzeugt[6]. Das Ensemble aus gleichartiger durchweg schwarzer Kleidung (Bomberjacken), dazu bei den Linksextremisten meist gleichfarbene Schutzhelme und Maskierung, bei den Rechtsextremisten Springerstiefel mit gleichfarbigen Schnürsenkeln, verbunden mit Marschtritt, Trommelschlagen, Mitführen schwarzer Fahnen, deren suggestiv-militante, aggressionsstimulierende und einschüchternde Wirkung sich geradezu aufdrängt, entspricht in hohem Maße dem Gefahrenbild, das der Gesetzgeber vor Augen hatte[7]. Auf dieses Gefahrenbild, nicht auf das dem Gesetzgeber vorschwebende Uniformierungsbild muss abgestellt werden, zumal Uniformierung vom Wortsinn nur Einförmigkeit, Gleichartigkeit und Gleichförmigkeit der Kleidung meint. Das Gesetz lässt eine Anwendung auf den beschriebenen Sachverhalt durchaus zu, zumal hier eine Missachtung des Unfriedlichkeitsverbots evident ist[8].

---

2 *BVerfGE* 69, 315 (348 f.).
3 *Gallwas*, JA 1986, 487; *Preuß*, S. 441 f.; *Ott/Wächtler*, § 3, Rz. 1 ff.; *Breitbach/ Steinmeier*, in: Ridder u. a., § 3, Rz. 15 ff.; *Höfling*, in: Sachs, Art. 8, Rz. 61; a. A. *Kunig*, in: v. Münch/Kunig, Art. 8, Rz. 34 a, der einer verfassungskonformen Auslegung (Konkretisierung des Friedlichkeitsgebots) den Vorzug gibt.
4 *BVerfG*, MDR 1983, 22; ähnlich ohne Bezug auf § 3 BVerfG, DVBl. 2004,1230 ff.
5 *Tölle*, NVwZ 2001, 156; *OVG Bautzen*, DÖV 2002, 529.
6 *Dörr*, VerwArch. 2002, 493.
7 *Kniesel*, NJW 1996, 2607; Kniesel/Poscher, NJW 2004,426.
8 *Hamm*, StV 1988, 41; *Jahn*, JZ 1988, 545 u. 551; *Zeitler*, Rz. 541; zur Problematik der Einstufung martialischer Aufmärsche als unfriedlich *Sachs*, in Gedächtnisschrift für Burmeister, S. 346 f.

Das Uniformierungsverbot erfasst aber u. U. auch die politisch motivier- **4**
te Uniformierung solcher Personen, die kein Gefahrenpotenzial darstellen,
etwa eine Pazifistengruppe in einheitlicher weißer Kleidung mit aufgemal-
ten Friedenssymbolen. Der Grund für die ausnahmslose Geltung des Uniformierungsverbots auch für solche Personen kann nur darin gesehen werden, dass der Gesetzgeber einen Gefährdungstatbestand schaffen wollte,
der jeden Anreiz für politisch motiviertes Uniformiertsein in der Öffentlichkeit ausschließt. Wenn der Gesetzgeber mit der Verbotsregelung des § 3
Abs. 1 lediglich das Unfriedlichkeitsverbot des Art. 8 Abs. 1 GG konkretisieren wollte, hätte es der Ausnahmeregelung in Abs. 2 nicht bedurft. Sie
wäre auch unzulässig. Ob die weitreichende Verbotsregelung im Rahmen
der Angemessenheit von Verbotsanlass und Verbotsfolgen (Verhältnismäßigkeit) bleibt und damit als verfassungskonform gelten kann, ist kaum zu
begründen.

2. Uniformierung

Uniformierung ist Gleichartigkeit bzw. Gleichförmigkeit der äußeren Er- **5**
scheinung, wie sie durch Tragen von Uniformen, Uniformteilen oder
gleichartigen Kleidungsstücken hergestellt werden kann.
  Uniform ist eine gleichartige Kleidung, die nach Form, Farbe, Schnitt
und sonstiger Aufmachung, wie Besonderheit von Besatz, Knöpfen u. Ä.,
von der allgemein üblichen Kleidung abweicht[9].
  Uniformteile sind Kleidungsstücke, die von jedem objektiven Betrachter
ohne Schwierigkeiten wegen ihrer Gleichartigkeit als Bestandteil einer Uniform erkannt werden können.
  Gleichartige Kleidungsstücke sind Kleidung und Kleidungsbestandteile **6**
jeder Art, die sich durch Gleichförmigkeit auszeichnen und damit ihrem
Charakter nach Uniformen oder Uniformteilen entsprechen,[10] beispielsweise die Roben von Richtern, Staatsanwälten, Rechtsanwälten und Geistlichen, die Bekleidung von Krankenschwestern und Nonnen, Sportbeklei-
dung, Trachten, Kluften u. Ä. Auch bestimmte Teile der Bekleidung, z. B.
Kopfbedeckungen, gleichartige Masken oder Schutzhelme, Springerstiefel,
Bomberjacken, kommen in Betracht[11]. Mit der Begrenzung auf »Kleidungsstücke« sind an der Kleidung getragene Buttons, Vereinsabzeichen, Kokar-
den u. Ä. sowie mitgeführte Gegenstände (Fahnen, Fackeln, Trommeln
u. Ä.) vom Verbot ausgenommen.

---

9 *BayObLG*, NStZ 1987, 234.
10 *Hettich*, Rz. 68.
11 *Stuchlik*, Die Polizei 2001, 202; *OVG Bautzen*, DÖV 2002, 529 f.; *Leist*, S. 304.

3. *Tragen als Ausdruck gemeinsamer politischer Gesinnung*

7 Das *Tragen* von Uniformen, Uniformteilen oder gleichartigen Kleidungsstücken findet statt, wenn es Teil der sichtbaren Bekleidung ist. Es muss in der Öffentlichkeit oder in einer Versammlung erfolgen. Rechtlich erheblich wird es erst durch das Hinzutreten des subjektiven Tatbestandes »Ausdruck einer gemeinsamen politischen *Gesinnung*«. Gesinnung ist die geistige und sittliche Grundeinstellung einer Person[12]. *Politische* Gesinnung ist die grundlegende politische Denkweise. Das ist mehr als die Einstellung zu einer politisch relevanten Einzelfrage. Es ist auch mehr als das Eintreten für Sonderinteressen mit politischer Relevanz. Die Feststellung des subjektiven Tatbestandes wird in Grenzfällen schwierig sein. Eine definitive Entscheidung muss alle in Betracht kommenden Umstände des Einzelfalles berücksichtigen.

8 Wesentlich ist, dass die Gemeinsamkeit der politischen Gesinnung zum Ausdruck gebracht wird. Hierbei ist unerheblich, ob die gleichartig Gekleideten einzeln oder in Gruppen auftreten[13]. Die Absicht der Demonstration der gemeinsamen politischen Gesinnung muss sich gerade im uniformen Auftreten darstellen[14]. Die durch Uniformierung oder gleichartige Kleidung zum Ausdruck gebrachte gemeinsame politische Gesinnung muss so offenkundig sein, dass sie sich dem unbefangenen Betrachter geradezu aufdrängt, oder die gemeinsame politische Gesinnung muss durch Gruppenbindung oder entsprechende Äußerungen ausdrücklich bekundet sein[15]. Davon kann bei uniformierten Hostessen, wie sie auf Parteitagen auftreten, keine Rede sein. Das Uniformiertsein dieser Hostessen ist nicht Ausdruck politischer Gesinnung, sondern Kennzeichnung für Informationssuchende. Auch das Tragen von Anoraks in den Parteifarben soll wegen des fehlenden politischen Bezugs und offenkundig fehlender einschüchternder Militanz nicht vom Verbot erfasst sein[16]. Die bei gewerkschaftlich veranlassten Protestaktionen getragenen gleichartigen Kleidungsstücke (Mützen, Leibchen u.ä.) sind auf Signalwirkung nach außen, nicht aber darauf angelegt, eine gemeinsame politische Gesinnung zum Ausdruck zu bringen

9 Unter Berücksichtigung aller Abgrenzungskriterien ist es denkbar, dass ein einzelnes Kleidungsstück die gemeinsame politische Gesinnung, die der Träger mit anderen hat, ausdrückt und nach seinem Willen auch ausdrücken

---

12 Duden Wörterbuch, Bd. 3, S. 1018 f.
13 *BayObLG*, NJW 1987, 1778.
14 *LG Bonn*, 13 N 8/76 II vom 15. 4. 1977.
15 *LG Bonn*, 13 N 8/76 II vom 15. 4. 1977.
16 *LG Konstanz*, MDR 1984, 692.

soll. Das gilt besonders dann, wenn solche Kleidungsstücke Bezüge zur Bekleidung bekannter militanter Gruppierungen aufweisen[17].

So nützlich Uniformen und andere gleichartige Bekleidung als Erkennungsmittel sein mögen, so gefährlich kann wegen des Solidarisierungseffekts uniformes Auftreten in der Öffentlichkeit oder in einer Versammlung sein. Uniformierung als Ausdruck gemeinsamer Gesinnung kann ein Bedrohungsklima und massensuggestive Wirkung erzeugen, die sich in einer spannungsgeladenen Versammlung verhängnisvoll äußern kann. **10**

Politische Gesinnung ist nicht gleichzusetzen mit parteipolitischer Gesinnung. Zwar hat der Gesetzgeber nach den Erfahrungen der Weimarer Republik in erster Linie verhindern wollen, dass Mitglieder und Anhänger von Parteien uniformiert auftreten. Die Regelung erfasst aber auch alle Mitglieder und Anhänger von Vereinigungen, die eine gemeinsame politische Gesinnung durch uniformes Auftreten demonstrieren wollen. Sie erfasst auch Mitglieder und Anhänger von Gruppierungen ohne feste Organisationsstruktur. Entscheidend ist eine gemeinsame politische Grundüberzeugung, wenn auch auf kleinstem gemeinsamen Nenner, etwa eine anarchistische Grundhaltung, die sich mit prinzipieller Ablehnung von Herrschaft und Staat verbindet. **11**

Abzugrenzen von politischer Gesinnung sind Brauchtum, Kunstausübung[18] sowie sonstige zulässige Zweckverfolgung, auch wenn mit der Zweckverfolgung politische Belange berührt werden. **12**

Durch uniformiertes Auftreten einer Musikkapelle bei einem Schützenfest oder einem Karnevalszug kommt keine gemeinsame politische Gesinnung zum Ausdruck. **13**

Uniformierte Polizeibeamte oder sonstige uniformierte Amtsträger, die gemeinsam in Verfolgung von Berufsinteressen demonstrieren, fallen nicht unter das Verbot des § 3 Abs. 1, selbst wenn politische Belange berührt werden. Die Uniformierung ist nicht Ausdruck gemeinsamer politischer Gesinnung[19]. Es geht nicht um den Ausdruck einer politischen Grundüberzeugung, sondern lediglich um das Eintreten für berufsbezogene Interessen. Die Uniformierung soll lediglich besondere Aufmerksamkeit erzeugen. Beamtenrechtlich begründete Verbote des Tragens der Dienstkleidung bei politischen Versammlungen können allenfalls aus den Gesichtspunkten der Neutralität und der Pflicht zur politischen Mäßigung gerechtfertigt werden, etwa in Bezug auf die Teilnahme an Versammlungen extremistischer Gruppierungen. Der Eigentumsvorbehalt des Dienstherren an der Dienstklei-

---

17 *BVerfG*, MDR 1983, 22.
18 *BVerfGE* 77, 240 (243).
19 Krit. dazu *Breitbach/Steinmeier*, in: Ridder u. a., § 3, Rz. 41.

dung ist allein keine tragfähige Grundlage, das Tragen bei Versammlungen generell zu untersagen [20]

4. Öffentlich oder in einer Versammlung

14   Uniformiertes Auftreten im Sinne von § 3 Abs. 1 ist nicht nur in Versammlungen, sondern in der Öffentlichkeit schlechthin verboten.

Der Begriff Öffentlichkeit ist im weitesten Sinne zu verstehen. Gemeint sind nicht nur öffentliche Wege, Straßen und Plätze, sondern auch alle anderen jedermann zugänglichen Orte, wie Gaststätten, Theater, Sportplätze u. Ä., wo der uniform Gekleidete von einer unbestimmten Vielzahl von Personen wahrgenommen werden kann. Die konkrete Wahrscheinlichkeit der Wahrnehmung durch unbestimmt viele Personen reicht aus.

Versammlung im Sinne der Vorschrift ist auch der Aufzug, der wie jede öffentliche Veranstaltung per se Öffentlichkeit darstellt. Mit »Versammlung« ist deshalb primär die nichtöffentliche Versammlung gemeint, der wegen des geschlossenen Personenkreises das Öffentlichkeitsmerkmal fehlt.

5. Polizeiliche Maßnahmen

15   § 3 Abs. 1 statuiert einerseits ein Präventivverbot, andererseits ist die Regelung Ausgangstatbestand für eine Straftat nach § 28 (Rz. 1 zu § 28). Polizeiliche Maßnahmen können deshalb präventivpolizeilicher oder strafprozessualer Art sein.

Wegen der aus dem Legalitätsprinzip folgenden polizeilichen Strafverfolgungspflicht (§ 163 StPO) haben im Regelfall strafprozessuale Maßnahmen zur Identitätsfeststellung und Beweissicherung Vorrang. Zumeist wird die Verbotsverletzung durch Verbringung des Tatverdächtigen zur Dienststelle bei Festnahme oder Festhaltung zur Identitätsfeststellung bzw. durch Sicherstellung oder Beschlagnahme der Uniform, Uniformteile oder ihnen gleichgestellter Gegenstände als Einziehungsgegenstände (§ 30) unterbunden sein, womit sich präventivpolizeiliche Maßnahmen erübrigen.

16   Präventivpolizeiliche Maßnahmen kommen in Betracht, wenn die Verbotsverletzung noch nicht realisiert ist, aber konkret bevorsteht. Davon ist auszugehen, wenn vom Verbot erfasste Uniformen, Uniformteile bzw. gleichartige Kleidungsstücke zur inkriminierten Verwendung mitgeführt oder bereitgehalten werden oder wenn Personen sich anschicken, das Verbot dadurch zu verletzen, dass sie sich aus dem privaten Bereich unifor-

---

20 Bei entsprechender landesrechtlicher Verbotsregelung für Polizeibeamte soll die Versammlungsfreiheit in Verbindung mit der Koalitionsfreiheit nicht ausreichen, diese Rechte gerade in Uniform auszuüben. So undifferenziert VG Wiesbaden, NJW 2004,118.

miert in die Öffentlichkeit oder in eine Versammlung begeben. Als Maßnahme reicht in der Regel die Sicherstellung aus[21].

Mit Verstößen gegen das Uniformierungsverbot durch rechtsextremisti- 17
sche Kräfte und Gruppierungen ist insbesondere an bestimmten Tagen zu
rechnen. So am Volkstrauertag, am Reichsgründungstag (18. Januar) sowie
zu den Sonnwendfeiern (21. Juni und 21. Dezember), auch an Tagen mit
nationalsozialistischem Bezug (30. Januar, 20. April).

II. Ausnahmen

1. Allgemeines

§ 3 Abs. 2 enthält einen Erlaubnisvorbehalt für solche Jugendverbände, de- 18
ren Mitglieder mit dem Tragen einer Uniform oder gleichartiger Bekleidung
eine den jeweiligen Jugendverband kennzeichnende politische Gesinnung
zum Ausdruck bringen wollen und sollen. Das traf und trifft z. B. auf den
Jugendverband »Die Falken« zu, für die eine entsprechende Erlaubnis erteilt wurde[22]. Für Jugendverbände, deren Mitglieder mit Uniformierung
oder gleichartiger Bekleidung andere Anliegen, jedoch keine politische Gesinnung zum Ausdruck bringen wollen, trifft der Verbotstatbestand des § 3
Abs. 1 nicht zu. Insoweit bedarf es auch keiner Ausnahmeerlaubnis[23].

Die Erlaubnis ist auf Antrag zu erteilen, soweit der antragstellende
Jugendverband sich vornehmlich der Jugendpflege widmet und mit seinen
Zielsetzungen und Aktivitäten nicht gegen die verfassungsmäßige Ordnung
i. S. des Art. 9 Abs. 2 GG, also insbesondere die freiheitliche demokratische
Grundordnung richtet. So wurde ein Antrag der rechtsextremistischen
»Wiking-Jugend«, die inzwischen verboten ist[24], abschlägig beschieden[25].

2. Jugendverbände zur Jugendpflege

Jugendverbände sind Vereinigungen, deren Mitglieder zwar nicht aus- 19
schließlich, aber überwiegend Jugendliche sind. Der Begriff des Jugendlichen entspricht nicht der Regelung des § 1 JGG. Als obere Grenze wird das
25. Lebensjahr anzunehmen sein.

Jugendpflege ist nicht die staatliche Sorge für Ausbildung und Erziehung 20
der Jugend, sondern die Selbstorganisation der Jugend, gleichgültig, welchen legalen Zweck sie verfolgt und wer sie unterstützt.

---

21 *BGHSt* 4, 110 (113).
22 *BAnz.* Nr. 193/78, GMBl. 1978, 593.
23 *Ott/Wächtler*, § 3, Rz. 17; *Breitbach/Steinmeier*, in: Ridder u. a., § 3 Rz. 52.
24 *BVerwG*, DVBl. 1999, 1743.
25 VfG des BMI, GMBl. 1969, S. 382.

Als jugendpflegend gelten regelmäßig solche Jugendverbände, die Mitglied des Bundesjugendringes sind.

3. Zuständige Behörden

21 Zuständige Behörde nach § 3 Abs. 2 ist die Oberste Landesbehörde, wenn sich die Organisation des in Frage kommenden Jugendverbandes nur auf ein Bundesland erstreckt.

Ist die Organisation über mehrere Bundesländer verbreitet, ergibt sich die Zuständigkeit des Bundesinnenministers.

22 Die Entscheidung der zuständigen Behörde ist ein Verwaltungsakt. Da sie von einer Obersten Landesbehörde bzw. von einer Obersten Bundesbehörde ergeht, bedarf es bei Anfechtung nicht eines Widerspruchsverfahrens (§ 74 VwGO).

III. Gesetzlicher Regelungsbedarf

23 § 3 bedarf dringend der gesetzlichen Novellierung. Die Regelung sollte nicht auf Uniformierung, verbunden mit politischer Gesinnung gleich welcher Art als Gefahrentatbestand abstellen, sondern das Unfriedlichkeitsverbot des Art. 8 Abs. 1 GG als Begrenzung der aus der Versammlungsfreiheit fließenden Gestaltungsfreiheit konkretisieren. Das hätte seine Entsprechung zur Konkretisierung des Bewaffnungsverbots in § 2 Abs. 3 und wäre als *Militanzverbot* zu qualifizieren.

24 Als potenziell unfriedlich wäre jedes suggestiv-militante, aggressiv, einschüchternd und bedrohlich wirkende Auftreten bei Versammlungen einzustufen, insbesondere bei Veranstaltungen mit geplant breiter Außenwirkung[26]. Erfasst wäre dann nicht nur das Outfit bestimmter Teilnehmer, sondern die Gesamtinszenierung mit Trommelschlagen, Marschtritt, schwarzen Fahnen, Skandieren provozierender Parolen u. Ä.[27].

25 Die Ausweitung des Uniformierungsverbots über Versammlungen hinaus auf die Öffentlichkeit schlechthin widerspricht der Begrenzung der potenziell weitaus gefährlicheren Missachtung des Bewaffnungsverbots auf *öffentliche* Versammlungen; im Übrigen außerdem auch der Begrenzung des

---

26 *Bull*, S. 28.
27 Das *OVG Berlin* (NVwZ 2000, 1201 f.) stellt fest, dass martialisches Auftreten und die damit verbundene »den inneren Frieden gefährdende Einschüchterung der Bevölkerung« vom Versammlungsrecht »nicht gedeckt« sei, ohne die für dagegen erlassene Anordnungen erforderliche Rechtsgrundlage anzugeben. *Battis/Grigoleit* (NVwZ 2001, 125) widersprechen einem allgemeinen Militanz- und Einschüchterungsverbot, weil solche Wirkungen im politischen Prozess hinzunehmen seien.

Passivbewaffnungs- und Vermummungsverbots in § 17 a Abs. 1 und 2 auf öffentliche Versammlungen und sonstige öffentliche Veranstaltungen unter freiem Himmel.

Auch die unverhältnismäßige und unverständlich hohe Strafandrohung **26** von zwei Jahren Freiheitsstrafe in § 28 gegenüber einer Strafandrohung von einem Jahr Freiheitsstrafe für die Missachtung des Bewaffnungsverbots (§ 27 Abs. 1) sowie des Passivbewaffnungs- und Vermummungsverbots (§ 27 Abs. 2) wäre zu beseitigen.

Mit einer Konkretisierung des Unfriedlichkeitsverbots in § 3 erledigt sich **27** auch die Ausnahmeregelung in Abs. 2.

§ 4

Die Bestimmung ist aufgehoben durch das 6. Strafrechtsänderungsgesetz vom 30. 6. 1960 (BGBl. I S. 478) und ersetzt durch § 86 a StGB.

145

Abschnitt II Öffentliche Versammlungen in geschlossenen Räumen

Zu Abschnitt II

1. Allgemeines

Abschnitt II regelt die Rechtsverhältnisse *öffentlicher* Versammlungen in geschlossenen Räumen, auch wenn – wie in den §§ 5, 6, 8, 10, 11 und 13 – nur Versammlungen schlechthin genannt sind. Entscheidend ist die Zuordnung zum Abschnitt II[1].   **1**

Die Bestimmungen enthalten zunächst organisatorische Regelungen, die Rechte und Pflichten der Versammlungsbeteiligten (Veranstalter, Leiter, Ordner, Teilnehmer) gegeneinander abgrenzen (§§ 6 Abs. 1, 7, 8, 9 Abs. 1, 10, 11). Sie dienen der Selbstorganisation des Versammlungsgeschehens und sind im Sinne optimaler Grundrechtsverwirklichung zu interpretieren (Rz. 234 ff. zu § 1).

Weil der Gesetzesvorbehalt in Art. 8 Abs. 2 GG nur Versammlungen unter freiem Himmel betrifft, dürfen Eingriffsermächtigungen in Abschnitt II lediglich Einschränkungen konkretisieren, die sich aus dem Grundgesetz selbst ergeben[2]. Dabei kann es sich um persönliche oder sachliche Gewährleistungsschranken (Rz. 144 bis 156 bzw. 136 bis 143 zu § 1) oder um verfassungsimmanente Schranken (Rz. 157 bis 163 zu § 1) handeln.   **2**

Persönliche Gewährleistungsschranken sind in den Ermächtigungen der § 5 Nr. 1 und 13 Abs. 1 Nr. 1 bestimmt. Die den Schutzbereich der Versammlungsfreiheit begrenzenden sachlichen Gewährleistungsschranken der Friedlichkeit und der Waffenlosigkeit sind ausdrücklich in § 5 Nr. 2 und 3 sowie in § 13 Abs. 1 Nr. 2 und 3 konkretisiert.   **3**

§ 6 Abs. 2 schützt die Presse- und Berichterstattungsfreiheit (Art. 5 Abs. 1 Satz 2 GG) gegenüber der Versammlungsfreiheit des Veranstalters.   **4**

Weitere die Versammlungsfreiheit einschränkende Eingriffsermächtigungen des Abschnitts II (§§ 5 Nr. 4, 9 Abs. 2, 12 Satz 2, 12 a und 13 Abs. 1 Nr. 4) sind nur restriktiv und differenziert anzuwenden. Soweit sich kein Bezug zu den sachlichen Gewährleistungsschranken der Friedlichkeit und Waffenlosigkeit herstellen lässt, darf in Anwendung praktischer Konkordanz in die Versammlungsfreiheit nur zum Schutz mindestens gleichwertiger Verfassungsgüter eingegriffen werden.   **5**

---

1 *Ott/Wächtler*, vor § 5, Rz. 1.
2 *Kunig*, in: v. Münch/Kunig, Art. 8, Rz. 27; *Ketteler*, DÖV 1990, 556; *Schoch*, JuS 1994, 481; *BVerfG*, DVBl. 1994, 690.

2. Geschlossener Raum

6   Alle Versammlungen, die nicht »unter freiem Himmel« stattfinden, sind vom Gesetzesvorbehalt des Art. 8 Abs. 2 GG ausgenommen. Das folgt aus dem insoweit eindeutigen Wortlaut. Der Gesetzgeber hat solche Versammlungen in der Überschrift des Abschnitts II als Versammlungen »in geschlossenen Räumen« bezeichnet. Näher gelegen hätte der Begriff des »überdachten« Raumes als Gegenbegriff »zum freien Himmel«. Besser wäre es gewesen, Versammlungen im *öffentlichen Raum* von solchen im *nicht-öffentlichen Raum* abzugrenzen. Hierdurch wäre der unterschiedlichen Auswirkung der Grundrechtsverwirklichung auf die Rechte Dritter exakter entsprochen worden.

7   Wenn der Begriff »geschlossener Raum« lediglich als Gegenbegriff zum »freien Himmel« interpretiert wird, kann er sich nur auf Räume beziehen, die so umschlossen sind, dass der Himmel nicht sichtbar ist, also um überdachte Räume, die auch seitlich gegen ungehinderten Zutritt abgegrenzt sind[3]. Dieser geschlossene Raum muss sich nicht in einem festen Gebäude oder einem ortsfesten Bauwerk befinden. Deshalb kommen auch Zelte, Schiffe, Züge etc. in Betracht.

8   Der Gesetzesvorbehalt des Art. 8 Abs. 2 GG für Versammlungen unter freiem Himmel ist durch die von diesen Veranstaltungen ausgehende Gefährdung der Rechte Dritter sachlich begründet[4]. Die erhöhte Gefahrenneigung ergibt sich aus der fehlenden seitlichen Abgrenzung, was unbestimmt vielen Personen Zutritt gewährt und der Veranstaltung die Überschaubarkeit und Steuerbarkeit durch den Leiter nimmt, sodass Störungen in höherem Maße wahrscheinlich sind. Die Privilegierung der Versammlungen in geschlossenen Räumen ist dadurch geboten, dass von ihnen solche erhöhte Gefährdung nicht zu erwarten ist. Deshalb ist immer dann von einer Versammlung im geschlossenen Raum auszugehen, wenn eine durchgehende seitliche Abgrenzung besteht, selbst wenn eine Überdachung fehlt. Entscheidendes Kriterium ist das Abgeschlossensein des Versammlungsraumes gegen nicht steuerbares Hinzutreten unbestimmt vieler Personen[5].

9   Die Beschaffenheit des Versammlungsraums muss es zulassen, dass Personen oder Personenkreise, die in der Einladung von der Teilnahme ausgeschlossen wurden (§ 6), tatsächlich am Zutritt gehindert werden können.

---

3   *PrOVGE* 55, 277 (280 ff.); 56, 308 (313 f.).

4   *Kunig*, in: v. Münch/Kunig, Art. 8, Rz. 29; *Pieroth/Schlink*, Rz. 704; *Gusy*, JuS 1986, 611; *ders.*, Rz. 331; *Schulze-Fielitz*, in: Dreier, Art. 8, Rz. 37; *Hölscheidt*, DVBl. 1987, 669 f.; *BVerwG*, NJW 1989, 2412.

5   *Hölscheidt*, DVBl. 1987, 669; *Meyn*, S. 84; *Bleckmann*, § 29, Rz. 39; *Kniesel*, HdB PolR, Rz. 345; *Gusy*, in: v. Mangoldt/Klein/Starck, Art. 8, Rz. 55.

Soweit sich Personen vor dem Versammlungsraum ansammeln, weil ih- **10**
nen wegen Überfüllung der Zutritt verwehrt ist, gelten sie nicht als Teilnehmer der Binnenversammlung, sondern als gesonderte Außenver-
sammlung[6]. Eine solche Versammlung ist als Pendant einer sonst üblichen
Protestversammlung anzusehen, nur dass es hier nicht um Ablehnung, sondern um Zustimmung zu den Intentionen des Veranstalters der Binnenversammlung geht.

6 Brenneisen/Wilksen, S. 53.

§ 5

Die Abhaltung einer Versammlung kann nur im Einzelfall und nur dann verboten werden, wenn

1. **der Veranstalter unter die Vorschriften des § 1 Abs. 2 Nr. 1 bis 4 fällt, und im Falle der Nr. 4 das Verbot durch die zuständige Verwaltungsbehörde festgestellt worden ist,**
2. **der Veranstalter oder Leiter der Versammlung Teilnehmern Zutritt gewährt, die Waffen oder sonstige Gegenstände im Sinne von § 2 Abs. 3 mit sich führen,**
3. **Tatsachen festgestellt sind, aus denen sich ergibt, dass der Veranstalter oder sein Anhang einen gewalttätigen oder aufrührerischen Verlauf der Versammlung anstreben,**
4. **Tatsachen festgestellt sind, aus denen sich ergibt, dass der Veranstalter oder sein Anhang Ansichten vertreten oder Äußerungen dulden werden, die ein Verbrechen oder ein von Amts wegen zu verfolgendes Vergehen zum Gegenstand haben.**

I. Allgemeines

1. Bedeutung der Vorschrift § 5

§ 5 ist die Befugnisnorm für das präventive Verbot einer tatsächlich geplan-   **1**
ten öffentlichen Versammlung im geschlossenen Raum. Das Verbot darf zur
Abwehr konkreter Gefahren für solche Verfassungsgüter ausgesprochen
werden, die der Versammlungsfreiheit allgemeine oder im Rahmen praktischer Konkordanz im Einzelfall zu bestimmende Grenzen setzen.

Obwohl im Gegensatz zu § 15 Abs. 1 in der Befugnisregelung nicht aus-   **2**
drücklich bestimmt, enthält § 5 auch die Ermächtigung für beschränkende
Verfügungen als Minusmaßnahmen zum Verbot, soweit sie ausreichen, die
in Nr. 1 bis 4 der Befugnisregelung beschriebenen Gefahren abzuwehren.

Präventivverbot und beschränkende Verfügungen nach § 5 können nur   **3**
gegen eine noch nicht existierende Versammlung ausgesprochen werden.
Nach Beginn der Versammlung ist nur Auflösung möglich.

Der Versammlungsbeginn muss im Einzelfall ermittelt werden. Das mit   **4**
dem Betreten des Versammlungsraums einsetzende Sichversammeln wird
zwar vom Schutzbereich der Versammlungsfreiheit erfasst, ist aber im
Regelfall nur Vorstufe der eigentlichen Versammlung[1]. Das bloße Betreten
des Versammlungsraums kann schon deshalb nicht als Versammlungsbeginn angesehen werden, weil sonst die Versammlung bereits bei Anwesenheit von Veranstalter, Leiter und Ordner, die ebenfalls Versammlungsteilnehmer sind, existent wäre.

Zumeist dienen Versammlungen in geschlossenen Räumen der Diskussion, Information oder Kundgebung. Solche Versammlungen beginnen mit
der Eröffnung durch den Leiter[2].

---

1 *BVerfGE* 84, 203 (209); *Bergmann*, S. 58.
2 Zustimmend *Brenneisen/Wilksen*, S. 383; *VGH Mannheim*, DVBl. 1998, 839,
   nimmt den Beginn der Versammlung ohne nähere Begründung mit dem Wirk-
   samwerden der Leitungsgewalt an. Das widerspricht dem Sinn der Regelungen
   der §§ 8 und 10, die eindeutig von einer bereits existierenden und nicht von einer
   sich erst bildenden Versammlung ausgehen. Die Ordnungsgewalt des Leiters wird
   bereits mit dem Eintreffen eines einzelnen potenziellen Teilnehmers wirksam,
   wenn dem etwa der Zutritt zu verwehren ist, weil er in der Einladung ausgeschlossen wurde (Rz. 6 zu § 6) oder weil er Waffen oder ihnen gleichgestellte gefährliche Gegenstände mitführt (Rz. 27).

5   Maßnahmen nach § 5 richten sich gegen die geplante Versammlung als solche, und zwar unabhängig davon, in welchem Versammlungs*raum* sie stattfindet. Grundlage der Einschränkungen sind konkrete Gefahren, die vom Veranstalter oder Leiter bzw. vom Anhang des Veranstalters ausgehen. Diese Gefahren werden in aller Regel nicht ausgeschlossen, wenn die Versammlung in einen anderen Raum verlegt wird.

2. Erlaubnis- und Anmeldefreiheit

6   Versammlungen in geschlossenen Räumen unterliegen weder einer Erlaubnis- noch einer Anmeldepflicht. Das folgt aus der insoweit eindeutigen Regelung des Art. 8 Abs. 1 GG.

Die zuständige Behörde muss sich selbst Kenntnis über geplante Veranstaltungen verschaffen. Anknüpfungspunkt ist die öffentliche Einladung zu der Veranstaltung (§ 6 Abs. 1), mit der auch der Name des Veranstalters bekannt wird. Zur Abklärung von Einzelheiten kann mit diesem Veranstalter Verbindung aufgenommen werden. Dabei ist auch die Frage der Anzahl der vorgesehenen Ordner (§ 9 Abs. 2) zu erörtern.

3. Abschließende Regelung

7   Für ein Verbot öffentlicher Versammlungen in geschlossenen Räumen sowie das Verbot ersetzende Minusmaßnahmen (beschränkende Verfügungen) ist § 5 die spezielle und abschließende Regelung[3].

Ein Rückgriff auf allgemeines Polizeirecht ist unzulässig. Das gilt jedoch nur für versammlungsspezifische Gefahren, die der Veranstalter bzw. Leiter zu vertreten haben oder die vom Anhang des Veranstalters ausgehen. Auch bei versammlungsspezifischen Betätigungen außerhalb des Schutzbereichs der Versammlungsfreiheit scheidet ein Rückgriff auf allgemeines Polizeirecht aus. Das folgt aus der Regelungslogik der Nr. 1, 2 und 3, also aus den dort konkretisierten persönlichen und sachlichen Gewährleistungsschranken, die eine Berufung auf Versammlungsfreiheit ausschließen.

8   Für nicht versammlungsspezifische Gefahren, die sich aus der Ansammlung von Menschen schlechthin (gesundheits- bzw. seuchenpolizeilicher Aspekt) oder aus Gefahren in Bezug auf den Versammlungsraum (feuer- bzw. baupolizeilicher Aspekt) ergeben, können Betretungsverbote auf Ermächtigungen des besonderen Polizei- und Ordnungsrechts gestützt werden[4]. Bei nichtspezialisierten Gefahrenanlagen (z. B. Bombendrohung) kann auch allgemeines Polizeirecht herangezogen werden. Solche außerversammlungsrechtlichen Präventivmaßnahmen dürfen nicht bloß vorgeschoben sein. Die auch nur mittelbare Einschränkung der Versammlungsfreiheit

---

3 *Krüger*, S. 75.
4 *Gusy*, JuS 1993, 556; *Brenneisen*, DÖV 2000, 278.

muss bei Eingriffen im Rahmen des Übermaßverbots berücksichtigt werden[5].

Gegenstand der präventivpolizeilichen Maßnahmen ist nicht die Versammlung als solche. Soweit die Gefahr nur für den vorgesehenen Versammlungsraum besteht, kann die Veranstaltung in jedem anderen ungefährlichen Raum stattfinden.

Adressat der Verfügung, die das Betreten eines bestimmten Versammlungsraums untersagt, ist derjenige, der rechtens über den Raum verfügen darf. Das ist im Regelfall der Eigentümer, Mieter oder Pächter, auch wenn er bereits vertraglich Rechte an dem Raum an den Veranstalter der Versammlung übertragen hat. **9**

Regelungen in Gesetzen zum Schutz der Sonn- und Feiertage verbieten Versammlungen in geschlossenen Räumen nur, wenn sie den Gottesdienst unmittelbar stören. Unzulässig wäre jegliches Verbot von Versammlungen (vgl. Rz. 168 f. zu § 1)[6]. Mit dem Verbot von Störungen des Gottesdienstes durch Versammlungen (wie durch jede andere Personenansammlung) ist die Religionsausübungsfreiheit (Art. 4 Abs. 2 GG) gegen die Versammlungsfreiheit abgegrenzt, also eine verfassungsimmanente Schranke konkretisiert. Im Regelfall wird es ausreichen, die störende Versammlung vor dem Hauptgottesdienst zu beenden oder den Beginn aufzuschieben. Auch die Verlegung der Versammlung in einen Raum, der Störungen des Gottesdienstes ausschließt, reicht aus. **10**

---

5 *Hoffmann-Riem*, AK-GG, Art. 8, Rz. 30.
6 Ähnlich *Hobbeling*, S. 100; *Kloepfer*, Rz. 56, weist darauf hin, dass solche Verbote als Konkretisierung des Gesetzesvorbehalts des Art. 8 Abs. 2 GG nicht für Versammlungen in geschlossenen Räumen gelten. *Breitbach/Deiseroth/Rühl*, in: Ridder u. a., § 15, Rz. 193, halten die Regelungen wegen der fehlenden landesrechtlichen Gesetzgebungskompetenz im Versammlungsrecht für verfassungswidrig. Im Ergebnis stimmen sie zu, dass die Versammlungsbehörde für einen Interessenausgleich im Sinne praktischer Konkordanz auf der Basis des Versammlungsgesetzes zu sorgen hat. Zur Verfassungsmäßigkeit des BbgFTG hat das BVerfG (1. Kammer des 1. Senats) keine Zweifel geäußert (NVwZ 2003, 601 f.). Anlass war das Verbot einer Versammlung am Volkstrauertag auf dem Soldatenfriedhof Halbe in Brandenburg. Ähnlich zum Gesetz über Sonn- und Feiertage NW *BVerfG*, DVBl. 2001, 1057, hier in Bezug auf die »Hauptzeit des Gottesdienstes«. Ausführlich zur Problematik und zu den verfassungsrechtlichen Bedenken *Arndt/Droege*, NVwZ 2003, 906.

II. Verbot

1. Begriff

11 Verbot ist Untersagung einer konkret geplanten Versammlung mit dem Ziel, ihre Durchführung zu verhindern. Es ist bis zum Beginn der Versammlung, also auch noch in der Entstehungsphase, beim einsetzenden Sichversammeln zulässig (Rz. 4)[7].

2. Ausschluß genereller Verbote

12 Das Verbot darf, wie § 5 ausdrücklich bestimmt, nur »im Einzelfall« ergehen[8]. Damit sind sowohl generelle Verbote durch Rechtsverordnung als auch Sammelverbote gegen eine begrenzte Anzahl von Versammlungen eines bestimmten Veranstalters unzulässig[9].

Das Verbot muss sich auf eine aktuelle und konkret geplante Versammlung beziehen, ein generelles Verbot an eine Vereinigung, Versammlungen zu veranstalten, kann nur vom Bundesverfassungsgericht im Rahmen einer Verwirkungsfeststellung nach Art. 18 GG i. V. mit § 39 Abs. 1 BVerfGG ausgesprochen werden.

3. Formvorschriften

13 Bevor ein Verbot erlassen wird, ist dem Veranstalter als Betroffenen Gelegenheit zu Einwendungen, also rechtliches Gehör (§ 28 Abs. 1 VwVfG) zu geben. Davon kann nur abgewichen werden, wenn eine sofortige Entscheidung (Rz. 14) notwendig ist (§ 28 Abs. 1 Nr. 1 VwVfG).

Die Verbotsverfügung ergeht in aller Regel schriftlich und bedarf dann auch der schriftlichen Begründung (§ 39 VwVfG). Die Verfügung muss die zuständige Behörde bezeichnen und inhaltlich so bestimmt sein, dass sie dem Adressaten verständlich ist. Sie muss die Untersagung der geplanten Versammlung unzweideutig zum Ausdruck bringen. In der Verfügung können Hinweise auf die rechtlichen Folgen der Nichtbeachtung aufgenommen werden. Die Verfügung wird mit der Bekanntgabe wirksam.

14 Eine mündliche Verbotsverfügung kommt wohl nur in Betracht, wenn die zuständige Behörde erst kurze Zeit vor der Veranstaltung Kenntnis von Verbotsgründen erhält. Da der Verbotsgrund des § 5 Nr. 2 an die aktuelle Zutritts*gewährung* anknüpft, ist hier zumeist nur eine mündliche Verbotsverfügung möglich.

---

7 *Kang*, S. 129.
8 *Hoffmann*, StuKVw 1967, 23; *Hartmann*, in: Ridder u. a., § 5, Rz. 24.
9 *Wolff/Bachof*, VerwR III, § 129 II a.

Auch die mündliche Verbotsverfügung muss inhaltlich bestimmt und unzweideutig sein und dem Veranstalter unmissverständlich bekannt gegeben werden.

4. Wirkungen

Die wirksame Verbotsverfügung nimmt als rechtsgestaltender Verwaltungsakt der Versammlung, auf die sie sich bezieht, den versammlungsrechtlichen Schutz. Maßnahmen zur Durchsetzung der Verbotsverfügung können auf allgemeines Polizeirecht gestützt werden. Das Verbot betrifft immer die gesamte Versammlung. Sollen nur bestimmte Aktivitäten im Rahmen der Versammlung untersagt werden, ist eine beschränkende Verfügung (Rz. 43) zu erlassen[10].   **15**

Wirksame und *rechtmäßige* Verbotsverfügungen begründen die Strafbarkeit bzw. Ordnungswidrigkeit bestimmter Formen der Nichtbeachtung (vgl. §§ 23, 26 Nr. 1 und 29 Abs. 1 Nr. 1).   **16**

5. Verbotsgründe

a) Dem Veranstalter steht das Versammlungsrecht nicht zu

Die Verbotsermächtigung konkretisiert mit Bezug auf § 1 Abs. 2 Nr. 1, 3 und 4 Gewährleistungsschranken der Art. 9, 18 und 21 GG[11]. Wer Mitglied einer Personenvereinigung ist, der nach § 1 Abs. 2 das Versammlungsrecht nicht zusteht, kann gleichwohl als natürliche Person eine Versammlung veranstalten, vorausgesetzt, dass er das Versammlungsrecht hat. Er kann aber nicht verlangen, dass ihm hierüber von der zuständigen Behörde eine Bescheinigung ausgestellt wird[12].   **17**

Auch wenn sich die Feststellung der Verfassungswidrigkeit durch das Bundesverfassungsgericht nur auf einen rechtlich oder organisatorisch selbständigen Teil einer Partei bezieht (§ 46 Abs. 2 BVerfGG) oder wenn die Verbotsverfügung der zuständigen Verbotsbehörde nur einen Teil einer Vereinigung erfasst (§ 3 Abs. 3 VereinsG), können die nicht für verfassungswidrig erklärten oder verbotenen Teile das Veranstaltungsrecht für die Teilorganisation geltend machen. Ein Verbot, das sich über diese Grenzen hinwegsetzt, ist rechtswidrig.   **18**

Wem als natürliche Person das Versammlungsrecht nicht zusteht, muss ein gegen ihn gerichtetes Verbot, eine Versammlung zu veranstalten, gelten lassen.   **19**

---

10 *Götz*, NJW 1990, 731.
11 *Hesse*, Rz. 407.
12 *BVerwG*, NJW 1972, 173.

20   Die in § 1 Abs. 2 Nr. 1, 3 und 4 genannten Einschränkungen müssen zum Zeitpunkt des Verbots bestehen. Entfallen sie nach Erlass des Verbots und vor Beginn der Versammlung, muss die erlassende Behörde das Verbot zurücknehmen. Das gilt beispielsweise bei befristeter Grundrechtsverwirkung oder wenn eine rechtskräftig verbotene Vereinigung mit einer Verfassungsbeschwerde die Aufhebung des Verbots erreicht hat, etwa mit einer »einstweiligen Anordnung« (§ 32 BVerfGG) des BVerfG.

21   Die Feststellung der Verwirkung von Grundrechten (§ 1 Abs. 2, Nr. 1) und die Feststellung der Verfassungswidrigkeit einer Partei (§ 1 Abs. 2, Nr. 3) durch das Bundesverfassungsgericht sowie die rechtskräftige Verbotsverfügung der zuständigen Verbotsbehörde (§ 1 Abs. 2, Nr. 4) sind konstitutiv und haben für ein Verbot nach § 5 Nr. 1 Bindungs- bzw. Tatbestandswirkung, sodass sich hierzu weitere Ermittlungen erübrigen. Die Feststellungen des Bundesverfassungsgerichts sind unmittelbar verbindlich für alle Behörden (§ 31 Abs. 1 BVerfGG), haben damit auch Bindungswirkung für die Verbotsverfügungen der zuständigen Verbotsbehörde[13]. Damit bleibt für das Absehen vom Verbot kein Raum. Die Verbotsverfügung muss ergehen.

22   In diesem Zusammenhang ist allerdings festzustellen, dass Ersatzorganisationen verbotener Vereinigungen (§ 8 VereinsG) und verbotener Parteien (§ 33 Abs. 1 ParteienG) so lange als legal zu gelten haben, bis eine besondere Verfügung der zuständigen Verbotsbehörde vorliegt[14].

Somit ergibt sich, dass ein Verbot unter Berufung auf Verfassungswidrigkeit oder Verbotensein bzw. »Verfassungsfeindlichkeit« so lange unzulässig ist, wie die Verfassungswidrigkeit einer Partei nicht vom Bundesverfassungsgericht und das Verbotensein einer Vereinigung nicht von der zuständigen Verbotsbehörde wirksam festgestellt worden ist[15].

23   Ein Verbot unter Bezug auf § 1 Abs. 2 Nr. 2 ist kaum denkbar. Die Regelung kann sich konkret nur auf die vor langer Zeit ergangenen Verbotsfeststellungen zum einen gegen die sozialistische Reichspartei, (1952),[16] zum anderen gegen die Kommunistische Partei Deutschlands (1956)[17] beziehen. Und auch dann ist die Förderung von inkriminierten Zielen der betroffenen Partei nicht schlechthin unzulässig, sondern nur soweit solche Ziele als Verbotsgründe herangezogen wurden[18] und die Förderung sich darauf richtet, in »aktiv kämpferischer, aggressiver« Weise den organisatorischen Zu-

---

13 *Hesse*, Rz. 712 u. 718.
14 Vgl. § 8 Abs. 2 VereinsG.
15 *BVerfG*, NJW 2001, 2077; *VGH Kassel*, DVBl. 1990, 1053; *OVG Weimar*, DVBl. 1998, 106.
16 *BVerfGE* 1, 1.
17 *BVerfGE* 5, 85.
18 *BVerfGE* 1, 1 (73).

sammenhalt der verbotenen Partei zu sichern.[19] Weil alle diese Einschränkungen in § 1 Abs. 2 Nr. 2 fehlen, dürfte die Regelung wegen Verstoßes gegen das Bestimmtheitsgebot verfassungswidrig sein.[20]

b) Zutrittsgewährung für bewaffnete Teilnehmer

Die Verbotsermächtigung in Nr. 2 konkretisiert Gewährleistungsschranken **24**
des Art. 8 Abs. 1 GG (Bewaffnungsverbot)[21].

Der Verbotsgrund hat nur geringe praktische Bedeutung[22]. Weil der Ge- **25**
setzgeber bewusst die Gegenwartsform »gewährt« und nicht die Zukunfts-
form »gewähren wird« gewählt hat[23], verlangt der Verbotstatbestand, dass
nicht nur der beabsichtigte, sondern der tatsächliche Zutritt bewaffneter
Teilnehmer (zum Waffenbegriff vgl. Rz. 15 ff. zu § 2) wissentlich geduldet
oder billigend in Kauf genommen wird. Dabei wird der Zutritt nur einer
einzelnen bewaffneten Person nicht für ein Verbot ausreichen, soweit diese
Person durch polizeiliche Maßnahmen aus der sich bildenden Versammlung
entfernt werden kann.

Die Verbotsregelung in Nr. 2 hat nur dann Sinn, wenn eine sich bildende
Versammlung noch nicht als auflösungsfähige Veranstaltung angesehen
wird. Das mag zutreffen, wenn der Versammlungsbeginn mit der Eröffnung durch den Leiter angenommen wird.

Zwar hat auch eine sich bildende Versammlung bereits den vollen ver- **26**
sammlungsrechtlichen Schutz aus Art. 8 Abs. 1 GG[24]. Der Leiter hat schon
alle aus den Regelungen der §§ 6 Abs. 2, 7 Abs. 4, 8, 9 Abs. 1 und 11 Abs. 1
resultierenden Rechte und Pflichten.

Eine Inanspruchnahme des Leiters (und des Veranstalters) wegen Missachtung des Verbots aus Nr. 2 ist zulässig. Ob bei den zu treffenden
versammlungsbehördlichen bzw. polizeilichen Maßnahmen ein Verbot oder
eine verbotsersetzende Minusmaßnahme (Rz. 43 f.) oder eine Auflösung
bzw. eine auflösungsersetzende Minusmaßnahme (Rz. 37 ff. zu § 13) in Betracht kommt, ist im Einzelfall zu entscheiden.

Der Widerspruch zwischen den Regelungen des § 5 Nr. 2 und des § 13 **27**
Abs. 1 Nr. 3 und das sich daraus ergebende Problem, ob bei einer erst entstehenden Versammlung, insbesondere bei einer geringen Zahl der zu erwartenden Teilnehmer, *noch* ein Verbot oder *schon* eine Auflösung in Frage

---

19 *BVerfGE* 5, 85 (LS 5 und 7 sowie S. 140 f.).
20 *Bertuleit/Steinmeier*, in: Ridder u.a., § 1, Rz. 92.
21 *Herzog*, in: Maunz/Dürig, Art. 8, Rz. 123.
22 *Ott/Wächtler*, § 5, Rz. 10.
23 *Füßlein*, § 5, Rz. 7, unter Hinweis auf die Verhandlungen im *BT*-Ausschuss.
24 *Hartmann*, in: Ridder u. a., § 5, Rz. 46.

kommt[25], kann nur aufgelöst werden, wenn eine Sinnlogik der Regelungen unterstellt wird.

§ 5 Nr. 2 verlangt vom Veranstalter und vom Leiter das Verhindern des Zutritts *potenzieller* Teilnehmer in eine sich bildende Versammlung. § 13 Abs. 1 Nr. 2 verpflichtet den Leiter zum Ausschluss bewaffneter *konkreter* Teilnehmer aus einer bestehenden Versammlung. Ob Maßnahmen bei Verletzung dieser Pflichten auf den Verbotstatbestand oder auf den Auflösungstatbestand zu stützen sind, ist im Sinne der Rechtsklarheit für alle Beteiligten und unter Beachtung des Übermaßverbots zu entscheiden.

28   Mit einem auf § 5 Nr. 2 gestützten Verbot wird klargestellt, dass *dieser* Veranstalter die geplante aktuelle Versammlung nicht durchführen darf. Das Teilnahmerecht der bereits anwesenden Teilnehmer wie auch weiterer potenzieller Teilnehmer wäre für *diese* Versammlung beendet[26] (Konsequenz aus § 29 Abs. 1 Nr. 1).

29   Die bloße auf § 13 Abs. 1 Nr. 3 gestützte Auflösung bzw. Unterbrechung der Versammlung wirkt lediglich gegen die bereits anwesenden Teilnehmer (mit Einschluss des Veranstalters, des Leiters und der Ordner) und begründet eine Entfernungspflicht (§ 13 Abs. 2). Der Veranstalter wäre nicht gehindert, insbesondere nach Einsetzung eines anderen Leiters und unter Beachtung des Verbotstatbestands des § 5 Nr. 2, die Versammlung erneut zu beginnen. Insoweit ist bei einer im Entstehen begriffenen Versammlung im Interesse der Rechtsklarheit für alle Beteiligten das Verbot der Auflösung vorzuziehen, insbesondere weil der Veranstalter durch Zutrittsgewährung für bewaffnete Teilnehmer eine Tatsache geschaffen hat, die darauf schließen lässt, dass er einen gewalttätigen Verlauf der Versammlung anstrebt, was ein Verbot nach § 5 Nr. 3 rechtfertigt und ihn als Initiator einer friedlichen Versammlung diskreditiert.[27]

c) Anstreben eines gewalttätigen oder aufrührerischen Verlaufs

30   Die Verbotsermächtigung der Nr. 3 konkretisiert Gewährleistungsschranken des Art. 8 Abs. 1 GG (Gebot der Friedlichkeit[28]). Von Unfriedlichkeit ist schon dann auszugehen, wenn Gewalttätigkeiten gegen Personen oder Sachen beabsichtigt oder ausdrücklich gebilligt, also angestrebt werden[29].

Die Tatsachen, aus denen sich die unfriedliche Absicht ergibt, müssen dem Willensbereich des Veranstalters oder seines Anhangs angehören. Sol-

---

25 *Rühl*, in: Ridder u. a., § 13, Rz. 9 u. 11.
26 *Rühl*, in: Ridder u. a., § 13, Rz. 11, meint, dass dem Verbot nach § 5 Nr. 2 noch eine Auflösungsverfügung folgen müsse.
27 Im Ergebnis ebenso *Hettich*, Rz 241.
28 *Herzog*, in: Maunz/Dürig, Art. 8, Rz. 123.
29 *BVerfGE* 69, 315 (360); 73, 206 (248); *Benda*, in: BK, Art. 8, Rz. 38.

che Tatsachen können sich dann aus vorangegangenem Verhalten ergeben, wenn für die geplante aktuelle Versammlung weitere Anhaltspunkte vorhanden sind, aus denen sich ergibt, dass wiederum ein gewalttätiger oder aufrührerischer Verlauf mit großer Wahrscheinlichkeit bevorsteht[30]. Indizien hierfür können sein, dass der Veranstalter zu erkennen gibt, gegen die Missachtung des Bewaffnungsverbots durch Teilnehmer nicht einzuschreiten. In der Verbotsverfügung müssen die Tatsachen genannt werden. Der allgemeine Hinweis auf Vorfälle bei vorangegangenen Veranstaltungen reicht, auch wenn sie nur kurze Zeit zurückliegen, nicht aus[31].

Tatsachen können auch aus bestimmten Handlungen des Veranstalters oder seines Anhangs erkennbar werden (Deponieren gefährlicher Gegenstände, wie Wurfgeschosse, Schlagwerkzeuge u. Ä., nahe am oder im Versammlungsraum). Sie können sich auch aus der Art der Einladung ergeben.

In keinem Falle genügen Vermutungen anstelle von Tatsachen.

31 Dem Veranstalter dürfen nur Bestrebungen seines Anhangs angelastet werden. Anhang ist dabei nicht die Gesamtheit der Versammlungsteilnehmer. Erforderlich ist vielmehr eine gesinnungsmäßige Verbundenheit zwischen dem Veranstalter und denjenigen, die ihm »anhängen«, seinen Intentionen zustimmen. Dazu ist »keineswegs immer Zugehörigkeit zur gleichen Partei, zum gleichen Berufsstand und dergleichen«[32] gefordert.

Wenn ein gewalttätiger Versammlungsverlauf von außen angestrebt wird, ist ein Präventivverbot unzulässig. Die Versammlung ist gegen die Einwirkung von außen zu schützen.

32 Die Begriffe »gewalttätig« und »aufrührerisch« sind eine einschränkende und deshalb zulässige Konkretisierung des Begriffs »unfriedlich« im Sinne des Art. 8 Abs. 1 GG (Rz. 139 zu § 1). Um einer zu weiten Auslegung des unbestimmten Gesetzesbegriffs »unfriedlich« zu begegnen, hat der Gesetzgeber diesen Begriff durch die bestimmteren Gesetzesbegriffe »gewalttätig« und »aufrührerisch« ersetzt, wobei der Begriff aufrührerisch wenig hergibt, nachdem der Aufruhrtatbestand im Strafrecht gestrichen wurde.

Von einem gewalttätigen oder aufrührerischen Verlauf einer Versammlung kann gesprochen werden, wenn Tatbestandsverwirklichung im Sinne der §§ 124 (schwerer Hausfriedensbruch) oder 125 StGB (Landfriedensbruch) angestrebt wird. *Hartmann* sieht diese Konkretisierung des Unfriedlichkeitsverbots als zu weitgehend an; er führt dagegen Gesichtspunkte des Verhältnismäßigkeitsgrundsatzes an, die der Gesetzgeber aber wohl be-

---

30 *Hoffmann*, StuKVw 1967, 232; *Kloepfer*, Rz. 39.
31 *VG Berlin*, DÖV 1968, 700; *OVG Münster*, NVwZ 1989, 886 f.
32 *Hartmann*, in: Ridder u. a., § 5, Rz. 59; *Bergmann*, S. 65.

rücksichtigt hat[33]. Unfriedlichkeit ist schon gegeben, wenn Gewalttätigkeiten beabsichtigt oder gebilligt werden (Rz. 30).

d) Vertreten strafbedrohter Ansichten bzw. Dulden strafbedrohter Äußerungen

33   Der Verbotsgrund der Nr. 4 kann nur dann herangezogen werden, wenn sich auf Grund belegbarer Tatsachen ein Bezug zu den Gewährleistungsschranken des Art. 8 Abs. 1 GG *friedlich und ohne Waffen* herstellen lässt[34]. Von Unfriedlichkeit ist dabei schon auszugehen, wenn Gewalttätigkeiten gegen Personen oder Sachen nur angestrebt, beabsichtigt oder gebilligt werden[35]. Unter Umständen ist auch eine Berufung auf verfassungsimmanente Schranken (Rz. 157 ff. zu § 1) möglich[36]. Die Regelung ist verfassungsrechtlich bedenklich. Ein Versammlungsverbot hat eine andere Qualität als die Unterbindung unzulässiger Meinungsäußerungen unter Maßgabe der Grundrechtsschranken des Art. 5 Abs. 2 GG.[37] Was in Betracht kommt, ist die Untersagung durch beschränkende Verfügung (Rz. 44).

34   Vertreten von Ansichten ist eigene Meinungsäußerung. Dulden ist widerspruchsloses Geschehenlassen fremder Meinungsäußerung[38]. Der Unrechtsgehalt muss in der Meinung, im »Kommunikationsinhalt«[39] liegen. Die Strafbarkeit wird durch Weitergabe an andere Personen begründet. Diese Weitergabe kann mündlich, schriftlich, bildlich, durch Zeichen oder auf jede andere Weise erfolgen.

35   Die durch Vertreten von Ansichten oder Äußerungen begangene strafbedrohte Handlung muss ein Verbrechen oder von Amts wegen zu verfolgendes Vergehen sein. Deshalb scheiden bloße Beleidigungen (§ 185 StGB) aus, weil es sich hierbei um Privatklagedelikte handelt[40]. Die zu erwartende Duldung einer strafbaren Handlung schlechthin ist kein Verbotsgrund, so

---

33 *Hartmann*, in: Ridder u. a., § 5, Rz. 54.
34 So wohl auch *BayVGH, BayVBl.* 1978, 21 f.; *Ketteler*, DÖV 1990, 959.
35 *BVerfGE* 69, 315 (360); 73, 206 (248); *OVG Weimar*, DVBl. 1998, 106.
36 *Hofmann*, BayVBl. 1987, 131; *Zeitler*, Rz. 226; krit. dazu *Herzog*, in: Maunz/ Dürig, Art. 8, Rz. 136; *Kloepfer*, Rz. 47.
37 *Hettich*, Rz. 240, 251, hält verfassungsrechtliche Bedenken ausgeräumt durch *BVerfGE* 90, 241 (246 ff.). Das entspricht dem Grundsatz, dass die Versammlungsfreiheit keine Rechtsgutverletzungen rechtfertigt, die auch außerhalb von Versammlungen untersagt sind, *BVerfG*, NJW 2004, 2814 (2815).
38 *Hartmann*, in: Ridder u. a., § 5, Rz. 67.
39 *OVG Weimar*, DVBl. 1998, 106.
40 Eine Ausnahme bildet die in der Leugnung der rassisch motivierten Vernichtung liegende Beleidigung der jüdischen Bevölkerung (BGHZ 75, 160, 162 f.), weil mit § 194 Abs. 1 Satz 2 StGB eine Ausnahme vom Antragserfordernis gemacht ist. Vgl. *BVerfG*, DVBl. 1994, 690.

beispielsweise, wenn Tatsachen bekannt werden, aus denen sich ergibt, dass der Veranstalter gegen Taschendiebe nichts unternehmen wird.

Für das voraussichtliche Dulden als widerspruchsloses und reaktionsloses **36** Geschehenlassen strafbarer Ansichten oder Äußerungen müssen belegbare Tatsachen vorliegen[41]. Solche Tatsachen können aus dem Programm einer Vereinigung[42] oder aus Verlautbarungen in der Einladung bzw. Äußerungen des Veranstalters, auch aus einschlägigen Erkenntnissen aus vorangegangenen Strafverfahren oder seines Anhanges gewonnen werden. Die Duldung ist allerdings nur dann als Verbotsgrund relevant, wenn sie durch Personen erfolgt, die nach dem VersG Ordnungspflichten haben. Das sind der Veranstalter und der Leiter, auch die Ordner im Rahmen der Weisungen des Leiters, nicht aber Anhänger des Veranstalters. An die Prognoseentscheidung, dass das pflichtwidrige Dulden relevanter Ansichten oder Äußerungen eintreten wird, sind mindestens die Anforderungen zu stellen, wie sie für eine Verbotsentscheidung nach § 15 Abs. 1 maßgebend sind, also eine hohe Wahrscheinlichkeit des Eintritts[43].

Strafbares Vertreten von Ansichten im Sinne der Nr. 4 liegt vor, wenn **37** schwer wiegende Verbrechen öffentlich gebilligt werden (§ 140 StGB).

Als strafbare Äußerungen, die ein Verbot nach Nr. 4 rechtfertigen können, kommen z. B. in Betracht: öffentliche Aufforderung zu Straftaten (§ 111 StGB), soweit deren Tatbestand auf Gewalttätigkeiten gegen Personen oder Sachen abstellt und soweit es sich bei Vergehen um von Amts wegen zu verfolgende Delikte handelt (Ausschluss von Privatklagedelikten [§ 374 StPO] und Antragsdelikten); außerdem Aufstacheln zum Angriffskrieg (§ 80 a StGB), Störung des öffentlichen Friedens durch Androhung schwerer Straftaten (§ 126 StGB), Werben für eine terroristische Vereinigung (§ 129 a Abs. 3 StGB), Volksverhetzung (§ 130 StGB).

In Frage kommen auch Straftatbestände, die Verfassungsrechtsgüter schützen, die der Versammlungsfreiheit gegenüber mindestens gleichwertig sind[44], z. B. Landesverrat (§ 94 Abs. 1 Nr. 2 StGB), Offenbaren von Staatsgeheimnissen (§ 95 StGB), Störpropaganda gegen die Bundeswehr (§ 109 d StGB)[45].

---

41 *OVG Weimar*, DVBl. 1998, 106.
42 *VGH Kassel*, NPA, 891, VersG, § 5 Bl. 1 f.
43 Das *OVG Weimar*, DVBl. 1998, 104 u. 106, verlangt, dass »der Eintritt … fast mit Gewissheit« zu erwarten ist; ebenso *OVG Weimar*, NVwZ-RR 1998, 497 und 499; *BVerfG*, DVBl. 1994, 690.
44 *BVerfGE* 69, 315 (349).
45 Weitere Beispiele vgl. *Hartmann*, in: Ridder u. a., § 5, Rz. 69.

6. Zulässigkeit der Inanspruchnahme

a) als Störer

38   Adressat der Verbotsverfügung ist der Veranstalter als Veranlasser der Versammlung (Rz. 229 ff. zu § 1). Er haftet bei Vorliegen eines Verbotsgrundes nach Nr. 1 nur für eigenes Verhalten, bei Vorliegen der anderen Verbotsgründe sowohl für eigenes als auch für von ihm zu vertretendes fremdes Verhalten, nämlich des von ihm eingesetzten Leiters (Nr. 2) oder seines Anhangs (Nr. 3 und 4). Dabei kommt es auf ein Verschulden des Veranstalters nicht an[46]. Entscheidend ist, dass die in den Nrn. 1 bis 4 genannten Gefahrentatbestände durch eigenes oder von ihm zu vertretendes fremdes Verhalten unmittelbar verursacht werden.

39   Eine Inanspruchnahme des Veranstalters als Mitverursacher in der Rechtsfigur des *Zweckveranlassers*[47] ist allenfalls für die Verbotstatbestände der Nr. 3 und 4 denkbar. Sie scheidet aber aus, weil »Anstreben« im Sinne der Nr. 3 und »Dulden« im Sinne der Nr. 4 das bewusste Bezwecken bzw. billigende Inkaufnehmen tatbestandsmäßiger Gefahrverursachung durch andere, wie es Voraussetzung für Zweckveranlassung ist, einschließt.

b) als Nichtstörer

40   Selbst wenn die vom Veranstalter initiierte Versammlung, sei es wegen ihres Themas, sei es wegen des eingeladenen Personenkreises, Anlass für Gegenaktionen wird, die schwer wiegende gewalttätige Ausschreitungen befürchten lassen, kann ein Verbot mit den Gründen der Nr. 3 nicht gerechtfertigt werden[48]. Die zuständigen Behörden müssen die Versammlung gegen Störungen durch Dritte unter Aufbietung aller zur Verfügung stehenden Mittel schützen[49]. Nur wenn das tatsächlich nicht möglich ist, wenn Verletzungen oder Schäden zu Lasten der Versammlungsteilnehmer oder unbeteiligter Dritter tatsächlich nicht wirksam verhindert werden können, kommen Maßnahmen gegen die Versammlung im vorgesehenen Versammlungsraum, etwa wie bei einer Bombendrohung in Betracht. Maßgebend dabei ist der Schutz der Versammlungsbeteiligten, nicht die Abwehr von ihnen ausgehender Gefahren. Diese Maßnahmen zum Schutz der Versammlungsbeteiligten sind nicht versammlungsspezifischer Art, sondern solche präventivpolizeilicher Art, für die allgemeines Polizeirecht und damit Landesrecht[50]

---

46 *Drews/Wacke/Vogel/Martens*, S. 293.
47 *Drews/Wacke/Vogel/Martens*, S. 315.
48 *Müller*, S. 106 f.; *Rühl*, NVwZ 1988, 579; *Höllein*, NVwZ 1994, 638; *VGH Mannheim*, DÖV 1987, 256.
49 *BVerfG*, NJW 2000, 3056.
50 *BVerwG*, DVBl. 1999, 1742.

gilt. Die damit verbundene Beeinträchtigung der Versammlungsfreiheit ist möglichst klein zu halten. Die Versammlung kann jederzeit und an jedem anderen Ort durchgeführt werden, wenn und wo ihr Schutz tatsächlich gewährleistet werden kann[51].

Das Ergebnis mag angesichts provozierender Veranstaltungen rechtsextremistischer Gruppierungen und des damit verbundenen immensen Schadens für das Ansehen und die außenpolitischen Interessen der Bundesrepublik Deutschland äußerst unbefriedigend sein. Die rechtsstaatlichen Bindungen der zuständigen Behörden schließen andere Lösungen aus. Das BVerfG hat klargestellt, dass »Gewalt von links keine hinnehmbare Antwort auf eine Bedrohung der rechtsstaatlichen Ordnung von ›rechts‹ ist«[52].   **41**

Für rechtsextremistische Veranstaltungen ergeben sich zumeist Verbotsgründe aus Nr. 4. Insoweit bedarf es sorgfältiger Ermittlungen der zuständigen Behörden. Dabei darf davon ausgegangen werden, dass Bestrebungen zur Wiederbelebung nationalsozialistischen Gedankenguts als verfassungsfeindliche Betätigungen einzustufen und gegebenenfalls als Beeinträchtigungen der verfassungsmäßigen Ordnung anzusehen (Rz. 179 ff. zu § 15) sind[53].

Die aufgestellten Grundsätze gelten auch für *Parteitage*, und zwar unabhängig davon, ob sie als öffentliche (parteiöffentliche) Versammlungen (Rz. 212ff. zu § 1) oder nichtöffentliche Versammlungen (Rz. 215 ff. zu § 1) zu qualifizieren sind[54].   **42**

III. Minusmaßnahmen zum Verbot

1. Zulässigkeit

Im Gegensatz zu § 13 Abs. 1 Satz 2 enthält § 5 keine ausdrückliche Ermächtigung, andere polizeiliche Maßnahmen an Stelle des Verbots zu erlassen. Sie sind gleichwohl zulässig. Weil bloße Beschränkungen gegenüber dem Verbot geringere Eingriffe sind, darf in Anwendung des Grundsatzes der Erforderlichkeit ein Schluss von der Verbotsermächtigung auf die Ermächtigung zum Erlass verbotsvermeidender aber gleichwohl zwecktauglicher (geeigneter) Maßnahmen gezogen werden (logisches Schlussverfahren a fortiori[55]). Diese Maßnahmen ergehen in Form beschränkender Verfügungen. Voraussetzung ist das Vorliegen eines Verbotsgrundes.   **43**

---

51 *Kniesel*, NJW 1992, 866 f.; ähnlich *Huber*, S. 194.
52 *BVerwG*, NJW 2000, 3056.
53 *VGH Kassel*, NVwZ 1994, 86 f.
54 *VGH Mannheim*, DVBl. 1990, 1044 f.; *Ketteler*, DÖV 1990, 959.
55 So im Ergebnis auch *VGH München*, BayVBl. 1983, 54; implizit anerkannt durch *BVerfG*, DVBl. 1994, 689; *Enders*, Jura 2003, 40.

2. Arten der Beschränkung

44   Die beschränkenden Verfügungen können, da sie sich wie das Verbot ausschließlich an den Veranstalter richten, lediglich für ihn Pflichten gegenüber Dritten begründen. Deshalb kommen nur die Verbotstatbestände der Nr. 2, 3 und 4 als mögliche Ermächtigungen in Frage.

Im Falle der Nr. 2 kann vom Veranstalter die Einsetzung eines anderen Leiters verlangt werden, wenn nur von dem ursprünglich vorgesehenen Leiter die Realisierung des Verbotstatbestandes (Zutrittsgewährung für bewaffnete Teilnehmer) zu befürchten ist. Im Falle der Nr. 3 kann angeordnet werden, dass der gewaltgeneigte Anhang des Veranstalters von der Teilnahme ausgeschlossen wird (etwa durch entsprechende Ergänzung der Einladung). Im Falle der Nr. 4 kann gefordert werden, dass diejenigen Gruppen aus dem Anhang des Veranstalters von der Teilnahme ausgeschlossen werden, von denen verbotsrelevantes Verhalten wahrscheinlich zu erwarten ist. In diesem Zusammenhang ist es auch zulässig, den Veranstalter durch beschränkende Verfügung zu verpflichten, verbotsrelevante Redebeiträge zu unterbinden, wie es seine Pflicht aus § 8 Satz 2 und § 11 Abs. 1 entspricht. Das bedeutet etwa, dass er den in der Leugnung »der rassisch motivierten Vernichtung der jüdischen Bevölkerung im Dritten Reich« liegenden »Angriff auf den Achtungsanspruch und die Menschenwürde der heute noch lebenden Juden« und die daraus folgende Beleidigung der jüdischen Bevölkerung[56] nicht dulden darf. Bei dieser Art von Beleidigung handelt es sich – wegen der Ausnahme vom Antragserfordernis in § 194 Abs. 1 Satz 2 StGB – um eine von Amts wegen zu verfolgende Straftat, also um eine solche nach § 5 Nr. 4.

Zwar hat eine auf Unterbindung solcher Äußerungen an den Veranstalter gerichtete beschränkende Verfügung keinen unmittelbaren Bezug zu den der Versammlungsfreiheit zugeordneten Gewährleistungsschranken. Gleichwohl geht das BVerfG davon aus, dass sie mit dem Grundgesetz vereinbar ist[57].

Die Entscheidung intendiert, dass kollektive Meinungsäußerungen in Versammlungen gegenüber individuellen Meinungsäußerungen nicht privilegiert sind, »Meinungsäußerungen, die durch eine nach Art. 5 Abs. 2 GG zulässige Norm mit Strafe bedroht sind, bleiben auch in einer Versammlung verboten[58].

Obwohl nicht ausgeführt, muss wohl davon ausgegangen werden, dass das BVerfG hiermit an eine Einschränkung der Versammlungsfreiheit, hier der mit dem Veranstalterrecht garantierten Gestaltungsfreiheit (Rz. 46 zu

---

56 *BGHZ* 75, 160 (162 f.).
57 *BVerfG*, DVBl. 1994, 690.
58 *BVerfG*, DVBl. 1994, 690; *BVerfG*, NJW 2004, 2814 (2815).

§ 1), die auch die Auswahl des Redners einschließt, durch immanente Grundrechtsschranken (insbesondere den Schutzanspruch der Menschenwürde) anknüpfen wollte. Dafür spricht, dass sich in Offizialdelikten des Strafrechts ein besonderes Unwerturteil für Verhaltensweisen ausdrückt, die wesentliche auch grundrechtsgeschützte Rechtsgüter bedrohen[59].

3. Formvorschriften

Bevor über die beschränkende Verfügung entschieden wird, ist dem Veranstalter als Betroffenen Gelegenheit zu Einwendungen, also rechtliches Gehör (§ 28 Abs. 1 VwVfG) zu geben. Davon kann nur abgewichen werden, wenn eine sofortige Entscheidung notwendig ist (§ 28 Abs. 2 Nr. 1 VwVfG). **45**

Die beschränkende Verfügung ergeht wie die Verbotsverfügung in aller Regel schriftlich. Sie bedarf dann auch der schriftlichen Begründung (§ 39 VwVfG). Die Verfügung muss die zuständige Behörde bezeichnen. Sie muss inhaltlich bestimmt und für den Betroffenen verständlich sein. Vor allem muss sie unzweideutig zum Ausdruck bringen, was der Veranstalter zur Vermeidung des Verbots zu veranlassen oder zu unterlassen hat.

Die Wirksamkeit der Verfügung hängt von der Bekanntgabe an den Veranstalter ab. Sofern sie ausnahmsweise mündlich ergeht, fallen Erlass und Bekanntgabe zusammen. Die zuständige Behörde muss auch hierbei unzweideutig erklären, was vom Veranstalter verlangt wird. Unklarheiten gehen zu ihren Lasten.

4. Wirkungen

Wirksame (formentsprechend bekannt gegebene und nicht nichtige) Verfügungen begründen Pflichten des Veranstalters. Nichterfüllung dieser Pflichten führt zum Verbot. Dieses Verbot ist noch in der Phase des Sichversammelns möglich (Rz. 4). Sanktionsbewehrte Rechtsfolgen treten nicht ein. **46**

5. Zulässigkeit der Inanspruchnahme

Adressat der beschränkenden Verfügung ist der Veranstalter. Nur für ihn werden Pflichten begründet. Deshalb scheidet eine Inanspruchnahme für fremdes Verhalten aus. **47**

---

59 *Bleckmann,* § 12, Rz. 80.

IV. Ermessen

1. Allgemeines

48 Für Maßnahmen nach § 5 ist der zuständigen Behörde *Entschließungsermessen* eingeräumt. Sie »kann« verbieten, was bedeutet, dass sie auch davon absehen kann. *Auswahlermessen* ist nicht ausdrücklich eingeräumt. Weil verbotsvermeidende Beschränkungen als Minusmaßnahmen zulässig sind (Rz. 43), besteht insoweit auch Auswahlermessen. Die Ermessensausübung wird durch das Differenzierungsverbot und das Übermaßverbot begrenzt.

49 Für Ermessensentscheidungen gelten die Ermessensschranken des Differenzierungsverbots bzw. Differenzierungsgebots. Wesentlich gleiche Sachverhalte müssen gleich, wesentlich ungleiche Sachverhalte müssen ungleich behandelt werden. Sachfremde Erwägungen dürfen nicht entscheidungsrelevant werden. Differenzierungsverbot und Differenzierungsgebot untersagen die Benachteiligung bzw. Bevorzugung von Veranstaltern nach politischer Opportunität.

50 Im Übermaßverbot sind die Grundsätze der Geeignetheit (objektive Zwecktauglichkeit von Maßnahmen), Erforderlichkeit (Wahl des geringstmöglichen Eingriffs) und der Verhältnismäßigkeit (Proportionalität von Eingriffszweck und Eingriffsfolge) zusammengefasst.

51 Neben den genannten Ermessensschranken ist die Bindungswirkung verfassungsgerichtlicher Entscheidungen (§ 31 Abs. 1 BVerfGG) als spezielle Ermessensschranke für Maßnahmen zu beachten, die auf § 5 Nr. 1 gestützt werden.

2. Entschließungsermessen

52 Wegen der Bindungswirkung verfassungsgerichtlicher Entscheidungen, hier der Verwirkung des Grundrechts der Versammlungsfreiheit bzw. des Verbots, Versammlungen zu veranstalten (§ 39 Abs. 2 Satz 2 BVerfGG) oder der Feststellung des Verbots einer politischen Partei, ist das Entschließungsermessen auf null reduziert. Das Verbot muss ohne Ausnahme ergehen, wenn die Betroffenen als Veranstalter auftreten.

Entsprechendes gilt bei rechtskräftigem Verbot einer Vereinigung durch die zuständige Behörde, dem zwar keine ausdrückliche Bindungswirkung, wohl aber eine ähnlich zu behandelnde Tatbestandswirkung zukommt.

53 Bei den Verbotsgründen der Nr. 2, 3 und 4 besteht Entschließungsermessen. Vom Verbot darf abgesehen werden, wenn die Wahrscheinlichkeit für die Realisierung der dort genannten Gefahrentatbestände nach Grad und Ausmaß es zulässt, die Veranstaltung zunächst stattfinden zu lassen, weil bei ungünstigem Verlauf immer noch aufgelöst werden kann[60]. Wenn kon-

---

60 *BVerfGE* 69, 315 (362).

krete Gefahren für Leben oder Gesundheit wahrscheinlich sind, ist das Verbot obligatorisch[61].

3. Auswahlermessen

Das Auswahlermessen berechtigt zur Entscheidung zwischen dem weit rei- **54** chenden Verbot und der weniger belastenden Beschränkung. Es wird vom Grundsatz der Erforderlichkeit limitiert. Wenn nach Prüfung aller Umstände die Beschränkung ausreicht, darf nicht verboten werden[62].

V. Zuständige Behörden

Zuständig für Entscheidungen nach § 5 sind: **55**
- In *Baden-Württemberg* die Kreispolizeibehörden;
- in *Bayern* die Kreisverwaltungsbehörden, bei Unaufschiebbarkeit der Maßnahme die Polizei;
- in *Berlin* der Polizeipräsident;
- in *Brandenburg* die Polizeipräsidien;
- in *Bremen* die Ortspolizeibehörde;
- in *Hamburg* die Behörde für Inneres;
- in *Hessen* in Gemeinden mit mehr als 7500 Einwohnern die Bürgermeister (Oberbürgermeister) als örtliche Ordnungsbehörden, im Übrigen die Landräte als Behörden der Landesverwaltung und die Oberbürgermeister in kreisfreien Städten als Kreisordnungsbehörden.;
- in *Mecklenburg-Vorpommern* die Kreisordnungsbehörden;
- in *Niedersachsen* die Polizeidirektionen in Braunschweig und Hannover, sonst die Landkreise, die kreisfreien Städte, die großen selbständigen Städte und selbständigen Gemeinden;
- in *Nordrhein-Westfalen* die Kreispolizeibehörden;
- in *Rheinland-Pfalz* die örtlichen Ordnungsbehörden;
- im *Saarland* die Landkreise, der Stadtverband Saarbrücken bzw. die Landeshauptstadt Saarbrücken, in unaufschiebbaren Fällen die Vollzugspolizei;
- in *Sachsen-Anhalt* die Landkreise und die kreisfreie Stadt Dessau, in Halle und Magdeburg die Polizeidirektionen;
- in *Sachsen* die Kreispolizeibehörden;
- in *Schleswig-Holstein* die Kreisordnungsbehörden;
- in *Thüringen* die Kreisverwaltungsbehörden.
Die Texte der Zuständigkeitsregelungen sind im Anhang 8 abgedruckt.

---

61 *BVerwGE* 11, 95 (97).
62 *Hoffmann*, StuKVw 1967, 233.

VI. Rechtsmittel

56　Das Versammlungsverbot ist ein Verwaltungsakt. Der Betroffene kann dagegen Widerspruch (§ 68 VwGO) einlegen. Der Widerspruch hat aufschiebende Wirkung (§ 80 Abs. 1 VwGO). Die aufschiebende Wirkung entfällt, wenn es sich bei dem Verbot um eine unaufschiebbare Maßnahme eines Polizeivollzugsbeamten (§ 80 Abs. 2 Nr. 2 VwGO) handelt (z. B. wenn der Leiter bewaffneten Personen Zutritt gewährt, Rz. 16) oder wenn die zuständige Behörde aus überwiegend öffentlichem Interesse den sofortigen Vollzug anordnet und das öffentliche Interesse schriftlich begründet oder wenn die Maßnahme als Notstandsmaßnahme (§ 80 Abs. 3 VwGO) getroffen worden ist.

Das öffentliche Interesse zur Rechtfertigung der Anordnung des sofortigen Vollzugs muss besonders begründet werden[63]. Es reicht nicht aus, dass von politischen Gegnern des Veranstalters Aktionen drohen, bei denen Personen- oder Sachschäden zu befürchten sind, wenn Maßnahmen gegen die politischen Gegner bereits getroffen oder möglich sind[64].

57　Im Falle des § 80 Abs. 3 VwGO kann das Gericht der Hauptsache auf Antrag die aufschiebende Wirkung wiederherstellen. Der Antrag ist schon vor Erhebung der Anfechtungsklage zulässig (§ 80 Abs. 5 VwGO). Die bisherige Auffassung, dass das Gericht die Vollziehung nur aussetzen soll, wenn ernstliche Zweifel an der Rechtmäßigkeit des angegriffenen Verwaltungsaktes bestehen[65], ist vom BVerfG relativiert worden. Im Interesse eines effektiven Grundrechtsschutzes der Versammlungsfreiheit sind die Verwaltungsgerichte gehalten, bei einer auf einen *einmaligen* Anlass bezogenen Versammlung bzw. Demonstration schon im Eilverfahren durch intensive Prüfung dem Umstand Rechnung zu tragen, dass der Sofortvollzug eines Verbots im Regelfall die Veranstaltung endgültig verhindert[66] (Rz. 258 zu § 1). Es soll außerdem bei seiner Entscheidung auf den voraussichtlichen Erfolg des Rechtsbehelfs abstellen[67].

58　Auf Antrag kann auch eine einstweilige Anordnung gemäß § 123 Abs. 1 VwGO vom Verwaltungsgericht erlassen werden, wenn die Gefahr besteht, dass durch eine Veränderung des bestehenden Zustands das Ver-

---

63　*Schoch/Schmidt-Aßmann/Pietzner*, 2003, § 80, VwGO, Rz. 144 ff.
64　*VG Hannover*, DVBl. 1961, 48.
65　*Eyermann*, § 80, VwGO, 11. Aufl. 2000, Rz. 73 f.
66　*BVerfG*, NVwZ 1998, 835.
67　*Eyermann*, § 80, VwGO, 11. Aufl. 2000, Rz. 75; wegen der nur »summarischen« Prüfung (vgl. aber Rz. 57) in diesem Verfahren hält *Schenke* (Verwaltungsprozeßrecht, 8. Aufl. 2002, Rz. 359) auch eine vorbeugende Unterlassungsklage als Unterfall der nach § 43 Abs. 2 VwGO zulässigen Leistungsklage für gerechtfertigt.

anstaltungs-, Leitungs- oder Teilnahmerecht des Antragstellers beeinträchtigt werden könnte. Ein Antrag auf Erlass einer einstweiligen Anordnung wird immer dann in Betracht kommen, wenn die zuständige Behörde weder Verbots- noch Beschränkungsverfügungen erlässt, aber durch tatsächliche Verwaltungshandlungen das Versammlungsrecht beeinträchtigt. Das könnte z. B. dadurch erfolgen, dass der Verfügungsberechtigte über den vorgesehenen Versammlungsraum veranlasst wird, die Überlassung an einen bestimmten Veranstalter zu verweigern. Für die Zulässigkeit des Antrags genügt die Behauptung, die Ausübung des Versammlungsrechts werde vereitelt oder wesentlich erschwert.

Auch juristische Personen können mit der Behauptung, die Ausübung des Teilnahmerechts werde vereitelt oder wesentlich erschwert, einen Antrag gemäß § 123 Abs. 1 VwGO stellen. Zumindest gilt das für die Fälle, bei denen eine Personenvereinigung als geschlossene Teilnehmergruppe auftreten will.

Der Antrag ist begründet, wenn die Rechtsbeeinträchtigung auch tatsächlich besteht[68].

Ist bei einem Versammlungsverbot oder einer verbotsersetzenden Beschränkung der für die Versammlung vorgesehene Zeitpunkt verstrichen, ist eine Anfechtungsklage nicht mehr möglich. Zulässig ist aber eine Fortsetzungsfeststellungsklage in entsprechender Anwendung des § 113 Abs. 1 Satz 4 VwGO, die auf Feststellung der Rechtswidrigkeit der Verbotsverfügung gerichtet ist[69]. Dabei ist stets von einem die Klage begründenden Feststellungsinteresse auszugehen, wenn Wiederholung des Verbots zu erwarten ist, etwa weil die Behörde an ihrer Verbotspraxis festhalten will.[70] und wenn sonst der Grundrechtsschutz vereitelt wird.[71] **59**

Gegen ein Versammlungsverbot kann das BVerfG im Verfassungsbeschwerdeverfahren (Art. 93 Abs. 1 Nr. 4 a GG i. V. mit § 90 Abs. 1 BVerfGG) auch ohne vorheriges verwaltungsgerichtliches Verfahren angerufen werden, wenn dem vom Verbot betroffenen Veranstalter sonst ein »schwerer und unabwendbarer Nachteil entstünde« (§ 90 Abs. 2 Satz 2 BVerfGG). Das Gericht entscheidet dann durch »Einstweilige Anordnung« nach § 32 Abs. 1 BVerfGG. Bei besonderer zeitlicher Dringlichkeit kann **60**

---

68 *Gröttrup*, DVBl. 1969, 579.
69 *OVG Hamburg*, DVBl. 1967, 422. Fortsetzungsfeststellungsklage ist für wirksam verbotene Vereinigungen ausgeschlossen, weil sie in absehbarer Zeit keine gleichartigen Versammlungen veranstalten können, so dass mit dem Wegfall der Wiederholungsgefahr das Feststellungsinteresse entfällt (*VGH Mannheim*, NVwZ 1994, 89).
70 *BVerfG*, BVerfGE 110, 77 (89 ff.).
71 *BVerfG*, BVerfGE 110, 77 (89 ff.).

das Gericht auch ohne vorherige Beteiligung der Versammlungsbehörde entscheiden. Das erfolgt zumeist durch Kammerbeschluss[72].

72 So z. B. *BVerfG*, NJW 2000, 3051 (3052); NJW 2001, 1409 (1410); NJW 2001, 1407 (1408); NJW 2001, 2069 (2070); zum Verfahren und zur damit verbundenen Problematik *Dietel*, Die Polizei 2003, 97 f.; *Leist*, S. 56 ff.

§ 6

(1) Bestimmte Personen oder Personenkreise können in der Einladung on der Teilnahme an einer Versammlung ausgeschlossen werden.

(2) Pressevertreter können nicht ausgeschlossen werden; sie haben sich dem Leiter der Versammlung gegenüber durch ihren Presseausweis ordnungsgemäß auszuweisen.

ÜBERSICHT

I. Beschränkung des Teilnehmerkreises

1. Allgemeines

Das in § 6 Abs. 1 GG dem Veranstalter eingeräumte Recht zur Beschränkung des Teilnehmerkreises engt das in Art. 8 Abs. 1 GG und § 1 Abs. 1 VersG garantierte Teilnahmerecht in der inhaltlichen Substanz ein. Dies kann aber mit Art. 8 Abs. 1 GG in Einklang gebracht werden, weil die ausgeschlossenen Teilnehmer zum selben Thema eine eigene Versammlung durchführen, also kompensatorisch das Veranstaltungsrecht aus Art. 8 Abs. 1 GG nutzen können. Die inhaltliche Eingrenzung des Schutzbereichs lässt sich insoweit als Konkretisierung desselben verstehen[1].

Die Beschränkung des Teilnehmerkreises ist nur bei Versammlungen in geschlossenen Räumen zulässig; § 18 VersG enthält keine korrespondierende Regelung für Versammlungen unter freiem Himmel. Eine solche verböte sich auch schon deshalb, weil der Veranstalter das aus Art. 8 Abs. 1 GG unmittelbar fließende Recht auf Benutzung öffentlicher Flächen und Straßen gar nicht einschränken kann. Für öffentliche Versammlungen auf Privatgelände ist die Beschränkung des Teilnehmerkreises nur zulässig, wenn die Veranstaltung durch äußere Abschließung den Charakter einer Versammlung in geschlossenen Räumen (Rz. 6 ff. zu Abschn. II und 11 zu

1 *Pawlita/Steinmeier*, in: Ridder u. a., § 6, Rz. 7.

Abschn. III) erhält. Aus dem Hausrecht fließende Befugnisse zur Ausschließung unerwünschter Teilnehmer sind mit dem aus der Versammlungsfreiheit fließenden Recht prinzipiell freier Teilnahme an *öffentlichen* Versammlungen unvereinbar. Der Veranstalter ist insoweit in seiner aus dem Hausrecht resultierenden Verfügungsmacht eingeschränkt[2].

2. Personen und Personenkreise

3   Die Personen oder Personenkreise, die an der Versammlung nicht teilnehmen sollen, müssen in der Einladung eindeutig und unmissverständlich bezeichnet werden (direkter Ausschluss). Die dem Veranstalter eingeräumte Freiheit, nach Belieben Personen oder Personengruppen in der Einladung von der Teilnahme auszuschließen, findet dort ihre Grenze, wo sich mit dem Ausschluss eine Diskriminierung verbindet[3], insbesondere wenn sie den Tatbestand eines Strafgesetzes erfüllt (z. B. Gruppendiffamierung im Sinne des § 130 StGB oder Beleidigung im Sinne der §§ 185 ff. StGB). Das käme etwa in Betracht, wenn Angehörige bestimmter Gruppen (z. B. Ausländer, Andersgläubige u. A.) in einer den Achtungsanspruch ihrer Menschenwürde und der daraus folgenden Personwertgleichheit herabwürdigenden Weise ausgeschlossen werden[4].

Der Ausschluss von Personengruppen ist auch dadurch möglich, dass die Einladungen nur an bestimmte Personengruppen (die Hausfrauen von A-Stadt oder die Mitglieder einer politischen Partei und deren Ehegatten) ergeht (indirekter Ausschluss). Wenn nur individuell bestimmte Personen eingeladen werden, liegt eine nichtöffentliche Versammlung vor[5].

4   Die Einladung bindet den Veranstalter nicht in Bezug auf Durchführung der Versammlung. Er kann die Versammlung noch kurz vor Beginn absagen. Der Begriff Einladung ist mit dem in § 2 Abs. 1 VersG identisch[6].

3. Voraussetzungen und Grenzen der Beschränkung

5   Der Ausschluss von der Teilnahme muss schon in der Einladung zum Ausdruck kommen. Ist das nicht der Fall, darf der Zutritt grundsätzlich nicht verweigert werden. Der Veranstalter ist nicht gehindert, seine ursprüngliche Einladung dadurch zu modifizieren, dass er zunächst nicht ausgeschlossene Personen ausschließt oder zunächst ausgeschlossene Personen zulässt. Voraussetzung ist, dass er diese Modifikationen in gleicher Weise veröffentlicht

---

2 *Pawlita/Steinmeier*, in: Ridder u. a., § 6, Rz. 9; im Ergebnis ebenso *Ott/Wächtler*, § 6, Rz. 2.
3 *Ott/Wächtler*, § 6, Rz. 5.
4 *Pawlita/Steinmeier*, in: Ridder u. a., § 6, Rz. 17.
5 *OVG Weimar*, DVBl. 1998, NVwZ 1998, 497; *VGH München*, DÖV 1995, 337.
6 *Dietel*, Die Polizei 1976, 21.

wie die ursprüngliche Einladung. Die Teilnehmer haben ein Zutrittsrecht, das das Hausrecht des Veranstalters oder Leiters (wenn es ihnen nicht übertragen ist, auch des sonstigen Berechtigten) einschränkt. Der Zutritt darf auch nicht mittelbar verhindert werden, etwa dadurch, dass bestimmten potenziellen Teilnehmern bei einer sonst öffentlichen Versammlung der Kauf von Eintrittskarten unter Berufung auf Vertragsfreiheit verweigert wird.

Zulässig ist die Beschränkung der Teilnehmerzahl. Der Veranstalter oder Leiter muss nicht zulassen, dass ein angemieteter Saal voll besetzt oder gar überfüllt wird. Bestimmte Teile des Versammlungsraums (etwa eine Galerie) können von der Besetzung durch Teilnehmer ausgenommen werden. Entscheidend ist, dass die Versammlung öffentlich bleibt. Das verlangt, dass jedermann, nicht aber, dass alle, die gekommen sind, Zutritt erhalten. Veranstalter oder Leiter dürfen sonst nur solche potenziellen Teilnehmer zurückweisen (auch durch entsprechend eingewiesene Ordner), die eindeutig erkennbar bewaffnet oder eindeutig erkennbar mit unfriedlicher Absicht erscheinen. Unfriedliche Absicht bedeutet hierbei Abzielen auf gewaltsame Auseinandersetzungen bzw. Verhinderung der Versammlung[7].

Die Zurückweisung potenziell unfriedlicher Störer muss sich auf Tatsachen stützen. Vermutungen genügen nicht. Im Zweifel ist Zutritt zu gewähren. Danach bleibt die Möglichkeit eines Ausschlusses gemäß § 11 Abs. 1.

Die zurückgewiesenen potenziellen Störer können sich nicht auf das Teilnahmerecht berufen. Sie bewegen sich außerhalb der Gewährleistung des Art. 8 Abs. 1 GG, die auf unbewaffnetes und friedliches Versammeln abstellt[8].

Ist der Ausschluss zulässigerweise bereits in der Einladung erfolgt, so kann der Leiter die ausgeschlossenen Personen hindern, den Versammlungsraum zu betreten. Betreten sie gleichwohl den Versammlungsraum, liegt widerrechtliches Eindringen im Sinne des § 123 StGB vor. Der Veranstalter hat dagegen das Notwehrrecht. Er kann das Eindringen mit angemessenen Mitteln verhindern und Eingedrungene entfernen. Hierbei darf er sich der Hilfe von Ordnern bedienen (siehe aber Rz. 8 zu § 10).   6

II. Zutrittsrecht für Berichterstatter

1. Allgemeines

Versammlungen führen kollektive Meinungen in die öffentliche Diskussion   7
ein. Institutionen der Meinungsverbreitung und Informationsübermittlung übertragen die in Versammlungen durch Diskussion und Demonstration

---

7 *BVerfGE* 84, 203 (209).
8 *BVerfGE* 84, 203 (209).

geäußerten kollektiven Meinungen in die Öffentlichkeit und damit an die Adressaten, die sie erfahren müssen, um sie bei ihrer Willensbildung berücksichtigen zu können. Wenn Versammlungen der öffentlichen Diskussion dienen sollen, dürfen die in ihnen geäußerten Meinungen nicht gegenüber der Öffentlichkeit abgeschirmt werden. Art. 5 Abs. 1 Satz 2 GG gewährleistet nicht nur die Freiheit der Berichterstattung, sondern auch die unbehinderte Beschaffung von Informationen[9]. Deshalb gilt das zu Gunsten der Berichterstatter von Publikationsorganen ausgesprochene Ausschlussverbot generell[10]. Es ist daher unzulässig, einen Berichterstatter von einer öffentlichen Versammlung auszuschließen, weil tendenziöse Berichterstattung befürchtet wird.

8   Wenn in einer Versammlung Probleme diskutiert werden sollen, die nicht für die Öffentlichkeit bestimmt sind, kann das nur in einer nichtöffentlichen Versammlung mit individuell bestimmten Teilnehmern geschehen, für die Berichterstattern der Zutritt verweigert werden darf.

2. Zum Begriff Pressevertreter

9   Pressevertreter im Sinne der Vorschrift sind die Berichterstatter aller Publikationsorgane, wie Presse, Rundfunk, Fernsehen u. A. Sie müssen aber in ihrer Funktion als Berichterstatter an der Versammlung teilnehmen. Ein konkreter Auftrag eines Publikationsorgans ist hierzu nicht erforderlich[11].

Unerheblich ist, ob es sich um einen freiberuflichen oder bei einem Publikationsorgan angestellten Berichterstatter handelt. Auf das Ausschlussverbot können sich auch ausländische Journalisten berufen. Ihr Anspruch ergibt sich konkret aus § 1 VersG. Im Übrigen aber auch aus Art. 11 MRK (Rz. 63 zu § 1) sowie der Informations- und Pressefreiheit des Art. 5 Abs. 1 GG, die nicht zwischen deutschen und ausländischen Pressevertretern differenziert[12].

10   Als Pressevertreter im Sinne der Vorschrift gelten auch Verleger sowie Reporter der Rundfunk- und Fernsehanstalten, gleichgültig, ob sie angestellt oder freiberufliche Mitarbeiter sind[13].

11   Pressevertreter im Sinne der Vorschrift sind auch solche Personen, ohne deren Hilfe der Berichterstatter seine Funktion nicht erfüllen kann. Gedacht ist dabei insbesondere an Kameraleute, Tontechniker, Beleuchter und anderes Personal, das durch Teamarbeit Bild- oder Tonaufzeichnungen

9 *BVerfGE*, 10, 118 (121); 12, 205 (260); 20, 162 (176); *Ott/Wächtler*, § 6, Rz. 7.

10 *Löffler/Ricker*, Handbuch des Presserechts, 4. Auflage 2000, Kapitel 52, Rz. 7.

11 So auch *Dose*, DRiZ 1969, 75.

12 So auch *Pawlita/Steinmeier*, in: Ridder u. a., § 6, Rz. 28.

13 *Groß*, Presserecht, 3. Aufl. 1999, Rz. 278; *Löffler/Ricker*, a.a.O., Kapitel 1, Rz. 6; *Pawlita/Steinmeier*, in: Ridder u. a., § 6, Rz. 35; *Köhler/Dürig-Friedl*, § 6, Rz. 4.

möglich macht[14]. Wollte man das Zutrittsrecht nur dem eigentlichen Berichterstatter einräumen, seinem technischen Stab aber verweigern, liefe das Zutrittsrecht faktisch leer. Deshalb ergibt sich eine Ausdehnung des Begriffs Berichterstatter auf das für ihn notwendige technische Personal aus der ratio legis.

3. Ausschlussverbot

Das Ausschlussverbot für Berichterstatter gilt nur, soweit sie ihrer Funktion entsprechend an der Versammlung teilnehmen. Nicht die Person, sondern die Funktion ist privilegiert. **12**

Mit dem Ausschlussverbot sind der Entscheidungsfreiheit des Veranstalters in Bezug auf den Ausschluss von Personen in der Einladung Grenzen gesetzt.

Das Hausrecht, soweit es dem Veranstalter übertragen ist, ist kein Berufungsgrund zum Ausschluss von Berichterstattern.

Das Ausschlussverbot gilt nur für öffentliche Versammlungen. Bei nicht-öffentlichen Versammlungen besteht keine Pflicht zum Einlass von Berichterstattern. **13**

Zum Ausschluss von Berichterstattern aus einer Versammlung, in der sie gröblich stören, vgl. Rz. 6 zu § 11.

Das Ausschlussverbot gilt auch für nichtdeutsche Berichterstatter. Eine Beschränkung widerspräche Art. 5 Abs. 1 GG, der das Informationsrecht jedermann und die Pressefreiheit allgemein gewährleistet, womit Differenzierungen zwischen deutschen und nichtdeutschen Berichterstattern unzulässig sind. **14**

Aus dem Ausschlussverbot für die Presse lässt sich keine Berichterstattungspflicht begründen. **15**

Wird über eine Versammlung berichtet, so soll der Bericht den Tatsachen entsprechen. Ist das nicht der Fall, kann der Veranstalter den Abdruck einer Gegendarstellung verlangen. Näheres hierzu ergibt sich aus den Pressegesetzen.

4. Ausweispflicht

Die Legitimation durch Presseausweis ist bei Aufforderung obligatorisch. Damit soll dem Leiter eine Kontrollmöglichkeit des Zutrittsprivilegs eingeräumt werden. Auffordern kann der Leiter oder von ihm hierzu ermächtigte Ordner[15]. Eine Pflicht für Berichterstatter, sich beim Leiter zu melden, sobald sie im Versammlungsraum erscheinen, besteht nicht. **16**

---

14 *Groß*, a. a. O., Rz. 278.
15 *Ott/Wächtler*, § 6, Rz. 9.

Die geforderte Legitimation erfolgt durch Vorlage des Presseausweises. Der Presseausweis ist ein für das Bundesgebiet einheitlich gestaltetes Ausweispapier, das mit einem Lichtbild versehen und für die Dauer eines Jahres ausgestellt ist. Der Ausweis muss die Bezeichnung »Presseausweis« tragen. Er muss enthalten: Vorname, Zuname, Wohnort, Straße, Geburtsort, Geburtsdatum und die Staatsangehörigkeit. Zur Ausstellung von Presseausweisen sind die Journalisten- bzw. Verlegerverbände berechtigt[16].

17 Führt der Berichterstatter seinen Presseausweis nicht bei sich, kann aber auf andere Weise glaubhaft gemacht werden, dass er in seiner Funktion als Berichterstatter an der Versammlung teilnehmen will, ist ihm Zutritt zu gewähren. Das folgt aus der ratio legis.

Sinn der Regelung ist, dass Berichterstatter ungehindert Zugang zu öffentlichen Versammlungen haben, um ihren Informationsauftrag gegenüber der Öffentlichkeit erfüllen zu können. Deshalb muss es hinsichtlich der Ausweispflicht genügen, dass der Berichterstatter als solcher ausgewiesen ist. Dazu reicht beispielsweise aus, dass er dem Leiter persönlich bekannt ist oder dass Polizeibeamte ihn als Berichterstatter ausweisen. Damit ist der Veranstalter hinreichend dagegen geschützt, dass sich Personen, die in der Einladung ausgeschlossen wurden, unter Berufung auf § 6 Abs. 2 unberechtigt Zugang zur Versammlung verschaffen.

---

16 *Löffler/Wenzel*, Presserecht, 4. Aufl. 1997, § 4 Rz. 47.
Berechtigt zur Ausstellung von Presseausweisen sind:
Deutscher Journalistenverband e. V., Gewerkschaft der Journalisten bzw. deren Landesverbände, Industriegewerkschaft Medien, Fachgruppe Journalismus bzw. deren Landesverbände, Deutsche Angestelltengewerkschaft (DAG) – Bundesfachgruppe der Journalisten, Verband Deutscher Zeitungsverleger e. V. bzw. dessen Landesverbände.

§ 7

(1) Jede öffentliche Versammlung muss einen Leiter haben.

(2) Leiter der Versammlung ist der Veranstalter. Wird die Versammlung von einer Vereinigung veranstaltet, so ist ihr Vorsitzender der Leiter.

(3) Der Veranstalter kann die Leitung einer anderen Person übertragen.

(4) Der Leiter übt das Hausrecht aus.

I. Pflicht zur Leitung

1. Rechtsfolgen bei fehlender Leitung

Bei Erlass der Regelung des § 7 Abs. 1 gehörte die Existenz eines Leiters nach den Vorstellungen des Gesetzgebers zu den unabdingbaren Voraussetzungen einer geordneten Versammlung[1]. Die Regelung hat auch heute noch insbesondere für Versammlungen in geschlossenen Räumen und vielen Versammlungen und Demonstrationen unter freiem Himmel Sinn und Verbindlichkeit. Für Spontanversammlungen und Großdemonstrationen mit einer Vielzahl von Initiatoren und Trägern passt sie nicht[2]. Die Regelung ist als versammlungsgesetzliche Ordnungsvorschrift im »Lichte der Versammlungsfreiheit« zu interpretieren und anzuwenden[3]. Deshalb ist das Vorhandensein eines Leiters nicht Wesensmerkmal einer im Schutzbereich der Versammlungsfreiheit liegenden Versammlung[4]. **1**

---

1 *BVerfGE* 69, 315 (357), unter Hinweis auf Sten. Berichte über die 83. Sitzung des BT vom 12. 9. 1950, S. 3123 ff.
2 *BVerfGE* 69, 315 (358), *Breitbach*, in: Ridder u. a., § 7, Rz. 14.
3 *BVerfGE* 69, 315 (351).
4 *OLG Hamburg*, MDR 1965, 319; *BayObLG*, NJW 1970, 480; *KG Berlin*, NJW 1985, 209; *BVerfGE* 69, 315 (358); *Schwäble*, S. 105; *Blanke/Sterzel*, Vorgänge 1983, S. 81; *Hölscheidt*, DVBl. 1987, 672; *Hoffmann-Riem*, AK-GG, Art. 8, Rz. 30, 49 u. 51.

2   § 7 Abs. 1 VersG hat insoweit eine grundrechtssichernde Funktion, als sie die Rechtsstellung des Veranstalters stärkt[5]. Leitung sichert die zur störungsfreien Durchführung einer Versammlung erforderliche Ordnung (§ 8). Bei Diskussionsversammlungen ist sie wohl unverzichtbar. Fehlende Leitung führt nicht zur Unzulässigkeit der Versammlung, sondern allenfalls zum Absinken der Eingriffsschwelle bei Störungen[6].

3   Die Pflicht zur Einsetzung eines Leiters ist Ordnungsvorschrift, deren Nichtbeachtung weder mit Geldbuße bedroht noch als Verbotsgrund in § 5 oder als Auflösungsgrund in § 13 genannt ist.

Füßlein hält die Regelung des § 7 Abs. 1 für eine lex imperfecta, da ihre Durchsetzung nicht erzwingbar sei[7].

4   Bei geplanten und organisierten Versammlungen ist die Frage, wer Leiter ist, vom Gesetz beantwortet. Leiter ist der Veranstalter (§ 7 Abs. 2). Einer Verfügung zur Einsetzung eines Leiters bedarf es insoweit nicht.

5   Bei Spontanversammlungen, die keinen Veranstalter haben (vgl. Rz. 229 zu § 1), kann die Versammlung selbst einen Leiter bestimmen oder akzeptieren. Dieser hat dann alle mit der Leitungsfunktion verbundenen Rechte und Pflichten[8].

Die Einsetzung eines Leiters kann auch als Minusmaßnahme einer sonst erforderlichen Auflösung (Rz. 40 zu § 13) angeordnet werden, soweit die Beachtung dieser Anordnung für die Teilnehmer und den Betroffenen möglich und zumutbar ist[9]. Adressaten dieser Verfügung sind die Teilnehmer der Versammlung. Bleibt die Verfügung unbeachtet, kommt nur Auflösung in Betracht. Dabei ist aber fehlende Leitung für sich noch kein Auflösungsgrund. Auch eine Versammlung ohne Leiter darf nur unter Maßgabe der Auflösungsermächtigungen des VersG aufgelöst werden.

Aus dem Sinn der Vorschrift ergibt sich, dass der Leiter während der Versammlung anwesend sein muss.

2. Zur Person des Leiters

6   Leiter einer Versammlung ist derjenige, der – persönlich anwesend – die Ordnung der Versammlung gewährleistet, den Ablauf der Versammlung bestimmt, insbesondere die Versammlung eröffnet, unterbricht und schließt[10]. Der in der Anmeldung nach § 14 Abs. 2 bezeichnete Leiter bleibt

---

5 So auch *Breitbach*, in: Ridder u. a. § 7, Rz. 14 m. w. N.
6 *BVerfGE* 69, 315 (359).
7 *Füßlein, Versammlungsgesetz*, § 7, Anm. 2.
8 *Wolff/Bachof*, VerwR III, § 131 II c 5, unter Hinweis auf *BayObLG*, NJW 1970, 479.
9 *Huber*, S. 158 u. 168.
10 *OLG Düsseldorf*, NJW 1978, 118; *BayObLG*, NJW 1970, 479; *OLG Celle*, NJW 1977, 444.

selbst dann Leiter, wenn er sich den Leitungsaufgaben tatsächlich oder vorgeblich entzieht[11]. Nur öffentliche Versammlungen müssen einen Leiter haben. Leiter kann sowohl der Veranstalter als auch ein von ihm Beauftragter sein. Ist der Veranstalter eine juristische Person, eine Partei oder eine sonstige Personenvereinigung, so ist, sofern kein anderer als Leiter bestimmt wird, der Vorsitzende Leiter (§ 7 Abs. 2). Bei eingetragenen Vereinen ergibt sich aus dem Vereinsregister, wer Vorsitzender ist. Wird die Versammlung von einer Gesellschaft bürgerlichen Rechts (§ 705 BGB) veranstaltet, so tritt an die Stelle des Vorsitzenden der geschäftsführende Gesellschafter (vgl. § 710 BGB)[12].

Leiter kann nur eine individuell bestimmte natürliche Person sein. Das folgt aus dem insoweit eindeutigen Wortlaut aller leiterbezogenen Regelungen. Soweit es in den Bestimmungen des VersG um Leitung geht, ist dem Substantiv »Leiter« stets der bestimmte oder unbestimmte männliche Artikel »der« oder »einer« angefügt, was aber nicht sagen soll, dass Frauen nicht Leiter werden dürfen. **7**

Der Sinn der Individualisierung der Leiterbefugnisse auf *eine* verantwortliche Person liegt vor allem darin, Rechtssicherheit gegenüber den Teilnehmern, aber auch gegenüber betroffenen Dritten und zuständigen Behörden zu schaffen, was auch haftungsrechtliche und strafrechtliche Konsequenzen hat[13].

Der Leiter braucht nicht volljährig zu sein[14]. § 7 knüpft an die Leitereigenschaft keine besonderen Bedingungen. Im Gegensatz zu den von ihm einzusetzenden und von seinen Weisungen abhängigen Ordnern sieht das Gesetz nicht vor, dass der Leiter volljährig sein muss. Veranstalter und Leiter sind im Rahmen der ihnen übertragenen Organisationsgewalt verpflichtet, dem Friedlichkeitsgebot der Versammlungsfreiheit zu entsprechen. Insoweit sind an die Integrität und die Qualifikation des Leiters besondere Anforderungen zu stellen. Er muss geeignet sein, die ihm gesetzlich übertragenen Aufgaben selbstverantwortlich zu erfüllen. Er muss zuverlässig und nach seiner Reife und seinem persönlichem Vermögen imstande sein, den ordnungsgemäßen Verlauf einer von ihm geleiteten Versammlung sicherzustellen. Ob diese Voraussetzungen vorliegen, kann immer nur nach den Umständen des Einzelfalles entschieden werden. An der erforderlichen Eignung fehlt insbesondere dann, wenn die als Leiter vorgesehene Person eine Gefahr für den ordnungsgemäßen Ablauf der Versammlung kennt oder kennen muss und keine organisatorischen Vorkehrungen und Maß- **8**

---

11 *OLG Köln*, NJW 1981, 1680.
12 *Köhler/Dürig-Friedl*, § 7, Rz. 3.
13 *LG Mainz*, Urteil vom 12. 10. 1998, AZ. 304 JS 18330/96 – ZNS, S. 48 ff.
14 Zustimmend *Ott/Wächtler*, § 7, Rz. 3; *Koehler/Dürig-Friedl*, § 7, Rz. 2.

nahmen zur Eindämmung dieser Gefahr trifft[15]. Zweifel an der Zuverlässigkeit und Eignung der als Leiter vorgesehenen Person müssen durch Tatsachen belegbar sein[16].

9   Auch im Hinblick auf Jugendversammlungen gilt das Selbstorganisationsrecht von Veranstalter und Leiter. Wie die Grundrechtsmündigkeit allgemein (Rz. 67 f. zu § 1) kann auch die Eignung für die Wahrnehmung von Leiterfunktionen immer nur nach den besonderen Gegebenheiten des Einzelfalles und der persönlichen Reife bestimmt werden. Eine willkürliche, nicht differenzierende Festlegung auf ein bestimmtes Lebensalter scheidet aus. Entscheidend ist, dass der Leiter nach seiner Reife und seinem persönlichen Vermögen imstande ist, den ordnungsgemäßen Verlauf der von ihm geleiteten Versammlung sicherzustellen.

II. Der Veranstalter als Leiter

10   Grundsätzlich ist der Veranstalter auch Leiter der Versammlung. Andere Formen der Leitung sind bei verfassungskonformer Auslegung nicht ausgeschlossen, z. B. der faktische Leiter, der die Leiterrolle übernimmt und in dieser Funktion von den Teilnehmern anerkannt wird[17]. Tritt eine Personenvereinigung als Veranstalter auf, wird die natürliche Person Leiter, die auch sonst für die Personenvereinigung handelt. Das ist bei rechtsfähigen Vereinigungen der Vorsitzende im Sinne des Vereinsrechts, bei nicht-rechtsfähigen Vereinigungen derjenige, der für die Vereinigung handlungsberechtigt ist. Sofern ein Veranstalter nicht feststellbar ist oder die Benennung eines Leiters böswillig unterlassen wird, kann auf die Leitereigenschaft aus der tatsächlichen Wahrnehmung typischer Leiteraufgaben geschlossen werden[18]. Wer über bloße Ordnerfunktionen hinausgehend den Ablauf einer Versammlung bestimmt, sei es, dass er über Beginn, Unterbrechung und Beendigung der Versammlung entscheidet oder Rednern das Wort erteilt, kann als verantwortlicher Leiter in Anspruch genommen werden.

11   Der Veranstalter kann sich der Verpflichtung, die Versammlung selbst zu leiten, nur dadurch entziehen, dass er einen Leiter bestimmt. Es bleibt ihm unbenommen, den Leiter durch die Versammlung wählen zu lassen. Die Wahl bindet ihn aber nicht. Nicht die Wahl, sondern nur die Einsetzung durch den Veranstalter macht eine Person zum Leiter.[19] Damit ist eindeutig die Verantwortlichkeit des Veranstalters für die Leitung festgelegt.

---

15 *VGH Mannheim*, DÖV 2000, 258.
16 *BVerfG*, DVBl. 2000, 1994; NJW 2000, 3051.
17 *Breitbach*, in: Ridder u. a., § 7, Rz. 18 u. 22 f. m. w. N.
18 *BayObLG*, NJW 1970, 480; *OLG Düsseldorf*, NJW 1978, 118.
19 *Huber*, S. 155 und 168.

Der Veranstalter kann sich dieser Verantwortung auch bei Großveranstaltungen nicht entziehen. Weder das auch vom *BVerfG* gesehene schwer kalkulierbare straf- und haftungsrechtliche Risiko[20] noch eine Vielzahl weiterer Initiatoren und Träger dieser Veranstaltung entbinden ihn von seinen Pflichten.

III. Hausrecht

1. Rechtscharakter und Umfang

Unter Hausrecht versteht man allgemein das Recht des unmittelbaren Besitzers und seiner Besitzdiener, Besitzstörungen in Bezug auf befriedetes Besitztum abzuwehren. In diesem Sinne soll der Leiter das Hausrecht über den Versammlungsraum haben[21]. Nach a. A. wollte der Gesetzgeber mit dem versammlungsrechtlichen Begriff des Hausrechts die Fülle der Einzelbefugnisse des Leiters aufgrund seiner Stellung in der Versammlung bündeln; diese Befugnisse hätten indes keine eigentums- bzw. besitzrechtliche Basis, sondern fänden ihre Grundlage in der versammlungsbezogenen Ordnungsgewalt, sodass es sich in § 7 Abs. 4 um ein eigengeprägtes versammlungsrechtliches Hausrecht handele[22]. Unabhängig von dieser eher semantischen Streitfrage hat jedenfalls § 7 Abs. 4 gegenüber den Teilnehmern einer Versammlung keine Bedeutung[23].

Das Hausrecht ist dem Leiter nicht kraft Gesetzes übertragen[24]. Es bedarf dazu, sofern der Leiter nicht ohnehin das Hausrecht am Versammlungsraum hat, eines rechtsgeschäftlichen Übertragungsaktes. Das kommt insbesondere bei Vermietung des Versammlungsraums in Betracht[25].

Das wie auch immer geartete Hausrecht kann nur gegenüber Nichtteilnehmern geltend gemacht werden. Der Ausschluss von Teilnehmern ist nur über § 6 Abs. 1 und § 11 Abs. 1 zu rechtfertigen. Nach diesen Bestimmungen ausgeschlossene Personen verlieren ihr Teilnahmerecht an der aktuellen Versammlung. Damit ist nicht gesagt, dass zur Verteidigung des Hausrechts ohne weiteres Gewalt angewendet werden darf. Gewaltanwendung zur Verteidigung des Hausrechts durch Leiter oder beauftragte Ordner ist dann nicht *erforderlich*, wenn polizeiliche Hilfe rechtzeitig erreicht werden kann[26]. Die aus § 12 resultierende Schutzfunktion der Polizei umfasst auch

12

13

---

20 *BVerfGE* 69, 315 (358).
21 *VGH Mannheim*, DÖV 1990, 572.
22 So auch *Breitbach*, in: Ridder u. a., § 7, Rz. 25 f.
23 So auch *Breitbach*, in: Ridder u. a., § 7, Rz. 29.
24 *Breitbach*, in: Ridder u. a., § 7, Rz. 25 f.
25 *Krüger*, S. 63.
26 *Lenckner*, in: Schönke/Schröder, § 32, Rz. 41.

den Schutz des Hausrechts. Die Polizei hat Beeinträchtigungen des Hausrechts zu unterbinden. Sie hat aber auch nicht erforderliche Gewaltanwendung zur Verteidigung des Hausrechts zu verhindern.

14 Das Hausrecht ist auch wehrfähiges Recht im Sinne der Notwehr. Gleichwohl sollte der Leiter keinen Gebrauch vom Notwehrrecht machen, um den Anschein der Unfriedlichkeit der Versammlung zu vermeiden. Soweit das Hausrecht nicht dem Leiter übertragen worden ist, kann es von dem ursprünglich Berechtigten nicht gegen Teilnehmer geltend gemacht werden (Rz. 3 zu § 11). Insofern besteht eine gewisse Drittwirkung des Versammlungsrechts.

15 Bei Störungen, die nicht Besitzstörungen, sondern Störungen der Versammlung sind, versagt das Hausrecht. Hier ist der Leiter auf seine Befugnisse aus § 11 Abs. 1 beschränkt.

3. Schutzbestimmungen

16 Das Hausrecht des Leiters kann durch die öffentliche Gewalt und durch Zivilpersonen beeinträchtigt werden. Der Schutz des Hausrechts gegen Eingriffe der öffentlichen Gewalt ergibt sich aus Art. 13 GG.

Gegen Beeinträchtigungen durch Zivilpersonen ist das Hausrecht durch die Bestimmungen der §§ 123 f. StGB geschützt, die widerrechtliches Eindringen (Rz. 6 zu § 6) und unbefugtes Verweilen trotz Aufforderung zum Verlassen verbieten.

§ 8

Der Leiter bestimmt den Ablauf der Versammlung. Er hat während der Versammlung für Ordnung zu sorgen. Er kann die Versammlung jederzeit unterbrechen oder schließen. Er bestimmt, wann eine unterbrochene Versammlung fortgesetzt wird.

ÜBERSICHT

I. Allgemeines

Normzweck des § 8 ist die Sicherung der aus Art. 8 Abs. 1 GG fließenden **1** Organisationsgewalt für Veranstalter und Leiter. Wenn es darum geht, die öffentliche Versammlung vor der Majorisierung durch politische Gegner im Rahmen kommunikativen Austauschs von Auffassungen zu schützen, ist hierzu nicht die Ordnungsgewalt des Leiters das legitime Mittel, sondern vorrangig das gegen bestimmte Personenkreise gerichtete mit der Einladung ausgesprochene Ausschlussrecht nach § 6 Abs. 1. Da öffentliche Versammlungen ein prinzipiell für jedermann offenes Forum auch für kontroverse Meinungsäußerungen bieten[1], bleibt dem Leiter nur die Unterbrechung oder Schließung der Versammlung, wenn sie inhaltlich eine Ausrichtung nimmt, die seinen und den Überzeugungen des Veranstalters diametral widerspricht. Auf § 8 können sich nur Leiter stützen, die ihre Legitimation vom Veranstalter ableiten[2]. Der Leiter ist kein Beliehener und seine Ordner sind keine Hilfspolizisten (Rz. 235 zu § 1)[3].

---

1 *BVerfG*, NJW 1995, 3110 u. 3112; *BVerfGE* 84, 203 (209): *Röllecke*, NJW 1995, 3101; *Hermanns*, JA 2001, 81.
2 *Breitenbach*, in: Ridder u. a., § 8, Rz. 12.
3 *Ott/Wächtler*, § 8, Rz. 3; a. A. *Gusy*, Rz. 420.

II. Rechte des Leiters

1. Bestimmung des Versammlungsablaufs

2   Der Leiter bestimmt den Ablauf der Versammlung. Die Ordnungsfunktion des Leiters beginnt mit dem Eintreffen der ersten Teilnehmer, nicht erst mit der förmlichen Eröffnung der Versammlung[4]. Ablauf ist äußerer Geschehensverlauf, nämlich Eröffnung, Worterteilung, Wortentziehung, Unterbrechung, Fortsetzung und Schließung.

Bestimmenkönnen ist Befugnis zu ordnenden Maßnahmen. Der Leiter soll den geordneten Ablauf der Versammlung sicherstellen können (Rz. 13 ff.). Dazu gehört auch die Unterbindung versammlungsrelevanter Straftaten, die eine Auflösung rechtfertigen können (Rz. 44 zu § 5). Die Sätze 2 und 3 des § 8 sind Konkretisierungen des Satzes 1.

Weisungen, die der Leiter den Ordnern oder den Versammlungsteilnehmern erteilt, unterliegen nicht der verwaltungsgerichtlichen Nachprüfung. Die dem Leiter übertragenen Rechte sind zwar öffentlich-rechtlicher Natur, der Leiter ist aber nicht Beliehener[5] (Rz. 235 zu § 1). Seine Weisungen sind somit keine Verwaltungsakte[6]. Gleiches gilt, wenn der Leiter Teilnehmern das Wort verweigert oder entzieht. In der Nichterteilung oder Entziehung des Wortes durch den Leiter liegt keine anfechtbare Einschränkung der Meinungsäußerungsfreiheit oder der Versammlungsfreiheit[7]. Hier kollidieren Leitungsrecht und Teilnahmerecht (Rz. 237, 240 zu § 1).

3   Wünsche und Äußerungen sowie Anträge aus der Versammlung sollte der Leiter berücksichtigen. Er muss es aber nicht, da das Bestimmen des Versammlungsablaufs in sein Ermessen gestellt ist[8]. Das heißt nicht, dass der Leiter seine Befugnisse missbrauchen darf. Ein Missbrauch kann darin gesehen werden, dass der Leiter bewusst die Äußerungen solcher Meinungen unterdrückt, die seinen oder den Intentionen des Veranstalters widersprechen. Kommunikativer Widerspruch gegen die vom Leiter favorisierten politischen Auffassungen ist legitime Inanspruchnahme des Teilnahmerechts[9].

---

4 *Ott/Wächtler*, § 8, Rz. 4; *Stuchlik*, Die Polizei 2001, 203; *OVG Münster*, Beschluss vom 15. 12. 2000 (11 B 1894/00, S. 3 f.).
5 *Quilisch*, S. 190 ff.; *Ott/Wächtler*, VersG, § 8, Rz. 3; *Breitbach*, in: Ridder u. a., § 8, Rz. 13.; a. A. *Wolff/Bachof*, VerwR III, § 131 II b; *Wolff/Bachof/Stober*, II, § 104 I 2; *Gusy*, JuS 1986, 612.
6 So auch *Ott/Wächtler*, § 8, Rz. 3.
7 *OVG Lüneburg*, NJW 1955, 1939.
8 *Ott/Wächtler*, § 8, Rz. 3; kritisch *Breitbach*, in: Ridder u. a., § 8, Rz. 15.
9 *BVerfG*, NJW 1995, 3110, 3112; *BVerfGE* 84, 203, (209); *Röllecke*, NJW 1995, 3101.

Gegen Missbrauch des Leitungsrechts kann der Betroffene zum Schutz seines Teilnahmerechts polizeiliche Hilfe beanspruchen[10].

Das Recht, den Ablauf der Versammlung zu bestimmen, schließt die **4** Möglichkeit ein, nötigenfalls zur Sicherstellung der Ordnung die Polizei um Unterstützung anzugehen[11].

2. *Unterbrechung der Versammlung*

Unterbrechen (oder Schließen) der Versammlung sind Maßnahmen der aus **5** dem Leitungsrecht folgenden Entscheidungsmacht des Leiters. Der Entscheidungsspielraum wird jedoch durch Satz 2 des § 8 limitiert. Kommt es durch das Verhalten der Versammlungsteilnehmer zu einem Auflösungsgrund nach § 13 Abs. 1 Nr. 2, 3 oder 4, so wird der Entscheidungsspielraum des Leiters reduziert. Er muss die Versammlung unterbrechen (oder schließen).

Auch eine unterbrochene Versammlung ist noch eine Versammlung im **6** Schutzbereich der Versammlungsfreiheit. Das Leitungsrecht und das Hausrecht, soweit es dem Leiter übertragen ist, bestehen fort. Die diesen Rechten zugeordneten Befugnisse setzen den Leiter in den Stand, während der Unterbrechung die Voraussetzungen für eine Fortsetzung der Versammlung zu schaffen (Rz. 7).

Anders ist es, wenn die Polizei die Versammlung unterbrochen hat. Leiter und Ordner haben für die Zeit der polizeilichen Unterbrechung keine Befugnisse (Rz. 8).

3. *Fortsetzung der unterbrochenen Versammlung*

Die Entscheidung darüber, ob und wann eine unterbrochene Versammlung **7** fortgesetzt wird, liegt ebenfalls in der Entscheidungsmacht des Leiters (»bestimmt, wann«). Glaubt er, dass die Gründe, die Anlass der Unterbrechung waren, nicht mehr gegeben sind oder dass die Versammlung gleichwohl fortgesetzt werden kann, bestimmt er die Fortsetzung der Versammlung. Seine Entscheidung ist maßgebend.

Anders ist es, wenn die Versammlung von der Polizei unterbrochen wurde. Hier handelt es sich um eine hoheitliche Maßnahme, die für sich die **8** Vermutung der Rechtmäßigkeit hat und deshalb auch vom Leiter beachtet werden muss.

Unterbrechungen durch die Polizei sind in den Fällen des § 13 Abs. 1 Nr. 2 bis 4 in nicht seltenen Fällen notwendige Maßnahmen, die gegenüber

---

10 A. A. *Breitbach*, in: Ridder u. a., § 8, Rz. 15, unter Hinweis darauf, dass Teilnehmer über ihr Anwesenheitsrecht hinaus keine Ansprüche auf gesteigerte Formen der Mitwirkung hätten (dazu näher Rz. 236 zu § 1).
11 Zutr. die Kritik von *Breitbach*, in: Ridder u. a., § 8, Rz. 31 an der Vorauflage.

der Auflösung geringere Eingriffe sind. In diesen Fällen endet das Recht des Leiters, die Fortsetzung der Versammlung zu bestimmen.

9   Der Leiter darf nur die Versammlung fortsetzen, die er selbst oder ein Vorgänger, der als Leiter derselben Versammlung desselben Veranstalters eingesetzt war, unterbrochen hat.

4. Schließung der Versammlung

10   Auch das Recht zur Schließung der Versammlung ist in die Entscheidungsmacht des Leiters gestellt.

Die Schließung der Versammlung bedarf keiner Begründung gegenüber den Teilnehmern. Auch die vorzeitige Beendigung einer Versammlung ist Schließung.

11   Eine vorzeitig beendete Versammlung kann als Spontanversammlung neue Versammlung werden, wenn die Teilnehmer weiterdiskutieren[12]. Der Leiter der beendeten Versammlung hat für diese Versammlung keine Rechte und Pflichten[13]. Die Teilnehmer der Spontanversammlung oder ein etwa vorhandener Veranstalter (Rz. 232 zu § 1) können zur Einsetzung eines Leiters veranlasst werden (Rz. 5 zu § 7).

12   Schließung oder Beendigung der Versammlung begründet nicht die Pflicht für die Teilnehmer, sich sofort zu entfernen. Sie dürfen (im Gegensatz zur Beendigung durch Auflösung) noch im Versammlungsraum verweilen, soweit sie nicht durch den Inhaber des Hausrechts zum Verlassen des Raums aufgefordert wurden[14].

III. Pflichten des Leiters

1. Sicherstellen der Ordnung

13   Der Leiter muss ständig anwesend sein. Das folgt aus dem Sinn der Vorschrift. Er ist Adressat beschränkender Verfügungen. Bei Abwesenheit fällt die Leitungsgewalt an den Veranstalter zurück, der eine andere Person mit der Leitung beauftragen kann.

Bei der Erfüllung seiner Pflicht, während der Versammlung für Ordnung zu sorgen, stehen dem Leiter die Befugnisse der §§ 9 Abs. 1 und 11 Abs. 1 zu. In rechtmäßiger Ausübung seiner Ordnungsbefugnisse ist er besonders geschützt (§ 22).

14   Ordnung i. S. des § 8 Satz 1 ist eine funktionsbezogene Ordnung. Sie dient nicht nur dem Schutz der Rechtsgüter Dritter und der Allgemein-

12 *OLG Köln*, NStZ 1981, 227.
13 *OLG Köln*, NPA 891, VersG, § 15, Bl. 7.
14 *OLG Köln*, NStZ 1981, 227.

heit[15], zu dieser Ordnung gehört auch, dass das Versammlungsrecht als ein kommunikatives Grundrecht in einem bestimmten Ordnungsrahmen ausgeübt werden muss. Diese so verstandene Ordnung prägt Sinn und Zweck der Veranstaltung. Sie verlangt unter anderem auch, dass die Austragung unterschiedlicher, auch sich widersprechender Auffassungen zulässig ist[16]. In diesen Grenzen hat der Leiter für Ordnung zu sorgen.

Die Ordnungsfunktion des Leiters hat zeitliche, örtliche, personelle und **15** sachliche Grenzen. Sie ist zeitlich begrenzt auf die Dauer der Versammlung. Sie ist örtlich begrenzt auf den Versammlungsraum. Sie ist personell begrenzt auf die Versammlungsteilnehmer (bei Ausübung des Hausrechts ausgeweitet auch auf Anwesende, die nicht Teilnehmer sind). Sie ist sachlich begrenzt auf Verhandlungsleitung und Wahrung der Sicherheit.

Als Verhandlungsleiter hat der Leiter der Versammlung dafür zu sorgen, **16** dass die mit der Versammlung verfolgten Ziele optimal erreicht werden. Er hat dabei auf die Beachtung von Spielregeln, wie sie bei Versammlungen Übung und Brauch sind, hinzuwirken. Der Charakter der Versammlung (Diskussionsversammlung) und ihre besonderen Umstände sind zu berücksichtigen. Als Wahrer der Sicherheit hat der Leiter die Teilnehmer gegen Gefahren aus der Versammlung und die Öffentlichkeit gegen Gefahren durch die Versammlung zu schützen. Den Teilnehmern drohen Gefahren für Leben und Gesundheit durch Gewaltanwendung und Gewaltandrohung (§ 13 Abs. 1, Nr. 2) sowie durch Anwesenheit bewaffneter Teilnehmer (§ 13 Abs. 1, Nr. 3). Der Öffentlichkeit (und damit der öffentlichen Sicherheit) drohen Gefahren durch Geschehenlassen von Handlungen oder Aufforderungen, die ein Verbrechen oder ein von Amts wegen zu verfolgendes Vergehen zum Gegenstand haben (§ 13 Abs. 1, Nr. 4).

Störungen der Sicherheit in einer Versammlung sind regelmäßig auch **17** Ordnungsstörungen, die der Leiter zu unterbinden hat. Tut er es nicht, hat die Polizei einzugreifen (vgl. Rz. 44 ff. zu § 2), notfalls durch Auflösung der Versammlung.

Verletzung der Ordnung, so wie sie der Leiter zu schützen hat, ist Stö- **18** rung im Sinne der §§ 11 Abs. 1 und 29 Abs. 1 Nr. 4.

2. Verantwortlichkeit

Aus der Pflicht des Leiters, während der Versammlung für Ordnung zu **19** sorgen, ergibt sich seine Verantwortlichkeit in öffentlich-rechtlicher und zivilrechtlicher Hinsicht.

---

15 *Gusy*, Rz. 424.
16 *BVerfG*, NJW 1995, 3110 u. 3112; *BVerfGE* 84, 203 (209); *Röllecke*, NJW 1995, 3101.

In öffentlich-rechtlicher Hinsicht ist er verwaltungsrechtlich und strafrechtlich verantwortlich. Mangelnde Sorge für Ordnung kann zur Auflösung führen.

In besonders gelagerten Fällen hat der Leiter auch eine Garantenstellung. Satz 2 des § 8 ist eine außerstrafrechtliche Norm, die dem Leiter eine Rechtspflicht zur Gefahrenabwehr auferlegt. Praktisch kann dieser Fall in einer Versammlung werden, in die keine Polizeibeamten entsandt worden sind. Duldet der Leiter in dieser Versammlung bewaffnete Teilnehmer, obwohl er damit rechnet, dass sie die Waffen gebrauchen, so begeht auch er eine Körperverletzung in Form eines unechten Unterlassungsdelikts, wenn es durch Gebrauch der Waffen zu Körperverletzungen gekommen ist (§ 13 StGB).

Wegen mangelnder Wahrnehmung seiner Pflichten für die Versammlung ist der Leiter u. U. strafrechtlich verantwortlich im Sinne der §§ 24, 25, 26 StGB.

20   Die zivilrechtliche Verantwortung des Leiters ergibt sich in erster Linie aus § 823 BGB (unerlaubte Handlung). Daraus folgt auch eine Verkehrssicherungspflicht[17]. Es ist aber auch denkbar, dass der Leiter als Erfüllungsgehilfe des Veranstalters die Haftung des Veranstalters wegen positiver Vertragsverletzung begründet, beispielsweise wenn er duldet, dass Versammlungsteilnehmer mutwillig das Versammlungslokal oder Inventar beschädigen.

---

17 *LG Hamburg*, NJW 1998, 1411 f.

§ 9

(1) Der Leiter kann sich bei der Durchführung seiner Rechte aus § 8 der Hilfe einer angemessenen Zahl ehrenamtlicher, unbewaffneter Ordner bedienen. Diese dürfen keine Waffen oder sonstigen Gegenstände im Sinne von § 2 Abs. 3 mit sich führen, müssen volljährig und ausschließlich durch weiße Armbinden, die nur die Bezeichnung »Ordner« tragen dürfen, kenntlich sein.

(2) Der Leiter ist verpflichtet, die Zahl der von ihm bestellten Ordner der Polizei auf Anfordern mitzuteilen. Die Polizei kann die Zahl der Ordner angemessen beschränken.

I. Ordnereinsatz

1. Allgemeines

Ordner sind Hilfskräfte des Versammlungsleiters. Sie unterliegen seinen   **1** Weisungen (nicht denen des Veranstalters)[1]. Der Leiter kann sich ihrer »bedienen«, um im Rahmen seiner Rechte aus § 8 und § 11 Abs. 1 einen friedlichen und störungsfreien Ablauf der Versammlung sicherzustellen[2]. »Bedienen« umfasst: das Auswählen, das Bestellen und das Anleiten der Ordner, auch das Kontrollieren gehört dazu.

---

1 *Ott, Wächtler*, § 9, Rz. 2.
2 *Breitbach*, in: Ridder u. a., § 9, Rz. 10.

2. Ordnerbestellung

2 Die Entscheidung, Ordner einzusetzen, steht ausschließlich dem Leiter zu[3], der sich jedoch regelmäßig mit dem Veranstalter abstimmen wird. Ordner haben keine originäre Ordnungsfunktion.[4] In Ausübung ihrer Funktion sind sie durch § 22 gegen gewaltsamen Widerstand geschützt.

3 Das Recht zur Ordnerbestellung ist nicht unbegrenzt. Die Zahl der Ordner muss »angemessen« sein[5]. Sie ist nach unten wie nach oben begrenzt. Nur bei kleinen überschaubaren Versammlungen kann auf den Einsatz von Ordnern verzichtet werden. Bei größeren Versammlungen ist der Einsatz von Ordnern unabdingbar, damit der Leiter seinen Pflichten aus § 5 Nr. 2 bzw. § 13 Abs. 1 Nr. 3 und 4 nachkommen kann. Auch die Zutrittsverhinderung von Personen, die schon in der Einladung von der Versammlung ausgeschlossenen worden sind, kann der Leiter nicht ohne Hilfe von Ordnern leisten.

4 Auch nach oben ist die Zahl der Ordner begrenzt. Es dürfen nicht mehr Ordner eingesetzt werden, als zur Erreichung des Zwecks, der Versammlung einen friedlichen Verlauf zu sichern, erforderlich sind. Die Grenze ist überschritten, wenn die Anzahl der eingesetzten Ordner nicht notwendig ist, um die Ordnung nach Charakter und den Besonderheiten der Versammlung sicherzustellen.

5 Bei der Entscheidung des Leiters, welche Personen er als Ordner einsetzen will, bestehen weitere Begrenzungen. Nur unbewaffneten und geeigneten Personen dürfen Ordneraufgaben übertragen werden. Diese Personen müssen ehrenamtlich tätig werden und in bestimmter Weise als Ordner kenntlich gemacht sein (weiße Armbinde mit der Aufschrift Ordner). Diese Begrenzungen der Organisations- und Leitungsgewalt des Leiters ist unbedenklich, wenn sie im Interesse eines friedlichen Verlaufs der Versammlung erforderlich ist. Die maskuline Sprachform »Ordner« ist keine Beschränkung. Selbstverständlich ist der Einsatz von Frauen als »Ordnerinnen« zulässig.

II. Personelle Begrenzungen der Ordnerbestellung

1. Waffenlosigkeit

6 Für Ordner besteht ein über § 2 Abs. 3 hinausgehendes Bewaffnungsverbot. Damit ist der Gewährleistungsschranke in Art. 8 Abs. 1 GG entsprochen. Das strikte Bewaffnungsverbot für Ordner ist in § 9 Abs. 1 doppelt

---

3 *Ott/Wächtler*, § 9, Rz. 2; *Köhler/Dürig-Friedl*, § 9, Rz. 1.
4 *Gusy*, Rz. 420.
5 *Breitbach*, in: Ridder u. a., § 9, Rz. 13.

genannt, zum einen bezogen auf den Leiter in Satz 1 mit dem Verbot, bewaffnete Ordner einzusetzen oder ihren Einsatz zu dulden, zum anderen in Satz 2 mit einem vorrangig an die Ordner gerichteten Verbot des Mitführens von Waffen oder ihnen entsprechenden gefährlichen Gegenständen i. S. von § 2 Abs. 3 (vgl. Rz. 15 ff. zu § 2). Die besondere Stringenz der für den Leiter geltenden Vorschriften wird durch die nur für den Leiter relevante Strafnorm des § 24 hervorgehoben. Der Leiter ist danach nicht lediglich möglicher Teilnehmer einer von Ordnern begangenen Straftat nach § 27 Abs. 1, sondern selbst Täter.

Das auf Ordner bezogene Waffenverbot geht über die Regelung des § 2 **7** Abs. 3 hinaus. Es kann nicht durch behördliche Ermächtigung (Rz. 33 zu § 2) suspendiert werden. Wer mit behördlicher Erlaubnis im Einzelfall trotz Mitführens von Waffen bzw. ihnen gleichgestellter Gegenstände teilnehmen darf, ist von der Wahrnehmung von Ordnerfunktionen ausgeschlossen. Das Bewaffnungsverbot für Ordner aus § 9 Abs. 1 Satz 2 gilt expressis verbis für das *Mitführen* von Waffen und gefährlichen Gegenständen. Die darüber hinausgehenden Verbotsalternativen aus § 2 Abs. 3 Satz 2 sind ergänzend heranzuziehen, zumal eine Missachtung dieser Verbotstatbestände als Tatsache zu werten ist, die die Gefahr begründet, dass Waffen bzw. gefährlichen Gegenstände bei Wahrnehmung der Ordnerfunktion verwendet werden sollen. Die Strafbarkeit der Nichtbeachtung aller Verbotsalternativen ergibt sich für den Ordner allein aus § 27 Abs. 1.

2. Volljährigkeit

Mit Erreichen der Volljährigkeit wird die erforderliche Reife für verant- **8** wortliches Handeln gesetzlich vermutet. Entscheidend für die Wahrnehmung von Ordnerfunktionen ist aber die Eignung zum Ordner. Das ist nicht allein eine Frage des Lebensalters. Die von Gesetz geforderte Volljährigkeit darf deshalb nicht als essenzielle Voraussetzung der Ordnereignung verabsolutiert werden. Als bloße Ordnungsvorschrift ist sie »im Lichte der Versammlungsfreiheit«[6] zu interpretieren. Sie gilt im Regelfall. Ausnahmen müssen aber zulässig sein. Solche Ausnahmen ergeben sich, wenn grundrechtsmündige Minderjährige (Rz. 67 ff. zu § 1) als Veranstalter und Leiter einer Versammlung auftreten und sich in ihrer aus der Versammlungsfreiheit fließenden Gestaltungsfreiheit beeinträchtigt sehen, wenn sie verpflichtet werden, ausschließlich volljährige Ordner einzusetzen[7]. Dabei ist auch die verfassungsrechtlich unzulässige gesetzliche Differenzierung zu berücksichtigen, die Volljährigkeit für Ordner, nicht aber für den ihnen übergeordneten Versammlungsleiter bestimmt. Außerdem wird willkürlich eine

---

6 *BVerfGE* 69, 315 (351).
7 Zustimmend *Breitbach*, in: Ridder u. a. § 9 Rz. 20.

mit der Volljährigkeit als gegeben angesehene Grundrechtsmündigkeit unterstellt. Das Selbstorganisationsrecht des Veranstalters und des von ihm eingesetzten Leiters darf nicht durch Ordnungsvorschriften, die um ihrer selbst willen angewendet werden, unverhältnismäßig eingeschränkt werden[8]. Entscheidend ist, ob die einzusetzenden Ordner für die infrage stehende Versammlung geeignet sind[9]. So ist denkbar, dass gleichaltrige Ordner in einer Schülerversammlung eher als Erwachsene bei der Wahrnehmung von Ordnungsaufgaben akzeptiert werden, was den störungsfreien Verlauf der Versammlung fördert.

3. Ehrenamtlichkeit

9 Ordner müssen ihre Aufgaben ehrenamtlich erfüllen. Damit soll vor allem erreicht werden, dass Veranstalter und Leiter sich nicht eines bezahlten und damit besonders abhängigen Saalschutzes bedienen. Ordnungsfunktionen dürfen deshalb auch nicht von Sicherheitsunternehmen wahrgenommen werden. Die Tätigkeit von Ordnern gilt noch als ehrenamtlich, wenn Fahrtkosten und Auslagen für kleinere Erfrischungen erstattet werden[10].

4. Neutrale Kennzeichnung

10 Die Kenntlichmachung von Ordnern darf ausschließlich durch weiße Armbinden mit der Aufschrift »Ordner« erfolgen. Der Ordnungsdienst in einer Versammlung muss auf jegliche Symbolik verzichten.[11] Damit soll propagandistischem Missbrauch vorgebeugt werden. Weiß signalisiert Neutralität. Andere Farben wie z. B. rot, schwarz, gelb, besonders braun haben mit ihrer symbolhaften Zuordnung eine nicht von der Hand zu weisende propagandistische Signalwirkung.

Verschmutzte oder vergilbte weiße Armbinden sind zulässig. Die weiße Armbinde darf nicht zu Uniformen oder Uniformteilen getragen werden. Die Neutralität der weißen Armbinde würde dadurch beseitigt. Das Uniformierungsverbot für Ordner besteht auch dann, wenn mit dem unifor-

---

8 *Ott/Wächtler*, § 9, Rz. 6; *Köhler/Dürig-Friedl*, § 9, Rz. 4.
9 Obwohl hierbei die gesetzliche Festlegung auf »volljährig« durch »geeignet« ersetzt wird, nimmt diese Interpretation der gesetzlichen Regelung nicht ihren Sinn. Dem Versammlungsgesetzgeber von 1953 kam es vor allem darauf an, Ordnungsaufgaben nur Person mit einer vom Alter her gegebenen Reife vorzubehalten. Insoweit entfernt sich eine Umdeutung von »volljährig« in »geeignet« nicht von dem, was der Gesetzgeber gewollt hat, sodass für eine so geartete verfassungskonforme Auslegung Raum bleibt. Vgl. *Hesse*, Rz. 80, mit den dort angegebenen Hinweisen auf Rechtsprechung des BVerfG.
10 *Ott/Wächtler*, § 9, Rz. 7.
11 *Breitbach*, in: Ridder u. a., § 9, Rz. 17.

men Auftreten keiner gemeinsamen politischen Gesinnung Ausdruck verliehen werden soll.

Die Farbe der Aufschrift »Ordner« ist nicht vorgeschrieben. Braune Farbe und braune Aufschrift in Frakturlettern sind allerdings wegen ihrer Nähe zu nationalsozialistischen Symbolsprache, die gern von rechtsextremistischen Gruppierungen adaptiert wird, zu unterbinden. Befindet sich auf der Armbinde ein Stempel, der lediglich den Eigentümer ausweist, ist dagegen nichts einzuwenden. Anders wäre es, wenn eine Aufschrift »Wählt X-Partei« aufgebracht ist. **11**

Das Tragen der Armbinde ist obligatorisch. Ordner ohne Armbinde oder mit vorschriftswidriger Armbinde haben keine Ordnungsbefugnisse[12]. Sie haben auch nicht den besonderen Schutz aus § 22. **12**

III. Mitteilungspflicht des Leiters

1. Mitteilung der Ordnerzahl

Die Mitteilungspflicht aus § 9 Abs. 2 Satz 1 besteht ausschließlich für den Leiter; für den Veranstalter nur, wenn er die Leitungsbefugnisse nicht übertragen hat, sodass er nach der gesetzlichen Regelvermutung in § 7 Abs. 2 auch gleichzeitig als Leiter gilt. **13**

Mitzuteilen ist lediglich die Zahl der bestellten Ordner, und das nur auf polizeiliche Anforderung. Die Anforderung der Polizei, die Zahl der Ordner mitzuteilen, ist zwar ein Verwaltungsakt[13], aber kein Eingriff in die grundrechtlich geprägte Organisationsgewalt des Leiters[14]. Für den Leiter besteht keine positive, sondern nur eine negative Informationspflicht. Die Mitteilung ist nicht formgebunden, sie kann auf jede Weise übermittelt werden[15]. Entscheidend ist ihre Richtigkeit. **14**

2. Änderung der mitgeteilten Ordnerzahl

Sofern sich die Zahl der Ordner nach Mitteilung gravierend ändert, ist allerdings von einer positiven Unterrichtungspflicht des Leiters an die Polizei auszugehen. Sie folgt aus dem Sinn der Regelung, die richtige Angaben fordert. Sofern sich aus der verschwiegenen fehlerhaften Angabe der Ordnerzahl Gefahrentatbestände ergeben, kann durch entsprechende Verfügung verlangt werden, eine angemessene Anzahl von Ordnern einzusetzen, um einen friedlichen Verlauf der Versammlung zu gewährleisten. **15**

---

12 *Ott/Wächtler*, § 9, Rz. 11.
13 *Breitbach*, in: Ridder u. a., § 9, Rz. 27.
14 *Breitbach*, in: Ridder u. a., § 9, Rz. 23.
15 *Breitbach*, in: Ridder u. a., § 9, Rz. 27.

IV. Polizeiliche Befugnisse

1. Rechtscharakter der Beschränkungsanordnung

16 Die Anordnung, die die Zahl der Ordner beschränkt, ist ein Verwaltungsakt, der seinem Inhalt nach als unselbständige Verfügung zu qualifizieren ist. Zuständig für den Erlass der Verfügung ist die Polizei (zum Begriff siehe Rz. 1 zu § 12). Adressat der Verfügung ist der Leiter, nicht der Veranstalter. Die Verfügung kann mit Zwangsgeld durchgesetzt werden.

17 Gegen die Verfügung hat der Leiter den Rechtsbehelf des Widerspruchs. Der Widerspruch hat keine aufschiebende Wirkung, soweit es sich bei der Verfügung ausnahmsweise um eine unaufschiebbare Anordnung eines Polizeivollzugsbeamten handelt (§ 80 Abs. 2, Nr. 2 VwGO).

2. Umfang der Beschränkungsbefugnis

18 § 9 Abs. 2 berechtigt die Polizei, sowohl Auskunft über die Zahl der Ordner zu verlangen als auch die Zahl der Ordner zu begrenzen. Das kann formlos geschehen. Die Berechtigungen enden erst, wenn die Versammlung für beendet erklärt wird.

19 Die Missachtung von Verfügungen, die die Angabe der Zahl der Ordner verlangen oder die Zahl der Ordner beschränken, rechtfertigt im Falle der Nichtbeachtung weder ein Verbot noch eine Auflösung der Versammlung. Der Leiter begeht lediglich eine Ordnungswidrigkeit nach § 29 Abs. 1 Nr. 6 bzw. 7[16].

3. Weiter gehende Befugnisse

20 Weiter gehende polizeiliche Befugnisse sind aus § 9 Abs. 2 nicht abzuleiten. So besteht insbesondere kein Informationsanspruch gegenüber dem Leiter, Angaben über die Identität sowie die Persönlichkeit der vorgesehenen Ordner Auskunft zu geben, die die Beurteilung der Eignung für die Wahrnehmung von Ordnerfunktionen zulassen. Solche Informationen können vom Leiter wie vom Veranstalter nur verlangt werden, wenn Tatsachen darauf schließen lassen, dass mit der Einsetzung ungeeigneter Ordner Verbotstatbestände nach § 5 Nr. 2 und 3 angestrebt oder in Kauf genommen werden.

21 Die Befugnis der Polizei, die Zahl der Ordner nach oben zu beschränken (§ 9 Abs. 2 Satz 2), schließt nicht die Befugnis ein, eine angemessene Mindestzahl von Ordnern zu verfügen. Eine solche Anordnung kann bei bevorstehenden Versammlungen nur auf § 5 Nr. 2, 3 oder 4, bei bereits begonnenen Versammlungen nur auf § 13 Abs. 1 Nr. 2, 3 oder 4 gestützt

---

16 *Ott/Wächtler*, § 9, Rz. 16.

werden, wenn sie als Minusmaßnahme geeignet ist, sonst gegebene Verbotstatsachen oder Auflösungsgründe auszuräumen.

Sofern Ordner unter Missbrauch ihrer übertragenen Befugnisse oder in **22** sonstiger Weise den Versammlungsablauf stören, ist ihnen die Ordnungsbefugnis zu entziehen und sie sind wie andere Teilnehmer vom Leiter von der Versammlung auszuschließen (§ 11 Abs. 1). Bleibt der Leiter in einem solchen Falle nach entsprechender polizeilicher Intervention untätig, kann die Polizei den Ausschluss und die Entfernung des Ordners von sich aus anordnen und durchsetzen (Rz. 5 und 9 zu § 11).

§ 10

Alle Versammlungsteilnehmer sind verpflichtet, die zur Aufrechterhaltung der Ordnung getroffenen Anweisungen des Leiters oder der von ihm bestellten Ordner zu befolgen.

I. Pflicht der Versammlungsteilnehmer

1. Zum Begriff Versammlungsteilnehmer

1 Versammlungsteilnehmer (Rz. 236 zu § 1) sind alle Personen, die durch Anwesenheit und Teilhabe an den in der Versammlung oder durch die Versammlung artikulierten und publizierten Aussagen in öffentlichen Angelegenheiten Anteil nehmen. Anteilnahme kann Zustimmung oder Ablehnung sein. Beides kann ausdrücklich oder durch schlüssiges Verhalten, etwa durch widerspruchsloses Dabeisein, geäußert werden.

Teilnahme setzt Anteilnahme voraus. Wer zu anderen Zwecken in einer Versammlung anwesend ist, beispielsweise Bedienungspersonal oder fliegende Händler u. a., ist nicht Teilnehmer, unterliegt aber den Vorschriften des § 2 Abs. 2 und Abs. 3 (Rz. 8 zu § 2). Gegen Nichtteilnehmer im Versammlungsraum richtet sich auch das versammlungsbezogene Hausrecht aus § 7 Abs. 4.

2 Anders ist es bei Pressevertretern. Selbst wenn sie ohne eigene Anteilnahme lediglich als Beauftragte eines Publikationsorgans anwesend sind, gelten sie als Teilnehmer, quasi als Vertreter der interessierten Öffentlichkeit, die sie informieren sollen.

2. Umfang der Pflicht

3 Aus § 10 ergibt sich eine öffentlich-rechtliche Pflicht. Sie besteht für die Dauer der Teilnahme an der Versammlung, auch für die Zeit einer Unterbrechung. Inhaltlich besteht sie in der Verpflichtung, den Anweisungen, die

Leiter oder Ordner zur Aufrechterhaltung der Ordnung geben, nachzukommen. Dabei sind Weisungen der Ordner, die Weisungen des Leiters widersprechen, unverbindlich.

II. Anweisungen des Leiters und der Ordner

1. Allgemeines

§ 10 begründet Pflichten der Teilnehmer, im Umkehrschluss Befugnisse des **4** Leiters und der Ordner gegenüber Teilnehmern. Das Weisungsrecht des Leiters gegenüber Ordnern ergibt sich aus § 9 Abs. 1 Satz 1 (»bedienen«). Für Ordner enthält § 10 eine eigene Befugnisnorm[1].

Die Befugnis des Leiters und der Ordner, Weisungen zur Sicherung der Ordnung zu geben, stützt sich auf öffentliches Recht, nicht auf das Hausrecht. Gleichwohl sind Leiter und Ordner nicht Beliehene[2]. Die von ihnen gegebenen Weisungen sind keine Verwaltungsakte[3].

Weisungen dürfen nur im Rahmen der §§ 8, 10 und 11 Abs. 1 erteilt werden. Soweit dem Leiter das Hausrecht zusteht, kann er es gegenüber Personen ohne Teilnahmerecht ausüben und hierzu Anordnungen geben (Rz. 13 zu § 7).

2. Weisungen des Leiters

Der Leiter kann generelle und spezielle Weisungen geben. Er kann z. B. **5** Personen, die bewaffnet erscheinen oder in der Einladung ausgeschlossen wurden, das Betreten des Versammlungsraums untersagen, und Ordner beauftragen, diese Weisung durchzusetzen. Er nimmt damit eine aus § 13 Abs. 1 Nr. 3 folgende Pflicht wahr. Das Weisungsrecht aus § 10 besteht nur gegenüber Teilnehmern[4].

Der Leiter kann seine Anweisungen auch pauschalieren, etwa störenden Lärm zu unterlassen. Er kann auch Einzelweisungen erteilen. Weisungen, die dem ordnungsgemäßen Ablauf der Versammlung dienen, müssen befolgt werden. Weisungen, die keinen Ordnungsbezug haben, etwa Respekt zu erweisen, sich von den Plätzen zu erheben oder die Nationalhymne mitzusingen, brauchen nicht beachtet zu werden[5].

---

1 *Ott/Wächtler*, § 8 Rz. 3; *Breitbach*, in: Ridder u. a., § 8 Rz. 13; a. A. *Gusy*, Rz. 420.
2 Vgl. dazu § 1, Rz. 235 u. § 8, Rz. 2; a. A. *Wolff/Bachof*, VerwR III, § 131 II b; *Wolff/Bachof/Stober*, VerwR II, § 104 I 2, *Gusy*, JuS 1986, 612.
3 So auch *Ott/Wächtler*, § 8, Rz. 3.
4 *Breitbach*, in: Ridder u. a., § 10, Rz. 9.
5 *Köhler/Dürig-Friedl*, § 10, Rz. 2.

3. Weisungen des Ordners aus abgeleitetem Recht

6 Auch Ordner haben gemäß § 10 die Befugnis, den Versammlungsteilnehmern Weisungen zu erteilen. Sie sind aber an die Rahmenweisungen des Leiters gebunden. Soweit ihre Anordnungen im Widerspruch zu den Weisungen des Leiters stehen (erkennbar z. B. bei Lautsprecherdurchsagen des Leiters), brauchen sie nicht befolgt zu werden[6]. Der Leiter kann Weisungen der Ordner durch eigene Anordnungen korrigieren oder aufheben.

4. Umfang von Weisungen

7 Die zur Aufrechterhaltung der Ordnung erteilten Weisungen müssen sich auf das Verhalten der Teilnehmer in der Versammlung beziehen. Sie müssen den äußeren Ablauf der Versammlung betreffen und sich im Rahmen der üblichen »Spielregeln der öffentlichen Diskussion« (Begründung des Regierungsentwurfs) halten. Zwischenrufe, Missfallenskundgebungen sowie geäußerte Gegenmeinungen können die Diskussion beleben und dürfen nicht durch Weisungen untersagt werden[7]. Diskussionsbeiträge, die abwegig sind und nicht der Meinungsbildung dienen (Teilnehmer will Witz erzählen), können durch Weisung unterbunden werden.

5. Durchsetzung von Weisungen

8 Leiter und Ordner haben keine Zwangsbefugnisse. Sie dürfen Gewalt gegen Personen nur im Falle der Notwehr anwenden. Sonst sind sie auf polizeiliche Hilfe angewiesen.

Das Recht zur Zwangsanwendung kann auch nicht aus § 13 Abs. 1, Nr. 3 (»und für die Durchführung des Ausschlusses sorgt«) hergeleitet werden. Die Pflicht, für die Durchführung des Ausschlusses zu sorgen, besteht darin, polizeiliche Hilfe, soweit sie rechtzeitig erreichbar ist, in Anspruch zu nehmen[8]. Das Notwehrrecht bleibt unberührt (vgl. aber Rz. 9).

9 Nach § 11 Abs. 1 ausgeschlossene Teilnehmer haben das Recht auf Teilnahme an der aktuellen Versammlung verloren. Gegen sie kann das Hausrecht geltend gemacht werden. Da das Hausrecht wehrfähig ist, kann es in besonderen Fällen auch zulässig sein, Gewalt anzuwenden. Zu beachten ist jedoch, dass die Gewaltanwendung als Notwehrmaßnahme nur dann *erforderlich* (im Sinne des § 227 BGB bzw. des § 32 StGB) ist, wenn polizeiliche Hilfe nicht oder nicht rechtzeitig erreicht werden kann.

---

6 *Breitbach*, in: Ridder u. a., § 10, Rz. 8; *Köhler/Dürig*, § 10, Rz. 3.
7 *BVerfG*, NJW 1995, 3112; *BVerfGE*, 84, 203 (209).
8 *Ott/Wächtler*, § 11, Rz. 4.

§ 11

(1) Der Leiter kann Teilnehmer, welche die Ordnung gröblich stören, von der Versammlung ausschließen.

(2) Wer aus der Versammlung ausgeschlossen wird, hat sie sofort zu verlassen.

I. Ausschluss durch den Leiter

1. Das Ausschlussrecht

Nur der Leiter hat das Ausschlussrecht, nicht die Ordner[1]. Es besteht nur **1** gegenüber Teilnehmern öffentlicher Versammlungen in geschlossenen Räumen[2]. Gegen Nichtteilnehmer kann er nur aufgrund des Hausrechts (§ 7 Abs. 4) tätig werden[3]. Der Ausschluss gilt nur für die aktuelle Versammlung. Er beendet das Recht auf Teilnahme. Der Betroffene unterliegt danach dem Hausrecht. Die Ausschlussanordnung muss für den Betroffenen verständlich sein. Sie kann vom Leiter zurückgenommen werden[4]. Nachdem der Leiter einer Gruppe von Störern den Ausschluss angekündigt hat, kann er Ordner anweisen, diejenigen zum Verlassen des Versammlungsraums aufzufordern, bei denen eine Fortsetzung der Störungen festgestellt wird[5].

Die Ausschlussanordnung ist Ermessensentscheidung (»kann«) des Lei- **2** ters[6]. Der Ermessensspielraum ist limitiert. Die untere Grenze beginnt bei der groben Ordnungsstörung. Solange die Ordnung nicht gröblich gestört ist, hat der Leiter auch kein Ausschlussrecht nach § 11 Abs. 1. Die obere

1 *Köhler/Dürig-Friedl*, § 11, Rz. 1.
2 *VGH Mannheim*, DÖV 1990, 572.
3 *Breitbach*, in: Ridder u. a., § 11, Rz. 7.
4 *Köhler/Dürig-Friedl*, § 11, Anm. 3.
5 *OLG Hamm*, NJW 1967, 1669 f.
6 *Breitbach*, in: Ridder u. a., § 11, Rz. 13, sieht in der Ausschließungsbefugnis einen Teil der grundrechtlich legitimierten Organisationsgewalt.

Grenze liegt dort, wo der Ausschluss nach dem Gesetz obligatorisch ist. Der Leiter hat dann keine andere Möglichkeit als den Ausschluss, so beispielsweise, wenn Teilnehmer unberechtigt mit Waffen erscheinen oder versammlungsrelevante Straftaten begehen (Rz. 5).

Das Ausschlussrecht ist öffentlich-rechtlicher Natur. Gleichwohl ist die Ausschlussanordnung des Leiters, da er kein Beliehener ist, kein Verwaltungsakt[7].

3   Das Hausrecht des Leiters (soweit es ihm übertragen ist) wird durch § 11 Abs. 1 eingeschränkt. Es kann nicht gegenüber Versammlungsteilnehmern geltend gemacht werden, wohl aber gegen Teilnehmer nichtöffentlicher Versammlungen[8] und solche Personen, die nicht Teilnehmer oder nach Ausschluss nicht mehr Teilnehmer sind (Rz. 1). Das gilt auch für den ursprünglichen Inhaber des Hausrechts, wenn das Hausrecht nicht auf den Veranstalter oder Leiter übertragen wurde. Die Überlassung eines Raumes für Versammlungszwecke bedeutet für den Überlasser (regelmäßig Vermieter) eine Beschränkung des Hausrechts gegenüber den tatsächlichen und potenziellen Teilnehmern der Versammlung. Ein Ausschluss, der nicht nach § 11 Abs. 1 zulässig ist, kann auch nicht unter Berufung auf das Hausrecht angesprochen werden. Das Ausschlussrecht ist »nicht Ausfluss des zivilrechtlichen Hausrechts, sondern eine öffentlich-rechtliche Ordnungsvorschrift«[9].

2. Grobe Ordnungsstörung

4   Mit dem Ausschlussrecht als stärkstes Mittel hat der Leiter es in der Hand, einerseits den Ablauf der Versammlung im Sinne seiner Ordnungsvorstellungen zu gestalten und andererseits seinen Verpflichtungen zur Einhaltung des Friedlichkeitsgebot zu entsprechen, wie sie sich insbesondere aus § 13 Abs. 1 Nr. 2, 3 und 4 ergeben. Ein Ausschluss ist nur bei *grober* Ordnungsstörung zulässig.

5   Die Ordnung i. S. des § 11 Abs. 1 ist eine funktionsbezogene Ordnung, also eine Ordnung, die im Rahmen eines kommunikativen Grundrecht zu beachten ist. Diese Ordnung prägt den Sinn und Zweck der Veranstaltung.

---

7 *Gallwas*, JA 1986, 489; *Quilisch*, S. 233 ff., weist darauf hin, dass ein vom Leiter ausgeschlossener Teilnehmer die Rechtmäßigkeit des Ausschlusses zivilgerichtlich durch Feststellungsklage überprüfen kann.

8 Nichtöffentliche Versammlungen (wie z. B. solche von politischen Parteien, Gewerkschaften oder sonstigen Vereinigungen) genießen zwar Grundrechtsschutz, unterliegen aber nur eingeschränkt den Bestimmungen des Versammlungsgesetzes (Rz. 226 ff. zu § 1). Auf die Leitung bezogene Bestimmungen kommen kaum zum Tragen, weil es in diesen Fällen regelmäßig eine zu beachtende Versammlungsordnung gibt. Ähnlich *Gusy*, Rz. 419.

9 *Wolff/Bachof*, VerwR III, § 131 II b.

Sie verlangt auch, dass die Austragung unterschiedlicher, auch kontroverser Auffassungen zulässig ist. In diesen Grenzen und im Rahmen seines Organisationsrechts ist der Leiter verpflichtet, die Friedlichkeit der Versammlung zu gewährleisten[10]. Da öffentliche Versammlungen ein Forum zum Austausch und zur Kundgabe – auch kontroverser – Meinungen sind, dürfen Äußerungen, die den Intensionen des Veranstalters nicht entsprechen, nicht als Störung angesehen werden.

Anders als eine Störung i. S. des § 8, die an die Definitionsmacht des Leiters gebunden ist, hat die *grobe Störung* eine andere Qualität[11]. Danach ist die Ordnung nur dann gröblich gestört, wenn das Störverhalten den ordnungsgemäßen Ablauf der Versammlung in Frage stellt. Bei Beurteilung dieser Frage ist die Eigenart der Versammlung zu berücksichtigen. Eine grobe Störung ist regelmäßig anzunehmen, wenn die Beeinträchtigung nach Form und Inhalt des Verhaltens so schwer ist, dass nur die Beseitigung der Störung als Alternative zur Unterbrechung oder Auflösung der Versammlung in Betracht kommt[12].

Grobe Störungen i. S. des § 11 Abs. 1 können den Tatbestand des § 21 erfüllen. Da in diesen Fällen die Störer gleichzeitig Straftäter sind, ist die Polizei verpflichtet, tätig zu werden. Gegen die Straftäter ist mit den Mitteln des allgemeinen Polizeirechts bzw. des Strafverfahrensrechts vorzugehen. Sie können sich nicht auf den Schutz des Art. 8 GG berufen[13].

Auch Berichterstatter können gröblich stören. Das ist beispielsweise **6** dann gegeben, wenn sie sich an Gewalthandlungen beteiligen oder Störer auffordern, ihre Aktionen für Bild- oder Filmaufnahmen zu wiederholen[14]. Störende Geräusche bei Fernsehaufnahmen sind keine grobe Störung.

Störungen können akustisch (anhaltender Lärm, Sprechchöre), durch **7** Zeichen (Zeigen von Plakaten beleidigenden, z. B. Leugnung der rassisch motivierten Vernichtung der jüdischen Bevölkerung im NS-Regime, oder verfassungswidrigen Inhalts) oder sonstiges grob störendes Verhalten (Werfen von Rauch- oder Stinkbomben) erfolgen. Auch die Begehung von Straftaten ist Störverhalten. Soweit es sich dabei um versammlungsrelevante Straftaten nach § 13 Abs. 1 Nr. 2, 3 oder 4 handelt, die eine Auflösung rechtfertigen, ist der Ausschluss nicht nur zulässig, sondern geboten.

---

10 *BVerfG*, NJW 1995, 3110 (3112); *BVerfG* 84, 203 (209); *Röllecke*, NJW 1995, 3101.
11 *Breitbach*, in: Ridder u. a., § 11, Rz. 9.
12 *Breitbach*, in: Ridder u. a., § 11, Rz. 10; *Köhler/Dürig-Friedl*, § 11, Rz. 2.
13 *BVerfGE* 84, 203 (209 f.).
14 So im Ergebnis auch *Dose*, DRiZ 1969, 75.

II. Polizeiliche Maßnahmen

1. Allgemeines

8   Das Ausschlussrecht des Leiters zwingt die Polizei nicht zur Untätigkeit. Wenn Teilnehmer nicht nur den geordneten Ablauf der Versammlung stören, sondern gewalttätig werden, Gefahr für Leben oder Gesundheit anderer Teilnehmer verursachen, Waffen bzw. den Waffen gleichgestellte gefährliche Gegenstände mitführen oder von Amts wegen zu verfolgende Straftaten begehen bzw. dazu auffordern oder anreizen und der Leiter im Widerspruch zu seiner Ordnungspflicht (§ 8 Satz 2) nicht eingreift, muss die Polizei ihn zum Tätigwerden auffordern. Sofern der Leiter diese Aufforderung missachtet, darf die Polizei die Versammlung nicht auflösen, sondern muss im Sinne des § 13 Abs. 1 Satz 2 zum Schutz der anwesenden friedlichen und rechtstreuen Teilnehmer unmittelbar gegen die Störer vorgehen. Das kann bis zum Ausschluss aus der Versammlung gehen[15]. Dadurch werden die Rechte des Leiters nicht unzulässig verkürzt. Die Polizei darf auch einschreiten, wenn Teilnehmer gegen willkürlichen Gebrauch der Rechte des Leiters oder seiner Ordner zu schützen sind[16].

2. Polizeiliche Eingriffbefugnisse

9   Die gesetzliche Befugnis zu polizeilichen Maßnahmen in den bei Rz. 6 und 7 genannten Fällen ergibt sich aus § 13 Abs. 1 Nr. 2 bzw. 3 oder 4, und zwar aus dem logischen Schlussverfahren a fortiori. Eine Auflösung widerspräche dem Übermaßverbot (Grundsatz der Erforderlichkeit). Die erforderlichen Maßnahmen sind gegenüber der Auflösung der geringere Eingriff. Sie sind damit »andere polizeiliche Maßnahmen« im Sinne des § 13 Abs. 1 letzter Satz.

10   Personen, die rechtswirksam vom Leiter ausgeschlossen werden, verlieren für die aktuelle Versammlung das Teilnahmerecht. Sofern sie die Ausschlussanordnung entgegen § 11 Abs. 2 und § 29 Abs. 1 Nr. 5 nicht befolgen, kann die vom Leiter um Unterstützung gebetene Polizei den Ausschluss durchsetzen. Für entsprechende Maßnahmen gelten Befugnisregelungen des allgemeinen Polizeirechts. Da die Ausschlussanordnung des Leiters keine Verwaltungsaktqualität hat, ist zunächst eine polizeiliche Platzverweisung auszusprechen, bevor unmittelbarer Zwang angewendet werden kann.

Die Pflicht zur Unterstützung des Leiters gehört zu den Schutzaufgaben der Polizei[17].

---

15 *Ott/Wächtler*, § 11, Rz. 9.
16 *Hoffmann-Riem*, AK-GG, Art. 8, Rz. 38.
17 *Hoffmann-Riem*, AK-GG, Art. 8, Rz. 51.

Ermächtigungsgrundlage für Maßnahmen gegen den Leiter, der selbst **11** oder durch Ordner willkürlich Personen ausschließt, ist § 1 Abs. 1, der jedermann Anspruch auf Teilnahme gibt Rz. 241 zu § 1). Das Teilnahmerecht ist bezüglich der Versammlungen in geschlossenen Räumen vom Leiter nur unter den Voraussetzungen des § 11 Abs. 1 einschränkbar. Verfügt der Leiter ohne gesetzliche Ermächtigung den Ausschluss, so ist das Teilnahmerecht gegen die unzulässige Ausübung des Leitungsrechts zu schützen.

Der Leiter kann seine Ausschlussanordnung nicht auf das Hausrecht **12** stützen (Rz. 12 f. zu § 7). Sinn der Befugnisse des Leiters ist Sicherstellung des ordnungsmäßigen Ablaufs der Versammlung, nicht Ermöglichung von Willkür (Rz. 3 zu § 8).

III. Wirkungen des Ausschlusses

Ausgeschlossene Teilnehmer haben die Versammlung sofort zu verlassen. **13** Das gilt für jeden Ausschluss, gleichgültig, ob er vom Leiter oder von der Polizei angeordnet worden ist. Wer rechtmäßig ausgeschlossen ist, ist nicht mehr Teilnehmer (Rz. 13 zu § 7 und 9 zu § 10)[18]. Damit wirkt gegen ihn das Hausrecht, gegen dessen Verletzung Leiter und Ordner die Möglichkeit der Notwehr haben.

Sofort ist nicht im Sinne von unverzüglich (ohne schuldhaftes Zögern) zu interpretieren, sondern im Sinne von augenblicklich.

Einen Anspruch auf Rückerstattung eines etwa gezahlten Eintrittsgeldes **14** hat der Ausgeschlossene nicht.

Der Ausschluss wirkt nur für die laufende Versammlung. Er erstreckt sich nur auf den Versammlungsraum, nicht dagegen auf benachbarte Räume, beispielsweise den Schankraum einer Gastwirtschaft, wenn die Versammlung im Saal durchgeführt wird. Wenn die Störungen von außen fortgesetzt werden, kann nur die Polizei (Rz. 38 ff. zu § 2) eingreifen.

§ 11 Abs. 2 begründet die Pflicht zum sofortigen Entfernen. Die Buß- **15** geldvorschrift (§ 29 Abs. 1 Nr. 5) spricht von *unverzüglichem* Entfernen. Wer sich nicht sofort entfernt, handelt nicht schon ordnungswidrig. Er muss das Sichentfernen schuldhaft verzögern.

Die Ausschließungsverfügung ist eine unaufschiebbare Maßnahme eines **16** Polizeivollzugsbeamten i. S. des § 80 Abs. 2 Nr. 2 VwGO. Ein möglicher Widerspruch hemmt nicht den Vollzug. Der Ausgeschlossene kann aber mit einer Fortsetzungsfeststellungsklage verwaltungsgerichtlich vorgehen.

---

18 *Köhler/Dürig-Friedl*, § 11, Rz. 4.

§ 12

Werden Polizeibeamte in eine öffentliche Versammlung entsandt, so haben sie sich dem Leiter zu erkennen zu geben. Es muss ihnen ein angemessener Platz eingeräumt werden.

ÜBERSICHT   Rz.

I. Polizei in öffentlichen Versammlungen

1. Zum Begriff Polizei

1   Polizei im Sinne des VersG (§§ 9 Abs. 2, 12, 12 a, 13, 18 Abs. 3, 19 Abs. 4, 19 a und die darauf bezogenen Straf- und Bußgeldtatbestände der §§ 26 Nr. 1 und 29 Abs. 1 Nr. 6, 7 und 8) ist die Polizei im institutionellen Sinne[1]. Weil die Durchführung des Versammlungswesens den Ländern vorbehalten ist (Art. 84 Abs. 1 GG), kommen dafür nur die Polizeibehörden und Polizeidienststellen der Länder in Betracht. Sie handeln durch ihre Polizeibeamten.

Die Polizei des Bundes (Bundeskriminalamt und Bundesgrenzschutz) ist zwar Polizei im institutionellen Sinne. Sie hat aber keine versammlungsrechtlichen Kompetenzen[2]. Das gilt auch für den Bundesgrenzschutz bei der Wahrnehmung bahnpolizeilicher Aufgaben, z. B. bei demonstrativen Aktionen auf Bahnanlagen, wie etwa bei Castor-Transporten (Rz. 17 zu § 14).

Die Ordnungsbehörden bzw. Verwaltungsbehörden[3] sind auch dann nicht *Polizei* im Sinne des Versammlungsgesetzes, wenn sie zuständige Versammlungsbehörden (Rz. 17 zu § 14) sind.

---

1 *Brenneisen*, DÖV 2000, 276; ausdrücklich bestimmt in den Zuständigkeitsregelungen der Länder Bayern, Sachsen und Thüringen, vgl. Anh. 8.
2 Das übersieht *Schreiber*, DVBl. 1992, 589, der ohne Angabe von Gründen davon ausgeht, dass auch der BGS versammlungsrechtliche Kompetenzen hat.
3 Zum Begriff *Wolff/Bachof*, VerwR III, § 123 I.

Polizeibeamte im Sinne des § 12 sind die Amtswalter der Polizeibehörden 2
bzw. Polizeidienststellen der Länder, jedoch nur soweit sie in einer Versammlung versammlungsspezifische Aufgaben wahrnehmen.

Polizeibeamte, die zur Strafverfolgung tätig werden, ohne dass ein Zusammenhang mit versammlungsbezogenen Aufgaben gegeben ist, sind
keine entsandten Polizeibeamten im Sinne des § 12. Das gilt sowohl für
verdeckte Ermittler wie im Übrigen für alle Schutz- und Kriminalpolizei-
beamten, die mit speziellen Aufträgen (Maßnahmen zur Verhütung bzw.
Verfolgung von Straftaten) oder in Wahrnehmung von Personenschutzaufgaben tätig werden.

Beamte des BGS sind nur dann Polizeibeamte im Sinne des § 12, wenn sie
gemäß § 12 Abs. 1 Nr. 1 und Abs. 2 BGSG auf Anforderung einer zuständigen Landesbehörde dieser unterstellt und von ihr zu einer Versammlung
entsandt werden. Sie sind dann Amtswalter der Behörde, zu der sie entsandt sind.

Ermittlungsbeamte des Bundeskriminalamtes sind ebenfalls keine entsandten Beamten im Sinne des § 12. Beamte des Verfassungsschutzes sind
keine Polizeibeamten und deshalb auch nicht solche im Sinne des § 12.

2. Kompetenzzuweisung

Das Versammlungsgesetz führen die Länder als eigene Angelegenheit aus 3
(Art. 84 Abs. 1 GG). Der Bund hat insoweit in die Organisationshoheit der
Länder bei der Bestimmung der Zuständigkeiten für die Durchführung des
Versammlungsgesetzes eingegriffen, als er die in §§ 9 Abs. 2, 12 a, 13, 18
Abs. 3, 19 Abs. 4 und 19 a geregelten Befugnisse ausdrücklich der Polizei
im institutionellen Sinne zugewiesen hat. Das drückt sich auch in den Ord-
nungsvorschriften des § 12 aus.

Die Kompetenz zu solchen Regelungen steht dem Bund nach Art. 84
Abs. 1 GG zu[4].

Für diese Kompetenzzuweisung an die Polizei gibt es sachliche Gründe. 4
Im Falle der Auflösung nach § 13 Abs. 1 (bzw. sie ersetzender Minusmaßnahmen) kommt es darauf an, dass die Auflösungsverfügung (bzw. eine sie
ersetzende Minusmaßnahme) ohne Verzug durchgesetzt werden kann.
Gleiches gilt für den Ausschluss von Teilnehmern aus einer Versammlung
unter freiem Himmel (§ 18 Abs. 3) oder aus einem Aufzug (§ 19 Abs. 4).
Die sofortige Durchsetzung gebotener Maßnahmen (Auflösung, Minusmaßnahmen, Ausschluss etc.) ist rechtlich zulässig, wenn es sich dabei um
unaufschiebbare Anordnungen von Polizeivollzugsbeamten nach § 80
Abs. 2 Nr. 2 VwGO handelt. Ein möglicher Widerspruch durch Betroffene
hat keine aufschiebende Wirkung. Die Durchsetzung dieser Anordnungen

---

4 *Lerche*, in: Maunz/Dürig, Art. 83, Rz. 37.

ist auch tatsächlich möglich, weil die Polizei (und nur die Polizei) die erforderlichen Mittel hierfür hat[5].

Auch für die Wahrnehmung der Befugnisse aus § 12 a und 19 a kommt nur die Polizei im institutionellen Sinne in Betracht. Datenerhebung durch Anfertigen von Bild- und Tonaufnahmen setzt neben polizeilicher Präsenz auch Erfahrungen im Umgang mit entsprechendem technischen Gerät im Einsatzgeschehen mit manchmal turbulentem Verlauf voraus.

Ein sachlicher Grund für die Zuständigkeitsregelung in den §§ 9 Abs. 2 und 18 Abs. 2 zu Gunsten der Polizei ist nicht erkennbar (Rz. 31 zu § 18).

5   Der mit § 12 zum Ausdruck gebrachte Wille des Gesetzgebers, die Präsenz der Polizei in öffentlichen Versammlungen rechtlich abzusichern, muss im Sinne grundrechtsfreundlicher Organisations- und Verfahrensgestaltung[6], die entsprechende Kompetenz- und Zuständigkeitsregelungen einschließt, interpretiert werden. Der Gesetzgeber war sich bewusst, dass die Polizei nach ihrer personellen und materiellen Ausstattung besonders geeignet ist, den wirksamen Schutz sowohl der Versammlungsfreiheit als auch der bei ihrer Ausübung beeinträchtigten Rechte Dritter mit angemessenen Mitteln zu gewährleisten[7].

3. Zur Versammlung entsandt

6   Zur Versammlung *entsandt* sind Polizeibeamte, die einen speziellen auf die konkrete Versammlung bezogenen Auftrag haben.

Bei kleinen Veranstaltungen gilt auch der Polizeibeamte als *entsandt*, der auf Ersuchen oder von sich aus in einer Versammlung erscheint und versammlungsspezifisch tätig wird. Als *entsandt* gilt schließlich (z. B. bei einem Großeinsatz) auch der Einsatzleiter der Polizei, der von sich aus den Veranstaltungsort aufsucht.

7   Als *entsandt* gelten auch Polizeibeamte, die während einer Versammlung versammlungsspezifische Straftaten feststellen sollen. Das ergibt sich daraus, dass bei versammlungsbezogenen Straftaten Verfolgungsmaßnahmen (Identitätsfeststellung, Festnahme etc.) nicht isoliert getroffen werden können, sondern auch versammlungsrechtliche Maßnahmen (Teilnehmerausschluss, Unterbrechung, Auflösung etc.) erfordern.

Strafverfolgungsauftrag nach § 163 StPO und versammlungsspezifischer Auftrag bestehen nebeneinander. Sie begrenzen sich nicht[8].

---

5 *Gintzel*, Die Polizei 1978, 33 (35); *Gröpl*, Jura 2000, 22.
6 BVerfGE 69, 315 (355).
7 Vgl. dazu die Untersuchung von *Breitenwieser*, S. 9 ff. und passim.
8 A. A. wohl *Pawlita/Steinmeier*, in: Ridder u. a., § 12, Rz. 13.

Der versammlungsbezogene Auftrag muss primär dem Schutz der Versammlung dienen, insbesondere einen friedlichen und ungestörten Verlauf gewährleisten. Dabei sind auch Drittinteressen zu berücksichtigen. **8**

Nicht entsandt sind Polizeibeamte, die sich auf Grund tatsächlicher Anhaltspunkte in eine Versammlung begeben, um einem Tatverdächtigen zu folgen (Observationskräfte, verdeckte Ermittler) oder um nicht versammlungsbezogene Straftaten (z. B. Taschendiebstahl) zu verhüten oder zu verfolgen[9]. **9**

Nicht entsandt im Sinne des §12 sind auch Beamte der Verfassungsschutzämter. Ihre Beamten dürfen nicht beliebig in Versammlungen tätig werden. Es muss sich um Veranstaltungen solcher Organisationen oder Gruppierungen handeln, die auf Grund von Tatsachen im Verdacht verfassungsfeindlicher Bestrebungen stehen und deshalb im Rahmen der Regelungen der Verfassungsschutzgesetze rechtes Objekt der Beobachtung sein dürfen. Eine datenschutzerhebliche Beobachtung öffentlicher Versammlungen ist nur im Rahmen gesetzlicher Ermächtigungen zulässig. Insoweit begegnet die Auffassung *Friedrichs*[10] Bedenken, der die Ämter für Verfassungsschutz als Teil der Öffentlichkeit ansieht und daraus folgert, was eine allgemeine Öffentlichkeit in einer Versammlung wahrnehmen könne, dürfe auch die Exekutive zur Kenntnis nehmen, weil es kein Recht gebe, sich ohne Zeugen zu versammeln. *Friedrich* übersieht, dass diese *Kenntnisnahme* unzulässige grundrechtsbeeinträchtigende Überwachung darstellt und die innere Versammlungsfreiheit beeinträchtigt (Rz. 80 ff. zu §1). Insoweit bestehen auch verfassungsrechtliche Bedenken, weil es für allgemeine Überwachungsmaßnahmen (Rz. 83 zu §1) keinen Gesetzesvorbehalt für Versammlungen in geschlossenen Räumen gibt[11]. **10**

Aus der Schutzfunktion der Polizei (Rz. 5) folgt eine Anwesenheits*pflicht*. Ein Anwesenheits*recht* ergibt sich aus dem Zusammenhang der Regelungen der §§ 12 und § 29 Abs. 1 Nr. 8. Der Leiter handelt ordnungswidrig, wenn er entsandten Polizeibeamten die Anwesenheit verweigert. Diese Bestimmungen gehen folglich von einem Anwesenheitsrecht entsandter Polizeibeamter aus[12]. **11**

Fraglich ist, ob die Präsenz der Polizei in der Versammlung bereits ein Eingriff in Grundrechte Versammlungsbeteiligter ist, wie *Zeitler* meint[13].

Bei öffentlichen Versammlungen in geschlossenen Räumen kommt wegen der Öffentlichkeit der Veranstaltung kaum eine Beeinträchtigung der aus

---

9 *Pawlita/Steinmeier*, in: Ridder u. a., § 12, Rz. 12, sehen jeden Polizeibeamten als entsandt an, der einer Versammlung aus einem dienstlichen Interesse beiwohnt.
10 Einsatz von V-Leuten durch die Ämter für Verfassungsschutz, 1981, S. 96.
11 So auch *Pawlita/Steinmeier*, in: Ridder u. a., § 12, Rz. 6.
12 *Henninger*, DÖV 1998, 716.
13 *Zeitler*, Rz. 366 f.; *Schnur*, VR 2000, Fn. 9.

Art. 13 Abs. 1 GG folgenden Ansprüche des Berechtigten, also des Leiters als Inhaber des Hausrechts, in Betracht. Gedacht werden könnte allenfalls an einen Informationseingriff. Das gilt dann auch für Versammlungen unter freiem Himmel. Davon könnte ausgegangen werden, wenn die bloße Anwesenheit von Polizeibeamten in der Versammlung bereits eine Beeinträchtigung des Rechts auf informationelle Selbstbestimmung wäre. Sie müsste dann als Observation verstanden werden, die als Minusmaßnahme zur Datenerhebung durch Bild- und Tonaufnahmen gemäß § 12 a Abs. 1 nur bei erheblicher Gefahr für die öffentliche Sicherheit oder Ordnung zulässig ist. Das ist aber zu weitgehend. Observation ist *zielgerichtete* Beobachtung von Personen und Sachen, sei es, um offen oder verdeckt Tatsachen zur Beweiserhebung zu ermitteln, sei es, um potenzielle Rechtsverletzungen zu verhindern. Da die Entsendung von Polizeibeamten in eine öffentliche Versammlung primär dem Schutz der Versammlung und der Rechte etwa beeinträchtigter Dritter durch Interessenausgleich dient, ist polizeiliche Anwesenheit nicht schon als Observation anzusehen. Soweit aber Tatsachen die Annahme rechtfertigen, dass es in einer Versammlung zu schwer wiegenden Rechtsverletzungen kommen wird, ist eine offene oder verdeckte Observation als Minusmaßnahme auf die Befugnisnorm des § 12 a Abs. 1 zu stützen. § 12 bietet hierfür keine Ermächtigungsgrundlage[14].

Neben der Zugangsberechtigung begründet § 12 auch eine allgemeine Zuständigkeitsvermutung zugunsten der Polizei für alle Maßnahmen zum Schutz der Versammlung im Allgemeinen und der Teilrechte der Versammlungsfreiheit im Besonderen, und zwar für Fälle, für die es keine ausdrückliche Zuständigkeitsregelung gibt, bei denen es aber auf Anwesenheit von Amtswaltern ankommt.

12   Die Zahl der zum Schutze der Versammlung entsandten Beamten ist nicht unbeschränkt. Sie darf nicht ungerechtfertigt so hoch sein, dass Personen sich in ihrer inneren Versammlungsfreiheit durch den Eindruck übermäßiger Überwachung beeinträchtigt und deshalb von der Teilnahme abgehalten werden[15].

13   Entsandte Polizeibeamte können nicht ausgeschlossen werden[16]. Unzulässig ist auch, wenn Leiter oder Ordner entsandten Polizeibeamten den Zutritt zur Versammlung verweigern. Die Verweigerung durch den Leiter ist ordnungswidrig (§ 29 Abs. 1 Nr. 8). Notfalls können entsandte Polizeibeamte den Zutritt erzwingen. Das Zutrittsrecht besteht auch, wenn nach § 6 Abs. 1 Personen oder Personenkreise in der Einladung ausgeschlossen

---

14 *Henninger*, DÖV 1998, 717.
15 Vgl. § 1, Rz. 82 mit Hinweis auf *Albers*, Die Polizei 1986, 391; *v. Mutius*, Jura 1988, 31; so auch *Brenneisen/Wilksen*, S. 413 f.
16 *Brenneisen/Wilksen*, S. 414.

sind. Das Anwesenheitsrecht männlicher bzw. weiblicher Polizeibeamter besteht auch bei Versammlungen, zu denen ausschließlich Frauen bzw. Männer eingeladen sind. Darauf sollte allerdings im Interesse vertrauensvoller Kooperation nicht in jedem Fall bestanden werden.

Der Gesetzgeber hat es den Polizeibehörden überlassen, ob überhaupt 14 Polizeibeamte entsandt werden. Daraus folgt, dass der Veranstalter keinen Anspruch auf Entsendung von Polizeibeamten hat. Ist aber zu befürchten dass die Versammlung massiv gestört wird, so kann der Ermessensspielraum so weit reduziert sein, dass allein die Entsendung von Polizeibeamten als einzige richtige Ermessensentscheidung übrig bleibt. Wenn auch der Veranstalter keinen Anspruch auf die Entsendung von Polizeibeamten hat, so kann er doch verlangen, dass die Polizeibehörde von ihrem Ermessen einen dem Sinn der Vorschrift entsprechenden Gebrauch macht[17], also notwendige Maßnahmen zum Schutz der Versammlung trifft.

Das Anwesenheitsrecht gilt nur für öffentliche Versammlungen. Bei 15 nichtöffentlichen Versammlungen bedarf es für den Zutritt gegen den Willen des Berechtigten einer besonderen Ermächtigung aus Polizeirecht oder Strafprozessrecht.

II. Pflichten und Rechte der Polizei

1. Legitimationspflicht

Entgegen der Formulierung des Gesetzes sind nicht alle zu einer Versamm- 16 lung entsandten Polizeibeamten verpflichtet, sich beim Leiter auszuweisen[18]. Die Verpflichtung besteht nur für den oder die Beamten, die mit dem Leiter unmittelbar Kontakt aufnehmen. Polizeibeamte, die als geschlossene Einheit in Reserve gehalten werden, sind zwar entsandt, nicht aber zur Legitimation verpflichtet[19]. Besonders bei Großveranstaltungen ist es weder realisierbar noch sinnvoll, dass sich jeder am Einsatz beteiligte Polizeibeamte ausweist. Aus dem Sinne des Gesetzes folgt lediglich, dass die entsandten Polizeibeamten dem Leiter gegenüber nicht anonym bleiben dürfen. Sofern es Kooperationsgespräche vor Versammlungsbeginn gibt, sollten Legitimationsfragen vorab geklärt werden.

Die Ausweispflicht besteht auch für uniformierte Polizeibeamte. Für den 17 Leiter einer Versammlung ist nicht nur wichtig zu wissen, dass die entsandten Beamten Polizeibeamte sind. Sein Interesse erstreckt sich auch darauf

---

17 *Wolff/Bachof*, VerwR III § 125 IV b 2.
18 A. A. *Ott/Wächtler*, § 12, Rz. 5.
19 Differenziert *Ott/Wächtler*, § 12, Rz. 6 f.; a. A. *Pawlita/Steinmeier*, in: Ridder u. a., § 12, Rz. 14, die den Begriff Reserve nicht einsatztaktisch verstehen und deshalb Reservekräfte als nicht entsandt ansehen.

zu erfahren, welcher Behörde die Maßnahmen der entsandten Polizeibeamten zuzuordnen sind. Die örtliche Zuständigkeit der eingesetzten Polizeibeamten ergibt sich regelmäßig aus dem Dienstausweis. Deshalb gehört zum Erkennengeben auch, dass der Leiter der entsandten Polizeibeamten dem Leiter der Versammlung erklärt, welcher Polizeibehörde er angehört[20]. Der Leiter muss wissen, bei welcher Behörde ggf. Widerspruch einzulegen ist.

18   Schließlich soll mit dem Erkennengeben erreicht werden, dass dem Leiter die Anwesenheit von Polizeibeamten bekannt ist, damit er sie gegebenenfalls um Hilfe angehen kann, wenn es ihm nicht gelingt, mit eigenen Mitteln die Ordnung in der Versammlung sicherzustellen.

19   Die Legitimationspflicht besteht auch für Polizeibeamte, die zu einer Versammlung unter freiem Himmel oder zu einem Aufzug entsandt worden sind. Die Gründe sind identisch mit denen, die sich auch für Versammlungen in geschlossenen Räumen ergeben (Rz. 17). Bei Aufzügen zufällig am Wege stehende Polizeibeamte sind nicht *entsandt*, damit entfällt die Legitimationspflicht[21]. *Ott/Wächtler*[22] verneinen die Legitimationspflicht für Polizeibeamte, die zu einem Aufzug entsandt werden, weil § 19 nicht auf § 12 verweist. Richtig ist zwar, dass nur § 18 Abs. 1 auf § 12 verweist. Es gibt aber keinen einleuchtenden Grund für einen Wegfall der Legitimationspflicht. Die Gründe, die für eine Legitimationspflicht bei Versammlungen unter freiem Himmel sprechen, gelten für Aufzüge im gleichen, wenn nicht im höheren Maße. Bei der fehlenden Verweisung in § 19 auf § 12 handelt es sich wahrscheinlich um ein Versehen des Gesetzgebers.

20   Die Missachtung der Legitimationspflicht ist ein Ordnungsverstoß, bewirkt aber nicht die Rechtswidrigkeit polizeilicher Maßnahmen[23].

21   Polizeibeamte, die nicht im Sinne des § 12 zur Versammlung entsandt, sondern aus einem anderen dienstlichen Grund (Rz. 9) anwesend sind, unterliegen nicht der Legitimationspflicht. Dies gilt besonders dann, wenn die Erfüllung der Legitimationspflicht dazu führt, dass die Wahrnehmung des jeweils dienstlichen Auftrags vereitelt wird.

22   Ist es aber aus aktuellem Anlass geboten, dass Polizeibeamte, die ursprünglich keinen versammlungsspezifischen Auftrag hatten (Rz. 9), versammlungsspezifisch tätig werden müssen, so sind sie verpflichtet, sich beim Leiter der Versammlung zu erkennen zu geben und zu legitimieren.

---

20 *Brenneisen/Wilksen*, S. 414.
21 *Pawlita/Steinmeier*, in: Ridder u. a., § 12, Rz. 21.
22 § 12, Rz. 6.
23 A. A. *Pawlita/Steinmeier*, in: Ridder u. a., § 12, Rz. 16.

2. Recht auf angemessenen Platz

Die entsandten Polizeibeamten haben Anspruch auf einen angemessenen 23
Platz. Ein Platz gilt als angemessen, wenn sichergestellt ist, dass der Versammlung der notwendige Schutz gewährt werden kann. Der Leiter der Versammlung muss erreichbar sein. Es muss die Möglichkeit bestehen, den Redner zu hören und die Versammlungsteilnehmer zu sehen. Schließlich muss gewährleistet sein, dass bei einem erforderlichen Einsatz keine unvertretbaren Verzögerungen eintreten.

Die Polizeibeamten sollten nicht an exponierter Stelle (etwa am Vorstandstisch) Platz nehmen, zumal dadurch der Eindruck von Überwachung entstehen kann – auch wenn sie tatsächlich nicht stattfindet.

Der Leiter der Versammlung handelt ordnungswidrig, wenn er den ent- 24
sandten Polizeibeamten keinen angemessenen Platz einräumt (§ 29 Abs. 1
Nr. 8).

§ 12 a

(1) Die Polizei darf Bild- und Tonaufnahmen von Teilnehmern bei oder im Zusammenhang mit öffentlichen Versammlungen nur anfertigen, wenn tatsächliche Anhaltspunkte die Annahme rechtfertigen, dass von ihnen erhebliche Gefahren für die öffentliche Sicherheit oder Ordnung ausgehen. Die Maßnahmen dürfen auch durchgeführt werden, wenn Dritte unvermeidbar betroffen werden.

(2) Die Unterlagen sind nach Beendigung der öffentlichen Versammlung oder zeitlich und sachlich damit unmittelbar im Zusammenhang stehender Ereignisse unverzüglich zu vernichten, soweit sie nicht benötigt werden

1. für die Verfolgung von Straftaten von Teilnehmern oder
2. im Einzelfall zur Gefahrenabwehr, weil die betroffene Person verdächtig ist, Straftaten bei oder im Zusammenhang mit der öffentlichen Versammlung vorbereitet oder begangen zu haben, und deshalb zu besorgen ist, dass von ihr erhebliche Gefahren für künftige öffentliche Versammlungen oder Aufzüge ausgehen.

Unterlagen, die aus den in Satz 1 Nr. 2 aufgeführten Gründen nicht vernichtet wurden, sind in jedem Fall spätestens nach Ablauf von drei Jahren seit ihrer Entstehung zu vernichten, es sei denn, sie würden inzwischen zu dem in Satz 1 Nr. 1 aufgeführten Zweck benötigt.

(3) Die Befugnisse zur Erhebung personenbezogener Informationen nach Maßgabe der Strafprozessordnung und des Gesetzes über Ordnungswidrigkeiten bleiben unberührt.

I. Allgemeines

1   § 12 a regelt in Abs. 1 die Zulässigkeit der Anfertigung von Bild- und Tonaufnahmen bei oder im Zusammenhang mit öffentlichen Versammlungen in

geschlossenen Räumen, in Abs. 2 die Zulässigkeit der Speicherung der gewonnenen Daten sowie die Voraussetzungen ihrer Vernichtung. § 19 a übernimmt diese Regelungen für Versammlungen unter freiem Himmel und Aufzüge.

Das Anfertigen von Bild- und Tonaufnahmen ist als faktischer Grundrechtseingriff zu qualifizieren. Beeinträchtigt sind das Recht auf informationelle Selbstbestimmung (Art. 2 Abs. 1 und Art. 1 Abs. 1 GG) sowie die Versammlungs- und Demonstrationsfreiheit; letzteres Grundrecht hat als lex specialis Vorrang[1]. **2**

Der Schutzbereich von Art. 8 Abs. 1 GG erfasst als innere Versammlungsfreiheit auch die Entschließungsfreiheit bezüglich angstfreier Ausübung des Grundrechts (Rz. 80 zu § 1). Insbesondere die Versammlungs- und Demonstrationsfreiheit setzt in ihrem Freiheitsgehalt voraus, dass die Versammlungsbeteiligten nicht befürchten müssen, wegen oder anlässlich ihrer Grundrechtswahrnehmung staatlicher Überwachung unterworfen und so möglicherweise Adressaten für sie nachteiliger Maßnahmen zu werden[2]. **3**

§ 12 a ist spezielle Ermächtigung für die Anfertigung von Bild- und Tonaufnahmen bei oder im Zusammenhang mit öffentlichen Versammlungen. Sie verdrängt polizeigesetzliche Befugnisnormen zur Videoüberwachung des öffentlichen Raums für die Dauer einer konkreten öffentlichen Versammlung in dem videoüberwachten Bereich[3]. Ob die Befugnisnorm nur die offene oder auch die verdeckte Anfertigung von Bild- und Tonaufnahmen zulässt, ist fraglich. Ob der Versammlungsgesetzgeber die Reduktion auf offene Datenerhebung begrenzen wollte, bleibt unklar[4]. Eine absichtliche Verschleierung bei der Anfertigung von Bild- und Tonaufnahmen ist unzulässig, etwa wenn sich ein Dokumentations- und Beweissicherungstrupp als Fernsehteam tarnt. Dagegen wäre die Positionierung einer Kamera mit der aus einer Wohnung heraus gefilmt werden soll, zulässig, wenn dies zur Funktionssicherung der Übertragung oder aus Gründen der Eigensicherung erfolgt. **4**

Die Einfügung von § 12 a in das Versammlungsgesetz steht im politischen Zusammenhang mit der Einführung des strafbewehrten Verbots der Ver- **5**

---

1 *Heußner*, in: Festschrift für *Simon*, 1987, S. 237; a. A. *Schmitt Glaeser*, Hdb. StR VI, 1989, § 129, Rz. 84 ff.; *Götz*, NVwZ 1990, 116.
2 *OVG Bremen*, NVwZ 1990, 1189; *VG Bremen*, NVwZ 1989, 896 f.; *Gallwas*, JA 1986, 486.
3 *Pieroth/Schlink/Kniesel*, § 14, Rz. 93.
4 Zur Problematik ausführlich *Kniesel*, Polizei heute 1995, 176 f.; *Henninger*, DÖV 1998, 718 f.

mummung[5]. Wenn die Polizei auf der Grundlage des § 12 a Abs. 1 Aufnahmen nur anfertigen können soll, wenn tatsächlich Anhaltspunkte die Annahme rechtfertigen, dass von den Teilnehmern erhebliche Gefahren für die öffentliche Sicherheit und Ordnung ausgehen, so sollte dem Einwand von Versammlungsteilnehmern begegnet werden, ihre Vermummung sei lediglich legitime Verteidigung gegen exzessive Überwachung von Demonstrationen und Versammlungen durch eine unbegrenzt videografierende und registrierende Polizei. Diese gesetzgeberische Absicht wird allerdings dadurch konterkariert, dass sog. Übersichtsaufnahmen zur Einsatzdokumentation bzw. zu Schulungszwecken nicht unter § 12 a Abs. 1 fallen sollen, weil sie nicht mit dem Ziel der Identifizierung der Teilnehmer erstellt würden[6].

Bleiben aber Übersichtsaufnahmen, die aufgrund gegebener technischer Möglichkeiten Identifizierung zulassen, zusätzlich möglich, so wird das Argument, der Demonstrant dürfe darauf vertrauen, dass Aufnahmen nur bei erheblicher Gefahr für die öffentliche Sicherheit angefertigt werden, misstrauische Demonstranten kaum überzeugen können[7].

6   Mit § 12 a soll eine versammlungsspezifische Gefahr abgewehrt werden, sodass das VersG (und nicht die Polizeigesetze) der richtige Regelungsstandort ist. Es geht um die Verhütung von Straftaten, indem erkannte Gewalttäter an Kontrollstellen bei späteren Demonstrationen ggf. mit polizeilichen Maßnahmen belegt werden können[8]. Der Gesetzgeber hat allerdings (wohl versehentlich, aber gleichwohl eindeutig) innerhalb des VersG den falschen Abschnitt (Öffentliche Versammlungen in geschlossenen Räumen) gewählt und die in § 12 a erfolgte Regelung in § 19 a für Versammlungen unter freiem Himmel übernommen. Das ist unverständlich, weil weder Materialien noch Entstehungsgeschichte von § 12 a Regelungsbedarf für Versammlungen in geschlossenen Räumen erkennen lassen; wegen der mit ihnen verbundenen Gefahrenträchtigkeit konnte es nur um Versammlungen und Demonstrationen unter freiem Himmel gehen.

7   Die verfassungsrechtlichen Bedenken gegen die systematisch nicht haltbare Einordnung ergeben sich, weil für Versammlungen in geschlossenen Räumen in Art. 8 Abs. 2 GG kein Gesetzesvorbehalt besteht. Eingriffsermächtigungen für Versammlungen in geschlossenen Räumen können

---

5 So auch *Kunert*, NStZ 1989, 455; *Götz*, NVwZ 1990, 113; krit. dazu *Krauß*, StV 1989, 321.
6 *BT-Drucks.* 11/4359, S. 28 f.
7 *Kunert*, NStZ 1989, 456.
8 Dazu näher *Kniesel*, ZRP 1989, 330 ff. *sowie* ZRP 1992, 165; abl. *Hase*, in: Ridder u. a., § 12 a, Rz. 6 ff., der Maßnahmen nach § 12 a nur zum Zwecke der Strafverfolgung für zulässig hält und damit die grundsätzliche Ausrichtung des VersG auf Gefahrenabwehr und -vorsorge in Frage stellt; zu Recht kritisch *Krüger*, S. 97 f.

grundsätzlich nur aus verfassungsunmittelbaren Gewährleistungsschranken abgeleitet werden[9]. Diese haben außerhalb des Schutzbereichs von Art. 8 Abs. 1 GG liegende Betätigungen zum Gegenstand, dringen aber nicht selber in den Schutzbereich ein. Auf dem Gesetzesvorbehalt des Art. 8 Abs. 2 GG beruhende Schranken beziehen sich dagegen nicht auf Überschreitungen, sondern auf die Grundrechtsausübung selber. Genau das ist in §12 a der Fall, der bei der Wahrnehmung der Versammlungs- und Demonstrationsfreiheit das Anfertigen von Aufnahmen erlaubt. Bei Versammlungen in geschlossenen Räumen wären daher wegen des Fehlens eines Gesetzesvorbehalts informationelle Maßnahmen nach §12 a nur unter den einengenden Voraussetzungen des §13 Abs. 1 als mildere Mittel i. S. von Satz 2 (sog. Minus-Maßnahmen) zulässig. Der Gesetzgeber hätte hier jedes Missverständnis vermieden, wenn die informationellen Befugnisse systematisch richtig im Abschnitt III (Öffentliche Versammlungen unter freiem Himmel und Aufzüge) in einem §15 a geregelt worden wären, was §19 a entbehrlich gemacht hätte.

II. Datenerhebung

1. Allgemeines

Bei der Anfertigung von Bild- und Tonaufnahmen geht es um die Erhebung **8** personenbezogener Daten i. S. der Datenschutzgesetze. Mit Bildaufnahmen lässt sich einerseits die Identität feststellen und andererseits die Teilnahme an einer Veranstaltung registrieren. Zwar sind als Maßnahmen der Datenerhebung nur Bild- und Tonaufnahmen genannt, doch sind damit eingriffsschwächere Maßnahmen nicht ausgeschlossen. So sind etwa Beobachtung und Belauschung ohne Verwendung technischer sowie das Festhalten von personenbezogenen Daten erkannter Störer unter den tatbestandlichen Voraussetzungen des Abs. 1 zulässig.

Jede Datenerhebung nach §12 a setzt eine gesicherte Gefahrenprognose **9** voraus; es müssen tatsächliche Anhaltspunkte dafür vorliegen, dass von den jeweils betroffenen Personen erhebliche Gefahren für die öffentliche Sicherheit ausgehen. Die Erheblichkeit einer Gefahr hängt von der Bedeutung und dem Gewicht der bedrohten Rechtsgüter ab. Insoweit kann eine bloße Gefährdung der öffentlichen Ordnung nicht eine Maßnahme nach §12 a legitimieren.

---

9 So auch *Zeitler*, Rz. 405; *Krüger*, S. 86 f., weist zwar zu Recht darauf hin, dass als Legitimationsgrundlage auch das Friedlichkeitsgebot in Betracht kommt. Nach dem erkennbaren Willen des Gesetzgebers wollte dieser aber mit §12 a eine Befugnisnorm für Versammlungen unter freiem Himmel schaffen. Verfassungsrechtliche Bedenken hat auch *Benda*, in: BK, Art. 8, Rz. 99.

10   Daten dürfen bei oder im Zusammenhang mit öffentlichen Versammlungen erhoben werden. *Bei* bedeutet während, erfasst also die Dauer der Veranstaltung; *im Zusammenhang mit* erlaubt die Datenerhebung vor und nach der Versammlung (An- und Abmarschphase), sofern ein unmittelbarer sachlicher Zusammenhang mit der Ausgangsveranstaltung besteht (z. B. gewalttätige Ausschreitungen bei Folgeaktionen). Für die Phase der organisatorischen Vorbereitung von Versammlungen ist § 12 a nicht anwendbar; hier kann allenfalls auf Befugnisnormen der Polizeigesetze zurückgegriffen werden.

11   Maßnahmen der Datenerhebung nach § 12 a richten sich nicht gegen die Versammlung als solche, sondern nur gegen Störer; Unbeteiligte (Nichtstörer) dürfen nur erfasst werden, wenn es tatsächlich bzw. technisch unvermeidbar ist.

12   Setzen sich Versammlungsteilnehmer unter Berufung auf ihr Recht am eigenen Bild gegen die Anfertigung von Bild- und Tonaufnahmen zur Wehr, liegen rechtswidrige Handlungen vor, ggf. Widerstand gegen die Staatsgewalt, soweit für die Anfertigung die tatbestandlichen Voraussetzungen nach den §§ 12 a, 19 a gegeben sind[10].

2. Übersichtsaufnahmen

13   Übersichtsaufnahmen zur Leitung und Lenkung des Polizeieinsatzes, zur Dokumentation für möglicherweise folgende Ermittlungsverfahren oder zu Zwecken der Aus- und Fortbildung benötigen nach Auffassung des Gesetzgebers keine versammlungsgesetzliche Ermächtigung, weil Grundrechte von Versammlungsteilnehmern dadurch nicht beeinträchtigt würden[11]. Übersichtsaufnahme stellen dann keinen Eingriff in den Schutzbereich des Art. 8 Abs. 1 GG dar, wenn Personen in der Menge bzw. die Menge als solche nur im Monitor sichtbar gemacht werden, ohne dass eine Aufzeichnung erfolgt. Insoweit ist die Situation nicht anders, als wenn das Versammlungsgeschehen mit einem Fernglas beobachtet wird[12]. Übersichtsaufnahmen greifen aber dann in den Schutzbereich des Art. 8 Abs. 1 GG ein, wenn aufgezeichnetes Videomaterial personenbezogen verarbeitet werden kann. Dafür reicht beim heutigen Stand der Technik die Bestimmbarkeit aufgenommener Personen aus[13].

---

10 *Kunert*, NStZ 1989, 456.
11 *BT-Drucks.* 11/4359, S. 28 f.
12 So auch *Geiger*, Verfassungsfragen zur polizeilichen Anwendung der Video-Überwachungstechnologie bei der Straftatbekämpfung, 1994, S. 186; *Riegel*, NVwZ 1990, 745.
13 *Riegel*, NVwZ 1990, 745; *Braun*, Die Polizei 1990, 51; *Kloepfer/Breitkreutz*, DVBl. 1998, 1152; *VG Bremen*, NVwZ 1989, 896; *Krüger*, S. 90, stellt dagegen

Unabhängig davon bleibt der Schutz von Art. 8 Abs. 1 GG vor ausgrei- 14
fender staatlicher Überwachung, die zum Verzicht auf Grundrechtswahrnehmung führen kann (Rz. 80 f. zu § 1). Da Versammlungsteilnehmer nicht
erkennen können, zu welchen Zwecken Bild- und Tonaufnahmen angefertigt werden, können sie auch dann von der Wahrnehmung ihres Grundrechts aus Art. 8 Abs. 1 GG abgeschreckt werden, wenn die Datenerhebung
von Anfang an und ausschließlich zu den oben genannten Zwecken erfolgt.

Wegen des bestehenden Schutzes durch Art. 8 Abs. 1 GG kann das all- 15
gemeine Polizeirecht nicht herangezogen werden. Davon gehen die neuen
Polizeigesetze[14] aus, die für eine spätere Nutzung von Aufnahmen bei Veranstaltungen (z. B. Spiele der Fußball-Bundesligen) für Zwecke der Aus-
und Fortbildung strenge Anforderungen aufstellen. § 12 a hätte daher auch
für Übersichtsaufnahmen, deren Notwendigkeit insbesondere für Einsatz-
leitung und -dokumentation außer Frage steht, eine Regelung treffen müssen. Eine solche wäre ohne Verletzung des Wesensgehalts (Art. 19 Abs. 2
GG) von Art. 8 Abs. 1 GG zu realisieren. Bis dahin sind Übersichtsaufnahmen[15] nur unter den engen Voraussetzungen des § 12 a zulässig.

3. Konkurrenz zu Polizeigesetzen

In den neuen Polizeigesetzen sind Regelungen über die Datenerhebung bei 16
öffentlichen Veranstaltungen und Ansammlungen sowie zur Videoüberwachung kriminalitätsbelasteter öffentlicher Bereiche enthalten[16]. Danach
kann die Polizei bei oder im Zusammenhang mit solchen Veranstaltungen,
die nicht dem VersG unterliegen, personenbezogene Daten, auch durch den
Einsatz technischer Mittel zur Anfertigung von Bild- und Tonaufzeichnungen, von Teilnehmern erheben, wenn Tatsachen die Annahme rechtfertigen,
dass Straftaten oder Ordnungswidrigkeiten begangen werden[17]. Die Landesgesetzgeber sind zu solchen Regelungen gesetzgebungsbefugt, da nach
Art. 74 Nr. 3 GG der Bund eine konkurrierende Gesetzgebungskompetenz
nur für das Vereins- und Versammlungsrecht hat.

Bei öffentlichen Veranstaltungen und Ansammlungen handelt es sich aber 17
eindeutig nicht um Versammlungen i. S. des VersG. Anderseits hat der

---

auf den späteren Zeitpunkt der tatsächlichen Erfassung der Person ab; vgl. *Götz*,
NVwZ 1990, 114; *Niethammer*, BayVBl. 1990, 514.
14 §§ 44 b HSOG; § 15 PolG NW; § 27 Saarl PolG.
15 So auch *Götz*, NVwZ 1990, 114; *Riegel*, NVwZ 1990, 736; *Hase*, in: Ridder u. a.,
§ 12 a, Rz. 21 f.; *Hofmann-Hoeppel*, DÖV 1992, 874 f.
16 § 21 PolGBW; Art. 32 bayPAG; § 24 ASOG Berlin; § 34 PAG Brandenburg; § 30
Brem PolG; § 44 b HSOG; § 32 SOGMV; § 32 Gefahrenabwehrgesetz Nds.; § 15
PolG NW; § 27 Saarl PolG; §§ 25 a, b RhPf PVG; § 16 SOG Sachsen-Anhalt;
§ 33 PAG Thüringen.
17 § 15 Abs. 1 PolG NW.

Bund seine konkurrierende Gesetzgebungszuständigkeit überschritten, als er in § 17 a Abs. 1 und 2 VersG die Verbote von Vermummung und Passivbewaffnung auch auf sonstige öffentliche Veranstaltungen erstreckt hat (Fußn. 20 zu § 17 a). Die §§ 12 a, 19 a VersG gehen den polizeigesetzlichen Bestimmungen zur Videoüberwachung des öffentlichen Raumes vor (Rz. 4). Datenerhebung und Datenspeicherungen während der Dauer der Versammlung sind nur unter den Voraussetzungen des § 12 a VersG zulässig[18].

4. Beschlagnahme privaten Bildmaterials

18 An Bildaufnahmen kann die Polizei auch gelangen, indem sie von privater Seite gemachte Fotos bzw. Filme beschlagnahmt. Die Möglichkeit dazu besteht nach h. M. auch bei Aufnahmen von Journalisten, soweit diese zum selbstrecherchierten Material zählen, das keinem Zeugnisverweigerungsrecht und demzufolge keinem Beschlagnahmeverbot unterliegt[19].

III. Datenspeicherung

19 Werden die angefertigten Bild- und Tonaufnahmen bzw. andere personenbezogene Daten in polizeiliche Sammlungen (Karteien, Dateien) eingestellt, so liegt Datenspeicherung vor. Für diese Phase der Datenverarbeitung werden in § 12 a Abs. 2 nicht die Voraussetzungen für die Aufbewahrung von Daten, sondern nur für ihre Vernichtung geregelt; Ausnahmen vom Vernichtungsgebot sind in den Nrn. 1 und 2 enthalten. Die Vernichtung kann unterbleiben, wenn die Daten als Beweismittel in Strafverfahren gegen Teilnehmer der Versammlung, bei der oder in deren Zusammenhang sie erstellt wurden, benötigt werden oder für versammlungsbezogene präventivpolizeiliche Zwecke zukünftig erforderlich sind.

20 Betroffener i. S. von Nr. 2 ist nicht nur ein tatverdächtiger Beschuldigter, sondern schon der, bei dem davon ausgegangen werden kann, dass er eine Straftat bei oder in Zusammenhang mit der Versammlung vorbereitet hat. Insoweit muss allerdings eine gesicherte Gefahrenprognose den Schluss zulassen, dass von dem jeweiligen Betroffenen nach polizeilichen Erkenntnissen und Erfahrungen unter Berücksichtigung kriminologischer Aspekte in absehbarer Zukunft erhebliche Gefahren bei Versammlungen bzw. Demonstrationen verursacht werden. Entsprechende Speicherungen können in Karteien und Dateien (Datei Landfriedensbruch und verwandte Straftaten) erfolgen.

---

18 Vgl. *Pieroth/Schlink/Kniesel*, § 14, Rz. 93.
19 *BVerfGE* 77, 65 (74 ff.); *Kunert*, NStZ 1989, 456.

IV. Datenverwendung

Für die Phase der Datenverwendung wurde in § 12 a keine ausdrückliche **21**
Regelung getroffen. Es geht aber auch um die Nutzung bzw. Verwendung
von Daten, wenn nach Abs. 2 von der Vernichtung abgesehen werden kann,
sofern die Daten für die in Nr. 1 und Nr. 2 genannten Zwecke benötigt
werden.

Hauptanwendungsfall der Datenverwendung ist die Datenabfrage. An im **22**
Vorfeld von Großdemonstrationen eingerichteten Kontrollstellen können
Daten über auffällig gewordene Personen abgefragt werden. Zielsetzung
muss dabei die Verhütung von Straftaten sein[20]. Allein die Tatsache, dass
über eine abgefragte Person Erkenntnisse vorliegen, reicht nicht für polizeiliche Maßnahmen gegen diese aus. Die Speicherung darf nicht automatisch
zu einem faktischen Teilnahmeverbot für künftige Versammlungen führen.
Das positive Ergebnis der Datenabfrage indiziert die potenzielle Gefährlichkeit für die bevorstehende Versammlung bzw. Demonstration, ist aber
durch weitere konkrete Anhaltspunkte zu belegen (Zugehörigkeit zu einer
als gewalttätig bekannten Szene, in der vor der Versammlung mit Flugblät-
tern zu »Aktionen« aufgerufen worden ist; Depots mit gefährlichen Gegenständen im Sinne von § 2 Abs. 3).

V. Datenvernichtung

Die Vernichtung der angefertigten Bild- und Tonaufnahmen bzw. der sons- **23**
tigen erhobenen Daten ist in § 12 a auf zweifache Weise geregelt. Abs. 2
Nr. 1 und Nr. 2 machen die Vernichtung zum Regelfall und lassen die Speicherung nur ausnahmsweise zu. Abs. 2 Satz 3 enthält darüber hinaus eine
absolute Bestimmung, wonach die Daten nach drei Jahren in jedem Fall zu
vernichten sind.

VI. Datenübermittlung

Für die Datenübermittlung ist keine ausdrückliche Regelung getroffen **24**
worden. Die außerhalb des Versammlungsgesetzes bestehenden Regelungen
(etwa der Polizei- oder Verfassungsschutzgesetze) greifen nicht; die in
§ 12 a Abs. 2 enthaltenen Vernichtungsgebote sind vielmehr auch als
Übermittlungsverbote zu qualifizieren. Zugelassen sind nur die in Abs. 2
Nrn. 1 und 2 vorgesehenen Ausnahmen, also eine Übermittlung zum Zwecke der Strafverfolgung bzw. Gefahrenabwehr. Dabei handelt es sich um
Zweckbindungen, die eine Datenübermittlung der Polizei an den Verfas-

---

20 A. A. *Hase*, in: Ridder u. a., § 12 a, Rz. 16 ff.

sungsschutz ausschließen, weil beide Zwecke außerhalb der Aufgaben des Verfassungsschutzes liegen[21]. Im Hinblick auf landesgesetzliche Übermittlungspflichten (z. B. § 6 LVerfSchG-RhPf.) ist den §§ 12 a, 13 a ein Übermittlungsverbot zu entnehmen.

VII. Sicherstellung von durch Demonstranten gefertigtes Bildmaterial

25 Werden einzelne Polizeibeamte durch Versammlungsteilnehmer gefilmt, stellt sich die Frage der Zulässigkeit der Sicherstellung der Kamera bzw. der gefertigten Bilder[22]. Das Schutzgut öffentliche Sicherheit kann mit dem Recht der Beamten am eigenen Bild tangiert sein, die konkrete Gefahr für die öffentliche Sicherheit in einer unbefugten Veröffentlichung der Fotos liegen. Ein Rechtfertigungsgrund für die fotografierenden Demonstranten liegt in der Regel nicht vor, denn die Polizeibeamten sind keine Personen der Zeitgeschichte i. S. des § 23 Abs. 1 Nr. 1 KUG, auch keine relativen, die durch ein spektakuläres Ereignis in den Mittelpunkt öffentlichen Interesses geraten (etwa bei einer Geiselbefreiung eingesetzte Beamte eines Sondereinsatzkommandos).

26 Geht es nicht um das Filmen einzelner Beamter, sondern um die Dokumentation des polizeilichen Einsatzes als solchen, so steht das Recht am eigenen Bild nur bedingt entgegen, weil die Öffentlichkeitsbindung polizeilichen Einschreitens eine dokumentierende Kontrolle einschließen kann. Abzuwägen sind daher das Kontrollinteresse der Öffentlichkeit, das Persönlichkeitsrecht der Beamten und das staatliche Interesse an der Funktionsfähigkeit der Polizei[23]. Das Kontrollinteresse wird überwiegen, wenn es bei Demonstrationen zum Einsatz von Zwangsmitteln kommt und die Gefahr besteht, dass auch friedliche Versammlungsteilnehmer infolge der Einsatzbedingungen ungewollt, aber unvermeidlich betroffen werden.

---

21 *Krüger*, in: Verfassungsschutz in der Demokratie, 1990, S. 156.
22 Vgl. dazu *Zeitler*, Rz. 408 ff.; zum Feststellungsinteresse bei einer Fortsetzungsfeststellungsklage nach polizeilicher Sicherstellung von Videomaterial vgl. OVG Münster, NJW 1999, 2202.
23 *Hoffmann-Riem*, AK-GG, Art. 8, Rz. 37; dazu ausführlich *Kerber*, Bildberichterstattung über Polizeieinsätze, 1992, S. 38 ff. und 79 ff.

§ 13

(1) Die Polizei (§ 12) kann die Versammlung nur dann und unter Angabe des Grundes auflösen, wenn

1. der Veranstalter unter die Vorschriften des § 1 Abs. 2 Nr. 1 bis 4 fällt, und im Falle der Nr. 4 das Verbot durch die zuständige Verwaltungsbehörde festgestellt worden ist,

2. die Versammlung einen gewalttätigen oder aufrührerischen Verlauf nimmt oder unmittelbare Gefahr für Leben und Gesundheit der Teilnehmer besteht,

3. der Leiter Personen, die Waffen oder sonstige Gegenstände im Sinne von § 2 Abs. 3 mit sich führen, nicht sofort ausschließt und für die Durchführung des Ausschlusses sorgt,

4. durch den Verlauf der Versammlung gegen Strafgesetze verstoßen wird, die ein Verbrechen oder von Amts wegen zu verfolgendes Vergeben zum Gegenstand haben, oder wenn in der Versammlung zu solchen Straftaten aufgefordert oder angereizt wird und der Leiter dies nicht unverzüglich unterbindet.

In den Fällen der Nr. 2 bis 4 ist die Auflösung nur zulässig, wenn andere polizeiliche Maßnahmen, insbesondere eine Unterbrechung, nicht ausreichen.

(2) Sobald eine Versammlung für aufgelöst erklärt ist, haben alle Teilnehmer sich sofort zu entfernen.

ÜBERSICHT

I. Allgemeines

1. Bedeutung der Vorschrift

1 Die Regelungen der §§ 5 und 13 stehen in einem engen Zusammenhang. Sie sind jedoch nicht identisch.

Auch in § 13 sind im Wesentlichen neben persönlichen Gewährleistungsschranken (Art. 18, 21 Abs. 2 und 9 Abs. 2 GG) die der Versammlungsfreiheit zugeordneten sachlichen Gewährleistungsschranken »friedlich und ohne Waffen« konkretisiert[1]. Der Auflösungstatbestand der Nr. 4, der weitergeht als der Verbotsgrund des § 5 Nr. 4, muss verfassungskonform als Konkretisierung immanenter Grundrechtsschranken unter Maßgabe praktischer Konkordanz interpretiert werden[2]. Insgesamt ist die Regelung der Nr. 4 fragwürdig. Sie sollte novelliert werden.

2 Die Auflösungsermächtigungen des § 13 Abs. 1 Nr. 2 bis 4 sind durch gesetzliche Fixierung des Grundsatzes der Erforderlichkeit in Abs. 1 Satz 2 inhaltlich beschränkt.

2. Abschließende Regelung

3 Für versammlungsspezifische Gefahren, die sich aus Versammlungen in geschlossenen Räumen ergeben, ist § 13 die spezielle und abschließende Regelung[3]. Ein Rückgriff auf Befugnisnormen des allgemeinen Polizeirechts ist unzulässig[4].

4 Auf Polizeirecht gestützte polizeiliche Maßnahmen der Gefahrenabwehr sind zulässig, wenn sie sich nicht unmittelbar gegen das Versammlungsrecht richten. Die (mittelbare) Einschränkung des Versammlungsrechts darf nicht

---

1 *Herzog*, in: Maunz/Dürig, Art. 8, Rz. 123.
2 *VGH Mannheim*, DVBl. 1998, 840.
3 *OVG Bremen*, NVwZ 1987, 235; *VGH Mannheim*, DVBl. 1998, 839.
4 *Wolff/Bachof*, VerwR III, § 126 I a; *VGH Mannheim*, NVwZ 1998, 762.

Haupt- oder Teilzweck, sondern nur zwangsläufige Nebenfolge der polizeilichen Maßnahme sein (Rz. 124 ff. zu § 1)[5]. Unberührt bleiben auch polizeiliche Maßnahmen zur Strafverfolgung. Eine zulässige Festnahme nach § 127 StPO impliziert beispielsweise die zwangsläufig damit verbundene Beschränkung des Versammlungsrechts[6].

II. Auflösung

1. Begriff

Auflösung ist Beendigung einer bereits existierenden Versammlung mit dem Ziel, die Personenansammlung aufzuheben. Bei Versammlungen in geschlossenen Räumen gehört dazu das Verlassen des Versammlungsraumes. Insoweit besteht ein wesentlicher Unterschied zur Beendigung der Versammlung durch Schließungserklärung des Leiters (Rz. 10 ff. zu § 8). 5

2. Formvorschriften

Die Auflösungsverfügung ergeht als Allgemeinverfügung (§ 35 Satz 2 VwVfG) in aller Regel mündlich im Versammlungsraum, und zwar durch den verantwortlichen entsandten Polizeibeamten. Sie muss unzweideutig und unmissverständlich zum Ausdruck bringen, dass die Versammlung nicht unterbrochen, sondern aufgelöst ist und dass die Pflicht besteht, den Versammlungsraum zu verlassen[7]. 6

Auch die mündliche Auflösungsverfügung bedarf, abweichend von § 28 VwVfG, einer Begründung. Das folgt aus der insoweit eindeutigen Formulierung »unter Angabe des Grundes« in § 13 Abs. 1. Als Begründung reicht, dass der maßgebende Auflösungsgrund des gesetzlichen Tatbestandes der Nr. 1, 2, 3 oder 4 verständlich bezeichnet wird.

Unterbleibt die Begründung, so ist deshalb die Auflösung nicht rechtswidrig. Das Unterlassen der Begründung ist nur ein leichter Fehler (Unrichtigkeit), der von der erlassenden Behörde mit Wirkung ex tunc formlos berichtigt werden kann[8]. Mit der Auflösungsverfügung sollten Hinweise auf die rechtlichen Folgen der Nichtbeachtung (Rz. 10) verbunden werden.

Die Auflösungsverfügung wird mit Bekanntgabe an die Betroffenen wirksam. Bei tumultartigem Versammlungsverlauf muss sie ggf. mehrfach wiederholt werden. 7

---

5 Zustimmend *VG Schleswig*, Urteil vom 28. 10. 1970, 3 A 126/69; *VGH Mannheim*, DVBl. 1998, 839; *VGH Mannheim*, NVwZ 1998, 762.
6 *OLG Köln*, NPA 317, StGB, § 113, Bl. 65.
7 *Köhler/Dürig-Friedl*, § 13, Anm. 12; *KG Berlin*, NJW 1985, 209.
8 *Erichsen*, in: Erichsen/Ehlers, § 15, Rz. 21.

Im Regelfall ergeht die Auflösungsverfügung als *unaufschiebbare Anordnung* eines Polizeivollzugsbeamten. Sie ist dann auch sofort vollziehbar (§ 80 Abs. 2 Nr. 2 VwGO).

Da die Auflösungsverfügung als Allgemeinverfügung ergeht, bedarf es nicht der vorherigen Anhörung (§ 28 Abs. 1 Nr. 4).

3. Wirkungen

8   Die wirksame Auflösungsverfügung nimmt der Versammlung den versammlungsrechtlichen Schutz. Die Versammlung wird zur bloßen Ansammlung (Rz. 75 zu § 1). Für Maßnahmen zur Durchsetzung der Auflösungsverfügung gilt allgemeines Polizeirecht.

Die Auflösung betrifft immer die gesamte Versammlung und alle Versammlungsbeteiligten (Veranstalter, Leiter, Ordner, Teilnehmer).

9   Mit der Auflösungsverfügung enden die Rechte des Leiters und seiner Ordner. Das Hausrecht des Leiters, soweit es ihm übertragen ist, bleibt bestehen. Es kann aber nicht gegenüber der Polizei geltend gemacht werden, etwa dadurch, dass der Leiter die Polizei aus dem Versammlungsraum weist, weil sie nach Auflösung der Versammlung kein Anwesenheitsrecht aus § 12 mehr habe. Die Pflicht zum Entfernen aus § 13 Abs. 2 gilt auch für Leiter und Ordner[9]. Sie kann nicht unter Berufung auf das Hausrecht umgangen werden. Das gilt allerdings nur so lange, bis die Räumung des Versammlungsraums abgeschlossen ist. Danach leben gegebene Anwesenheitsrechte wieder auf.

10   Die wirksame und vollziehbare Auflösungsverfügung ist Voraussetzung für die Strafbarkeit bzw. Ordnungswidrigkeit bestimmter Formen der Nichtbeachtung (§§ 23, 26 Nr. 1, 29 Abs. 1 Nr. 2).

4. Auflösungsgründe

a) Dem Veranstalter steht das Versammlungsrecht nicht zu

11   Der Auflösungsgrund des § 13 Abs. 1 Nr. 1 ist identisch mit dem Verbotsgrund des § 5 Nr. 1 (Rz. 17 ff. zu § 5). Zu beachten ist aber, dass unter den Voraussetzungen des § 1 Abs. 2 Nr. 2 weder ein Verbot noch eine Auflösung in Frage kommt (Rz. 23).

12   Trotz Identität der Bestimmungen der §§ 5 Nr. 1 und 13 Abs. 1 Nr. 1 muss differenziert werden, weil bei einer Auflösung der Kreis der unmittelbar Betroffenen größer ist als bei einem Verbot. Durch ein Verbot wird nur das Veranstaltungsrecht als Teilrecht des Versammlungsrechts beeinträchtigt. Das ist zulässig, wenn der Veranstalter das Versammlungsrecht

---

9 *Krüger*, S. 69.

verwirkt hat oder wenn der Veranstalter eine verbotene Vereinigung oder Partei ist. Eine Auflösung beeinträchtigt neben dem Veranstaltungsrecht auch das Leitungsrecht und das Teilnahmerecht. Die Beeinträchtigung des Leitungsrechts ist unerheblich, weil es vom nichtberechtigten Veranstalter übertragen wurde. Anders ist es hinsichtlich der Einschränkung des Teilnahmerechts. Fehlendes Recht oder Rechtsmissbrauch beim Veranstalter sind nicht ohne weiteres Ermächtigung, das Recht auf Teilnahme zu bestreiten, es sei denn, dass sich die Teilnehmer mit dem Veranstalter solidarisieren. Wenn keine Solidarisierung erfolgt, wenn die Teilnehmer erschienen sind, um eine Gegenmeinung zu diesem Veranstalter und seinen Zielen vorzutragen oder zu artikulieren, eine Gegenmeinung, die Eintreten für die freiheitliche demokratische Grundordnung sein kann, erscheint eine Auflösung nicht erforderlich. Es gibt mildere geeignete Maßnahmen. Zu denken ist an eine Unterbrechung, verbunden mit der Verfügung an die Teilnehmer, die Versammlung unabhängig von dem eigentlichen Veranstalter unter einem eigenen Leiter fortzuführen. Voraussetzung ist, dass eine Einigung über die Hergabe des Versammlungsraums zustande kommt. Nur wenn die Fortführung der Versammlung als andere Veranstaltung nicht in Frage kommt, darf Auflösung erfolgen[10].

b) Gewalttätiger oder aufrührerischer Verlauf, Gefahr für Leben und Gesundheit der Teilnehmer

Zu den Begriffen »aufrührerischer« und »gewalttätiger« Verlauf vgl. Rz. 32 zu § 5. **13**

Der Auflösungsgrund des § 13 Abs. 1 Nr. 2 geht in zweierlei Hinsicht über den entsprechenden Verbotsgrund des § 5 Nr. 3 hinaus. Während nach § 5 Nr. 3 ein Präventivverbot nur dann zulässig ist, wenn der Veranstalter oder sein Anhang einen *gewalttätigen* (Rz. 140 zu § 1) oder »aufrührerischen« Verlauf anstreben, ist nach § 13 Abs. 1 Nr. 2 ein Auflösungsgrund auch dann gegeben, wenn der gewalttätige oder »aufrührerische« Verlauf der Versammlung durch Teilnehmer verursacht wird, die nicht zum Anhang des Veranstalters gehören[11]. **14**

Die Verantwortung für Ordnung in der Versammlung trägt unmittelbar der Leiter (§ 8) oder der Veranstalter, der selbst Leiter ist (§ 7 Abs. 2). Der Veranstalter bleibt mittelbar verantwortlich, wenn er die Leitung überträgt (§ 7 Abs. 3). Insofern ist es auch unter Maßgabe des polizeirechtlichen Grundsatzes, dass Maßnahmen gegen den für eine Störung oder Gefährdung Verantwortlichen zu richten sind, zulässig, Maßnahmen zu treffen, die neben dem Teilnahmerecht auch das Veranstaltungs- oder Leitungsrecht

10 *Dietel*, DVBl. 1969, 572.
11 *Hoffmann*, StuKVw 1967, 262.

beeinträchtigten, selbst wenn der Veranstalter oder Leiter den gewalttätigen oder »aufrührerischen« Verlauf der Versammlung nicht billigen. Entscheidend ist die Verantwortlichkeit des Veranstalters und des Leiters für die Ordnung in der Versammlung.

15   Daneben besteht als Auflösungsgrund die unmittelbare Gefährdung für Leben *und* (gemeint ist wohl *oder*) Gesundheit der Teilnehmer. Dieser Auflösungsgrund ist aus § 1 Abs. 2 RVG übernommen, ohne dass es notwendig war. Er darf nur auf versammlungsspezifische und versammlungsinterne Gefahren bezogen werden.[12] Regelmäßig wird man sagen können, dass eine Versammlung bei unmittelbarer Gefährdung von Leben oder Gesundheit der Teilnehmer einen gewalttätigen oder »aufrührerischen« Verlauf nimmt. Wenn man gewalttätig im Sinne von Landfriedensbruch (§ 125 StGB) interpretiert, müssen mehrere ein gewalttätiges Verhalten zeigen. Unmittelbare Gefahr für Leben und Gesundheit der Teilnehmer kann vom Verhalten einzelner ausgehen. Dabei ist aber zu berücksichtigen, dass Handlungen Einzelner noch keinen Auflösungsgrund darstellen[13]. Zulässig sind nur Maßnahmen gegen die gefahrverursachenden Personen. Ermächtigung ist § 13 Abs. 1 Nr. 2. Eine Auflösung, die die gesamte Versammlung betrifft, wäre im Sinne des § 13 Abs. 1 Satz 2 nicht erforderlich und damit rechtswidrig. Insofern ist das Auswahlermessen durch den Grundsatz der Erforderlichkeit eingeschränkt. Der Ausschluss der Störer ist die einzige Maßnahme, die nicht am Übermaß leidet[13]. Damit läuft der Auflösungsgrund »unmittelbare Gefahr für Leben oder Gesundheit der Teilnehmer« faktisch leer.

16   Wenn Versammlungsteilnehmer durch das Verhalten von Außenstehenden unmittelbare Gefahr für Leben oder Gesundheit droht, berechtigt das nicht zur Auflösung der Versammlung. Die Polizei muss die Versammlung gegen Störungen von außen schützen. Bei Versammlungen in geschlossenen Räumen ist es kaum vorstellbar, dass die Polizei nicht in der Lage ist, Gefahren, die der Versammlung von außen drohen, abzuwehren. Insoweit scheidet eine Auflösung der Versammlung als polizeiliche Notstandsmaßnahme aus[14].

17   Gefahren für Leben oder Gesundheit der Teilnehmer, die nicht durch das Versammlungsgeschehen, sondern anders bedingt sind (Einsturz- oder Feuers- bzw. Explosionsgefahr im Versammlungsraum, drohende Übertragung ansteckender Krankheiten bei Personenansammlungen aus konkretem Anlass oder Bombendrohung), liefern keinen versammlungsgesetzlichen Auf-

---

12 A.A. *Hettich*, Rz. 260.
13 *BVerfGE* 69, 315 (361).
13 *Hoffmann*, StuKVw 1967, 262.
14 *Herzog*, in: Maunz/Dürig, Art. 8, Rz. 74; *Rühl*, NVwZ 1988, 590; *VGH Mannheim*, DVBl. 1990, 1044 f.; ähnlich *Ketteler*, DÖV 1990, 959.

lösungsgrund. Die zur Abwehr solcher Gefahrenlagen notwendigen Betretungsverbote oder Platzverweise sind auf entsprechende Ermächtigungen des allgemeinen oder besonderen Polizeirechts zu stützen. Die Beeinträchtigung der Versammlungsfreiheit ist hierbei zwangsläufige Nebenfolge, nicht Haupt- oder Teilzweck[15].

c) Nichtausschluss bewaffneter Personen

Zum Begriff Waffen vgl. Rz. 15 ff. zu § 2. Zu den Waffen gehören auch »gefährliche Gegenstände«.   18

Wie viel Personen bewaffnet erscheinen, ist unerheblich. Wenn aber nur eine oder wenige Personen mit Waffen erscheinen und Ausschluss möglich ist, darf eine Auflösungsverfügung nicht ergehen. Sie würde an Übermaß leiden[16].

Im Falle des Erscheinens bewaffneter oder mit gefährlichen Gegenständen ausgerüsteter Teilnehmer wird das Ausschlussrecht des Leiters aus § 11 Abs. 1 zur Ausschlusspflicht. Nach erfolgtem Ausschluss muss der Leiter dafür sorgen, dass seine Ausschlussanordnung beachtet wird. Nötigenfalls hat er polizeiliche Hilfe in Anspruch zu nehmen.   19

Untätigkeit des Leiters berechtigt nicht zur Auflösung. Das widerspräche dem vom BVerfG aufgestellten Grundsatz, dass nicht das Verhalten Einzelner zur Auflösung der Versammlung führen darf, wenn Ausschluss der Gefahrverursacher möglich ist[17]. Wenn der Leiter in angemessener Zeit nichts zur Durchsetzung seiner Ausschlussanordnung unternimmt oder wenn seine Bemühungen erfolglos bleiben, ist die Polizei zu eigenen Maßnahmen verpflichtet, um für den Ausschluss zu sorgen. Ermächtigungsgrundlage ist § 13 Abs. 1 Nr. 3 (Rz. 44 zu § 2). Die Polizei ordnet den Ausschluss durch eigene Verfügung an, denn sie darf Zwangsmittel nur zur Durchsetzung eigener Anordnungen einsetzen. In Ausnahmefällen ist sofortiger Zwang zulässig, ohne dass eine Verfügung vorausgegangen ist.   20

Neben dem Leiter ist die Polizei aus eigener Zuständigkeit (Abwehr von Gefahren, die von konkret-potentiellen Straftätern ausgehen)[18] zu Maßnahmen gegen bewaffnete Teilnehmer verpflichtet. Die Verhütung und die Verhinderung der Fortsetzung von Straftaten ist originäre Aufgabe der Polizei.   21

Schließlich ist zu berücksichtigen, dass die Polizei auf Grund des Legalitätsprinzips aus § 163 StPO zur Strafverfolgung verpflichtet ist. Sie hat die Identität bewaffneter Teilnehmer festzustellen, Strafanzeige wegen Versto-   22

---

15 *Hoffmann*, StuKVw 1967, 262.
16 *Herzog*, in: Maunz/Dürig, Art. 8, Rz. 65; *Bergmann*, S. 74.
17 BVerfGE 69, 315 (LS 4 und 361).
18 BGHSt 4, 110 (112 f.).

ßes gegen § 27 zu erstatten und die Waffen als Beweismaterial sicherzustellen oder zu beschlagnahmen (§§ 94 und 111 b ff. StPO).

d) Verstoß gegen Strafgesetze, Aufforderung zu Straftaten

23 Der Auflösungstatbestand der Nr. 4 hat 2 Alternativen. Bei Alternative 1 genügt der Verstoß gegen bestimmte Strafgesetze. Bei Alternative 2 muss zum Auffordern oder Anreizen zu solchem Verstoß hinzukommen, dass der Leiter es nicht unterbindet.

24 Der Auflösungsgrund der Nr. 4 erste Alt. entspricht nicht dem Verbotsgrund in § 5 Nr. 4. Der Verbotsgrund stellt auf Straftaten ab, die durch *Äußerungen* bestimmten Charakters begangen werden, während der Auflösungsgrund nur Straftaten schlechthin verlangt. In beiden Fällen muss es sich um Verbrechen oder um von Amts wegen zu verfolgende Vergehen handeln.

25 Da für Versammlungen in geschlossenen Räumen nicht der Gesetzesvorbehalt des Art. 8 Abs. 2 GG gilt und der bloße Verstoß gegen Strafgesetze nach der Rechtsprechung des Bundesverfassungsgerichts nicht ohne weiteres unfriedliches Verhalten darstellt[19], muss der Auflösungstatbestand verfassungskonform interpretiert werden[20]. Dann kommen zunächst nur solche Straftaten in Frage, die einen Bezug zu den Gewährleistungsschranken »friedlich und ohne Waffen« aufweisen. Das sind Straftaten, die in ihrem Tatbestand auf Anwendung oder Androhung physischer Gewalt gegen Personen oder Sachen abstellen. Darüber hinaus kommen auch in Konkretisierung verfassungsimmanenter Schranken solche Straftaten in Betracht, die dem Schutz von Grundrechten Dritter oder anderer Verfassungsrechtsgüter dienen, die der Versammlungsfreiheit mindestens gleichgeordnet sind[21].

26 Welche Straftaten für den Auflösungstatbestand der Nr. 4 erste Alt. in Frage kommen, ist im Einzelfall festzustellen. Straftaten, wie Volksverhetzung (§ 130 StGB), Gewaltdarstellungen, die die Menschenwürde verletzen (§ 131 StGB), oder Aufforderung zum Angriffskrieg (§ 80 a StGB) haben zwar tatbestandsmäßig keinen unmittelbaren Bezug zu gewalttätigem Verhalten. Da aber von Unfriedlichkeit schon dann auszugehen ist, wenn Gewalttätigkeiten nur angestrebt, beabsichtigt oder gebilligt werden[22], können auch sie für den Auflösungstatbestand relevant sein.

---

19 *BVerfGE* 73, 206 (248).
20 *Rühl*, in: Ridder u. a., § 13, Rz. 21; der Auflösungstatbestand sollte novelliert werden, um Rechtsklarheit zu schaffen, daß es eigentlich nur um gewaltgeneigte Straftaten gehen kann, Rz. 23.
21 *BVerfGE* 69, 315 (353); *BVerfG*, DVBl. 1999, 1742; *Schulze-Fielitz*, in: Dreier, Art. 8, Rz. 39.
22 *BVerfGE* 69, 315 (360); 73, 206 (248).

Die Straftaten müssen »durch den Verlauf der Versammlung« provoziert **27** sein. Die Versammlung muss durch ihre aggressive Grundstimmung eine entsprechende stimulierende Wirkung ausüben.

Straftaten, die lediglich bei *Gelegenheit* der Versammlung begangen werden und nicht ihre Ursache im deliktgeneigten Verlauf der Versammlung finden, scheiden als Auflösungsgrund aus. Sie rechtfertigen jedoch polizeiliche Maßnahmen der Strafverfolgung bzw. der Unterbindung gegenüber demjenigen, der sie begeht[23].

Nicht erforderlich für eine Auflösung ist, dass die Gesamtheit der Teil- **28** nehmer sich an der jeweils relevanten Straftat beteiligt. Das strafbare Verhalten einzelner Teilnehmer reicht allerdings für eine Auflösung nicht aus, und zwar auch dann nicht, wenn der Leiter nicht dagegen einschreitet. Diese Einschränkung ergibt sich zwar nicht ausdrücklich für die 1. Alt. des Auflösungstatbestands. Sie entspricht jedoch dem vom Bundesverfassungsgericht entwickelten, aus dem Übermaßverbot folgenden Grundsatz, dass nicht das Verhalten Einzelner oder weniger zum Abbruch einer Versammlung führen darf, wenn ihre Isolierung oder Entfernung, etwa durch polizeiliches Einschreiten, möglich ist[24].

Neben der Begehung reicht für die 2. Alt. des Auflösungstatbestands das **29** Auffordern und Anreizen zu relevanten, also auf Gewalttätigkeit gerichtete Straftaten aus.

Auffordern liegt vor, wenn die erkennbare Absicht geäußert wird, andere zur Begehung einer Straftat zu bestimmen.

Anreizen besteht dagegen lediglich darin, dass bei anderen Vorstellungen geweckt werden, die zum Entschluss führen, eine Straftat zu begehen. Es liegt damit unterhalb des Aufforderns im Sinne des § 111 StGB[25]. Das Anreizen kann durch Behauptung unwahrer oder durch Verdrehung wahrer Tatsachen bewirkt werden.

Auffordern und Anreizen können mündlich, durch Zeigen von Schrifttafeln etc. erfolgen.

Als Auflösungsgrund bedeutsam wird das Auffordern oder Anreizen erst **30** dann, wenn es der Leiter nicht »unverzüglich« unterbindet. Er ist hierzu aus seiner Ordnungsfunktion (§ 8) verpflichtet. Als Mittel zur Unterbindung hat der Leiter die Ausschlussanordnung gemäß § 11 Abs. 1. Die Unterbindung muss unverzüglich, d. h. ohne schuldhaftes Zögern erfolgen.

---

23 *VGH Mannheim*, DVBl. 1998, 840.
24 *BVerfGE* 69, 315 (LS 4, 361).
25 *OLG Köln*, MDR 1983, 338 f.; *Rühl*, in: Ridder u. a., § 13, Rz. 22, der im Übrigen den Auflösungstatbestand »Anreizen« für verfassungswidrig hält (Rz. 23).

5. Auflösung verbotener Versammlungen

31 Der Gesetzgeber hat die Pflicht zur Auflösung verbotener Versammlungen nur für Versammlungen unter freiem Himmel und Aufzüge ausdrücklich vorgesehen (§ 15 Abs. 3). Eine entsprechende Regelung für Versammlungen in geschlossenen Räumen fehlt. Möglicherweise ging der Gesetzgeber davon aus, dass die Verbotsgründe des § 5 sich mit den Auflösungsgründen des § 13 Abs. 1 decken und dass deshalb eine entsprechende Regelung entbehrlich sei. Dabei bleibt aber unberücksichtigt, dass gleichwohl Fälle denkbar sind, bei denen zwar ein Verbot zulässig war, eine Auflösung aber in § 13 Abs. 1 nicht vorgesehen ist. So ist beispielsweise möglich, dass eine Versammlung verboten wurde, weil Tatsachen festgestellt waren, aus denen sich ergab, dass der Veranstalter Ansichten vertreten werde, die ein Verbrechen oder von Amts wegen zu verfolgendes Vergehen zum Gegenstand haben (§ 5 Nr. 4). Wenn diese Versammlung nun trotz des Verbots durchgeführt wird, kann es nicht dem Willen des Gesetzgebers entsprechen, dass die Polizei so lange warten muss, bis die Straftaten tatsächlich begangen werden, um gemäß § 13 Abs. 1 Nr. 4 auflösen zu können.

6. Zulässigkeit der Inanspruchnahme

a) als Störer

32 Adressaten der Auflösungsverfügung sind im Gegensatz zur Verbotsverfügung nicht nur der Veranstalter, sondern auch der Leiter und die Teilnehmer. Entscheidend ist, dass die jeweils verantwortlichen Beteiligten, im Falle der Nr. 1 der Veranstalter, der Nr. 3 der Leiter, in den Fällen der Nr. 2 und 4 vor allem die Teilnehmer, die in den Auflösungstatbeständen genannten Gefahren unmittelbar verursacht haben.

33 Eine Inanspruchnahme als Mitverursacher in der Rechtsfigur des *Zweckveranlassers*[26] kommt für die Versammlungsbeteiligten allenfalls für den Auflösungsgrund der Nr. 2 in Betracht. Es sind Fälle denkbar, dass der Veranstalter oder Leiter die Versammlung auf provozierende Außenwirkung anlegen und den Verlauf so steuern, dass Gegendemonstranten veranlasst werden, in einer Weise auf die Veranstaltung einzuwirken, dass es zu gewalttätigen Auseinandersetzungen mit den Teilnehmern kommt. Das muss der Veranstalter oder Leiter beabsichtigt haben[27], um seinem Anliegen oder seiner Organisation größere Publizität zu verschaffen bzw. um die Gegen-

---

26 *Drews/Wacke/Vogel/Martens*, S. 315 f.
27 Umkehrschluss aus *VGH Mannheim*, DVBl. 1990, 1044.

demonstranten in der Öffentlichkeit zu diskreditieren. Eine bloße Provokation ohne die genannten Absichten reicht nicht aus[28].

b) als Nichtstörer

Wenn die Versammlung nur *Anlass* gewalttätiger Gegenaktionen ist, kommt eine Auflösung nicht in Betracht. Die zuständigen Behörden müssen die Versammlung gegen Störungen durch Dritte unter Aufbietung aller zur Verfügung stehenden Mittel schützen (Rz. 9 zu § 2). Unzulässig ist eine Auflösung, um die Versammlung als Angriffsobjekt rechtswidriger Aktionen zu beseitigen. Zulässig sind aber Maßnahmen zum Schutz der Versammlungsbeteiligten. Dabei handelt es sich um Maßnahmen präventivpolizeilicher, nicht um solche versammlungsspezifischer Art. Die Maßnahmen können äußerstenfalls darin bestehen, dass die Versammlungsbeteiligten zum Verlassen des Versammlungsraums aufgefordert werden. Die Versammlung darf aber an jedem anderen Ort durchgeführt werden, wo der Schutz der Beteiligten durch polizeiliche Maßnahmen gewährleistet werden kann.   **34**

Das gilt auch für die Veranstaltungen nichtverbotener extremistischer Gruppierungen (Rz. 41 zu § 5), und zwar unabhängig davon, ob sie den Status von Vereinigungen oder politischen Parteien haben.   **35**

Ebenso zu behandeln sind die Parteitage verfassungsfeindlicher politischer Parteien, solange ihre Verfassungswidrigkeit nicht vom Bundesverfassungsgericht festgestellt worden ist. Bei der Beurteilung der Verhältnismäßigkeit der polizeilichen Maßnahmen darf aber gegenüber der Versammlungsfreiheit der betroffenen Organisationen und ihrer Anhänger der durch die Art und Weise ihres öffentlichen Auftretens verursachte Schaden für die außenpolitischen Belange der Bundesrepublik Deutschland, die Schutzgut der öffentlichen Sicherheit sind[29], abgewogen werden.   **36**

---

28 *BVerfG*, DVBl. 2001, 62 f.; *Kniesel*, NJW 1992, 866.
29 *Drews/Wacke/Vogel/Martens*, S. 234. Das *OVG Lüneburg*, DVBl. 1979, 741, sieht eine Gefährdung der außenpolitischen Belange der Bundesrepublik im Zusammenhang mit § 7 Abs. 1 Nr. 1 PassG dann gegeben, wenn öffentlich geäußerte Meinungen einem breiten ausländischen Publikum zugänglich werden und der Eindruck entsteht, als sei dies in Deutschland weit verbreitet. Im Ergebnis ähnlich *Tomuschat/Schmidt*, VVDStRL 36, 21, 60 – LS 6, die eine Beeinträchtigung außenpolitischer Belange dann sehen, wenn benennbare und spezifische Gefahren gegeben sind. Eine bloße Berufung auf Staatsraison reicht nicht aus. Das *OVG Berlin*, NVwZ 2000, 1202, lehnt trotz einer entsprechenden Erklärung des Auswärtigen Amtes die Beeinträchtigung außenpolitischer Belange als tragenden Verbotsgrund und damit wohl auch als Auflösungsgrund ab; ebenso *Leist*, S. 229 ff.

III. Minusmaßnahmen zur Auflösung

1. Zulässigkeit

37   Im Gegensatz zu § 5 enthält § 13 Abs. 1 Satz 2 einen ausdrücklichen Hinweis auf auflösungsersetzende Minusmaßnahmen. Mit der gewählten Formulierung »ist die Auflösung nur zulässig, wenn andere polizeiliche Maßnahmen ... nicht ausreichen« ist der Grundsatz des geringstmöglichen Eingriffs (Grundsatz der Erforderlichkeit)[30] in der Befugnisnorm konkretisiert.

38   Die gesetzliche Einschränkung gilt jedoch nur für Minusmaßnahmen, die sich auf Auflösungstatbestände der Nr. 2, 3 oder 4 beziehen. Als ermessensbegrenzende Regelung darf sie nur Fälle erfassen, bei der der zuständigen Behörde Ermessen bleibt. Das ist aber wegen der Bindungswirkung verfassungsgerichtlicher Entscheidungen bei Grundrechtsverwirkung und Parteiverbot bzw. der Tatbestandswirkung der rechtskräftigen Feststellung eines Vereinigungsverbots durch die zuständige Behörde aufgehoben. Deshalb sind Minusmaßnahmen bei Vorliegen des Auflösungsgrundes nach Nr. 1 aus dem Gesichtspunkt des Grundsatzes der Erforderlichkeit ausgeschlossen.

39   Eine andere Frage ist, ob Minusmaßnahmen unter Maßgabe der Verhältnismäßigkeit auch für den Auflösungsgrund nach Nr. 1 in Frage kommen. Im Gegensatz zum Verbot schränkt die Auflösung nicht nur die Versammlungsfreiheit des Veranstalters, sondern auch die der Teilnehmer ein. Insoweit ist im Rahmen der vom Verhältnismäßigkeitsgrundsatz geforderten Abwägung (Rz. 152 ff. zu § 15) zu prüfen, ob im Interesse der Versammlungsfreiheit der Teilnehmer andere Maßnahmen als die Auflösung ausreichen. Sie müssen sicherstellen, dass der von der Versammlungsfreiheit ausgeschlossene Veranstalter keinen Einfluss mehr auf die von ihm ursprünglich veranlasste Veranstaltung hat. Das kann etwa dadurch geschehen, dass ein anderer als Veranstalter auftritt und ein vom ursprünglichen Veranstalter unabhängiger Leiter eingesetzt wird. Die zur Auflösung befugte Polizei kann das nicht anordnen, sondern den Teilnehmern lediglich anheim stellen. Die Pflicht der Polizei zu solchen Hinweisen ergibt sich aus dem Gesichtspunkt verfahrensrechtlicher Grundrechtseffektuierung[31] (Rz. 110 f. zu § 1). Vor dem die Teilnehmer beschwerenden Verwaltungsakt der Auflösungsverfügung ist eine Beratung (§ 25 VwVfG) der potenziell Betroffenen geboten, wie dieser Eingriff vermieden werden kann.

---

30 Zum Begriff *Lerche*, Übermaß und Verfassungsrecht, S. 19 f.; *Erichsen*, Jura 1989, 388.
31 *BVerfGE* 69, 315 (355).

2. Arten

Das Gesetz nennt als Minusmaßnahme die *Unterbrechung* der Versamm- 40
lung, allerdings nicht abschließend, sondern nur beispielhaft (»insbesondere«)[32]. Die polizeilich angeordnete Unterbrechung soll Zeit schaffen,
Verhaltensweisen im Sinne der Auflösungstatbestände zu beenden bzw. zu
unterbinden, sodass danach die Versammlung fortgesetzt werden kann.

Neben der Unterbrechung kommen als weitere Minusmaßnahmen beschränkende Verfügungen in Betracht. Sie müssen sicherstellen, dass die in
den Auflösungstatbeständen genannten Gefahren nicht eintreten. Das kann
z. B. darin bestehen, dass einzelne Teilnehmer oder Teilnehmergruppen
ausgeschlossen und aus dem Versammlungsraum entfernt werden (Rz. 8 zu
§ 11). Auch die Absetzung und Ersetzung des Leiters kann in Betracht
kommen, wenn er die ihm nach Nr. 3 und 4 obliegenden Pflichten missachtet.

3. Formvorschriften

Minusmaßnahmen ergehen wie die Auflösungsverfügung in aller Regel 41
mündlich im Versammlungsraum durch den entsandten verantwortlichen
Polizeibeamten. Einer vorherigen Anhörung bedarf es dazu im Regelfall
nicht (§ 28 Abs. 2 Nr. 1 bzw. Nr. 4 VwVfG). Anordnungen müssen unzweideutig und für die jeweils Betroffenen unmissverständlich zum Ausdruck bringen, was verlangt wird. Unklarheiten gehen zu Lasten der Behörde. Wie die Auflösungsverfügung sollten auch die Minusmaßnahmen
hinreichend und verständlich begründet werden. Mit der Bekanntgabe der
Maßnahme wird sie wirksam. Die Bekanntgabe sollte mit Hinweisen auf
die Folgen der Nichtbeachtung (Verwaltungszwang bzw. Auflösung) verbunden werden.

4. Wirkungen

Mit der polizeilich angeordneten Unterbrechung der Versammlung ruhen 42
die Rechte des Leiters und der Ordner. Alle Versammlungsbeteiligten haben die Anordnung der Polizei zur Vermeidung der Auflösung zu befolgen.
Sie haben nicht die aus Abs. 2 folgende Pflicht, den Versammlungsraum zu
verlassen[33]. Diese Pflicht besteht nur nach Auflösung.

---

32 *VGH Mannheim*, DVBl. 1998, 840; *Kang*, S. 203, weist darauf hin, dass Minusmaßnahmen als Ausdruck der polizeilichen Schutzpflicht gegen einzelne Störer
zu richten sind, um die Rechte der friedlichen Teilnehmer zu wahren.
33 A. A. *Ott/Wächtler*, § 13, Rz. 6, falls es sich um eine längere Unterbrechung handelt.

43 Andere Minusmaßnahmen als die Unterbrechung nehmen den Betroffenen den versammlungsrechtlichen Schutz für das jeweilige Teilrecht (Leitungsrecht bzw. Teilnahmerecht), und zwar für die aktuelle Versammlung. Zur Durchsetzung der Maßnahmen können weitere, auf allgemeines Polizeirecht gestützte Maßnahmen getroffen werden.

5. Adressaten

44 Adressat der Unterbrechungsanordnung sind alle Beteiligten. Andere Minusmaßnahmen begründen nur Pflichten für diejenigen, die ausdrücklich benannt sind.

IV. Ermessen

1. Allgemeines

45 Für Maßnahmen nach § 13 ist der Polizei Entschließungsermessen eingeräumt. Sie »kann« auflösen oder davon absehen.

Daneben ist durch die Regelung in Abs. 1 Satz 2 mit dem Hinweis auf die Zulässigkeit anderer polizeilicher Maßnahmen auch Auswahlermessen gegeben.

Für die Ermessensausübung gelten die Ermessensschranken des Differenzierungsverbots bzw. Differenzierungsgebots und des Übermaßverbots sowie die Bindungswirkung verfassungsgerichtlicher Entscheidungen bzw. die Tatbestandswirkung eines Vereinigungsverbots der zuständigen Behörde (Rz. 52 ff. zu § 5).

2. Entschließungsermessen

46 Von der Auflösung ist bei Vorliegen der Auflösungstatbestände der Nr. 2, 3 und 4 abzusehen, wenn andere polizeiliche Maßnahmen ausreichen. Im Falle des Auflösungstatbestandes der Nr. 1 ist das Ermessen nicht zugunsten des Veranstalters, wohl aber im Interesse der Teilnehmer durch den Grundsatz der Verhältnismäßigkeit limitiert (Rz. 39).

3. Auswahlermessen

47 Das Auswahlermessen eröffnet nicht nur die Entscheidung zwischen der weit reichenden Auflösung und der weniger belastenden jeweils zwecktauglichen Minusmaßnahme, sondern auch die Wahl zwischen mehreren zwecktauglichen Minusmaßnahmen. Dabei ist der Grundsatz der Erforderlichkeit zu beachten. Geboten ist die Entscheidung für den jeweils geringstmöglichen Eingriff, was im Einzelfall unter Abwägung aller Umstände zu erfolgen hat.

V. Rechtsmittel

Die Auflösungsverfügung und sie ersetzende Minusmaßnahmen sind Ver- **48** waltungsakte. Sie werden regelmäßig mündlich als *unaufschiebbare* Anordnungen eines Polizeivollzugsbeamten ergehen. Ein gegen diese Anordnungen eingelegter Widerspruch hat keine aufschiebende Wirkung (§ 80 Abs. 2 Nr. 2 VwGO).

Nach erfolgter Auflösung bzw. erledigter Minusmaßnahme ist nur noch **49** Fortsetzungsfeststellungsklage in entsprechender Anwendung des § 113 Abs. 1 Satz 4 VwGO zur Überprüfung der Rechtmäßigkeit möglich (vgl. Rz. 59 zu § 5).

VI. Pflicht zum Entfernen

1. Begriffserklärung

Auflösung ist Beendigung einer Versammlung durch Verwaltungsakt. Die **50** rechtmäßige und wirksame Auflösungsverfügung beendet den verfassungsmäßigen Schutz, den die Gruppenbildung der Versammlung hat[34]. Die Versammlung wird zur Ansammlung[35]. Das Recht zur Auflösung hat nur die Polizei (zum Begriff Rz. 1 zu § 12). Für Folgemaßnahmen nach der Auflösung gilt allgemeines Polizeirecht[36].

Teilnehmer im Sinne des § 13 Abs. 2 sind nicht nur die Versammlungs- **51** teilnehmer im engeren Sinne, sondern auch der Veranstalter, der Leiter, die Redner und Ordner.

Sofort bedeutet nicht unverzüglich, sondern auf der Stelle, also ohne Zö- **52** gern (Rz. 13 zu § 11).

2. Rechtsfolgen bei Nichtentfernen

Die Auflösungsverfügung begründet die Pflicht zum Sichentfernen und die **53** daraus folgende Ordnungswidrigkeit (Rz. 54) bei Nichtbeachtung. Um Rechtsklarheit zu schaffen, sollte in der Auflösungsverfügung auf die Pflicht zum Sichentfernen und die Sanktionsdrohung bei Nichtbefolgung hingewiesen werden. Gleichzeitig sollte die Auflösungsverfügung mit einer auf allgemeines Polizeirecht gestützten Platzverweisung verbunden werden, die konkret bestimmt, in welcher Weise das Sichentfernen zu geschehen hat. Diese Platzverweisung kann gegebenenfalls mit unmittelbarem Zwang

---

34 *BayObLG*, DÖV 1969, 74.
35 *OLG Karlsruhe*, NJW 1974, 2143; *KG Berlin*, NVwZ 2000, 470; a. A. *v. Simson*, ZRP 1968, 11; *VG Hamburg*, NVwZ 1987, 833; *BayObLG*, NStZ 1989, 29.
36 *Hofmann*, BayVBl. 1987, 135; *OVG Bremen*, NStZ 1987, 235.

durch Wegführen oder Abdrängen durchgesetzt werden. Daneben können Maßnahmen zur Identitätsfeststellung und Beweissicherung zur Verfolgung der gegebenen Ordnungswidrigkeit (Rz. 54) erfolgen.

54 Die Missachtung der Auflösungsverfügung durch Nichtentfernen ist nach der Änderung des VersG von 1978 ordnungswidrig (§ 29 Abs. 1 Nr. 2). Dabei stellt der Ordnungswidrigkeitstatbestand nicht auf *sofortiges*, sondern nur auf *unverzügliches* Entfernen ab.

VII. Zuständigkeit

55 Die Anordnung der Auflösung oder der sie ersetzenden Minusmaßnahmen ist der Polizei im institutionellen Sinne (Rz. 1 zu § 12) vorbehalten[37]. Das hat der Bundesgesetzgeber ausdrücklich bestimmt. Der Sinn der Regelung liegt darin, dass die Polizei auch über die erforderlichen Mittel verfügt, die gegebenen Anordnungen ohne Verzug durchzusetzen (Rz. 4 f. zu § 12).

Die Polizeibehörde handelt durch ihren berechtigten Amtswalter. Das ist regelmäßig der »entsandte« Polizeibeamte (Rz. 6 zu § 12)[38].

---

37 *OLG Köln*, NStZ 1981, 227.
38 *Ott/Wächtler*, § 13, Rz. 4.

Abschnitt III Öffentliche Versammlungen unter freiem Himmel und Aufzüge

Zu Abschnitt III

1. Allgemeines

Abschnitt III regelt die Rechtsverhältnisse der *öffentlichen* Versammlungen 1
und Aufzüge unter freiem Himmel, auch wenn das nicht in allen Bestimmungen (§§ 15 Abs. 1 2 und 3, 18 Abs. 1, 19 Abs. 1 und 19 a) ausdrücklich
hervorgehoben ist. Entscheidend ist die Zuordnung zum Abschnitt III[1].

Wie Abschnitt II enthält auch dieser Abschnitt organisatorische Regelungen, die die Rechte und Pflichten der Versammlungsbeteiligten (Veranstalter, Leiter, Ordner, Teilnehmer) gegeneinander abgrenzen.

Für ortsgebundene Versammlungen wird auf die Regelungen der §§ 7 2
Abs. 1, 8, 9 Abs. 1 und 10 Abs. 1 verwiesen (§ 18 Abs. 1).

Für sich fortbewegende Versammlungen (Aufzüge) sind die Rechte und 3
Pflichten des Leiters und der Teilnehmer in § 19 Abs. 1, 2 und 3 bestimmt.

Die Selbstorganisationsrechte der Versammlungsbeteiligten sind gegen- 4
über den Regelungen für Versammlungen in geschlossenen Räumen wesentlich reduziert. Es besteht keine Möglichkeit, bestimmte Personen oder
Personenkreise in der Einladung auszuschließen (§ 6). Der Leiter kann bei
grober Ordnungsstörung nicht gegen Teilnehmer einschreiten (§ 11 Abs. 1);
das Ausschlussrecht ist allein der Polizei vorbehalten (§ 18 Abs. 3 und § 19
Abs. 4).

Die in Abschnitt III statuierten Grundrechtseinschränkungen und be- 5
sonderen Pflichten der Versammlungsbeteiligten (§§ 14, 16 Abs. 1, 17 a
Abs. 1 und 2, 18 i. V. m. §§ 11 Abs. 2, 12, und 13 Abs. 2) sowie die Befugnisnormen der zuständigen Behörden (§ 15, 17 a Abs. 3 und 4, 18 Abs. 2
und 3, 19 Abs. 4 und 19 a) konkretisieren den Gesetzesvorbehalt des Art. 8
Abs. 2 GG.

§ 17 dient lediglich der Klarstellung, dass für bestimmte Veranstaltungen 6
unter freiem Himmel, die nicht dem vom BVerfG bestimmten engen Versammlungsbegriff[2] entsprechen, die Regelungen des Abschnitts III nicht
gelten (Rz. 10 zu § 17).

Mit § 20 wird dem Zitiergebot des Art. 19 Abs. 1 GG für die in Ab- 7
schnitt III bestimmten Einschränkungen der Versammlungsfreiheit entsprochen.

---

1 *Ott/Wächtler*, vor § 14, Rz. 1.
2 *BVerfGE* 104, 92 (104).

8   Systemwidrig sind die Regelungen in § 17 a Abs. 1 und 2, die das Passiv-bewaffungs- und Vermummungsverbot auf öffentliche Veranstaltungen unter freiem Himmel ausdehnen, denen die Qualität einer Versammlung fehlt.

2. Freier Himmel

9   Mit dem Begriff »*unter freiem Himmel*« in Art. 8 Abs. 2 GG und in den Vorschriften des Abschnitts III ist die Formulierung aus altem Recht übernommen worden. Das ist bei der Auslegung zu berücksichtigen.

10   Nach dem Wortlaut wäre jede Versammlung, bei der die Teilnehmer sich nicht unter einem Dach befinden, eine solche unter freiem Himmel. Das ist jedoch allein keine tragfähige Grundlage für einen Gesetzesvorbehalt und darauf gestützte Grundrechtseinschränkungen. Tragfähig hierfür ist die höhere Wahrscheinlichkeit von Rechtsgutbeeinträchtigungen für Dritte oder die Allgemeinheit. Zu welch abstrusen Konsequenzen es führen würde, wenn die fehlende Überwachung ausschlaggebendes Merkmal für die Einordnung einer Versammlung unter Abschn. II oder III wäre, zeigt etwa das Schalker Großstadion, dessen Dach sich öffnen und schließen lässt.

11   Entscheidendes Kriterium für Versammlungen unter freiem Himmel ist deshalb nicht allein das Offensein nach oben, sondern die fehlende Abschließung nach außen, die prinzipielle Unüberschaubarkeit, die jederzeitige Möglichkeit weiteren Hinzutretens und die damit verbundene höhere Störanfälligkeit und Gefahrenträchtigkeit[3]. Damit sind nichtöffentliche Versammlungen unter freiem Himmel sowie nichtöffentliche Aufzüge denknotwendig ausgeschlossen. Im Zweifel muss bei geschlossener baulicher Abgrenzung nach außen und guter Überschaubarkeit trotz fehlender Überdachung von einer Versammlung in einem geschlossenen Raum ausgegangen werden (Rz. 6 zu Abschn. II)[4]. Bei Versammlungen in nicht überdachten Großstadien muss allerdings von einer Versammlung unter freiem Himmel ausgegangen werden, weil eine andere Auslegung sich zu weit vom Wortlaut wie auch von den Intentionen der Regelungen entfernen würde[5].

12   Bei Gemengelagen, wie sie bei Innenversammlungen mit Außenübertragung eintreten, die Veranstalter und Leiter zur Erhöhung der Publizität veranlasst haben, ist von einem einheitlichen Versammlungsgeschehen, also von einer Versammlung ohne Abschließung auszugehen, die unter Abschn. III fällt[6].

---

3 *Kunig*, in: v. Münch/Kunig, Art. 8, Rz. 29; *Benda*, in: BK; Art. 8, Rz. 65; *Pieroth/ Schlink*, Rz. 704; *Gusy*, JuS 1986, 611; *Hölscheidt*, DVBl. 1987, 669 f.; ähnlich *BVerwG*, NJW 1989, 2412; *Seidel*, DÖV 2002, 284; *Hoffmann-Riem*, AK-GG, Art. 8, Rz. 56.
4 OVG Bremen, DÖV 1972, 102; *Gusy,* JuS 1993, 556.
5 A. A. *Gusy,* JuS 1993, 556.
6 *Brenneisen/Wilksen*, S. 258.

§ 14

(1) Wer die Absicht hat, eine öffentliche Versammlung unter freiem Himmel oder einen Aufzug zu veranstalten, hat dies spätestens 48 Stunden vor der Bekanntgabe der zuständigen Behörde unter Angabe des Gegenstandes der Versammlung oder des Aufzuges anzumelden.

(2) In der Anmeldung ist anzugeben, welche Person für die Leitung der Versammlung oder des Aufzuges verantwortlich sein soll.

I. Allgemeines

1. Normadressat

Die Regelungen des § 14 begründen ausschließlich Pflichten für den Veranstalter. **1**

Veranstalter ist, wer eine Versammlung oder einen Aufzug veranlasst **2** (Rr. 229 zu § 1). Das ist vor allem derjenige, der öffentlich zur Teilnahme aufruft oder einlädt[1]. Wenn bei einer Großveranstaltung mehrere oder eine Vielzahl von Personen oder Personenvereinigungen öffentlich zur Teilnahme aufrufen, gilt jeder als Veranstalter[2].

Spontanversammlungen sind nicht per se Versammlungen ohne Veran- **3** stalter. Selbst bei Sofortversammlungen als Spontanversammlungen im en-

---

1 So auch *Götz*, DVBl. 1985, 1347 u. 1350; *Hölscheidt*, DVBl. 1987, 669 f.
2 *Huber*, S. 250.

geren Sinne (Rz. 18) kann es entgegen der h. M.[3] ausnahmsweise einen Veranstalter geben (Rz. 232 Zu § 1). Bei Eilversammlungen als Spontanversammlungen im weiteren Sinne ist regelmäßig ein Veranstalter vorhanden[4].

4   Die Anmeldepflicht entfällt ausnahmslos für Sofortversammlungen, bei Eilversammlungen hängt sie von der tatsächlichen Möglichkeit der Anmeldung, nicht von der Einhaltung der 48-Stunden-Frist ab[5].

2. Normzweck

5   § 14 ist eine versammlungsrechtliche Ordnungsvorschrift[6]. Solche Ordnungsvorschriften müssen im »Lichte des Grundrechts der Versammlungsfreiheit« angewendet werden[7]. Das bedeutet, dass sie nicht um ihrer selbst willen beachtet, sondern in ihrem funktionalen Zusammenhang zur Versammlungsfreiheit einerseits und öffentlichen Sicherheitsinteressen andererseits interpretiert werden müssen.

6   Zweck der Regelung des § 14 ist primär, Versammlungen und Aufzüge zu ermöglichen[8]. Die Anmeldung bei der zuständigen Behörde soll zum einen sicherstellen, dass der Versammlung oder dem Aufzug der erforderliche Schutz zuteil werden kann[9]. Sie dient zum anderen dem Zweck, Drittinteressen berücksichtigen und Sicherheitsinteressen wahren zu können. Die zuständigen Behörden können bei rechtzeitiger Anmeldung Vorsorge treffen, um zu verhindern, dass die Interessen der Versammlungsbeteiligten (Veranstalter, Leiter, Teilnehmer) unnötig oder übermäßig mit Drittinteressen oder Sicherheitsinteressen kollidieren[10]. So kann darüber entschieden werden, welche sichernden und ordnenden Maßnahmen (etwa der Verkehrslenkung) zu treffen sind, die einerseits den möglichst störungsfreien Verlauf der Versammlung oder des Aufzugs sicherstellen und andererseits Störungen der öffentlichen Sicherheit und Ordnung ausschließen oder auf ein geringes Maß herabsetzen[11].

---

3 *Huber*, S. 250.
4 *Hoch*, JZ 1969, 21; *Ott/Wächtler*, § 1, Rz. 8; *Köhler/Dürig-Friedl*, § 14, Anm. 2.
5 *BVerfGE* 85, 69 (75 f.).
6 *Blanke/Sterzel*, Vorgänge 1983, S. 81; *Hofmann*, BayVBl. 1987, 133; *Lohse*, Die Polizei 1987, 97.
7 *BVerfGE* 69, 315 (351).
8 So im Ergebnis auch *Ress*, S. 12.
9 *BVerfGE* 69, 315 (350 ff.); *BVerwGE* 26, 135 (137); *Hofmann*, BayVBl. 1987, 133; *Gallwas*, JA 1986, 484, 490; *Hoffmann-Riem*, AK-GG, Art. 8, Rz. 58, 60; *Ott*, NJW 1985, 2385; *Feldmann*, JR 1976, 137.
10 BT-Drucks. 8/1945, S. 10; *BVerfGE* 69, 315 (350); 85, 69 (74); *Werner*, S. 37.
11 *Hoch*, JZ 1969, 20; *Hoffmann*, StuKVw 1969, 233; *Frowein*, NJW 1969, 1986; *OVG Weimar*, NVwZ 2003, 209.

Die Anmeldung soll auch ermöglichen, dass sich Veranstalter und zu- 7
ständige Behörde kennenlernen und gegebenenfalls zu der vom BVerfG geforderten vertrauensvollen Kooperation«[12] finden (Rz. 25 ff.).

§ 14 begründet eine *positive* Informationspflicht. Der Veranstalter muss 8
von sich aus die vorgeschriebenen Angaben machen, nicht erst auf Verlangen der zuständigen Behörden.

Die Anmeldung muss sich auf eine konkret geplante und zu bezeichnen-
de Veranstaltung beziehen. Eine »vorsorgliche« Anmeldung für eine Serie
von Veranstaltungen, deren tatsächliche Durchführung offen und fraglich
bleibt, widerspricht dem Sinn der Regelung[13]. Das gilt auch für eine »flä-
chendeckende« Anmeldung, um öffentliche Flächen für andere Versammlungen zu blockieren[14]. Mit der nicht substantiierten Anmeldung einer
Vielzahl von Veranstaltungen kann nicht erreicht werden, bevorzugte öffentliche Veranstaltungsflächen für sich zu reservieren (sog. »Erstanmelde-
privileg«)[15].

Die in § 14 Abs. 1 statuierte Anmeldepflicht widerspricht der in Art. 8
Abs. 1 garantierten Anmeldefreiheit für Versammlungen[16]. Der Gesetzesvorbehalt in Art. 8 Abs. 2 GG für Versammlungen unter freiem Himmel
ändert daran prinzipiell nichts. Die Anmeldepflicht kann nicht aus dem Gesetzesvorbehalt schlechthin, sondern nur aus dem Grundsatz der Grundrechtseffektuierung oder aus verfassungsimmanenten Schranken abgeleitet
werden. Da Versammlungen unter freiem Himmel in aller Regel im öffentlichen Raum stattfinden und in weit höherem Maße als Versammlungen in
geschlossenen Räumen mit grundrechtswerten Drittinteressen kollidieren,
entspricht es dem Prinzip praktischer Konkordanz, mit der Anmeldepflicht
ein »Verfahrenselement« zu schaffen, das die Anmeldebehörde in den Stand
setzt, einen angemessenen Interessenausgleich vorzunehmen[17].

Die durch § 14 begründete Anmeldepflicht ist nur dann verfassungsrecht- 9
lich unbedenklich, wenn sie entsprechend dem Normzweck geltend ge-

---

12 *BVerfGE* 69, 315 (355); 85, 69 (74).
13 *Ebert*, LKV 2001, 60 ff.; *Kniesel/Poscher*, NJW 2004, 425.
14 *VGH Mannheim*, VBlBW 2002, 383 (385).
15 *VGH Mannheim*, VBlBW 2002, 383 (385); *OVG Koblenz*, NVwZ-RR 2004,848
   (Zulässigkeit von Veranstaltungsmodifikationen zur Trennung von einer Gegendemonstration).
16 *Geis*, NVwZ 1992, 1027 f.; *Kunig*, in: v. Münch/Kunig, GG, Art. 8, Rz. 27;
   Kniesel, HdB PolR, Rz. 223 f.; *Höfling*, in: Sachs, Art. 8, Rz. 58, hält sie für verfassungswidrig.
17 *Geis*, NVwZ 1992, 1028; *Benda*, in: BK, Art. 8, Rz. 77; *Schulze-Fielitz*, in:
   Dreier, Art. 8, Rz. 48; *Hoffmann-Riem*, AK-GG, Art. 8, Rz. 58; *Enders*, Jura
   2003, 103; *Werner*, S. 46.

macht, d. h. wenn ihre Verletzung »nicht schon schematisch zum Verbot oder zur Auflösung einer Veranstaltung berechtigt«[18].

II. Anmeldepflicht

1. Pflichtiger

10 Anmeldepflichtig ist der Veranstalter. Das ist die natürliche Person oder Organisation, die die Versammlung veranlasst. Bei einer Mehrheit oder Vielzahl von Veranstaltern (Rz. 230 zu § 1) ist grundsätzlich jeder anmeldepflichtig[19]. Jedoch kann das Bewirken der Anmeldung einem Einzelnen oder einer kleinen Gruppe aus dem Kreis der Veranstalter übertragen werden.

Anmeldepflicht ist nicht Erlaubnispflicht. Deshalb ist eine Erlaubnis nicht erforderlich. »Neben der Anmeldung nach dem VersG bedarf es keiner weiteren Anzeige oder Erlaubnis insb. nicht nach dem Straßen- oder Straßenverkehrsrecht«[20] – weil sonst das Grundrecht aus Art. 8 GG in seinem Wesensgehalt (Art. 19 Abs. 2 GG) angetastet wäre. Die Erlaubnisfreiheit gilt jedoch nur für »versammlungsimmanente Gegebenheiten«[21], das sind solche, ohne die die Realisierung der Versammlungsfreiheit unter den gegebenen Umständen nicht oder nur mit wesentlichen Einschränkungen möglich wäre, also die Benutzung öffentlicher Verkehrsflächen[22], der Betrieb von Lautsprechern u. ä., nicht aber unbedingt die Aufstellung von Sitzbänken[23].

11 Die Anmeldepflicht entfällt immer für den Veranstalter einer Sofortversammlung (Rz. 18), für den Veranstalter einer Eilversammlung nur, wenn durch die Anmeldung der Zweck der Versammlung (Demonstration zu einem aktuellen Anlass) vereitelt wird[24]. Auf die Anmeldepflicht sollte trotz der entgegenstehenden Regelung in § 5 Abs. 3 BefBezG auch dann nicht bestanden werden, wenn für öffentliche Versammlungen innerhalb von

---

18 *BVerfGE* 69, 315 (350); 85, 69 (74); *Kniesel*, NJW 1992, 863; *Rühl*, in: Ridder u. a., § 14, Rz. 5.
19 *BVerfGE*, 69, 315 (358); *Schenke*, JZ 1986, 35 f.; *Hölscheidt*, DVBl. 1987, 670; *Bleckmann*, § 29, Rz. 49; a. A. *Geulen*, KJ 1983, 191.
20 *OLG Celle*, NJW 1977, 444; so auch *Wolff/Bachof*, III, § 131 II c; *Hobbeling*, S. 101; *Dietel*, Die Polizei 1976, 20; *Ott/Wächtler*, § 14, Rz. 1; *Hilf*, S. 37.
21 *VGH München*, NJW 1978, 1939 f.
22 *Hentschel*, Straßenverkehrsrecht, 36. Aufl., 2001, Rz. 5.
23 So ausdrücklich *VGH München*, NJW 1978, 1939 f.
24 *BVerfGE* 85, 69 (75 f.); *OLG Karlsruhe*, NPA 104, GG, Art. 8, Bl. 21 f.; *Frowein*, NJW 1985, 2377; *Götz*, DVBl. 1985, 1351; *Gusy*, JuS 1986, 611; *Hoffmann-Riem*, AK-GG, Art. 8, Rz. 61 f.; *Ott/Wächtler*, § 14, Rz 11 f.; *Steinberg*, JuS 1980, 108 f.; *Schenke*, JZ 1986, 35.

Bannkreisen Dispens erteilt ist (Rz. 30 ff. zu § 16)[25], und zwar wegen der gegebenen Beteiligung der Versammlungsbehörde im Erlaubnisverfahren (Rz. 32 zu § 16) durch das für die Dispensierung zuständige Organ (Rz. 36 zu § 16).

Nichtanmeldung ist nicht strafbar[26], kann aber Auflösung rechtfertigen (Rz. 121 f. zu § 15).

2. Anmeldefrist

Öffentliche Versammlungen unter freiem Himmel und Aufzüge müssen grundsätzlich 48 Stunden vor *Bekanntgabe* angemeldet werden. Das heißt, die zuständige Behörde muss zu dieser Zeit in Kenntnis gesetzt sein. Bei Postsachen kommt es auf den Posteingang bei der zuständigen Behörde an. Eine Form der Bekanntgabe ist die Einladung (§ 2 Abs. 1). Bekanntgabe muss nicht Einladung sein. Bekanntgabe könnte lediglich Mitteilung der für die Teilnahme relevanten Informationen in Bezug auf Beginn, Ort, Thema der Veranstaltung sein[27]. Eine allgemeine Aufforderung zur Beteiligung könnte vorhergehen. **12**

Die Frist von 48 Stunden vor Bekanntgabe ist notwendig, weil bei der Bekanntgabe zumeist auch Hinweise in Bezug auf Marschweg und Veranstaltungsplatz gegeben werden. Es kann auch erforderlich werden, dass die zuständige Behörde aus überwiegendem öffentlichen Interesse dem Veranstalter einen anderen Marschweg oder Veranstaltungsplatz vorschreibt. Das kann in der Einladung oder Bekanntgabe noch berücksichtigt werden[28]. Die Anmeldefrist braucht nicht eingehalten zu werden, wenn der mit der Versammlung verfolgte Zweck bei Einhaltung der Anmeldefrist nicht erreicht werden kann (Rz. 122 zu § 15) Solche Versammlungen bezeichnet *Quilisch* treffend als *Eilversammlungen*[29]. Daraus darf aber nicht geschlossen werden, dass die Anmeldepflicht hinfällig wird, wenn die Frist von 48 Stunden nicht einzuhalten ist oder die Bekanntgabe schon stattgefunden hat[30]. Die Pflicht zur Anmeldung besteht auch dann noch, wenn die zuständige Behörde die Absicht der Veranstaltung der Versammlung schon auf andere Weise als durch Anmeldung erfahren hat[31]. Zu den Folgen der Nichteinhaltung der Anmeldefrist vgl. Rz. 121 f. zu § 15. **13**

---

25 *Werner*, NVwZ 2000, 371, hält die Anmeldepflicht in solchen Fällen für obsolet.
26 So unzutreffend *OVG Lüneburg*, DÖV 1981, 461.
27 *Dietel*, Die Polizei 1976, 21.
28 *BVerfGE* 85, 69 (74).
29 *Quilisch*, S. 133.
30 *BGH*, NJW 1969, 1770; *OLG Düsseldorf*, NStZ 1984, 514; *Schwäble*, S. 206.
31 *BVerfGE* 69, 315 (350); 85, 69 (74); *BGH*, NJW 1969, 1773 ff.; *Ott/Wächtler*, § 14, Rz. 7; *OLG Karlsruhe*, NPA, VersG, § 14, Bl. 2.

3. Inhalt und Form der Anmeldung

14 In der Anmeldung ist zunächst anzugeben, wer Veranstalter ist, damit dieser an einem gegebenenfalls einzuleitenden Verwaltungsverfahren (Rz. 26) beteiligt werden kann. Die Pflicht zur namentlichen Benennung des Veranstalters ergibt sich schon aus § 2 Abs. 1 und zwar für die »Einladung«, die der Bekanntgabe vorausgehen kann (Rz. 12). Die Anmeldung muss in deutscher Sprache erfolgen (§ 23 Abs. 1, VwVfG). Sie muss Angaben über Zeit und Ort der Versammlung bzw. den Marschweg des Aufzugs enthalten. Die zuständige Behörde muss für eine konkret geplante Veranstaltung die Informationen erhalten, die sie benötigt, um dem Normzweck entsprechende Maßnahmen treffen zu können[32]. Dazu gehören Angaben über Ort und Zeit sowie Ablauf der geplanten Versammlung, vorgesehene Hilfsmittel und die Mitteilung der beabsichtigten Ordnerzahl. Neben der Bezeichnung des Veranstalters muss die Anmeldung enthalten, welche Person für die Leitung verantwortlich ist. Hierzu gehören nicht nur der Name, sondern auch weitere Angaben zur Feststellung seiner Identität, z. B. die Wohnung des Leiters[33]. Nur wenn die zuständige Behörde sichere Angaben über die Person des Leiters erhält, ist sie imstande, seine Eignung festzustellen. Auch der Gegenstand der Versammlung muss in der Anmeldung bezeichnet sein. Mit Gegenstand ist das Thema bzw. das Anliegen der Versammlung gemeint. Die zuständige Behörde soll sich ein möglichst zutreffendes Bild vom voraussichtlichen Verlauf der Versammlung machen können. Dazu gehört auch Kenntnis, ob bei der Versammlung wegen der Aktualität oder Attraktivität des Themas mit einer besonders hohen Teilnehmerzahl zu rechnen ist oder ob das Veranstaltungsthema besonders provozierend ist, sodass protestierende Teilnehmergruppen oder Gegendemonstrationen zu erwarten sind[34]. Beabsichtigter Lautsprechereinsatz ist in der Anmeldung anzugeben[35], damit entschieden werden kann, ob die Lautsprecherbenutzung für die geplante Versammlung wesensnotwendig ist, womit die prinzipielle Erlaubnispflicht entfällt (Rz. 10 zu § 15). Bei unvollständigen Angaben in der Anmeldung kann die zuständige Behörde Ergänzung verlangen. Eine Verweigerung wesentlicher Angaben geht zu Lasten des Veranstalters. Der Anmelder kann von sich aus die Anmeldung bis zur behördlichen Entscheidung, im Übrigen aber auch im Rahmen einer Anhörung (Rz. 37), ändern oder modifizieren. Unvollständige oder unrichtige Anga-

---

32 *Schwäble*, S. 209; *OVG Weimar*, NVwZ 2003, 210.
33 *Köhler/Dürig-Friedl*, § 14, Anm. 5; a. A. *Ott/Wächtler*, § 14, Rz. 6; *Rühl*, in: Ridder u. a., § 14, Rz. 14.
34 *Werner*, S. 38.
35 *Hobbeling*, S. 103.

ben in der Anmeldung sind für sich weder Verbots- noch Auflösungs-grund[36]. Verbot bzw. Auflösung müssen – unter Beachtung des Übermaß-verbots – aus § 15 Abs. 1 bzw. 2 begründet sein. Falsche Angaben zur Täu-schung der Versammlungsbehörde, um ein Verbot zu verhindern, gehen zu Lasten des Veranstalters. Jedoch liegt die Beweislast für die Täuschungsab-sicht bei der Behörde[37].

Die Anmeldung ist an keine Form gebunden[38]. Sie kann schriftlich oder **15** zu Protokoll bei der zuständigen Behörde eingereicht werden. Die Überga-be der Anmeldung an einen Amtswalter der zuständigen Behörde genügt. Ein Aufsuchen der Dienststelle kann nur verlangt werden, wenn die An-meldung zu Protokoll gegeben werden soll oder wenn schriftliche Bestäti-gung verlangt wird. Da das Gesetz keine bestimmte Form vorschreibt, ist auch fernmündliche oder fernschriftliche Anmeldung bzw. solche durch Fax oder Datenübertragung (E-Mail) zulässig[39].

Die beabsichtigte Verwendung von Ordnern ist bei der der Anmeldung zu beantragen (§§ 18 Abs. 2 bzw. 19 Abs. 1).

Obwohl nicht vorgeschrieben, entspricht es gutem Verwaltungsbrauch, **16** die Anmeldung formlos zu bestätigen. Diese *Anmeldebestätigung* ist als Mitteilung ohne Rechtsfolgen kein Verwaltungsakt[40]. Das gilt auch dann, wenn die Anmeldebestätigung mit nichtregelnden Hinweisen auf die Rechtslage versehen wird, etwa, dass sonst bestehende Erlaubniserforder-nisse suspensiert sind (Rz. 7 ff. zu § 15)[41]. Anders ist es, wenn mit der An-meldebestätigung beschränkende Verfügungen (sog. »Auflagen«) bekannt gegeben werden. Sie sind Verwaltungsakte (Rz. 43 zu § 15), für die die ent-sprechenden verwaltungsverfahrensrechtlichen Bestimmungen zu beachten sind.

III. Zuständige Behörden

Zuständig für die Anmeldung sind die Versammlungsbehörden. Das sind **17**
– in *Baden-Württemberg* die Kreispolizeibehörden;
– in *Bayern* die Kreisverwaltungsbehörden;
– in *Berlin* der Polizeipräsident;
– in *Brandenburg* die Polizeipräsidien;
– in *Bremen* die Ortspolizeibehörden;

---

36 *BT*-Drucks. 8/1845, S. 10.
37 *BVerfG*, NJW 2002, 3055.
38 *Lohse*, Die Polizei 1987, 93, 97; *Ott/Wächtler*, § 14, Rz. 22.
39 *Lammermann*, Die Polizei 1999, 139 (140).
40 *Lohse*, Die Polizei 1987, 97, Fn. 33 m. w. N.
41 A. A. *Ibler*, DVBl. 2000, 1803.

- in *Hamburg* die Behörde für Inneres;
- in *Hessen* in Gemeinden bis mit mehr als 7500 Einwohnern die Bürgermeister (Oberbürgermeister) als örtliche Ordnungsbehörden, im Übrigen die Landräte als Behörden der Landesverwaltung und die Oberbürgermeister in kreisfreien Städten als Kreisordnungsbehörden
- in *Mecklenburg-Vorpommern* die Kreisordnungsbehörden;
- in *Niedersachsen* die Polizeidirektion in Braunschweig und Hannover, sonst die Landkreise, kreisfreien Städte, die großen selbständigen Städte und die selbständigen Gemeinden;
- in *Nordrhein-Westfalen* die Kreispolizeibehörden;
- in *Rheinland-Pfalz* die örtlichen Ordnungsbehörden;
- im *Saarland* die Landkreise, der Stadtverband Saarbrücken bzw. die der Landeshauptstadt, in unaufschiebbaren Fällen die Vollzugspolizei;
- in *Sachsen* die Kreispolizeibehörden;
- in *Sachsen-Anhalt* die Landkreise und die kreisfreie Stadt Dessau, in Halle und Magdeburg die Polizeidirektionen;
- in *Schleswig-Holstein* die Kreisordnungsbehörden;
- in *Thüringen* die Kreisverwaltungsbehörden.

Texte der Zuständigkeitsregelungen vgl. Anhang 8.

An der Alleinzuständigkeit der Versammlungsbehörde ändert sich auch nichts, wenn sich präventiv-polizeiliche Kompetenzen der spezialisierten Gefahrenabwehr überlagern, etwa bei Demonstrationen auf Bahnanlagen, wie bei Castor-Transporten. Die Versammlungsbehörde hat mit der für die Bahnanlagen zuständigen Behörde im Rahmen notwendiger Beteiligung abzuklären, ob der beabsichtigten Inanspruchnahme von Bahngelände Verfügungsrechte über nicht öffentliches Eigentum oder Interessen der Sicherheit des Schienenverkehrs entgegenstehen.

Sofern ein Aufzug, eine Demonstrationsfahrt oder eine Menschenkette mehrere Behördenbezirke berühren soll, ist die Veranstaltung nur bei einer, nämlich der erstberührten Versammlungsbehörde anzumelden, die ihrerseits die zuständige Aufsichtsbehörde zu unterrichten hat. Diese entscheidet, welche Behörde für das weitere Verfahren zuständig ist. Soweit diese Verfahrensweise nicht ordnungsrechtlich oder polizeirechtlich geregelt ist, gilt § 3 Abs. 1 Nr. 4 in Verbindung mit Abs. 2 Satz 1 VwVfG.

Bei Ländergrenzen überschreitenden Veranstaltungen entspricht es im Sinne grundrechtsfreundlicher Verfahrensgestaltung gutem Verwaltungsbrauch, dass sich die betroffenen Bundesländer untereinander abstimmen und die Anmeldung im Ausgangsland als ausreichend ansehen.

Für Veranstaltungen, die über nationale Grenzen hinausgehen, gibt es keine entsprechende Verwaltungspraxis. Es gilt das jeweilige nationale Recht. Für passrechtliche Ausreisebeschränkungen (§ 10 Abs. 1 Satz 2 i. V. mit § 7 Abs. 1 Nr. 1 PassG), die sich auf die versammlungsrechtlich geschützte Anreise zu einer Versammlung im Ausland auch im Inland auswirken, ist der Bundesgrenzschutz zuständig. Die versammlungsrechtlichen Implikationen einer solchen Ausreisebeschränkung sind unter Maßgabe des Übermaßverbots zu berücksichtigen (Rz. 71 und 122 zu § 1).

IV. Spontanversammlungen

1. Begriff

Spontanversammlungen bzw. Spontandemonstrationen[42] sind Versammlungen oder Aufzüge, die nicht von langer Hand vorbereitet sind, sondern aus einem aktuellen Anlass augenblicklich entstehen[43]. Dazu gehören auch aktuelle Formen des spontanen, über Internet und Handy organisierten Zusammenkommens von Personen, sog. smart mob (§ 1 Rz. 54). **18**

Diesem Begriff entsprechen sowohl Veranstaltungen, bei denen Entschluss und Durchführung unmittelbar zusammenfallen (Sofortversammlungen[44]), als auch solche Veranstaltungen, bei denen Entschluss und Durchführung kurz hintereinander erfolgen (Eilversammlungen[45] bzw. Blitzversammlungen[46]). Entscheidend ist – auch nach Feststellung des BVerfG –, dass der »mit der Spontanveranstaltung verfolgte Zweck« bei Einhaltung der versammlungsgesetzlichen Anmeldpflicht »nicht erreicht werden könnte«[47].

Insoweit können Sofortversammlungen als *Spontanversammlungen im engeren Sinne* und Eilversammlungen bzw. Blitzversammlungen als *Spontanversammlungen im weiteren Sinne* bezeichnet werden.

Spontanversammlungen bzw. Spontandemonstrationen können sich (z. B. aus Protest) aus einer bestehenden Veranstaltung abtrennen oder aus aktuellem Anlass im Anschluss an eine Versammlung oder Demonstration (z. B. aus Anlass von Polizeimaßnahmen) bilden[48]. Man spricht dann von Folgeversammlungen bzw. Folgedemonstrationen.

Keine Spontanversammlungen bzw. Spontandemonstrationen sind Veranstaltungen mit Überraschungseffekt, die vorher von den Initiatoren abge- **19**

---

42 Zum Begriff ausführlich *Borchert*, S. 46.
43 *Broß*, Jura 1986, 193; *Dietel/Kniesel*, Die Polizei 1985, 338; *Frowein*, NJW 1985, 2376; *Gallwas*, JA 1986, 490; *Götz*, DVBl. 1985, 1350; *Gusy*, JuS 1986, 611; *Schwäble*, S. 198, 201 ff.; *BVerfGE* 85, 69 (75); *Gusy*, JuS 1993, 557.
44 *Borchert*, S. 46.
45 *Quilisch*, S. 133.
46 *Herzog*, in: Maunz/Dürig, GG, Art. 8, Rz. 107.
47 *BVerfGE* 69, 315 (350).
48 *Dietel/Kniesel*, Die Polizei 1985, 338.

sprochen worden sind[49], auch wenn sich nach Veranstaltungsbeginn weitere Personen spontan der Veranstaltung anschließen, um sich mit den Zielen und Aussagen der Veranstalter zu solidarisieren. Es handelt sich hierbei um »vorgetäuschte Spontanaktionen«[50], die als böswillig nicht angemeldete Versammlungen (Rz. 122 zu § 15) zu behandelt sind[51]. Die Spontaneität der Entstehung ist Abgrenzungskriterium[52] Es fehlt bei geplanten und organisierten Aktionen[53], für die etwa Stunden oder Tage vorher geworben worden ist[54]. Deshalb entstehen auch an Informationsständen kaum den Absichten des Veranstalters entsprechende Spontanversammlungen[55]. Denkbar sind eher spontane Protestaktionen. Das Mitführen vorbereiteter Transparente spricht regelmäßig gegen Spontaneität der Veranstaltung.

2. Zulässigkeit

20   Die Zulässigkeit von Spontanversammlungen und Spontandemonstrationen ist vom *BVerfG* eindeutig festgestellt worden[56]. Die Gewährleistung der Versammlungsfreiheit in Art. 8 Abs. 1 GG begrenzt den Gesetzesvorbehalt in Abs. 2 und verbietet, im VersG nicht vorgesehene »Typen von Veranstaltungen« von der Grundrechtsgewährleistung auszuschließen. »Das Grundgesetz und nicht das Versammlungsgesetz verbürgt die Zulässigkeit von Versammlungen und Aufzügen; das Versammlungsgesetz sieht lediglich Beschränkungen vor, soweit solche erforderlich sind. Damit stimmt überein, dass eine Verletzung der Anmeldepflicht nicht schon automatisch zum Verbot oder zur Auflösung einer Veranstaltung führt.«[57]

Mit dieser verfassungsgerichtlichen Klarstellung werden schon früh geäußerte Auffassungen[58] bestätigt. Gegenmeinungen besonders im älteren Schrifttum[59] sind überholt.

---

49 *Möhrle*, RuP 1969, 62.
50 *Schreiber*, Schriften der Bundeszentrale für politische Bildung 1969, S. 70.
51 *OLG Düsseldorf*, NStZ 1984, 515.
52 *Gusy*, Rz. 423, meint, als Abgrenzungskriterium könne die »fehlende vorherige Einladung« gelten. Dem ist zuzustimmen.
53 *Hoch*, JZ 1969, 18.
54 *BayObLG*, NJW 1969, 22.
55 *Dietel*, Die Polizei 1976, 22.
56 *BVerfGE* 69, 315 (350); 85, 69 (75).
57 *BVerfGE* 69, 315 (351).
58 Z. B. *Merten*, MDR 1968, 624; *Möhrle*, RuP 1969, 62; *Borchert*, S. 62 ff.; *Ossenbühl*, Der Staat 1971, 66; *Crombach*, S. 31 f.
59 *Füßlein*, § 15, Anm. 3 u. 12.

3. Relativierung der Anmeldepflicht

Die Anmeldepflicht entfällt für Spontanversammlungen im engeren Sinne 21 (Sofortversammlungen). Das ergibt sich zum einen daraus, dass sie in aller Regel keinen anmeldefähigen und damit anmeldepflichtigen Veranstalter haben[60]. Es ergibt sich zum anderen daraus, dass keine Zeit zur Anmeldung bleibt. Um die Anmeldung bewirken zu können, müsste die Durchführung der Veranstaltung aufgeschoben werden, was ihrem Sinn widerspräche.

Bei Spontanversammlungen im weiteren Sinne (Eilversammlungen) bleibt 22 die Anmeldepflicht grundsätzlich bestehen, sofern ein anmeldefähiger Veranstalter vorhanden ist. Modifiziert wird lediglich die Anmeldefrist[61]. Da es auch hier dem Sinn der Veranstaltung widerspräche, wenn ihre Durchführung zur Einhaltung der 48-Stunden-Frist aufgeschoben werden müsste, gilt eine verkürzte Frist, die den Gegebenheiten des Einzelfalles entspricht. Der Veranstalter ist gehalten, sobald der Entschluss zur Durchführung der Eilversammlung feststeht, unverzüglich die Anmeldung bei der zuständigen Behörde vorzunehmen[62]. Das kann fernmündlich, per Fax oder E-Mail erfolgen.

4. Gesetzlicher Regelungsbedarf

Für Spontanversammlungen besteht eine Regelungslücke im VersG[63], die 23 im Interesse der Rechtsklarheit geschlossen werden sollte[64].

Es kann davon ausgegangen werden, dass dem Gesetzgeber von 1953 das 24 Phänomen der Spontanversammlung bekannt war, er aber für eine Regelung keinen Anlass sah, sei es, dass er sie generell für unzulässig hielt[65], sei es, dass er sie für zulässig hielt, aber eine kasuistische Regelung für unzweckmäßig ansah.

Der Gesetzgeber von 1978 hat ausweislich der Beratungen im Rechtsausschuß des Bundestages bei den Beratungen über das Gesetz zur Ände-

---

60 *Herzog*, in: Maunz/Dürig, Art. 8, Rz. 107; *Hoffmann-Riem*, AK-GG, Art. 8, Rz. 62; *Kloepfer*, Rz. 29; *BVerfGE* 85, 69 (75); *Gusy*, JuS 1993, 557; BVerfG, NVwZ 2005,80).

61 *BVerfGE* 85, 69 (75); Bedenken dagegen bei *Geis*, NVwZ 1992, 1029 f.; *Gusy*, in: v. Mangoldt/Klein/Starck, Art. 8, Rz. 68; im Übrigen vgl. Rz. 16 ff. zu § 26.

62 *BVerfGE* 85, 69 (75); *Dietel/Kniesel*, Die Polizei 1985, 338; *Gusy*, Rz. 422; *Herzog*, in: Maunz/Dürig, Art. 8, Rz. 107.

63 *Hoch*, JZ 1969, 19; *Dietel/Kniesel*, Die Polizei 1985, 338; dem Sinn nach auch *BVerfGE* 69, 315 (358); *Frowein*, NJW 1969, 1085 und 2377; sowie *Schenke*, JZ 1986, 35, gehen von Teilnichtigkeit des § 14 aus; vgl. auch *Gusy*, in: v. Mangoldt/Klein/Starck, Art. 8, Rz. 68; *Geulen*, KJ 1983, 183, 189, 194, hält § 14 insgesamt für verfassungswidrig.

64 *Gintzel*, Die Polizei 1983, 301; *Seidel*, DÖV 2002, 286.

65 Dieser Schluss könnte aus BT-Drucks. I/1102, S. 11, gezogen werden.

rung des VersG vom 25. 9. 1978 auch die Frage erörtert, ob es sich empfehle, den Begriff der Spontanversammlung im Gesetz zu definieren und daran bestimmte Folgeregelungen zu knüpfen. Eine Entscheidung wurde nicht getroffen. Der zuständige Bundesminister wurde ersucht, die Notwendigkeit einer besonderen Regelung für Spontanversammlungen umfassend zu prüfen[66]. Aus der Tatsache, dass keine Regelungskonsequenzen im Versammlungsänderungsgesetz gezogen wurden, darf geschlossen werden, dass der Gesetzgeber eine Regelung nicht für dringlich ansah.

V. Kooperationsgebot

1. Allgemeines

25 Die ursprüngliche Absicht des Gesetzgebers, Kooperationspflichten der zuständigen Behörde und des Veranstalters im VersG zu statuieren (§ 14 a)[67], wurde aufgegeben. Maßgebend waren verfassungsrechtliche Bedenken, die insbesondere gegen eine Bußgeldbewehrung der veranstalterseitigen Kooperationspflichten bestanden[68]. Damit wird die aus dem Gebot grundrechtsfreundlicher Verfahrensgestaltung folgende Pflicht der Versammlungsbehörde, sich um »vertrauensvolle Kooperation«[69] zu bemühen, nicht aufgehoben (Rz. 111 zu § 1).

26 Wenn die zuständige Behörde durch Anmeldung oder auf sonstige Weise Kenntnis von einer geplanten öffentlichen Versammlung unter freiem Himmel oder einem Aufzug erhält, tritt sie im Regelfall mindestens in die *Prüfung* der rechtlichen bzw. tatsächlichen Voraussetzungen versamm-

---

66 BT-Drucks. 8/1845, S. 7.
67 BT-Drucks. 11/2834:
    § 14 a
    (1) Die zuständige Behörde erörtert, soweit dies sachdienlich und möglich ist, mit dem Veranstalter der Versammlung oder das Aufzuges oder mit demjenigen, der eine Vielzahl von Personen zur Teilnahme an einer solchen Veranstaltung aufgefordert hat, Einzelheiten der Durchführung der Versammlung oder des Aufzuges, insbesondere Maßnahmen zur Wahrung der öffentlichen Sicherheit und Ordnung. Die Behörde hat dabei, soweit nicht die Erfüllung ihrer Aufgaben dadurch beeinträchtigt wird, auch Auskunft über beabsichtigte Schutz- und Sicherheitsmaßnahmen zu geben.
    (2) Die in Absatz 1 bezeichneten Personen haben im Interesse eines ordnungsgemäßen und friedlichen Verlaufs der Versammlung oder des Aufzuges der Behörde Auskunft insbesondere über Umfang und vorgesehenen Ablauf der Veranstaltung zu geben. Sie haben an einem von der Behörde festgesetzten Erörterungstermin teilzunehmen.
68 BT-Drucks. 11/4359, S. 30.
69 *BVerfGE* 69, 315 (355 f.); *OVG Weimar*, NVwZ 2003, 208.

lungsbezogener Verwaltungsakte[70] (Verbot bzw. sog. »Auflagen«) ein. Damit ist ein Verwaltungsverfahren im Sinne des § 9 VwVfG eröffnet.

Da im VersG spezielle Verfahrensregelungen fehlen, gelten die Bestimmungen des allgemeinen Verwaltungsverfahrensrechts[71]. Das Versammlungsrecht gehört zu den Gegenständen der konkurrierenden Gesetzgebung (Art. 74 Nr. 3 GG). Das vom Bund erlassene VersG wird von den Ländern als »eigene Angelegenheit« (Art. 83 GG) ausgeführt. Deshalb gilt für die Durchführung des VersG das Verwaltungsverfahrensrecht des jeweiligen Landes (§ 1 Abs. 3 VwVfG), nicht das Verwaltungsverfahrensrecht des Bundes.

27

Die entsprechenden verwaltungsverfahrensgesetzlichen Bestimmungen sind im Sinne grundrechtsfreundlicher Verfahrensgestaltung unter Berücksichtigung der »grundlegenden Bedeutung« der Versammlungsfreiheit »im freiheitlichen demokratischen Staat« anzuwenden[72]. Im Verfahren gilt die Untersuchungsmaxime mit der Konsequenz, dass die Beweislast für Gefahrentatbestände bei der Behörde liegt[73]. Für die zuständige Behörde ergeben sich im versammlungsbezogenen Verwaltungsverfahren insbesondere Pflichten zur Erörterung, zur Auskunft und zur Beratung. Für den Veranstalter ergeben sich Pflichten zur Information und zur Einhaltung von Vereinbarungen.

28

Das Kooperationsgebot besteht nur dann, wenn Kooperationsbedarf besteht. Davon ist immer dann auszugehen, wenn über die bloße Anmeldebestätigung, die selbst kein Verwaltungsakt ist (Rz. 16)[74], hinausgegangen werden soll und an den Erlass von Verfügungen (Verbot, »Auflagen«) gedacht wird.

29

Vorausgesetzt ist dabei, dass Kooperation in Form von Erörterung tatsächlich möglich ist, was bei veranstalterlosen echten Spontanversammlungen und kurzfristig angesetzten Eilversammlungen regelmäßig ausscheidet.

Kooperationsbedarf besteht insbesondere bei Großdemonstrationen. Vertrauensvolle Kooperation kann helfen, an sich problematische Massenveranstaltungen zu ermöglichen und ihre störungsfreie Durchführung zu sichern, ohne die Interessen der öffentlichen Sicherheit zu vernachlässigen.

30

---

70 Ein öffentlich-rechtlicher Vertrag zur Regelung der Rechtsbeziehungen zwischen Veranstalter und zuständiger Behörde scheidet aus, vgl. *Lohse,* Die Polizei 1987, 96 f., insbesondere weil die Versammlungsbehörde in Bezug auf die öffentliche Sicherheit und Ordnung keine Dispositionsfreiheit hat; ähnlich *Hoffmann-Riem,* Festschrift, S. 395.
71 *Zeitler,* Rz. 132; *OVG Weimar,* NJ 1997, 102.
72 *BVerfGE* 69, 315 (349).
73 *BVerfG,* NJW 2001, 2079.
74 *Lohse,* Die Polizei 1987, Fußn. 33 m. w. N.

31 Das Kooperationsgebot besteht primär für die *Vorbereitungsphase.*
Kooperation kann bereits mit der Anmeldung beginnen, wenn sich Gelegenheit zur Kontaktaufnahme[75] und zur Klärung offener Fragen ergibt.
Kontakte *vor* der Anmeldung, im Stadium der vom Veranstalter vorzu-
nehmenden Vorprüfungen, Planungen, Vorbereitungen, sind möglich, haben aber noch keine verfahrensrechtliche Relevanz. Die Kooperation endet
mit dem Abschluss des Verwaltungsverfahrens, d. h. mit der Bekanntgabe
der behördlichen Entscheidung über Erlass oder Nichterlass versammlungsbezogener Verfügungen.

32 Für die *Durchführungsphase* kann eine neue Kooperation beginnen. Obwohl die vom BVerfG für erforderlich gehaltene Kooperation zwischen
zuständiger Behörde und Veranstalter sich ganz überwiegend auf die Vorbereitungsphase bezieht, wird sie für die Durchführungsphase nicht ausgeschlossen. Kooperation in der Durchführungsphase wird sich in der Regel
wegen der Dynamik des Geschehens nur auf den Austausch von Informationen zur Vermeidung von Fehleinschätzungen beschränken können. Bei
andauernden Veranstaltungen (z. B. Menschenketten und demonstrativen
Blockaden) sind aber auch Erörterungen möglich.

Kooperation in der Durchführungsphase erfolgt zum einen zur Sicherung eines störungsfreien Verlaufs der Veranstaltung. Sie erfolgt aber auch
zur Abstimmung oder Vermeidung von Anordnungen der zuständigen Behörde, die bis zur Auflösung gehen können. Da solche Verfügungen in aller
Regel unter Zeitdruck und als unaufschiebbare Anordnungen von Polizeivollzugsbeamten ergehen, sind nur die verfahrensrechtlichen Bestimmungen einzuhalten, deren Beachtung tatsächlich möglich ist (z. B. Beratung,
Auskunft, Anhörung, Geheimhaltung)[76].

Kooperation in der Durchführungsphase ist Sache der Behörde, die für
die Auflösung zuständig ist) (Rz. 213 zu § 15)[77].

2. Behördenseitige Kooperation

33 Im versammlungsbezogenen Verwaltungsverfahren hat die zuständige Behörde insbesondere offene Fragen zu erörtern und dabei den Veranstalter
zu informieren und gegebenenfalls zu beraten.

Das Verwaltungsverfahrensrecht kennt eine Erörterungspflicht nur für
das förmliche Verwaltungsverfahren (§§ 63 ff. VwVfG), und zwar im Rahmen der vorgeschriebenen mündlichen Verhandlung (§ 67 VwVfG). Sie obliegt dem Verhandlungsleiter (§ 68 Abs. 2 Satz 1 VwVfG). Mangels aus-

---

75 *BVerfGE* 69, 315 (355); 85, 69 (74).
76 *Lohse*, Die Polizei 1987, 100.
77 Zur Problematik der Kooperation in der Durchführungsphase *Hoffmann-Riem*,
Festschrift, S. 389 ff.

drücklicher Regelung bedarf es für die Verhandlungen mit dem Veranstalter einer Versammlung keines förmlichen Verwaltungsverfahrens (§ 63 Abs. 1 VwVfG). Gleichwohl bietet sich an, die Erörterung im Sinne der Regelung des § 68 Abs. 1 und 2 VwVfG zu gestalten. Mit dieser Erörterung wird auch dem Anhörungserfordernis des § 28 Abs. 1 VwVfG entsprochen[78], sofern ein Verbot oder eine beschränkende Verfügung beabsichtigt ist.

Die Auskunftspflicht ergibt sich aus § 25 Satz 2 VwVfG. Sie sollte sich aber nicht eng an den dort gesetzten Rahmen (Auskunft nur über die den Beteiligten im Verfahren zustehenden Rechte und die ihnen obliegenden Pflichten) halten. Im Interesse vertrauensvoller Zusammenarbeit sollten auch Informationen über geplante behördliche Schutz- und Sicherheitsmaßnahmen gegeben werden[79].

Träger der Pflichten ist die zuständige Versammlungsbehörde (Rz. 17). **34** Sie hat, ähnlich wie im Planfeststellungsverfahren (§ 75 Abs. 1 VwVfG), alle mit dem Versammlungsgeschehen unmittelbar zusammenhängenden öffentlichen Belange der Gefahrenabwehr in dem von ihr geführten Verfahren wahrzunehmen (Konzentrationsgrundsatz). Damit entspricht sie dem Anspruch bürger- und grundrechtsfreundlicher Verfahrensgestaltung. Deshalb besteht die Erörterungs- und Auskunftspflicht nicht nur für die rein versammlungsrechtlichen Fragen, sondern auch für die mit der Ausübung der Versammlungsfreiheit verbundenen Fragen der Inanspruchnahme öffentlicher Verkehrsflächen (Straßenrecht, Straßenverkehrsrecht) und der Lautsprecherbenutzung (Straßenverkehrsrecht, Immissionsschutzrecht). Darüber hinaus sollten auch andere veranstaltungsbezogene Fragen angesprochen werden, für die an sich die Zuständigkeit anderer Behörden gegeben ist (z. B. Betrieb von Verkaufsständen, Aufstellung von Toilettenwagen, Straßenreinigung u. a.).

In Erfüllung ihrer Kooperationspflichten hat die zuständige Behörde **35** Leistungen zu erbringen, die als bloße Absichtserklärungen (Erörterung vorgesehener Maßnahmen) oder Wissenserklärungen (Auskünfte) keine Verwaltungsakte sind. Deshalb kommt gegen die Nichterfüllung der Pflichten regelmäßig nur Leistungsklage in Betracht.

Bei Mißachtung der Pflichten muss die zuständige Behörde den Vorwurf mangelnder Sorgfalt bei der Gefahrenprognose und der daraus folgenden Festsetzung eingreifender Maßnahmen gegen sich gelten lassen. Das gilt insbesondere für ihr Vorbringen in einem etwaigen verwaltungsgerichtlichen Verfahren[80].

---

78 *OVG Weimar*, NJ 1997, 102.
79 *OVG Weimar*, NVwZ 2003, 208.
80 *BVerfGE* 69, 315 (354, 356); *OVG Weimar*, NJ 1997, 102 f.

36　Gegenstand der Erörterung sind Einzelheiten der Durchführung. Zweck und Anliegen der Veranstaltung sind grundsätzlich nicht zu behandeln[81]. Nur wenn es Anhaltspunkte für verfassungs- und/oder strafrechtswidrige Zielsetzungen der Veranstaltung (etwa Werben für eine terroristische Vereinigung oder Volksverhetzung) gibt, ist auch der Veranstaltungszweck in die Erörterung (Aufklärung über die Rechtslage) einzubeziehen.

37　Zu erörtern sind Fragen, die sich auf eine konkrete Veranstaltung beziehen. Ihre Beantwortung muss sachdienlich sein. Das ist der Fall, wenn damit ein störungsfreier Verlauf der Veranstaltung ermöglicht und die Beeinträchtigung von Drittinteressen minimiert werden kann.

Erörterung ist gegenseitiges Geben und Nehmen. Sie verlangt mehr als bloße Entgegennahme von Einwendungen. Die Behörde soll Informationen erhalten, die für ihre Gefahrenprognose, die Ermessensausübung und die damit verbundene Beachtung des Übermaßverbots von Belang sind[82]. Der Veranstalter soll Kenntnis über rechtliche und tatsächliche Grenzen seiner Vorhaben bekommen und Gelegenheit zu Einwendungen zur behördlichen Gefahreneinschätzung sowie zum Anbieten von Austauschmitteln zur Vermeidung nicht akzeptierter behördlicher Maßnahmen erhalten[83]. So kann ein mögliches Verbot durch Veränderung der Versammlungsmodalitäten in Bezug auf Veranstaltungszeit oder Veranstaltungsort vermieden werden, etwa um einen sonst gegebenen polizeilichen Notstand auszuschließen, der ein Verbot rechtfertigen würde[84].

Im Rahmen dieses Informationsaustausches hat die Behörde auch die ihr gemäß § 25 Satz 1 VwVfG obliegende *Beratungspflicht* zu erfüllen. Sie hat den Veranstalter insbesondere über die rechtliche Bedeutung unterlassener oder unrichtiger Erklärungen aufzuklären.

38　Darüber hinaus sollte die Behörde im Sinne vertrauensvoller Zusammenarbeit[85] dem möglicherweise unerfahrenen Veranstalter Anregungen für die technische Organisation und Durchführung seiner Veranstaltung geben. Sofern die Versammlungsbehörde nicht gleichzeitig Polizeibehörde ist, sollte sie den vorgesehenen Einsatzleiter hinzuziehen, um auch dessen Erfahrungen zu nutzen.

---

81 *Buschmann*, S. 39.
82 Vgl. dazu *Lohse*, Die Polizei 1987, 98 f.; *BVerfGE* 69, 315 (356); *Hoffmann-Riem*, Festschrift, S. 382.
83 *Dietel/Kniesel*, Die Polizei 1985, 343; *Hoffmann-Riem*, Festschrift S. 382; *OVG Bautzen*, NJ 1998, 666, sieht Erörterungsbedarf besonders gegeben, wenn mit einem unfriedlichen Verlauf der Versammlung gerechnet wird.
84 *BVerfG*, NJW 2000, 3056; *VGH Mannheim*, VBlBW 2002, 383 (385).
85 *BVerfGE* 69, 315 (355, 358 f.).

Gegenstand der Erörterung ist zunächst die Gefahrenprognose[86]. Die Be-   **39**
hörde hat darzulegen, welche Störungen bzw. Gefährdungen der öffentlichen Sicherheit sie bei Durchführung der geplanten Veranstaltung nach
ihrem Kenntnisstand, der einschlägige Erfahrungen einschließt, für wahrscheinlich hält. Dem kann der Veranstalter seine Einschätzung entgegen-
stellen. Er kann dabei behördliche Wissenslücken schließen sowie Fehleinschätzungen korrigieren helfen und so die Sicherheit der Gefahrenprognose
erhöhen.

Nach Abklärung der Gefahrenprognose sind die daraus zu ziehenden   **40**
rechtlichen Konsequenzen zu erörtern, wie sie sich aus den gesetzlichen
Aufgaben der Behörde ergeben. Erörterungsbedarf besteht jedoch nur dann,
wenn es um mehr als vorbehaltlose Duldung der Veranstaltung geht, wenn an
ein Verbot oder den Erlass beschränkender Verfügungen gedacht wird.
Erörtern heißt nicht aushandeln. Es bleibt bei der Entscheidungshoheit
der Behörde entsprechend dem für hoheitliches Handeln geltenden Über-
ordnungsprinzip[87]. Bei Absprachen mit dem Veranstalter muss die zuständige Behörde innerhalb der ihr gesetzten rechtlichen Grenzen und innerhalb zulässiger Ermessensausübung bleiben[88].
Mit der Erörterung der notwendigen rechtlichen Konsequenzen soll
einerseits Verständnis beim Veranstalter für die behördlichen Entschei-
dungsgründe gewonnen werden. Andererseits kann über Austauschmittel
gesprochen werden, um nicht für erforderlich gehaltene Maßnahmen zu
vermeiden.

Bei der Erörterung der vorgesehenen Maßnahmen ist auch zu behandeln,   **41**
ob sie für den Veranstalter Pflichten begründen, die zumutbar und tatsächlich erfüllbar sind. Die für den Veranstalter bewirkten Belastungen sind unter dem Gesichtspunkt der Verhältnismäßigkeit zu besprechen.

Obwohl für das hier maßgebende nichtförmliche Verwaltungsverfahren   **42**
keine *Niederschrift* der Erörterung vorgeschrieben ist, sollten die Ergebnisse gleichwohl schriftlich fixiert werden. Eine dem Veranstalter überlassene
Kopie der Ergebnisniederschrift begründet keine verbindliche Zusicherung
im Sinne des § 38 VwVfG. Zur Vermeidung von Irrtümern sollte darauf in
der Niederschrift hingewiesen werden. Die in der Niederschrift protokollier-
ten Festlegungen müssen im Sinne des Vertrauensschutzes eingehalten werden, und zwar solange die bei der Erörterung bekannten Tatsachen fortbeste-
hen. Wenn neue Tatsachen wesentliche Änderungen erforderlich machen,
muss – soweit möglich – nacherörtert, mindestens aber informiert werden.

---

86 *BVerfGE* 69, 315 (362).
87 *Lohse*, Die Polizei 1987, 98; *BVerfGE* 69, 315 (356); zur Problematik des »Aus-
   handelns« *Hoffmann-Riem*, Festschrift, S. 386 f.
88 *Buschmann*, S. 145.

43   Die Erörterung kann schon bei der Anmeldung beginnen, wenn der Veranstalter persönlich erscheint. Da hierbei in der Regel nicht alle Fragen geklärt werden können, sind weitere Erörterungstermine festzusetzen, je nach Erörterungsbedarf. Im Interesse der geforderten »vertrauensvollen Kooperation«[89] darf sich die zuständige Behörde nicht auf einen – und dann noch sehr spät gelegten – Erörterungstermin beschränken, bei dem die behördlichen Entscheidungen schon feststehen. Das Kooperationsgebot bezieht sich vor allem auf Großdemonstrationen mit einer Vielzahl oft nur lose verbundener Initiatoren, die die technische Durchführung nicht selten einem Trägerkreis oder Organisationskomitee mit begrenzten Befugnissen überlassen. Die Verhandlungsführer müssen Gelegenheit zu Rückfragen und internen Abstimmungen erhalten. Deshalb sind mehrere Erörterungstermine unabweisbar. Über die Zeitpunkte sollte Einvernehmen angestrebt werden.

44   Auskunft besteht in der Beantwortung von Fragen[90]. Diese Fragen können sich zunächst auf die dem Veranstalter im Verwaltungsverfahren zustehenden Rechte und die ihm obliegenden Pflichten beziehen. Wenn der Veranstalter wichtige Fragen nicht stellt, hat ihn die Behörde im Rahmen der für sie nach § 25 Satz 1 VwVfG bestehenden Beratungspflicht aufzuklären. Zulässig sind auch Fragen in bezug auf beabsichtigte Schutz- und Sicherheitsmaßnahmen. Schutzmaßnahmen sind hierbei die zum Schutz der Veranstaltung geplanten, Sicherheitsmaßnahmen die zur Abwehr von Gefährdungen der öffentlichen Sicherheit vorgesehenen Maßnahmen.

Die Auskunft kann nur dann verweigert werden, wenn bei Auskunftserteilung die Erfüllung von Aufgaben der auskunftsverpflichteten Behörde beeinträchtigt wird. Dabei reicht nicht jegliche Beeinträchtigung aus, sondern nur eine wesentliche Erschwerung der Aufgabenerfüllung.

45   Soweit die Versammlungsbehörde (zuständig für Anmeldung und Verbot) nicht gleichzeitig Polizeibehörde (zuständig für Maßnahmen bei Durchführung der Veranstaltung) ist, besteht ihre Pflicht zur Auskunftserteilung primär nur für die Aufklärung des Veranstalters über seine Rechte und Pflichten im Verwaltungsverfahren. Zur Aufklärung über Schutz- und Sicherheitsmaßnahmen ist die Versammlungsbehörde zunächst nur in dem Rahmen verpflichtet, wie sie diese Maßnahmen selbst bestimmt.

46   Die Offenbarung taktischer polizeilicher Maßnahmen, die sich auf die bei der Durchführung der Veranstaltung anfallenden polizeilichen Aufgaben beziehen (Schutz der Versammlung, Abwehr veranstaltungsveranlasster Gefährdungen der öffentlichen Sicherheit, Verfolgung versammlungsbezo-

---

89 *BVerfGE* 69, 315 (355).
90 *Knack*, VwVfG, 7. Aufl., 2001, § 25, Rz. 46.

gener Straftaten[91] und Ordnungswidrigkeiten), kann nur in Abstimmung mit der zuständigen Polizeibehörde erfolgen. Die Pflicht zur Auskunftserteilung bleibt bei der Versammlungsbehörde. Die Versammlungsbehörde hat in Erfüllung ihrer Auskunftspflicht die zuständige Polizeibehörde um Informationshilfe zu bitten. Insoweit besteht auch eine Kooperationspflicht der neben der Versammlungsbehörde mit dem Versammlungsgeschehen befassten Behörden[92]. Wenn die Polizeibehörde offensichtlich unzulässig Informationen zurückhält, ist die zuständige Behörde gehalten, die der Polizeibehörde übergeordnete Aufsichtsbehörde einzuschalten (§ 5 Abs. 5 Satz 1 VwVfG).[93].

Der Auskunftsberechtigte hat Rechte nur gegenüber der Versammlungsbehörde, gegen die auch eine verwaltungsgerichtliche Klage zu richten wäre. Diese wenig befriedigende rechtliche Konstruktion ist ein weiterer Grund für landesgesetzliche Zuständigkeitsregelungen, die – zumindest für Versammlungen unter freiem Himmel – die versammlungsbehördlichen Kompetenzen der Polizei zu übertragen. Die unterschiedliche Regelung der Zuständigkeiten in den Bundesländern (Anl. 8) – Entscheidungskompetenz allein bei der Polizei oder aufgeteilt zwischen Versammlungsbehörde und Polizei – darf nicht zu Lasten des Veranstalters gehen (Differenzierungsverbot). **47**

Hauptbeteiligte der Kooperation sind die zuständige Behörde und der Veranstalter. **48**

Damit ist aber die im allgemeinen Verwaltungsverfahrensrecht (§ 13 Abs. 2 VwVfG) vorgesehene Hinzuziehung weiterer Beteiligter nicht ausgeschlossen. In Betracht kommen Personen oder Personenvereinigungen, deren *eigene*[94] »rechtlichen Interessen« (§ 13 Abs. 2 Satz 1 VwVfG) durch die Ergebnisse des Verwaltungsverfahrens berührt sein können. Zu denken ist dabei etwa an den Veranstalter einer Gegendemonstration, auch Personen oder Personengruppen, die an der geplanten Versammlung mit der Absicht teilnehmen wollen, Meinungen zu verdeutlichen, die von den Intentionen des Veranstalters abweichen[95]. Solche Personengruppen können ihr rechtliches Interesse auf Respektierung ihrer Teilnahme mit abweichender Meinungsäußerung (etwa durch Zeigen entsprechender Transparente oder Skandieren von Parolen) durch Leiter und Ordner der Versammlung, gegen die sich ihr Protest richten soll, auch durch einen Bevollmächtigten vertre-

---

91 *Hoffmann-Riem*, AK-GG, Art. 8 Rz. 50, weist auf Kooperationsgrenzen in Bezug auf die Strafverfolgungspflicht hin.
92 *Hoffmann-Riem*, AK-GG, Art. 8, Rz. 50.
93 *Knack*, VwVfG, 7. Aufl., 2001, § 5, Rz. 5.
94 *Knack*, VwVfG, 7. Aufl., 2001, § 13, Rz. 4.
95 *BVerfGE* 84, 203 (209).

ten lassen (§ 14 Abs. 1 VwVfG).[96] Zu denken ist auch an die Eigentümer von Gewerbebetrieben, für die sich bei Durchführung der Veranstaltung besondere Belastungen ergeben.

49   Bei Großdemonstrationen mit einer Vielzahl von Trägern gibt es häufig keinen gesamtverantwortlichen Anmelder und Veranstalter. Das suspendiert die Kooperationspflicht der zuständigen Behörde nicht[97]. Sie muss im Gegenteil alles tun, »um in Erfüllung ihrer Verfahrenspflichten – etwa durch das Angebot zur fairen Kooperation – die Durchführung einer friedlich konzipierten Demonstration zu ermöglichen«[98] und sich an diejenigen wenden, die sie erreichen kann, selbst wenn diese nur ein eingeschränktes Mandat haben.

50   Die im Rahmen der Kooperation zu führenden Verhandlungen können auf Seiten der zuständigen Behörde durch den Behördenleiter selbst oder seinen Vertreter, aber auch jederzeit durch beauftragte Amtswalter der Behörde erfolgen. Der Veranstalter kann selbst, aber auch durch *Bevollmächtigte* an den Verhandlungen teilnehmen (§ 14 Abs. 1 VwVfG). Die zuständige Behörde sollte bei Großveranstaltungen ohne gesamtverantwortlichen Veranstalter nicht auf schriftlichen Nachweis der Bevollmächtigung (§ 14 Abs. 1 Satz 2 VwVfG) bestehen, weil dieser bei der Differenziertheit der Trägerschaft meist nicht zu erlangen ist. Auch eine nur beschränkte Verhandlungskompetenz der Bevollmächtigten darf die zuständige Behörde nicht veranlassen, mögliche Kooperationschancen ungenutzt zu lassen.

3. Veranstalterseitige Kooperation

51   Kooperation ist ein Vorgang auf Gegenseitigkeit. Deshalb müssen die behördlichen Bemühungen eine Entsprechung im Verhalten des Veranstalters finden. Das *BVerfGE* erwartet vom Veranstalter die Bereitschaft zu »einseitigen vertrauensbildenden Maßnahmen« und zu einer »demonstrationsfreundlichen Kooperation«[99], außerdem das »Unterlassen von Provokationen und Aggressionsanreizen«, den Austausch von »Informationen« und das Bereitfinden zu einer »vertrauensvollen Kooperation«[100] sowie zum »Dialog«[101].

52   Kooperation setzt Kooperations*fähigkeit* voraus. Diese Kooperationsfähigkeit kann begrenzt sein. Das gilt besonders für die Personen, die bei Großdemonstrationen mit einer Vielzahl von Initiatoren und Trägern sich

96 *Knack*, § 14, Rz. 7; zu den Einzelheiten der Beteiligung potenzieller Teilnehmer am Verwaltungsverfahren *Dietel*, Die Polizei 2004, 189.
97 *Dietel/Kniesel*, Die Polizei 1985, 343.
98 *BVerfGE* 69, 315 (359).
99 *BVerfGE* 69, 315 (357).
100 *BVerfGE* 69, 315 (355, 358).
101 *BVerfGE* 69, 315 (358).

zu Verhandlungen mit der zuständigen Behörde bereit finden. Kooperation verlangt außerdem Kooperations*bereitschaft*. Sie hängt entscheidend davon ab, inwieweit die Initiatoren der Veranstaltung die Neutralität der Behörde, mit der sie kooperieren sollen, gegenüber dem Veranstalter einschätzen. Auch wenn im Rahmen der Veranstaltung ziviler Ungehorsam in Form bewusster Rechtsverletzungen praktiziert werden soll, wird die Bereitschaft des Veranstalters, sich hierüber mit der Behörde auszutauschen, die solche Regelverletzungen zu verhindern hat, kaum bestehen.

Fehlende Kooperationsfähigkeit wie mangelnde Kooperationsbereitschaft beim Veranstalter gehen zu seinen Lasten[102].

Vom Veranstalter kann als Kooperationsleistung wohl nur wahrheitsgemäße Auskunft über veranstaltungsbezogene und durchführungsrelevante Fragen[103] sowie die in seinen Kräften liegende Beachtung von Vereinbarungen erwartet werden. Dabei darf nicht übersehen werden, dass die Leitungsorgane bei Versammlungen und Aufzügen unter freiem Himmel nicht ermächtigt sind, Personen an der Teilnahme zu hindern und Teilnehmer auszuschließen. Solche Befugnisse stehen allein der Polizei zu (§ 18 Abs. 3 und 19 Abs. 4), sodass die Einwirkungschancen des Veranstalters und seiner Leitungsorgane in der Regel auf gutes Zureden begrenzt bleiben[104]. **53**

Veranstalterseitige Verweigerung der Kooperation geht zu seinen Lasten. Sie führt zum »Absinken der Eingriffsschwelle«[105]. Die zuständige Behörde darf von der Richtigkeit ihrer Gefahrenprognose und der Erforderlichkeit sowie Verhältnismäßigkeit ihrer Maßnahmen ausgehen. Sie erhält eine gefestigte Position für eine mögliche verwaltungsgerichtliche Auseinandersetzung mit dem Veranstalter[106]. Eine Kooperationspflicht des Veranstalters besteht nicht[107]. Es handelt sich lediglich um eine Obliegenheit.[108] Deshalb ist verweigerte Kooperation allein kein Grund für versammlungsbehördliche Einschränkung der Versammlungsfreiheit[109]. Der Veranstalter versäumt aber, von der Behörde herangezogene Gefahrentatsachen zu relativieren. **54**

---

102 *BVerfGE* 69, 315 (355); *Knape*, Die Polizei 1998, 2; *BVerfG*, NJW 2001, 1048.
103 *OVG Weimar*, NVwZ 2002, 208 f.
104 *Dietel/Kniesel*, Die Polizei 1985, 344.
105 *BVerfGE* 69, 315 (359); *BVerfG*, NJW 2001,2079; *Dietel/Kniesel*, Die Polizei 1985, 343; *Hoffmann-Riem*, AK-GG, Art. 8, Rz. 63; *OVG Weimar*, NVwZ 2003, 209.
106 *Herzog*, in: Maunz/Dürig, Art. 8, Rz. 109; *OVG Lüneburg*, Natur und Recht 1997, 203.
107 *Buschmann*, S. 84; das *BVerwG* spricht von einer bloßen »Obliegenheit«, Beschluss vom 5. 1. 1996 – BVerwG 1 B 151.95, in: Sammlung Buchholz, 1097. Lieferung, Sept. 1996; ebenso *BVerfG*, NJW 2001, 2079; vgl. auch *Leist*, S. 162 ff.
108 *BVerfG*, NJW 2001,2078 (2079).
109 *BVerfG*, DVBl. 2001, 1054; *BVerfG*, NVwZ 2002, 982.

§ 15

(1) Die zuständige Behörde kann die Versammlung oder den Aufzug verbieten oder von bestimmten Auflagen abhängig machen, wenn nach den zur Zeit des Erlasses der Verfügung erkennbaren Umständen die öffentliche Sicherheit oder Ordnung bei Durchführung der Versammlung oder des Aufzuges unmittelbar gefährdet ist.

(2) Eine Versammlung oder ein Aufzug kann insbesondere verboten oder von bestimmten Auflagen abhängig gemacht werden, wenn

1. die Versammlung oder der Aufzug an einem Ort stattfindet, der als Gedenkstätte von historisch herausragender, überregionaler Bedeutung an die Opfer der menschenunwürdigen Behandlung unter der nationalsozialistischen Gewalt- und Willkürherrschaft erinnert, und

2. nach den zur Zeit des Erlasses der Verfügung konkret feststellbaren Umständen zu besorgen ist, dass durch die Versammlung oder den Aufzug die Würde der Opfer beeinträchtigt wird.

Das Denkmal für die ermordeten Juden Europas in Berlin ist ein Ort nach Satz 1 Nr. 1. Seine Abgrenzung ergibt sich aus der Anlage zu diesem Gesetz.* Andere Orte nach Satz 1 Nr. 1 und deren Abgrenzung werden durch Landesgesetz bestimmt.

(3) Sie kann eine Versammlung oder einen Aufzug auflösen, wenn sie nicht angemeldet sind, wenn von den Angaben der Anmeldung abgewichen oder den Auflagen zuwidergehandelt wird oder wenn die Voraussetzungen zu einem Verbot nach Absatz 1 oder 2 gegeben sind.

(4) Eine verbotene Versammlung ist aufzulösen.

---

* Anlage zu § 15 Abs. 2
   Die Abgrenzung des Ortes nach § 15 Abs. 2 Satz 2 (Denkmal für die ermordeten Juden Europas) umfasst das Gebiet der Bundeshauptstand Berlin, das umgrenzt wird durch die Ebertstraße, zwischen der Straße in den Ministergärten bzw. Lennéstraße und der Umfahrung Platz des 18. März, einschließlich des unbefestigten Grünflächenbereichs Ebertpromenade und des Bereichs der unbefestigten Grünfläche im Bereich des J.W.-von-Goethe-Denkmals, die Behrenstraße, zwischen Ebertstraße und Wilhelmstraße, die Cora-Berliner-Straße, die Gertrud-Kolmar-Straße, nördlich der Einmündung der Straße In den Ministergärten, die Hannah-Arendt-Straße, einschließlich der Verlängerung zur Wilhelmstraße. Die genannten Umgrenzungslinien sind einschließlich der Fahrbahnen, Gehwege und aller sonstigen zum Betreten oder Befahren bestimmter öffentlicher Flächen Bestandteil des Gebiets.

ÜBERSICHT

I. Allgemeines

1. Bedeutung der Vorschrift

1   § 15 ist die zentrale Befugnisregelung im VersG. Sie betrifft öffentliche Versammlungen und Aufzüge unter freiem Himmel, die gegenüber Versammlungen in geschlossenen Räumen im Regelfall mehr im Blickfeld der Öffentlichkeit stehen und eine wesentlich größere Konfliktwahrscheinlichkeit aufweisen[1].

Die Befugnisregelung für Verbotsverfügungen und sie ersetzende Mi- **2** nusmaßnahmen (beschränkende Verfügungen, sogenannte »Auflagen«) in § 15 Abs. 1 ist generalklauselartig ausgestaltet. Ausgangstatbestand der Befugnis sind Gefährdungen der öffentlichen Sicherheit oder Ordnung. Die spezielle Befugnisnorm des Abs. 2 ist ein Anwendungsfall aus 1. Das ist aus dem Wort »insbesondere« klargestellt. Regelungsanlass ist eine Gefährdung der öffentlichen Ordnung.

Die Befugnisregelung in Abs. 3 ist nur scheinbar konkreter. Bis auf die Regelung in Abs. 2 führt sie auf den generalklauselartig ausgestalteten Befugnistatbestand in Abs. 1 und damit auf die Gefährdung der öffentlichen Sicherheit oder Ordnung zurück (Rz. 120).

Weil der Gesetzgeber davon abgesehen hat, Entscheidungen über Verbot **3** und Auflösung sowie diese ersetzende Minusmaßnahmen im Interesse der hohen Bedeutung der Versammlungs- und Demonstrationsfreiheit tatbestandlich eng zu begrenzen, kommt es darauf an, den freiheitlichen Gehalt des Grundrechts bei der Recht*anwendung* zur Geltung zu bringen. Das gilt zum einen für die Auslegung der tatbestandlichen Befugnisvoraussetzungen, zum anderen und insbesondere für die im Rahmen der Ermessensausübung notwendigen Abwägungen (Rz. 152 ff.).

2. Abschließende Regelung

Für Verbot und Auflösung öffentlicher Versammlungen und Aufzüge unter **4** freiem Himmel sowie diese Maßnahmen ersetzende Minusmaßnahmen (beschränkende Verfügungen) ist § 15 die spezielle und abschließende Regelung[2]. Damit ist ein Rückgriff auf allgemeines Polizeirecht unzulässig[3]. Das gilt auch für versammlungsbezogene Maßnahmen gegen unfriedliches Verhalten von Versammlungsbeteiligten, mit dem sie sich außerhalb der Gewährleistung der Versammlungsfreiheit befinden (vgl. Rz. 192 zu § 1).

Für *Maßnahmen im Vorfeld* einer aktuellen Versammlung sind versamm- **5** lungsgesetzliche Ermächtigungen erforderlich, soweit diese Maßnahmen unmittelbar auf die Versammlungsfreiheit der Betroffenen einwirken. Der Schutz der Versammlungsfreiheit gilt auch schon für Personen, die sich auf

---

1 *BVerfG*, DVBl. 2001, 1057; *OVG Frankfurt/Oder*, NVwZ 2003, 623 f.; *BVerfG*, NVwZ 2003, 601 f.
2 *VGH Kassel*, DVBl. 1990, 1052.
3 *Hobbeling*, S. 99; *OLG Celle*, NJW 1977, 444; *VG Hamburg*, NVwZ 1987, 831 f.; *BVerwG*, NJW 1989, 521; *VGH Kassel*, DVBl. 1990, 1052.

dem Wege zu einer Versammlung befinden[4]. Unmittelbar versammlungsbezogene Wirkung tritt ein, wenn die Teilnahme ausdrücklich untersagt oder der Zugang zur Versammlung durch polizeiliche Sperren, Behinderung der Anfahrt oder schleppende Abfertigung an präventiv-polizeilich begründeten Kontrollstellen tatsächlich verhindert wird[5].

6   Soweit Vorfeldmaßnahmen ganz überwiegend auf die unmittelbare Verhütung von versammlungsbezogenen Straftaten oder Ordnungswidrigkeiten (Sprengen, Verhindern, Vereiteln einer Versammlung, Verstoß gegen das Uniformierungs- oder Bewaffnungsverbot bzw. Verstoß gegen das Passivbewaffnungs- oder Vermummungsverbot) gerichtet sind, gilt für notwendige Eingriffe, etwa Identitätsfeststellung, Durchsuchung, Sicherstellung, auch Ingewahrsamnahme, allgemeines Polizeirecht[6]. Weil die Tatbestände des § 27 Abs. 1 Satz 2 sowie § 27 Abs. 2 Nr. 1 bzw. 2 und § 29 Abs. 1 Nr. 1 a Verbotsverletzungen auch schon während der Anreise (»auf dem Weg«) zu einer Versammlung erfassen, sind neben, unter Umständen an Stelle präventiv-polizeilicher Maßnahmen entsprechende Verfolgungs- und Beweissicherungsmaßnahmen zu treffen.

3. Ausschluss außerversammlungsgesetzlicher Erlaubnisvorbehalte

7   Die für öffentliche Versammlungen und Aufzüge unter freiem Himmel bestehende Erlaubnisfreiheit (Rz. 10 zu § 14) gilt für die Durchführung der Veranstaltung an sich. Versammlungsgesetzliche Erlaubnisvorbehalte für bestimmte versammlungsbezogene Betätigungen (vgl. insbesondere §§ 17 a Abs. 3, 18 Abs. 2 und 19 Abs. 1 i. V. m. § 18 Abs. 2) sind damit nicht ausgeschlossen. Damit hat es aber sein Bewenden.

Außerversammlungsgesetzliche Erlaubnisvorbehalte, die unmittelbar versammlungsbezogene Betätigungen betreffen, sind suspendiert. Das ergibt sich aus der aus Art. 8 Abs. 1 GG folgenden prinzipiellen Erlaubnisfreiheit für das Gesamtgeschehen der jeweils aktuellen Versammlung oder Demonstration[7].

8   Suspendiert sind insbesondere straßenrechtliche sowie straßenverkehrsrechtliche Erlaubnisvorbehalte.

---

4 *Birk*, JuS 1982, 496 ff.; *VG Hamburg*, NVwZ 1987, 829 f.; *BVerfGE* 69, 315 (349); *Kniesel*, NJW 1992, 865; *Schulze-Fielitz*, in: Dreier, Art. 8, Rz. 50; *Brenneisen/ Wilksen*, S. 234.

5 *Arzt*, Die Polizei 2003, 130; *Sigrist*, Die Polizei 2002, 133, weist auf die Problematik eindeutiger Befugnisnormen für Vorfeldmaßnahmen hin.

6 *Drews/Wacke/Vogel/Martens*, S. 177; *Vahle*, DNP 1984, 203; *VGH Mannheim*, DÖV 1990, 572; *Gröpl*, Jura, 2002, 23.

7 *Kanther*, NVwZ 2001, 1241; *BVerfG*, NJW 2001, 2460; *OVG Bautzen*, DÖV 2002, 530; *Breitbach/Deiseroth/Rühl*, in: Ridder u. a., § 15, Rz. 57.

Da öffentliche Versammlungen und Aufzüge unter freiem Himmel wegen der für sie unverzichtbaren Publizitätschance im Regelfall auf öffentlichen Verkehrsflächen stattfinden müssen und selten im Rahmen verkehrsüblicher Inanspruchnahme zu halten sind, gehört die auch nicht verkehrsübliche Inanspruchnahme zum Wesen und damit zum Schutzbereich der Versammlungs- und Demonstrationsfreiheit[8]. Das Erlaubniserfordernis in § 29 Abs. 2 StVO, das konkurrierende straßenrechtliche Erlaubniserfordernisse verdrängt[9], ist durch die Regelung der Verwaltungsvorschrift zu § 29 Abs. 2 StVO (Abschn. IV) suspendiert[10].

Mit der Suspendierung des straßenverkehrsrechtlichen Erlaubnisvorbehalts für die nicht mehr verkehrsübliche Inanspruchnahme der Verkehrsflächen sind die straßenverkehrsrechtlichen Regelungen nicht insgesamt außer Kraft gesetzt. Die Bestimmungen der Straßenverkehrs- und der Straßenverkehrszulassungsordnung gelten als immanente Grundrechtsschranken auch gegenüber Versammlungsteilnehmern[11], es sei denn, dass ihre Beachtung bei dem Charakter der jeweils aktuellen Versammlung oder Demonstration faktisch unmöglich ist oder die Durchführung der Veranstaltung übermäßig beeinträchtigen würde. Zu den Abgrenzungen vgl. Rz. 186 ff. Demonstrationen auf Verkehrsflächen in Privateigentum (z. B. Flughäfen) bedürfen der Einwilligung des Verfügungsberechtigten[12]. **9**

4. Insbesondere: Lautsprecher und andere Hilfsmittel

Der straßenverkehrsrechtliche Erlaubnisvorbehalt für die Benutzung von Lautsprechern (mit Einschluss von Handlautsprechern) tritt bei solchen Versammlungen, die ohne Einsatz von Lautsprechern nicht durchführbar wären, zurück, so etwa bei Veranstaltungen mit größerer Teilnehmerzahl. Hier schließt der Schutz des Grundrechts die Mittel (Lautsprecher) ein, die Meinungskundgabe ermöglichen[13]. Der Wegfall von Erlaubniserfordernis- **10**

---

8 *BVerfGE* 73, 206 (249); *BVerwG*, NJW 1989, 2411 f.; *Ossenbühl*, Staat 1971, 69; *Bairl-Vaslin*, S. 189; *Gallwas*, JA 1986, 492; *Hofmann*, BayVBl. 1987, 134; *Kloepfer*, Rz. 58; *Bleckmann*, § 29, Rz. 42; a. A. *Brohm*, JZ 1985, 507; abgeschwächt JZ 1989, 329; *Burgi*, DÖV 1993, 638.
9 *Brohm*, JZ 1985, 507; JZ 1989, 329; *VGH Kassel*, DVBl. 1990, 1053.
10 Das hält *Brohm*, JZ 1985, 507 f., für unzulässig, meint aber, dass die von der Straßenverkehrsbehörde wahrzunehmenden Straßenverkehrsinteressen von der Versammlungsbehörde wahrzunehmen seien, was in der Praxis ohnehin geschieht; ähnlich wohl *Schwerdtfeger*, S. 448.
11 *Schwerdtfeger*, S. 448 f.
12 *Fehn*, Die Polizei 2001, 86.
13 *BVerwGE* 7, 125 (131); *BVerwG*, DRiZ 1969, 158; *VG Hannover*, StuKVw 1973, 153; *OLG Stuttgart*, DÖV 1976, 534; *OLG Celle*, NJW 1977, 444; *OLG Hamm*, NPA 104, GG, Art. 8, Bl. 20; *OLG Karlsruhe*, NPA 104, GG, Art. 8, Bl. 2 f.;

sen gilt nur für die *Durchführung*, nicht für die Vorbereitung von Versammlungen, also auch nicht für die Einladung zu einer Versammlung, etwa an Informationsständen[14].

11   Gleiches gilt für den straßenrechtlichen Erlaubnisvorbehalt für die mehr als verkehrsübliche oder sonst nicht widmungsentsprechende Inanspruchnahme öffentlicher Verkehrsflächen durch Aufstellung von Gegenständen. Entscheidend sind der unmittelbare Bezug der Verwendung solcher Hilfsmittel (Rz. 60 und 196 zu § 1) zum aktuellen Versammlungsgeschehen und die funktionale Bedeutung für die konkrete Ausübung der Versammlungs- und Demonstrationsfreiheit[15]. Das kann gelten für die Aufstellung von Tischen und ähnlichen Geräten zur Aufnahme und Präsentation versammlungsbezogenen Informationsmaterials, für Hilfsmittel zur Vergegenständlichung demonstrativer Aussagen (z. B. Kreuze), auch für Sitzgelegenheiten[16] und mobile Unterstellmöglichkeiten bei länger andauernden Versammlungen (z. B. Mahnwachen). Auch hier gilt die Erlaubnisfreiheit nur für die Dauer der Versammlung, nicht schon in der Vorbereitungsphase.

5. Konzentrationsgrundsatz

12   Bei der Entscheidung über Erlass oder Nichterlass einer Verbots- oder Auflösungsverfügung bzw. einer sie ersetzenden beschränkenden Verfügung hat die hierfür zuständige Behörde (Rz. . 212 f.) auch die Gesichtspunkte zu berücksichtigen, die die sonst zuständigen Erlaubnisbehörden zu berücksichtigen hätten (Rz. 34 zu § 14). Entbehrlich wird nur die förmliche Erlaubnis der an sich zuständigen Behörde, nicht die Prüfung der Voraussetzungen für ihre Erteilung. Deshalb ist die für Entscheidungen nach § 15 zuständige Behörde gehalten, die eigentlich zuständigen Behörden (Straßenbehörde bzw. Straßenverkehrsbehörde) nach Möglichkeit zu beteiligen[17] und durch das Versammlungsgeschehen betroffene Dritte als Beteiligte hinzuzuziehen (Rz. 48 zu § 14).

13   Wenn die nach § 15 zuständige Behörde nach sorgfältiger Prüfung erkennt, dass bestimmte geplante erlaubnispflichtige Betätigungen für die aktuelle Versammlung nicht funktional notwendig und deshalb von der

---

Dietel, Die Polizei 1976, 20, Fn. 18; *Hoffmann-Riem*, AK-GG, Art. 8, Rz. 66, *Kanther*, NVwZ 2001, 1242 f.; *OVG Frankfurt (Oder)*, NVwZ 2004, 847.

14 *Dietel*, Die Polizei 1976, 21 f.; *VG Karlsruhe*, NPA 104, GG, Art. 8, Bl. 19; *BVerwG*, NJW 1978, 1933 ff.; *VGH München*, DVBl. 1979, 81 f.

15 *VGH München*, NJW 1978, 1939 f.; fraglich für die Aufstellung von Imbissständen zum Verkauf von Speisen und Getränken an Demonstrationsteilnehmer, vgl. *Sauthoff*, NVwZ 1998, 246 f.; *Kanther*, NVwZ 2001, 1242.

16 Dagegen *VGH München*, NJW 1978, 1939 f.; ebenso *VG Berlin*, NVwZ 2004, 761, für die Aufstellung eines Zelts bei mehrtägiger Veranstaltung.

17 *Dietlein*, NJW 1992, 1066 f.; *Brenneisen/Wilksen*, S. 307.

prinzipiellen Erlaubnisfreiheit versammlungsbezogener Betätigungen nicht gedeckt sind, verweist sie den Veranstalter an die für die Erlaubniserteilung zuständige Behörde.[18]

Das gilt etwa für gewerberechtliche und lebensmittelrechtliche Vorschriften, insbesondere aber für solche der Straßenreinigung. Auch wenn Verunreinigungen unausweichliche Folge einer Versammlung oder Demonstration sind, steht die Versammlungsfreiheit einer Inanspruchnahme des Veranstalters für die Kosten der Beseitigung der Verunreinigungen grundsätzlich nicht entgegen (Rz. 199 zu § 1)[19].

II. Allgemeines Verbot

1. Begriff

Verbot ist Untersagung einer konkret geplanten Versammlung mit dem Ziel, ihre Durchführung zu verhindern. Es ist bis zum Beginn der Versammlung, also auch noch in der so genannten Ansammlungsphase, bei Aufzügen in der so genannten Aufstellungsphase möglich. Ein Verbot liegt nicht vor, wenn die zuständige Behörde darauf hinweist, dass die Versammlung aus tatsächlichen Gründen nicht zu der vorgesehenen Zeit am vorgesehenen Ort stattfinden kann, weil die für die Versammlung bzw. den Aufzug benötigten öffentlichen Flächen nicht zur Verfügung stehen, etwa weil sie bereits für andere Veranstaltungen freigegeben sind. **14**

2. Ausschluss genereller Verbote

Aus der Fassung des § 15 Abs. 1, insbesondere dem Fehlen der Einschränkung »nur im Einzelfall«, kann nicht geschlossen werden, dass Verbote von Versammlungen und Aufzügen sowohl durch abstrakt-generelle Regelungen (Rechtsverordnungen) als auch durch konkret-spezielle Regelungen (Verfügungen) begründet werden können. **15**

Dass der Gesetzgeber auch in § 15 Abs. 1 nur Verbote im Einzelfall wollte, ergibt sich aus der Formulierung, dass die zuständige Behörde nur »die« Versammlung oder »den« Aufzug verbieten kann. Das kann sich nur auf einzelne Veranstaltungen beziehen.

Gegen die Zulässigkeit von Verboten durch Rechtsverordnung spricht außerdem, dass § 15 Abs. 1 nicht die Voraussetzungen des Art. 80 Abs. 1 GG erfüllt. Inhalt, Zweck und Ausmaß der Normsetzungsermächtigung

18 *OVG Frankfurt (Oder)*, NVwZ-RR 2004, 844 (845) in Bezug auf eine friedhofsrechtliche Ausnahmeerlaubnis bei widmungswidriger Flächennutzung für Versammlungszwecke.
19 *BVerwG*, NJW 1989, 52 ff.; *Brohm*, JZ 1989, 324 f.; *Wiefelspütz*, DÖV 2001, 24 f.

müssten in § 15 bestimmt sein, sich mindestens aber aus dem VersG ergeben. Der Wille des Bundesgesetzgebers, eine Normsetzungsbefugnis zu delegieren, muss unmissverständlich zum Ausdruck kommen[20]. Das ist nicht erkennbar. Die einzige Normsetzungsermächtigung ergibt sich aus § 16 Abs. 2 und Abs. 3.

16   § 15 Abs. 1 bietet im Gegensatz zu § 16 (Rz. 3 zu § 16) keine Grundlage für ein »*Flächenverbot*«. Bei einem Flächenverbot ist *jegliche* öffentliche Versammlung in einem bestimmten Gebiet untersagt, und zwar unabhängig vom jeweiligen Anlass.

17   Nicht ausgeschlossen nach § 15 Abs. 1 ist eine an eine Vielzahl von Veranstaltern gerichtete Verbotsverfügung in Form einer Allgemeinverfügung (§ 35 Abs. 1 Satz 2 VwVfG). Voraussetzung hierfür ist ein nach objektiven Merkmalen bestimmbares Gesamtgeschehen. Davon kann bei einer Großdemonstration mit einer Vielzahl nur lose verbundener Veranstalter ausgegangen werden, wenn ein zeitlicher und thematischer Zusammenhang und eine räumliche Orientierung auf ein bestimmtes Objekt mit besonderer Symbolwirkung bestehen (Muster der großen Brokdorf-Demonstration sowie der Demonstrationen bei Castor-Transporten). In solchen Fällen kann ein einheitliches Verbot in Form einer Allgemeinverfügung an alle, die es angeht, erlassen werden[21]. Bei der Vielzahl der Adressaten und der faktischen Unmöglichkeit der Einzelzustellung kann es durch öffentliche Bekanntgabe wirksam gemacht werden[22]. Das Verbot erfasst auch aus dem gegebenen Anlass initiierte Spontanversammlungen[23].

3. Formvorschriften

18   Bevor ein Verbot erlassen wird, ist dem Veranstalter als Betroffenen Gelegenheit zu Einwendungen, also rechtliches Gehör (§ 28 Abs. 1 VwVfG) zu geben. Das geschieht zweckmäßigerweise im Rahmen gebotener Kooperation (Rz. 33 zu § 14).

Die Verbotsverfügung ergeht in aller Regel schriftlich und bedarf dann auch der schriftlichen Begründung (§ 39 VwVfG). Die Verfügung muss die zuständige Behörde bezeichnen und inhaltlich so bestimmt sein, dass sie dem jeweiligen Adressaten verständlich ist. Sie muss die Untersagung der

---

20 *BVerfGE* 2, 307 (344); 15, 153 (160).
21 Zustimmend *VG Münster* im Zusammenhang mit Versammlungsverboten beim Castor-Transport nach Ahaus, Beschluss vom 16. 3. 1998, 1 L 324/98, gleichlautend 1 L 325, 326, 331/98. Beschwerden gegen die Beschlüsse wurden vom *OVG Münster* abgewiesen, 23 B 556, 557, 558/98 vom 18. 3. 1998; *BVerfG*, NJW 2001, 1412; *Kniesel*, NJW 1996, 2609.
22 *VG Lüneburg*, Urteil vom 6. 5. 1996, Az. 7 A 50/95, S. 11 f.
23 *BVerfG*, NJW 2001, 1412.

geplanten Versammlung unzweideutig zum Ausdruck bringen. In der Verfügung können Hinweise auf die rechtlichen Folgen der Nichtbeachtung aufgenommen werden.

Die Wirksamkeit der Verfügung hängt von der Bekanntgabe an den Betroffenen ab. Auch die Bekanntgabe muss unzweideutig und verständlich sein. Das gilt auch für die Zeit und die räumliche Erstreckung der Verbotsgeltung. Bekanntgabe durch schlüssiges Verhalten von Amtswaltern der zuständigen Behörde scheidet aus. Die Bekanntgabe muss so früh wie möglich erfolgen, damit der Veranstalter als Betroffener Zeit zu Reaktionen behält[24].   **19**

Um die mit der Bekanntgabe wirksame Verbotsverfügung auch vollziehbar zu machen, ist von der zuständigen Behörde im Regelfall der sofortige Vollzug anzuordnen und das besondere öffentliche Interesse daran schriftlich zu begründen.

4. Wirkungen

Die wirksame Verbotsverfügung nimmt als rechtsgestalteter Verwaltungsakt der Versammlung, auf die sie sich bezieht, den versammlungsrechtlichen Schutz. Maßnahmen zur Durchsetzung der Verbotsverfügung können auf allgemeines Polizeirecht gestützt werden. Das Verbot betrifft immer die gesamte Versammlung. Sollen nur bestimmte Aktivitäten im Rahmen der Versammlung untersagt werden, ist eine beschränkende Verfügung zu erlassen[25].   **20**

Wirksame und rechtmäßige Verbotsverfügungen begründen die Strafbarkeit bzw. Ordnungswidrigkeit bestimmter Formen der Nichtbeachtung (vgl. §§ 23, 26 Nr. 1 und 29 Abs. 1 Nr. 1).   **21**

5. Verbotsgründe aus § 5

Versammlungen unter freiem Himmel und Aufzüge unterliegen weiter gehenden Beschränkungen als Versammlungen in geschlossenen Räumen. Das erlaubt den Schluss, dass die Verbotsgründe für Versammlungen in geschlossenen Räumen auch für Versammlungen unter freiem Himmel und Aufzüge gelten[26] (logisches Schlussverfahren a fortiori).   **22**

Der Verbotsgrund des § 5 Nr. 1 konkretisiert persönliche Gewährleistungsschranken der Art. 9, 18 und 21 GG. Bei einem vom BVerfG festgestellten Parteiverbot bzw. einer ausgesprochenen Verwirkung der Versammlungsfreiheit ergibt sich der Verbotsanlass aus der Bindungswirkung   **23**

---

24 *OVG Weimar*, NVwZ 2003, 209; *Hoffmann-Riem*, in: AK-GG, Art. 8, Rz. 39, der in unvertretbarer Hinauszögerung der Bekanntgabe einen möglichen Verstoß gegen die Rechtsweggarantie des Art. 19 Abs. 4 GG sieht; *ders.*, NJW 2004, 2781.
25 *Götz*, NJW 1990, 731.
26 *OVG Weimar*, NJ 1997, 103; *Hettich*, Rz.144.

des § 31 Abs. 1 BVerfGG. Bei einem rechtswirksamen Vereinigungsverbot durch die zuständige Behörde ist neben der zu beachtenden Tatbestandswirkung die drohende Verletzung der Strafnorm des § 85 StGB als unmittelbare Gefährdung der öffentlichen Sicherheit gegeben.

24   In Bezug auf den Verbotsgrund des § 5 Nr. 2 (Zutrittsgewährung bewaffneter Teilnehmer) liegt in der Verletzung der dort statuierten Rechtspflicht durch Veranstalter oder Leiter ein unechtes Unterlassungsdelikt i. S. von § 27 Abs. 1 und mit der so gegebenen Verletzung der Strafrechtsordnung eine Störung der öffentlichen Sicherheit vor.

25   Mit dem Verbotsgrund des § 5 Nr. 3 (Anstreben eines gewalttätigen Verlaufs) ist mit der drohenden Verletzung der Strafrechtsordnung durch strafbare Einwirkungen auf Personen oder Sachen ebenfalls eine Beeinträchtigung der öffentlichen Sicherheit gegeben.

Auch der Verbotsgrund des § 5 Nr. 4 (Vertreten von Ansichten oder Duldung von Äußerungen, die eine Straftat zum Gegenstand haben) hat mit der drohenden Verletzung der Strafrechtsordnung eine Beeinträchtigung der öffentlichen Sicherheit im Visier.

26   Hervorzuheben ist, dass der Veranstalter bei den Verbotsgründen in § 5 Nr. 3 und 4 nicht nur für eigenes, sondern auch für das Verhalten seines »Anhangs« einzustehen hat. »Anhang« ist dabei das Störerpotenzial, das mit den Intentionen des Veranstalters, wie sie dem Versammlungsgegenstand oder bekannten politischen Zielsetzungen oder vorausgegangenen Veranstaltungen zu entnehmen sind, übereinstimmt. Wer ein derartiges Störerpotenzial mobilisiert und sich nicht deutlich dagegen abgrenzt, haftet auch für das von ihm verursachte Störungsverhalten[27].

6. Verbotsgrund unmittelbare Gefährdung der öffentlichen Sicherheit oder Ordnung

a) Gefahrenprognose

27   Die Regelung verlangt eine durch *Tatsachen* gesicherte Gefahrenprognose in Bezug auf eine Bedrohung der öffentlichen Sicherheit bzw. (fraglich) der öffentlichen Ordnung (vgl. dazu kritisch Rz. 207 ff.).

28   Erforderlich ist eine *unmittelbare* Gefährdung. Davon ist auszugehen, wenn der drohende Schadenseintritt so nahe ist, dass er jederzeit, unter Umständen sofort, eintreten kann[28]. Da Versammlungen unter freiem Himmel und Aufzüge 48 Stunden vor Bekanntgabe angemeldet werden müssen, bedarf es hinsichtlich der Begründung einer Gefährdung regelmäßig einer

---

27 *OVG Weimar*, DVBl. 2000, 1635.
28 *Wolff/Bachof* III, VerwR, § 125 III b 4; *OVG Münster*, NVwZ 1989, 886.

Prognose in eine entfernte Zukunft[29], weil zwischen Bekanntgabe und Durchführung noch eine weitere Zeit liegt. Dem trägt die Neufassung des § 15 Abs. 1 Rechnung, indem sie für die Prognose der unmittelbaren Gefährdung auf die zur Zeit des Erlasses der Verbotsverfügung *erkennbaren* Umstände abstellt.

Der Begriff »Umstände« umfasst Tatsachen, Verhältnisse, Sachverhalte **29** sowie sonstige Einzelheiten. Diese »Umstände« müssen sich auf die »Durchführung« der Versammlung oder des Aufzuges beziehen. Zwischen diesen, die Gefahrenprognose tragenden »Umstände« und der tatsächlich zu erwartenden »Durchführung« der Versammlung muss ein hinreichend bestimmter Kausalzusammenhang bestehen[30]. Der Versammlungszweck als Absicht des Veranstalters kann ebenfalls die öffentliche Sicherheit gefährden, und zwar dann, wenn es um verfassungs- und/oder strafrechtswidrige Inhalte geht, z. B. Werben für eine terroristische Vereinigung. Da sich die behördlichen Maßnahmen aber auch hierbei nicht gegen die geistigen Vorstellungen als solche, sondern erst gegen ihre drohende Umsetzung durch Kundgabe, Verbreitung, Werbung usw. richten, ist schließlich nicht der Versammlungszweck, sondern die Durchführung maßgebend. So darf ein Versammlungsverbot ergehen, wenn erkennbare Umstände darauf schließen lassen, dass der Veranstalter gegen bestimmte Straftaten, z. B. die der Volksverhetzung und Gruppendiffamierung (§ 130 StGB) oder die Verwendung von Symbolen oder Kennzeichen einer verbotenen Partei oder Vereinigung (§ 106 a StGB), nicht einschreiten oder sie gar begünstigen wird[31].

Umstände sind »erkennbar«, wenn sie offen zutage treten oder wenn sie **30** der zuständigen Behörde bei dem von ihr zu fordernden Bemühungen um Sachaufklärung zur Verfügung stehen. Aus solchen erkennbaren Umständen hat die zuständige Behörde ihre Prognose zu gewinnen. Dabei dürfen an die Gefahrenprognose und an die Eintrittswahrscheinlichkeit der Bedrohung von Schutzgütern keine zu geringen Anforderungen gestellt werden[32]. Bloße Verdachtsmomente oder Vermutungen reichen nicht aus[33]. Die zuständige Behörde darf eine Verbotsverfügung erlassen, wenn bei verständiger Würdigung der erkennbaren Umstände unter Berücksichtigung der vom Veranstalter vorgebrachten Einwendungen und Gegenindizien[34] die

29 *Gallwas*, JA 1986, 489.
30 *BVerfG*, NVwZ 1998, 853.
31 *VGH Mannheim*, DVBl. 1999, 1753.
32 *BVerfGE* 69, 315 (353 f.); *VG Bremen*, NVwZ 1989, 897.
33 *BVerfGE* 87, 399 (409); *BVerfG*, NVwZ 1998, 835; *VGH Mannheim*, NVwZ 1994, 88; *OVG Weimar*, NJ 1997, 102; *OVG Bautzen*, NJ 1998, 666.
34 *BVerfG*, NJW 2000, 3054 f.

Durchführung der Versammlung oder des Aufzugs, so wie geplant, mit Wahrscheinlichkeit eine unmittelbare Gefährdung der öffentlichen Sicherheit verursacht[35]. Dabei können an die Wahrscheinlichkeit umso geringere Anforderungen gestellt werden, je größer und folgenschwerer der drohende Schaden ist[36]. Bei veränderter Tatsachenlage kann eine neue Entscheidung ergehen, die die alte Verbotsverfügung aufhebt[37].

31   Ob eine prognostizierte Gefährdung nach Intensität und Ausmaß der Bedrohung sowie der Wertigkeit der gefährdeten Schutzgüter im Verhältnis zur Einschränkung der Versammlungsfreiheit tragfähig für ein Verbot ist, muss durch sorgfältige Abwägung der kollidierenden Interessen entschieden werden (hierzu Rz. 152 ff.).

b) Zu den Begriffen öffentliche Sicherheit und öffentliche Ordnung

32   Die Begriffe werden vielfach unreflektiert als Begriffspaar verwendet, ohne sie gegeneinander abzugrenzen[38]. Ob der Versammlungsgesetzgeber von 1953 und der Novellierungsgesetzgeber von 1985 (Einfügung des § 17 a mit der Nennung der öffentlichen Sicherheit *oder* Ordnung in Abs. 3) die volle Bedeutung der Begriffsunterschiede in seiner Entscheidung berücksichtigt hat oder nur einer Regelungstradition gefolgt ist, bleibt zweifelhaft. Aus den Gesetzesmaterialien (BT-Drucks. 1/1102, Anl. 2 S. 15) ergibt sich, dass auf Anregung des Bundesrates eine Gefährdung der öffentlichen Ordnung wegen des Ordnungsgutes »Leichtigkeit des Verkehrs« für notwendig gehalten wurde. Dabei ist übersehen worden, dass dieses aus der Tradition des § 14 Pr. PVG überkommene Schutzgut wegen der inzwischen erfolgten umfassenden verkehrsgesetzlichen Regelungen bedeutungslos geworden war.[39] Die Leichtigkeit des Verkehrs ist nun Sicherheitsgut der Rechtsordnung und damit der öffentlichen Sicherheit. Es hätte näher gelegen, der Rechtstradition des Art. 123 Weimarer Reichsverfassung zu folgen, die ein Verbot von Versammlungen unter freiem Himmel nur bei Gefährdung der öffentlichen Sicherheit zuließ.

33   Nach der vom BVerfG übernommenen durch langjährige Rechtstradition gesicherten Interpretation umfasst der Begriff *öffentliche Sicherheit* »den

---

35 So schon vor Neufassung des § 15 Abs. 1 die Vorauflagen des Kommentars:; ähnlich auch *OVG Bremen*, DÖV 1972, 102; *VG Würzburg*, NJW 1980, 2542; *Wolff/Bachof*, VerwR III, § 131 II c 2; *Gallwas*, JA 1986, 490; *BVerfGE* 69, 315 (354).

36 *BVerwG*, NJW 1974, 810.

37 *VGH Kassel*, Urteil vom 17. 9. 1984 – 11 VE 1167/84.

38 So z. B. in Art. 13 Abs. 7 GG, wo auch nach der Neufassung an der alten Formulierung »öffentliche Sicherheit und Ordnung« festgehalten wurde, und zwar im Gegensatz zu Abs. 4, wo nur die öffentliche Sicherheit genannt ist.

39 *Drews/Wacke/Vogel/Martens*, S. 259.

Schutz zentraler Rechtsgüter, wie Leben, Gesundheit, Freiheit, Ehre und Vermögen sowie die Unversehrtheit der Rechtsordnung und der staatlichen Einrichtungen.«[40]

Welche Gefahr jeweils welchem Schutzgut droht, ist im Einzelfall festzustellen und zu begründen. Zumeist ist mit einer Verletzung eines bestimmten Schutzguts ein Straftatbestand erfüllt, sodass gleichzeitig das Schutzgut Unversehrtheit der Rechtsordnung beeinträchtigt ist. Darauf wird im Regelfall abzustellen sein.

Unter *öffentlicher Ordnung* versteht das BVerfG in Anlehnung an die tradierte Begriffsbestimmung»*die Gesamtheit der ungeschriebenen Regeln, deren Befolgung nach den jeweils herrschenden und mit dem Wertgehalt des Grundgesetzes zu vereinbarenden sozialen und ethischen Anschauungen eines geordneten menschlichen Zusammenlebens innerhalb eines bestimmten Gebiets anzusehen ist«*[41]. **34**

Als Verbotsgrundlage kommt eine bloße Bedrohung von Schutzgütern der öffentlichen Ordnung kaum in Betracht[42].

Zu den Wertungsfragen, die sich unter Maßgabe des Übermaßverbots bei Kollisionen der Versammlungsfreiheit mit Schutzgütern der öffentlichen Sicherheit bzw. der öffentlichen Ordnung ergeben, vgl. Rz. 169 ff. bzw. 207 ff. **35**

7. Zulässigkeit der Inanspruchnahme

a) Veranlasserhaftung

Adressat der Verbotsverfügung ist der Veranstalter[43]. Das ergibt sich zwar nicht ausdrücklich aus § 15 Abs. 1[44], wohl aber aus dem Zusammenhang mit § 14. Als Veranlasser der Versammlung (Rz. 229 zu § 1) darf der Veranstalter in Anspruch genommen werden, wenn er als Verursacher der Ge- **36**

---

40 Zuletzt *BVerfG*, DVBl. 2001, 1054.
41 *BVerfG*, DVBl. 2001, 1055, NJW 2001, 2071, wo die bisher in Rechtslehre und Rechtsprechung übliche Begriffsbestimmung um den Zusatz »Wertgehalt des Grundgesetzes« erweitert wurde, und zwar in Ergänzung des Beschlusses vom 26. 1. 2001, NJW 2001, 1049; erneut *BVerfG*, NVwZ 2004, 90 (91); übernommen durch Senatsbeschluss, NJW 2004, 2814 (2815).
42 *BVerfGE* 69, 315 (353); zur Problematik ausführlich *Dietel*, Die Polizei 2002, 337, mit der dort angegebenen Literatur und Rechtsprechung.
43 *Zeitler*, Rz. 179, meint, dass das Verbot auch als Allgemeinverfügung an die (potenziellen) Teilnehmer ergehen müsse, da sie ein »eigenes Teilnahmerecht« hätten. Er übersieht, dass das Teilnahmerecht nur für eine aktuelle, also nicht wirksam verbotene Versammlung besteht.
44 *Huber*, S. 27.

fährdung der öffentlichen Sicherheit, die durch Verbot abgewehrt werden soll, in Frage kommt.

37 Davon ist auszugehen, wenn die Gefährdung der öffentlichen Sicherheit dem Veranstalter zuzurechnen ist, sei es, dass er oder sein Anhang (§ 5 Nr. 3 und 4) Gewalttätigkeiten beabsichtigen oder billigen werden, sich insoweit wegen beabsichtigter Unfriedlichkeit außerhalb der Gewährleistung der Versammlungsfreiheit bewegen[45]. Dann ist im Regelfall eine Verbotsanordnung am Platze[46]. Sie richtet sich gegen den unmittelbaren Gefährdungsverursacher, den Verhaltensstörer im Sinne des allgemeinen Polizeirechts, das hier ergänzend heranzuziehen ist[47]. Unerheblich sind die den Veranstalter leitenden friedlichen Absichten dann, wenn er damit rechnen muss, dass er durch die Art seiner Versammlung einen Teilnehmerkreis mobilisiert, der der Versammlung insgesamt ein unfriedliches Gepräge gibt[48].

38 Soweit die unmittelbare Gefährdung der öffentlichen Sicherheit oder Ordnung weder vom Veranstalter noch seinem Anhang, sondern von Einzelnen oder als Minderheit auftretenden potenziellen Teilnehmergruppe der geplanten Versammlung droht, kommt ein Verbot nur ausnahmsweise in Betracht, weil sonst Minderheiten (etwa der »Schwarze Block« der militanten Autonomen oder neonazistische Gruppierungen) es in der Hand hätten, die Realisierung der Versammlungsfreiheit durch friedliche Veranstalter und Teilnehmer faktisch außer Kraft zu setzen[49]. Sofern eine gesicherte Gefahrenprognose nicht den Schluss zulässt, dass die geplante Versammlung mit hoher Wahrscheinlichkeit insgesamt einen unfriedlichen Verlauf nehmen wird, scheidet ein Verbot aus. Zu erwägen sind zunächst Maßnahmen der zuständigen Behörde zum Schutz der Versammlung, darüber hinaus allenfalls beschränkende Verfügungen (Rz. 43 ff.) oder eine in Ansehung der später sich abzeichnenden tatsächlichen Entwicklung mögliche Auflösung[50].

---

45 *BVerfG*, DVBl. 2000, 1122.
46 *BVerfGE* 69, 315 (360); *VGH Mannheim*, NVwZ 1994, 88; *OVG Weimar*, NVwZ 2004, 1434.
47 *VG Köln*, NJW 1971, 210 ff.; *VG Gelsenkirchen*, NJW 1971, 213; *VGH München*, DVBl. 1979, 731 f.; *Pappermann*, NJW 1971, 212 f.; *Drews/Wacke/Vogel/Martens*, S. 179.
48 *VGH Mannheim*, NVwZ 1994, 88 f.; *BVerfG*, NJW 2000, 3053; *OVG Weimar*, NVwZ 2003, 209 f.
49 *BVerfGE* 69, 315 (361) unter Hinweis auf *Kunig*, in: v. Münch/Kunig, Art. 8, Rz. 28; *Herzog*, in: Maunz/Dürig, Art. 8, Art. 8, Rz. 59 f. und 89 f.; *Blanke/Sterzel*, Vorgänge 1983, S. 76; *Schwäble*, S. 229 und 234; *OVG Weimar*, NJ 1997, 183 f.
50 *BVerfGE* 69, 315 (362).

Soweit die unmittelbare Gefährdung der öffentlichen Sicherheit nicht von 39
potenziellen Teilnehmern der fraglichen Versammlung, sondern von außen
auf die Versammlung einwirkende Einzelstörer, Störergruppen oder einer
eigens organisierten Gegendemonstration droht, ist die Versammlung gegen
solche Störaktionen durch geeignete, gegen die Störer gerichtete behördliche Maßnahmen zu schützen[51]. Dazu kann ein Verbot der Gegendemonstration gehören.

Nur in Ausnahmefällen ist es zulässig, eine Versammlung zu verbieten, 40
die lediglich Anlass für die unmittelbare Gefährdung der öffentlichen Sicherheit, nicht aber unmittelbare Ursache ist. Dabei sind an die Sicherheit
der Gefahrenprognose strenge Anforderungen zu stellen[52].

Die Inanspruchnahme des Veranstalters einer solchen Versammlung ist in
seltenen Fällen zulässig, wenn er nach den »erkennbaren Umständen«
(Rz. 29) als *Zweckveranlasser* in Betracht kommt[53]. Das ist der Fall, wenn
der Veranstalter auf Grund belegbarer Tatsachen die gegen seine Versammlung gerichteten Störaktionen und die damit verbundene Gefährdung der
öffentlichen Sicherheit bewusst auslösen will, etwa um besondere Aufmerksamkeit in den Medien zu erreichen oder um einen politischen Gegner
zu diskreditieren[54]. Davon ist auszugehen, wenn der Veranstalter nicht nur
das Versammlungsthema, sondern durch darüber hinausgehende provoka-
tive Inszenierungen, die er selbst veranlasst oder bei seinem Anhang billigend in Kauf nimmt, Gegenveranstaltungen bewusst herausfordert.

b) Nichtstörerhaftung – polizeilicher Notstand

Soweit dem Veranstalter die Gefahrenverursachung nicht zugerechnet wer- 41
den kann, kommt ein gegen ihn gerichtetes Verbot nur unter den engen
Voraussetzungen des polizeilichen Notstands in Betracht. Dabei sind die im
allgemeinen Polizeirecht statuierten Regeln sinngemäß anzuwenden[55].

Polizeilicher Notstand bedeutet, dass es der Polizei nach durch Tatsachen 42
gesicherten Erkenntnissen auf andere Weise nicht möglich erscheint, die

---

51 *OVG Bremen*, MDR 1972, 102; *BVerfGE* 69, 315 (360 f.); *VGH Mannheim*,
   NVwZ 1987, 238; *BVerfG*, NVwZ 2000, 1407.
52 *VGH Mannheim*, DVBl. 1990, 1045; *Höllein*, NVwZ 1994, 640.
53 Ausführlich *Laubinger/Repkewitz*, VerwArch 2002, 173 ff. mit Hinweisen auf
   einschlägige Rechtsprechung; außerdem *Gusy*, JZ 2002, 113; *Hoffmann-Riem*,
   NVwZ 2002, 263; *Hettich*, S. 172; *Leist*, S. 206; dagegen *Werner*, S. 95.
54 *VGH München*, DVBl. 1979, 738; *VGH Mannheim*, NVwZ 1987, 238; *BVerfG*,
   DVBl. 2001, 62 f.; *Tölle*, NVwZ 2001, 155; a. A. *Rühl*, VNwZ 1988, 578, und
   Breitbach/Deiseroth/Rühl, in: Ridder u. a., § 15, Rz. 139.
55 *Frowein*, NJW 1969, 1084; *Vogel*, S. 29; *Müller*, S. 106 ff.; *OVG Münster*, DVBl.
   1968, 846; *BVerfGE* 69, 315 (361); *Rühl*, NVwZ 1988, 581 ff.; *Kunig*, in:
   v. Münch/Kunig, GG, Art. 8, Rz. 28; vgl. auch *OVG Bautzen*, NJ 1998, 666.

gegenwärtige und erhebliche Gefährdung der öffentlichen Sicherheit anders als durch Inanspruchnahme des Nichtstörers abzuwehren. Davon ist insbesondere auszugehen, wenn sie in der zur Verfügung stehenden Zeit erforderliche Kräfte nicht bereitstellen[56] kann und der Veranstalter mit einer zeitlichen oder örtlichen Verlegung der Veranstaltung nicht einverstanden ist[57]. Das gilt beispielsweise, wenn eine linksextremistische Gruppe gegen die Veranstaltung einer rechtsextremistischen Gruppierung eine Gegendemonstration angekündigt hat und die Polizei nicht in der Lage ist, tätliche Auseinandersetzungen wegen der großen Zahl der Teilnehmer oder ungünstiger örtlicher Verhältnisse zu verhindern[58]. Das Verbot der Gegendemonstration allein reicht dann nicht aus, wenn aus Tatsachen, insbesondere aus Äußerungen des Veranstalters der Gegendemonstration oder seines Anhangs, zu schließen ist, dass die Gegendemonstration trotz Verbots erfolgen wird. Das *OVG Saarlouis*[59] nimmt einen polizeilichen Notstand in Bezug auf das Verbot einer Versammlung, gegen die Gegendemonstrationen zu erwarten sind, nur dann an, wenn »unter Aufbietung aller denkbaren, auch vorausplanend vorbereiteten, selbst harten polizeilichen Machtmittel, die wenigstens allgemeine Aufrechterhaltung der öffentlichen Sicherheit und Ordnung unter Inkaufnahme selbst erheblicher Belästigungen der Öffentlichkeit und der Gefährdung schaulustiger Beobachter nicht mehr gewährleistet werden kann und Leben und Gesundheit Unbeteiligter oder schutzbedürftiger Dritter ernsthaft und unvermeidbar gefährdet sind«. Es schränkt diese wohl zu weitgehenden Forderungen in einer späteren Entscheidung[60] ein und lässt Inanspruchnahme des Nichtstörers schon dann zu, wenn sich bei einer nach Tausenden zu zählenden Massendemonstration gewaltsame Auseinandersetzungen zwischen den Kontrahenten abzeichnen.

Damit ist eingeräumt, dass der Schutz der Versammlungsfreiheit Polizeikräfte nicht so massiv binden darf, dass die Wahrnehmung sonstiger polizeilicher Aufgaben in Frage gestellt wird[61]. Die Beweislast für solche zeitweilige unabweisbare Überforderung liegt bei der zuständigen Behörde.

Ähnlich ist zu entscheiden, wenn die Polizei zwar tatsächlich zur Abwehr der Gefährdung imstande ist, hierzu aber Mittel einsetzen müsste, die auch im Hinblick auf das zu schützende Versammlungsrecht außer Verhält-

---

56 *BVerfG*, DVBl. 2000, 1594 ff.; *OVG Weimar*, NJ 1997, 104; so auch VGH München, Die Polizei 2004, 91.

57 So im Ergebnis *VG Frankfurt* – Az. IV H 129/69.

58 *VG Düsseldorf*, Beschluss vom 9. 11. 1979 – 11 L 1528/79.

59 DÖV 1970, 53 ff.

60 *OVG Saarlouis*, DÖV 1973, 863.

61 *VG Hamburg*, NJW 2001, 2115; *Tölle*, NVwZ 2001, 155; *Brenneisen*, DÖV 2000, 280.

nis stehen[62] oder Maßnahmen gegen Störer wesentlich größere Schäden für Unbeteiligte hervorriefen als Maßnahmen gegen Nichtstörer (sog. unechter polizeilicher Notstand)[63].

III. Beschränkende Verfügung als Minusmaßnahme zum allgemeinen Verbot

1. Begriff, Rechtscharakter

Beschränkung ist jegliche versammlungsspezifische Modifikation der vom Veranstalter beabsichtigten Gestaltung der Versammlung. Solche Beschränkungen können sich auf Ort, Zeit oder die Art und Weise der Durchführung beziehen. Die vom Gesetzgeber zugelassenen Beschränkungen sind nicht, wie im Gesetzestext bezeichnet, »Auflagen«, sondern selbständige Verfügungen. Gleichwohl erscheint dieser fehlerhafte Begriff trotz verfestigter Rechtsauffassung wiederum in der neuen Bestimmung des § 15 Abs. 2.

43

Eine Auflage ist eine mit einem Verwaltungsakt verbundene Bestimmung, durch die von dem Betroffenen, in der Regel einem Begünstigen, ein bestimmtes Tun, Dulden oder Unterlassen verlangt wird (§ 36 Abs. 2 Nr. 4 VwVfG).

Als Nebenbestimmung zu einem Verwaltungsakt ist die Auflage abhängiger Verwaltungsakt. Ihre Gültigkeit hängt von dem Verwaltungsakt ab, zu dem sie erlassen wurde.

Die in § 15 Abs. 1 als »Auflagen« bezeichneten Beschränkungen sind keine Auflagen im Sinne des § 36 Abs. 2 Nr. 4 VwVfG, weil sie nicht Nebenbestimmungen zu einem Verwaltungsakt, sondern selbständige Verwaltungsakte sind[64].

Anders wäre es, wenn öffentliche Versammlung unter freiem Himmel und Aufzüge einer Erlaubnis bedürften. Eine solche Erlaubnis könnte dann mit Nebenbestimmungen in Form von Auflagen versehen werden.

---

62 So auch *VGH München*, DVBl. 1979, 738 f.; *VGH München*, NJW 1984, 2117; *VGH Kassel*, NVwZ-RR 1994, 87.
63 *VGH Kassel*, Urteil vom 17. 9. 1984 – 11 VE 1167/84; *Kniesel*, HdB PolR, Rz. 363; *Huber*, S. 206 ff.; *BVerfG*, NJW 2000, 3055.
64 So auch *Hoffmann*, StuKVw 1967, 233; *Schwäble*, S. 221, Fn. 397; *Lohse*, Die Polizei 1987, 97; *OVG Münster*, NPA 102, GG, Art. 5, Bl. 34 f.; *VGH München*, JuS 1984, 979; *Gusy*, JuS 1993, 558; *Breitbach/Deiseroth/Rühl*, in: Ridder u. a., § 15, Rz. 147; *Schnur*, VR 2000, 114; *Hoffmann-Riem*, NVwZ 2002, 258, Fn. 12; *Hermanns*, JA 2001, 84; *OVG Bautzen*, DÖV 2002, 529; im Übrigen alle Vorauflagen dieses Kommentars seit 1968.

44   § 15 Abs. 1 ermächtigt die zuständige Behörde zu Anordnungen, die vom Veranstalter ein bestimmtes Tun, Dulden oder Unterlassen fordern. Diese Anordnungen sind unter der Voraussetzung zulässig, dass ohne sie nach den zur Zeit des Erlasses der Anordnung bekannten Umständen (vgl. Rz. 29) bei Durchführung der Versammlung oder des Aufzuges mit Wahrscheinlichkeit eine unmittelbare Gefährdung der öffentlichen Sicherheit einträte. Sie sind Verwaltungsakte, die ihrem Inhalt nach als selbständige Verfügungen zu qualifizieren sind[65]. Diese Verwaltungsakte sind einseitig hoheitliche Anordnungen. Anders als bei Erlaubnissen sind Einverständniserklärung und Widerruf der Einverständniserklärung des Betroffenen unbeachtlich[66].

2. Normzweck

45   Die in § 15 Abs. 1 als »Auflage« bezeichneten beschränkenden Verfügungen müssen in unmittelbarem Zusammenhang mit dem Versammlungsgeschehen stehen und darauf abzielen, auch noch solche Versammlungen und Aufzüge zu ermöglichen, die aus Rechtsgründen nicht mehr zugelassen werden könnten, wenn sie nach den ursprünglichen Vorstellungen des Veranstalters durchgeführt würden. Hierbei ist berücksichtigt, dass die Vorstellungen oft von einer gutgläubigen Fehleinschätzung der tatsächlichen Gegebenheiten beherrscht sind. So muss einem Veranstalter nicht unbedingt die genaue Ausdehnung eines Bannkreises bekannt sein. Er muss nicht wissen, zu welcher Zeit und an welchen Orten besonders starker Verkehr herrscht, der Umleitungen erforderlich macht. Er muss auch nicht über Gegendemonstrationen oder anderweitige Parallelveranstaltungen, hemmende Straßenbaustellen u. ä. informiert sein.

Über diese Informationen verfügt aber die zuständige Behörde. Sie kann widerstreitende Interessen ausgleichen. Damit entspricht sie dem Normzweck der §§ 14 Abs. 1 und 15 Abs. 1 (Rz. 5 ff. zu § 14) und ihrer Pflicht zur Kooperation[67]. Sie stellt sicher, dass öffentliche Versammlungen unter freiem Himmel und Aufzüge stattfinden können, ohne dass dadurch Interessen anderer oder Gemeinschaftsinteressen in unerträglichem Maße beeinträchtigt werden.

3. Arten der Beschränkungen

46   Wie der Eingriffstatbestand in Abs. 1 müssen die Beschränkungen der Abwehr einer unmittelbaren Gefährdung der öffentlichen Sicherheit dienen.

---

65 *OVG Münster*, NPA 102, GG, Art. 5, Bl. 34 f.
66 *OLG Köln*, NStZ 1981, 228.
67 BVerfGE 69, 315 (355); *Dietel/Kniesel*, Die Polizei 1985, 342 f.; *Lohse*, Die Polizei 1987, 97.

Nach jüngster Rechtsprechung soll auch eine bloße Gefährdung der öffentlichen Ordnung tragfähige Grundlage für so genannte »Auflagen« (Rz. 43) sein[68].

Die Beschränkungen können räumlicher oder (und) zeitlicher Art sein.   **47**
Wenn eine geplante Versammlung für den vorgesehenen Ort oder die vorgesehene Zeit untersagt wird, liegt kein Verbot, sondern lediglich eine Beschränkung der Gestaltungsfreiheit vor[69]. Die Versammlung darf an einem anderen Ort bzw. zu einer anderen Zeit stattfinden. Es liegt im Ermessen der zuständigen Behörde, den Veranstalter auf einen Veranstaltungsort zu verweisen, an dem eine möglichst störungsfreie Durchführung einigermaßen gewährleistet werden kann[70]. Eine zeitliche oder örtliche Verschiebung der Versammlung kommt nur dann einem Verbot gleich, wenn das mit der Versammlung verbundene Anliegen von einem bestimmten symbolhaften Zeitpunkt oder Ort unlösbar abhängig ist, sodass sie bei zeitlicher oder örtlicher Verlegung ihren Sinn verliert[71]. Das BVerfG sieht darin einen »schweren Nachteil« i. S. des § 32 Abs. 1 BVerfGG, was eine einstweilige Aufhebungsanordnung rechtfertigt[72].

Beschränkungen können sich auch auf die Art der Durchführung der   **48**
Veranstaltung erstrecken oder die Einsetzung von Ordnern verlangen. Ebenso zulässig ist es, die Erörterung einzelner strafbarer Veranstaltungsthemen (z. B. die Verunglimpfung von Personen) zu verbieten[73]. Sofern ein bestimmter Redebeitrag untersagt wird, sind strenge Anforderungen an die Gefahrenprognose zu stellen, weil neben der Versammlungsfreiheit des Veranstalters auch die Meinungsäußerungsfreiheit beeinträchtigt ist[74]. Das gilt besonders für Redebeiträge bei Veranstaltungen politischer Parteien, die

---

68 Zur Kritik ausführlich *Dietel,* Die Polizei 2002, 337 m. w. N.; nach *BVerfG,* NJW 2004,2814 (2816) ist ausnahmsweise auch ein Verbot zulässig (Senatsbeschluss als einstweilige Anordnung nach § 32 BVerfGG).
69 *Gusy,* JuS 1986, 613; *Herzog,* in: Maunz/Dürig, Art. 8, Rz. 79.
70 *VG Düsseldorf,* Beschluss vom 9. 11. 1979 – 11 L 1528/79.
71 *Gusy,* JZ 2002, 112; Hoffmann-Riem, NJW 2004, 2781; a. A. *Schörnig,* NVwZ 2001, 1246, der jede Modifikation durch »Auflage« ausschließt.
72 *Hoffmann-Riem,* NVwZ 2002, 258.
73 *VGH München,* BayVBl. 1983, 54; *Breitbach/Deiseroth/Rühl,* in: Ridder u. a., § 15, Rz. 172 ff., halten solche Beschränkungen wegen des Zensurverbots aus Art. 5 Abs. 1 GG nur in engem Rahmen für zulässig. Insbesondere wird eine Vorabprüfung und Genehmigung kritischer Aussagen abgelehnt. Die Beschränkung hinsichtlich konkret zu erwartender strafbarer Meinungsäußerung ist aber einerseits lediglich Hinweis auf die gegebene Rechtslage, andererseits ausschließlich darauf gerichtet, bestimmte konkret drohende Straftaten zu verhindern, insoweit nicht Vorabzensur unerwünschter Meinungsäußerungen.
74 *BVerfG,* DVBl. 2002, 971; *OVG Greifswald,* NVwZ-RR 2001, 444; *VG Freiburg,* VBlBW 2002, 497.

wegen des Parteienprivilegs aus Art. 21 Abs. 1 Satz 2 GG besonderen Schutz für ihre Aktivitäten genießen[75].

49   Durchführungsbezogene Beschränkungen können auch einschüchternde, mit dem Friedlichkeitsgebot unvereinbare Inszenierungen, wie Trommelschlagen und Marschtritt, als Veranstaltung mit paramilitärischem Gesamteindruck untersagen[76]. Das Mitführen von Fahnen- und Transparentstangen mit mehr als 1,5 m Länge kann nur untersagt werden, wenn konkrete Anhaltspunkte dafür vorliegen, dass sie als Schlagwerkzeuge zweckentfremdet werden sollen[77]. Auch die Erreichbarkeit des Leiters während der Versammlung kann angeordnet werden.

50   Unzulässig sind Beschränkungen, die dem Normzweck widersprechen. Das wäre der Fall, wenn dem Veranstalter eines Aufzugs ein Marschweg vorgeschrieben wird, der durch unbewohnte Stadtteile führt (Industrieviertel). Diese Beschränkung verhindert Kommunikation und vereitelt damit den Zweck der Demonstration[78]. Eine zeitliche Verschiebung widerspricht dann dem Normzweck, wenn es gerade auf einen bestimmten symbolträchtigen Termin (Gedenktag, Silvester u. ä.) ankommt. Unzulässig ist, den Verkauf von Druckerzeugnissen zu verbieten[79]. Unzulässig sind weiter pauschale Anordnungen, etwa: Den Anweisungen der Polizeibeamten ist Folge zu leisten. Unzulässig sind auch Verfügungen, die dem Leiter auch noch nach Beendigung der Versammlung Pflichten auferlegen[80]. Die Pflichten des Leiters enden mit der Versammlung. Anordnungen ohne unmittelbaren Bezug zum Versammlungsrecht (z. B. gesundheitspolizeiliche Anordnungen, etwa Aufstellung von Toilettenwagen, oder feuerpolizeiliche Anordnungen sowie Straßenreinigungspflichten) dürfen nicht auf § 15 Abs. 1 gestützt werden. Diese Anordnungen sollten allerdings im Sinne der Einfachheit und Zweckmäßigkeit des Verwaltungsverfahrens von der Versammlungsbehörde im Einvernehmen mit den zuständigen Behörden bekannt gegeben werden. Unzulässig sind außerdem Anordnungen, die faktisch Unmögliches verlangen, z. B. dass ein Aufzug mit vielen Teilnehmern den Straßenverkehr nicht beeinträchtigen dürfe[81].

Der bloße Hinweis auf bestehende Regelungen ist mangels eigenen Regelungsgehalts keine beschränkende Verfügung.

75 *BVerfG*, DVBl. 2002, 691.
76 *OVG Weimar*, DVBl. 1999, 1754; *BVerfG*, NJW 2000, 3052.
77 *OVG Weimar*, DVBl. 1999, 1754.
78 *OVG Weimar*, DVBl. 1998, 849 f.
79 *VG München*, NJW 1983, 1219.
80 *OLG Köln*, NStZ 1981, 277; *Brohm*, JZ 1989, 325.
81 *VGH München*, JuS 1984, 979.

In Fällen des Lautsprechereinsatzes können beschränkende Verfügungen 51 ergehen, wenn eine Abwägung ergibt, dass der Schutz von Gemeinschaftsinteressen gegenüber der Meinungsäußerungsfreiheit Vorrang hat[82].

4. Formvorschriften

Vor Erlass einer beschränkenden Verfügung ist dem Veranstalter als Betrof- 52 fenen Gelegenheit zu Einwendungen, also rechtliches Gehör (§ 28 Abs. 1 VwVfG) zu geben. Das geschieht zweckmäßigerweise im Rahmen gebotener Kooperation (Rz. 33 zu § 14).

Beschränkende Verfügung nach § 15 Abs. 1 werden in der Regel schriftlich erlassen und mit der Anmeldebestätigung verbunden (Rz. 16 zu § 14). Als schriftliche Verwaltungsakte bedürfen sie einer schriftlichen Begründung (§ 39 VwVfG), und zwar für die jeweilige konkrete Anordnung. Eine pauschale Begründung für die Gesamtheit der Beschränkungen reicht nicht.

Auch die beschränkende Verfügung muss die erlassende zuständige Behörde bezeichnen, inhaltlich bestimmt und für den Adressaten verständlich sein. Sie muss das, was untersagt oder verlangt wird, unzweideutig zum Ausdruck bringen[83]. Mit der Verfügung können Hinweise über Rechtsfolgen der Nichtbeachtung verbunden werden.

Um wirksam zu werden, müssen beschränkende Verfügungen dem 53 Betroffenen bekannt gemacht werden. Die Bekanntgabe muss so früh wie möglich erfolgen, damit der Veranstalter als Betroffener reagieren kann. Eine absichtliche Verzögerung der Bekanntgabe ist unzulässig[84].

Um die mit der Bekanntgabe wirksame beschränkende Verfügung voll- 54 ziehbar zu machen, muss die zuständige Behörde die sofortige Vollziehung anordnen und das hierfür erforderliche besondere Interesse schriftlich begründen (§ 80 Abs. 2 Nr. 4 und Abs. 3 Satz 1 VwGO).

5. Wirkungen

Wirksame beschränkende Verfügungen begründen Pflichten. Deren Beach- 55 tung ist mit den jeweils geeigneten und angemessenen Mitteln des Verwaltungszwangs durchzusetzen, ehe an eine nach § 15 Abs. 3, 3. Alt. mögliche Auflösung gedacht werden kann. Das gilt besonders dann, wenn durch Verfügung bestimmte Veranstalterpflichten (z. B. die Bekanntgabe verbotener Gegenstände, etwa überlanger Transparentstangen, an potenzielle Teilnehmer) schon im Vorfeld der Versammlung erkennbar missachtet werden und

---

82 *BVerwG*, DRiZ 1969, 158.
83 *VGH Mannheim*, DVBl. 1998, 838.
84 *OVG Weimar*, NVwZ 2003, 209.

behördliche Abhilfe (z. B. durch Androhung von Zwangsgeld oder durch Ersatzvornahme) möglich ist.

56   Wirksame *vollziehbare und rechtmäßige* beschränkende Verfügungen nach § 15 Abs. 1 begründen die Strafbarkeit bzw. Ordnungswidrigkeit bestimmter Formen der Nichtbeachtung (§§ 25 Nr. 2 bzw. 29 Abs. 1 Nr. 3).

Bei verwaltungsgerichtlich bestimmten »Auflagen« im Verfahren zur Wiederherstellung der aufschiebenden Wirkung nach § 80 Abs. 5 Satz 4 VwGO sowie verfassungsgerichtlich festgesetzten »Auflagen« bzw. »Maßgaben«[85] im Rahmen des § 32 BVerfGG treten die mit einer versammlungsbehördlich angeordneten »Auflage« nach § 15 Abs. 1 verbundenen Rechtsfolgen nicht ein[86]. Das bedeutet: Die Auflösungsermächtigung in § 15 Abs. 3 ist nicht anwendbar; die Strafbarkeit des Leiters, der »Auflagen« nicht befolgt, nach § 25 Nr. 2 tritt nicht ein; Teilnehmer, die solche »Auflagen« missachten, handeln nicht ordnungswidrig i. S. des § 29 Abs. 1 Nr. 3; die Einziehung von Gegenständen, deren Mitführung durch Teilnehmer durch »Auflage« untersagt ist, (§ 30) darf nicht erfolgen.

6. Adressatenfragen

57   Adressat der beschränkenden Verfügung ist primär der Veranstalter. Er hat die aus der Verfügung resultierenden Pflichten zu erfüllen, die bei der »Bekanntgabe« der geplanten Veranstaltung an die potenziellen Teilnehmer (Rz. 12 zu § 14)[87] zu beachten sind oder sich auf Vorbereitung, Organisation und Durchführung erstrecken. Deshalb sind Anordnungen, die potenzielle Teilnehmer betreffen, z. B. das Verbot, in Großgruppen, in geschlossenen Fahrzeugkonvois oder auf bestimmten Straßen anzureisen oder Transparente nur an Stangen bestimmter Größenordnung anzubringen, auf das Mitführen von Tommeln, bestimmter Fahnen bzw. auf ein besonderes Outfit zu verzichten oder das Gebot, Legitimationspapiere mitzuführen[88], an den Veranstalter zu richten. Ihm obliegt es, die auferlegten Beschränkungen bekannt zu geben[89]. Diese Bekanntgabe hat gegenüber den potenziellen Teilnehmern nur Hinweischarakter, worauf sie bei der Anreise zu achten haben, um sich nicht behördlichen Maßnahmen auszusetzen. Der Bußgeldtatbestand des § 29 Abs. 1 Nr. 3 setzt *Teilnahme* an einer bereits existierenden Versammlung voraus, erfasst also nicht Personen auf dem

---

85 *BVerfG*, DVBl. 2001, 1056; NJW 2001, 2069 (2075).
86 Zur Problematik ausführlich *Dietel*, Die Polizei 2003, 94 ff.
87 *VG Minden*, NVwZ 1984, 331; *OVG Hamburg*, Beschluss vom 29. 8. 1984 – OVG Bf III 225/82.
88 *VGH München*, Beschluss vom 12. 9. 1980 – CE/CS 80 A 1618; *Kniesel*, NJW 2000, 2862 f.
89 *Zeitler*, Rz. 216.

Weg zu einer Versammlung (Rz. 9 und 11 zu § 29). Verbote, die sich auf das Mitführen von Passivbewaffnung oder Vermummung erstrecken, sind nicht zu erlassen. Diese Verbote bestehen schon kraft Gesetzes. Auf sie darf aber hingewiesen werden.

Nur wenn die Mitteilung teilnehmerrelevanter Anordnungen durch den Veranstalter nicht ausreicht, kann die zuständige Behörde die noch unbekannten potenziellen Teilnehmer unmittelbar durch Allgemeinverfügung verpflichten. Diese Allgemeinverfügung kann über die Presse oder die elektronischen Medien öffentlich bekannt gemacht werden (§ 41 Abs. 3 Satz 2 VwVfG).

IV. Spezielles Verbot

1. Allgemeines

Die Befugnisnorm des Abs. 2 ist ein Anwendungsfall des Verbotstatbestands des Abs. 1. Das ist durch das Wort »*insbesondere*« klargestellt. **58**

Regelungsgrund ist eine Gefährdung der öffentlichen Ordnung. Nach der Rechtsprechung des BVerfG »kann die öffentliche Ordnung betroffen sein, wenn einem bestimmten Tag ein in der Gesellschaft eindeutiger Sinngehalt mit gewichtiger Symbolkraft zukommt, der bei Durchführung eines Aufzuges an diesem Tag in einer Weise angegriffen wird, dass dadurch grundlegende soziale oder ethische Anschauungen in erheblicher Weise verletzt werden.[90] **59**

Der in der Entscheidung zum Ausdruck gebrachte Rechtsgedanke ist nicht nur auf historisch bedeutsame Tage anzuwenden, sondern in gleicher Weise auch auf historisch bedeutsame Örtlichkeiten mit Gedenkstättencharakter übertragbar. Davon hat der Gesetzgeber mit der Regelung des Abs. 2 Gebrauch gemacht. Orte von »historisch überregionaler Bedeutung«, die an die Opfer nationalsozialistischer Gewalt- und Willkürherrschaft erinnern, können durch gesetzliche Bestimmung Gedenkstättenstatus und damit besonderen Schutz erhalten. **60**

Der Schutz historisch bedeutsamer Tage ohne besonderen Ortsbezug ist weiterhin nur bei Gefährdung der öffentlichen Ordnung in Anwendung der Befugnisnorm des Abs. 1 möglich und zulässig.

Weil es bei der Verbotsnorm des Abs. 2 um die Abwehr von Gefahren für die Schutzgüter der öffentlichen Ordnung geht (herrschende ethische Anschauungen), bedurfte es eines spezialisierten Verbotstatbestands. Nach ständiger Rechtsprechung des BVerfG reicht eine Gefährdung der öffentlichen Ordnung »im Allgemeinen« nicht aus, um ein Versammlungsverbot **61**

---

90 *BVerfG*, NJW 2001, 1409 (LS 3 und S. 1410).

oder eine Versammlungsauflösung zu rechtfertigen.[91] Zulässig seien lediglich Einschränkungen der Versammlungsfreiheit »unterhalb der Schwelle eines Versammlungsverbots«,[92] also in Form sogenannter Auflagen. In seinem Senatsbeschluss vom 23.6.2004 (einstweilige Anordnung nach § 32 BVerfGG) hat das BVerfG die in Kammerbeschlüssen vertretene Auffassung, dass eine Gefährdung der öffentlichen Ordnung nur Eingriffe unterhalb eines Totalverbots rechtfertige, relativiert. Zwar kämen dafür *»in erster Linie Auflagen in Betracht«, aber: »Reichen sie zur Gefahrenabwehr nicht aus, kann die Versammlung verboten werden«*.[93] Somit bleibt die »Auflage« die Regel, das Verbot die Ausnahme. Das BVerfG hat solche möglichen Ausnahmen auf Fälle bezogen, in denen *»ein Aufzug sich durch sein Gesamtgepräge mit den Riten und Symbolen der nationalsozialistischen Gewaltherrschaft identifiziert und durch Wachrufen der Schrecken des vergangenen totalitären und unmenschlichen Regimes andere Bürger einschüchtert«*.[94] Auch nach dieser Entscheidung bleibt fraglich, ob ein Aufmarsch von Rechtsextremisten am Brandenburger Tor durch Verbot verhindert oder nur mit »Auflagen« beschränkt werden kann.

62   Normzweck der Befugnisregelung ist ausweislich der Gesetzesmaterialien die Verbesserung des gesetzlichen Instrumentariums, um gegen rechtsextremistische Versammlungen, die »an das Gepräge historischer Aufmärsche des NS-Regimes« erinnern, besser einschreiten zu können. Insbesondere soll das »Verbot von friedensgefährdenden Versammlungen an Orten erleichtert werden, die an die Opfer organisierter menschenunwürdiger Behandlung unter der nationalsozialistischen Gewalt- und Willkürherrschaft erinnern.«[95] Ob hierzu ein Verbot in Frage kommt, bedarf sorgfältiger Abwägung.

---

91 *BVerfGE* 69, 315 (353). Erneut herausgehoben in einer Reihe von Kammerbeschlüssen, *BVerfG*, NJW 2001, 1410, 2070, 2077; NJW 2004, 90 (LS 3 und S.92) unter Hervorhebung der Bindungswirkung aus § 31 Abs. 1 BVerfGG auch für die Fachgerichte.

92 *BVerfG, NJW* 2001, 1403 (LS 3 und S. 1410) sowie *NJW* 2001, 2069, 2071, 2077.

93 *BVerfG*, NJW 2004, 2814 (2816); *Battis/Grigoleit*, NJW 2004,3459, weisen auf den Widerspruch in der Senatsentscheidung hin. Einerseits sollen für die im Rahmen von Versammlungen geänderten Meinungen als Begrenzung nur die allgemeinen Gesetze als Grundrechtsschranken aus Art. 5 Abs. 2 GG herangezogen werden können, während die »Art und Weise« der Versammlungsgestaltung, also ihre kollektive Inszenierung und Potenzierung den Vorbehaltsschranken aus Art. 8 Abs. 2 GG unterlägen, was für Maßnahmen einen Rückgriff auf Schutzgüter der öffentlichen Ordnung, mithin auf ungeschriebene sozialethische Regeln zulasse.

94 *BVerfG*, NJW 2004, 2814 (2816).

95 *BT-Drucks.* 15/5051, S. 1.

Abs. 2 begründet *kein Flächenverbot*. In dem durch gesetzliche Regelung 63
abgegrenzten Gedenkstättenbereich ist nicht jegliche Versammlung generell
untersagt, wie etwa bei Bannkreisen oder befriedeten Bezirken (Rz. 4 zu
§ 16). Die Befugnisnorm ermächtigt lediglich zu Verboten im konkreten
Einzelfall, und zwar nur dann, wenn der Verbotstatbestand der Nr. 2, also
die auf Tatsachen gestützte Annahme einer Beeinträchtigung der Würde der
Opfer zu prognostizieren ist.

2. Spezialität der Regelung

Die Befugnisnorm des Abs. 2 ist gegenüber der des Abs. 1 Spezialvor- 64
schrift, und zwar mit der Konsequenz, dass sie im Gegensatz zur Regelvermutung in Abs. 1 Abs. 2 auch das Verbot einer Versammlung zulässt,
wenn lediglich Ordnungsgüter der öffentlichen Ordnung beeinträchtigt
werden (Rz. 61). Das hatte der Gesetzgeber durch Konkretisierung und
Spezialisierung der Eingriffsvoraussetzungen in der Hand.

Die Befugnisregelung es Abs. 2 tritt dann gegenüber der Regelung des 65
Abs. 1 zurück, wenn es um die Abwehr von Gefahren für die öffentliche
Sicherheit geht. Das ist immer dann der Fall, wenn die Begehung von Straftaten droht, die es zu verhindern gilt.[96] Im Zusammenhang mit der Eingriffsbefugnis des Abs. 2 Nr. 2 ist der Bezug zur mit dieser Regelung geschaffenen Strafnorm des § 130 Abs. 4 StGB[97] von Bedeutung.[98] Sofern eine
gesicherte Gefahrenprognose auf Grund »erkennbarer Umstände« den
Schluss zulässt, dass der Veranstalter selbst strafbares Verhalten an den Tag
legen oder durch den von ihm eingesetzten Leiter bzw. bei dem von ihm
mobilisierten Anhang dulden oder billigend in Kauf nehmen wird (Rz. 37
mit der dort angegebenen Rechtsprechung), sind Maßnahmen ausschließlich auf die Befugnisnorm des Abs. 1 zu stützen. Die Regelung des Abs. 2
tritt zurück. Bei wahrscheinlich nicht selten auftretenden Gemengelagen ist
unter Ansehung der gegebenen Umstände zu entscheiden, auf welche Befugnisnorm das Verbot zu stützen ist. Ein Austausch von Befugnisnormen
zur Vermeidung von Beweisproblemen scheidet aus.

Eine andere Frage ist, ob Versammlungen außerhalb der durch Abs. 2 ge- 66
schützten Orte, die einen Bezug zum nationalsozialistischen Unrechtsstaat

---

96 *BVerfG*, NJW 2004, 2814 (2815).
97 § 130 StGB Abs. 4:
   Mit Freiheitsstrafe bis zu drei Jahren oder mit Geldstrafe wird bestraft, wer öffentlich oder in einer Versammlung den öffentlichen Frieden in einer die Würde
   der Opfer verletzenden Weise dadurch stört, dass er die nationalsozialistische
   Gewalt- und Willkürherrschaft billigt, verherrlicht oder rechtfertigt.
98 Das sollte durch das Wort »insbesondere« in Abs. 2 klargestellt werden (BT-
   Drucks. 15/5051, S. 4.

aufweisen (z.B. das »Reichsparteitagsgelände« in Nürnberg) wegen Gefährdung der öffentlichen Ordnung eingeschränkt werden dürfen. Der Gesetzgeber scheint davon auszugehen.[99] Die hohen Hürden, die mit den Eingriffsbefugnis des Abs. 2 errichtet wurden, sprechen dagegen. Außerdem widerspräche es dem Grundsatz »lex spezialis derogat legi generali«, also dem Vorrang der speziellen vor der allgemeinen Regelung.[100]

3. Formvorschriften

67 Vor der Entscheidung über ein Verbot ist dem Veranstalter rechtliches Gehör zu gewähren (§ 28 Abs. 1 VwVfG). Das kann im Rahmen von Kooperationsgesprächen erfolgen. Da die Eingriffsbefugnis des Abs. 2 Nr. 2 auf die Annahme einer Gefährdung abstellt (näher dazu Rz. 75 ff.), weil es ausreicht, dass Beeinträchtigungen der »Würde der Opfer« lediglich *zu besorgen* sind, ist vor einer endgültigen Entscheidung eine Aufklärung des Sachverhalts unter Einbeziehung des Betroffenen unabdingbar.[101] Die Verbotsverfügung ergeht im Regelfall schriftlich. Sie bedarf der Begründung. Dabei reicht in Bezug auf die Schutzwürdigkeit des Ortes der Gedenkstätte der Hinweis auf die hierzu ergangene gesetzliche Regelung (Anlage zu § 15 Abs. 2). Näher zu begründen ist die Prognose bezüglich des vom Veranstalter beabsichtigten illegalen Versammlungszwecks.

68 Die Verfügung muss die zuständige Behörde bezeichnen. Sie muss inhaltlich so bestimmt sein, dass sie dem jeweiligen Adressaten verständlich ist. Sie muss die Untersagung der geplanten Versammlung unzweideutig zum Ausdruck bringen. In der Verfügung können Hinweise auf die rechtlichen Folgen der Nichtbeachtung aufgenommen werden.

69 Die Wirksamkeit der Verfügung hängt von der Bekanntgabe an den Betroffenen ab. Auch die Bekanntgabe muss unzweideutig und verständlich sein. Das gilt auch für die Zeit und die räumliche Erstreckung der Verbotsgeltung. Bekanntgabe durch schlüssiges Verhalten von Amtswaltern der zuständigen Behörde scheidet aus. Die Bekanntgabe muss so früh wie möglich erfolgen, damit der Veranstalter als Betroffener Zeit zu Reaktionen behält[102].

---

99 *BT-Drucks.* 15/5051, S. 4.
100 *Drews/Wacke/Vogel/Martens*, S. 154.
101 *Drews/Wacke/Vogel/Martens*, S. 226 f.
102 *OVG Weimar*, NVwZ 2003, 209; *Hoffmann-Riem*, in: AK-GG, Art. 8, Rz. 39, der in unvertretbarer Hinauszögerung der Bekanntgabe einen möglichen Verstoß gegen die Rechtsweggarantie des Art. 19 Abs. 4 GG sieht; *ders.*, NJW 2004, 2781.

4. Wirkungen

Die wirksame Verbotsverfügung nimmt als rechtsgestaltender Verwaltungs- 70
akt der Versammlung, auf die sie sich bezieht, den versammlungsrechtlichen
Schutz. Maßnahmen zur Durchsetzung der Verbotsverfügung können auf
allgemeines Polizeirecht gestützt werden. Das Verbot betrifft immer die gesamte Versammlung. Sollen nur bestimmte Aktivitäten im Rahmen der Versammlung untersagt werden, ist eine beschränkende Verfügung zu erlassen[103].

Wirksame und rechtmäßige Verbotsverfügungen begründen die Strafbar- 71
keit bzw. Ordnungswidrigkeit bestimmter Formen der Nichtbeachtung
(vgl. §§ 23, 26 Nr. 1 und 29 Abs. 1 Nr. 1).

5. Verbotsgründe

a) Gedenkstättenstatus des geschützten Ortes

Der Gedenkstättenstatus des Denkmals für die ermordeten Juden Europas 72
in Berlin ist durch § 15 Abs. 2 begründet (Holocausdenkmal). Die Abgrenzung des geschützten Bereichs ergibt sich aus der Anlage zu § 15 Abs. 2
(abgedruckt unter Gesetzestext § 15 VersG).

Die Länder sind durch § 15 Abs. 2 ermächtigt, weitere Orte und ihre Ab- 73
grenzung durch Landesgesetz zu bestimmen. Das Versammlungsrecht gehört zu den Gegenständen der konkurrierenden Gesetzgebung (Art. 74
Abs. 1 Nr. 3 GG). Die Regelungskompetenz hierzu liegt zur Wahrung der
Rechtseinheit im Bundesgebiet vorrangig beim Bund. Eine bundesgesetzli-
che Festlegung aller zu schützenden Gedenkstätten war aber hierfür nicht
erforderlich. Deshalb konnte die Gesetzgebungskompetenz auf die Länder
übertragen werden (Art. 73 Abs. 3 GG).

Sofern ein entsprechendes Gesetz einen Ort bestimmt, »der als Gedenk- 74
stätte von historisch herausragender, überregionaler Bedeutung an die Opfer der menschenunwürdigen Behandlung unter der nationalsozialistischen
Gewalt- und Willkürherrschaft erinnert«, bedarf es zur Verbotsbegründung
lediglich des Hinweises auf dieses Gesetz. Gegenvorstellungen, die die Ge-
denkstättenqualität in Frage stellen, sind unbeachtlich.

b) Gefahrenprognose

Die Gefahrenprognose ist auf das geschützte Rechtsgut zu beziehen. Das 75
ist die Würde der Opfer nationalsozialistischer Gewalt- und Willkürherrschaft. Im Unterschied zur Eingriffsbefugnis des Abs. 1 hat der Gesetzgeber in Abs. 2 Nr. 2 nicht auf die »erkennbaren Umstände« abgestellt. Ein

---

103 *Götz*, NJW 1990, 731.

sachlicher Grund für die insoweit abweichende Begriffswahl ist nicht dargelegt auch nicht erkennbar. Deshalb kann davon ausgegangen werden, dass mit »erkennbar« und »konkret feststellbar« Gleiches gemeint und bestimmt ist.

76   *Konkret erkennbar* sind »Umstände«, die offen zu Tage treten und der zuständigen Behörde bei den von ihr zu fordernden Bemühungen um die Aufklärung des Sachverhalts zur Verfügung stehen. Bloße Verdachtsmomente oder Vermutungen reichen nicht aus.[104] Einwände des Veranstalters als Betroffener sind zu berücksichtigen (Rz. 30). Konkret erkennbare Umstände müssen sich auf gesicherte Tatsachen stützen.

77   Ein weiterer, rechtlich bedeutender Unterschied besteht zwischen den Eingriffsbefugnissen des Abs. 1 und des Abs. 2 Nr. 2 darin, dass Abs. 1 eine *unmittelbare Gefährdung* verlangt, während Abs. 2 Nr. 2 lediglich darauf abstellt, das eine Beeinträchtigung der Würde der Opfer »*zu besorgen*« ist.

78   Damit sind wesentlich geringere Anforderungen an die Gefahrenprognose gestellt. Unmittelbare Gefährdung verlangt mindestens hinreichende Wahrscheinlichkeit der Verletzung zu schützender Rechtsgüter. »Zu besorgen« entspricht der in nahezu allen Polizeigesetzen verwendeten Begrifflichkeit »Tatsachen die Annahme rechtfertigen«.[105] Warum der Gesetzgeber die im Polizeirecht üblichen Begriffe nicht gewählt hat, ist nicht ersichtlich.

79   Für die Prognose einer Würdebeeinträchtigung nach Abs. 2 Nr. 2 reicht es aus, dass die Versammlungsbehörde nach den für sie erkennbaren Umständen *annehmen* darf, dass eine Beeinträchtigung eintreten wird. Indizien dafür sind das Verhalten des Veranstalters, des von ihm eingesetzten Leiters sowie seines Anhangs bei vergleichbaren Veranstaltungen. Ebenso Äußerungen, die den Bestimmungszweck der geschützten Gedenkstätte als Ort des Erinnerns, auch der nationalen Scham an die dunkelsten Jahre der deutschen Geschichte unter dem NS-Regime widersprechen. Besondere Bedeutung bei der Einschätzung der Absichten des Veranstalters kommt dem Veranstaltungszeitpunkt zu, wenn er sich mit historisch bedeutsamen Tagen der NS-Zeit deckt, etwa der Befreiung des Konzentrationslagers Auschwitz.

80   Letztlich muss in insistierenden Gesprächen mit dem Veranstalter versucht werden, Klarheit über seine Absichten zu gewinnen. Nur eine dem Bestimmungszweck der Gedenkstätte entsprechende inhaltliche und thematische Ausrichtung der Versammlung schließt von vornherein eine Beeinträchtigung der Würde der Opfer aus.[106]

---

104 *BVerfG*, NVwZ 1998, 859: *BVerfG*, NJW 2001, 2079.
105 Vergl. die Aufzählung bei *Pieroth/Schlink/Kniesel*, § 4 Rz. 52, mit Fn. 12.
106 *BT-Drucks.* 15/5051, S. 4.

c) Würde der Opfer

Geschütztes Rechtsgut ist die Würde der *Opfer*, nicht ihrer Nachkommen, **81** worauf noch der Erstentwurf der Regelung abgestellt hat. [107] Die Tathandlung der Würdebeeinträchtigung sollte im Billigen, Leugnen oder Verharmlosen der menschenunwürdigen Behandlung der Opfer unter dem NS-Regime bestehen.[108] Auch der in § 130 StGB neu eingefügte Abs. 4 spricht nur von der Würde der Opfer.[109]

Einschlägige Entscheidungen des BVerfG und des BGH stellen die durch **82** Leugnung der Judenverfolgung im NS-Regime bewirkte Persönlichkeitsverletzung bzw. Missachtung ihres »Geltungs- und Achtungsanspruchs«[110] für die in Deutschland lebenden Juden bzw. die Nachkommender Opfer in den Vordergrund.

Maßgebend ist der klare Wortlaut des § 15 Abs. 2 Nr. 2: »*Würde der Opfer*«. **83** Ob damit die Menschenwürde der Opfer gemeint ist, ist nicht eindeutig klargestellt. In den Gesetzesmaterialien wird, bezogen auf den Straftatbestand des § 130 Abs. 4 (neu) StGB eine Beeinträchtigung der Würde der Opfer zum einen als Verletzung ihres »Achtungsanspruchs«, zum anderen ihrer »Menschenwürde« interpretiert.[111]

Weil es bei den Opfern in der Mehrzahl nicht um Lebende, sondern um **84** Ermordete geht, kommt nur »postmortaler Würdeschutz« in Betracht. Daraus ergibt sich ein nachwirkender Persönlichkeitsrechtsschutz, der sich auf das Lebensbild der Ermordeten in der Wahrnehmung der Nachwelt bezieht.[112] Als Würde der Opfer kann deshalb ihr Ansehen in Erinnerung der Nachgebliebenen angesehen werden, und zwar als Zeugen der Verbrechen der nationalsozialistischen Gewalt- und Willkürherrschaft und der unermesslichen Schuld der Verantwortlichen für die ihnen zugefügten Untaten. Die Würde der Opfer verlangt Achtungsschutz gegen Herabsetzung und Entehrung ihres Ansehens im Bewusstsein der Lebenden. Opfer sind auch die wenigen Überlebenden, die die Vernichtungslager überstanden haben und Zeitzeugen der Verbrechen des NS-Regimes sind. Sie werden in ihrem personalen Achtungs- und Würdeanspruch verletzt, wenn ihr Leiden geleugnet oder verächtlich gemacht wird.[113]

---

107 *BT-Drucks.* 15/4832, S. 1.
108 *BT-Drucks.* 15/4832, S. 3.
109 In Frage gestellt von der CDU/CSU Fraktion, *BT-Drucks.* 15/5051, S. 6.
110 *BVerfG*, DVBl. 1994, 688; *BGHZ* 75, 160.
111 *BT-Drucks.* 15/5051, S. 5.
112 *Herdegen* in: Maunz/Dürig/Herzog, GG, Art.1, Rz. 53, unter Hinweis auf *BVerfGE* 30, 173 (204); BGHZ 107, 384 (392 f.); außerdem *Kunig*, in: v. Münch, Art. 1 Rz. 15; *BVerfG*, NJW 2001, 594; vgl. auch Poscher, NJW 2005, 1317.
113 BGHZ 75, 160 (162 f.).

d) Beeinträchtigung der Würde der Opfer

85 Beeinträchtigung ist sowohl Störung als auch Gefährdung. Im Ursprungsentwurf der Regelung des § 15 Abs. 2 Nr. 2 waren die Beeinträchtigungshandlungen mit den Tatbeständen »billigen«, »leugnen« und »verharmlosen« konkret bezeichnet.[114] Obwohl in den Gesetzesmaterialien nicht klargestellt, können diese Begriffe gleichwohl zur Konkretisierung des Begriffs »beeinträchtigt« herangezogen werden. Zweifel bestehen nur in Bezug auf den Begriff »billigen«, der auch im Straftatbestand des § 130 Abs. 4 StGB (neu) enthalten ist.

Der Straftatbestand ist gegenüber der Eingriffsbefugnis des Abs. 2 Nr. 2 wesentlich restriktiver. Er verlangt nicht nur eine Beeinträchtigung, sondern eine *Verletzung* der Würde der Opfer verbunden mit einer *Störung* des öffentlichen Friedens.[115] Unterhalb dieser Strafbarkeitsschwelle liegendes Billigen bleibt anwendbar zur Konkretisierung von Beeinträchtigungshandlungen nach Abs. 2 Nr. 2. Über der Strafbarkeitsschwelle liegendes Billigen rechtfertigt Eingriffe nach Abs. 1 zur Abwehr von Gefahren für die öffentliche Sicherheit, hier die Unverletzlichkeit der Strafrechtsordnung.

86 *Billigen* als Beeinträchtigungshandlung im Sinne von Abs. 2 Nr. 2 liegt vor, wenn die menschenunwürdige Behandlung der Opfer unter der nationalsozialistischen Gewalt- und Willkürherrschaft gut geheißen wird. Das kann konkludent, muss also nicht durch vorbehaltlose Zustimmung erfolgen. Es reicht aus, »wenn etwa die schwerwiegenden Verbrechen, welche die NS-Gewalt- und Willkürherrschaft charakterisieren, als zwar bedauerlich, aber unvermeidbar hingestellt werden.« Das kann durch positive »Werturteile« über die für die Verbrechen verantwortlichen Personen geschehen.[116]

87 *Leugnen* als Beeinträchtigungshandlung ist gegeben, wenn historisch erwiesene Tatsachen in Bezug auf die Menschenrechtsverletzungen in NS-Unrechtsstaat bestritten, in Abrede gestellt oder verneint werden. Das kann offen oder verklausuliert erfolgen.[117]

88 *Verharmlosen* als Beeinträchtigungshandlung liegt vor, wenn die unter der nationalsozialistischen Gewalt- und Willkürherrschaft an ganzen Be-

---

114 *BT-Drucks.* 15/4832, S. 2.
115 Der öffentliche Friede gilt als gestört, wenn über öffentliche Missbilligung hinaus Teile der Bevölkerung Rechtssicherheit als nicht mehr gewährleistet empfinden und befürchten, Opfer von Straftaten zu werden, *Lenckner* a.a.O., § 130, Rz. 10 f und 22 sowie 126, Rz. 8; *Tröndle/Fischer*, StGB, 52. Aufl. 204, § 126, Rz. 2; *BVerfG*, 1 BvR 808/05 vom 16. 4. 2005, Rz. 15 ff.
116 *Lenckner*, in: Schönke/Schröder, StGB, 26. Aufl. 2001, § 130, Rz. 18; ebenso *Cramer/Sternberg-Lieben*, § 140 Nr. 2 StGB, Rz 5.
117 *Lenckner*, a.a.O., § 130, Rz. 19.

völkerungsgruppen begangenen Verbrechen heruntergespielt, bagatellisiert oder relativiert werden,[118] quasi als geschichtlich notwendig bezeichnet werden.

Neben den beschriebenen Beeinträchtigungshandlungen, die mehr oder   89 weniger in Meinungsäußerungen bestehen, sind Beeinträchtigungen durch die Art und Weise des Auftretens der Versammlungsbeteiligten, insbesondere der Versammlungsteilnehmer möglich. Das kann durch Veranstaltungsinszenierungen erfolgen, die das »Gepräge historischer Aufmärsche des NS-Regimes« aufweisen.[119] Es kann sich auch aus dem Outfit der Teilnehmer ergeben. Entscheidend ist ein dem Zweck der geschützten Gedenkstätte diamental widersprechendes Verhalten.

6. Zulässigkeit der Inanspruchnahme

Adressat der Verbotsverfügung ist der Veranstalter. Als Veranlasser der Ver-   90 sammlung haftet er für die Verursachung von Gefährdungen. Gefahrverursachung ist ihm zuzurechnen, wenn er sie selbst durch die Art und Weise der vorgesehenen Gestaltung des Versammlungsgeschehens, der Bestimmung des Versammlungsthemas, der Wahl des Versammlungszeitpunkts veranlasst. Sie ist ihm auch zuzurechnen, wenn sie durch das Verhalten von Teilnehmern erfolgt, die mit seinen Intentionen übereinstimmen, zu seinem Anhang gehören und erkennbar wird, dass er deren Verhalten billigend in Kauf nehmen wird. Umstände, die solche Inkaufnahme zu beweisen vermögen, können sich aus entsprechenden Äußerungen ergeben, insbesondere aus dem Austausch elektronisch überermittelter Informationen (Internet, SMS etc.)

Eine Inanspruchnahme des Veranstalters als Nichtstörer scheidet aus. So-   91 fern er beabsichtigt, in einer nach Abs. 2 zulässigen Weise eine Versammlung zu veranstalten, an deren Durchführung er durch massive Gegenaktionen gehindert werden soll und die Polizei unter Aufbietung aller ihr zu Verfügung stehenden Mittel nicht imstande ist, Ausschreitungen zu verhindern (Rz. 42), erfolgt die Inanspruchnahme nicht aus dem Gefahrtatbestand des Abs. 2, sondern dem des Abs. 1 (öffentliche Sicherheit).

---

118 *Lenckner*, a.a.O., § 130, Rz. 19.
119 Was die neue Befugnisnorm verhindern soll, *BT-Drucks.* 15/5051, S. 1 (Problembeschreibung).

V. Beschränkenden Verfügungen als Minusmaßnahmen zum speziellen Verbot

1. Allgemeines

92 Bei den in Abs. 2 genannten »*Auflagen*« handelt es sich nicht um solche im Rechtssinne (§ 36 Abs. 2 Nr. 4 VwVfG), sondern um selbständige Verfügungen (Rz. 43 f. mit den dort angegebenen Belegen sowie alle Vorauflagen dieses Kommentars.[120]

93 Zugelassen sind Beschränkungen unterhalb des Totalverbots. Damit ist dem Grundsatz der Erforderlichkeit entsprochen (Rz. 148), der Eingriffe in die Versammlungsfreiheit auf zwar zwecktaugliche aber möglichst wenig belastende Maßnahmen begrenzt.

94 Weil die Befugnisnorm des Abs. 2 Nr. 2 nur die sich aus den Umständen ergebende *Annahme* einer Gefahr[121] (Beeinträchtigung) und nicht wie die Befugnisnorm des Abs. 1 die hinreichende *Wahrscheinlichkeit* einer Gefährdung statuiert, die abzuwehrende Beeinträchtigung nur zu »besorgen« sein muss, ist versammlungsbehördliche Zurückhaltung in Bezug auf den Erlass eines Versammlungsverbots geboten. Insoweit ergibt sich ein Vorrang von Beschränkungen gegenüber dem Totalverbot.

2. Normzweck

95 Die in Absatz 2 als »Auflagen« bezeichneten beschränkenden Verfügungen geben der zuständigen Behörde Gelegenheit, von einem Versammlungsverbot abzusehen, wenn sie nach den ihr erkennbaren Umständen Zweifel hat, ob die geplante Versammlung tatsächlich dem Bestimmungszweck der geschützten Gedenkstätte (Abs. 2 Nr. 1) widerspricht. Durch entsprechende Beeinflussung der Durchführungsmodalitäten kann sie gewährleisten, dass dem Charakter der Gedenkstätte entsprochen und so eine Beeinträchtigung der Würde der Opfer ausgeschlossen wird.

3. Arten der Beschränkungen

96 Wie das Verbot müssen sich Beschränkungen darauf richten, einerseits den Bestimmungszweck der gesetzlich bestimmten Gedenkstätte zu sichern und andererseits Beeinträchtigungen der Würde der nationalsozialistischen Gewalt- und Willkürherrschaft auszuschließen.

---

120 So auch *Leist*, S. 272.
121 Die bloße Annahme einer Gefahr entspricht dem *Gefahrenverdacht,* der eigentlich nur vorläufige Maßnahmen rechtfertigt, im Übrigen aber eine Abklärung des Sachverhalts verlangt (Gefahrerforschung). *Pieroth/Schlink/Kniesel*, § 4 Rz. 52 und 59.

Beschränkungen können räumlicher oder zeitlicher Art sein. Sie können **97** das Versammlungsthema und die Modalitäten der Gestaltung und Durchführung betreffen z. B. besondere Inszenierungen, die Mitführung bestimmter Symbole (Fahnen), das Skandieren bestimmter Parolen, das Outfit der Teilnehmer.

Räumliche Beschränkungen können das Betreten der Gedenkstätte untersagen **98** und festlegen, dass ein bestimmter Abstand einzuhalten ist. Dabei ist allerdings zu beurteilen, ob die Versammlung dadurch nicht ihren eigentlichen Sinn verliert, weil es dem Veranstalter gerade auf Präsenz an dem mit hohem Symbolgehalt aufgeladenen Ort der Gedenkstätte ankommt, sodass eine solche Beschränkung einem Verbot gleichkommt.[122]

Zeitliche Beschränkungen können den Versammlungstermin verschieben. **99** Das ist insbesondere dann geboten, wenn der vorgesehene Veranstaltungstag an ein historisch belastetes Datum des NS-Regimes erinnert,[123] z. B. der 27. Januar als Tag der Befreiung der Gefangenen des Konzentrationslagers Auschwitz.

Inhaltliche Beschränkungen sind besonders dann geboten, wenn das Versammlungsthema auf eine Verharmlosung der nationalsozialistischen Gewalt- und Willkürherrschaft hindeuten oder wenn ein Redner vorgesehen ist, von dem entsprechende Äußerungen zu befürchten sind.[124] Dabei ist allerdings zu berücksichtigen, dass neben der Gestaltungsfreiheit des Veranstalters auch die Meinungsäußerungsfreiheit des Redners beeinträchtigt wird, was höhere Anforderungen an die Wahrscheinlichkeit stellt, dass solche Äußerungen erfolgen werden.[125]

Durchführungsbezogene Beschränkungen können bestimmte Inszenierungen untersagen, die dem Bestimmungszweck der geschützten Gedenkstätte widersprechen. Dazu gehören insbesondere Gestaltungen mit dem »Gepräge historischer Aufmärsche[126] oder Riten und Symbolen des NS Regimes«[127]. Dazu gehört aber auch das Skandieren bestimmter Parolen, die Mitführung bestimmter Embleme und Fahnen, von Landsknechttrommeln,[128] ein von Rechtsextremisten beliebtes Outfit der Teilnehmer, Marschtritt u.a.

Insgesamt müssen Beschränkungen dem Zweck diesen, ein sonst mögliches Verbot zu vermeiden. **102**

---

122 *Gusy*, JZ 2002, 112; *Hoffmann-Riem*, NVwZ 2002, 258.
123 *BVerfG*, NJW 2001, 1409 (1410); *Brüning*, Der Staat, 2002, 240.
124 *VG Freiburg*, VBl BW 2002, 457; *OVG Greifswald*, NVwZ 2001, 444.
125 *BVerfG*, DVBl. 2001, 1054, (1056) sowie 2002, 911.
126 *BT-Drucks.* 15/5051, S. 1.
127 *BVerfG*, NJW 2004, 90 (91) sowie NJW 2004, 2814 (2816).
128 Einzelheiten unter Hinweis auf Rechtsprechung vgl. *Leist*, S. 280 ff.

4. Formvorschriften

103 Vor Erlass einer beschränkenden Verfügung ist dem Veranstalter als Betroffenen Gelegenheit zu Einwendungen, also rechtliches Gehör (§ 28 Abs. 1 VwVfG) zu geben. Das geschieht zweckmäßigerweise im Rahmen gebotener Kooperation (Rz. 33 zu § 14).

Beschränkende Verfügungen nach § 15 Abs. 2 werden in der Regel schriftlich erlassen und mit der Anmeldebestätigung verbunden (Rz. 16 zu § 14). Als schriftliche Verwaltungsakte bedürfen sie einer schriftlichen Begründung (§ 39 VwVfG), und zwar für die jeweilige konkrete Anordnung. Eine pauschale Begründung für die Gesamtheit der Beschränkungen reicht nicht.

Auch die beschränkende Verfügung muss die erlassende zuständige Behörde bezeichnen, inhaltlich bestimmt und für den Adressaten verständlich sein. Sie muss das, was untersagt oder verlangt wird, unzweideutig zum Ausdruck bringen[129]. Mit der Verfügung können Hinweise über Rechtsfolgen der Nichtbeachtung verbunden werden.

104 Um wirksam zu werden, müssen beschränkende Verfügungen dem Betroffenen bekannt gemacht werden. Die Bekanntgabe muss so früh wie möglich erfolgen, damit der Veranstalter als Betroffener reagieren kann. Eine absichtliche Verzögerung der Bekanntgabe ist unzulässig[130].

105 Um die mit der Bekanntgabe wirksame beschränkende Verfügung vollziehbar zu machen, muss die zuständige Behörde die sofortige Vollziehung anordnen und das hierfür erforderliche besondere Interesse schriftlich begründen (§ 80 Abs. 2 Nr. 4 und Abs. 3 Satz 1 VwGO).

5. Wirkungen

106 Wirksame beschränkende Verfügungen begründen Pflichten. Deren Beachtung ist mit den jeweils geeigneten und angemessenen Mitteln des Verwaltungszwangs durchzusetzen, ehe an eine nach § 15 Abs. 3 mögliche Auflösung gedacht werden kann.

107 Wirksame *vollziehbare und rechtmäßige* beschränkende Verfügungen nach § 15 Abs. 2 begründen die Strafbarkeit bzw. Ordnungswidrigkeit bestimmter Formen der Nichtbeachtung (§§ 25 Nr. 2 bzw. 29 Abs. 1 Nr. 3).

Bei verwaltungsgerichtlich bestimmten »Auflagen« im Verfahren zur Wiederherstellung der aufschiebenden Wirkung nach § 80 Abs. 5 Satz 4 VwGO sowie verfassungsgerichtlich festgesetzten »Auflagen« bzw. »Maßgaben«[131] im Rahmen des § 32 BVerfGG treten die mit einer versamm-

---

129 *VGH Mannheim,* DVBl. 1998, 838.
130 *OVG Weimar,* NVwZ 2003, 209.
131 *BVerfG,* DVBl. 2001, 1056; NJW 2001, 2069 (2075).

lungsbehördlich angeordneten »Auflage« nach § 15 Abs. 1 oder 2 verbundenen Rechtsfolgen nicht ein[132]. Das bedeutet: Die Auflösungsermächtigung in § 15 Abs. 3 ist nicht anwendbar; die Strafbarkeit des Leiters, der »Auflagen« nicht befolgt, nach § 25 Nr. 2 tritt nicht ein; Teilnehmer, die solche »Auflagen« missachten, handeln nicht ordnungswidrig i. S. des § 29 Abs. 1 Nr. 3; die Einziehung von Gegenständen, deren Mitführung durch Teilnehmer durch »Auflage« untersagt ist (§ 30), darf nicht erfolgen.

6. Adressatenfragen

Adressat der beschränkenden Verfügung ist primär der Veranstalter. Ihm ist 108 aufgegeben, die in der Verfügung bezeichneten Anordnungen durchzusetzen. Sofern sie sich auf das Verhalten der Teilnehmer beziehen, hat er sie mit *Bekanntgabe* der Versammlung (Rz. 12 zu § 14) mitzuteilen. Er muss potentielle Teilnehmer darüber unterrichten, welche Einschränkungen für die Teilnahme bestehen.[133]

Die Bekanntgabe hat für die potentiellen Teilnehmer nur Hinweischarak- 109 ter. Rechtliche Konsequenzen treten erst ein, wenn sogenannte »Auflagen« nach tatsächlich erfolgter Teilnahme missachtet werden. Dann ist polizeilich verfügter Ausschluss aus der Versammlung (§ 18 Abs. 3 bzw. § 19 Abs. 4) möglich. Außerdem greifen der Tatbestand des § 29 Abs. 1 Nr. 3 (Ordnungswidrigkeit) sowie die Einziehungsbefugnis in Bezug auf zur Mitführung untersagter Gegenstände, und zwar *bei* nicht schon *vor* der Teilnahme (Rz. 9 und 11 zu § 29)

Wenn die Mitteilung teilnehmerrelevanter Anordnungen durch den Ver- 110 anstalter nicht ausreichend erscheint, kann die Versammlungsbehörde von sich aus die noch unbekannten potenziellen Teilnehmer unmittelbar durch Allgemeinverfügung verpflichten. Diese Allgemeinverfügung kann über die Presse oder die elektronischen Medien öffentlich bekannt gemacht werden (§ 41 Abs. 3 Satz 2 VwVfG).

VI. Auflösung

1. Begriff

Auflösung ist Beendigung einer bereits existierenden Versammlung oder 111 eines Aufzugs mit dem Ziel, die Personenansammlung zu zerstreuen[134]. Die Versammlung wird zur bloßen Ansammlung. Sie verliert den Schutz der Versammlungsfreiheit.

---

132 Zur Problematik ausführlich *Dietel*, Die Polizei 2003, 94 ff.
133 *Zeitler*, Rz. 216
134 *Gusy*, JuS 1993, 556; *BVerfG*, NVwZ 2005, 81.

Eine Kombination von Auflösungsverfügung und anschließender Festhaltung der Betroffenen durch polizeiliche Einschließung (»Hamburger
Kessel«) widerspricht dem Sinn der Auflösungsregelung und ist deshalb
nur ausnahmsweise zulässig und nur dann, wenn Tatsachen darauf schließen lassen, dass von Teilnehmern der Versammlung Gefahren für die öffentliche Sicherheit drohen, wenn sie sich entfernen dürfen[135]. Zulässig ist
dagegen eine Kombination von Verbot in der Ansammlungsphase mit anschließender Festhaltung solcher Teilnehmer, bei denen Tatsachen darauf
schließen lassen, dass sie das Verbot missachten und erhebliche Gefährdungen der öffentlichen Sicherheit verursachen werden.

2. Formvorschriften

112   Die Auflösungsverfügung ergeht als Allgemeinverfügung in aller Regel
mündlich am Ort der Veranstaltung, auf die sie sich bezieht. Sie muss unzweideutig und unmissverständlich formuliert sein und kurz begründet
werden[136]. Sie muss deutlich zum Ausdruck bringen, dass die Versammlung
nicht nur unterbrochen, sondern aufgelöst ist, dass die Pflicht besteht, die
Personenansammlung zu verlassen. Adressaten der Auflösungsverfügung
sind alle Versammlungsbeteiligten (Leiter, Ordner, Teilnehmer).[137]

113   Bei ortsfesten Versammlungen besteht die Pflicht zum Sichentfernen nach
Auflösung kraft Gesetzes (§ 18 Abs. 1 i. V. m. § 13 Abs. 2, vgl. Rz. 14 f. zu
§ 18). Auf diese Pflicht sollte hingewiesen werden. Bei Aufzügen muss die
Pflicht zum Sichentfernen nach Auflösung durch besondere mit der Auflösungsverfügung verbundene unzweideutige und verständliche Anordnung
ausgesprochen werden (Rz. 4 zu § 19).

Mit der Auflösungsverfügung sollten Hinweise auf die rechtlichen Folgen
der Nichtbeachtung gegeben werden.

114   Die Auflösungsverfügung wird durch Bekanntgabe an die Betroffenen
wirksam. Die Wirksamkeit wird nicht durch Einwendungen von Betroffe-

---

135 *Breitbach/Deiseroth/Rühl*, in: Ridder u. a., § 15, Rz. 307, mit der dort angegebenen Rechtsprechung zum »Hamburger Kessel« sowie den vergleichbaren
Einschließungen in Berlin und Mainz. Das *KG Berlin* (NVwZ 2000, 468 ff.)
weist darauf hin, dass eine Versammlung nach wirksamer Auflösung zur bloßen
Ansammlung wird, sodass gegebenenfalls Personen, von denen eine Gefährdung von Sicherheitsgütern zu befürchten ist, im Rahmen einer auf Polizeirecht
gestützten Ingewahrsamnahme am Weggehen gehindert und festgehalten werden können; ebenso *OVG Münster*, NVwZ 2001, 1315 f.; *Kniesel/Behrendes*,
Polizei – heute 2001, 100 ff.; *Hermanns/Hönig*, NdsVBl. 2002, 205 f.

136 *VG Hamburg*, NVwZ 1987, 831; *BayObLG*, DÖV 1969, 74; *OLG Karlsruhe*,
NJW 1974, 2143 f.; *KG Berlin*, NJW 1985, 209.

137 *BVerfG*, NVwZ 2005, 81.

nen gegen die Rechtmäßigkeit beseitigt[138]. Auflösung erfolgt zumeist in einer turbulenten, erregten, aggressiven Veranstaltungsphase. Deshalb sind bei der Bekanntgabe der Auflösungsverfügung an inhaltliche Bestimmtheit, Unzweideutigkeit und Verständlichkeit besondere Anforderungen zu stellen[139]. Gegebenenfalls muss die Bekanntgabe mehrfach wiederholt werden, um möglichst alle Betroffenen zu erreichen. Eine Bekanntgabe durch schlüssiges Verhalten von Amtswaltern der zuständigen Behörde (z. B. unangekündigtes Abdrängen durch Polizeibeamte) scheidet aus[140].

Sofern die Auflösungsverfügung als *unaufschiebbare Anordnung eines Polizeivollzugsbeamten* ergeht, ist sie auch vollziehbar (§ 80 Abs. 2 Nr. 2 VwGO). Voraussetzung ist, dass der anordnende Polizeivollzugsbeamte hierfür nach Landesrecht zuständig ist (originär oder subsidiär). **115**

Wenn die Auflösungsverfügung von einem Nichtpolizeivollzugsbeamten erlassen wird, kann die sofortige Vollziehbarkeit nur dadurch bewirkt werden, dass mit der Verfügung sofortiger Vollzug besonders angeordnet wird (§ 80 Abs. 2 Nr. 4 VwGO). Die an sich erforderliche schriftliche Begründung des besonderen öffentlichen Interesses an der sofortigen Vollziehung (§ 80 Abs. 3 Satz 1 VwGO) kann unterbleiben, wenn die Auflösungsverfügung als unaufschiebbare Notstandsmaßnahme bezeichnet wird, insbesondere weil bei Verzögerung Nachteile für Leben, Gesundheit oder Eigentum von Personen zu befürchten sind (§ 80 Abs. 3 Satz 2 VwGO). **116**

3. Wirkungen

Die wirksame Auflösungsverfügung nimmt der Versammlung, für die sie gilt, den versammlungsrechtlichen Schutz. Die Versammlung wird zur bloßen Ansammlung (Rz. 75 zu § 1). Versammlungsrechtliche Nachwirkung entsteht nur insofern, dass die Pflicht zum Sichentfernen aus versammlungsgesetzlichen Regelungen (Rz. 56) folgt (Rz. 74 zu § 1)[141]. Für weitere Maßnahmen zur Durchsetzung der Auflösungsverfügung und der mit ihr verbundenen Anordnungen gilt allgemeines Polizeirecht. Soweit erforderlich, insbesondere zur Verhinderung rechtswidriger Folgeaktionen, können Widerstrebende zwangsweise vom Ort der aufgelösten Veranstaltung verbracht werden (sog. Verbringungsgewahrsam)[142]. Dabei han- **117**

---

138 *BVerfGE* 87, 399 (409).
139 *VG Hamburg*, NVwZ 1987, 832 f.
140 *LG München*, Urteil vom 28. 2. 1994, 9 O 12730/93, S. 29 ff.
141 *Hoffmann-Riem*, NVwZ 2002, 259.
142 *VG Bremen*, NVwZ 1986, 862 ff.; *OVG Bremen*, NVwZ 1987, 235 ff.; *BayObLG* 1990, 194 (196); *LG Hamburg*, NVwZ-RR 1997, 537; *Maaß*, NVwZ 1985, 151 ff.; *Leggereit*, NVwZ 1999, 263; *BVerfG* NVwZ 2005,81.

delt es sich im Regelfall nur um eine Freiheits*beschränkung*, nicht um eine gemäß Art. 104 Abs. 2 GG unter Richtervorbehalt stehende Freiheits*entziehung*[143].

118   Die Auflösung betrifft immer die gesamte Veranstaltung. Eine Teilauflösung ist unzulässig. Sollen nur bestimmte Teilnehmergruppen zum Weggehen veranlasst werden, kommt allein eine auf §§ 17 a Abs. 4, 18 Abs. 3 bzw. 19 Abs. 4 zu erlassende Ausschlussverfügung, bzw. eine sie ersetzende Minusmaßnahme (z. B. die Fahrbahn zu räumen) in Frage, die als Allgemeinverfügung an alle, die betroffen werden sollen, ergehen kann[144].

119   Wirksame, *vollziehbare und rechtmäßige* Auflösungsverfügungen begründen die Strafbarkeit bzw. Ordnungswidrigkeit bestimmter Formen der Nichtbeachtung (§§ 23, 26 Nr. 1, 29 Abs. 1 Nr. 2).

4. Auflösungsgründe in Bezug auf Abs. 1

120   Die in § 15 Abs. 3 mit Bezug auf Abs. 1 genannten Auflösungsgründe dürfen nicht schematisch und isoliert gesehen werden. Nichtanmeldung (1. Alt), Abweichen von den Angaben der Anmeldung (2. Alt) und Missachtung von »Auflagen« (beschränkende Verfügungen) nach § 15 Abs. 1 (3. Alt.) reichen nur dann für eine Auflösung, wenn sie wie die 4. Alt. (Vorliegen der Voraussetzungen für ein Verbot) sich mit einer unmittelbaren Gefährdung der öffentlichen Sicherheit verbinden[145]. Von einer unmittelbaren Gefährdung der öffentlichen Sicherheit ist regelmäßig auszugehen, wenn Auflösungsgründe nach § 13 Abs. 1 Nr. 1 bis 4 vorliegen. Auch hier darf wie bei der Übernahme der Verbotsgründe aus § 5 Nr. 1 bis 4 der Schluss gezogen werden, dass die restriktiveren Befugnisnormen für Versammlungen in geschlossenen Räumen erst recht auf die mehr gefahrgeneigten Versammlungen unter freiem Himmel angewendet werden können (vgl. Rz. 22).

a) Nichtanmeldung

121   Bloße Nichtanmeldung ist kein Auflösungsgrund[146]. Die lediglich verspätete Anmeldung scheidet schon vom Gesetzestext (»nicht angemeldet sind«)

---

143 So sinngemäß *VGH Mannheim*, NVwZ 1989, 163, wo allerdings Teilauflösung angenommen wird.

144 *Zeitler*, Rz. 596 ff., unter Hinweis auf BVerwGE 62, 325.

145 *BVerfGE* 69, 315 (351).

146 *Vogel*, S. 33; *Schreiber*, S. 71; *Frowein*, NJW 1969, 1086; *ders.*, NJW 1985, 2377; *Werbke*, NJW 1970, 3 f.; *Crombach*, S. 4 ff.; *Gallwas*, JA 1986, 490; *BVerfGE* 69, 315 (350 f.); *Dietel/Kniesel*, Die Polizei 1985, 340; *VG Hamburg*, NVwZ 1987, 832; *OVG Münster*, NVwZ 1989, 886; *Enders*, Jura 2003, 104; *BVerfG*, NVwZ 2005, 80.

als Auflösungsgrund aus[147]. Die Auflösung ist nicht als Mittel zur Durchsetzung der Anmeldepflicht gedacht[148]. Neben unterbliebener oder verspäteter Anmeldung muss eine unmittelbare Gefährdung der öffentlichen Sicherheit bestehen, möglicherweise gerade wegen der unterbliebenen oder verspäteten Anmeldung, weil der zuständigen Behörde keine Gelegenheit oder Zeit für entsprechende Vorbereitungen und Maßnahmen zur Abwehr solcher Gefährdung blieb.

Bei unterbliebener oder verspäteter Anmeldung hängen die von der zuständigen Behörde zu treffenden Maßnahmen von den Umständen des Einzelfalls ab. **122**

Hierbei sind folgende Fälle zu unterscheiden:

– Erstens: Der Veranstalter hat ohne Gefährdung des Versammlungszwecks die Möglichkeit, die Versammlung oder den Aufzug rechtzeitig anzumelden, unterlässt es aber, möglicherweise sogar böswillig, wie es typisch für konspirative Versammlungen (Rz. 6 zu § 2) mit verdeckter Mobilisierung der Teilnehmer ist, bei der er mit einem Verbot zu rechnen hat, und verursacht dadurch eine unmittelbare Gefährdung der öffentlichen Sicherheit. Dann ist die Auflösung nicht nur zulässig, sondern im Regelfall geboten[149].

– Zweitens: Der Veranstalter meldet die Versammlung oder den Aufzug verspätet an.

Handelt es sich um eine hinnehmbare Fristüberschreitung und ist es der zuständigen Behörde möglich, die Maßnahmen zu treffen, die sie auch bei rechtzeitiger Anmeldung getroffen hätte, ist eine Auflösung unzulässig[150].

– Drittens: Die Veranstaltung ist nicht angemeldet, weil es sich um eine Spontanversammlung in Form einer Sofortversammlung handelt.

Für solche »echten« Spontanversammlungen, die sich aus aktuellem Anlass bilden und die regelmäßig keinen Veranstalter haben, entfällt die Anmeldepflicht nach § 14[151] (Rz. 21 zu § 14). Das bedeutet, dass die zuständige Behörde allein aus der fehlenden Anmeldung keine Konsequenzen hinsichtlich der Eingriffsschwelle ziehen darf[152]. Maßnahmen bis hin zur Auflösung hängen ausschließlich vom Grad und vom Gewicht der durch die Sofortversammlung verursachten Gefährdung der öffentlichen Sicherheit ab. Dabei ist die zuständige Behörde im Sinne versammlungs-

147 *Götz*, Rz. 177.
148 A. A. *OLG Düsseldorf*, NStZ 1984, 514.
149 *OLG Düsseldorf*, NStZ 1984, 514.
150 *OLG Düsseldorf*, NStZ 1984, 514.
151 *Dietel/Kniesel*, Die Polizei 1985, 338.
152 *BVerfGE* 69, 315 (350 f.) m. w. N.

freundlicher Verfahrensgestaltung[153] gehalten, mit den Betroffenen ihrer Maßnahmen (in diesem Falle vorrangig den Teilnehmern, weil Veranstalter und Leiter regelmäßig fehlen) Verbindung aufzunehmen, um gegebenenfalls Verabredungen zur Reduzierung der Gefährdung auf ein hinnehmbares Maß zu treffen[154].

b) Abweichen von den Angaben der Anmeldung

123 Dieser Auflösungsgrund muss im Zusammenhang mit § 15 Abs. 1 betrachtet werden. Nur wenn das Abweichen von den Angaben die öffentliche Sicherheit unmittelbar gefährdet, ist die Auflösung zulässig. Jedes andere Abweichen, besonders wenn Veranstalter oder Leiter es nicht zu vertreten haben, ist kein Grund zur Auflösung. So wäre beispielsweise eine Auflösung unzulässig, wenn infolge von Verkehrsstockungen der Zeitplan für einen Aufzug nicht eingehalten wird.

c) Nichtbeachten beschränkender Verfügungen

124 Beschränkende Verfügungen (»Auflagen«) erfüllen den Zweck, an sich unzulässige Versammlungen oder Aufzüge zu ermöglichen. Die Einhaltung der Verfügung gewährleistet den Ausschluss der unmittelbaren Gefährdung der öffentlichen Sicherheit. Daraus erhellt, dass die Nichtbeachtung der Verfügung zu einer unmittelbaren Gefährdung von Sicherheitsgütern führt. Hätte die zuständige Behörde schon zur Zeit der Anmeldung von der Absicht des Veranstalters gewusst, die Anordnungen nicht zu beachten, so wäre eine Verbotsverfügung ergangen. Die Auflösung ist deshalb nicht unbillig.

125   Die Auflösung ist auch zulässig, wenn eine Verfügung vom Leiter der Versammlung oder des Aufzugs oder von Teilnehmern nicht beachtet wird, ohne dass der Leiter reagiert. Wenn einzelne Teilnehmer eine Verfügung missachten, sind Maßnahmen gegen sie zu richten, um die Versammlung oder den Aufzug zu schützen. In Betracht kommt besonders ein Ausschluss durch die Polizei (§§ 18 Abs. 3 und 19 Abs. 4).

126   Bevor die Missachtung einer beschränkenden Verfügung zur Auflösung führt, ist die Polizei gehalten, Maßnahmen zur Beachtung der Verfügung zu treffen. Sie darf nicht aus praktischen Gründen sofort auflösen. Das wäre eine Verletzung des Übermaßverbots (Rz. 149).

---

153 *BVerfGE* 69, 315 (355).
154 *Dietel/Kniesel*, Die Polizei 1985, 343.

d) Vorliegen von Verbotsgründen

Der letzte in § 15 Abs. 3 genannte Auflösungsgrund ermöglicht eine Auflö- **127** sung in den Fällen, in denen die Versammlung oder der Aufzug hätte verboten werden können, aber (aus welchen Gründen auch immer) nicht verboten worden ist. So kann die zuständige Behörde wegen unzureichender Prognosesicherheit in Bezug auf die Verbotsvoraussetzungen von einem Verbot abgesehen haben, während das aktuelle Versammlungsgeschehen konkrete Gefährdungstatsachen liefert, die bisher nicht beweiskräftig belegt werden konnten. Außerdem kann übersehen worden sein, dass dem Veranstalter das Versammlungsrecht nicht zusteht, weshalb eine Verbotsverfügung unterblieben ist. Die Unkenntnis der Behörde kann aber nicht ausschlaggebend dafür sein, dass dieser Veranstalter nun doch eine Versammlung oder einen Aufzug durchführen darf.

In aller Regel wird der Verbotsgrund »unmittelbare Gefährdung der öffentlichen Sicherheit« auch als Auflösungsgrund in Betracht kommen.

Für die geforderte unmittelbare Gefährdung zur Begründung der Auflösungsverfügung muss der Eintritt der zu befürchtenden Störung »mit hoher Wahrscheinlichkeit in Kürze zu erwarten sein«[155]. Bloße Vermutungen oder Erfahrungen aus zurückliegenden Ereignissen reichen nicht aus[156].

Eine Auflösung ist immer dann zulässig, wenn sich nach Beginn der **128** Versammlung oder des Aufzugs herausstellt, dass diese Veranstaltung vor Beginn hätte verboten werden können. Das gilt besonders dann, wenn die zuständige Behörde in ihrer Gefahrenprognose zwar mit Ausschreitungen gerechnet hat, aber nicht sicher war, ob diese nur von einzelnen bzw. Minderheiten ausgehen oder aber die gesamte Versammlung oder Demonstration erfassen würden und vom Verbot im Hinblick auf die später mögliche Auflösung abgesehen hat[157].

Der Veranstalter kann sich nicht darauf berufen, schon etwas »ins Werk gesetzt« zu haben[158]. Die »Schonung der Interessen des Betroffenen«, die beim Widerruf von Verwaltungsakten zu beachten sind, kommt dem Veranstalter nicht zugute, denn Untätigkeit der Behörde (Unterlassen der Verbotsverfügung) ist kein Verwaltungsakt. Der Veranstalter konnte insoweit nicht auf den Bestand einer hoheitlichen Maßnahme vertrauen.

---

155 *OVG Münster*, NVwZ 1989, 886.
156 *BVerfG*, NJW 1993, 582; *OVG Münster*, NVwZ 1989, 887.
157 *BVerfGE* 69, 315 (362).
158 *Wolff/Bachof*, VerwR I, § 35 II c.

5. *Auflösungsgründe mit Bezug auf § 15 Abs. 2*

a) *Vorliegen von Verbotsgründen*

129   Auflösung ist zulässig, wenn im Verlauf der Versammlung Tatsachen zu Tage treten, die ein Verbot gerechtfertigt hätten (Abs. 3 vierte Alternative), wenn sie der Versammlungsbehörde bekannt gewesen wären, als sie sich entschieden hat, von einem Verbot abzusehen.

130   Soweit Beeinträchtigungen des Schutzgutes der Eingriffsbefugnis, also die Würde der Opfer nationalsozialistischer Gewalt- und Willkürherrschaft, bereits eingetreten sind oder unmittelbar bevorstehen, sind Maßnahmen zur Unterbindung oder Verhinderung solcher Beeinträchtigungen geboten.

Unter Maßgabe des Übermaßverbots, hier des Grundsatzes der Erforderlichkeit, kommt Auflösung jedoch nur in Frage, falls Beschränkungen (»Auflagen«) nicht ausreichen. Solche Beschränkungen sind, obwohl sie in der Eingriffsnorm des Abs. 3 vierte Alternative nicht genannt sind, gleichwohl zulässig und geboten (Rz. 138).

6. *Nichtbeachtung beschränkender Verfügungen.*

131   Beschränkende Verfügungen (»Auflagen«) ermöglichen ein Absehen vom Totalverbot der Versammlung. Das jedoch nur unter dem Vorbehalt, das sie zwecktaugliche (geeignete) Maßnahmen sind, um bei Beachtung Gefahren für das jeweilige Schutzgut abzuwehren.

132   Mit der Nichtbeachtung der mit Verfügung gegebenen Anordnungen lebt die Gefährdung wieder auf. Weil unter diesen Umständen ein Verbot zulässig gewesen wäre, ist nunmehr auch eine Auflösung gerechtfertigt.

133   Die Missachtung der durch beschränkende Verfügung gegebenen Anordnung muss dem Veranstalter oder dem von ihm eingesetzten Leiter zugerechnet werden können. Sofern nur einzelne Teilnehmer auf sie bezogene Anordnungen nicht befolgen, sind Maßnahmen (Ausschluss) gegen sie zu richten. Verantwortlich hierfür ist die zum Schutz der Versammlung verpflichtete Polizei vermöge der ihr allein zustehenden Ausschlussbefugnisse aus § 18 Abs. 3 bzw. § 19 Abs. 4.

134   Auch bei Nichtbeachtung beschränkender Verfügungen ist vor der Auflösungsentscheidung zu prüfen, ob nicht andere Maßnahmen ausreichen (Rz. 126).

6. *Obligatorische Auflösung*

a) *Allgemeines*

135   Gemäß § 15 Abs. 4 müssen verbotene Versammlungen und Aufzüge aufgelöst werden (vgl. aber Rz. 151). Hierbei steht es nicht mehr im Ermessen der zuständigen Behörde, die Auflösungsverfügung als eine auf Zweckmäßigkeitserwägungen beruhende Rechtsfolge zu erlassen. Das Gesetz schreibt die Auflösung zwingend vor. Für Minusmaßnahmen bleibt kein Raum[159]. Obligatorisch ist aber nur die Auflösungs*verfügung*. Sie stellt klar, dass die Fortsetzung der Veranstaltung rechtswidrig ist. Wenn zu ihrer Durchsetzung Verwaltungszwang eingesetzt werden muss, stehen Zwangsanordnung, Zwangsandrohung und Zwangsanwendung im Ermessen der zuständigen Behörde. Dieses Ermessen ist durch das Übermaßverbot limitiert. Das kann im Einzelfall dazu führen, dass die obligatorische Auflösungsverfügung wegen Unverhältnismäßigkeit der geeigneten und erforderlichen Mittel nicht durchgesetzt werden darf[160].

Das zur Auflösung verpflichtende Verbot kann durch Gesetz oder durch Verfügung begründet sein.

b) Durch Gesetz verbotene Versammlungen

Öffentliche Versammlungen unter freiem Himmel und Aufzüge können **136** aufgrund der verfassungsmittelbaren Vorbehaltsschranke aus Art. 8 Abs. 2 GG durch förmliches Bundes- oder Landesgesetz verboten werden.

So verbietet beispielsweise das Gesetz über befriedete Bezirke für Verfassungsorgane des Bundes alle öffentlichen Versammlungen unter freiem Himmel und Aufzüge innerhalb der befriedeten Bezirke des Bundestages, des Bundesrates und des Bundesverfassungsgerichts. Auch in den Ländern bestehen Bannmeilengesetze (Anhang 6).

Gesetze der Länder zum Schutz der Sonn- und Feiertage verbieten öffentliche Versammlungen unter freiem Himmel während der Hauptzeit des Gottesdienstes (zur Problematik vgl. Rz. 168 f. zu § 1).

Nichtangemeldete Versammlungen oder Aufzüge sind nicht kraft Gesetzes verboten[161].

c) Durch Verfügung verbotene Versammlungen

Die Pflicht, eine durch Verfügung nach Abs. 1 oder 2 verbotene Versamm- **137** lung oder einen verbotenen Aufzug aufzulösen, folgt zwingend aus dem Gesetz (§ 15 Abs. 4)[162]. Nach § 26 machen sich Veranstalter und Leiter

---

159 *Schnur*, VR 2000, 115; a. A. *Werner*, NVwZ 2000, 374; *ders.*, S. 91 ff., der dabei übersieht, dass der Veranstalter sich über eine zwingende gesetzliche Regelung hinwegsetzt und gegebenenfalls eine Straftat nach § 26 Nr. 1 bzw. eine Ordnungswidrigkeit nach § 29 a begeht.
160 *Dietel*, DVBl. 1969, 574; *Brenneisen*, DÖV 2000, 282; *KG Berlin*, NVwZ 2000, 470; *Kunig*, in: v. Münch/Kunig, Art. 8, Rz. 34.
161 *BVerfGE* 69, 315 (351).
162 *KG Berlin*, NVwZ 2000, 470.

strafbar, wenn sie die Versammlung bzw. den Aufzug trotz vollziehbaren Verbots durchführen. Sie könnten im Falle der Untätigkeit der zuständigen Behörde mit Recht in einem Strafverfahren geltend machen, die Untätigkeit der Behörde als Widerruf der Verbotsverfügung durch konkludentes Verhalten verstanden zu haben. Darüber hinaus würde im Falle der Untätigkeit der zuständigen Behörde das Vertrauen in die öffentliche Verwaltung in unerträglichem Maße erschüttert. Ausnahmefälle, bei denen die Nichtdurchsetzung einen Vertrauensschwund nicht befürchten lässt, sind regelmäßig gesetzlich geregelt (Steuererlass).

Anders ist es, wenn die Durchsetzung des Verbots den Einsatz unverhältnismäßiger Mittel verlangt (Rz. 135).

VII. Beschränkende Verfügung als Minusmaßnahme zur Auflösung

1. Zulässigkeit

138 Im Gegensatz zu § 15 Abs. 1 enthält Abs. 3 keine ausdrückliche Ermächtigung zum Erlass beschränkender Verfügungen (»Auflagen«). Sie sind gleichwohl als Minusmaßnahmen zur Auflösung zulässig. Weil bloße Beschränkungen gegenüber der Auflösung geringere Eingriffe sind, darf ein Schluss von der Auflösungsermächtigung auf die Ermächtigung zum Erlass bloßer durch Verfügung bestimmter Beschränkungen gezogen werden (logisches Schlussverfahren a fortiori)[163], die einen Verzicht auf die Auflösung erlauben.

139 Damit sind beschränkende Verfügungen nicht nur als Minusmaßnahmen zu einem möglichen Verbot *vor* einer Versammlung, sondern als Minusmaßnahmen zu einer möglichen Auflösung auch *während* einer Versammlung zulässig[164]. In Betracht kommen etwa Anordnungen, die das Mitführen gefahrbringender Gegenstände oder bestimmte Aktivitäten, wie Marschtritt, Trommelschlagen, überlauter Lautsprecherbetrieb, untersagen oder das Ende einer demonstrativen Blockade festlegen. Auf § 15 Abs. 3 gestützte beschränkende Verfügungen können auch bei einer Spontanversammlung erlassen werden.

Voraussetzung für den Erlass einer auf § 15 Abs. 3 gestützten beschränkenden Verfügung ist das Vorliegen eines Auflösungsgrundes (Rz. 120 ff.).

---

163 So auch *OVG Münster*, NPA 102, GG, Art. 5, Bl. 34; *BVerwG*, NJW 1982, 1008; *BVerfGE* 69, 315 (353); *Dietel/Kniesel*, Die Polizei 1985, 342; *Kunig*, in: v. Münch/Kunig, Art. 8, Rz. 34; *VGH Mannheim*, NVwZ 1989, 163; *Dörr*, VerwArch 2002, 502; *Brenneisen/Wilksen*, S. 312 f.; *Enders*, Jura 2003, 40.
164 Zustimmend *OVG Greifswald* in Bezug auf die Untersagung inkriminierter Redebeiträge, NJ 1999, 104.

2. Formvorschriften, Wirkungen

Beschränkende Verfügungen nach § 15 Abs. 3 ergehen wie die Auflösung in **140** aller Regel mündlich. Auch sie müssen unzweideutig und unmissverständlich erklären, was verlangt oder untersagt wird. Die Verfügungen werden durch Bekanntgabe wirksam. Hinsichtlich der Vollziehbarkeit vgl. Rz. 115 f.

Beschränkende Verfügungen, die *während* der Versammlung ergehen, **141** richten sich primär an den vom Veranstalter eingesetzten Leiter. Er ist aus seiner Ordnungsfunktion (§ 18 Abs. 1 i. V. m. § 8 bzw. § 19 Abs. 1) verpflichtet, sie an die Teilnehmer weiterzugeben, soweit sie für diese relevant sind.

Unmittelbar teilnehmerbezogene Anordnungen unterhalb des Ausschlusses aus der Versammlung können nur aus den Befugnisnormen der §§ 12 a, **142** 17 a Abs. 4, 18 Abs. 3, 19 Abs. 4 bzw. 19 a gerechtfertigt werden. Auch teilnehmerbezogene Realakte können nur aus den genannten Bestimmungen abgeleitet werden. Solche teilnehmerbezogenen Anordnungen oder Realakte *müssen* ergehen, wenn im Rahmen einer demonstrativen Blockade die konkrete Sperrung das Werk einzelner Personen ist (etwa durch Anketten an Toren oder Bahngeleisen), es sei denn, dass der Leiter solche Einzelaktionen veranlasst und von ihm gegebenenfalls Austausch oder Ersatz der Akteure erwartet werden muss.

Wirksame beschränkende Verfügungen nach § 15 Abs. 3 können mit ge- **143** botenen und angemessenen Mitteln des Verwaltungszwangs durchgesetzt werden. Die zuständige Behörde darf die Missachtung ihrer Verfügungen nicht passiv hinnehmen, um einen Zustand zu erreichen, der die Auflösung unabweisbar macht.

Die Nichtbeachtung auf § 15 Abs. 3 gestützter beschränkender Verfü- **144** gungen ist weder strafbar für den Leiter noch ordnungswidrig für die Teilnehmer. Die Tatbestände der §§ 25 Nr. 2 und 29 Abs. 1 Nr. 3 stellen ausschließlich auf die Nichtbeachtung beschränkender Verfügungen nach § 15 Abs. 1 und 2 ab.

VIII. Übermaßverbot

1. Allgemeines

Für Maßnahmen nach § 15 Abs. 1, 2 und 3 ist der zuständigen Behörde **145** *Entschließungsermessen* eingeräumt. Sie *kann* verbieten oder auflösen. *Auswahlermessen* ist ausdrücklich nur in Abs. 1 eingeräumt: kann verbieten »oder« von bestimmten »Auflagen« abhängig machen. Auswahlermessen ergibt sich aber auch für die Entscheidung zwischen Auflösung und sie erübrigende Minusmaßnahmen nach Abs. 3.

146   Für Ermessensentscheidungen gelten die Ermessensschranken des Differenzierungsverbots/gebots (wesentlich gleiche Sachverhalte müssen gleich, wesentlich ungleiche Sachverhalte müssen ungleich behandelt werden) und die Ermessensschranken des Übermaßverbots.

147   Besondere praktische Bedeutung für versammlungsrechtliche Entscheidungen hat das Übermaßverbot.

Im Übermaßverbot sind die Grundsätze der Geeignetheit (objektive Zwecktauglichkeit von Maßnahmen) der Erforderlichkeit (Grundsatz des geringstmöglichen Eingriffs) und der Verhältnismäßigkeit (Proportionalität von Eingriffszweck und Eingriffsfolgen) zusammengefasst.

Für Maßnahmen nach § 15 wesentlich sind insbesondere die Grundsätze der Erforderlichkeit und der Verhältnismäßigkeit.

2. Grundsatz der Erforderlichkeit

148   Der Grundsatz der Erforderlichkeit oder des geringstmöglichen Eingriffs limitiert das Auswahlermessen. Bei mehreren geeigneten Maßnahmen zur Abwehr einer Gefährdung der im Begriff der öffentlichen Sicherheit oder Ordnung zusammengefassten Drittinteressen hat sich die zuständige Behörde auf die Maßnahmen zu beschränken, die im konkreten Fall die jeweilige Ausübung der Versammlungsfreiheit am wenigsten beeinträchtigen[165]. Wenn Minusmaßnahmen ausreichen, sind Verbot oder Auflösung unzulässig[166]. Liegen die Voraussetzungen für ein Verbot vor, ergibt aber eine Prognose, dass im Gefährdungsfall spätere Auflösung ausreicht und möglich ist, darf die Veranstaltung nicht verboten werden[167].

149   Wenn beschränkende Verfügungen unbeachtet bleiben, darf die zuständige Behörde nicht untätig bleiben und von Maßnahmen zwangsweiser Durchsetzung absehen, bis ein Zustand eintritt, der Auflösung unabweisbar macht.

150   Als allgemeiner Rechtsgrundsatz ist das Erforderlichkeitsprinzip auch für Realakte verbindlich. Insofern folgt aus dem Erforderlichkeitsgrundsatz die Pflicht der Polizei, sich bei prekären Lagen besonnen zurückzuhalten, in der Sicht des BVerfG »gegebenenfalls unter Bildung polizeifreier Räume«[168]. Die Art und Weise ihres Auftretens sowie ihrer Ausrüstung muss sich aus einer gesicherten Gefahrenprognose rechtfertigen. Sie darf in einer sensiblen, konfliktträchtigen Lage nicht zur Eskalation von Spannungen beitragen, sondern muss sich um Deeskalation bemühen.

---

165 *BVerfGE* 69, 315 (349).
166 *BVerfG*, NJW 2002, 3052.
167 *BVerfGE* 69, 315 (362).
168 *BVerfGE* 69, 315 (355).

3. Grundsatz der Verhältnismäßigkeit

Der Grundsatz der Verhältnismäßigkeit oder der Proportionalität von Ein- **151**
griffszweck und Eingriffsfolge limitiert nicht nur das Auswahlermessen,
sondern auch das Entschließungsermessen[169].
Bei der konkreten Entscheidung über Tätigwerden oder Nichttätigwer-
den, Eingreifen oder Nichteingreifen (Entschließungsermessen), wie bei der
Auswahl der erforderlichen Maßnahmen (Auswahlermessen) hat die zuständige Behörde abzuwägen, ob die durch ihr Tätigwerden oder die Anwendung der von ihr bestimmten Maßnahmen zu erwartenden konkreten
Beeinträchtigungen der Versammlungsfreiheit dadurch gerechtfertigt sind,
dass sie dem Schutz mindestens gleichwertiger Rechtsgüter dienen[170]. So
kann trotz notwendiger oder obligatorischer Auflösungsverfügung (Rz. 135)
ein Untätigbleiben der Polizei geboten sein, wenn einerseits schwerste Auseinandersetzungen mit Demonstranten bis hin zum Schusswaffengebrauch
und die massive Beeinträchtigung von Unbeteiligten bzw. von Einsatzkräf-
ten zu befürchten sind und andererseits Gefahren für Leben oder Gesundheit von Personen bei Nichteinschreiten nicht zu erwarten sind.
Zu der mit dem Grundsatz der Verhältnismäßigkeit verbundenen Abwä-
gungsproblematik vgl. unter VII.

IX. Abwägungsgrundlagen

1. Allgemeines

Bei Einschränkungen der Versammlungsfreiheit ist nach der Rechtspre- **152**
chung des BVerfG die »grundlegende Bedeutung« der Grundrechte im »demokratischen Gemeinwesen« zu berücksichtigen[171]. Auflösung und Verbot
dürfen nur »zum Schutz gleichwertiger Rechtsgüter« unter »strikter Wahrung des Grundsatzes der Verhältnismäßigkeit«[172] erfolgen. »Die grundrechtlich geschützte Versammlungsfreiheit hat nur dann zurückzutreten,
wenn eine Güterabwägung unter Berücksichtigung der Bedeutung des Freiheitsrechts ergibt, dass dies zum Schutz gleichwertiger Rechtsgüter notwendig ist«[173].
Bei Eingriffen zum Schutz der Rechtspositionen Dritter sind die versammlungsgesetzlichen Befugnisnormen »stets im Lichte der Bedeutung«

---

169 *BVerfGE* 69, 315 (353).
170 *BVerfGE* 69, 315 (353); *BVerfG*, NJW 2002, 1033.
171 *BVerfGE* 69, 315 (349).
172 *BVerfGE* 69, 315 (LS 2 b).
173 *BVerfGE* 69, 315 (353); *OVG Münster*, NVwZ 1989, 886; *BVerfG*, NVwZ
    1998, 835.

der Versammlungsfreiheit »im freiheitlichen demokratischen Staat auszulegen« und »Maßnahmen auf das zu beschränken, was zum Schutz gleichwertiger Rechtsgüter notwendig ist«[174].

153   Das BVerfG gibt nur vage Hinweise, welche Rechtsgüter der Versammlungsfreiheit *»gleichwertig«* sind. Es hält Einschränkungen für verfassungsrechtlich unproblematisch, wenn sie der Verhinderung oder Unterbindung von Gewalttätigkeiten, insbesondere solcher gegen Personen dienen[175].

154   Die mit Versammlungen und Demonstrationen im öffentlichen Raum notwendig verbundene Einwirkung auf die soziale Umwelt führt regelmäßig zur Beeinträchtigung der Rechtspositionen Dritter. So können Verkehrsbehinderungen oder Ruhestörungen auftreten, Personen oder Sachen gefährdet, Strafgesetze verletzt oder die verfassungsmäßige Ordnung bedroht werden.

Welche dieser Rechtsbeeinträchtigungen jeweils hingenommen werden müssen und welche Eingriffe in die Versammlungsfreiheit rechtfertigen, ist im Einzelfall in Ansehung der gegebenen Tatsachen festzustellen[176].

2. Praktische Konkordanz

155   Eine abstrakte Abwägung nach der Wertigkeit der jeweils miteinander kollidierenden Rechtsgüter ist zwar möglich, aber wenig praktikabel, weil es keine verbindliche Festlegung, allenfalls verfassungsgerichtliche Andeutungen einer *Wertrangordnung*[177] gibt. Deshalb ist dem von *Hesse* aus dem Gesamtzusammenhang des Grundgesetzes, aus dem Prinzip der Einheit der Verfassung begründeten Prinzip praktischer Konkordanz[178] der Vorzug zu geben.

156   Das *Prinzip der praktischen Konkordanz* besagt, das verfassungsrechtlich geschützte Rechtsgüter bei Kollision einander so zuzuordnen sind, dass *beiden* (allen) in dem jeweils notwendigen Umfang Grenzen gezogen, *beide* (alle) aber auch optimal wirksam bleiben.

Abwägung nach dem Prinzip praktischer Konkordanz zielt auf Ausgleich, auf Kompromiss. Es geht nicht um ein Entweder-oder, sondern um ein Sowohl-als-auch.

Auf dieser Grundlage ist bei der Kollision der Versammlungsfreiheit mit anderen Rechtsgütern, die selbst Grundrechtsqualität haben oder sich aus Grundrechten ergeben, nicht primär nach der abstrakten Wertigkeit des

---

174 *BVerfGE* 69, 315 (349).
175 *BVerfGE* 69, 315 (360).
176 *BVerfGE* 69, 315 (353); *Herzog*, in: Maunz/Dürig, Art. 8, Rz. 94.
177 Zur Wertrangordnung *BVerfGE* 7, 198 (205); vgl. dazu *Bleckmann*, § 11, Rz. 149; krit. dazu *Schlink*, EuGRZ 1984, 461.
178 *Hesse*, Rz. 72.

durch Ausübung der Versammlungsfreiheit bedrohten Rechtsguts, sondern nach Umfang und Intensität seiner Beeinträchtigung zu fragen und zu überlegen, wie die Beeinträchtigungen ohne gravierende Einschränkung der Versammlungsfreiheit zu minimieren sind[179].

3. Abwägungsgrundsätze und -maßstäbe

Die zuständige Behörde hat bei Einschränkungen der Versammlungsfreiheit die Angemessenheit ihrer Maßnahmen in Anbetracht der Tatsachen zu prüfen, die ihr bei der Entscheidung zugänglich waren[180]. Das Gericht stellt später lediglich fest, ob die Maßnahme *un*angemessen war. Dabei stellt sich die Frage nicht positiv nach der Verhältnismäßigkeit der Maßnahme, sondern negativ nach ihrer Unverhältnismäßigkeit (Unangemessenheit)[181]. Das Gericht darf bei seiner Prüfung die Sachlage nicht von rückwärts aus dem ihm bekannt gewordenen Tatsachenbefund beurteilen, sondern nur nach dem Tatsachenmaterial, das die zuständige Behörde (ihr Amtswalter) bei der Entscheidung zugrunde legen konnte und musste[182]. **157**

Im Rahmen der für die zuständige Behörde gebotenen versammlungsfreundlichen Gestaltung des Verwaltungsverfahrens[183] ist dem Betroffenen im Sinne der vom Bundesverfassungsgericht empfohlenen vertrauensvollen Kooperation[184] als Verfahrensbeteiligten Gelegenheit zum Informationsaustausch zu geben, um gegenseitige Fehleinschätzungen der relevanten Tatsachen zu vermeiden. Der Betroffene kann gegen beabsichtigte behördliche Maßnahmen Austauschmittel anbieten. Gründe für die Ablehnung dieser Austauschmittel sind mitzuteilen. Sie sind gegebenenfalls verwaltungsgerichtlich nachprüfbar.

Fehlerhafte Einschätzungen der zuständigen Behörde beseitigen die Wirksamkeit einer Verfügung (eines Verwaltungsaktes) nicht[185], es sei denn, dass die Verwaltung offenkundig willkürlich gehandelt hat[186], was Nichtigkeit der Verfügung zur Folge hätte. **158**

---

179 *BVerfG*, NJW 2000, 1034; *BVerfGE* 104, 93 (110 f.).
180 *OLG Düsseldorf*, NStZ 1984, 514; *VG Lüneburg*, Urteil vom 6. 5. 1995, Az. 7 A 50/95, S. 13; ebenso *OLG München*, Urteil vom 20. 6. 1996, Az. 1 U 3098/94 (»Münchener Kessel«).
181 *Gentz*, NJW 1968, 1606.
182 *VGH Mannheim*, VwRSpr. Bd. 9, S. 968; *LG Bremen*, DRiZ 1969, 87; *BVerwG*, NJW 1974, 809; *BVerwG*, DVBl. 1975, 888; *OLG Düsseldorf*, NStZ 1984, 514.
183 *Dietel/Kniesel*, Die Polizei 1985, 342 f.
184 *BVerfGE* 69, 315 (355, 357).
185 *Erichsen*, in: Erichsen/Ehlers, § 12, Rz. 4; *BayObLG*, DÖV 1969, 74; *OLG Düsseldorf*, NStZ 1984, 514.
186 *BayObLG*, DÖV 1969, 74.

159 Im konkreten Abwägungsprozess hat die zuständige Behörde zu ermitteln, welche Rechtsgüter durch die aktuellen Modalitäten der Ausübung der Versammlungsfreiheit konkret beeinträchtigt sind. Sofern die Rechtsgüter Leben oder Gesundheit bedroht sind, ist regelmäßig gegen die Versammlungsfreiheit zu entscheiden, vorausgesetzt, dass die Bedrohung hinreichend wahrscheinlich ist[187].

160 Die Ausübung der Versammlungsfreiheit erhält zusätzliches Gewicht, wenn Aktivitäten im Rahmen einer Versammlung oder Demonstration gleichzeitige Realisierung der Freiheit der Kunst[188] oder Bestandteil legitimer Arbeitskämpfe, also Wahrnehmung der Arbeitskampffreiheit sind (Grundrechtskumulation, Rz. 132 und 134 zu § 1).

161 Bei der Abwägung ist auch zu berücksichtigen, ob nicht bei den Trägern der kollidierenden Rechtsgüter rechtsmissbräuchliches Handeln vorliegt. Davon ist auszugehen, wenn die Rechtsausübung gerade und nur den Zweck verfolgt, andere Rechtsträger in ihrer Rechtsposition zu beeinträchtigen, so etwa bei Verhinderungsblockaden (Rz. 175)[189]. Das ist auch dann gegeben, wenn passiv bleibende Personen unter Missachtung ihrer negativen Demonstrationsfreiheit gezwungen werden sollen, sich mit den Demonstranten zu solidarisieren[190]. Die Demonstrationsfreiheit garantiert nicht den Beachtungserfolg[191].

162 Versammlungen und Demonstrationen sind Mittel im politischen Meinungskampf, der Lebenselement der freiheitlichen und demokratischen Staatsordnung ist[192]. Im offenen und öffentlichen politisch-demokratischen Meinungs- und Willensbildungsprozess geht es um *geistige Auseinandersetzung*, die von Gewalt und Zwang frei bleiben muss[193]. Deshalb darf auch die Ausübung der Versammlungs- und Demonstrationsfreiheit den Rahmen geistiger Auseinandersetzung nicht überschreiten. Das heißt nicht, dass im politischen Meinungskampf nur *geistige Mittel* erlaubt sind. Geistige Auseinandersetzung meint Konkurrenz von Meinungen, Auffassungen, Konzeptionen usw. Die Mittel zur Einführung dieser Botschaften in die öffentliche Diskussion sowie zu ihrer Verbreitung und Verstärkung können nicht nur geistiger Art sein[194], wenn sie sich im Meinungsbildungsprozess demokratischer Großgesellschaften behaupten wollen. Große Verbände,

---

187 *OVG Saarlouis*, DÖV 1970, 55.
188 *Berkemann*, NVwZ 1982, 67.
189 *Dietel*, DVBl. 1969, 576; *Tiedemann*, JZ 1969, 722.
190 *OLG Karlsruhe* NJW 1970, 64 f.
191 *Ossenbühl*, Der Staat 1971, 79.
192 *BVerfGE* 69, 315 (345) m. w. N.; *BVerfG* 104, 92 (104).
193 *BVerfGE* 69, 315 (345 f.); *Herzog*, in: Maunz/Dürig, Art. 8, Rz. 62.
194 Das *BVerfG* stellt hierzu fest, dass speziell bei Demonstrationen »das argumentative Moment« zurücktritt, E 69, 315 (345).

finanzstarke Personen und Institutionen sowie die Meinungsmacher in den Medien haben gewichtige Mittel, um ihre Argumente und Botschaften im politisch-demokratischen Willensbildungsprozess zur Geltung zu bringen[195]. Deshalb schließt die Versammlungs- und Demonstrationsfreiheit Mittel zur Verstärkung der von Versammlungen und Demonstrationen ausgehenden »Appell- und Signalwirkung«[196] ein. Insoweit wird nicht nur das bloße Zusammenkommen von Personen zwecks gemeinsamer Meinungskundgabe gewährleistet. Eingeschlossen sind auch besondere Darstellungsformen[197] zur Potenzierung dieser Meinungskundgabe, etwa durch phantasievolle Inszenierung, die Wahl symbolträchtiger Tage oder Orte, um das Interesse der Medien zu gewinnen und/oder Eindruck auf die politischen Entscheidungsträger zu machen.

Der Bereich geistiger Auseinandersetzung wird überschritten, wenn nicht **163** nur Druck ausgeübt wird, um Entscheidungen zu beeinflussen, sondern Tatsachen geschaffen werden sollen. So erhält z. B. die Blockade einer kerntechnischen Anlage eine andere Qualität, wenn sie nicht mehr auf bloßen Protest, sondern auf konkrete Behinderung des Zugangs oder Verhinderung von Transporten gerichtet ist. Wenn es bei den im Rahmen von Versammlungen und Demonstrationen eingesetzten Mitteln primär um die Beeinträchtigung der Rechte anderer geht, wenn Zwang ausgeübt wird, liegt Missbrauch der Versammlungsfreiheit vor, dem mit behördlichen Maßnahmen bis hin zu Verbot und Auflösung begegnet werden kann[198]. Das heißt aber nicht, dass jeglicher Missbrauch als unfriedlich und damit als außerhalb der Gewährleistung des Grundrechts liegend anzusehen ist[199].

Im Abwägungsprozess darf es immer nur um die Versammlungsfreiheit **164** als solche, nicht um politisch erwünschte oder unerwünschte bzw. politisch-moralisch positiv oder negativ bewertete konkrete Versammlungen oder Demonstrationen gehen[200].

4. Pflichtenkollision

Abwägungsfragen stellen sich nicht nur bei der Ermessensausübung im **165** Rahmen der Beachtung des Grundsatzes der Verhältnismäßigkeit, sondern auch in Fällen von *Pflichtenkollision* (Rz. 50 zu § 17 a). Pflichtenkollision

---

195 *BVerfGE* 69, 315 (346).
196 *Hoffmann-Riem*, AK-GG, Art. 8, Rz. 55; *Fritz*, S. 420.
197 *BVerfGE* 69, 315 (343).
198 *BGH*, NJW 1998, 380.
199 *Blanke/Sterzel*, Vorgänge 1983, S. 75; zustimmend im Hinblick auf Blockadeaktionen zum Nachteil mittelständischer Betriebe *Grooterhorst/Schmidt*, DÖV 1996, 360.
200 *Baumann*, NJW 1987, 37; *ders.*, ZRP 1987, 265.

liegt vor, wenn bei einem konkreten Lebenssachverhalt zwei Rechtspflichten aufeinander treffen, die jeweils beide zum Handeln verpflichten. Das Problem stellt sich für die Polizei, wenn ihre aus dem Legalitätsprinzip des § 163 StPO folgende strikte Handlungsverpflichtung zu unaufschiebbaren Maßnahmen der Strafverfolgung bei begründetem Tatverdacht in Widerspruch zu der ihr mit dem Schutz der öffentlichen Sicherheit aufgegebenen Pflicht zur Sicherung ungestörter Grundrechtsausübung, hier der Versammlungsfreiheit, oder mit der Pflicht zur Wahrung der öffentlichen Sicherheit überhaupt gerät.

166   Bei einer solchen *Pflichtenkollision* ist eine sorgfältige Güterabwägung geboten, um zu entscheiden, welche Handlungsverpflichtung maßgebend bleibt. Wenn nach den bei der Entscheidung bekannten Tatsachen befürchtet werden muss, dass bestimmte Strafverfolgungsmaßnahmen nur unter Inkaufnahme von Rechtsgutgefährdungen möglich sind, die konkreter und schwer wiegender sind als die Gefährdung der Strafverfolgung bei minderschweren Straftaten, müssen diese Strafverfolgungsmaßnahmen unterbleiben bzw. zurückgestellt werden.

167   Die Rechtsfigur der Pflichtenkollision darf nicht mit dem Grundsatz der Verhältnismäßigkeit gleichgesetzt werden, obwohl beide eine Rechtsgüterabwägung verlangen. Die Frage der Verhältnismäßigkeit stellt sich für die normanwendende Verwaltung nur bei eingeräumtem Ermessen. Bei Pflichtenkollision geht es um konkurrierende Pflichten, deren Wahrnehmung im Prinzip obligatorisch ist.

X. Einzelne Abwägungsfragen

1. Allgemeines

168   In der Rechtspraxis haben sich Abwägungsprobleme zumeist bei Kollisionen der Versammlungsfreiheit mit Schutzgütern der öffentlichen Sicherheit, vor allem aber mit den Interessen des Straßenverkehrs ergeben. In neuerer Zeit sind auch Schutzgüter der öffentlichen Ordnung zur Begrenzung der Versammlungsfreiheit herangezogen worden (Rz. 207)[201].

2. Versammlungsfreiheit und öffentliche Sicherheit

169   Die öffentliche Sicherheit ist der Versammlungsfreiheit nicht als abstrakter Gesamtbestand von Schutzgütern gegenüberzustellen. Im Abwägungsprozess ist stets das konkret bedrohte Schutzgut bzw. die bedrohte Schutzgutkombination zu berücksichtigen. In aller Regel geht es zunächst um das Schutzgut »Unverletzlichkeit der Rechtsordnung«, soweit – wie für das

---

201 Krit. hierzu *Dietel*, Die Polizei 2002, 337 f.; vgl. aber *BVerfG*, NJW 2004, 2814.

Versammlungsgeschehen typisch – Gefährdungen von Personen verursacht werden[202]. Bei der bestehenden umfassenden Regulierung zum Schutz der im Begriff der öffentlichen Sicherheit zusammengefassten Individualrechtsgüter Leben, Gesundheit, Freiheit, Ehre und Vermögen sowie der staatsbezogenen Schutzgüter Bestand des Staates und seiner Einrichtungen sowie ihrer Funktionsfähigkeit im Strafrecht wie im Ordnungsrecht bleibt kaum Raum für die isolierte Gefährdung eines Schutzguts außerhalb der Rechtsordnung.

a) Rechtsordnung und Individualschutzgüter

Bei Bedrohung von durch die Rechtsordnung geschützter Individualrechtsgüter ist primär die Wertigkeit des jeweiligen Individualrechtsguts zu berücksichtigen, wie sie sich etwa in der unterschiedlichen Einstufung im relevanten Strafgesetz ausdrückt. Bei Gefährdung der Schutzgüter Leben und Gesundheit muss die Versammlungsfreiheit stets zurückstehen[203]. Bei Gefährdung des Schutzguts Freiheit, insbesondere der Bewegungsfreiheit im Verkehr, muss nach Intensität und Dauer der Beeinträchtigung entschieden werden. Bei Bedrohung des Schutzguts Ehre ist der Schrankengehalt der Meinungsäußerungsfreiheit aus Art. 5 Abs. 2 GG maßgebend. Bei Gefährdung des Schutzguts Eigentum und Vermögen kommt es auf die Schwere der drohenden Rechtsgutverletzung bzw. die Irreparabilität von Schäden an. Zivilrechtliche Ersatzansprüche werden durch Berufung auf Versammlungsfreiheit nicht ausgeschlossen[204]. **170**

b) Rechtsordnung und staatsbezogene Schutzgüter

Die »Unverletzlichkeit der Rechtsordnung« ist zunächst ein eigenständiges Schutzgut. Dieses Schutzgut muss allerdings immer mit dem in der jeweiligen Rechtsnorm aufgehobenen staatlichen Interesse bewertet werden. Die Rechtsordnung erfasst sowohl förmliche Gesetze wie Rechtsverordnungen (z. B. die StVO) und Satzungen[205], als Spitze auch das Grundgesetz mit seiner verfassungsmäßigen Ordnung[206]. **171**

Die Ausübung der Versammlungsfreiheit gibt keine Rechtfertigung für strafbares oder ordnungswidriges Verhalten[207]. Soweit die Ausübung der **172**

---

202 *Pieroth/Schlink/Kniesel*, § 8, Rz. 7.
203 *Seidel*, DÖV 2002, 285; *Götz*, Rz. 91, weist auf den Individualrechtsschutz in Bezug auf die Rechte Dritter hin.
204 *BGH*, NJW 1996, 377 ff.
205 *Pieroth/Schlink/Kniesel*, § 8, Rz. 11 ff.
206 *Drews/Wacke/Vogel/Martens*, S. 232 ff.; *Schoch*, JuS 1994, 480; *Dietel*, Die Polizei 2002, 338 ff.; abl. *Pieroth/Schlink/Kniesel*, § 8, Rz. 17.
207 *BVerfGE* 104, 92 (107); *Hoffmann-Riem*, AK-GG, Art. 8, Rz. 41.

Versammlungsfreiheit in den Grenzen der Friedlichkeit (Rz. 137 ff. zu § 1) bleibt, ist auch bei Rechtsverletzungen im Einzelfall unter Berücksichtigung aller Umstände abzuwägen, ob zu ihrer Unterbindung massiv eingeschritten werden muss. Bei Straftaten ist die Eingriffsschwelle niedriger als bei bloßen Ordnungswidrigkeiten[208]. Mit der (einstweiligen) Hinnahme von Rechtsverstößen im Interesse möglichst umfassender Versammlungsfreiheit sind gebotene und mögliche Ermittlungshandlungen zur notwendigen Einleitung von Straf- und Bußgeldverfahren nicht ausgeschlossen.

173 Die Versammlungsfreiheit berechtigt nicht zum Kampf gegen den freiheitlichen demokratischen Staat und seine freiheitliche demokratische Verfassung[209]. Sie berechtigt auch nicht zum rechtswidrigen Vorgehen gegen Verfassungsorgane, ihre Repräsentanten sowie gegen staatliche Einrichtungen und ihre Funktionsfähigkeit, zumal damit zumeist Strafgesetze verletzt werden[210].

174 Auch die *außenpolitischen Interessen* bzw. Belange der Bundesrepublik Deutschland sind Schutzgut der öffentlichen Sicherheit[211]. Gefahren für dieses Schutzgut gehen insbesondere von den Aktivitäten rechtsextremistischer Gruppierungen aus, die auch im Ausland als Wiederbelebung nationalsozialistischen Gedankenguts angesehen werden[212]. Was in jedem anderen freiheitlichen Staat im Spektrum zulässiger individueller wie kollektiver

---

208 *VG Hannover*, NVwZ-RR 1997, 622; so ist nach *VGH Kassel*, NVwZ 1994 717 f. ein Präventivverbot bei einem »smoke-In« wegen der prognostizierten massiven Verstöße gegen das Betäubungsmittelgesetz gerechtfertigt.

209 *Scholz*, NJW 1983, 706 ff.

210 Z. B. im StGB § 90: Verunglimpfung des Bundespräsidenten, § 90 a: Verunglimpfung der Bundesrepublik Deutschland, ihrer Länder, ihrer verfassungsmäßigen Ordnung, Farben, Flaggen, Wappen, Hymnen, § 90 b Verunglimpfung von Verfassungsorganen, wie Bundestag, Bundesrat, Landtag, Abgeordnete.

211 *Drews/Wacke/Vogel/Martens*, S. 234, die auf die Konkretisierung dieses Schutzgutes in Spezialermächtigungen (§ 7 Abs. 1 a PassG, § 14 Abs. 1 VereinsG, § 37 AusländerG) hinweisen; ähnlich *Krüger*, DÖV 1997, 16; zustimmend *Benda*, in: BK, Art. 8, Rz. 89; *Dörr*, VerwArch 2002, 494; *Beljin*, DVBl. 2002, 21; ablehnend *OVG Bautzen*, NJ 1998, 666, im Zusammenhang mit einer NPD-Veranstaltung.

212 Der *VGH Kassel*, NVwZ 1994, 86 f., stuft »nationalsozialistische Bestrebungen« als »verfassungswidrig« ein und bezeichnet Aktivitäten zur Wiederbelebung »des Nationalsozialismus«, »wie jede Propaganda, Agitation und Werbung für eine Gewalt- und Willkürherrschaft« als Gründe für ein Versammlungsverbot; ablehnend *OVG Berlin*, NVwZ 2000, 1203; zu den in der Rechtspraxis auftretenden Problemen *Tölle*, NVwZ 2001, 154; für sich gesehen sind die außenpolitischen Interessen zwar kein alleiniger Grund für versammlungsrelevante Eingriffe. Sie können aber im Abwägungsprozess mit berücksichtigt werden; ähnlich *Heintzen*, S. 112.

Meinungsäußerung zugelassen werden kann, stößt angesichts der Belastung des Deutschlandbildes durch das menschenverachtende, rassistische Unrechtssystem des NS-Staates auf Unverständnis, wenn nicht dagegen eingeschritten wird. Die Entscheidung zum Einschreiten und die Auswahl der gebotenen Maßnahmen hängen von der Art und Weise sowie der Intensität der konkreten Bedrohung ab. Dabei sind der zuständigen Behörde allerdings enge Grenzen gesetzt. Regelmäßig wird auf drohende Verletzung staats- oder verfassungsschutzrelevanter Straftatbestände abzustellen sein[213]. Von besonderer Bedeutung ist hierbei der neu geschaffene Straftatbestand des § 130 Abs. 4 StGB (Anhang 4). Zwar sind rechtsextremistische Betätigungen, in denen sich nationalsozialistisches Gedankengut widerspiegelt, verfassungs*feindlich*. Sie sind damit aber wegen der verfahrensmäßigen Begrenzungen in Art. 9 Abs. 2 GG i. V. m. § 3 Abs. 1 VereinsG sowie Art. 18 Satz 2 und Art. 21 Abs. 2 GG nicht auch verfassungs*widrig*[214]. Die Verfassungswidrigkeit von Bestrebungen mit neonazistischem Hintergrund lässt sich auch nicht aus Art. 139 GG ableiten[215]. Die apodiktische Feststellung des *VGH Kassel*: »Nationalistische Bestrebungen sind verfassungswidrig«[216], findet keine Stütze im GG. Damit wird auch die vom Gericht gewählte Ableitung aus dem Schutzgut der öffentlichen Ordnung fragwürdig.

Kritik an Staatsgästen und die von ihnen repräsentierte politische Ordnung in Demonstrationsform, etwa als Mahnwache, ist zulässig. Deshalb

175

---

213 Vgl. *OVG Weimar*, NVwZ 1997, 287; *VGH Mannheim*, NVwZ 1994, 393 f.
214 *Lübbe-Wolff*, NJW 1988, 1294; *OVG Münster*, Beschluss vom 11. 9. 1998, Az. 23 B 1953/98 (Aufhebung eines Demonstrationsverbots, das sich gegen die NPD gerichtet hatte); ebenso *OVG Bautzen*, NJ 1998, 666; das *BVerfG* weist in seinem Beschluss vom 25. 7. 1998 – 1 BvQ 11/98 (NJ 1999, 86) darauf hin, dass die Bewertung der politischen Ziele einer Partei so lange nicht Sache der Versammlungsbehörden sei, als die Partei nicht nach Art. 21 Abs. 2 GG verboten worden ist; vgl. auch *Kniesel*, NJW 1996, 2608.
215 *Lübbe-Wolff*, NJW 1988, 1289 f.; *Herzog*, in: Maunz/Dürig, Art. 139, Rz. 11; *Breitbach/Deiseroth/Rühl*, in: Ridder u. a., § 15, Rz. 146. Eine Initiative der Gewerkschaft der Polizei, Bestrebungen zur Wiederbelebung nationalsozialistischen Gedankenguts im GG für verfassungswidrig zu erklären, um ihnen damit den grundrechtlichen Schutz zu entziehen, stieß zwar bei den Ministerpräsidenten und Senatoren der Länder sowie den Fraktionen des Bundestages und dem Zentralrat der Juden in Deutschland auf Sympathie und Interesse, blieb aber letztlich ohne Ergebnis (dokumentiert im Geschäftsbericht zum 21. Bundeskongress der Gewerkschaft der Polizei, S. 102 f.). Dem Vorschlag zustimmend *Bull*, S. 16 ff., 34; ebenso *Seidel*, DÖV 2002, 289 f.; eine Gesetzesinitiative der PDS-Fraktion im Bundestag mit gleicher Intention (BT-Drucks. 14/5127) erhielt keine Zustimmung (vgl. die Aussprache im Bundestag am 16. 2. 2001, BT-Protokoll 14/15028).
216 *VGH Kassel*, NVwZ-RR 1994, 86 f.

darf sie nicht durch polizeilichen Realakt (Dazwischenschieben von Polizeifahrzeugen) verhindert werden, um so Protestäußerungen vom Staatsgast abzuschirmen[217]. Solche Kritik tangiert erst dann die öffentliche Sicherheit, wenn sie einen Straftatbestand (z. B. § 103 StGB) erfüllt oder so massiv ist, dass »die guten Beziehungen der Bundesrepublik Deutschland zu diesem Staat in besonders schwerwiegender Weise« beeinträchtigt werden[218], etwa wenn ein Staatsgast in seinen Persönlichkeitsrechten unmittelbar verletzt wird[219]. Geschützt ist also nicht der fremde Staat und seine Ordnung, sondern der eigene Staat und seine außenpolitischen Interessen. Eine Störung der öffentlichen Sicherheit ist auch dann gegeben, wenn in erheblicher Weise gegen die völkerrechtlichen Regelungen zur Rechtsstellung der Botschafter und Diplomaten im Wiener Übereinkommen über diplomatische Beziehungen (vom 18. 4. 1961) verstoßen wird[220].

176   Besondere Aufmerksamkeit ist geboten, wenn die Ausübung der Versammlungsfreiheit andere Grundrechte bedroht. Das kann die Versammlungsfreiheit selbst sein, etwa wenn durch Aktivitäten im Rahmen einer Gegendemonstration eine andere Demonstration verhindert oder behindert werden soll oder wenn Unbeteiligte zur Beteiligung an einer Demonstration genötigt werden, womit ihre negative Versammlungsfreiheit beeinträchtigt wird[221].

177   Die mit der öffentlichen Sicherheit geschützte Menschenwürde schützt auch vor antisemitischen und ausländerfeindlichen Meinungsäußerungen, die den personalen Gleichwertigkeitsanspruch von Nichtdeutschen oder Andersgläubigen leugnen[222]. In diese Richtung geht auch die Befugnisnorm des § 15 Abs. 2 Nr. 2. Beeinträchtigung grundrechtlich geschützter Rechtspositionen ist meist auch eine Verletzung der Strafrechtsordnung, deren Schutz ebenfalls zum Bestand der öffentlichen Sicherheit gehört.

178   Bei der Kollision der Versammlungsfreiheit mit anderen Grundrechten sind Art, Umfang und Intensität zu berücksichtigen. Wesentlich dabei ist, ob die mit der Ausübung der Versammlungsfreiheit verbundene Beeinträchtigung fremder Grundrechtspositionen unausweichliche *Nebenfolge* oder *Teil- bzw. Hauptzweck* der im Rahmen einer Versammlung oder Demonstration entwickelten Aktivitäten ist. Bei missbräuchlicher Ausübung

---

217 *VG München*, NVwZ 2000, 463 f.
218 *BVerwGE* 64, 55 (58 f.); *Benda*, in: BK, Art. 8 Rz. 89 f.; Selbmann, DÖV 2004, 947 (948).
219 *Wiefelspütz*, Die Polizei 2002, 282.
220 *BVerwGE* 64, 55 (65); *Dörr*, VerwArch 2002, 494; Selbmann, DÖV 2004, 947 (948).
221 *Schoch*, JuS 1994, 480; *Schulze-Fielitz*, in: Dreier, Art. 8, Rz. 21.
222 *VGH Mannheim*, NVwZ-RR 1994, 393; *BVerfG*, DVBl. 1994, 690; *BVerfG*, DVBl. 2004, 697.

der Versammlungsfreiheit hat der Schutz der Rechtsgüter Dritter stets Vorrang.

3. Insbesondere: verfassungsmäßige Ordnung

In der verfassungsmäßigen Ordnung sind elementare Prinzipien des **179** Grundgesetzes zusammengefasst, denen als Schutzgüter der Gesamtrechtsordnung und damit der öffentlichen Sicherheit[223] besondere Bedeutung zukommt. Zwar sind diese Schutzgüter vielfach gegen Verletzungen durch Strafgesetze (z. B. § 90 a und 130 StGB) gesichert. Damit ist aber ein Rückgriff auf die verfassungsmäßige Ordnung als unmittelbare Eingriffsvoraussetzung auch außerhalb und unterhalb von Strafnormen nicht ausgeschlossen[224]. Das ergibt sich jedenfalls aus der besonderen Nennung der verfassungsmäßigen Ordnung als zweite von drei Verbotsalternativen neben »den Strafgesetzen« und dem »Gedanken der Völkerverständigung« in Art. 9 Abs. 2 GG. Zwar scheidet eine unmittelbare Anwendung der für Vereinigungen geltenden Grundrechtsschranken auf Versammlungen aus, doch lassen sich Rechtstatsachen aus Vereinigungsverbotsverfahren übertragen, die den Begriff der verfassungsmäßigen Ordnung präzisieren. Weil der Versammlungsfreiheit kein höherer Schutzanspruch als der Vereinigungsfreiheit zukommt, ist eine drohende Verletzung von Schutzgütern der verfassungsmäßigen Ordnung auch tragfähige Grundlage für Eingriffe in die Versammlungsfreiheit[225].

Kern der verfassungsmäßigen Ordnung ist die freiheitliche demokratische **180** Grundordnung[226]. Sie hat durch die Legaldefinition in § 92 Abs. 2 StGB die klareren Konturen. Insoweit ist es zweckmäßig, auf Prinzipien der freiheitlichen demokratischen Grundordnung abzustellen, wenn es um Bedrohungen der verfassungsmäßigen Ordnung geht.

Vorrangiges Schutzgut der freiheitlichen demokratischen Grundordnung **181** ist die personale Würde des Menschen und das daraus folgende Diskriminierungsverbot. Der personale Gleichwertigkeitsanspruch aller Menschen wird verletzt, wenn er durch rassistische Herabsetzungen bzw. antisemitische Äußerungen bestritten wird[227] (vgl. § 130 Abs. 1 Nr. 2 StGB).

---

223 *Drews/Wacke/Vogel/Martens*, S. 233; *Schoch*, JuS 1994, 480; ausdrücklich im PolGBW sowie Sachsen; a. A. *Pieroth/Schlink/Kniesel*, § 8, Rz. 19 f.
224 *Battis/Grigoleit*, NVwZ 2001, 123, NJW 2001, 2054, wollen aus dem Friedensstaatsgebot des Art. 26 Abs. 1 GG eine Grenze der Versammlungsfreiheit ableiten. Näheres dazu *Dietel*, Die Polizei 2002, 339, Fn. 33; *Rühl*, NVwZ 2003, 535.
225 *Dietel*, Die Polizei 2002, 339; ebenso *Brüning*, Der Staat 2002, 239 ff.
226 *Bleckmann*, § 30, Rz. 31; *Scholz*, in: *Maunz/Dürig/Herzog*, Art. 9, Rz. 127; *Kunig*, Jura 1995, 388.
227 *BVerfGE* 37, 344 (358), 61, 218 (220); *BVerwG*, DVBl. 1999, 1744; *BGHSt* 19, 51 (55).

182   Zum Kernbestand der freiheitlichen demokratischen Grundordnung gehört nach der Feststellung des OVG Münster auch eine »nachdrückliche Absage an jegliche Form von Totalitarismus und Rassenideologie sowie die Unvereinbarkeit mit dem Führerprinzip und bedingungsloser Gefolgschaft«[228]. Das BVerwG sieht eine Beeinträchtigung der verfassungsmäßigen Ordnung als gegeben an, wenn »eine Wesensverwandtschaft mit dem Nationalsozialismus erkennbar wird«, etwa wenn »ein Bekenntnis zu nationalsozialistischem Führungspersonal erfolgt«[229] (z. B. Gedenkfeiern für Rudolf Hess)[230]. Bestrebungen zur Wiederbelebung und Propagierung nationalsozialistischen Gedankenguts widersprechen den Grundlagen der freiheitlichen demokratischen Grundordnung[231].Dem entspricht der neu geschaffene Straftatbestand des § 130 Abs. 4 StGB, der die Billigung, Verherrlichung oder Rechtfertigung der nationalsozialistischen Gewalt- und Willkürherrschaft unter Strafe stellt, soweit sie den öffentlichen Frieden stört.

183   Nach der vom BVerfG vorgenommenen Unterscheidung unterliegt die im Medium von Versammlungen erfolgende Meinungsäußerung hinsichtlich ihres *Inhalts* dem Schrankenvorbehalt des Art. 5 Abs. 2 GG, während der Schrankenvorbehalt des Art. 8 Abs. 1 und 2 GG sich lediglich auf die *Art und Weise* der Meinungskundgabe, also ihre *Potenzierung durch Kollektivität* im Rahmen einer Versammlung auswirkt[232]. Daraus folgt, dass Äußerungen, die Grundlagen der freiheitlichen demokratischen Grundordnung verletzen, nur dann unterbunden werden können, wenn sich gemäß der Grundrechtsschranke in Art. 5 Abs. 2 GG eine entsprechende Verbotsregelung in einem allgemeinen Gesetz (z. B. § 130 StGB) findet.

184   Versammlungsgesetzliche Befugnisnormen zur Unterbindung von Meinungskundgabe in kollektiver Form können nur dann herangezogen werden, wenn die Ablehnung oder Verunglimpfung von Grundwerten der freiheitlichen demokratischen Grundordnung in *aggressiv-kämpferischer* Weise erfolgt. Davon kann ausgegangen werden, wenn sie sich – wie insbesondere bei rechtsextremistischen Aufmärschen – mit einer militant-einschüchternden Inszenierung verbindet, also mit Marschtritt, Trommelschlagen, Mit-

---

228 *OVG Münster*, NJW 2001, 2111.
229 *BVerwG*, DVBl. 1999, 1744.
230 Anlass für *BVerfG*, NJW 2000, 3053 f.
231 Vgl. dazu *Lübbe-Wolff*, Zur Bedeutung des Art. 139 GG für die Auseinandersetzung mit neonazistischen Gruppen, NJW 1988, 1289 ff.; *Brüning*, Der Staat 2002, 235, weist auf die »Sondervorschrift nach rechts« in Art. 139 GG hin, dessen Fortgeltung darauf schließen lasse, dass der verfassungsändernde Gesetzgeber trotz ausreichender Gelegenheit bisher keinen Anlass sah, die Regelung aufzuheben.
232 *BVerfG*, NJW 2001, 2071; DVBl. 2001, 1056; *BVerfG*, NVwZ 2004, 90 (91); ähnlich *Arndt*, BayVBl. 2002, 660.

führen schwarzer Fahnen, einheitliche Bekleidung usw. Die Zulässigkeit des Untersagens derartiger Meinungskundgabe ist vom BVerfG in einer Reihe von Kammerbeschlüssen festgestellt worden[233]. Dabei wurde aber nicht – was näher lag – auf eine Gefährdung der verfassungsmäßigen Ordnung, sondern auf eine Bedrohung der öffentlichen Ordnung rekurriert (hierzu Rz. 210). Ebenfalls nicht thematisiert wurde, ob mit solch militant-einschüchterndem Auftreten nicht Gewaltbereitschaft signalisiert wird, was dem Friedlichkeitsgebot in Art. 8 Abs. 1 GG widerspräche.

Bei Kollision von Schutzgütern der verfassungsmäßigen Ordnung mit **185** der Versammlungsfreiheit ist – soweit nicht bereits ein Schutz durch entsprechende Strafnormen besteht – das jeweils konkret bedrohte Schutzgut der freiheitlichen demokratischen Grundordnung zu berücksichtigen. Außerdem ist die Art und Weise der Beeinträchtigung sowie ihre Intensität und die Auswirkung auf die Öffentlichkeit zu würdigen. Dabei können Bewertungen herangezogen werden, wie sie in Vereinigungsverbotsverfahren vorgenommen wurden. Die Versammlungsfreiheit hat keinen höheren Schutzanspruch als die Vereinigungsfreiheit[234].

4. Versammlungsfreiheit und Straßenverkehr

Weil öffentliche Versammlungen und Aufzüge unter freiem Himmel im **186** Regelfall auf öffentlichen Verkehrsflächen stattfinden, ergibt sich aus dem Zusammentreffen von Versammlungsfreiheit und dem aus der Bewegungsfreiheit des Art. 2 Abs. 2 GG abzuleitendem Recht ungestörter Teilnahme am Straßenverkehr[235] das Hauptkonfliktfeld.

Da der Schutz der Sicherheit und Leichtigkeit des Straßenverkehrs (wie die übrigen Verkehre, wie Bahnverkehr, Schifffahrt und Luftverkehr) umfassend normiert ist, ist er Bestandteil der Rechtsordnung und damit Schutzgut der öffentlichen Sicherheit.[236] Anzumerken ist, dass die Ausübung der Versammlungsfreiheit nicht zu Beeinträchtigungen der Verkehrs*sicherheit* führen darf, da sie sich regelmäßig mit Gefährdungen für Leben und Gesundheit von Personen verbinden[237].

---

233 So *BVerfG*, NJW 2001, 2071; ebenso aber mit Bezug auf die freiheitliche demokratische Grundordnung *Brüning*, Der Staat 2002, 240.
234 Vgl. *BVerwG*, DVBl. 1999, 1743 ff. (Verbot der »Wiking-Jugend«); *Dietel*, Die Polizei 2002, 339.
235 *BVerfGE* 104, 92 (108); *Wiefelspütz*, DÖV 2001, 22; *Hoffmann-Riem*, AK-GG, Art. 8, Rz. 53.
236 Das hat der Versammlungsgesetzgeber von 1953 übersehen, der Einschränkungen der Versammlungsfreiheit zum Schutz der öffentlichen Ordnung im Interesse der Leichtigkeit des Verkehrs für erforderlich hielt, obwohl sie schon Regelungsgegenstand des Straßenverkehrsrechts war (Rz. 32).
237 *Bairl-Vaslin*, S. 211.

187   Die zuständige Behörde muss in Ansehung aller Umstände des Einzelfalles konkret abwägen, welche Beeinträchtigungen des Straßenverkehrs zugunsten der Versammlungsfreiheit und welche Einschränkungen der Versammlungsfreiheit zugunsten des Straßenverkehrs als angemessen hingenommen werden müssen.

Für die Abwägung ist wesentlich, ob die durch eine Versammlung oder Demonstration verursachten Verkehrsbeeinträchtigungen *Folge* oder *Zweck* der Veranstaltung sind.

188   Verkehrsbeeinträchtigungen, die sich *zwangsläufig* aus der nicht verkehrsüblichen Inanspruchnahme öffentlicher Verkehrsflächen für Versammlungszwecke ergeben, sind (wie auch Lärmbelästigungen und Beeinträchtigungen der Gewerbeausübung)[238] grundsätzlich hinzunehmen[239]. Solche »Belästigungen, die sich zwangsläufig aus der Massenhaftigkeit der Grundrechtsausübung ergeben und sich ohne Nachteile für den Veranstaltungszweck nicht vermeiden lassen, werden Dritte im Allgemeinen ertragen müssen«[240]. Die zuständige Behörde hat im Sinne praktischer Konkordanz für einen möglichst schonenden Ausgleich der widerstreitenden Interessen zu sorgen. Dabei können Umstände berücksichtigt werden, wie sie im Schrifttum genannt sind[241].

189   Gegenübergestellt werden darf die Zahl der durch eine Versammlung beeinträchtigten Verkehrsteilnehmer und die Zahl der Demonstranten, die durch eine zum Schutz der Verkehrsleichtigkeit ergangene behördliche Maßnahme betroffen werden. Auch die durch Widmung festgelegte Zweckbestimmung der für Versammlungszwecke vorgesehenen Verkehrsflächen darf berücksichtigt werden. Bei Straßen, die ausschließlich dem Kraftfahrzeugverkehr vorbehalten sind (Bundesautobahnen, Kraftfahrzeugstraßen), dürfen die Versammlungsinteressen[242], bei Verkehrsflächen, die überwiegend dem Fußgängerverkehr dienen, dürfen die Verkehrsinteressen zurückgestellt werden. In Fußgängerzonen dürfen auch Lautsprecherwagen mitgeführt werden, wenn Lautsprechereinsatz für die konkrete Veranstaltung wesensnotwendig erscheint und schwer wiegende Verkehrsbeeinträchtigungen oder Straßenschäden nicht zu befürchten sind[243]. Berücksichtigt werden darf außerdem die Zeit. Eine Versammlung muss nicht unbedingt zur Verkehrsspitzenzeit oder zur Hauptgeschäftszeit im Kernbereich einer

---

238 Hierzu im Einzelnen *Knopp*, S. 420.
239 *BVerfGE* 73, 206 (250), *BVerfGE* 104, 92 (108); *VGH Mannheim*, VBlBW 2002, 386.
240 *BVerfGE* 69, 315 (353); ähnlich 73, 206 (250); *Ott/Wächtler*, § 15, Rz. 33.
241 *Merten*, S. 66; *ders.*, MDR 1968, 621; *Bosshardt*, S. 138 ff.; *Hofmann*, BayVBl. 1987, 134; *Schwerdtfeger*, S. 493; *Kniesel*, Die Polizei 1992, 56.
242 *Hofmann*, BayVBl. 1987, 134.
243 *OLG Köln*, NPA 891, VersG, § 15, Bl. 7.

Großstadt[244] zugelassen werden, wenn massive Störungen zu erwarten sind und eine kurzzeitige Verschiebung ihr noch die erforderliche Publizität sichert. Berücksichtigt werden dürfen auch Dauer und Häufigkeit von Versammlungen und Demonstrationen zum gegebenen Thema.

Auch *nicht zwangsläufige*, beabsichtigte Beeinträchtigungen des Straßenverkehrs (der öffentlichen Ruhe, der Gewerbeausübung) fallen nicht von vornherein aus dem Schutzbereich der Versammlungsfreiheit[245]. Sie sind nicht per se unfriedlich. Unfriedlichkeit verlangt gewalt*tätiges* Vorgehen (Rz. 140 zu § 1)[246]. Bewusst herbeigeführte Störungen erhalten aber keine aus der Versammlungsfreiheit folgende Rechtfertigung. **190**

Aktivitäten im Zusammenhang mit einer Versammlung oder Demonstration, deren Zweck die Beeinträchtigung der Rechte Dritter ist, verlassen den Rahmen zulässiger Grundrechtsausübung[247]. Ob solche Aktivitäten bereits außerhalb geistiger Auseinandersetzung (Rz. 162 f.) liegen – wie *Herzog* meint – und deshalb nicht mehr dem Schutzbereich des Art. 8 Abs. 1 GG, sondern dem des Art. 2 Abs. 1 GG zuzuordnen sind[248], bleibt fraglich. Fest steht, dass die Versammlungsfreiheit als Kommunikationsgrundrecht keine Rechtfertigung bietet, Aufmerksamkeit oder Zustimmung bei anderen zu erzwingen. Aufmerksamkeit und Zustimmung dürfen nur mit den Mittel der Werbung, Überzeugung und Überredung angestrebt werden[249]. Die Adressaten müssen sich diesen Bemühungen entziehen können. Das folgt schon aus der für sie geltenden negativen Versammlungsfreiheit (Rz. 176)[250]. **191**

Gegen von vornherein beabsichtigte oder bewusst herbeigeführte nicht nur geringfügige Störungen sind behördliche Maßnahmen zur Verhinderung oder Unterbindung, mindestens aber zur Minimierung der Beeinträchtigung der Rechte Dritter gerechtfertigt und geboten[251]. Bei Festsetzung ihrer Maßnahmen hat die zuständige Behörde sorgfältig zu differenzieren. **192**

Wenn beabsichtigte oder bewusst herbeigeführte Störungen nur *Teilzweck* einer Versammlung oder Demonstration sind, wenn sie nur Mittel **193**

---

244 *BVerfG*, NJW 2000, 3056.
245 *BVerfGE* 73, 206 (248); insoweit irrig *Meyn*, S. 108.
246 *BVerfGE* 73, 206 (248).
247 *BVerfGE* 73, 206 (250); 82, 237 (264); *OVG Lüneburg*, Natur und Recht 1997, 203, im Zusammenhang mit einer Blockade des Schienenverkehrs zur Behinderung eines Castortransports.
248 *Herzog*, in: Maunz/Dürig, Art. 8, Rz. 61 f.; ihm folgend *OLG Koblenz*, JBlRhPf 1988, 12 f.
249 *BGH*, NJW 1969, 1773.
250 *OLG Köln*, NJW 1970, 260 f.
251 *BVerfGE* 73, 206 (250); 82, 237 (264).

zum eigentlichen Zweck, der Herstellung oder Verstärkung öffentlicher Aufmerksamkeit für das Anliegen bzw. die Botschaft der Versammlung oder Demonstration sind, bleiben sie zwar unzulässige Grundrechtsausübung, verlangen aber von der zuständigen Behörde Zurückhaltung bei der Festsetzung von Maßnahmen zur Verhinderung oder Unterbindung der Störungen[252]. Hier ist auch Raum für Absprachen mit dem Veranstalter im Sinne vertrauensvoller Kooperation[253]. Voraussetzung für behördliche Zurückhaltung ist allerdings, dass nur weniger schwer wiegende Beeinträchtigungen zu befürchten sind, nicht aber Gefahren für Leben und Gesundheit, etwa durch die Provozierung von Verkehrsunfällen oder Blockieren von Rettungsfahrzeugen, Rettungswegen u. ä.

194   Wenn beabsichtigte oder bewusst herbeigeführte Störungen ausschließlicher Zweck oder *Hauptzweck* einer Versammlung oder Demonstration sind, liegt in aller Regel Grundrechtsmissbrauch vor, weil es nicht mehr um öffentliche Kundgabe einer gemeinsamen Aussage oder den Einsatz hinnehmbarer Mittel zur Verstärkung dieser Kundgabe, sondern primär um »Selbstvollzug« gewünschter Maßnahmen oder um bloße Schädigung Dritter geht[254].

Hier stellt sich auch mit *Herzog* die Frage, ob solche Betätigung außerhalb des Schutzbereiches der Versammlungsfreiheit liegt (Rz. 162). In solchen Fällen von Grundrechtsmissbrauch sind behördliche Maßnahmen zum Schutz Dritter geboten[255]. Zum Ausgleich der verursachten Schäden sind Ersatzansprüche gegen die unmittelbaren Schadensverursacher möglich[256].

5. Demonstrative Blockaden

195   Die entwickelten Grundsätze gelten auch für *demonstrative Blockaden*. Solche Blockaden sind regelmäßig auf Sperrung von Verkehrswegen oder Zufahrten zu Objekten oder Anlagen mit hohem Symbolgehalt angelegt und sollen Widerstand und Protest besonderen Ausdruck geben und öffentliche Aufmerksamkeit erregen[257]. Die Sperrung erfolgt in defensiver

---

252 So wohl auch *Diederichsen/Marburger*, NJW 1970, 780; *Ott*, NJW 1969, 457; *Eser*, in: Schönke/Schröder, § 240, Rz. 29; *Blanke/Sterzel*, Vorgänge 1983, S. 80.
253 *BVerfGE* 69, 315 (357).
254 *BayObLG*, NJW 1969, 1128; *Gusy*, JuS 1986, 611; *Bertuleit*, JA 1989, 26.
255 So dem Sinn nach auch *BVerfGE* 69, 315 (343) und 72, 206 (250).
256 *BGH*, NJW 1998, 377 ff.; ebenso *BGH*, Urteil vom 23. 12. 1997, AZ ZR 77/97 (Besetzung der Fördertürme in Gorleben).
257 *BVerfG*, NJW 1991, 972; *BVerfG* 104, 92 (103); *Knemeyer/Deubert*, NJW 1992, 2133.

Weise mit Mitteln passiver Resistenz, meist in der Form von Sitzblockaden, seltener in Form von Menschenketten.

Von demonstrativen Blockaden streng zu unterscheiden sind *Verhinderungsblockaden*, die nicht nur Protest ausdrücken, sondern das verhindern wollen, was missbilligt wird. Solche Blockaden sind nicht von der Versammlungsfreiheit gedeckt und von vornherein rechtswidrig[258].

Demonstrative Blockaden der beschriebenen Art sind öffentliche Versammlungen unter freiem Himmel[259]. Soweit sie den Rahmen passiver Resistenz nicht überschreiten, bleiben sie im Schutzbereich der Versammlungsfreiheit[260]. Sie sind damit aber im Ergebnis nicht rechtmäßig[261]. Die zuständige Behörde kann mit erforderlichen und angemessenen Maßnahmen gegen die Blockadeteilnehmer vorgehen, um unzumutbare Beeinträchtigungen Dritter abzuwehren oder zu unterbinden. Dabei ist auch hier entscheidend, ob die Blockade primär auf Protestäußerung durch bewusste Regelverletzung oder primär auf Verhinderung, z. B. durch Einschließung gerichtet ist. Nur im ersten Fall ist Zurückhaltung bei der Festsetzung behördlicher Maßnahmen zur Aufhebung der von der Blockade ausgehenden Wirkungen geboten.   **196**

Ob im Rahmen einer demonstrativen Blockade auch strafbare *Nötigung* im Sinne des § 240 StGB vorliegt, hängt von vielen Faktoren ab.   **197**

Zunächst ist zu prüfen, ob »*Gewalt*« als Nötigungsmittel eingesetzt wurde. Das *BVerfG* hat die »erweiternde Auslegung des Gewaltbegriffs in § 240 Abs. 1 StGB« als nicht vereinbar mit Art. 103 Abs. 2 GG bewertet und damit für verfassungswidrig erklärt[262]. Es begründet seine Auffassung damit, dass »sich nicht mehr mit ausreichender Sicherheit vorsehen (lässt), welches körperliche Verhalten, das andere physisch an der Durchsetzung ihres Willens hindert, verboten sein soll und welches nicht«[263].

Der zunächst verbreiteten Meinung, das *BVerfG* habe die Anwendung der Nötigungsvorschrift des § 240 StGB auf demonstrative Blockaden ins-   **198**

258 *BGH*, NJW 1998, 380; *BVerfGE* 104, 92 (105); *Hoffmann-Riem*, NVwZ 2002, 259; *ders.*, AK-GG, Art. 8, Rz. 55.
259 *BVerfGE* 73, 206 (249); *BVerfGE* 104, 92 (104).
260 *Braun*, Die Polizei 1985, 67; *Preuß*, S. 444; *Blanke/Sterzel*, Vorgänge 1983, S. 75; *Hofmann*, BayVBl. 87, 134; *BVerfGE* 73, 296 (249); *Rinken*, StV 1994, 104.
261 *BVerfGE* 73, 206 (249); *VGH Mannheim*, NVwZ 2000, 1201, sieht schon im Einüben einer Probeblockade auf Bahngleisen eine Gefährdung der öffentlichen Sicherheit.
262 *BVerfGE* 92, 1 (12).
263 *BVerfGE* 92, 1 (14 ff.).

gesamt für unzulässig erklärt, ist der *BGH* entgegengetreten[264]. Im Leitsatz seines Urteils vom 20. 7. 1995 heißt es:

»Haben die Teilnehmer an einer Straßenblockade dadurch, dass sie sich auf die Fahrbahn begeben, Kraftfahrer an der Weiterfahrt gehindert und deren Fahrzeuge bewusst dazu benutzt, die Durchfahrt für weitere Kraftfahrer tatsächlich zu versperren, so kann diesen gegenüber im Herbeiführen eines solchen physischen Hindernisses eine strafbare Nötigung liegen.«

199   Damit ist die Entscheidung des *BVerfG* relativiert. Im Kern sagt die *BGH*-Entscheidung aus, dass die von einer demonstrativen Blockade ausgehende Zwangswirkung nur dann als moralisch-seelische Aggressionshemmung *psychischer* Art anzusehen sei, wenn die prinzipielle Möglichkeit besteht, die Gruppe der die Fahrbahn blockierenden Personen zu »durchbrechen«[265]. Nur eine Auslegung des Gewaltbegriffs im Sinne einer »Entmaterialisierung« oder »Vergeistigung« sei von der Entscheidung des *BVerfG* erfasst. Das aber gelte nur, wenn, wie es das *BVerfG* in seiner Entscheidung zugrunde gelegt hat, nur *ein* Fahrzeugführer an der Weiterfahrt gehindert wurde[266]. Sofern durch eine demonstrative Blockade mehrere Fahrzeuge angehalten werden, sodass die Weiterfahrt der nachfolgenden Fahrzeuge durch die erstblockierten tatsächlich verhindert wird, liegt nach der *BGH*-Entscheidung eine *physische* Sperrwirkung, mithin Gewaltanwendung im Sinne der Nötigungsvorschrift des § 240 StGB vor, weil die durch psychischen Zwang angehaltenen Fahrzeuge als »Mittel zur Bildung einer Barriere« benutzt werden. Die Fahrer der erstblockierten Fahrzeuge würden als »Werkzeug zur tatsächlichen Behinderung der Nachfolgenden« benutzt[267]. Das BVerfG hat der BGH-Interpretation nicht widersprochen[268]. Insoweit bleibt sie für die normanwendende Verwaltung verbindlich[269], weil die Ausdeutung unbestimmter Gesetzesbegriffe, hier der Ge-

---

264 *BGH*, NStZ 1995, 541 ff.; ähnlich *OLG Naumburg*, NStZ 1998, 623, wonach als Gewalt gilt, wenn Demonstranten sich vereint gegen einen Pkw stemmen und so die Weiterfahrt verhindern.

265 *BGH*, NStZ 1995, 541.

266 *BVerfGE* 92, 1 (3); *BGH*, NStZ 1995, 541.

267 *BGH*, NStZ 1995, 542.

268 Ohne auf die »Zweite-Reihe-Rechtsprechung« des BGH einzugehen, hat das BVerfG inzwischen eine Blockade mit Fahrzeugen sowie durch Anketten als Zwangswirkung *physischer* Natur, also als Gewalt i. S. des § 240 StGB, anerkannt, *BVerfGE* 104, 92 (102); mit Hinweis auf die offene Frage BVerfGE 104, 92 (103); ebenso *Hoffmann-Riem*, NVwZ 2002, 260.

269 Ob die Staatsanwaltschaft an die BGH-Entscheidung gebunden und in relevanten Fällen Anklage erheben muss, wird im Schrifttum weitgehend verneint (*Rieß*, in: Löwe/Rosenberg, StPO, 24. Aufl., Rz. 22 f. zu § 170; *Pfeiffer*; in: Karlsruher Kommentar zur Strafprozeßordnung 2. Aufl., Rz. 35 zu § 152 a; *Roxin*, in: Strafverfahrensrecht, 23. Aufl., Rz. 12 zu § 10). Der *BGH* selbst hat

waltbegriff in § 240 Abs. 1 StGB, im Interesse der Einheitlichkeit der Rechtsanwendung nicht ihrer eigenen Einschätzung überlassen werden darf.

Für die Polizei ergeben sich nunmehr folgende Konsequenzen: Wenn bei einer demonstrativen Blockade lediglich *ein* Fahrzeug an der Weiterfahrt gehindert wird, kommt Nötigung im Sinne des § 240 StGB nicht in Betracht, weil nur *psychische* Zwangswirkung entsteht, womit der Gewaltbegriff der Strafvorschrift nicht erfüllt ist. Die Strafbarkeit bzw. Ordnungswidrigkeit der Sperrung nach anderen Vorschriften ist damit nicht ausgeschlossen[270]. **200**

Wenn durch eine demonstrative Blockade mehrere Fahrzeuge angehalten werden, die sich gegenseitig an der Weiterfahrt hindern, liegt *physische* Sperrwirkung und nach Auffassung des *BGH* Gewaltanwendung im Sinne des Nötigungstatbestandes des § 240 Abs. 1 vor. Die Rechtswidrigkeit und damit die Strafbarkeit des Nötigungshandelns hängt dann davon ab, ob die Blockade als demonstrativer Akt *verwerflich* ist. Das ergibt sich nicht schon aus der Gewaltanwendung schlechthin. Die Indizwirkung der Gewaltanwendung in Bezug auf die Verwerflichkeit gilt nur für exzessive Fälle der Gewalt[271], wie sie demonstrativen Blockaden nicht eigen ist[272]. **201**

Für die dem Legalitätsprinzip des § 163 StPO verpflichtete Polizei, die bei konkretem Verdacht einer Straftat nicht von unaufschiebbaren Maßnahmen der Identitätsfeststellung und Beweissicherung absehen darf, müssen in Bezug auf die Frage der Verwerflichkeit des Nötigungshandelns klare Verhältnisse geschaffen werden. Von Verwerflichkeit ist nach der Rechtsprechung des *BVerfG jedenfalls* dann anzugehen, wenn eine »rechtmäßige« Auflösungsverfügung der zuständigen Behörde ergangen ist[273]. Was die zuständige Behörde als im Rahmen der Versammlungsfreiheit liegende Betätigung duldet, kann den Initiatoren und Teilnehmern an einer demonstrativen Blockade nicht als verwerfliches Tun vorgeworfen werden. Insoweit besteht eine Abhängigkeit der strafrechtlichen von der versammlungsrechtlichen (verwaltungsrechtlichen) Beurteilung, sog. *Verwaltungsaktakzessorietät* (Rz. 177 zu § 1)[274]. Damit wird nichts präjudiziert. Es ent- **202**

die Bindungswirkung höchstrichterlicher Gesetzesauslegung bejaht, allerdings nur bei verfestigter Rechtsprechung (BGHSt 15, 155 (158 ff.). Ob das im Hinblick auf die Auslegung des Gewaltbegriffs in § 240 Abs. 1 StGB angenommen werden kann, ist offen.
270 *BVerfGE* 92, 1 (19).
271 *Eser*, in: Schönke/Schröder, 26, Aufl. 2001, § 240, Rz. 16.
272 *BVerfGE* 73, 206 (247, 256); *Gusy*, in: v. Mangoldt/Klein/Starck, Art. 8, Rz. 80.
273 *BVerfGE* 73, 206 (250).
274 *BVerfGE* 73, 206 (250); 82, 236 (246); *BVerfG*, NJW 1991, 971; NJW 1992, 2688; *BayObLG*, BayVBl. 1990, 350; *Hofmann-Hoeppel*, DÖV 1992, 874;

fällt nur die mögliche Rechtfertigung durch Berufung auf Versammlungsfreiheit.

203   Das Sichberufenkönnen auf Versammlungsfreiheit im Hinblick auf fehlende Verwerflichkeit der demonstrativen Aktionen kann von der zuständigen Behörde auf verschiedene Weise beseitigt werden; zum einen durch Erlass einer *rechtmäßigen* (nicht nur wirksamen) Auflösungsverfügung[275] an alle Teilnehmer oder eine rechtmäßige Ausschlussverfügung an bestimmte Teilnehmer (§ 18 Abs. 3), zum anderen durch rechtmäßige beschränkende Verfügung vor oder während der demonstrativen Blockade (Rz. 43 ff. bzw. 138 ff.), die die Grenzen der demonstrativen Betätigung klar und unzweideutig bestimmen[276].

204   Duldung der demonstrativen Blockade durch die zuständige Behörde liegt nur vor, wenn sie Kenntnis von der Aktion hat. Bei nicht angemeldeten demonstrativen Blockaden kann von vornherein Verwerflichkeit und damit Strafbarkeit vorliegen[277].

205   Für die strafgerichtliche Beurteilung der Frage der Verwerflichkeit sind die konkreten Umstände bedeutsam, z. B. »der zum Blockadetermin zu erwartende Dienstbetrieb, die Dauer und Intensität der Aktionen, deren vorherige Bekanntgabe, Ausweichmöglichkeiten über andere Zufahrten und der Sachbezug der betroffenen Personen zum Protestgegenstand« (Schonung von Unbeteiligten), außerdem auch »die Zahl der Demonstranten oder die Dringlichkeit der blockierten Transporte oder Dienstfahrten«[278]. Vielfach wird die Frage der Verwerflichkeit im Zusammenhang mit der Dauer der Behinderung gesehen. Das *BayObLG* geht davon aus, dass eine »10 Minuten lange Behinderung nicht völlig Unbeteiligter noch nicht

Kniesel, NJW 1992, 865, NStZ 1998, 288; *Weichert*, StV 1989, 461; *Knemeyer-Deubert*, NJW 1992, 3134 f.; *Bertuleit/Herkströter*, in: Ridder u. a., § 240, Rz. 47; *Küpper/Bode*, Jura 1993, 190; *Ebel*, Kriminalistik 1993, 47, Fn. 19; *Bertuleit*, ZRP 1992, 47; *Eser*, S. 45, *Fritz*, S. 429; *Kühl*, StV 1987, 132; *Brohm*, JZ 1985, 505 ff.; *Ott*, NJW 1985, 2386; *v. Mutius*, Jura 1988, 89; *Reichert-Hammer*, S. 148; a. A. *Krey*, StR BT, 8. Aufl. 1991, S. 127; *Werner*, S. 129; kritisch dazu *Schieder*, BayVBl. 2004, 678 ff.

275 *Breitbach/Deiseroth/Rühl*, in: Ridder u. a., § 240 StGB, Rz. 46 f.; *BVerfGE* 104, 92 (106). Der Europäische Gerichtshof hat eine Staatshaftung wegen Nichtauflösung einer 30-stündigen Blockade der Brennerautobahn unter dem Gesichtspunkt der Verhältnismäßigkeit hierzu einzusetzender Mittel und der daraus resultierenden Folgen verneint, NJW 2003, 3185.

276 *Kniesel*, Die Polizei 1992, 56 u. NJW 1992, 865.

277 *Kniesel*, Die Polizei 1992, 56; *Tröndle/Fischer*, StGB, 51. Aufl. 2003, § 240, Rz. 46 c, gehen selbst bei *vorübergehender* polizeilicher Duldung noch von Verwerflichkeit aus.

278 *BVerfG*, NJW 1991, 971, u. NJW 1992, 2689 sowie *BVerfGE* 104, 92 (112); *OLG Stuttgart*, NJW 1992, 2714 f. und 2716; *VGH Kassel*, NVwZ 2003, 874.

verwerflich« sei[279]. Das *OLG Stuttgart* hält eine »gewaltfreie Sitzblockade von 20 Minuten Dauer nicht ohne weiteres (für) verwerflich«[280].

Neben der Möglichkeit strafbarer Nötigung kommen im Zusammenhang mit demonstrativen Blockaden gegebenenfalls weitere straf- bzw. bußgeldbewehrte Tatbestände in Betracht[281]. So kann bei Totaleinschließung eines Objekts oder einer Anlage durch eine demonstrative Blockade Freiheitsberaubung zum Nachteil der eingeschlossenen Personen vorliegen[282]. Bei Blockadeaktionen auf Bahngleisen (z. B. Anketten an Schienen) liegt – unabhängig von der Rechtmäßigkeit eines vollziehbaren Versammlungsverbots – primär ein mit Bußgeld bedrohter Verstoß gegen die Eisenbahn-Bau- und Betriebsordnung (EBO) vor[283].

Gefährliche Eingriffe, etwa durch Bereiten von Hindernissen, in den Bahn-, Schiffs- und Luftverkehr (§ 315 StGB) bzw. den Straßenverkehr (§ 315 b StGB) sind mit demonstrativen Blockaden unvereinbar. Als unfriedliche Aktionen liegen sie außerhalb des Schutzbereiches der Versammlungsfreiheit.

Auch das Anbringen eines fest mit den Schienen eines Bahngleises verbundenen Stahlkörpers zur Verhinderung von Castor-Transporten, das der *BGH* als Sachbeschädigung und versuchte Nötigung qualifiziert hat[284], wird als unfriedlich einzustufen sein.

6. Versammlungsfreiheit und öffentliche Ordnung

Im Brokdorf-Beschluss hat das BVerfG festgestellt, dass eine Gefährdung der öffentlichen Ordnung »im Allgemeinen« nicht ausreicht, um ein Versammlungsverbot oder eine Versammlungsauflösung zu rechtfertigen[285]. An

206

207

---

279 *BayObLG*, DÖV 1992, 755.
280 *OLG Stuttgart*, NJW 1992, 2713.
281 *BVerfGE* 92, 1 (19).
282 *OLG Köln*, NStZ 1985, 550 f., wobei das Gericht die Tatsache der Freiheitsberaubung als Unfriedlichkeit einstuft, ohne auf die Frage der Gewalt*tätigkeit* einzugehen.
283 *OLG Celle*, Beschluss vom 16. 9. 1996, Az. 2 Ss (Owi) 213/96 = 2 WS 197/96 (Blockadeaktion beim Castor-Transport auf der Bahnlinie Uelzen–Dannenberg). Das *BVerfG* (1. Kammer des Ersten Senats) hat Verfassungsbeschwerden gegen den Beschluss des OLG Celle nicht angenommen. Es sah keine aus Art. 8 Abs. 1 GG sich ergebenden verfassungsrechtlichen Bedenken trotz des Hinweises, dass die Bahnanlagen nur gelegentlich für Castortransporte benutzt, im Übrigen stillgelegt seien (Beschluss vom 12. 3. 1998, NJW 1998, 3113); ebenso *OVG Lüneburg*, NVwZ-RR 2004,575; *Kanther*, NVwZ 2001,1241.
284 *BGH*, NJW 1998, 2149.
285 *BVerfGE* 69, 315 (353); *BVerfG*, NVwZ 2004,90 (92), Hervorhebung der Bindungswirkung des § 31 Abs. 1 BVerfGG.

dieser Linie hat das Gericht in einer Reihe von Kammerbeschlüssen festgehalten[286]. Für Einschränkungen unterhalb von Verbot und Auflösung,
insbesondere für sogenannte »Auflagen wurde dagegen eine bloße Gefährdung der öffentlichen Ordnung für ausreichend gehalten[287]. Weil Kammerbeschlüssen die absolute Bindungswirkung des § 31 Abs. 1 BVerfGG gegenüber Gerichten und Behörden fehlt, hat das OVG Münster sich in einer
Kontroverse mit dem BVerfG über die Beschlüsse hinweggesetzt und ein
Versammlungsverbot auch bei bloßer Gefährdung der öffentlichen Ordnung für zulässig erklärt[288]. In seinem Senatsbeschluss vom 23.6.2004 hat
das BVerfG die in Kammerbeschlüssen vertretene Auffassung, dass eine
Gefährdung der öffentlichen Ordnung nur Eingriffe unterhalb eines Totalverbots rechtfertige, relativiert. Zwar kämen dafür »*in erster Linie Auflagen
in Betracht*«, aber: »*Reichen sie zur Gefahrenabwehr nicht aus, kann die
Versammlung verboten werden*« [289].

208   Das BVerfG hat die durch Rechtsprechung und Rechtslehre tradierte
Begriffsbestimmung der öffentlichen Ordnung[290] übernommen, aber durch
den Zusatz »*mit dem Wertgehalt des Grundgesetzes zu vereinbarenden*«
sozialen und ethischen Anschauungen erweitert[291]. Das OVG Münster begründet seine verbotsbestätigende Heranziehung der öffentlichen Ordnung
mit der Bedrohung »grundgesetzlicher Wertvorstellungen«[292], dem Friedensgebot der Art. 1 Abs. 2, 24 Abs. 2 und 26 Abs. 2 GG sowie der Unverletzlichkeit der Menschenwürde, die zum Kernbestand der freiheitlichen
demokratischen Grundordnung zu rechnen seien[293]. Die nahe liegende Frage, ob statt auf Schutzgüter der öffentlichen Ordnung nicht unmittelbar auf
Schutzgüter der verfassungsmäßigen Ordnung und damit der öffentlichen
Sicherheit zurückzugreifen sei, blieb ungeprüft.

209   Gegen den Rückgriff auf Schutzgüter der öffentlichen Ordnung zur
Rechtfertigung von Eingriffen in die Versammlungsfreiheit gibt es gewichtige Einwände.[294] Zum einen sind die Gefahrentatbestände, die sich aus dem

---

286 *BVerfG*, NJW 2001, 1410; NJW 2001, 2070; NJW 2001, 2077.
287 *BVerfG*, NJW 2001, 1409 (1410), 2069, 2071, 2077.
288 *OVG Münster*, NJW 2001, 214; dazu *BVerfG*, NJW 2001, 2076 f.; zur Kontro-
    verse krit. *Battis/Grigoleit*, NJW 2001, 2052 f.; *Benda*, NJW 2001, 2447 f.;
    Beljin, DVBl. 2002, 15 ff.; *Dietel*, Die Polizei 2003, 337.
289 *BVerfG*, NJW 2004,2814 (2816); *Battis/Grigoleit*, NJW 2004,3459
290 *Drews/Wacke/Vogel/Martens*, S. 245.
291 *BVerfG*, NJW 2001, 2071; *BVerfG*, NVwZ 2004,90 (91).
292 *OVG Münster*, NJW 2001, 2114; krit. dazu *Wiefelspütz*, KritV 2002, 32.
293 *OVG Münster*, NJW 2001, 2111.
294 So ist anzumerken, dass zwar die Verfassung des Deutschen Reiches vom
    28.3.1849 (Paulskirchenverfassung) in Art. VIII, § 161 ein Verbot von Versamm-
    lungen unter freiem Himmel auch bei »dringender Gefahr« für die öffentliche

Auftreten neonazistischer und rechtsextremistischer Gruppierungen für den inneren Frieden und Schutzgüter der verfassungsmäßigen Ordnung ergeben, seit langem bekannt, ohne dass der Gesetzgeber trotz massiver öffentlicher Empörung darauf grundlegend reagiert hat[295]. Die neu geschaffene Befugnisnorm des § 15 Abs. 2 ändert daran nur wenig. Die Rechtsfigur der öffentlichen Ordnung hat ihren Sinn als »Auffangtatbestand«, um gegen *neuartige* und *atypische* Gefahrentatbestände ordnungsrechtlich einschreiten zu können[296]. Die bisherige Zurückhaltung des Gesetzgebers spricht für die – wenn auch nicht erklärte – Inkaufnahme rechtsextremistischer Aktivitäten als Preis der Freiheit im politischen Meinungskampf.

Aus der fehlenden Reaktion des Gesetzgebers auf lange bekannte und öffentlich beklagte Gefahrentatbestände mit dem *geschriebenen* Recht zu reagieren, ergibt sich nicht der zwingende Schluss, dass er es der Ordnungsverwaltung überlassen wolle, ungeschriebene Regeln der öffentlichen Ordnung zu aktivieren, um die »herrschenden« sozialen und ethischen Anschauungen gegenüber politisch unerwünschten Gruppierungen zur Geltung zu bringen[297]. Gleichwohl hat das BVerfG Beschränkungen der Versammlungsfreiheit unterhalb von Verbot und Auflösung in einigen Fällen bei bloßer Gefährdung der öffentlichen Ordnung für zulässig erklärt, wenn auch zunächst nur in vorläufiger Entscheidung durch Kammerbeschlüsse im Eilverfahren nach § 32 BVerfGG.[298] Dabei ging es zum einen um das Verbot der Benutzung von Trommeln und Fahnen sowie Marschieren in Marschordnung, also um eine Gesamtinszenierung mit der »ein Einschüchterungseffekt sowie ein Klima der Gewaltdemonstration erzeugt wird«[299].

210

Ordnung zuließ, nicht aber die Verfassung des Deutschen Reichs vom 11.8.1919 (Weimarer Reichsverfassung) in Art. 123, die eine Gefahr für die öffentliche Sicherheit verlangte. Vgl. Dokumente der deutschen Politik und Geschichte von 1848 bis zur Gegenwart.

295 Der innenpolitische Sprecher der SPD-Fraktion im Bundestag verneinte noch im Jahr 2000 gesetzgeberischen Handlungsbedarf, *Wiefelspütz*, Die Polizei 2000, 284. Inzwischen ist durch die Befugnisnorm des § 15 Abs. 2 sowie den neuen Straftatbestand des § 130 Abs. 4 StGB einiges geschehen.

296 *Störmer*, Die Verwaltung 1997, 239, m. w. H; *Kniesel/Poscher*, NJW 2004,429.

297 *Störmer*, Die Verwaltung 1997, 234; *Dörr*, VerwArch 2002, 498; auch das BVerfG hat darauf hingewiesen, dass bei »seit langem bekannten Gefahrensituationen« im Rückgriff auf »die in § 15 VersG enthaltene Ermächtigung zum Schutz der öffentlichen Ordnung« ausscheidet, um kommunikative Angriffe auf Schutzgüter der Verfassung außerhalb von Strafnormen abzuwehren (NJW 2001, 2069 f.); ähnlich, aber mit entgegengesetzter Schlussfolgerung *Wiefelspütz*, KritV 2002, 30.

298 Nun auch im Eilrechtsschutzverfahren durch Senatsbeschluss, *BVerfG*, NJW 2004,2814 (2816)

299 *BVerfG*, DVBl. 2001, 1056.

Die Frage, ob solches Auftreten nicht als Missachtung des Friedlichkeitsgebots anzusehen sei, also außerhalb des Schutzbereichs der Versammlungsfreiheit liege, blieb ungeprüft. In einem anderen Fall wurde eine als »Auflage« gewertete zeitliche Verschiebung einer Versammlung für zulässig erklärt, und zwar wegen Gefährdung der öffentlichen Ordnung, weil dem ursprünglich geplanten Versammlungstag eine »gewichtige Symbolkraft« zukomme (Jahrestag der Befreiung des Konzentrationslagers Auschwitz am 27. Januar), sodass bei Durchführung eines rechtsextremistischen Aufmarsches »grundlegende soziale und ethische Anschauungen« verletzt würden[300].

211　　Ob eine Beeinträchtigung von Schutzgütern der öffentlichen Ordnung, konkret: soziale und ethische Anschauungen der Mehrheit gegenüber einer extremistischen Minderheit, als Begründung für Eingriffe in die Versammlungsfreiheit herangezogen werden kann, bleibt eine nach wie vor offene Frage.[301] Das BVerfG hat die abschließende Beurteilung, ob eine »Gefahr für die öffentliche Ordnung unter Berücksichtigung der Ausstrahlungswirkung der Versammlungsfreiheit« Eingriffe rechtfertige, dem Hauptsacheverfahren, also der verbindlichen Entscheidung durch Senatsbeschluss (§ 31 Abs. 1 BVerfGG) vorbehalten[302]. Solange eine solche Entscheidung aussteht, sollten bei Eingriffen in die Versammlungsfreiheit zunächst Tatsachen zur Begründung einer Gefährdung der verfassungsmäßigen Ordnung herangezogen werden (Rz. 179 ff.)[303]. Das allerdings erst dann, wenn eine drohende Verletzung einschlägiger Strafnormen nicht zu belegen ist. Eine bloße Gefährdung von Schutzgütern der öffentlichen Ordnung – gestützt auf die im Eilrechtsverfahren erklärte vorläufige Rechtsauffassung des BVerfG – dann nur als letzte aller Eingriffsrechtfertigungen und nur für Beschränkungen unterhalb von Verbot und Auflösung in Betracht[304]. Der Gesetzgeber ist gefordert, für Klarheit zu sorgen[305].

300　*BVerfG*, NJW 2001, 1409 (1410).
301　*Hoffmann-Riem*, NJW 2004, 2777 (2781): »Das Schutzgut der öffentlichen Ordnung taugt nicht zur Repression von politischen Inhalten, die nicht unter Strafe gestellt sind.«
302　*BVerfG*, NJW 2001, 2071; ähnlich NVwZ 2004,90 (91) zur fehlenden Bindungswirkung von Kammerbeschlüssen *Benda*, NJW 2001, 2948; *Enders*, JZ 2001, 652.
303　*Dietel*, Die Polizei 2002, 337 f.
304　*Musil*, PKV 2002, 115.
305　*Sander*, NVwZ 2002, 833; *Rühl*, NVwZ 2003, 537, sieht zum Einschreiten gegen Neonazis eine Lücke im VersG, die nur der Gesetzgeber schließen könne.

XI. Zuständige Behörden

Zuständig für die Entscheidungen nach § 15 Abs. 1 und 2 (Verbot und be- **212**
schränkende Verfügung) ist die Versammlungsbehörde (Rz. 17 zu § 14).
Wenn sie pflichtwidrig untätig bleibt, kann die Aufsichtsbehörde durch
Selbsteintritt die Anordnungskompetenz an sich ziehen[306].

Die Zuständigkeit für Entscheidungen nach § 15 Abs. 3 (Auflösung und **213**
beschränkende Verfügung) liegt bei der Polizei im institutionellen Sinne[307].
Das folgt aus dem Gebot sachlicher Notwendigkeit. Für eine rechtmäßige,
dem Übermaßverbot nicht widersprechende Auflösungsverfügung oder eine sie erübrigende beschränkende Verfügung ist die Kenntnis aller relevanten Tatsachen erforderlich. Das verlangt Anwesenheit am Ort des Geschehens und praktische Erfahrungen hinsichtlich der Konsequenzen bei der
Durchsetzung solcher Verfügungen in bestimmten Einsatzkonstellationen.
Verfügungskompetenz und Durchsetzungskompetenz sollten im hochsen-
siblen Bereich öffentlicher Versammlungen und Demonstrationen unter
freiem Himmel in einer Hand liegen, um Konflikte zu vermeiden, die dadurch entstehen, dass die Verfügungskompetenz durch ausbleibende oder
inkonsequente Durchführung diskreditiert wird oder dass die Anordnungs-
behörde zum bloßen Werkzeug der für die Durchführung allein verantwortlichen und potenten Polizei degeneriert. Im Übrigen kann nichts anderes gelten als für die Auflösungsanordnungskompetenz, nach § 13, die der
Bundesgesetzgeber ausdrücklich der Polizei zugewiesen hat (Rz. 55 zu
§ 13).

Die Zuständigkeit für Entscheidungen nach § 15 Abs. 3 ist nur in Hessen,
Mecklenburg-Vorpommern, Rheinland-Pfalz und Schleswig Holstein ausschließlich, in Sachsen-Anhalt in den Landkreisen und dem Stadtkreis Dessau einer anderen als der Polizeibehörde vorbehalten[308]. Das sollte geändert
werden. In Bremen ist im Hinblick auf die Zuständigkeit der Polizei nur
§ 15 Abs. 1 genannt, was wohl ein Versehen ist.

XII. Rechtsmittel

Verbot und verbotsersetzende beschränkende Verfügung sind Verwaltungs- **214**
akte. Hinsichtlich der Rechtsbehelfe vgl. Rz. 56 ff. zu § 5.

---

306 *OVG Lüneburg*, NVwZ-RR 1997, 474.
307 *OLG Köln*, NStZ 1981, 227; *Ott/Wächtler*, § 15, Rz. 56.
308 Zur Problematik, die praxisferne Regelung durch Erlass zugunsten einer subsi-
    diären Auflösungskompetenz der Polizei zu korrigieren, vgl. *Bergmann*, S. 50 f.;
    Brenneisen, DÖV 2000, 276, weist auf die Kompetenzprobleme hin, die sich in
    Schleswig-Holstein bei der demonstrativen Besetzung des gestrandeten Schiffs-
    wracks der »Pallas« ergeben haben.

Auch Auflösung und auflösungsvermeidende beschränkende Verfügungen sind Verwaltungsakte. Da sie im Regelfall (vgl. Anhang 8) als *unaufschiebbare* Anordnung eines Polizeivollzugsbeamten ergehen, hat ein gegen diese Anordnung eingelegter Widerspruch keine aufschiebende Wirkung (§ 80 Abs. 2 Nr. 2 VwGO).

Nach erfolgter Auflösung bzw. erledigter Minusmaßnahme ist nur noch Fortsetzungsfeststellungsklage in entsprechender Anwendung des § 113 Abs. 1 Satz 4 VwGO zur Überprüfung der Rechtmäßigkeit möglich. Das Feststellungsinteresse ist damit begründet, dass Wiederholung des behördlichen Eingriffs in gleichgelagerten Fällen droht.[309]

Unabhängig hiervon erfolgt eine gerichtliche Rechtmäßigkeitsfeststellung in einem eventuellen Einspruchsverfahren gegen einen Bußgeldbescheid wegen eines Verstoßes nach § 29 Abs. 1 Nr. 2 (Nichtentfernen nach Auflösung; vgl. Rz. 7 zu § 29).

215   Sowohl im verwaltungsgerichtlichen Verfahren zur Wiederherstellung der aufschiebenden Wirkung (§ 80 Abs. 3 VwGO) als auch im verfassungsgerichtlichen Verfassungsbeschwerdeverfahren (§ 90 Abs. 2 BVerfGG) durch einstweilige Anordnung (§ 32 BVerfGG) können Versammlungsverbote in so genannte »Auflagen« (Beschränkungen unterhalb des Totalverbots) *umgedeutet* werden (explizit § 80 Abs. 5 Satz 4 VwGO). Sofern dazu im Eilverfahren Zeit bleibt, kann die Versammlungsbehörde eine *Umdeutung* des Verbots in »Auflagen« nach § 15 Abs. 1 oder 2 auch noch im verwaltungsgerichtlichen bzw. verfassungsgerichtlichen Verfahren von sich aus vornehmen, wenn erkennbar wird, dass das Verbot keinen Bestand behalten wird. Bei besonderer Dringlichkeit der Entscheidung kann das Gericht von einer Beteiligung der Versammlungsbehörde absehen[310]. Für solche Fälle ist es zulässig und zweckmäßig, dass die Behörde eine Verfügung zur Umdeutung des Versammlungsverbots in Beschränkungen nach § 15 Abs. 1 zur elektronischen Übermittlung an das streitentscheidende Gericht bereithält und in der Verbotsverfügung darauf hinweist[311]. Zulässig ist auch, der Verbotsverfügung für den Fall der Anordnung der Nichtvollziehbarkeit des Verbots im verwaltungsgerichtlichen Eilverfahren bzw. der Aufhebung des Verbots im verfassungsrechtlichen Eilverfahren eine Umdeutung der Verbotsanordnung in beschränkende Verfügungen anzufügen[312].

---

309 *BVerfGE* 110, 77 (89 ff.).

310 Zur Zulässigkeit des Absehens von einer Stellungnahme der Beteiligten bei besonderer Dringlichkeit im Eilverfahren, *Eyermann*, Verwaltungsgerichtsordnung, 11. Aufl. 2000, § 114, Rz. 64; *VG Mannheim*, VBlBW 1999, 265; explizit § 32 Abs. 2 BVerfGG.

311 Eingehend hierzu *Dietel*, Die Polizei 2003, 94 ff.

312 Zu den Vor- und Nachteilen der Alternativen *Dietel*, Die Polizei 2003, 98 f.

Eine Anfechtung durch Widerspruch gegen eine auf § 15 Abs. 2 gestützte **216** Verbots- oder Beschränkungsverfügung mit dem Vorbringen, die als Eingriffsgrundlage herangezogene gesetzliche Regelung zur Bestimmung des Symbolgehalts der für die Versammlung vorgesehenen Örtlichkeit sei verfassungswidrig, ist unzulässig. Hierfür ist die für die Versammlungsbehörde zuständige Widerspruchsbehörde der falsche Adressat.

Im verwaltungsgerichtlichen Anfechtungsverfahren kann die Verfas- **217** sungsmäßigkeit der gesetzlichen Festlegung eines Ortes als nach § 15 Abs. 2 Nr. 1 geschützte Gedenkstätte in Zweifel gezogen werden, um so eine Inzidentüberprüfung durch das zuständige Gericht zu veranlassen, das gegebenenfalls eine konkrete Normenkontrolle durch das Bundesverfassungsgericht einleiten kann (Art. 100 Abs. 1 GG iVm § 13 Nr. 11 und § 80 BVerfGG.[313]

Darüber hinaus bleibt die Möglichkeit einer Verfassungsbeschwerde **218** (Art. 93 Abs. 1 Nr. 4a GG iVm §§ 13 Nr. 8a und 90 ff. BVerfGG.[314] Weil die Verfassungsbeschwerde sich gegen eine gesetzliche Bestimmung richtet, gegen die ein Rechtsweg nicht offen steht, ist sie nur innerhalb eines Jahres seit Inkrafttreten der Rechtsnorm zulässig (§ 93 Abs. 3 BVerfGG).

---

313 *BVerfGE* 97,157 (166)
314 Soweit das Landesrecht die Möglichkeit einer Verfassungsbeschwerde gegen Landesgrundrechte zulässt, wozu auch die Versammlungsfreiheit gehören kann, ist zunächst dieser Rechtsweg zu beschreiten (Verfassung des Freistaats Bayern) – Art. 113 Versammlungsfreiheit, Art. 120 Verfassungsbeschwerde.

§ 16

(1) Öffentliche Versammlungen unter freiem Himmel und Aufzüge sind innerhalb des befriedeten Bannkreises der Gesetzgebungsorgane des Bundes oder der Länder sowie des Bundesverfassungsgerichts verboten. Ebenso ist es verboten, zu öffentlichen Versammlungen unter freiem Himmel oder Aufzügen nach Satz 1 aufzufordern.

(2) Die befriedeten Bannkreise für die Gesetzgebungsorgane des Bundes und für das Bundesverfassungsgericht werden durch Bundesgesetz, die befriedeten Bannkreise für die Gesetzgebungsorgane der Länder durch Landesgesetze bestimmt.

(3) Das Weitere regeln die Bannmeilengesetze des Bundes und der Länder und das Gesetz über befriedete Bezirke für Verfassungsorgane des Bundes.

I. Das Verbot

1. Allgemeines

1   Die Regelung in Abs. 1 konkretisiert den für Versammlungen unter freiem Himmel bestehenden Gesetzesvorbehalt des Art. 8 Abs. 2 GG. Das mit der Regelung bestimmte Verbot ist eine vom Gesetzgeber selbst vorgenommene generelle Einschränkung der Versammlungsfreiheit. Substanziell ist die Regelung mehr als eine bloße Ordnungsvorschrift.

2   Die Verbotsregelung in Abs. 1 ist lediglich Grundnorm. Bundes- und Landesgesetzgeber werden durch Abs. 2 und 3 ermächtigt, diese Grundnorm durch förmliches Gesetz auszufüllen und damit das Verbot zu kon-

kretisieren. Soweit ein ausfüllendes Bannkreisgesetz fehlt (Brandenburg, Bremen, Mecklenburg-Vorpommern, Sachsen, Sachsen-Anhalt, Schleswig-Holstein) besteht das Verbot aus Abs. 1 nicht.

§ 16 enthält die einzige versammlungsgesetzliche Bestimmung für ein **3** *Flächenverbot*. Untersagt sind alle Versammlungen unter freiem Himmel und Aufzüge in dem durch Bannkreisgesetz bestimmten Gebiet, und zwar zu jeder Zeit[1].

2. Verbotene Veranstaltungen

Das Verbot gilt kraft Gesetzes[2] für alle öffentlichen Versammlungen und **4** Aufzüge unter freiem Himmel.

Es gilt auch für *Spontanversammlungen* (Rz. 18 zu § 14). Das ergibt sich aus dem insoweit klaren Wortlaut des Gesetzes[3].

Mit dem Präventivverbot in Abs. 1 hat der Bundesgesetzgeber im Rah- **5** men gesetzgeberischer Gestaltungsfreiheit der Funktionsfähigkeit heraus- gehobener Verfassungsorgane und der Entscheidungsfreiheit ihrer Mitglie- der gegenüber der Versammlungsfreiheit prinzipiellen Vorrang eingeräumt. Diese Entscheidung betrifft jede Art öffentlicher Versammlung unter frei- em Himmel. Abweichungen von dieser Grundentscheidung sind zum einen dadurch möglich, dass das zur Ausfüllung der Grundnorm erforderliche Bannkreisgesetz nicht erlassen wird, womit jede Art öffentlicher Versamm- lung unter freiem Himmel zugelassen bleibt. Darüber hinaus können Ab- weichungen von der Grundnorm im ausfüllenden Bannkreisgesetz durch generelle Ausnahmetatbestände zugelassen werden. In der Bundesregelung wie in der Hamburger Regelung (Anhang 6) heißt es deshalb nicht »zuge- lassen«, sondern »zuzulassen«.

---

1 Von der an sich bestehenden Möglichkeit, Ermächtigungen für Flächenverbote zuzulassen (*Herzog*, in: Maunz/Dürig, Art. 8, Rz. 112; vgl. Rz. 16 zu § 15), hat der Gesetzgeber bisher nur während der Olympiade 1972 in München Gebrauch gemacht (BGBl. I 1972, 865), kritisch dazu *Schwäble*, S. 137, Fn. 439; außerdem zu möglichen Flächenverboten am Brandenburger Tor sowie am entstehenden Holocaust-Denkmal in Berlin *Wiefelspütz*, NVwZ 2000, 218; *ders.*, DÖV 2001, 23; *ders.*, ZRP 2002, 61 f. Im Gesetz zur Änderung von Regelungen zum Schutz von Verfassungsorganen des Bundes vom 20. 6. 2003 (BGBl. I S. 894) ist die For- mulierung »*Das Weitere regeln die Bannmeilengesetze des Bundes*« aufrecht- erhalten worden, obwohl nachstehend das bisher allein hierfür relevante »Gesetz über befriedete Bezirke zum Schutz von Verfassungsorganen des Bundes« genannt ist. Das kann nur bedeuten – sofern ein gesetzgeberisches Versehen ausgeschlossen wird –, dass Raum für weitere Flächenverbote offen gehalten werden soll.

2 *VGH Mannheim*, NVwZ 2000, 1435.

3 *Wiefelspütz*, NVwZ 2000, 1017; in Frage gestellt im BT-Ausschuss für Wahlprü- fung, Immunität und Geschäftsordnung, Hinweis auf BT-Drucks. 15/969, NVwZ 2004, 702.

6   In den bestehenden Bannkreisgesetzen des Bundes und der Länder ist lediglich vorgesehen, dass zuständige Stellen nach Antrag eine Befreiung vom Verbot erteilen können bzw. müssen.

Das Fehlen einer Sonderregelung für Spontanversammlungen macht die Bannkreisgesetze nicht verfassungswidrig[4]. Den Besonderheiten der Spontanversammlungen muss durch grundrechtsfreundliche Verfahrensgestaltung Rechnung getragen werden (Rz. 31). Das Verwaltungsverfahren zur Prüfung, ob im Einzelfall Dispens vom Verbot erteilt werden kann, ist so zu gestalten, dass Spontanversammlungen nicht von vornherein an der strikten Einhaltung verfahrensrechtlicher Ordnungsvorschriften scheitern[5].

7   Nicht erfasst von der Verbotsregelung sind öffentliche wie nichtöffentliche Versammlungen in geschlossenen Räumen, wohl auch nicht aus Versammlungen entsandte Delegationen, wenn sie nicht selbst durch die Art und Weise ihres Auftretens eine Demonstration (etwa durch Mitführen von Schrifttafeln u. ä.) darstellen. Die Wahrscheinlichkeit, dass von solchen Veranstaltungen eine Gefahr für die Funktionsfähigkeit bzw. Entscheidungsfreiheit der Gesetzgebungsorgane oder des Bundesverfassungsgerichts ausgeht, ist so gering, dass ein abstrakter Verbotstatbestand unverhältnismäßig wäre. Außerdem gilt der Gesetzesvorbehalt in Art. 8 Abs. 2 GG nur für Versammlungen unter freiem Himmel.

8   Ähnliches gilt für die in § 17 genannten Veranstaltungen, allerdings nur soweit und solange sie nicht dem Sinn der Regelung widersprechend den Charakter von öffentlichen Versammlungen annehmen (Rz. 4 zu § 17), was bei religiösen Veranstaltungen mit Bezug zu aktuellen politischen Fragen nicht immer leicht zu entscheiden ist.

3. Verbotszweck

9   Die Verbotsregelung bezweckt die Abwehr von Gefahren für die Funktionsfähigkeit herausgehobener Verfassungsorgane und die Entscheidungsfreiheit ihrer Mitglieder.

10   Die Funktionsfähigkeit demokratischer Gesetzgebungsorgane kann dadurch beeinträchtigt werden, dass durch physische Einwirkung auf ihre Repräsentanten, etwa durch Zugangssperren, Einfluss auf die durch demokratische Wahlen bestimmten Mehrheitsverhältnisse genommen wird.[6]

---

4 So aber wohl *Breitbach*, in: Ridder u. a., § 16, Rz. 14.
5 Neben dem bei Dispensregelungen unverzichtbaren Antrag gibt es in den Bannkreisgesetzen keine ausdrücklichen Formvorschriften (z. B. Schriftlichkeit). Fristenregelungen (Antragstellung 7 bzw. 10 Tage vor Veranstaltungsbeginn) bestehen nur für den Bund und in Baden-Württemberg, Hessen, Rheinland-Pfalz und (Antragstellung 48 Stunden vor Versammlungsbeginn) für Thüringen.
6 *Wiefelspütz*, NVwZ 2004, 701.

Neben dieser *äußeren* Seite der Funktionsfähigkeit ist die Entscheidungs- **11**
freiheit der Mitglieder der betroffenen Verfassungsorgane gegen *unmittel-*
bare Einwirkungen zu schützen. Dabei kann nicht nur auf physische Einwirkungen abgestellt werden[7]. Auch durch massive verbale Attacken oder
bedrohliche Inszenierungen bei emotionalisierten Großansammlungen unmittelbar vor den Sitzungsräumen kann ein Bedrohungsklima entstehen,
das die Entscheidungsfreiheit der Mitglieder des zu schützenden Verfassungsorgans beeinträchtigt. Ein Beispiel hierfür sind die von der jüngeren
Geschichtsschreibung[8] vielfach geschilderten Vorkommnisse bei der Be-
schlussfassung über das Ermächtigungsgesetz im Reichstag der Weimarer
Republik. Vor und in der nach dem Reichstagsbrand als Parlamentssitz bestimmten Krolloper übten SS- und SA-Leute psychischen Druck auf die
Abgeordneten aus, indem sie unter anderem in Sprechchören skandierten:
»Wir wollen das Gesetz – sonst Mord und Totschlag.«

Dieses Gefahrenbild hat den Versammlungsgesetzgeber wohl eher zu **12**
dem generellen Verbot in Abs. 1 veranlasst als nur die Gefahr rein physischer Einwirkungen, die ohnehin strafbar wären.

Zu differenzieren ist zwischen dem Schutz der Entscheidungsfreiheit der **13**
Bundesverfassungsrichter und dem der Mitglieder der Gesetzgebungsorgane (Bundestag, Bundesrat, Landtag).

Während sich der Entscheidungsprozess des Bundesverfassungsgerichts
in richterlicher Unabhängigkeit abseits vom öffentlichen Meinungsstreit
und institutionalisierter Interessenwahrnehmung vollziehen muss, sind die
parlamentarischen Entscheidungsprozesse grundsätzlich offen und frei für
Einflussnahmen. Insoweit kann als Verbotszweck nicht ausreichen, die Gesetzgebungsorgane vom »Druck der Straße« abzuschirmen[9].

Die verfassungsmäßige Ordnung des Grundgesetzes sieht für Bund **14**
(Art. 20 Abs. 2 Satz 2 GG) und Länder (Art. 28 Abs. 1 GG) parlamentari-
sche Vertretung des Volkswillens durch demokratisch legitimierte Repräsentanten vor, denen die politische Willensbildung durch Mehrheitsentscheidung vorbehalten ist. Als plebiszitäres Element bleibt neben der
Beteiligung an Wahlen und Abstimmungen die *mittelbare* Einflussnahme
auf diese Willensbildung durch *unmittelbare* Beteiligung am »Prozess der
politischen Meinungsbildung«, der sich »frei, offen und unreglementiert«

---

7 *Schwarze*, DÖV 1985, 215; *OVG Münster*, Beschluss vom 24. 5. 1993, 23 B
   1215/93 (n. v.); *Wiefelspütz*, Die Polizei 2000, 215 ff., DÖV 2001, 23, NVwZ 2000,
   1017, ZRP 2001, 61; *Werner*, NVwZ 2000, 370; *Kunig*, in: v. Münch/Kunig, Art. 8,
   Rz. 31; a. A. *Breitbach*, in: Ridder u. a., § 16, Rz. 10, 34 ff.; *Breitbach*, NVwZ
   1988, 584 ff.
8 Vgl. *Alan Bullock*, Hitler, S. 251, sowie *William L. Shirer*, Aufstieg und Fall des
   Dritten Reiches, S. 195.
9 *Soiné/Mende*, DVBl. 2000, 1502 f.; *Wiefelspütz*, NVwZ 2000, 1017.

vollziehen muss[10]. Zu den vielfältigen Formen solcher Einflussnahme gehört auch die Ausübung der Versammlungsfreiheit.

15   Soweit mit demonstrativen Aktionen Druck ausgeübt wird, der über bloßen Meinungsdruck hinausgeht, darf dieser keinen Zwangscharakter annehmen. Die Gefahr, dass kommunikative Einflussnahme in psychischen Zwang umschlägt, ist in hohem Maße bei unmittelbarer Konfrontation mit Entscheidungsträgern gegeben. Soweit die Abwehr dieser Gefahr als Zweck der Begrenzung der Versammlungsfreiheit in Bannkreisen angesehen wird, ist das nicht unsachgemäß. Im Verhältnis demokratisch legitimierter Willensbildung durch Mehrheitsentscheidung in verfassungsrechtlich hierfür vorgesehenen Repräsentationsorganen und zulässiger Einflussnahme in demokratischem Prozess durch mit der Mehrheitsmeinung nicht übereinstimmende Minderheiten, lässt der Gesetzgeber die Versammlungsfreiheit gegenüber dem demokratisch-parlamentarischen Repräsentationsinteresse zurückstehen.

4. Verbotsgrenzen

16   Trotz des dem Parlament eingeräumten weiten gesetzgeberischen Gestaltungsspielraums ist die Verbotsregelung im Hinblick auf den hohen Rang der Versammlungs- und Demonstrationsfreiheit, insbesondere die durch sie verbürgte, auch die Ortswahl einschließende Gestaltungsfreiheit (Rz. 46 ff. zu § 1), nicht frei von verfassungsrechtlichen Bedenken.

17   Solche Bedenken ergeben sich vor allem dann, wenn die Bannmeile sehr großzügig zugeschnitten ist, wie das beim Bannkreis um den Bundestag in Bonn der Fall war[11]. Die befriedeten Bezirke für Bundestag und Bundesrat in Berlin sind auf das zum Schutz dieser Verfassungsorgane notwendige Maß begrenzt worden[12].

18   Die Ausgestaltung des Versammlungsverbots als abstrakter Verbotstatbestand, von dem Befreiung nur durch Dispens möglich ist, steht im Widerspruch zum hohen Rang der Versammlungsfreiheit. Der Schutz bestimmter Verfassungsorgane ließe sich auch durch eine gegenüber dem allgemeinen Verbotstatbestand in § 15 Abs. 1 spezialisierte Verbotsregelung erreichen. Der Verbotsgrund wäre eine zu befürchtende Beeinträchtigung der Tätigkeit der zu schützenden Verfassungsorgane sowie ihrer Unterorgane. Die drohende Beeinträchtigung festzustellen wäre Aufgabe der zuständigen Versammlungsbehörde, die ohnehin auch beim jetzigen Verfahren als Anmeldebehörde beteiligt ist. Die Versammlungsbehörde hätte ihre Entscheidung mit dem Präsidenten des betroffenen Verfassungsorgans abzustimmen

---

10 *BVerfGE* 69, 315 (346).
11 *Benda*, in: BK, Art. 8, Rz. 70.
12 *Soiné/Mende*, DVBl. 2000, 1505.

und Einvernehmen herzustellen. Diesen Weg ist der Gesetzgeber mit dem Gesetz zur Neuregelung des Schutzes von Verfassungsorganen des Bundes nicht gegangen. Er hat es beim generellen Verbot für öffentliche Versammlungen unter freiem Himmel und Aufzüge in gesetzlich bestimmten Bannkreisen (§ 16 Abs. 1) belassen und sich lediglich für die Ausnahmeregelung der versammlungsfreundlichen Hamburger Regelung (Anhang 6) angeschlossen[13]. Eine Umkehr des Prinzips: generelles Versammlungsverbot und ausnahmsweise Zulassung, also repressives Verbot mit Befreiungsvorbehalt (Dispens)[14] ist nicht erfolgt[15]. Vielmehr ist das generelle Versammlungsverbot auf die Aufforderung zur Teilnahme ausgedehnt worden (§ 16 Abs. 1 Satz 2). Den Bundesländern bleibt es weiterhin überlassen, Ausnahmeregelungen vom generellen Verbot restriktiv oder versammlungsfreundlich zu gestalten. Eine spezialisierte Verbotsregelung würde wie die Verbotsbestimmung des § 15 Abs. 1 die prinzipielle Geltung der Versammlungsfreiheit anerkennen und das Verbot nur ausnahmsweise bei zu erwartender konkreter Gefährdung übergeordneter Interessen zulassen. Eine mit der Gewährleistung in Art. 8 Abs. 1 GG kollidierende Erlaubnispflicht, wie sie bei Umwandlung des jetzt bestehenden repressiven Verbots mit Befreiungsvorbehalt in ein präventives Verbot mit Erlaubnisvorbehalt als Instrument verwaltungsrechtlicher Vorabkontrolle entstünde, würde vermieden. Eine entsprechende Novellierung des § 16 ist angebracht[16].

Bei der jetzigen Regelung ist verfassungskonforme Anwendung durch grundrechtsfreundliche Ausgestaltung des Verfahrens zur Erteilung der Ausnahmebewilligung sicherzustellen (Rz. 29 ff.)[17].

5. Verbotsadressaten

Das Verbot betrifft alle, die sich an einer öffentlichen Versammlung unter freiem Himmel oder einem Aufzug im Bannkreis beteiligen oder beteiligen wollen, sei es als Veranstalter, Leiter, Ordner oder Teilnehmer. Das Verbot erfasst auch das zielgerichtete Einwirken auf Personen, um sie zur Beteiligung an solchen Versammlungen zu veranlassen, also das *Auffordern*. Nicht   **19**

---

13 *Schneider*, NJW 2000, 264; *Soiné/Mende*, DVBl. 2000, 1504; *Werner*, NVwZ 2000, 369.
14 *Drews/Wacke/Vogel/Martens*, S. 447; *Maurer*, § 9, Rz. 55.
15 *Brenneisen/Wilksen*, S. 174.
16 So im Ergebnis auch *VG Hamburg*, NVwZ 1985, 678; *Soiné/Mende*, DVBl. 2000, 1506; *Höfling*, in: Sachs, Art. 8, Rz. 62, hält die im BefBezG für den Bund getroffene Regelung zwar gegenüber der alten Regelung nicht mehr für verfassungswidrig, aber immer noch für verfassungsrechtlich bedenklich.
17 *Benda*, in: BK, Art. 8, Rz. 72.

betroffen sind Nichtteilnehmer (fliegende Händler, Neugierige am Straßenrand etc.). Das Verbot gilt insoweit nicht für jedermann[18].

6. Zum Begriff *Bannkreis*

20 Bannkreis ist ein bestimmter Bezirk mit festgelegten Grenzen. Er umfasst das befriedete Besitztum des geschützten Organs und ein bestimmtes Gebiet im Umkreis darum.

Innerhalb des befriedeten Besitztums des geschützten Organs hat der Präsident das Hausrecht, zumeist auch die Polizeigewalt (vgl. Art. 40 Abs. 2 GG).

Der Bannkreis umfasst das gesamte Gebiet innerhalb der festgelegten Grenzen. Er erstreckt sich nicht nur auf öffentliche Verkehrsflächen, sondern auch auf Privatgrundstücke[19].

21 Geschützte Organe des Bundes sind der Bundestag, der Bundesrat und das Bundesverfassungsgericht.

In den Ländern sind die Landtage bzw. Bürgerschaften (in Berlin das Abgeordnetenhaus) geschützt.

22 Die Festlegung der Bannkreisgrenzen erfolgt durch oder auf Grund der Bannmeilengesetze.

7. Die Bannmeilengesetze

23 Bannmeilengesetze sind bisher ergangen für
 – den Bund als Gesetz über befriedete Bezirke für Verfassungsorgane des Bundes vom 11. 8. 1999 (BGBl. I, S. 1818), Befristung bis zum 30. 6. 2003 durch Gesetz vom 20. 6. 2003 (BGBl. I, S. 864) aufgehoben,
 – Baden-Württemberg am 12. 11. 1963 (GBl. S. 1975), geändert durch Gesetz vom 28. 7. 1970 (GBl. S. 421),
 – Bayern am 7. 3. 1952 (BGVBl. S. 99), i. V. m. der VO zur Durchführung des Gesetzes über die Befriedung des Landtagsgebäudes vom 30. 4. 1969 (GVBl. S. 136),
 – Berlin am 13. 3. 1983 (GVBl. S. 482), zuletzt geändert durch Gesetz vom 16. 2. 1998 (GVBl. S. 18),
 – Hamburg am 5. 2. 1985 (GVBl. S. 61), geändert durch Gesetz vom 15.12. 2004 (GVBl. S. 450),
 – Hessen am 25. 5. 1990 (GVBl. S. 173), geändert durch Gesetz vom 18. 6. 2002 (GVBl. S. 254),
 – Niedersachsen am 12. 6. 1962 (GVBl. S. 175), zuletzt geändert durch Gesetz vom 22. 9. 1997 (GBl. S. 420),

---

18 So aber *Breitbach*, in: Ridder u. a., § 16, Rz. 20.
19 *Ott/Wächtler*, § 16, Rz. 3, die allerdings meinen, dass solchen Versammlungen das Öffentlichkeitsmerkmal fehlt, was aber zu undifferenziert ist.

- Nordrhein-Westfalen am 25. 2. 1969 (GVBl. S. 142) geändert durch Gesetz vom 14. 6. 1988 (GVBl. S. 246),
- Rheinland-Pfalz am 23. 2. 1966 (GVBl. S. 60), geändert durch Gesetz vom 21. 7. 2003 (GVBl. S. 155),
- das Saarland (Teil des Gesetzes über den Landtag vom 20. 6. 1973 – § 81 ff. – Amtsbl. S. 528),
- Thüringen am 14. 5. 1991 (GVBl. S. 82), zuletzt geändert durch Gesetz vom 23. 9. 2003 (GVBl. S. 437).

Schleswig Holstein hat sein Bannmeilengesetz durch Gesetz vom 17. 9. 1990 (GVOBl. S. 500) aufgehoben.

Bremen, Brandenburg, Mecklenburg-Vorpommern, Sachsen-Anhalt und Sachsen haben keine Bannmeilengesetze.

Texte der Bannmeilengesetze vgl. Anhang 6.

Die Bannmeilengesetze bestimmen die Grenzen des Bannkreises. Eine **24** Ausnahme macht Bayern, wo auf Grund des Bannmeilengesetzes die Grenzen des Bannkreises vom Innenministerium im Einvernehmen mit dem Landtagspräsidenten durch Rechtsverordnung festgelegt werden, allerdings mit der Einschränkung, dass der befriedete Bereich keinen größeren Radius als 1 km haben darf.

Bei der Festlegung der Bannkreisgrenzen ist der Gesetzgeber nicht frei. **25** Der Bannkreis muss einerseits so groß wie nötig sein, um den Schutz der Unabhängigkeit des Verfassungsorgans sicherzustellen, andererseits aber auch so klein wie möglich, um das Versammlungsrecht nicht übermäßig zu beeinträchtigen[20]. Die Erstreckung eines Bannkreises über das gesamte Stadtgebiet litte am Übermaß und wäre deshalb verfassungswidrig. Das Gesetz könnte mit einer Verfassungsbeschwerde (Art. 93 Abs. 1 Nr. 4 a GG, § 90 BVerfGG) von jedermann angefochten werden, der Zurechnungssubjekt der Versammlungsfreiheit im Sinne des Art. 8 Abs. 1 GG ist.

8. Rechtsfolgen bei Bannkreisverletzung

Öffentliche Versammlungen unter freiem Himmel oder Aufzüge, die entgegen dem Verbot aus § 16 Abs. 1 in einem bundesgesetzlich oder landesgesetzlich bestimmten Bannkreis durchgeführt werden, müssen von der zuständigen Behörde (Rz. 212 zu § 15) aufgelöst werden. Die Auflösung ist obligatorisch. Ermächtigungsnorm für die Auflösungsverfügung ist § 15 Abs. 3. Ein Ermessensspielraum ist nicht eingeräumt. Die Auflösungsverfügung muss ergehen. **26**

Eine andere Frage ist, ob die Auflösungsverfügung in jedem Falle durchgesetzt werden kann. Dabei ist die Frage der Verhältnismäßigkeit der zur Durchsetzung erforderlichen Zwangsmittel zu prüfen. Unter Umständen **27**

---

20 *Merten*, S. 63; *Schwäble*, S. 237; *Kunig*, in: v. Münch/Kunig, Art. 8, Rz. 31.

kann sich die Durchsetzung der Auflösungsverfügung wegen Unverhältnismäßigkeit der erforderlichen Mittel verbieten, beispielsweise dann, wenn ein Aufzug während der Parlamentsferien in den Bannkreis marschiert und die Auflösung nur unter Anwendung schärfster Gewaltmittel möglich ist, weil es sich um fanatisierte Versammlungsteilnehmer handelt. In diesem besonderen Falle führt die Rechtsgüterabwägung (Verletzung der Rechtsordnung durch Missachtung der Bannkreisvorschriften, jedoch ohne Gefährdung der Funktionsfähigkeit des geschützten Verfassungsorgans, in Relation gesetzt zur Gefährdung von Leben und Gesundheit der Teilnehmer sowie der eingesetzten Polizeibeamten beim notwendigen Einsatz von Zwangsmitteln) zur Entscheidung gegen die Durchsetzung der Auflösungsverfügung.

Diese Entscheidung beseitigt nicht die Ordnungswidrigkeit des Verhaltens des Veranstalters und der Teilnehmer und entbindet nicht von notwendigen und möglichen Verfolgungsmaßnahmen.

28   Wer zu einer öffentlichen Versammlung unter freiem Himmel oder einem Aufzug innerhalb eines Bannkreises auffordert oder daran teilnimmt und dadurch Bannkreisvorschriften (§ 16 Abs. 1 in Verbindung mit dem jeweiligen Bannmeilengesetz) verletzt, begeht eine Ordnungswidrigkeit nach § 29 a. Dabei ist die Zahl der Teilnehmer unerheblich, entscheidend ist allein, dass es sich um eine öffentliche Versammlung im Sinne des § 1 handelt[21].

II. Ausnahmen vom Verbot

1. Verfahren

29   Alle bestehenden Bannkreisgesetze eröffnen die Möglichkeit von Ausnahmen[22]. Solche Ausnahmeregelungen sind schon aus Gründen der Verhältnismäßigkeit geboten. Ob sich eine gesetzgeberische Verpflichtung, in Bannkreisgesetzen Ausnahmeregelungen zu schaffen, aus § 16 Abs. 3 ergibt[23], kann dahingestellt bleiben.

30   Die ausnahmsweise Befreiung vom repressiven Verbot aus Abs. 1 i. V. m. dem jeweiligen Bannkreisgesetz ergeht als begünstigender Verwaltungsakt (Dispens).

Mangels spezieller Vorschriften gelten für das Verfahren der Prüfung und Entscheidung, ob Dispens zu erteilen ist, die Regelungen des Verwaltungsverfahrensgesetzes des Bundes bzw. des jeweiligen Landes.

---

21 *OLG Köln*, MDR 1980, 1040.
22 *Schwarze*, DÖV 1985, 213 ff.; *Busch*, NVwZ 1985, 634.
23 So *Breitbach*, in: Ridder u. a., § 16, Rz. 25.

Das Verwaltungsverfahren wird mit dem Antrag auf Befreiung eingelei- **31** tet. Die zuständige Stelle ist verpflichtet, in die Prüfung der Voraussetzungen für eine Dispensierung einzutreten. Im Sinne grundrechtsfreundlicher Verfahrensgestaltung sind die verfahrensrechtlichen Regelungen so anzuwenden, dass der Bedeutung der Versammlungsfreiheit entsprochen wird. Das heißt z. B. bei Spontanversammlungen, dass auch andere Personen als der Veranstalter als Antragsteller akzeptiert und eventuelle Fristen verkürzt werden. Einem unerfahrenen Antragsteller muss Beratung und Hilfe zuteil werden[24].

Wegen der prinzipiellen Nichtförmlichkeit des Verwaltungsverfahrens (§ 10 VwVfG) ist neben schriftlicher auch mündliche und damit auch fernmündliche Antragstellung zulässig, ebenso jede andere übliche Übermittlung des Antrages, z. B. durch Fax oder E-Mail.

Für die Ermittlung aller entscheidungsrelevanten Tatsachen gilt die Un- **32** tersuchungsmaxime (§ 24 VwVfG). Dabei sind auch die für den Antragsteller günstigen Umstände festzustellen. Zwingend vorgeschrieben ist in allen Bannkreisgesetzen die Beteiligung des betroffenen Verfassungsorgans, und zwar durch »Einvernehmen« mit dem jeweiligen Präsidenten[25]. Darüber hinaus sind weitere Stellungnahmen bei zuständigen Behörden einzuholen, insbesondere bei der Versammlungsbehörde und der Polizeibehörde, soweit sie nicht Versammlungsbehörde ist.

Nach Prüfung aller Umstände ist zu entscheiden, ob die gesetzliche Re- **33** gelvermutung der Gefährlichkeit einer öffentlichen Versammlung unter freiem Himmel oder eines Aufzugs im Bannkreis für eine bestimmte Veranstaltung widerlegt und eine Ausnahme zuzulassen ist. Vor der Entscheidung ist dem Anhörungserfordernis des § 28 Abs. 1 VwVfG zu entsprechen.

Die gesetzliche Gefahrvermutung kann als widerlegt angesehen werden, wenn eine Beeinträchtigung der Arbeit der geschützten Verfassungsorgane und ihrer Unterorgane nicht zu besorgen ist, insbesondere weil die angestrebte Versammlung an einem Tag stattfinden soll, an dem Sitzungen weder des Verfassungsorgans noch seiner Unterorgane, Ausschüsse oder Fraktionen stattfinden[26]. Ähnliches gilt, wenn Kollisionen mit dem Verbotszweck von vornherein ausscheiden, sei es wegen der geringen Anzahl der möglichen Teilnehmer oder weil die geplante Versammlung eine vom

---

24 *Wiefelspütz*, NVwZ 2000, 1017 f.; *Werner*, NVwZ 2000, 373.
25 Im Saarland ist das Präsidium des Landtages zuständige Stelle.
26 So ausdrücklich in den Bannkreisgesetzen des Bundes und der Hansestadt Hamburg, bezogen auf sitzungsfreie Tage in den Ländern Berlin und Hessen (vgl. Anhang 6). Für die anderen Bannkreisregelungen ergibt es sich aus dem Übermaßverbot und dem Grundsatz grundrechtsfreundlicher Verfahrensgestaltung.

geschützten Objekt losgelöste Zielrichtung hat, z. B. Protestveranstaltung gegen ein im Bannkreis liegendes Ministerium.

34 Die gesetzliche Vermutung der Gefährlichkeit muss mit einem hohen Maß an Wahrscheinlichkeit widerlegt sein. Die bloße Vermutung der Ungefährlichkeit der Veranstaltung reicht nicht aus[27]. Der Funktion des vom Gesetzgeber gewählten Verbots mit Befreiungsvorbehalt ist nur entsprochen, wenn die unterstellte abstrakte Gefährlichkeit im konkreten Falle nach Feststellung der zuständigen Stelle tatsächlich nicht gegeben ist. Der vom Bundesverfassungsgericht aufgestellte Grundsatz, im Zweifel statt eines Verbots »bevorzugt eine nachträgliche Auflösung zu erwägen«[28], ist hier nicht anwendbar.

35 Dispens kann unbeschränkt, aber auch mit Einschränkungen erteilt werden. Als Nebenbestimmungen zu diesem Verwaltungsakt kommen insbesondere ein Widerrufsvorbehalt (§ 36 Abs. 2 Nr. 3 VwVfG) und Auflagen (§ 36 Abs. 2 Nr. 4 VwVfG) in Betracht. Entsprechend dem aus dem Übermaßverbot folgenden Grundsatz der Erforderlichkeit ist statt Versagung Befreiung mit Einschränkungen geboten.

2. Zuständige Organe

36 Zuständig für die Entscheidung über die Ausnahmebewilligung sind nach dem jeweiligen Bannmeilengesetz
– für den Bund der Bundesminister des Innern im Einvernehmen mit dem Präsidenten des Bundestages bzw. des Bundesrats bzw. des Bundesverfassungsgerichts (§ 6 des Gesetzes über befriedete Bezirke für Verfassungsorgane des Bundes);
– in Baden-Württemberg das Innenministerium im Einvernehmen mit dem Präsidenten des Landtags (§ 2 Abs. 1), zuständig für die Entgegennahme des Antrags, der mindestens 10 Tage vor der Veranstaltung eingereicht werden muss, ist die Ortspolizeibehörde Stuttgart (§ 2 Abs. 2);
– in Bayern das Staatsministerium des Innern im Einvernehmen mit dem Präsidenten des Landtags (§ 1 Abs. 2);
– in Berlin der Präsident des Abgeordnetenhauses im Einvernehmen mit dem Senator für Inneres (§ 2 Abs. 2);
– in Hamburg der Senat mit Zustimmung der Präsidenten der Bürgerschaft (§ 3), zuständig zur Entgegennahme des Antrags ist die Behörde für Inneres;
– in Hessen das Ministerium des Innern im Einvernehmen mit dem Präsidenten des Landtags (§ 3 Abs. 1), Anträge sind mindestens 10 Tage vor der Veranstaltung beim Polizeipräsidenten in Wiesbaden einzureichen;

27 Wovon *Breitbach*, in: Ridder u. a., § 16, Rz. 41, ausgeht.
28 *BVerfGE* 69, 315 (362).

- in Niedersachsen der Minister des Innern im Einvernehmen mit dem Präsidenten des Landtags (§ 3);
- in Nordrhein-Westfalen der Präsident des Landtags im Benehmen mit dem Innenminister (§ 1 Abs. 2);
- in Rheinland-Pfalz der Minister des Innern im Einvernehmen mit dem Präsidenten des Landtags (§ 3 Abs. 1), Anträge sind mindestens 10 Tage vor der Veranstaltung beim Polizeipräsidenten in Mainz einzureichen (§ 3 Abs. 2);
- im Saarland das Präsidium des Landtags (§ 81 Abs. 2 des Gesetzes über den Landtag);
- in Thüringen das Innenministerium im Einvernehmen mit dem Präsidenten des Landtags (§ 3), Anträge sind spätestens 10 Tage vor der Veranstaltung bei der Polizeiinspektion Erfurt einzureichen.

Bei der Ausnahmebewilligung handelt es sich nicht um eine Maßnahme im Bereich der Gefahrenabwehr, sondern um eine Entscheidung im Rahmen der Autonomie eines Verfassungsorgans. Die Polizei kann bei Gefahr im Verzug nicht in die Zuständigkeit der gesetzlich zuständigen Organe eintreten. Sie ist also nicht subsidiär zuständig. **37**

3. Ermessen

Bis auf das Gesetz über befriedete Bezirke für Verfassungsorgane des Bundes und das Bannkreisgesetz der Hansestadt Hamburg sind Dispensierungsbefugnisse in den Bannkreisgesetzen als Kannbestimmungen ausgestaltet. Das Bundesgesetz und das Hamburger Gesetz haben die Dispensierungsgründe gesetzlich bestimmt, so dass der zuständigen Stelle lediglich ein Beurteilungsspielraum, aber kein Ermessen bleibt[29]. Die hessische Regelung enthält neben der Kannbestimmung eine Sollbestimmung, die Berliner Regelung eine Mussbestimmung für sitzungsfreie Tage. **38**

Hinsichtlich der mit den Ausnahmeregelungen zugelassenen Entscheidung, Dispens zu erteilen oder nicht, ist Entschließungsermessen eingeräumt. Soweit der Dispens mit Nebenbestimmungen versehen werden soll, besteht Auswahlermessen. **39**

Wenn nach den festgestellten Tatsachen die gesetzliche Gefahrvermutung im Einzelfall nicht besteht, ist die Entscheidung über die Befreiung vom Verbot nicht in das Belieben der zuständigen Stelle gestellt. Dispens muss erteilt werden. Das Entschließungsermessen ist insoweit auf Null reduziert. **40**

---

29 Das hat dazu geführt, dass im Gegensatz zur Bonner Rechtspraxis, wo es keine Ausnahmen gegeben hat, in Berlin eine Reihe von Dispensierungen erfolgten, worauf *Wiefelspütz* hinweist, NVwZ 2000, 218; *ders.*, NVwZ 2004, 702 mit ausführlichen Zahlenangaben.

4. Rechtsschutz bei Verweigerung der Ausnahmebewilligung

41 Gegen die zuständigen Organe kann durch Verpflichtungsklage vorgegangen werden, wenn die Ausnahmebewilligung verweigert wird oder wenn die zuständigen Organe auf den Antrag nicht reagieren[30].
Weil eine oberste Bundes- bzw. Landesbehörde für den Erlass der Ausnahmebewilligung zuständig ist, bedarf es für die Verpflichtungsklage keines Vorverfahrens (§ 69 VwGO).

---

30 Zum Rechtsschutz bei Verweigerung von Ausnahmebewilligungen *Busch*, NVwZ 1985, 635; *Schwarze*, DÖV 1985, 213 ff.

§ 17

§§ 14 bis 16 gelten nicht für Gottesdienste unter freiem Himmel, kirchliche Prozessionen, Bittgänge und Wallfahrten, gewöhnliche Leichenbegängnisse, Züge von Hochzeitsgesellschaften und hergebrachte Volksfeste.

ÜBERSICHT

I. Regelungsgegenstand

§ 17 nennt Veranstaltungstypen, die von den Einschränkungen der §§ 14, 15 und 16 und gemäß § 17 a Abs. 3 Satz 1 auch von den Verbotsregelungen des § 17 a Abs. 1 und 2 und damit auch von der Strafnorm des § 27 Abs. 2 ausgenommen sind.   **1**

Aus der Zuordnung zum Abschnitt III ergibt sich, dass sich § 17 nur auf Veranstaltungen unter freiem Himmel bezieht.

Erfasst sind zunächst kirchliche Veranstaltungen im Rahmen der Religionsausübungsfreiheit des Art. 4 Abs. 2 GG[1]. Das sind zum einen Gottesdienste unter freiem Himmel als religiöse Kultausübung zur Gottesverehrung. Das sind weiterhin kirchlich veranlasste und begleitete religiöse Umzüge in Form von Prozessionen, Bittgängen und Wallfahrten. Auch »gewöhnliche« Leichenbegängnisse als Totengeleit zum Bestattungsort sind zumeist, soweit sie kirchlich begleitet werden, religiöse Veranstaltungen.   **2**

Nicht kirchlich begleitete Leichenzüge sowie traditionelle Volksfeste sind ebenso wie »Züge von Hochzeitgesellschaften« nicht sakrale Zusammenkünfte. Dabei kommt den Hochzeitszügen kaum noch praktische Bedeutung zu.   **3**

Allen diesen Veranstaltungen ist gemeinsam, dass sie sich nicht auf Teilhabe an der öffentlichen Meinungsbildung und Teilnahme am politisch-demokratischen Prozess richten. Sollte solche Teilhabe und Teilnahme jedoch das überwiegende Anliegen einer in § 17 genannten Veranstaltung sein, ist sie wie jede andere öffentliche Versammlung unter freiem Himmel einzustufen, was bedeutet, dass die relevanten versammlungsgesetzlichen Bestimmungen in vollem Umfang anzuwenden sind. Solche Mischveran-   **4**

---

1 *Offczors*, in: Ridder u. a., § 17 Rz. 11; *Laubinger/Repkewitz*, VerwArch 2001, 610.

staltungen, bei denen im Rahmen religiöser Kultausübung, etwa einem Bittgottesdienst, gleichzeitig öffentlich Stellung zu aktuellen politischen Fragen bezogen wird, hat es gegeben[2] und wird es geben. Was jeweils bestimmend ist, die sakrale Ausrichtung oder die politische Aussage, ist von den einschlägigen kirchlichen Regelungen abhängig. Im Zweifel kommt es auf die Stellungnahme der zuständigen Kirchenleitung an[3].

II. Regelungsanlass

5　Der Versammlungsgesetzgeber von 1953 hat unreflektiert mit § 17 altes Recht übernommen[4]. Das ergibt sich aus der lapidaren Feststellung des Berichterstatters:

»Die üblichen Ausnahmen, dass für kirchliche Prozessionen, Bittgänge und Wallfahrten, gewöhnliche Leichenbegängnisse, Züge von Hochzeitsgesellschaften und hergebrachte Volksfeste diese Bestimmungen nicht gelten, sind aufrechtzuerhalten.«[5]

Dabei wurde übersehen, dass die Vorgängerregelung im Gegensatz zum VersG Versammlungen unter freiem Himmel noch unter Erlaubnisvorbehalt gestellt hat, was eine Suspendierung bestimmter Einschränkungen sinnvoll erscheinen ließ[6].

6　Weil in der Ausnahmeregelung des § 17 eine unzulässige Privilegierung unpolitischer Veranstaltungen gegenüber den auf Teilnahme am politisch-demokratischen Prozess gerichteten öffentlichen Versammlungen und Demonstrationen gesehen werden konnte, ergaben sich Fragen der Verfassungskonformität der Regelung.

7　Für die Annahme verfassungswidriger Privilegierung gab die starke inhaltliche Übereinstimmung mit der Ursprungsregelung in § 10 des preußischen Vereins- und Versammlungsgesetzes von 1850 Anlass, in dem es hieß, dass »gewöhnliche Leichenbegängnisse, so wie Züge der Hochzeitsversammlungen, wo diese hergebracht sind, so wie kirchliche Prozessionen, Wallfahrten und Bittgänge, wenn sie in hergebrachter Art stattfinden« von der sonst für Versammlungen obligatorischen Erlaubnis ausgenommen waren[7]. Der Grund für diese Ausnahmeregelung wurde durch einen Zirkular-

---

2　*Offczors*, in: Ridder u. a., § 17 Rz. 11.
3　Zum Problem aus Anlass einer pastoral initiierten Protestveranstaltung bei der Asylrechtsdebatte in Bonn, *OVG Münster*, Beschluss vom 24. 5. 1993, 23 B 1215/93.
4　Zur Geschichte der Versammlungsfreiheit *Müller*, S. 15 ff.; *Schwäble*, S. 17 ff.; *Offczors*, in: Ridder u. a., § 17, Rz. 2 ff.
5　Sten. Berichte 1951, S. 7935 ff.
6　*Offczors*, in: Ridder u. a., § 17, Rz. 5; *Krüger*, S. 161.
7　Preußische Gesetzessammlung 1850, S. 277 ff.

erlass des Ministers des Innern und der geistlichen Angelegenheiten vom 26. 8. 1874 klargestellt:

»Wenn auch nach § 10 dieses Gesetzes herkömmliche kirchliche Prozessionen, Wallfahrten u. s. w. frei sein sollen von dem Erfordernis vorgängiger polizeilicher Genehmigung, so ist doch diese Bestimmung nur in der Voraussetzung getroffen worden, dass von solchen Aufzügen, eben weil sie hergebrachtermaßen zugelassen worden sind, für die öffentliche Sicherheit und Ordnung nichts zu befürchten sei[8].

Der Versammlungsgesetzgeber hat die Vorgängerregelung aus dem **8** Reichsvereinsgesetz der Weimarer Republik, die an die Ursprungsregelung anknüpfte, übernommen, ohne die Privilegierungswirkung zu bedenken und zu übernehmen. Jedenfalls findet sich in den Gesetzesmaterialien hierfür kein Hinweis[9].

So blieb Raum für eine verfassungskonforme Auslegung und Anwen- **9** dung der Ausnahmeregelung des § 17[10]. Die Streitfrage, ob eine verfassungskonforme Auslegung zulässig oder die Ausnahmeregelung als verfassungswidrig anzusehen sei, hat sich durch die verfassungsgerichtliche Begrenzung des Schutzbereichs der Versammlungsfreiheit auf Veranstaltungen zur Teilnahme am Prozess öffentlicher Meinungsbildung und Meinungskundgabe, also auf ihre politisch-demokratische Dimension, erledigt. Der verfassungsrechtliche und der versammlungsgesetzliche Versammlungsbegriff sind deckungsgleich.

III. Regelungsgehalt nach verfassungsgerichtlicher Einengung des Versammlungsbegriffs

Nachdem das Bundesverfassungsgericht zunächst nur durch vorläufig gel- **10** tenden Kammerbeschluss[11], schließlich und verbindlich aber durch Senatsbeschluss[12] den Schutzbereich der Versammlungsfreiheit auf den »engen« Versammlungsbegriff reduziert hat, ist klargestellt, dass Veranstaltungen i. S. des § 17 keine Versammlungsqualität zukommt. Die dort genannten Veranstaltungstypen sind zwar Gruppenbildungen zu einem bestimmten Zweck, nicht aber auf Teilhabe an der öffentlichen Meinungsbildung und

---

8 MbliV 1874, S. 201.
9 Sten. Berichte 1951, S. 7935 ff.
10 So die Vorauflagen des Kommentars, § 17, Rz. 13 ff.; ablehnend *Ott/Wächtler*, § 17, Rz. 1 ff., die die Regelung für verfassungswidrig halten.
11 *BVerfG*, NJW 2001, 2459 (»Love-Parade«-Beschluss).
12 *BVerfGE* 104, 92 (104). Die aus § 31 Abs. 1 BVerfGG folgende Bindungswirkung schließt andere Interpretationen aus; *Umbach/Clemens*, Bundesverfassungsgerichtsgesetz, Kommentar 1992, § 31, Rz. 74.

Meinungskundgabe gerichtet, sodass Berufung auf Versammlungsfreiheit ausscheidet.

11 Versammlungsgesetzliche Relevanz hat § 17 nur in Verbindung mit der Ausnahmeregelung in § 17 a Abs. 3 Satz 1. Die Verbotsregelungen des § 17 a Abs. 1 und 2 erfassen neben öffentlichen Versammlungen unter freiem Himmel auch *sonstige* öffentliche Veranstaltungen unter freiem Himmel, also Gruppenbildungen und Personenansammlungen ohne Versammlungsqualität.

Mit der Ausnahmeregelung in § 17 a Abs. 3 Satz 1 hat der Gesetzgeber die in § 17 genannten Veranstaltungen gegenüber anderen öffentlichen Veranstaltungen unter freiem Himmel, insbesondere Sportveranstaltungen, Musikfestivals etc., privilegiert. Ob das sachgemäß und verfassungsrechtlich zulässig, ob der Bundesgesetzgeber nicht überhaupt in die Gesetzgebungskompetenz der Länder zur Regelung allgemein-polizeilicher Angelegenheiten eingegriffen hat[13], kann dahingestellt bleiben.

12 Das Uniformierungsverbot des § 3 Abs. 1 dürfte auf die in § 17 bezeichneten Veranstaltungen kaum zutreffen. Zwar erstreckt sich das Verbot auf das uniformierte Auftreten in der Öffentlichkeit schlechthin (Rz. 14 zu § 3), doch es ist weitgehend auszuschließen, dass Veranstaltungen der in § 17 bezeichneten Art auf den »Ausdruck einer gemeinsamen politischen Gesinnung« (Rz. 7 zu § 3) angelegt sind.

13 Eine Berufung auf Versammlungsfreiheit kommt für die in § 17 bezeichneten Veranstaltungen nicht in Betracht. Soweit es sich um religiöse Veranstaltungen handelt, gilt die Religionsausübungsfreiheit des Art. 4 Abs. 2 GG. Für die übrigen dort genannten Veranstaltungen ist das Grundrecht auf allgemeine Handlungsfreiheit aus Art. 2 Abs. 1 GG relevant.

IV. Eingriffsbefugnisse bei Veranstaltungen nach § 17

14 Veranstaltungen nach § 17 haben an der prinzipiellen Erlaubnisfreiheit versammlungstypischer Betätigungen nicht teil. Der Ausschluss sonst geltender Erlaubnisvorbehalte insbesondere für die Inanspruchnahme öffentlicher Verkehrsflächen und die Benutzung von Lautsprechern (Rz. 7 und 8 zu § 15)[14] ist auf Veranstaltungen im Schutzbereich der Versammlungsfreiheit beschränkt. Nur sie sind gegenüber anderen öffentlichen Personenzusammenkünften privilegiert[15].

---

13 *Kunert*, NStZ 1989, 452 f.
14 So Abschn. IV der Verwaltungsvorschrift zu § 29 Abs. 2 StVO: »Öffentliche Versammlungen unter freien Himmel und Aufzüge, für die die Bestimmungen des § 14 Versammlungsgesetz gelten, bedürfen keiner Erlaubnis.«
15 *BVerfG*, NJW 2001, 2459 (2460); *Enders*, Jura 2003, 40.

Insoweit gilt für die in § 17 genannten Veranstaltungen grundsätzlich allgemeines und besonderes Gefahrenabwehrrecht, insbesondere Straßen- und Straßenverkehrsrecht mit den dort statuierten Erlaubnisvorbehalten[16].
Dabei muss differenziert werden. Religiöse Veranstaltungen sind anders   **15** gestellt als sonstige öffentliche Personenzusammenkünfte unter freiem Himmel.

Die in § 17 bezeichneten religiösen Veranstaltungen sind Betätigungen im   **16** Rahmen der Religionsausübungsfreiheit des Art. 4 Abs. 2 GG für die kein besonderer Schrankenvorbehalt besteht. Dem ist in Bezug auf die in § 29 Abs. 2 StVO bestimmte Erlaubnispflicht für eine über den Gemeinbrauch hinausgehende Straßenbenutzung durch Abschn. I 3 der Verwaltungsvorschrift zu § 29 StVO entsprochen. Ortsübliche Prozessionen und andere ortsübliche kirchliche Veranstaltungen im öffentlichen Straßenraum sind generell von der Erlaubnispflicht ausgenommen.

Die nicht religiösen Veranstaltungen des § 17 sind Betätigungen im Rah-   **17** men der allgemeinen Handlungsfreiheit des Art. 2 Abs. 1 GG. Für sie gilt mit dem Schrankenvorbehalt der verfassungsmäßigen Ordnung, die als Gesamtbestand der verfassungsmäßigen Rechtsordnung zu interpretieren ist[17], ein allgemeiner Gesetzesvorbehalt[18]. Damit sind allgemeines und besonderes Gefahrenabwehrrecht uneingeschränkt anwendbar. Für kleinere örtliche Brauchtumsveranstaltungen ist die in § 29 Abs. 2 StVO bestehende Erlaubnispflicht suspendiert. Sie gelten nach Abschn. I 3 der Verwaltungsvorschrift zu § 29 StVO als »verkehrsüblich«, sodass die Erlaubnispflicht entfällt. Empfohlen wird lediglich eine Verbindungsaufnahme mit den zuständigen Behörden, damit notwendige Sicherungsmaßnahmen eingeleitet werden können.

---

16 *Offczors*, in: Ridder u. a., § 17, Rz. 1; *Werner*, S. 64.
17 *BVerfGE*, 6, 32 (37 ff.), ständige Rechtsprechung, vgl. *BVerfGE* 14, 288 (305), 15, 235 (239).
18 *Pieroth/Schlink*, Rz. 383.

§ 17 a

(1) Es ist verboten, bei öffentlichen Versammlungen unter freiem Himmel, Aufzügen oder sonstigen öffentlichen Veranstaltungen unter freiem Himmel, oder auf dem Wege dorthin Schutzwaffen oder Gegenstände, die als Schutzwaffen geeignet und den Umständen nach dazu bestimmt sind, Vollstreckungsmaßnahmen eines Trägers von Hoheitsbefugnissen abzuwehren, mit sich zu führen.

(2) Es ist auch verboten,

1. an derartigen Veranstaltungen in einer Aufmachung, die geeignet und den Umständen nach darauf gerichtet ist, die Feststellung der Identität zu verhindern, teilzunehmen oder den Weg zu derartigen Veranstaltungen in einer solchen Aufmachung zurückzulegen,
2. bei derartigen Veranstaltungen oder auf dem Weg dorthin Gegenstände mit sich zu führen, die geeignet und den Umständen nach dazu bestimmt sind, die Feststellung der Identität zu verhindern.

(3) Die Absätze 1 und 2 gelten nicht, wenn es sich um Veranstaltungen im Sinne des § 17 handelt. Die zuständige Behörde kann weitere Ausnahmen von den Verboten der Absätze 1 und 2 zulassen, wenn eine Gefährdung der öffentlichen Sicherheit oder Ordnung nicht zu besorgen ist.

(4) Die zuständige Behörde kann zur Durchsetzung der Verbote der Absätze 1 und 2 Anordnungen treffen. Sie kann insbesondere Personen, die diesen Verboten zuwiderhandeln, von der Veranstaltung ausschließen.

I. Bedeutung der Vorschrift

1. Allgemeines

Passivbewaffnungsverbot und Vermummungsverbot sind gesetzliche Kon- **1**
kretisierungen der Gewährleistungsschranken der Art. 8 Abs. 1 GG, konkret des Unfriedlichkeitsverbots (Rz. 137 ff. zu § 1). Sie gelten nur für
öffentliche Versammlungen, Aufzüge und sonstige öffentliche Veranstaltungen unter freiem Himmel, nicht aber wie das Uniformierungsverbot für
die Öffentlichkeit schlechthin. Der Gesetzgeber hat die Verbote 1985 für
notwendig gehalten, weil er das »Verbot der Vermummung oder der passiven Bewaffnung mittels Auflage« (beschränkende Verfügung – Rdnr. 43 zu
§ 15) für nicht ausreichend hielt[1]. Als Gründe wurden Zweifel an der Vollziehbarkeit nach verwaltungsrechtlicher Anfechtung, Schwierigkeiten bei
der Bekanntgabe an die Betroffenen sowie die fehlende Bußgeldbewehrung
für Anordnungen genannt, die nicht auf § 15 Abs. 1 oder 2, sondern auf
§ 15 Abs. 3 gestützt werden müssen, weil die Versammlung bereits begon-
nen hat (Rz. 139 zu § 15). Diese allein auf verwaltungsverfahrenstechnische
Schwierigkeiten abgestellten Gründe vermögen nicht zu überzeugen. Mit
der Neufassung des § 17 a hat der Gesetzgeber vor allem auf die general-
präventive Wirkung eines strafbewehrten Verbots abgestellt[2]. Diese Wirkung ist nicht von der Hand zu weisen.

§ 17 a enthält drei repressive Verbote mit Befreiungsvorbehalt und eine **2**
Anordnungsermächtigung für die zuständige Behörde zur Durchsetzung
dieser Verbote (Abs. 4). Die Bestimmung enthält nicht die Grundtatbestände
der in § 27 Abs. 2 genannten Straftaten und der in § 29 Abs. 1 Nr. 1 a genannten Ordnungswidrigkeit, sondern ist eine rein präventiv-polizeiliche Regelung, für deren Auslegung deshalb auch polizeirechtliche Grundsätze gelten.

Passivbewaffnungsverbot und Vermummungsverbot bestehen von Gesetzes wegen. Sie bedürfen im Einzelfall nicht mehr einer konkretisierenden
Anordnung. Ihre Geltung kann jedoch im Einzelfall durch Verfügung der
zuständigen Behörde aufgehoben werden.

Passivbewaffnungs- und Vermummungsverbot gelten auch für öffentliche **3**
Veranstaltungen unter freiem Himmel, die nicht die Qualität von Versammlungen haben. Unter dem Begriff der *sonstigen öffentlichen Veranstaltung*
unter freiem Himmel fallen alle prinzipiell jedermann zugänglichen Zusammenkünfte von Personen gleich welchen Zwecks, nämlich Sportveranstaltungen, Volksfeste, Trachtenumzüge, Märkte, Musikfestivals etc.[3]

---

1 *BT-Drucks.* 10/3580, S. 2 u. 3.
2 *BT-Drucks.* 11/4359, S. 20.
3 Die Gesetzesmaterialien (*BT-Drucks.* 11/2834, S. 11) stellen auf Sport- und Unterhaltungsveranstaltungen ab.

Mit der Ausdehnung versammlungsbezogener Verbote auf außerversammlungsrechtliche Veranstaltungen hat der Gesetzgeber den Ungereimtheiten des VersG eine weitere hinzugefügt. So besteht für das Mitführen von Schutzwaffen *bei* oder *auf dem Wege* zu *sonstigen* öffentlichen Veranstaltungen unter freiem Himmel ein strafbewehrtes Verbot, nicht aber für die gleichen Verhaltensweisen in Bezug auf die in § 2 Abs. 3 bezeichneten Angriffswaffen im technischen wie im nichttechnischen Sinne (Rz. 16 f. zu § 2). Diese Inkonsequenz wird durch die Bestimmung des § 42 Abs. 2 WaffG nicht aufgehoben, weil der Tatbestand dieser Regelung nur das Mitführen *bei*, nicht aber auch *auf dem Wege* zu einer sonstigen öffentlichen Veranstaltung verbietet und außerdem nur für Schusswaffen, Hieb- und Stoßwaffen gilt, also Waffen im technischen Sinne. Eine weitere Inkonsequenz besteht darin, dass die Polizei an nach Polizeirecht eingerichteten Kontrollstellen wegen des Bezugs zu § 27 VersG zwar nach Schutzwaffen (§ 27 Abs. 2 Nr. 1), nicht aber nach Angriffswaffen suchen darf, weil der Tatbestand des § 27 Abs. 1 sich nur auf *öffentliche* Versammlungen und Aufzüge, nicht aber wie § 27 Abs. 2 auch auf sonstige öffentliche *Veranstaltungen* unter freiem Himmel bezieht[4]. Weil die Regelung trotz zahlreich festzustellender Missachtungen, insbesondere wegen der letzt genannten Inkonsequenz durch Hooligans bei Fußballspielen, kaum anwendbar ist, sollte sie ersatzlos gestrichen werden. Sie gehört nicht ins VersG.

2. Zur Verfassungsmäßigkeit der Verbote

4 Die Verfassungsmäßigkeit muss unter dem Gesichtspunkt geprüft werden, dass § 17 a (im Gegensatz zu § 27 Abs. 2 und § 29 Abs. 1 a) keine strafbewehrte bzw. bußgeldbewehrte Sanktionsnorm, sondern eine präventivpolizeiliche Regelung sein soll.

Eine solche Regelung muss auf einer hinreichend sicheren Gefahrenprognose bestehen und dem Schutz von Rechtsgütern dienen, die gegenüber der möglichen Beeinträchtigung der Versammlungs- und Demonstrationsfreiheit schutzwürdig ist. Dabei muss berücksichtigt werden, dass die Versammlungs- und Demonstrationsfreiheit nicht nur bloße Anwesenheit in einer Versammlung, sondern auch versammlungs- und demonstrationsbezogene Gestaltungsfreiheit schützt. Zur Gestaltungsfreiheit gehören auch besondere Ausdrucksformen. Sie gehen über die bloße Verbalität, Schriftlichkeit oder Bildhaftigkeit hinaus. Eine Reduzierung auf rein geistige, um Rationalität bemühte Argumentation greift zu kurz[5]. Deshalb sind auch Passivbewaffnung und Vermummung nicht von vornherein völlig untypische Betätigungen, die vom Schutzbereich des Grundrechts überhaupt

---

4 *Sigrist*, Die Polizei 2002, 133.
5 A. A. *Götz*, DVBl. 1985, 1347; *Brohm*, JZ 1985, 510; *Broß*, Jura 1986, 195.

nicht erfasst werden und für die allenfalls eine Berufung auf allgemeine Handlungsfreiheit in Betracht käme (Rz. 57 ff. zu § 1).

Die Gefahrenprognose muss sich auf Lebenstatsachen und empirische 5 Befunde stützen können.

Der Gesetzgeber ist davon ausgegangen – und durfte nach allen Erfahrungen davon ausgehen –, dass passivbewaffnete und/oder vermummte Personen signifikant häufiger an Gewalttätigkeiten bei unfriedlichen Versammlungen und Demonstrationen beteiligt sind[6]. Er durfte deshalb für den Regelfall bei so ausgerüsteten bzw. aufgemachten Personen die Gefahr unfriedlichen Verhaltens unterstellen[7]. Auch die nur beabsichtigte Gewalttätigkeit wird vom Unfriedlichkeitsverbot des Art. 8 Abs. 1 GG erfasst[8]. Der Gesetzgeber unterstellt bei Teilnehmern mit Schutzwaffen aufgrund ihres »martialischen Erscheinungsbildes« eine »offenkundige Gewaltbereitschaft« und eine »aggressionsstimulierende Wirkung«. Er hat damit offensichtlich an die verfassungsgerichtliche Rechtsprechung zum Uniformierungsverbot des § 3 VersG angeknüpft, in der das Tragen von Uniformen oder Uniformteilen als Ausdruck einer gemeinsamen politischen Gesinnung als geeignet angesehen wird, »suggestiv-militante Effekte in Richtung auf einschüchternde uniforme Militanz auszulösen«, was zum Schutz der Rechte anderer durch den Gesetzgeber »schon in den Ansätzen« unterbunden werden darf[9].

Bei vermummten Teilnehmern ist der Gesetzgeber wohl von ähnlichen 6 Überlegungen ausgegangen, zumal es einen sozialpsychologischen Erfahrungssatz gibt, woraus Menschen aus der Anonymität heraus signifikant häufiger zu Gewalttätigkeiten neigen.

Das Verbot des § 17 a konkretisiert die Gewährleistungsschranken des 7 Art. 8 Abs. 1 GG. Es erfasst nicht Fälle der Passivbewaffnung bzw. Vermummung, bei denen keine Missachtung des Unfriedlichkeitsverbots (Rz. 137 ff. zu § 1) droht. Das ist kein Widerspruch. Der Gesetzgeber selbst hat anerkannt, dass legitime Fälle von Vermummung als Ausdruck nichtverbaler Meinungsäußerung oder künstlerischer Gestaltung geben kann[10]. Auch die Ausrüstung mit »Schutzgegenständen« (*Hoffmann-Riem*) kann

6 *BT-Drucks.* 10/3580, S. 2, 11/4359, S. 20.
7 *Herzog*, in: Maunz/Dürig, Art. 8, Rz. 68; *Maatz*, MDR 1990, 579.
8 *BVerfGE* 69, 315 (360); *Herzog*, in: Maunz/Dürig, Art. 8, Rz. 58; *Hoffmann/ Riem*, AK-GG, Art. 8, Rz. 20.
9 *BVerfG*, MDR 1983, 22.
10 *Hoffmann-Riem*, AK-GG, Art. 8, Rz. 25; *Ott/Wächtler*, § 17 a, Rz. 40 f.; *Herzog*, in: Maunz/Dürig, Art. 8, Rz. 55.

legitim sein, wenn sie dem Zweck dient, sich gegen militante Gegendemonstranten zu schützen[11].

Vermummung ist legitim[12], sofern sie Ausdruck nichtverbaler zulässiger Meinungsäußerung oder Kunstausübung ist oder dem Schutz vor sonst unvermeidbarer Verfolgung oder Diskriminierung (Aidskranke, Homosexuelle) dient[13]. Würden die generellen Verbote des § 17 a auch legitimes Verhalten untersagen, dann wäre diese Bestimmung verfassungswidrig[14]. Dieser Gefahr ist der Gesetzgeber nicht erlegen. So hat er bei Einführung des § 17 a (1985) klargestellt, dass bei der Mitführung von Schutzwaffen oder ihnen gleichgestellter Gegenstände legitime Zwecke nicht vom Verbot erfasst werden[15]. Auch fällt eine »Aufmachung« als nichtverbale Meinungsäußerung nicht unter das Vermummungsverbot.

8   Darüber hinaus hat der Gesetzgeber weitere Ausnahmen vom Verbot zugelassen, und zwar generell für Veranstaltungen im Sinne des § 17 und speziell durch Verwaltungsermächtigung.

Befreiungsermächtigungen von einem repressiven Verbot dürfen rechtsstaatlichen Grundsätzen nicht widersprechen[16]. Der Grundsatz der Gesetzmäßigkeit der Verwaltung gebietet, dass der Gesetzgeber selbst und mit der gebotenen Klarheit festlegt, aus welchen Gründen die Befreiung erteilt oder versagt werden darf[17]. Unzulässig wäre, der Verwaltung bei repressiven Verboten ungebundenes (freies) Ermessen einzuräumen, sodass sie über die Gestaltung des Geschehens selbst entscheiden könnte[18].

Unter diesem Gesichtspunkt ist die gewählte Formulierung in § 17 a Abs. 3 Satz 2 fragwürdig. Sie räumt der zuständigen Behörde Ermessen ein (»kann«) und bindet dieses Ermessen lediglich dahin gehend, dass Befreiung vom Verbot dann erteilt werden darf, »wenn eine Gefährdung der öffentlichen Sicherheit oder Ordnung nicht zu besorgen ist«.

9   Der Gesetzgeber wollte nach seinen eigenen Intentionen die Gewaltbereitschaft bei öffentlichen Versammlungen unter freiem Himmel reduzieren[19]. Ihm ging es nicht um den wesentlich weiter gehenden Schutz der öffentlichen Sicherheit und Ordnung. Diese am Übermaßverbot orientierte

---

11 *Hoffmann-Riem*, AK-GG, Art. 8, Rz. 25; differenziert *Ott/Wächtler*, § 17 a, Rz. 29 ff.; *Herzog*, in: Maunz/Dürig, Art. 8, Rz. 55.

12 *BT-Drucks.* 10/3580, S. 4.

13 *Gintzel*, Die Polizei 1986, 185, 186; *Jahn*, JZ 1988, 547; *Amelung*, StV 1989, 72.

14 Von Verfassungswidrigkeit gehen aus *Hoffmann-Riem*, AK-GG, Art. 8, Rz. 27; *Ott/Wächtler*, § 17 a, Rz. 40.

15 *BT-Drucks.* 10/3580, S. 4.

16 *BVerfGE* 9, 83 (87).

17 *BVerfGE* 9, 83 (87); 20, 150 (157 f.).

18 *BVerfGE* 20, 150 (157 f.); 38, 348 (368).

19 *BT-Drucks.* 10/3580, S. 2 u. 4.

Selbstbeschränkung des Gesetzgebers muss dann aber auch für die Verwaltungsermächtigung gelten. Der vom Gesetzgeber selbst genannte legitime Zweck von Vermummung, wenn »Ausländer wegen ihrer Teilnahme an einer politischen Demonstration Repressalien ihrer Heimatländer zu befürchten haben«[20], könnte von der zuständigen Behörde negiert werden, weil Interessen der öffentlichen Sicherheit oder Ordnung entgegen stehen.

Deshalb müsste das Verwaltungsermessen dahin gehend eingeschränkt werden, dass Befreiung vom Verbot immer dann zu erteilen ist, wenn *unfriedliche Aktionen* nicht zu besorgen sind. Damit erledigt sich auch die Frage, ob eine bloße Gefährdung der öffentlichen Ordnung eine ausreichende Grundlage für die Versagung der Ausnahmeerlaubnis bietet. Weil der Gesetzgeber das eingeräumte Verwaltungsermessen wesentlich weniger eingeschränkt hat, erscheint die Regelung verfassungsrechtlich bedenklich.

Darüber hinaus werden im Schrifttum weitere Bedenken gegen die Verfassungsmäßigkeit der Regelung geltend gemacht[21]. *Ott/Wächtler* halten § 17 a schon in der Fassung von 1985 für verfassungswidrig[22]. Die Bestimmung stehe im Widerspruch zu den vom BVerfG im Brokdorf-Beschluss[23] aufgestellten Grundsätzen. Eine verfassungskonforme Anwendung sei nicht möglich. **10**

II. Passivbewaffnungsverbot

1. Schutzwaffen

Schutzwaffen sind keine Waffen im Sinne des Art. 8 Abs. 1 GG (Rz. 15 zu § 2)[24]. **11**

Der Begriff Schutz*waffen* ist nicht unbestritten[25]. Gegenstände, die der passiven Abwehr von Angriffen dienen, können selbst Waffenqualität haben. Von der sprachlichen Grundbedeutung sind Waffen Kampfgeräte für **12**

---

20 *BT-Drucks.* 10/3580, S. 5.
21 *Lenckner*, in: Schönke/Schröder, 26. Aufl., § 125, Rz. 31 a; *Baumann*, StV 1988, 37 ff.; *Hamm*, StV 88, 40 ff.; *Strafrechtskommission des Deutschen Richterbundes*, DRiZ 1988, 29 f.; *Marqua*, DRiZ 1988, 26; *Strohmaier*, ZRP 1985, 153 ff.; *Schnoor*, ZRP 1983, 185 ff.; *Hoffmann/Riem*, AK-GG, Art. 8, Rz. 25; *Gintzel*, Die Polizei 1986, 189; *Jahn*, JZ 1988, 547 ff.; *Kniesel*, RuP 1988, 207; *Mayer*, JA 1998, 345 (347 ff.); *Werner*, VR 2000, 379 ff.; *Kunert*, NStZ 1989, 452 f., hält die Ausweitung auf »sonstige Veranstaltungen« für verfassungsrechtlich bedenklich, weil der Bundesgesetzgeber eine nur dem Landesgesetzgeber zustehende Materie des allgemeinen Polizeirechts geregelt hat.
22 *Ott/Wächtler*, § 17 a, Rz. 1 und 42 f.
23 *BVerfGE* 69, 315 (342 ff.).
24 *Herzog*, in: Maunz/Dürig, GG, Art. 8, Rz. 68.
25 *Hoffmann-Riem*, AK-GG, Art. 8, Rz. 27.

Angriff wie auch für Verteidigung. Schutzwaffen sind dann Geräte, die eigene Angriffshandlungen ermöglichen, weil sie gegnerische Einwirkungen aufheben oder entscheidend abschwächen. Mit der Wahl des Begriffs Schutz*waffe* anstelle des neutraleren (und weitreichenderen) Begriffs Schutz*gegenstand* hat der Gesetzgeber auf die Eignung für kämpferische Auseinandersetzung abgestellt.

13   Schutzwaffen im Sinne des Abs. 1 können wie Angriffswaffen unterschieden werden, nämlich als Schutzwaffen im technischen und im nichttechnischen Sinne.

14   *Schutzwaffen im technischen Sinne* sind nach ihrer Zweckbestimmung, ihren Konstruktionsmerkmalen oder ihren besonderen Eigenschaften von vornherein dazu bestimmt, dem Schutz des Körpers gegen Angriffsmittel bei kämpferischen Auseinandersetzungen zu dienen. Dazu gehören vornehmlich Schutzschilde, Panzerungen sowie Schutzwaffen aus dem polizeilichen oder militärischen Bereich (Helme, Schutzmasken, Gasmasken u. ä.) oder aus dem Bereich von Kampfsportarten[26]. In der Mitführung solcher Schutzwaffen sieht der Gesetzgeber ein sicheres und ausreichendes Indiz für offenkundige Gewaltbereitschaft[27].

15   *Schutzwaffen im nichttechnischen Sinne* sind Gegenstände, die ihrer Art nach objektiv geeignet sind, denselben Zweck wie Schutzwaffen zu erfüllen und die darüber hinaus vom Träger subjektiv dazu bestimmt sind, hoheitliche Vollstreckungsmaßnahmen abzuwehren[28]. Die objektive Eignung zur Angriffsabwehr ist bei allen Gegenständen gegeben, die dem Charakter von Schutzwaffen entsprechen[29], wie Motorradhelme und andere Schutzhelme, besondere Polsterungen, besondere Schutzkleidung, nicht aber Kleidungsstücke der üblichen Art (etwa Regenmäntel)[30]. Zur objektiven Eignung als Schutzwaffe muss der erkennbare Wille kommen, sie als solche zu verwenden, um der Anwendung unmittelbaren Zwangs widerstehen zu können.

2. Verbotene Handlungen

16   § 17 a Abs. 1 verbietet das offene wie das verdeckte[31] *Mitführen* von Schutzwaffen im technischen wie auch im nichttechnischen Sinne sowohl *bei* als auch *auf dem Weg* zu einer öffentlichen Versammlung bzw. einem Aufzug oder einer sonstigen öffentlichen Veranstaltung unter freiem Himmel.

---

26 *BT-Drucks.* 10/3580, S. 4.
27 *BT-Drucks.* 10/3580, S. 4.
28 *BT-Drucks.* 10/3580, S. 4.
29 *BT-Drucks.* 10/3580, S. 4.
30 *BT-Drucks.* 10/3580, S. 4.
31 So wohl auch *Ott/Wächtler*, § 17 a, Rz. 12.

Bei einer Veranstaltung meint, dass sich der Betroffene in einer bereits **17** existierenden und noch nicht aufgelösten oder beendeten Veranstaltung befindet[32], wobei gleichgültig ist, ob er daran im Sinne von Teilhabe teilnimmt oder nicht. Gleichwohl wird das Passivbewaffnungsverbot für Nichtteilnehmer (z. B. Bedienungspersonal, fliegende Händler, Angehörige von Rettungsdiensten und Sicherheitsorganen) in aller Regel nicht zutreffen, weil etwa mitgeführte Schutzwaffen im nichttechnischen Sinne offenkundig »den Umständen nach« nicht dazu bestimmt sind, Vollstreckungsmaßnahmen abzuwehren.

Auf dem Weg zu einer öffentlichen Veranstaltung befindet sich, wer sich **18** allein oder mit anderen zielgerichtet auf den Veranstaltungsort zubewegt. Das kann auch eine Versammlung außerhalb der Bundesrepublik sein. Ob das der Fall ist, muss aus den Umständen geschlossen werden. Solche Umstände können die Mitfahrt in einem Sonderzug, einem Omnibus oder einem Fahrzeugkonvoi mit entsprechendem Fahrtziel, aber auch entsprechende Erklärungen sein. Die Sicherheit der Annahme, dass sich jemand auf dem Weg zu einer Veranstaltung befindet, steigt mit der Nähe zum Veranstaltungsort.

Mitführen bedeutet, die tatsächliche Gewalt mit der Maßgabe auszuüben, **19** die Schutzwaffe bzw. den ihr gleichgestellten Gegenstand jederzeit für den bestimmungsmäßigen Gebrauch verfügbar zu haben und sich dessen bewußt zu sein. Das Mitführen muss in einer bereits existierenden öffentlichen Veranstaltung unter freiem Himmel oder auf dem Weg dorthin erfolgen. Der Tatbestand knüpft im Gegensatz zu Abs. 2 nicht an die Teilnehmerschaft an, wird aber in der Regel nur für Teilnehmer zutreffen. Zu den Begriffen »Versammlung« und »Aufzug« unter freiem Himmel vgl. Rz. 9 ff. zu Abschn. III. *Sonstige öffentliche Veranstaltungen* unter freiem Himmel sind insbesondere jedermann zugängliche Sport- und Unterhaltungsveranstaltungen. Generell ausgenommen sind Veranstaltungen nach § 17, obwohl die Annahme, bei den dort genannten Veranstaltungen sei weniger mit gewalttätigen Ausschreitungen zu rechnen, zumindestens für die hergebrachten Volksfeste kaum zutrifft. Das Verbot erfasst auch das Mitführen auf dem Weg zur Veranstaltung. Damit gibt es eine konkrete Handhabe für präventiv-polizeiliche Maßnahmen im Vorfeld potenziell unfriedlicher Veranstaltungen allerdings seltsamerweise nur in Bezug auf Schutzwaffen, nicht aber auf Angriffswaffen (vgl. Rz. 3)[33].

Beim Mitführen von Schutzwaffen im *technischen Sinne* wird Gewaltbe- **20** reitschaft und damit die Gefahr unfriedlichen Verhaltens unwiderleglich vermutet. Ob der Gewahrsamsinhaber die Schutzwaffe tatsächlich bestim-

---

32 *BayObLG*, NStZ 1989, 29.
33 *Gintzel*, Die Polizei 1986, 187.

mungsgemäß verwenden will, ist unerheblich. Die subjektive Bestimmung zu dem Zweck, unmittelbaren Zwang »eines Trägers von Hoheitsbefugnissen« abzuwehren, ist nur für Schutzwaffen im nichttechnischen Sinne gefordert.

21   Beim Mitführen von Schutzwaffen im *nichttechnischen Sinne* ist neben der objektiven Eignung zur Abwehr von Angriffen eine subjektive Zweckbestimmung erforderlich. Diese subjektive Zweckbestimmung muss sich aus dem erklärten oder offenkundigen Willen des Trägers ergeben. Soweit nicht entsprechende ausdrückliche Erklärungen vorliegen, ist auf den offenkundigen Willen abzustellen. Dieser kann sich in einer Umrüstung sonst unverdächtiger Gegenstände (etwa besondere Kinnriemen für Industrieschutzhelme) oder im sinnfälligen Ausschluss anderer Zweckbestimmungen (Mitführen von Motorradhelmen ohne Motorrad) ergeben. Im Zweifel ist zugunsten des Betroffenen zu entscheiden.

Daneben gibt es Fälle, bei denen die erforderliche Zweckbestimmung von vornherein ausscheidet, z. B. bei Teilnehmern in Arbeitskleidung, zu der üblicherweise Schutzgegenstände (etwa Schutzhelme) gehören.

22   Mitgeführte Schutzwaffen im technischen wie auch im nichttechnischen Sinne sind von der Polizei sicherzustellen oder, wenn sie nicht freiwillig herausgegeben werden, zu beschlagnahmen. Sie unterliegen als Beziehungsgegenstände (nach § 30) der Einziehung. Eine Einziehung nach § 74 StGB kommt in Betracht, wenn die Schutzwaffe gleichzeitig Instrument einer Straftat war.

III. Vermummungsverbot

1. Aufmachung

23   Aufmachung zur Identitätsverschleierung ist im Regelfall die anlassbezogene künstliche Veränderung oder Verhüllung des Gesichts. Dass sich das Vermummungsverbot in erster Linie auf das Gesicht bezieht, ergibt sich aus der gesetzgeberischen Absicht, die Identifizierung von Personen in einer Menschenmenge zu ermöglichen.

24   Die *sichere* Identifizierung einer Person aus der Distanz erfolgt in aller Regel durch Bildaufzeichnungen des Gesichts. Identifizierungsanhalt sind die physiognomischen Besonderheiten. Das Passbild als Abbildung der physiognomischen Besonderheiten ist wesentlicher Bestandteil der vorgeschriebenen Identitätsausweise für In- und Ausländer (Personalausweis bzw. Pass). Solche Identitätsausweise verlieren ihre Gültigkeit, wenn das Lichtbild eine einwandfreie Identifizierung des Ausweisinhabers nicht mehr zulässt[34].

---

34 Zu den in der Praxis aufgetretenen Schwierigkeiten *Gintzel*, Die Polizei 1986, 186; zur rechtlichen Problematik *Baumann*, StV 1988, 37 ff.; *Maatz*, MDR 1990, 584.

Eine Aufmachung ist im Regelfall *geeignet*, die Feststellung der Identität 25
zu verhindern, wenn das Gesicht unter Gebrauch künstlicher Mittel so verändert oder verhüllt ist, dass eine Identifizierung durch Vergleich mit dem
Lichtbild im gültigen Pass oder Personalausweis dieser Person nicht möglich ist. Darüber hinaus ist eine Aufmachung auch dann zur Identitätsverschleierung geeignet, wenn der Betroffene zwar nicht sein Gesicht, aber
sein sonstiges äußeres Erscheinungsbild so verändert, dass ein Erkennen
oder Wiedererkennen (z. B. durch Zeugen) wesentlich erschwert oder unmöglich gemacht wird. Das kann etwa dadurch erreicht werden, dass körperliche Gebrechen (z. B. Blindheit, Gipsverbände u. ä.) vorgetäuscht werden[35]. Das Tragen nichtgeschlechtsspezifischer Kleidungsstücke reicht
allein nicht aus[36].

Aufmachung ist vom Wortsinn Gestaltung, Verpackung. Sie enthält deshalb immer Elemente des Künstlichen. Deshalb werden natürliche Beeinträchtigungen der Erkennbarkeit einer Person, etwa durch Veränderung der
Haar- und Barttracht, durch Grimmssieren oder Verdecken des Gesichts
mit den Händen nicht vom Vermummungsverbot erfasst. Bei dauernder
Veränderung der Physiognomie des Gesichts durch Änderung der Haar-
und Barttracht bzw. durch Gesichtsoperationen verlieren lediglich Pass
oder Personalausweis ihre Gültigkeit.

Neben der objektiven Eignung muss die Aufmachung *den Umständen* 26
nach darauf gerichtet sein, die Identifizierung zu verhindern. Auf die Absicht des Betroffenen soll und darf aus den Gesamtumständen geschlossen
werden[37]. Der Gesetzgeber nennt hierfür Beispiele: wenn bei sommerlichen
Temperaturen das Gesicht mit einem Schal oder einer Wollmaske mit Seh-
schlitzen verhüllt wird[38].

Eine Aufmachung, die erkennbar der Meinungsäußerung oder künstlerischen Zwecken dient (z. B. aufgeschminkte oder aufgesetzte Masken), wird
nicht vom Vermummungsverbot erfasst, weil sie den Gesamtumständen
nach nicht auf Identitätsverschleierung gerichtet ist[39].

2. Verbotene Handlungen

§ 17 a Abs. 2 verbietet die *Teilnahme* an einer öffentlichen Veranstaltung 27
(vgl. Rz. 17) trotz Vermummung, das Vermummtsein *auf dem Wege* zu ei-

---

35 *Ott/Wächtler*, § 17 a, Rz. 38; *Meyn*, S. 92.
36 *Gintzel*, Die Polizei 1986, 186; a. A. wohl *Ott/Wächtler*, § 17 a, Rz. 9.
37 *BT-Drucks.* 10/3580, S. 4; *Maatz*, MDR 1990, 584, hält die Absicht für offenkundig, wenn beim Ausbruch von Gewalttätigkeiten die Vermummung angelegt
   oder nicht abgelegt wird. Dem ist zuzustimmen.
38 *BT-Drucks.* 10/3580, S. 4.
39 *Werner*, VR 2000, 378 f.

ner solchen Veranstaltung sowie das Mitführen von Vermummungsgegenständen, und zwar sowohl *bei* einer öffentlichen Veranstaltung als auch *auf
dem Wege* zu einer solchen.

28   § 17 a Abs. 2 verbietet zunächst die *Teilnahme* trotz Vermummung. Teilnahme setzt eine bereits existierende und noch nicht aufgelöste oder
beendete Veranstaltung voraus. Die Phase des Sichversammelns muss im
Wesentlichen abgeschlossen sein. Teilnahme bedingt außerdem Teilhabe
(Rz. 236 zu § 1). Damit gilt das Verbot nicht für Bedienungspersonal oder
fliegende Händler, auch nicht für nicht anteilnehmende zuschauende Stra-
ßenpassanten. Gegen solche Personen sind aber auf allgemeines Polizeirecht gestützte Verfügungen zulässig, sofern in der Vermummung dieser
Personen eine Gefährdung der öffentlichen Sicherheit oder Ordnung gesehen werden kann. Vom Verbot erfasst wird nicht die Verschleierung der
persönlichen Erkennbarkeit von Polizeibeamten, die im Rahmen einer Le-
gendierung rechtmäßig als verdeckte Ermittler tätig werden[40].

29   § 17 a verbietet weiterhin das Vermummtsein *auf dem Weg* zu einer öffentlichen Veranstaltung im Sinne des Abs. 1.
Auf dem Weg zu einer öffentlichen Veranstaltung befindet sich, wer sich
zielgerichtet allein oder mit anderen auf den Veranstaltungsort zubewegt
(Rz. 18). Das Verbot gilt damit auch für potenzielle Teilnehmer.

30   Verboten ist schließlich das *Mitführen* von *Vermummungsgegenständen*,
und zwar *bei* öffentlichen Veranstaltungen sowie *auf dem Weg* dorthin. Zu
den Begriffen *Mitführen, bei* einer Veranstaltung und *auf dem Weg* zu einer
Veranstaltung vgl. Rz. 17 ff.

31   *Vermummungsgegenstände* sind solche, bei denen Eignung und sachbe-
zogene Zweckbestimmung den Schluss zulassen, dass sie zur Identitätsverschleierung bestimmt sind, z. B. Masken, Kapuzen, Schminkutensilien,
Farben u. ä.

IV. Ausnahmen

1. *Veranstaltungen nach § 17*

32   Veranstaltungen nach § 17 haben keine Versammlungsqualität (Rz. 10 zu
§ 17). Sie sind aber regelmäßig »sonstige öffentliche Veranstaltungen« im
Sinne der Verbotsregelungen der Abs. 1 und 2. Deshalb bedurfte es einer
Ausnahmeregelung. Diese generelle Ausnahmeregelung hat der Gesetzgeber in Abs. 3 Satz 1 bestimmt. Sofern Passivbewaffnung oder Vermummung bei Veranstaltungen nach § 17 eine Gefahr für die öffentliche Sicherheit begründet, müsste eine besondere auf allgemeines Polizeirecht zu

---

40 *Knape*, Die Polizei 1998, 4 f.

stützende Verbotsanordnung der zuständigen Behörde ergehen (Rz. 14 zu § 17).

2. Erlaubnis

§ 17 a Abs. 1 und 2 enthalten repressive Verbote mit Befreiungsvorbehalt. **33** Die zuständige Behörde (Rz. 54) *kann* Ausnahmen (Dispens) vom Passivbewaffnungsverbot wie auch vom Vermummungsverbot zulassen, wenn eine Gefährdung der öffentlichen Sicherheit oder Ordnung nicht zu besorgen ist. Die als Kannbestimmung ausgestattete Befreiungsermächtigung des § 17 a Abs. 3 Satz 2 räumt der zuständigen Behörde damit kein »freies Ermessen«[41] ein. Verwaltungsermessen ist stets grundrechtsfreundlich auszuüben[42]. Deshalb wird die zuständige Behörde immer dann Befreiung vom Verbot aussprechen müssen, wenn eine Gefährdung der öffentlichen Sicherheit auszuschließen ist[43]. Eine bloße Gefährdung der öffentlichen Ordnung wird kaum ausreichen (vgl. Rz. 207 ff. zu § 15)[44], die Erlaubnis zu verweigern.

Die zuständige Behörde hat immer dann Befreiung vom Verbot zu bewil- **34** ligen, wenn sie keine ausreichend sicheren Erkenntnisse für eine Gefährdung der öffentlichen Sicherheit hat. Die Befreiung erteilende Ausnahmebewilligung (Dispens) bedarf nicht ausdrücklich eines besonderen Antrags. Abs. 3 enthält keinen Antragsvorbehalt. Die zuständige Behörde kann deshalb von sich aus initiativ werden und die Geltung der Verbote der Abs. 1 und 2 für eine konkrete Veranstaltung gegenüber bestimmten Personen (Einzelverfügung) oder einem bestimmbaren Personenkreis (Allgemeinverfügung) suspendieren. Das sollte im Interesse der Rechtsklarheit für alle Beteiligten (mit Einschluss der eingesetzten Polizeibeamten) nicht durch ostentatives Dulden der Verbotsmissachtung, sondern durch ausdrückliche Duldungserklärung erfolgen[45]. Diese Duldungserklärung[46] kann mündlich,

---

41 *Wolff/Bachof*, VerwR I, § 31 II e 2; *Werner*, VR 2000, 382.
42 *BVerfGE* 69, 315 (355).
43 So etwa bei Ausländern, die als Teilnehmer einer gegen ihren Staat gerichteten Protestaktion Identitätsverschleierung vornehmen wollen, weil sie Repressalien von Organen dieses Staates gegen sich oder Angehörige befürchten (vgl. *BT-Drucks.* 10/3580, S. 4).
44 *BVerfGE* 69, 315 (345, 353).
45 *OVG Münster*, E 14, 60 (65).
46 *Maatz*, MDR 1990, 584, hält die Polizei in jedem Falle für unzuständig, was so nicht zutrifft, weil es in der Hand des Landesgesetzgebers liegt, die Polizei für zuständig zu erklären, wozu es gute Gründe gibt (Rz. 55). Er hält die Erlaubnis außerdem nur *vor* der Durchführung der Veranstaltung für zulässig (a.a.O.). Dafür gibt es keine Rechtsgründe, allenfalls praktische Gründe, weil eine während der Veranstaltung erteilte Erlaubnis nur die bevorstehenden, nicht aber die be-

u. U. auch während der Veranstaltung ergehen. Sie müsste mit einem Widerrufsvorbehalt für den Fall versehen werden, dass die an sich friedliche Qualität der Veranstaltung verlorengeht. Auf Vertrauensschutz in bezug auf die Aufhebung der Rechtswidrigkeit (und damit der Strafbarkeit) der Verbotsmissachtung können sich Betroffene nur bei ausdrücklicher Erklärung der Ausnahmebewilligung, nicht bei bloßer Duldung von Verbotsverletzungen durch die zuständige Behörde und/oder die Polizei berufen[47]. Für den Vertrauensschutz unbeachtlich ist, ob die erklärte Ausnahmebewilligung sachgerecht war.

V. Eingriffsbefugnisse

1. Allgemeines

35   Die Anordnungsermächtigung des Abs. 4 zur »Durchsetzung« der Verbote der Abs. 1 und 2 wird nur in geringem Maße praktische Bedeutung erlangen. Weil die Verbotstatbestände der Abs. 1 und 2 Nr. 1 mit den Straftatbeständen in § 27 Abs. 2 Nr. 1 und 2 übereinstimmen, ist jede Verbotsmissachtung als Straftat anzusehen. Bei dieser Sachlage ist die regelmäßig zuständige Polizei wegen des sie bindenden Legalitätsprinzips primär zu Maßnahmen der Strafverfolgung verpflichtet. Präventiv-polizeiliche Maßnahmen kommen nur dann in Betracht, wenn eine Verbotsmissachtung lediglich bevorsteht, eine Straftat also noch nicht vorliegt, oder wenn eine Verbotsverletzung trotz durchgeführter Strafverfolgungsmaßnahmen fortdauert, in seltenen Fällen auch, wenn Strafverfolgung unter dem Gesichtspunkt der Pflichtenkollision rechtmäßig unterbleiben darf (Rz. 50).

36   »Durchsetzung« der Verbote der Abs. 1 und 2 kann zum einen darin bestehen, die Fortdauer vollendeter Verbotsverletzungen zu unterbinden, zum anderen auch darin, unmittelbar bevorstehende Verbotsmissachtungen zu verhindern.

Da es sich bei den Verbotsregelungen der Abs. 1 und 2 um Gefährdungstatbestände handelt, ist ihre Verletzung stets eine Störung, ihre konkret drohende Missachtung stets eine Gefährdung der öffentlichen Sicherheit[48].

37   Die Anordnungsermächtigung in Abs. 4 muss im Zusammenhang mit den Eingriffsermächtigungen der §§ 18 Abs. 3 und 19 Abs. 4 gesehen werden. Diese Regelungen berechtigen die Polizei zum Ausschluss von Teilnehmern aus einer öffentlichen Versammlung oder einem Aufzug unter

reits begangenen Verbotsverletzungen und die damit verbundenen Straftaten nach § 27 Abs. 2 zu rechtfertigen vermag, was zu Abgrenzungsproblemen bei der Strafverfolgung führen würde.

47 *Maatz*, MDR 1990, 584.
48 *Drews/Wacke/Vogel/Martens*, S. 412.

freiem Himmel. Gegenüber diesen Regelungen ist die Ermächtigung in Abs. 4 die weiter gehende, weil sie Maßnahmen gegen passivbewaffnete Personen schlechthin und gegen vermummte Teilnehmer auch dann zulässt, wenn von diesen Personen keine gröbliche Störung des Versammlungsgeschehens ausgeht.

Soweit – was der Regelfall sein dürfte – eine Zuständigkeit der Polizei im institutionellen Sinne (Rz. 1 zu § 12) für Anordnungen nach Abs. 4 begründet ist, entsteht wegen der polizeilichen Pflicht zur Strafverfolgung eine *Doppelzuständigkeit*. Diese Doppelzuständigkeit der Polizei berechtigt nicht zum Austausch von Befugnisnormen. Wenn bei Verdacht einer Straftat wegen der strikten Handlungsverpflichtung des Legalitätsprinzips Strafverfolgungsmaßnahmen geboten sind, darf auf sie nicht aus präventivpolizeilichen Erwägungen verzichtet werden. Andernfalls setzen sich die jeweils verantwortlichen Polizeibeamten dem Vorwurf der Strafvereitelung im Amt aus. Umgekehrt dürfen Beweissicherungsmaßnahmen, die nach strafprozessrechtlichen Befugnisnormen unzulässig sind, nicht durch Inanspruchnahme präventiv-polizeilicher Ermächtigungen ermöglicht werden. So gewonnene Beweise unterlägen sicher einem Verwertungsverbot[49]. Welche Aufgabe jeweils wahrgenommen und welche Befugnisnormen maßgebend sind, ist aus dem aktuellen Gesamteindruck des polizeilichen Vorgehens zu schließen[50], nicht aus späteren Erklärungen. Mit der Strafbewehrung des Passivbewaffnungs- und Vermummungsverbots ist der Handlungsspielraum der Polizei bei konfliktgeladenen Veranstaltungen unter freiem Himmel gravierend eingeschränkt worden[51]. Der bisherige weite Handlungsspielraum besteht nur noch für das bloß bußgeldbewehrte Verbot der Mitführung von Vermummungsgegenständen.

Sofern Anordnungen nach Abs. 4 in Frage kommen, müssen sie, um mehr als bloßer Hinweis auf ein bestehendes gesetzliches Verbot zu sein, einen Verbotstatbestand nach Abs. 1 oder 2 gegenüber bestimmten Personen und durch eine bestimmte Verhaltensanweisung (z. B. die Veranstaltung zu verlassen) konkretisieren. Solche konkretisierenden Anordnungen sind unselbständige Verfügungen und als solche Verwaltungsakte.

2. Unzulässige Anordnungen nach Abs. 4

Die Doppelzuständigkeit der Polizei im institutionellen Sinne (Strafverfolgungsorgan einerseits, Präventivpolizei andererseits) bewirkt, dass die Re-

38

39

40

---

49 *BVerfGE* 56, 37 (41 ff.).
50 *Drews/Wacke/Vogel/Martens*, S. 139.
51 *Jahn*, JZ 1988, 549; *Hoffmann-Riem*, Festschrift, S. 398; *Schnoor*, KritV 1987, 284; *Kunert*, NStZ 1989, 454.

gelung des Abs. 4 weitgehend ins Leere läuft[52]. Anordnungen nach Abs. 4 sind unzulässig, wenn sie dem Zwecke dienen, polizeiliche Strafverfolgungsmaßnahmen zu ermöglichen oder zu erleichtern. Das gilt auch dann, wenn das Strafverfolgungsinteresse nicht das primäre Ziel solcher Anordnungen ist[53]. Es widerspricht rechtsstaatlichen Grundsätzen, Tatverdächtige mit Mitteln des Polizeirechts zu verpflichten, gegen sie gerichtete Beweissicherungsmaßnahmen durch eigenes Verhalten zu fördern.

41   Die Polizei darf Träger von Schutzwaffen, die sich in oder auf dem Weg zu einer öffentlichen Veranstaltung unter freiem Himmel (Rz. 18) befinden, nicht nach Abs. 4 auffordern, mitgeführte Schutzwaffen in amtliche Verwahrung zu geben, weil sie gemäß ihrem Strafverfolgungsauftrag gehalten ist, diese Gegenstände als Beziehungsgegenstände, Beweismittel oder Tatinstrumente sicherzustellen (Rz. 3 zu § 30).

Das aus dem Strafverfolgungsauftrag folgende Verbot, Erschwerungen der Beweissicherung zu unterlassen, verbietet auch auf Abs. 4 gestützte Aufforderungen, die Schutzwaffen an Dritte zu übergeben, sich ihrer auf sonstige Art zu entledigen oder sich zu entfernen.

42   Unzulässig ist schließlich eine auf Abs. 4 gestützte Anordnung, eine identitätsverschleiernde Aufmachung zu entfernen, weil von Beweissicherungsmaßnahmen (Bildaufzeichnung zur Festhaltung der identitätsverschleiernden Aufmachung, Identitätsfeststellung nach ihrer Entfernung sowie gegebenenfalls Sicherstellung identitätsverschleiernder Gegenstände) nicht abgesehen werden darf[54]. Auch eine Anordnung, sich zu entfernen, scheidet aus oben dargelegten Gründen (Rz. 41) aus.

3. Zulässige Anordnungen nach Abs. 4

43   Anordnungen nach Abs. 4 sind nur zulässig, soweit sie darauf gerichtet sind, das Verbot nach Abs. 2 Nr. 2 (Mitführen von Vermummungsgegenständen) durchzusetzen bzw. die Verletzung eines Verbotes nach Abs. 1 und Abs. 2 Nr. 1 zu verhindern. Abs. 4 ermächtigt nicht zur Einrichtung von Kontrollstellen. Dafür muss auf Befugnisnormen der Polizeigesetze zurückgegriffen werden[55].

44   Voraussetzung für die Durchsetzung eines Verbotes nach Abs. 2 Nr. 2 ist, dass die Polizei im institutionellen Sinne (Rz. 1 zu § 12) nach pflichtgemä-

---

52 Selbst der ehemalige Bundesjustizminister *Schmidt-Jortzig* bezeichnete die Regelung als eine »Gesetzesruine«, die heute niemanden stört (Stern 1996, Heft 28, S. 86), womit er verkennt, dass die dem Legalitätsprinzip verpflichtete Polizei in erhebliche Entscheidungsschwierigkeiten gerät.
53 *Lenckner*, in: Schönke/Schröder, § 125, Rz. 31 a u. 33.
54 Ähnlich *Lenckner*, in: Schönke/Schröder, § 125, Rz. 31 a.
55 *Mayer*, JA 1998, 345.

ßem Ermessen auf Verfolgung der mit der Verbotsverletzung verbundenen Ordnungswidrigkeit nach § 29 Abs. 1 Nr. 1 a überhaupt oder auf Maßnahmen zur Erforschung der Ordnungswidrigkeit verzichtet.

Zum Verzicht auf Verfolgung ist die Polizei nur befugt, wenn sie zuständige Bußgeldbehörde zur Ahndung von Ordnungswidrigkeiten nach § 29 Abs. 1 Nr. 1 a ist. Sonst kann sie lediglich darauf verzichten, eigene Maßnahmen zu treffen, um die Ordnungswidrigkeit zu »erforschen« (§ 53 Abs. 1 OWiG). **45**

Die Entscheidung über Verfolgung oder Erforschung der Ordnungswidrigkeit liegt im »pflichtmäßigen Ermessen« der Verfolgungsbehörde (§ 47 Abs. 1 OWiG) bzw. der Polizei (§ 53 Abs. 1 OWiG). Zugelassen sind sachlich begründete Zweckmäßigkeitserwägungen, die den Normzweck des bußgeldbewehrten Verbots berücksichtigen[56]. Sachlich gerechtfertigt ist demnach ein Verzicht auf Verfolgung oder Erforschung dann, wenn das gesetzliche Ziel, hier die Vermeidung identitätsverschleiernder Aufmachung im Interesse der Friedlichkeit öffentlicher Veranstaltungen sich statt mit repressiven schneller und wirksamer mit präventiv-polizeilichen Mitteln (Aufforderung zur Abgabe und Verwahrung der Vermummungsgegenstände) erreichen lässt[57]. Sachlich gerechtfertigt ist auch ein Verzicht, wenn bei einer konfliktgeladenen Massenveranstaltung Verfolgungsmaßnahmen gerade die unfriedlichen Aktionen auslösen würden, deren Vermeidung eigentlicher Zweck der Regelung des § 29 Abs. 1 Nr. 1 a ist. **46**

Verfolgungsverzicht und Maßnahmenverzicht können durch die jeweilige Fachaufsichtsbehörde generell und im Einzelfall untersagt werden[58]. Davon ist allerdings dringend abzuraten. Ein polizeilicher Verzicht auf Verfolgungsmaßnahmen käme dann nur noch bei Pflichtenkollision (Rz. 50) in Frage. **47**

Bei Verzicht auf Verfolgungsmaßnahmen muss den Betroffenen von Anordnungen nach Abs. 4 deutlich gemacht werden, dass diese Anordnungen allein zur Verhinderung oder Beendigung der Ordnungswidrigkeit, also ausschließlich mit präventiv-polizeilicher Zielsetzung ergehen und nicht gleichzeitig der Verfolgung oder Erforschung der Ordnungswidrigkeit dienen. **48**

Unter dieser Voraussetzung könnte angeordnet werden, Vermummungsgegenstände bis zum Ende der Veranstaltung in polizeiliche Verwahrung zu geben. Nur bei Nichtbefolgung dieser Anordnung könnten als weiterge-

---

56 *Göhler/König/Seitz*, Gesetz über Ordnungswidrigkeiten, 13. Aufl. 2002, § 47, Rz. 3.
57 *Göhler/König/Seitz*, a. a. O., § 47, Rz. 14.
58 *Göhler/König/Seitz*, a. a. O., § 53, Rz. 9.

hende Maßnahmen ein Ausschluss aus der Veranstaltung bzw. bei potenziellen Teilnehmern eine Teilnahmeuntersagung erfolgen.

49   Anordnungen nach Abs. 4 sind weiterhin zulässig, wenn eine Verletzung
der Verbote der Abs. 1 und 2 Nr. 1 lediglich bevorsteht. Das wäre der Fall,
wenn sich mit Schutzwaffen ausgerüstete oder identitätsverschleiernd
aufgemachte Personen zwar noch nicht auf dem Weg zu einer aktuellen
öffentlichen Versammlung oder Veranstaltung befinden, sich aber unmittelbar anschicken, es zu tun, z. B. durch Zusammenkommen an einem Treff-
punkt zwecks gemeinsamer Anreise. Das wäre weiter der Fall, wenn ein
Tatverdächtiger nach Sicherstellung von Schutzwaffen bzw. nach Entfernung identitätsverschleiernder Aufmachung erklärt, er werde sich erneut
mit verbotener Ausrüstung oder Aufmachung in die Veranstaltung begeben.

In beiden Fällen sind auf Abs. 4 gestützte Teilnahmeuntersagungen zulässig, die das Teilnahmerecht für die aktuelle Veranstaltung suspendieren.
Voraussetzung ist eine auf Tatsachen gestützte ausreichend sichere Gefahrenprognose. Die Teilnahmeuntersagung kann, soweit Nichtbefolgung
droht, mit Maßnahmen zu ihrer Durchsetzung verbunden werden. Da diese
Maßnahmen keinen unmittelbaren Bezug zur Versammlungsfreiheit haben,
können allgemein-polizeirechtliche Befugnisnormen herangezogen werden
(Rz. 6 zu § 15).

50   Sofern nach den erkennbaren Umständen bei Durchführung von Strafverfolgungsmaßnahmen eine Eskalation der Lage zu befürchten ist, die sich
mit schwer wiegenden Rechtsgutgefährdungen nicht nur zu Lasten der Betroffenen, sondern insbesondere zu Lasten unbeteiligter Dritter bzw. der
einschreitenden Polizeibeamten verbindet, gerät die Strafverfolgungspflicht
der Polizei in Widerspruch zu ihrer präventiv-polizeilichen Aufgabenstel-
lung.

Bei einer solchen *Pflichtenkollision* ist eine sorgfältige Güterabwägung
geboten, um zu entscheiden, welche Handlungsverpflichtung maßgebend
bleibt. Wenn nach den bei der Entscheidung bekannten Tatsachen befürchtet werden muss, dass bestimmte Strafverfolgungsmaßnahmen nur unter
Inkaufnahme von Rechtsgutgefährdungen möglich sind, die konkreter und
schwer wiegender sind als die Gefährdung der Strafverfolgung bei minderschweren Straftaten, müssen diese Strafverfolgungsmaßnahmen unterbleiben. Selbst in Konfliktfällen, bei denen es um schwerste Kriminalität (z. B.
Geiselnahme) geht, ist gegebenenfalls der Gefahrenabwehr Vorrang einzuräumen[59]. Insoweit ist auch das Weisungsrecht der Staatsanwaltschaft ge-

---

59 Gemeinsame Richtlinien der Justizminister/senatoren und der Innenminister/
senatoren des Bundes und der Länder über die Anwendung unmittelbaren

genüber der Polizei relativiert. Dann bleibt Raum für geeignete präventiv-polizeiliche Anordnungen nach Abs. 4.

Die Rechtsfigur der Pflichtenkollision darf nicht mit dem Grundsatz der Verhältnismäßigkeit gleichgesetzt werden, obwohl beide eine Rechtsgüterabwägung verlangen. Die Frage der Verhältnismäßigkeit stellt sich für die normanwendende Verwaltung nur bei eingeräumtem Ermessen. Bei Pflichtenkollisionen geht es um konkurrierende Pflichten, die sich aus verschiedenen, sich scheinbar widersprechenden Rechtssätzen ergeben. Da die Rechtsordnung als widerspruchsfrei gedacht ist, darf im Falle einer Pflichtenkollision davon ausgegangen werden, dass einer der beiden Rechtssätze, die zum Handeln verpflichten, dem anderen gegenüber Vorrang hat. Welcher Rechtssatz das im Einzelfall ist, lässt sich nur durch Güterabwägung ermitteln (Rz. 166 zu § 15).

Mit polizeilich schlecht zu bewältigenden Gewalteskalationen ist allenfalls bei öffentlichen Veranstaltungen mit hoher Teilnehmerzahl, kaum an polizeilichen Kontrollstellen auf den Anmarschwegen zu einer Massenveranstaltung zu rechnen. Insoweit kommen primär auf Abs. 4 gestützte Ausschlussanordnungen an Teilnehmer einer bereits existenten Veranstaltung in Betracht, die Schutzwaffen mit sich führen oder identitätsverschleiernd aufgemacht sind. **51**

Eine Anordnung, sich mitgeführter Schutzwaffen zu entledigen, ist nur dann zulässig, wenn eine erneute Inbesitznahme durch Teilnehmer ausgeschlossen werden kann. Eine Anordnung, mitgeführte Schutzwaffen an die Polizei abzugeben, ist unzulässig, weil sie eine strafprozessrechtliche Sicherstellung ermöglicht (Rz. 40), auf die die Polizei nicht verzichten darf. Zulässig, aber kaum durchsetzbar wäre eine Anordnung, die die Beseitigung identitätsverschleiernder Aufmachung verlangt.

4. Betroffene von Anordnungen nach Abs. 4

Adressaten von Anordnungen nach Abs. 4 sind nur solche Personen, die ein Verbot nach Abs. 1 oder 2 konkret missachten oder solche, die nach den gegebenen Tatsachen im Begriff sind, eine nach Abs. 1 bzw. Abs. 2 Nr. 1 verbotene Handlung zu begehen. **52**

Welche Personen das im Falle des Passivbewaffnungsverbots sind, ergibt sich aus den Ausführungen zu Rz. 17. Im Falle des Vermummungsverbots können es nur Teilnehmer oder potenzielle Teilnehmer sein (Rz. 29). Im Falle des Verbots der Mitführung von Vermummungsgegenständen sind es nicht nur Teilnehmer und potenzielle Teilnehmer, sondern alle Personen,

Zwangs durch Polizeibeamte auf Anordnung des Staatsanwalts (Bundesanzeiger Nr. 81 vom 30. 9. 1992, Anl. A); *Burfeind*, S. 115.

die sich in einer öffentlichen Veranstaltung oder auf dem Weg dorthin befinden (Rz. 17 und 29).

53   Anordnungen nach Abs. 4 haben sich gegen bestimmte Einzelpersonen bzw. – in Form einer Allgemeinverfügung im Sinne des § 35 Satz 2 VwVfG – an alle, die es angeht (z. B. alle Vermummten), zu richten. Unzulässig sind undifferenzierte Anordnungen gegen einen Teil der Veranstaltung. Eine Anordnung, die unterschiedslos auch Personen betrifft, bei denen eine Verbotsmissachtung weder vorliegt noch droht, käme einer unzulässigen Teilauflösung gleich (Rz. 118 zu § 15).

VI. Zuständige Behörden

54   Zuständig für Entscheidungen nach § 17 a Abs. 3 sind die Versammlungsbehörden (Rz. 17 zu § 14). Das ergibt sich aus dem Sachzusammenhang.

Ausdrückliche Zuständigkeitsregelungen unter Nennung des § 17 a gibt es bisher nur in den Ländern Brandenburg, Bremen, Nordrhein-Westfalen und Sachsen. Danach ist mit Ausnahme von Bremen die Polizei im institutionellen Sinne (Rz. 1 zu § 12) zuständige Behörde. Die Länder Bayern, Schleswig-Holstein und Thüringen haben zwar auch enumerative Zuständigkeitsregelungen, aber noch keine für Entscheidungen nach § 17 a Abs. 3.

55   Für Anordnungen nach § 17 a Abs. 4 kann nur die Polizei im institutionellen Sinne (Rz. 1 zu § 12) zuständig sein. Das entspricht dem Gebot sachlicher Notwendigkeit. Anordnungen zur Durchsetzung der Verbote aus § 17 a Abs. 1 und 2 sind immer abhängig vom jeweiligen Veranstaltungsablauf und den polizeilichen Maßnahmen zur Verfolgung der mit der Verbotsverletzung begangenen Straftaten bzw. Ordnungswidrigkeiten (Rz. 35 ff.). Deshalb dürfen nicht zwei verschiedene Behörden nebeneinander tätig werden.

Für die Zuständigkeit der Polizei für Anordnungen nach § 17 a Abs. 4 spricht außerdem die Nähe der Regelung zu den Befugnisnormen der §§ 18 Abs. 3 und 19 Abs. 4, die der Bundesgesetzgeber ausdrücklich der Polizei zugeordnet hat (Rz. 3 zu § 12).

§ 18

(1) Für Versammlungen unter freiem Himmel sind § 7 Abs. 1, §§ 8, 9 Abs. 1, §§ 10, 11 Abs. 2, §§ 12 und 13 Abs. 2 entsprechend anzuwenden.
(2) Die Verwendung von Ordnern bedarf polizeilicher Genehmigung. Sie ist bei der Anmeldung zu beantragen.
(3) Die Polizei kann Teilnehmer, welche die Ordnung gröblich stören, von der Versammlung ausschließen.

ÜBERSICHT

I. Entsprechend anzuwendende Vorschriften

1. Pflicht zur Leitung (§ 7 Abs. 1)

Öffentliche Versammlungen unter freiem Himmel müssen grundsätzlich 1
einen Leiter haben. Die maskuline Form »Leiter« hat keine Bedeutung. Auch die Bestellung einer Frau als Leiterin ist zulässig. Die Pflicht einen Leiter oder eine Leiterin einzusetzen, ergibt sich aus § 18 Abs. 1 Satz 1, der auf § 7 verweist. Diese nicht mehr zeitgerechte Verweisungsvorschrift geht von einer überschaubaren, durch einen Veranstalter organisierten und von einem Leiter beherrschten Einzelversammlung aus. Die Versammlungsrealität (bei Großveranstaltungen und Spontanversammlungen) entspricht aber nicht mehr diesem Leitbild[1]. Großveranstaltungen haben nicht selten eine Vielzahl von Veranstaltern, die in einem Organisationskomitee zusammen-

1 *Hoffmann-Riem*, Festschrift, S. 385; vgl. auch *Gusy*, Rz. 420.

gefasst sind. Bei einer Veranstaltungsstruktur mit einer Vielzahl parallel verlaufender Teil- bzw. Nebenveranstaltungen führt die Konzentration der Leitungsbefugnisse bei einer Person zu nicht vertretbaren Ergebnissen. Wenn eine Einzelperson bei einer Großveranstaltung wegen der gegebenen Unübersichtlichkeit des Versammlungsgeschehens nicht im Stande ist, die versammlungsgesetzlichen Rechte und Pflichten wahrzunehmen (tatsächliche Unmöglichkeit), ist Leitung dahingehend zu interpretieren, dass neben einem Gesamtleiter mehrere ihm unterstellte Abschnittleiter einzusetzen sind. Diese haben die in ihrem Bereich anfallenden Leitungsaufgaben selbstständig zu erfüllen. Im Interesse der Rechtsklarheit sollte § 18 durch einen besonderen die Leitung betreffenden Absatz ergänzt werden.

2   Die Verweisungsvorschrift des § 18 Abs. 1 Satz 1 passt auch nicht bei Spontanversammlungen[2]. Die für Veranstalter und Leiter bestehenden Ordnungsvorschriften müssen daher im Lichte der Versammlungsfreiheit interpretiert und angewendet werden[3]. Insoweit finden die §§ 7 Abs. 1, 8, 9 Abs. 1, 10 und 11 Abs. 2 auf Großveranstaltungen und Spontanversammlungen nur beschränkt Anwendung[4]. Aus dieser Realität folgt auch, dass das Vorhandensein eines allein verantwortlichen Leiters nicht zum Wesensmerkmal einer im Schutzbereich der Versammlungsfreiheit liegenden Versammlung gehört[5].

3   Soweit eine öffentliche Versammlung unter freiem Himmel dem gesetzlichen Leitbild entspricht, muss sie einen Leiter haben. Der Leiter muss in der Anmeldung individuell bezeichnet sein (§ 14 Abs. 2). Die gesetzliche Vermutung (§ 7 Abs. 2), das der Veranstalter zugleich Leiter sei, gilt nicht[6].

4   Eine Auswechselung des Leiters ist grundsätzlich unzulässig (keine Verweisung aus § 7 Abs. 3). Außerdem würde von den Angaben (§ 14 Abs. 2) der Anmeldung abgewichen[7]. Im Ausnahmefall, z. B. wenn der angegebene Leiter stirbt, wegen Krankheit oder sonst unausweichlich verhindert ist, darf ein anderer Leiter benannt werden[8]. Der Veranstalter muss die Umbenennung der zuständigen Behörde unverzüglich mitteilen. Das ergibt sich aus dem Sinn der Regelung[9].

5   Versammlungen unter freiem Himmel finden in der Regel auf öffentlichen Verkehrsflächen statt. Daher findet § 7 Abs. 4 keine entsprechende Anwendung.

---

2 *BVerfGE* 69, 315 (358), *Breitbach*, in: Ridder u. a., § 7, Rz. 14.
3 *BVerfGE* 69, 315 (351).
4 *Bleckmann*, § 29, Rz. 48.
5 *BVerfGE* 69, 315 (358); *Hoffmann-Riem*, AK-GG, Rz. 30, 49 und 51.
6 *BayObLG*, MDR 1978, 79.
7 *OLG Köln*, NJW 1981, 1680.
8 *Breitbach*, in: Ridder u. a., § 18, Rz. 8.
9 *OLG Köln*, NJW 1981, 1680; NStZ 1981, 22 f.

Mangelt es an erforderlicher Leitung, kann die Einsetzung eines Leiters 6
durch Verfügung verlangt werden, sofern dies zumutbar und möglich ist.
Adressaten der Verfügung sind der Veranstalter und bei Spontanversammlungen die Teilnehmer.

2. Rechte und Pflichten des Leiters (§ 8)

Der Leiter bestimmt den Ablauf der Versammlung (§ 8 Satz 1). Diese ent- 7
sprechend anzuwendende Bestimmung umschreibt eine Ordnungsfunktion.
Mit Ablauf ist der äußere Geschehensverlauf gemeint. Die Ordnungsfunktion beginnt mit dem Eintreffen der ersten Teilnehmer. Der Leiter erteilt
und entzieht das Wort. Er darf die Versammlung unterbrechen, fortsetzen
und schließen. Die Sätze 2 bis 4 des § 8 sind nur Konkretisierungen des
Satzes 1.

Der Leiter hat die Pflicht, versammlungsrelevante Straftaten zu unterbin- 8
den. Das Äußern einer Gegenmeinung ist weder Straftat noch Störung. Gegenmeinungen muss er zulassen, selbst wenn dadurch die Aussage des Veranstalters relativiert oder in Frage gestellt wird. Die Versammlungsfreiheit
schützt nicht nur kollektive Meinungsäußerungen des Veranstalters, sondern auch »die Verwässerung des Eindrucks, den die kollektive Meinungskundgabe in der Öffentlichkeit machen soll.«[10] Im Übrigen s. die Erläuterungen zu § 8.

3. Verwendung von Ordnern (§ 9 Abs. 1)

Leiter und Ordner sind Organe der Versammlung. Der Leiter hat eine vom 9
Veranstalter abgeleitete Organisationsgewalt. Er kann sich durch Ordner
bei Wahrnehmung seiner Rechte aus § 8 unterstützen lassen[11]. Der Leiter,
der mit Unterstützung von Ordnern für Ordnung sorgt, nimmt eigene,
nicht übertragene Rechte wahr (Rz. 235 zu § 1 Das Leitungsrecht folgt aus
Art. 8 GG und ist insoweit ein Abwehrrecht gegen staatliche Einmischung
bei der Gewährleistung der inneren Ordnung.

Der Einsatz von Ordnern ist insbesondere bei Großveranstaltungen ge- 10
boten. Bei Großveranstaltungen kann der Leiter ohne Hilfe von Ordnern
und ohne Einsatz elektronischer Kommunikationsmittel seine Ordnungsfunktion nicht wahrnehmen. Insoweit ist es erforderlich, dass der Leiter
Teile seiner Befugnisse auf Ordner delegiert. Kann er selbst mit Hilfe einge-
setzter Ordner seine Ordnungsfunktionen nicht wahrnehmen, muss er sich
im Rahmen vertrauensvoller Kooperation an die Polizei wenden[12].

---

10 *Roellecke*, NJW 1995, 3101.
11 Zustimmend *Breitbach*, in: Ridder u. a., § 9, Rz. 10.
12 *BVerfGE* 69, 315 (355).

11   Zum Begriff Ordner, zum Ordnereinsatz sowie den Begrenzungen der Ordnerbestellung, insbesondere zum Bewaffnungsverbot und zur Kennzeichnung vgl. Rz. 1 ff. zu § 9.

4. Pflichten der Versammlungsteilnehmer (§ 10)

12   Die Pflichten der Versammlungsteilnehmer ergeben sich aus § 10. Sie sind deckungsgleich mit den Pflichten, die sie bei Versammlungen in geschlossen Räumen zu beachten haben. Im Einzelnen vgl. hierzu die Erläuterungen zu § 10.

5. Entsandte Polizeibeamte (§ 12)

13   Siehe hierzu die Erläuterungen der Rz. 6 ff. zu § 12. Auch bei Versammlungen unter freiem Himmel muss den dienstlich entsandten Polizeibeamten ein angemessener Platz eingeräumt werden, der es ihnen ermöglicht, ihre Funktionen wahrzunehmen (Rz. 23 zu § 12). So kann es erforderlich sein, einen oder mehrere Tribünenplätze zu besetzen, von denen aus die Versammlung übersehen werden kann, sodass der leitende Polizeibeamte sich jederzeit ein genaues Bild von der jeweiligen Lage machen kann. Aus dem Zutrittsrecht der Polizei ergibt sich eine Berechtigung zum Betreten nichtöffentlicher Flächen, wenn eine öffentliche Versammlung unter freiem Himmel ausnahmsweise auf privatem Grund stattfindet.

6. Pflicht zum Entfernen nach Auflösung (§ 13 Abs. 2)

14   Die Verweisung auf § 13 Abs. 2 stellt klar, dass sich nach Auflösung der Versammlung alle Teilnehmer sofort zu entfernen haben. Die Entfernungspflicht ist regelmäßig durch Verwaltungsakt zu konkretisieren[13]. Der Teilnehmer muss wissen, in welche Richtung bzw. wohin er sich zu entfernen hat.

15   Entfernen der Teilnehmer nach Auflösung bedeutet Verlassen des Versammlungsortes. Die Versammlung muss sich auflösen. Die Teilnehmer müssen die sie einigende Beziehung aufgeben. Das muss sich räumlich ausdrücken[14]. Zur Entfernungspflicht vgl. auch die Erläuterungen der Rz. 50 ff. zu § 13.

---

13 *Gintzel*, Die Polizei 1986, 188.
14 Zu den Eingriffshandlungen nach Auflösung s. *Gintzel*, Die Polizei 1986, 188.

II. Erlaubnispflicht für die Verwendung von Ordnern

1. Allgemeines

Dem Leiter ist grundsätzlich freigestellt, Ordner einzusetzen oder nicht. **16**
Eine Pflicht zur Verwendung von Ordnern kann gemäß § 15 Abs. 1 durch
beschränkende Verfügung (Rz. 48 zu § 15) begründet werden.
   Wenn Ordner verwendet werden sollen, bedarf das polizeilicher Erlaubnis.
Der Gesetzestext spricht von Genehmigung. Gemeint ist aber Erlaubnis.

2. Rechtscharakter der Erlaubnis

Die Zulassung von Ordnern bedarf der Erlaubnis. Der in § 18 Abs. 2 nor- **17**
mierte »Vorbehalt der Erlaubnis« dient der präventiven Kontrolle im Hinblick auf Anzahl und Qualifikation der als Ordner vorgesehenen Personen[15]. Es handelt sich folglich um eine »Kontrollerlaubnis« (Verbot mit
Erlaubnisvorbehalt)[16]. Die Verwendung von Ordnern ist grundsätzlich zulässig. Wenn aber eine zu große Zahl von Ordnern oder ungeeignete Ordner verwendet werden sollen, kann das aus präventiven Gründen untersagt
werden.
   Bei der Erlaubnis nach § 18 Abs. 2 handelt es sich mithin um eine Erlaubnis im eigentlichen Sinne, nicht um eine Ausnahmebewilligung (Aufhebung eines Verbots im Einzelfall nach dem Prinzip des »Verbots mit Befreiungsvorbehalt«[17]).
   Die Erlaubnis ist zustimmungsbedürftiger Verwaltungsakt. Die Zustim- **18**
mung wird regelmäßig mit dem Antrag erklärt, allerdings nur, soweit die
Erlaubnis dem Antrag entspricht.

3. Einschränkungsbefugnisse

Da es sich bei der Erlaubnis nach § 18 Abs. 2 nicht um eine Ausnahmebe- **19**
willigung handelt, stellt sich für die zuständige Behörde nicht die Frage, ob
eine Ausnahme von einem bestehenden Verbot unter Wahrung öffentlicher
Interessen vertretbar ist, sondern ob die Verwendung überflüssiger oder
ungeeigneter Ordner im öffentlichen Interesse verhindert werden muss.
   Die Erteilung der Erlaubnis ist Ermessensentscheidung. Das Ermessen **20**
berechtigt nicht zu willkürlichen Einschränkungen, sondern nur zu selbständigen Zweckmäßigkeitserwägungen im Rahmen des Gesetzeszwecks,
sofern die Schranken des Ermessens noch die Entscheidung zwischen mehreren Rechtsfolgen zulassen.

---

15 So auch *BayVGH*, Beschluss vom 12. 9. 1980 – CE/CS 80 A 1618.
16 *Maurer*, § 9, Rz. 51.
17 *Maurer*, § 9, Rz. 55.

21   Die Versagung der Erlaubnis muss im öffentlichen Interesse erforderlich sein. Das kann bejaht werden, wenn die Verwendung von Ordnern überhaupt oder der Einsatz einer übermäßigen großen Zahl von Ordnern oder die Bestellung bestimmter Personen als Ordner für die Versammlung oder die öffentliche Sicherheit Störungen befürchten lässt, die anders nicht abzuwehren sind.

22   Die Versagung einer Erlaubnis mit dem Ergebnis, dass die Verwendung von Ordnern überhaupt ausgeschlossen wird, ist nur für Ausnahmefälle denkbar. Sie ist in Regelfällen sachlich nicht gerechtfertigt.

23   In der Erlaubnis kann die Zahl der Ordner beschränkt werden, wenn z. B. eine zu große Zahl von Ordnern einschüchternd wirkt, sodass Teilnehmer, die mit der Meinung des Veranstalters oder des Leiters nicht übereinstimmen, aus Furcht gehemmt sind, ihrer Meinung Ausdruck zu geben.

24   Die Erlaubnis zur Verwendung bestimmter Ordner kann versagt werden, wenn diese Ordner als unzuverlässig oder ungeeignet bekannt sind[18]. Die Unzuverlässigkeit und Ungeeignetheit müssen sachlich begründet werden. Deshalb ist es auch zulässig, die Identität der zu verwendenden Ordner festzustellen[19]. Vorstrafen, insbesondere aus Anlass der Begehung von Rohheits- oder Eigentumsdelikten, begründen sachliche Zweifel an der Qualifikation. Wenn die Ordner namentlich nicht bekannt sind, sollte die Erlaubnis zur Verwendung von Ordner mit einem Widerrufsvorbehalt versehen werden. *Breitbach*[20] hält einen Widerruf für unzulässig, weil schon im Bundesrat Beschränkungen hinsichtlich der Ordnerauswahl verworfen wurden[21] und weil in § 29 Abs. 1 Nr. 7 nur ein Überschreiten der vorgesehenen Anzahl der genehmigten Ordner sanktionsbewehrt sei. Außerdem sei der verbotene Einsatz eines Ordners nur unter den Voraussetzungen nach § 25 Nr. 2 strafbar. Deshalb trage jenseits einer unmittelbaren Gefahrenlage der Veranstalter und Leiter das Risiko einer Versammlungsauflösung, wenn die wegen des Einsatzes ungeeigneter Ordner unvermeidlich würde. Dabei wird übersehen, dass das Risiko nicht nur Veranstalter und Leiter tragen, sondern die Gesamtheit der Versammlungsteilnehmer. Im Falle einer Auflösung würden letztere in ihrem Grundrecht der Versammlungsfreiheit ausschließlich dadurch tangiert, dass die zuständige Versammlungsbehörde durch bewusste Inkaufnahme von Gefahren einem Auflösungsgrund nicht präventiv begegnete.

---

18 *Hoffmann-Riem*, NVwZ 2002, 263; *OLG Bautzen*, NJ 2002, 495 f.
19 *VG Gelsenkirchen*, Beschluss vom 15. 12. 2000, nicht veröffentlicht.
20 In: Ridder, § 18 Rz. 13.
21 Regierungsentwurf BT-Drs. 1102, § 7 Abs. 2 und 3, BT-Drs. 1102, Anlage 2 Nr. 6 S. 13 und BT-Prot. 83. Sitzung vom 12. 9. 1950, S. 3124.

Die Erlaubnis zur Verwendung von Ordnern bedarf des Antrags. An- 25
tragsteller kann der Veranstalter oder der Leiter sein. Wurde kein Antrag
gestellt, dürfen Ordner nicht eingesetzt werden. Geschieht es gleichwohl,
handeln Veranstalter und Leiter ordnungswidrig (§ 29 Abs. 1 Nr. 7).

Der Antrag ist bei der Anmeldung zu stellen. Er muss nicht Teil der An- 26
meldung sein, obwohl das der Regelfall ist. Eine bestimmte Form ist nicht
vorgeschrieben. Um Missverständnisse auszuschließen, sollte der Antrag
schriftlich fixiert werden.

Der Antrag kann zurückgenommen, geändert oder ergänzt werden, so- 27
lange die Erlaubnis nicht erteilt ist. Auch ein verspätet gestellter oder nachträglich geänderter oder ergänzter Antrag sollte beschieden werden, sofern
das möglich ist. Der Antragsteller hat jedoch wegen Fristversäumnis keinen
Anspruch auf rechtzeitige Bescheidung. § 18 Abs. 2 Satz 2 ist zwingende
Formvorschrift.

Der Antrag impliziert die Zustimmung zur antragsgemäßen Erlaubnis. 28
Wird eine Erlaubnis unter Einschränkungen (Auflagen) erteilt, gilt das als
Versagung der beantragten Erlaubnis. Die Zustimmung zu der einge-
schränkten Erlaubnis wird durch widerspruchslose Annahme erklärt.

Die Versagung der Erlaubnis sowie eine vom Antrag abweichende Er- 29
laubnis können verwaltungsgerichtlich angefochten werden.

Die in einer Erlaubnis enthaltenen Beschränkungen sind Auflagen, deren 30
Beachtung selbständig erzwungen werden kann. Die Erlaubnis zur Verwendung von Ordnern bleibt bei Missachtung der Auflagen wirksam.

4. Zuständige Behörden

Obwohl bei ausdrücklicher Nennung der Polizei in einer Befugnisnorm 31
des VersG die Polizei im institutionellen Sinne (Rz. 1 ff. zu § 12) gemeint
ist, kann das bei der Regelung des § 18 Abs. 2 nicht angenommen werden.
Weil die Regelung festlegt, dass die »polizeiliche« Erlaubnis für die Verwendung von Ordnern »*bei der Anmeldung*« zu beantragen ist, muss davon ausgegangen werden, dass die für die Anmeldung zuständige Behörde
(Rz. 17 zu § 14) nicht nur für die bloße Entgegennahme des Antrages, sondern auch für die Erteilung der Erlaubnis zuständig sein soll[22].

Soweit die für die Anmeldung zuständige Versammlungsbehörde nicht
gleichzeitige Polizeibehörde ist, hat sie die Polizei zu beteiligen. Zur Vermeidung von Verzögerungen und Unzuträglichkeiten sollten die Zuständigkeiten in die Hand der Polizeibehörde gegeben werden.

---

22 So auch *OVG Bautzen*, DÖV 2002, 530.

III. Ausschluss von Teilnehmern

1. Ausschlussvoraussetzungen

32   Der Ausschluss ist ein belastender Verwaltungsakt, durch den dem Betroffenen untersagt wird, weiter an der Versammlung teilzunehmen. Mit dem Ausschluss endet der versammlungsrechtliche Schutz der Teilnahme.[23] Voraussetzung für eine Ausschlussverfügung ist eine gröbliche Ordnungsstörung, die von dem auszuschließenden Teilnehmer ausgeht. Gröbliche Störungen sind z. B. Einwirkungen auf die Versammlung durch ständige Sprechchöre, Lärmerzeugung mittels Trillerpfeifen, Zeigen von Transparenten strafbaren oder verfassungswidrigen Inhalts, Werfen von Rauch- oder Stinkbomben etc.[24] Es muss ein Verhalten sein, das eine besonders schwere Beeinträchtigung des Verlaufs der Veranstaltung ist[25]. Das ist stets der Fall, wenn die ordnungsgemäße Durchführung der Versammlung vereitelt werden soll[26]. Ausschluss ist auch zulässig, wenn Teilnehmer auf sie bezogene beschränkende Verfügungen missachten.

33   Die Absicht, die Versammlung zu vereiteln, ist aber keine Bedingung für Störverhalten i. S. des § 18. So ist es auch möglich, dass randalierende betrunkene Versammlungsteilnehmer die Versammlung so stören, dass sie auszuschließen sind[27]. Störverhalten, das von Nichtteilnehmern ausgeht, ist mit Mitteln des allgemeinen Polizeirechts zu unterbinden.

34   Der Leiter hat kein Ausschlussrecht. Die Befugnis, Teilnehmer auszuschließen, steht ausschließlich der Polizei im institutionellen Sinne zu (zum Begriff s. Rz. 1 zu § 12)[28], und zwar den Beamten, die zur Versammlung entsandt worden sind (Rz. 6 zu § 12). Das gilt für alle Versammlungen unter freiem Himmel, auch für diejenigen, die auf privatem Grund veranstaltet werden[29].

35   Die Ausschlussverfügung ist eine Ermessensentscheidung. Sofern eine grobe Ordnungsstörung erkennbar darauf gerichtet ist, die Versammlung zu sprengen, zu verhindern oder sonst ihre Durchführung zu vereiteln, wird das polizeiliche Ausschlussrecht zur Ausschlusspflicht, weil es Aufgabe der Polizei ist, die Ausübung der Versammlungsfreiheit gegen Beein-

---

23 *BVferG*, NVwZ 2005, 80 (81).
24 *Köhler/Dürig-Friedl*, § 18 Rz. 4.
25 Benrath RZ 1984,1.
26 *OLG Hamm*, NPA 891.
27 *Köhler/Dürig-Friedl*, § 18 Rz. 4.
28 Ausdrücklich bestimmt in den Zuständigkeitsregelungen für Bayern, Sachsen und Thüringen (vgl. Anhang 8).
29 *Köhler/Dürig-Friedl*, § 18 Rz. 4.

trächtigungen zu schützen[30]. Es geht dabei auch darum, die mit solchem Verhalten verbundene Straftat nach § 21 zu unterbinden. Neben der Ausschlussanordnung sind außerdem notwendige Strafverfolgungsmaßnahmen zu treffen. Nur in Ausnahmefällen kann bei weniger schwerwiegenden »groben« Störungen vom Ausschluss abgesehen werden. In Betracht käme eine nachdrückliche Ermahnung mit Ausschlussandrohung.

2. Formvorschriften

Die Ausschlussverfügung muss hinreichend bestimmt sein. Dem Ausgeschlossenen muss unmissverständlich bedeutet werden, dass gerade er mit dem Ausschluss gemeint ist. **36**

Der Ausschluss eines Teilnehmers kann nur von der Polizei verfügt werden. Die Ausschlussanordnung ergeht in aller Regel mündlich und ist eine unaufschiebbare Maßnahme eines Polizeivollzugsbeamten, die mit Bekanntgabe wirksam wird. Ein etwa dagegen erhobener Widerspruch hindert nicht die sofortige Vollziehung (§ 80 Abs. 2 Nr. 2 VwGO).

Mit der Ausschlussverfügung sind Hinweise auf die Rechtsfolgen zu verbinden. Den Betroffenen ist deutlich zu machen, dass sie sich ohne Aufschub aus der Versammlung zu entfernen und sich räumlich von ihr abzusetzen haben (§ 18 Abs. 1 i. V. m. § 11 Abs. 2). Sie sind darauf hinzuweisen, dass die Nichtbefolgung dieser Pflicht ordnungswidrig ist und nach § 29 Abs. 1 Nr. 5 verfolgt bzw. gegebenenfalls mit Zwangsmittel durchgesetzt wird.

3. Wirkungen des Ausschlusses § 18

Der Ausschluss gilt nur für die aktuelle Versammlung und in räumlicher Hinsicht nur für den Veranstaltungsplatz. Wer ausgeschlossen ist, muss sich ohne Aufschub aus der Versammlung entfernen. Es genügt nicht, dass er zwar die Personenansammlung verlässt, aber in Rufweite stehen bleibt, wenn er damit erkennbar weitere Anteilnahme bekundet[31]. **37**

Die Ausschlussanordnung beendet das Teilnahmerecht. Deshalb sind notwendige Maßnahmen bei Nichtbefolgung der Entfernungspflicht auf allgemeines Polizeirecht zu stützen. In Frage kommen etwa eine Platzverweisung mit genauer Angabe, in welcher Weise und in welche Richtung sich der Betroffene zu entfernen hat[32]. Bei Nichtbeachtung dieser Anord- **38**

---

30 *BVerfGE* 69.315 (360 f.); *Herzog,* in: Maunz/Dürig, Art. 8, Rz. 116 ff.; *BVerfG,* NJW 2000, 3054 (3056).
31 Unklar *Breitbach,* in Ridder, in: Ridder u. a., § 18, Rz. 26, der das Sichtentfernen von den Umständen des Einzelfalls abhängig macht und gegebenenfalls als zulässig ansieht, dass der Ausgeschlossene Beobachter der Versammlung bleibt.
32 *Gintzel,* Die Polizei 1985, 188, *BVferG,* NVwZ 2005, 80 (81).

nung kann unmittelbarer Zwang angewendet werden; auch eine polizeiliche Ingewahrsamnahme bis zum Ende der Versammlung kommt in Betracht.

§ 19

(1) Der Leiter des Aufzuges hat für den ordnungsmäßigen Ablauf zu sorgen. Er kann sich der Hilfe ehrenamtlicher Ordner bedienen, für welche § 9 Abs. 1 und § 18 gelten.

(2) Die Teilnehmer sind verpflichtet, die zur Aufrechterhaltung der Ordnung getroffenen Anordnungen des Leiters oder der von ihm bestellten Ordner zu befolgen.

(3) Vermag der Leiter sich nicht durchzusetzen, so ist er verpflichtet, den Aufzug für beendet zu erklären.

(4) Die Polizei kann Teilnehmer, welche die Ordnung gröblich stören, von dem Aufzug ausschließen.

I. Allgemeines

Aufzüge sind öffentliche Versammlungen unter freiem Himmel, die sich fortbewegen[1]. Die Fortbewegung ist aber nur auf Flächen zulässig, die kommunikativen Zwecken gewidmet sind. Im Straßenrecht kommt diesem »kommunikativen Gemeingebrauch« prägende Bedeutung zu[2]. So ist ein Aufzug über den Marktplatz zulässig, auf der Autobahn aber nicht[3]. Für Aufzüge gibt es bezüglich des Ablaufs eine Reihe von Besonderheiten. Insoweit bedurfte es spezieller Regelungen, die zum Teil von denen für ortsfeste Versammlungen unter freiem Himmel abweichen. Gesetzestechnisch fehlt es der Regelung an Eindeutigkeit[4]. Sie ist außerdem lückenhaft (vgl. Rz. 3 f.). 1

---

1 *Gusy*, JuS 1986, 611.
2 Zum Gemeingebrauch durch Versammlungen *BVerwG*, NJW 1993, 609.
3 *Gusy*, Rz. 433.
4 *Krüger*, S. 159; *Breitbach*, in: Ridder u. a. § 19, Rz. 30.

2   Nur § 19 Abs. 1 enthält eine Verweisung auf andere Bestimmungen des VersG. Verwiesen wird auf §§ 9 Abs. 1 und 18. In Bezug auf § 18 kann sich die Verweisung nur auf Absatz 2 beziehen. Das ergibt sich aus dem Wortlaut des § 19 Abs. 1, der die entsprechende Geltung des § 18 auf Vorschriften über Ordner beschränkt. Eine ausdrückliche Vorschrift über Ordner hat § 18 aber nur im Absatz 2. Die Verweisung in § 18 Abs. 1, soweit sie sich auf Vorschriften über Ordner bezieht, erstreckt sich nur auf § 9 Abs. 1. Darauf verweist aber schon § 19 Abs. 1 selbst. Somit bezieht sich § 19 Abs. 1 nur auf § 18 Abs. 2.

3   Nach § 19 Abs. 1 hat der Leiter eines Aufzuges für den ordnungsgemäßen Ablauf zu sorgen. Daraus folgt, dass auch ein Aufzug grundsätzlich einen Leiter haben muss[5]. Die maskuline Form »Leiter« hat keine Bedeutung. Auch eine Frau kann Leiterin eines Aufzuges sein. Die gesetzliche Regelung des § 19 »der Leiter hat für den ordnungsgemäßen Ablauf zu sorgen« geht von einem überschaubaren, durch einen Veranstalter organisierten und von einem Leiter beherrschten Aufzug aus. Die Versammlungsrealität bei Großveranstaltungen und Spontanversammlungen entspricht aber nicht mehr diesem Leitbild. Großveranstaltungen können aus einer Vielzahl parallel verlaufender Teil- bzw. Nebenveranstaltungen bestehen (z. B. Protestmärsche, die sich aus verschiedenen Richtungen einem Ziel nähern). Soweit diese Veranstaltungsstruktur keinen einheitlichen Veranstalter oder hierarchischen Leiter zulässt, geht die insoweit bestehende gesetzliche Forderung ins Leere. Zwangsläufig ist deshalb der Verzicht auf einen konkret benannten Veranstalter bzw. Leiter und Eigenorganisation zulässig[6].

Soweit ein Aufzug dem gesetzlichen Leitbild entspricht, sind dem Leiter nach § 19 Abs. 1 und 3 Pflichten zugeordnet. § 14 Abs. 2 verlangt auch für Aufzüge, dass in der Anmeldung angegeben wird, wer verantwortlicher Leiter des Aufzuges ist.

§ 19 verweist zwar nicht auf § 12, der Gesetzgeber setzt aber die Anwesenheit der Polizei voraus, da er nur für sie (die Polizei) in Abs. 4 (wie in § 18 Abs. 3) ein Ausschlussrecht (Rz. 27 ff.) und in § 29 Abs. 1 Nr. 8 einen Ordnungswidrigkeitstatbestand für die Verweigerung der Anwesenheit von Polizeibeamten durch den Leiter statuiert hat[7]. *Breitbach* und *Ott/Wächtler* halten § 12 auf Aufzüge für nicht anwendbar, weil § 19 (anders als § 18) kein »Eindringen« in den Aufzug gestattet. Übersehen wird dabei, dass die

---

5   Ebenso *Ott/Wächtler*, § 19 Rz. 2; a. A. *Breitbach*, in: Ridder u. a. § 19, Rz. 9, der in der Leitung einer Versammlung oder eines Aufzuges lediglich eine grundrechtssichernde Funktion sieht. Daher bestehe kein Zwang zur Leitung.

6   *Pieroth/Schlink*, Rz. 715; so im Ergebnis auch *Breitbach*, in: Ridder u. a. § 19, Rz. 9, s. aber Rz. 4.

7   So auch *Henninger*, DÖV 1998, 716; a. A. *Breitbach*, in: Ridder u. a. § 19, Rz. 9.

Polizei nicht eindringt, sondern den Aufzug begleitet, um die ihr gesetzlich übertragenen Aufgaben wahrzunehmen[8].

§ 19 Abs. 1 verweist auch nicht auf § 13 Abs. 2. Insoweit besteht eine Regelungslücke. Die Pflicht, sich sofort zu entfernen (§ 13 Abs. 2), ergibt sich deshalb nicht aus dem Gesetz, sondern aus der polizeilichen Auflösungsverfügung, die das aber auch deutlich machen muss[9]. **4**

II. Pflichten des Leiters

1. Sicherstellung des ordnungsmäßigen Ablauf

Bei der Erfüllung seiner Pflicht, für den ordnungsmäßigen Ablauf des Aufzugs zu sorgen, stehen dem Leiter die Befugnisse aus § 19 Abs. 1 und Abs. 2 zu. In rechtmäßiger Ausübung seiner Ordnungsbefugnisse ist er besonders geschützt (§ 22). **5**

Ordnungsmäßiger Ablauf ist störungsfreier Verlauf. Die Ordnungsfunktion des Leiters ist zeitlich begrenzt auf die Dauer des Aufzugs. Nach Beendigung des Aufzugs entfällt seine Ordnungspflicht. **6**

Die Ordnungsfunktion ist örtlich begrenzt auf den Ort, an dem sich der Aufzug befindet. Sie ist personell begrenzt auf Teilnehmer. Gegen Störungen durch Nichtteilnehmer kann nur die Polizei vorgehen (Rz. 38 ff. zu § 2).

Die Ordnungsfunktion des Leiters ist sachlich begrenzt auf die Abwehr von Störungen, die dem Aufzug durch Teilnehmer oder Außenstehenden durch den Aufzug drohen. Zweck des Aufzugs ist Demonstration durch geordnete Fortbewegung. Störungen können sich insbesondere gegen das Geordnetsein der Fortbewegung richten, indem Teilnehmer stehenbleiben, sich gegen die vorgesehene Marschrichtung bewegen, den vorgeschriebenen Marschweg verlassen oder die Marschfolge durch Überholen oder Zurückbleiben ändern u. ä. Entscheidend dabei ist, dass durch dieses Verhalten der ordnungsmäßige Ablauf des Aufzuges, so wie er vom Leiter vorgesehen ist oder gebilligt werden kann, wesentlich beeinträchtigt wird. Keine Störung ist die Äußerung von Gegenmeinungen, die den Intentionen des Veranstalters zuwiderlaufen[10].

Auch die Gefährdung friedlicher Teilnehmer gilt als Störung. Solche Gefährdungen können von bewaffneten oder gewalttätigen Teilnehmern ausgehen. Bei der Beseitigung dieser Art von Störungen hat der Leiter nur geringe Möglichkeiten, da das Ausschlussrecht bei grober Ordnungsstörung ausschließlich der Polizei zusteht (Abs. 4). Insoweit sind dem vom *BVerfG* **7**

---

8 So im Ergebnis auch *Köhler/Dürig-Friedl*, § 19 Rz. 7.
9 *Gintzel*, Die Polizei 1986, 188.
10 *BVerfGE* 84, 203 (209); BVerfG, NJW 1995, 3110 (3112).

angesprochenen beim Veranstalter (und Leiter) liegenden »Vorrang bei der Isolierung unfriedlicher Teilnehmer« enge Grenzen gesetzt[11]. Die Bemühungen des Leiters und seiner Ordner werden sich auf gutes Zureden beschränken müssen. Leiter und Ordner dürfen Gewalttätigkeiten von Versammlungsteilnehmern nicht reaktionslos hinnehmen oder sie gar billigend in Kauf nehmen[12]. Im Übrigen ist der Leiter aber aus seiner Ordnungsfunktion gehalten, die (anwesende) Polizei zu informieren und um Hilfe zu ersuchen.

8   Störungen zum Nachteil Dritter können sich ergeben, wenn der Aufzug anders durchgeführt wird als in der Anmeldung angegeben ist oder wenn beschränkende Verfügungen der zuständigen Behörde (»Auflagen«) nicht beachtet werden. Auch eine unmittelbare Gefährdung der öffentlichen Sicherheit, die durch das Verhalten von Teilnehmern verursacht wird, ist als Ordnungsstörung zu betrachten.

9   Störung des ordnungsmäßigen Ablaufs des Aufzugs ist ordnungswidrig im Sinne des § 29 Abs. 1 Nr. 4; wenn eine »grobe« Störung in der Absicht geschieht, die Durchführung zu vereiteln, ist sie ein Vergehen (§ 21).

10   Neben der Unterbindung und Verhinderung von Störungen, die aus dem Verhalten von Teilnehmern resultieren, hat der Leiter auch organisatorische Voraussetzungen für den störungsfreien Ablauf des Aufzugs zu schaffen. Er hat die Aufstellung der Teilnehmer zu organisieren und durch Einsatz einer ausreichend großen Zahl geeigneter Ordner sicherzustellen, dass die Marschfolge, der Marschweg und die Marschordnung (beispielsweise Zweierreihen oder Aufgliederung in Marschblöcke bestimmter Höchstlänge), so wie er sie selbst vorgesehen hat oder wie sie durch beschränkende Verfügung der zuständigen Behörde verlangt sind, eingehalten werden.

11   Um auf Teilnehmer und Ordner einwirken zu können, hat der Leiter gegebenenfalls Lautsprecher und elektronische Hilfen bereitzustellen. Bei Großdemonstrationen kommt es darauf an, dass der Aufzug hinsichtlich der Marschfolge, Marschordnung, Marschgeschwindigkeit, Marschweg usw. organisiert ist und durch eingewiesene Ordner geleitet wird.

12   Grundsätzlich ist der Leiter auf Selbstorganisation angewiesen. Seine Leitungsaufgaben hat er im Rahmen der ihm zustehenden Ordnungsgewalt auszuüben. Das Leitungsrecht ist öffentlich-rechtlicher Natur. Insoweit ist es nur »wehrfähig« unter Maßgabe öffentlich-rechtlicher, also versammlungsgesetzlich zugewiesener Befugnisse. Ein wie auch immer begründetes Notwehrrecht, das *Breitbach*[13] irrigerweise annimmt, steht ihm nicht zu.

---

11 *BVerfGE* 69, 315 (362); *Dietel/Kniesel*, Die Polizei 1985, 344; *Lohse*, Die Polizei 1987, 99.
12 *BVerfG*, NJW 2000, 3051 (3053).
13 In: Ridder u. a. § 19, Rz. 20.

Soweit seine Befugnisse zur Unterbindung von Störungen nicht ausreichen, muss er sich polizeilicher Hilfe bedienen. Die Polizei verletzt ihre Schutzaufgabe in Bezug auf die ungestörte Ausübung von Grundrechten[14] und damit ihre Amtspflichten[15], wenn sie entsprechende Ersuchen des Leiters nicht erfüllt.

2. Beendigung des Aufzugs

Der Leiter muss den Aufzug beenden, wenn er die Ordnung nicht mehr **13** sicherstellen kann, sich also nicht mehr durchzusetzen vermag. »Nicht durchsetzen« meint (schuldunabhängiges) Unvermögen in Bezug auf die Leitung des Aufzuges. Unvermögen des Leiters ist anzunehmen, wenn seine Weisungen nicht mehr befolgt werden. Das gilt insbesondere für Weisungen, die sich auf die Einhaltung beschränkender Verfügungen (Auflagen) nach § 15 Abs. 3 erstrecken. Auch wenn infolge Nichtbeachtung seiner Weisungen erhebliche Gefahren für die öffentliche Sicherheit bestehen oder eine Störung der öffentlichen Sicherheit bereits eingetreten ist, ist Unvermögen anzunehmen[16]. *Breitbach* nimmt erst Unvermögen an, wenn eine Unterbrechung des Aufzuges keine Abhilfe erbringt[17] und übersieht dabei, dass die Unterbrechung eines Aufzuges zwar denkbar und auch zulässig ist, aber nicht der Durchsetzung von Weisungen dient. Unterbrochen werden Aufzüge, die sich über Tage erstrecken (Sternmärsche, Ostermärsche)[18]. Die Unterbrechung hat als Teil ausgeübter Ordnungsgewalt keinen Bezug zu Abs. 3. Unterbrechen als Indiz für Durchsetzungsvermögen sieht das Gesetz aus gutem Grund nicht vor (keine Verweisung auf § 8). Deshalb ist es auch unzulässig, die Ordnungsgewalt des Leiters i. S. des § 19 mit der des § 8 gleichzusetzen, zumal die Ordnungsgewalt, die dem Leiter in geschlossenen Räumen zugebilligt wird, nicht in gleicher Weise auf öffentlichen Straßen und Plätzen ausgeübt werden kann, und zwar wegen des dort bestehenden Gemeingebrauchs[19].

Die Einwirkungsmöglichkeiten des Leiters gegen störende Teilnehmer beschränken sich auf Weisungen. Das Ausschlussrecht hat nur die Polizei (§ 19 Abs. 4). Zwangsbefugnisse haben weder Leiter noch Ordner.

Hier müssen sich die Befugnisse des Leiters und die Befugnisse der Polizei ergänzen. Anhaltend störende Teilnehmer hat die Polizei auf Verlangen

---

14 *Gusy*, JuS 1986, 315; *Ott/Wächtler*, § 19 Rz. 7.
15 *Müller*, S. 116.
16 *Köhler/Dürig-Friedl*, § 19 Rz. 5.
17 *Breitbach*, in: Ridder u. a. § 19, Rz. 21.
18 So wohl auch *Ott/Wächtler*, § 19 Rz. 3.
19 *Köhler/Dürig-Friedl*, § 19 Rz. 1.

des Leiters oder aus eigenem Entschluss auszuschließen[20]. Sie hat den Ausschluss gegen Widerstreben durchzusetzen, notfalls mit Zwangsmitteln. Erforderlichenfalls sind Störer in polizeiliche Verwahrung zu nehmen.

14   Der Aufrechterhaltung der Ordnung dienende Weisungen des Leiters sind durch polizeiliche Maßnahmen zu unterstützen. Es widerspräche dem Grundgedanken der Versammlungsfreiheit, wollte man mit dem erhöhten Störungsrisiko, das Aufzügen innewohnt, einseitig den Leiter belasten. Das käme einer unzulässigen Beeinträchtigung des Versammlungsrechts gleich. Die Regelung des § 19 Abs. 3 darf nicht dazu führen, dass die Polizei den Aufzug durch Untätigkeit in Störungen hineintreiben lässt, die der Leiter nicht mehr beseitigen kann, um die Beendigungserklärung des Leiters zu provozieren.

15   Störungen, die dem Aufzug durch das Verhalten Außenstehender drohen, können und müssen von der Polizei beseitigt werden.

Erst, wenn der Leiter trotz polizeilicher Hilfe die Ordnung des Aufzugs nicht mehr sicherstellen kann, ist er zur Beendigung verpflichtet[21]. Unberührt bleibt das Recht, den Aufzug jederzeit zu schließen.

Wenn die Polizei dem Leiter die Unterstützung verweigert, verletzt sie ihre Amtspflichten[22]. Zum Schutz der öffentlichen Sicherheit gehört auch der Schutz der ungestörten Ausübung staatsbürgerlicher Rechte, auch mit Hilfe des Verfahrensrechts. Inhaltlich präzisiert wird dieser Grundrechtsschutz durch Kooperationspflichten, die aus dem Gebot zur grundrechtsfreundlichen Verfahrensgestaltung fließen[23].

16   Wenn der Leiter es pflichtwidrig unterlässt, den Aufzug zu beenden, kann die zuständige Behörde (Rz. 213 zu § 15) den Aufzug auflösen. Voraussetzung ist jedoch, dass ein Auflösungsgrund nach § 15 Abs. 3 vorliegt (Rz. 120 ff. zu § 15) und dass andere polizeiliche Maßnahmen nicht geeignet sind, die Ordnung des Aufzugs wiederherzustellen. In Betracht kommt hierbei insbesondere eine Unterbrechung, die nicht der Leiter (§ 19 Abs. 1 verweist nicht auf § 8), sondern nur die Polizei anordnen darf.

17   Die zuständige Behörde kann den Leiter durch Verfügung verpflichten, den Aufzug zu beenden, weil er sich nicht mehr durchsetzen kann. Diese Verfügung darf jedoch nicht verdeckte Auflösungsverfügung sein. Sie fordert von dem Leiter lediglich Beachtung seiner Pflicht. Die ausbleibende Beendigungserklärung des Leiters kann nicht durch Ersatzerklärung der zuständigen Behörde erfolgen. Die zuständige Behörde kann im Verhältnis zur Versammlung nur eine Auflösungsverfügung erlassen. Die Ermächti-

---

20 *Ott/Wächtler*, § 19, Rz. 7.
21 *Ott/Wächtler*, § 19, Rz. 7.
22 Zustimmend *Müller*, S. 116.
23 *BVerfGE* 69, 315 (335).

gung hierzu gibt § 15 Abs. 3, der eine abschließende Regelung in Bezug auf die Auflösung von öffentlichen Versammlungen unter freiem Himmel und Aufzügen darstellt.

2. Einsetzen von Ordnern

§ 19 Abs. 1 verweist hinsichtlich der Verwendung von Ordnern auf §§ 9 **18** Abs. 1 und 18. Bei § 18 ist jedoch nur Absatz 2 gemeint (Rz. 2). Somit besteht die Erlaubnispflicht in Bezug auf die Verwendung von Ordnern auch für Aufzüge. Näheres über die Erlaubnispflicht vgl. Rz. 17 ff. zu § 18.

III. Rechte des Leiters

1. Weisungsbefugnis

Der Leiter kann Teilnehmer anweisen, sich so zu verhalten, dass Störungen **19** unterbleiben. Die Weisungen können bezwecken, Störungen *der* Versammlung oder Störungen *durch die* Versammlung zu unterbinden. Entscheidend ist, dass die Weisung dem ordnungsmäßigen Ablauf des Aufzugs dienlich ist. Dabei muss die Weisung nicht immer zweckmäßig sein. Das heißt aber nicht, dass der Leiter Willkür gegen Teilnehmer üben darf. Seine Weisungen müssen sachgemäß und nach Inhalt, Zweck und Ausmaß hinreichend bestimmt sein, so dass der Adressat erkennen kann, was von ihm verlangt wird.

Gegen willkürlichen Gebrauch der Weisungsbefugnis hat die Polizei betroffene Teilnehmer zu schützen (Rz. 3 zu § 8). **20**

2. Einsetzen von Ordnern

Der Leiter kann sich zur Wahrnehmung seiner Ordnerfunktion der Hilfe **21** einer angemessenen Zahl ehrenamtlicher Ordner bedienen. Sie müssen unbewaffnet, in der Regel volljährig (Rz. 8 zu § 9) und durch weiße Armbinden gekennzeichnet sein. § 19 Abs. 1 Satz 2 verweist nur auf § 9 Abs. 1, nicht auf Abs. 2. Im Übrigen gilt § 18 Abs. 2, auf den § 19 Abs. 1 Satz 2 zwar nicht ausdrücklich verweist, aber nur Absatz 2 enthält Regelungen, die sich auf Ordner beziehen[24]. Voraussetzung für den Ordnereinsatz ist danach, dass die zuständige Behörde die Verwendung von Ordnern erlaubt hat. Sie kann auch durch selbstständige Verfügung den Einsatz von Ordnern anordnen (Rz. 48 zu § 15).

Das VersG geht von einem gleichmäßigen Ordnerbegriff aus. Für die bei **22** Aufzügen eingesetzten Ordner gelten die gleichen Voraussetzungen und Beschränkungen sowie Kennzeichnungsvorschriften wie für Ordner bei

---

24 *Köhler/Dürig-Friedl*, § 19, Rz. 3.

ortsfesten Versammlungen (§ 19 Abs. 1 i. V. mit § 9 Abs. 1). Näheres hierzu Rz. 6 ff. zu § 9.

Der Leiter kann Ordnungsfunktionen auf die Ordner delegieren. Erst die Delegation von Rechten des Leiters, sei sie generell oder speziell, begründet Rechte der Ordner gegenüber den Teilnehmern (Rz. 5 f. zu § 10).

IV. Pflichten der Teilnehmer

23   Die Teilnehmer sind nach § 19 Abs. 2 verpflichtet, die Weisungen des Leiters und der Ordner zu befolgen, soweit sie den störungsfreien Verlauf des Aufzugs sicherstellen sollen[25]. Aber nicht jede Weisung muss beachtet werden. Die Weisung muss darauf gerichtet sein, Störungen zu verhindern. Danach sind Weisungen verbindlich, die beispielsweise Einhaltung einer bestimmten Marschordnung, Marschpausen, Aufschließen, Weitermarsch u. Ä. verlangen.

24   Weisungen, die Äußerung einer Gegenmeinung verbieten (Mitführen eines Spruchbandes, dessen Aussage den Intentionen der vom Veranstalter oder Leiter vorgesehenen Demonstration widerspricht), sind unzulässig[26]. Die Polizei hat die Rechte des Teilnehmers gegen Leiter und Ordner zu schützen. Unzulässig sind auch Weisungen, die von Teilnehmern ausdrücklich Zustimmung oder Mitmachen im Sinne der vorgeprägten Aussage zum Demonstrationsgegenstand verlangen, so etwa die Forderung, sich an Sprechchören oder am gemeinsamen Gesang zu beteiligen oder Spruchbänder zu tragen u. Ä.

25   In § 19 fehlt eine Verweisung auf § 13 Abs. 2. Das ist offensichtlich ein Versehen.

Wenn der Aufzug vom Leiter für beendet erklärt worden ist, besteht für die Teilnehmer grundsätzlich keine Pflicht, sich zu entfernen. Die Pflicht zum Sichentfernen besteht nur nach Ausschluss oder Auflösung, also aufgrund eines Verwaltungsaktes. § 29 Abs. 1 Nr. 2 und Nr. 5 begründen keine Entfernungspflicht. Sie setzen vielmehr die Nichtbeachtung einer bestehenden Entfernungspflicht voraus[27].

26   Die Fortsetzung des Aufzugs nach Beendigung durch die Gesamtheit oder einen Teil der Teilnehmer ist ein neuer Aufzug, der Spontanversammlung sein kann und dann ohne Anmeldung zulässig ist (Rz. 21 zu § 14). Wer den Anstoß zur Fortsetzung gibt, kann Veranstalter sein (Rz. 232 zu § 1).

---

25 So auch *Breitbach*, in: Ridder u. a. § 19, Rz. 15, und *Ott/Wächtler*, § 19 Rz. 6, die allerdings auf Befolgungspflichten aus § 10 hinweisen, obwohl § 19 nicht auf § 10 verweist.

26 *BVerfG*, NJW 1995, 3112; *BVerfGE* 84, 203 (209).

27 *Gintzel*, Die Polizei 1986, 188.

Die Teilnahme an diesem neuen (nichtangemeldeten) Aufzug ist nicht ordnungswidrig, denn Nichtanmeldung macht einen Aufzug nicht zwangsläufig zu einem verbotenen Aufzug, an dem Teilnahme gemäß § 29 Abs. 1 Nr. 1 ordnungswidrig ist.

V. Ausschluss von Teilnehmern

Der Gesetzgeber verweist zwar in § 19 nicht auf § 12, geht aber in Abs. 4 **27** davon aus, dass die dort genannten Polizeibeamten zu Aufzügen entsandt worden sind[28]. Das wird im Schrifttum zum Teil anders gesehen, und zwar deshalb, weil der versammlungsbezogene Auftrag in der Überwachung der Versammlung gesehen wird[29]. Entsandte Polizeibeamte haben aber keinen Überwachungsauftrag, sondern einen versammlungsspezifischen Auftrag (Schutz der Versammlung gegen Störungen, Schutz von Drittinteressen, Personenschutz und Strafverfolgung). Aber selbst wenn man aus den Materialien zum Versammlungsgesetz oder aus der Gesetzesformulierung »*in eine öffentliche Versammlung entsandt*« einen Überwachungsauftrag für die entsandten Polizeibeamten annehmen könnte oder müsste, wäre dies durch verfassungsgemäße jahrelange praktische Übung obsolet. Polizeibeamte werden i. S. des § 12 nicht *in eine*, sondern *zu einer* Versammlung entsandt. Das gilt auch für Aufzüge. Die Entsendung erfolgt – nicht selten über Landesgrenzen hinweg – stets mit konkretem Schutzauftrag. Mit Überwachung hat das nichts zu tun. Realiter sind die in Absatz 4 genannten Polizeibeamten stets entsandte Polizeibeamte. Nur sie können kraft Ausbildung und Ausrüstung den Schutz einer Versammlung gewährleisten; nur sie können dafür einstehen, dass sowohl die Teilnehmer des Aufzuges als auch unbeteiligte Dritte des erforderlichen Schutzes teilhaftig werden.

Zum Ausschluss durch Polizeibeamte vgl. die Ausführungen zu § 18 Abs. 3 (Rz. 32 ff. zu § 18). Zu beachten ist aber, dass § 19 Abs. 4 keine Regelung darüber enthält, dass sich ausgeschlossene Teilnehmer sofort zu entfernen haben. Auch fehlt eine Verweisung auf § 11 Abs. 2.

---

28 *Breitbach*, in: Ridder u. a. § 19, Rz. 29; *Köhler/Dürig-Friedl*, § 19 Rz. 7.
29 Dabei wird übersehen, dass Überwachungsaufgaben nicht von entsandten Polizeibeamten wahrgenommen werden, sondern von Beamten des politischen Kommissariats der Kriminalpolizei oder von Beamten des Verfassungsschutzes, und zwar dann, wenn aufgrund bestimmter Tatsachen der Verdacht verfassungsfeindlicher Bestrebungen gegeben ist und deshalb im Rahmen der Regelungen des Verfassungsschutzes Beobachtungen erforderlich sind.

Das kann angesichts der Bestimmung des § 29 Abs. 1 Nr. 5, die das Nichtentfernen nach Ausschluss aus einem Aufzug mit Geldbuße bedroht, nur ein Versehen des Gesetzgebers sein[30].

Die Pflicht eines ausgeschlossenen Teilnehmers, sich sofort (augenblicklich) zu entfernen, ergibt sich nicht aus § 11 Abs. 2, weil § 19 keine Verweisung auf § 11 Abs. 2 enthält. Das hat der Gesetzgeber offensichtlich übersehen.

Weil die Entfernungspflicht nach Ausschluss sowohl für öffentliche Versammlungen in geschlossenen Räumen (§ 11 Abs. 2) als auch für solche unter freiem Himmel (§ 18 Abs. 1 i. V. mit § 11 Abs. 2) besteht, ist kein sachlicher Grund erkennbar, warum das nicht auch für Aufzüge gelten soll. Die Beeinträchtigung des Versammlungsrechts wegen der Gefahr fortgesetzter Störungen durch ausgeschlossene Teilnehmer ist bei ortsfesten Versammlungen vermöge der besseren Übersichtlichkeit eher geringer als bei Aufzügen. Daher ist die Entfernungspflicht mit der Ausschlussverfügung auszusprechen.

28   Mit dem Ausschluss verliert der Betroffene das Teilnahmerecht am aktuellen Aufzug. Die sich daran anschließende Anordnung, sich zu entfernen, kann auf Befugnisnormen des allgemeinen Polizeirechts gestützt werden. Ausschluss- und Entfernungsverfügung können gegebenenfalls mit Zwang durchgesetzt werden.

29   Entfernung aus dem Aufzug besteht darin, die räumliche Beziehung zum Aufzug aufzulösen. Das kann in Ausnahmefällen durch Stehenbleiben erfolgen, wenn sich der Aufzug rasch genug fortbewegt. Der Ausgeschlossene muss erkennbar machen, dass er nicht mehr zum Aufzug gehört. Er darf sich also beispielsweise nicht nach Ausschluss neben dem Aufzug herbewegen. Nichtentfernen nach Ausschluss ist ordnungswidrig nach § 29 Abs. 1 Nr. 5.

---

30 So auch *Ott/Wächtler*, § 19, Rz. 16; *Bergmann*, S. 111.

§ 19 a

Für Bild- und Tonaufnahmen durch die Polizei bei Versammlungen unter freiem Himmel und Aufzügen gilt § 12 a.

Wegen der Einordnung des § 12 a in den Abschnitt II des VersG gelten sei- **1**
ne Regelungen zunächst nur für Versammlungen in geschlossenen Räumen.
Hierfür ist kaum ein Regelungsbedarf erkennbar. Näher gelegen hätte eine
nur auf Versammlungen unter freiem Himmel und Aufzüge bezogene Regelung, etwa in einem § 15 a.

Für die auf Versammlungen in geschlossenen Räumen bezogenen Rege- **2**
lungen des § 12 a bestehen erhebliche verfassungsrechtliche Bedenken
(Rz. 7 zu § 12 a). Soweit die Regelungen des § 12 a für Versammlungen unter freiem Himmel und Aufzüge gelten, bestehen diese Bedenken
nur im geringen Maße, etwa wenn eine bloße Gefährdung der öffentlichen
Ordnung ausreichen soll, eine versammlungsspezifische Datenerhebung
durch Bild- oder Tonaufnahmen von Teilnehmern zu rechtfertigen (vgl.
Rz. 9 zu § 12 a). Solche Bedenken lassen sich aber durch verfassungskonforme Gesetzesanwendung ausräumen.

§ 19 a ist reine Verweisungsnorm. In gesetzestechnisch ungewöhnlicher **3**
Weise hat der Gesetzgeber die Regelungen des § 12 a für Versammlungen
unter freiem Himmel und Aufzüge in einer besonderen Bestimmung für
anwendbar erklärt.

Für Versammlungen unter freiem Himmel hätte eine bloße Ergänzung
des Verweisungskatalogs in § 18 Abs. 1 genügt. Für Aufzüge bestand ebenfalls die Möglichkeit der bloßen Verweisung in § 19 Abs. 1. Hierbei wäre
es möglich gewesen, die durch bisher unterbliebenen (offensichtlich über-
sehenen) Verweisungen (Rz. 3 f. zu § 19) verursachten Regelungslücken[1] zu
beseitigen.

---

1 *Gintzel*, Die Polizei 1986, 188.

§ 20

Das Grundrecht des Artikels 8 des Grundgesetzes wird durch die Bestimmungen dieses Abschnitts eingeschränkt.

1   Mit § 20 hat der Gesetzgeber dem in Art. 19 Abs. 1 Satz 2 GG normierten Zitiergebot genügt.

2   Das Zitiergebot mit seiner »Warnfunktion« für den Gesetzgeber[1] verlangt die Nennung des entsprechenden Grundrechtsartikels, soweit »ein Grundrecht durch Gesetz oder auf Grund eines Gesetzes eingeschränkt werden kann,« also nur für Vorbehaltsschranken, nicht für Gewährleistungsschranken, die den Schutzbereich der Versammlungsfreiheit (»friedlich und ohne Waffen«) begrenzen.[2]

3   Die Zitierpflicht bestand deshalb nur für die Grundrechtseinschränkungen, die den Gesetzesvorbehalt des Art. 8 Abs. 2 GG konkretisieren. Das sind Regelungen im Abschnitt III für öffentliche Versammlungen und Aufzüge unter freiem Himmel. Insoweit war nur Art 8 GG zu nennen und auf Abschnitt III hinzuweisen.

4   Das Grundrecht auf »*informationelle Selbstbestimmung*«, das durch die Regelung des § 12a und 19a eingeschränkt wird, war nicht zu nennen. Es ist kein eigenständiges Grundrecht, sondern Bestandteil des allgemeinen Persönlichkeitsrechts des Art. 2 Abs. 1 iVm Art. 1 Abs. 1 GG.[3] Einschränkungen des Grundrechts aus Art. 2 Abs. 1 GG sind nicht zitierpflichtig, weil die allgemeine Handlungsfreiheit von vornherein nur unter dem Vorbehalt der verfassungsmäßigen Ordnung garantiert wird.[4]

5   § 20 bezieht sich auf die Ursprungsfassung des VersG und die darin begründeten Eingriffsermächtigungen des Abschnitts III, nicht auf die mit § 17 a vorgenommenen zusätzlichen, bisher unbekannten Einschränkungen der Versammlungsfreiheit. In den Änderungsgesetzen vom 18. 7. 1985 (BGBl. I S. 1511) und vom 9. 6. 1989 (BGBl. I S. 1059) hat der Gesetzgeber dem Zitiergebot nicht entsprochen. Der Begründung des Gesetzes ist kein Hinweis zu entnehmen, warum es unterblieben ist[5].

6   Auch im Gesetz zur Änderung des Versammlungsgesetzes und des Strafgesetzbuches vom 24. 3. 2005 BGBl. I S. 969, mit dem § 15 Abs. 2 eingefügt wurde, ist Art. 8 GG nicht genannt, weil die neue Regelung lediglich die allgemeine Befugnisnorm des § 15 Abs. 1 durch Spezialisierung konkreti-

---

1 *BVerfGE* 64, 72 (79 f.).
2 *BVerfGE* 28, 36 (46); 28, 282 (289).
3 *BVerfGE* 65, 1 (LS 1).
4 *BVerfGE* 6, 32 (37); 10, 89 (99); 28, 36 (46).
5 *Breitbach*, in: Ridder u. a., § 20, Rz. 8.

siert. Damit handelt es sich um eine Einschränkung, die schon im alten Recht bestand, sodass die Zitierpflicht entfällt.[6]

6 *BVerfGE* 5, 13 (16): 15, 288 (293); 16, 194 (199 f.); 35, 185 (188 f.).

Abschnitt IV   Straf- und Bußgeldvorschriften

Zu Abschnitt IV

1. Allgemeines

Abschnitt IV enthält in den §§ 21 bis 28 Tatbestände für Straftaten und im   **1**
§ 29 sowie § 29 a Tatbestände für Ordnungswidrigkeiten, die im Zusammenhang mit Versammlungen stehen. § 30 ist Ermächtigung für die Einziehung von Beziehungsgegenständen bei Straftaten nach §§ 27 und 28 sowie Ordnungswidrigkeiten nach § 29 Abs. 1 Nr. 1 a und 3.

Die Straf- und Bußgeldbestimmungen des Abschnitts IV sind kein in sich   **2**
abgestimmtes Regelwerk. Es gibt Ungereimtheiten bei den Straftatbeständen und den Strafandrohungen. So verlangen die § 26 Nr. 1 und § 29 Abs. 1 Nr. 1 jeweils die Vollziehbarkeit von Auflage bzw. Verbot, § 25 Nr. 2 dagegen nicht.

Die Missachtung des Verbots der Passivbewaffnung und der Vermummung ist ebenso mit einem Jahr Freiheitsstrafe bedroht wie die Missachtung des eindeutig schwerer wiegenden Bewaffnungsverbots. Die Verletzung des Uniformierungsverbots ist gar mit zwei Jahren Freiheitsstrafe bedroht.

Auch bei den Ordnungswidrigkeiten des § 29 ist die erheblich höhere Bußgeldandrohung von 5000 DM[1] für die veranstalter- und leiterbezogene Missachtung von Ordnungsvorschriften (Nr. 6 bis 8) gegenüber den teilnehmerbezogenen Tatbestandsverletzungen (Nr. 1 bis 5) von nur 1000 DM sachlich nicht begründet.

Nicht alle Straf- und Bußgeldtatbestände beziehen sich auf Versammlun-   **3**
gen im Sinne des Versammlungsgesetzes. §§ 21 und 28 gelten auch für nichtöffentliche Versammlungen. Die Tatbestände der §§ 27 Abs. 2 sowie 29 Abs. 1 Nr. 1 a sind auf jegliche Art von Veranstaltungen unter freiem Himmel ausgedehnt.

2. Tatbestandskonkretisierung

Die Strafbestimmungen im IV. Abschnitt gehören zum Nebenstrafrecht.   **4**
Sofern es sich bei den Tabestandsmerkmalen nicht um spezifisch versammlungsgesetzliche Begriffe handelt, sind für die Auslegung die Grundsätze

---

1 Im Euroumstellungsgesetz vom 13. 12. 2001 (BGBl. I S. 3574), Art. 24, sind im Straf- und Ordnungswidrigkeitenrecht genannte DM-Beträge in Euro-Beträge (in der Regel durch Halbierung) umgewandelt worden. Die notwendige Änderung im VersG ist übersehen worden.

anzuwenden, wie sie durch die strafgesetzliche Rechtsprechung und
Rechtslehre entwickelt worden sind.

Im Übrigen sind die Bestimmungen des Allgemeinen Teils des StGB anzuwenden, z. B. Anstiftung, Teilnahme etc.

3. Bedeutung

5   Bei 8947 Versammlungen und Demonstrationen im Jahr 1996 gab es nur
115 Veranstaltungen mit unfriedlichen Begleiterscheinungen[2]. Nachdem
Bundestag und Bundesrat nach Berlin umgezogen sind, konzentriert sich
dort das Demonstrationsgeschehen. 1999 gab es in Berlin bei 2440 öffentlichen Versammlungen nur 10 mit unfriedlichen Begleiterscheinungen[3]. Die
versammlungsgesetzlichen Strafnormen haben statistisch nur geringe Bedeutung. Spezifische Rechtsprechung besteht kaum.

---

2 Jahresstatistik des BMI über das Demonstrationsgeschehen im Jahre 1996 (die Sta-
tistik wird nicht fortgeführt).
3 *Wiefelspütz*, ZRP 2001, 61.

§ 21

Wer in der Absicht, nicht verbotene Versammlungen oder Aufzüge zu verhindern oder zu sprengen oder sonst ihre Durchführung zu vereiteln, Gewalttätigkeiten vornimmt oder androht oder grobe Störungen verursacht, wird mit Freiheitsstrafe bis zu drei Jahren oder mit Geldstrafe bestraft.

I. Begriffsklärung

1. Täter

Täter ist, wer Gewalttätigkeiten vornimmt oder androht oder grobe Störungen verursacht, um nichtverbotene Versammlungen oder Aufzüge zu verhindern oder zu sprengen oder sonst ihre Durchführung zu vereiteln. Auf den Erfolg kommt es nicht an. Täter sind in der Regel außenstehende Dritte, können aber auch Versammlungsteilnehmer sein[1]. **1**

Für die Formen der Teilnahme gelten die §§ 25 ff. StGB.

2. Absicht

Absicht ist der final auf den Handlungserfolg gerichtete Wille des Täters. **2** Die Absicht des Täters muss auf Verhinderung, Sprengen oder sonstige Vereitelung einer Versammlung gerichtet sein, und zwar durch Gewalttätigkeit oder deren Androhung oder durch Verursachung grober Störung.

Mit Absicht handelt der Täter, wenn bei ihm die Vorstellung besteht, er könnte durch sein Verhalten den im Tatbestand angegebenen Erfolg bewirken (Versammlungssprengung). Auf den tatsächlichen Erfolg kommt es aber nicht an[2]. Die Absicht, die Versammlung zu sprengen, braucht auch nicht der einzige Beweggrund zu sein. Der Täter handelt auch dann absichtlich, wenn sein Motiv primär Bereicherung ist (Sprengung einer Versammlung gegen Entgelt).

3. Geschützte Veranstaltungen

§ 21 schützt sowohl öffentliche Versammlungen in geschlossenen Räumen, **3** als auch solche unter freiem Himmel mit Einschluss der Aufzüge. Auch nichtöffentliche Versammlungen sind durch § 21 geschützt[3]. Nicht geschützt sind *verbotene* Versammlungen[4].

---

1 *Köhler/Dürig-Friedl*, § 21, Rz. 1; *Ott/Wächtler*, § 21, Rz. 3.
2 *Kang*, S. 196.
3 *Pawlita/Steinmeier*, in: Ridder u. a., § 21, Rz. 9.
4 *Ott/Wächtler*, § 21, Rz. 1.

Das Verbot kann kraft Gesetzes (§ 16) bestehen oder auf Grund einer versammlungsgesetzlichen Ermächtigung durch wirksame Verbotsverfügung (Rz. 12 f. zu § 5 bzw. Rz. 169 zu § 15) begründet sein.

4. Verhindern, Sprengen, Vereiteln

4 *Verhindert* wird eine Versammlung, wenn sie nicht so *stattfinden* kann, wie sie geplant ist. Der Begriff *Stattfinden* erstreckt sich auch auf die Wahl des Ortes und auf den Zeitpunkt des Beginns der Versammlung, weil zur Versammlungsfreiheit auch die Selbstbestimmung über Ort und Zeit gehört[5].

Verhindert wird eine Versammlung auch dann, wenn die Versammlung als solche dadurch in Frage gestellt wird, dass der Leiter (ggf. auch der Hauptredner) gewaltsam am Zutritt gehindert wird. Ähnliches gilt, wenn nicht nur einzelnen Teilnehmern der Zugang zur Versammlung gewaltsam verwehrt wird.

5 *Gesprengt* ist eine Versammlung, wenn die Teilnehmer zum Verlassen des Versammlungsortes gezwungen werden[6]. Das kann sowohl von innen her geschehen, z. B. durch Gewaltanwendung (Rz. 8) eines Teils der Teilnehmer, als auch von außen erfolgen, insbesondere durch Gewaltanwendung nichtteilnehmender Dritter[7].

6 Die Durchführung einer Versammlung wird *auf andere Weise vereitelt*, wenn eine sachgemäße, den Vorstellungen des Veranstalters entsprechende Fortführung der Versammlung (z. B. durch anhaltenden Lärm oder ständiges unbegründetes Applaudieren) unmöglich gemacht wird.

II. Die Straftat

7 Die Tat kann in der Anwendung oder Androhung von Gewalt oder im Verursachen grober Störungen bestehen. § 21 ist kein Erfolgsdelikt. Unerheblich ist daher, ob durch diese Tathandlungen die Versammlung oder der Aufzug tatsächlich verhindert, gesprengt oder sonst vereitelt wird. Es genügt, dass das in der Absicht des Täters lag[8].

Wird dagegen in der Öffentlichkeit oder durch Schriften oder Druckwerke lediglich aufgefordert, nichtverbotene Versammlungen oder Aufzüge zu

---

5 *BVerfGE* 69, 315 (343).
6 Zum Problem Sprengen einer Versammlung: *OVG Bremen*, DÖV 1972, 101 ff.; *VG Köln*, NJW 1971, 210 ff.; *VG Gelsenkirchen*, NJW 1971, 213, mit Anm. von *Pappermann*; *OVG Saarbrücken*, JZ 1970, 238, mit Anm. von *Pappermann*; *Schmidt-Jortzig*, JuS 1970, 238 ff.; *Ott/Wächtler*, § 21, Rz. 10; *Köhler/Dürig-Friedl*, § 21, Rz. 2.
7 *Herzog*, in: Maunz/Dürig, Art. 8, Rz. 73 f. u. 115 ff.
8 *Ott/Wächtler*, § 21, Rz. 3 b.

verhindern, zu sprengen oder sonst ihre Durchführung zu vereiteln, so liegt kein Fall des § 21 vor. Ein solches Verhalten könnte im Sinne des § 111 StGB strafrechtlich relevant sein.

1. Anwendung von Gewalt

Die Anwendung von Gewalt verlangt die Vornahme von Gewalttätigkeiten.   **8**
Der Begriff Gewalttätigkeit stimmt mit dem des Landfriedensbruchs (§ 125 StGB)[9] überein. Es muss sich um Aktivitäten von erheblicher Gefährlichkeit handeln. Gewalttätigkeit im Sinne des § 21 verlangt daher ein aggressives, gegen die körperliche Unversehrtheit von Menschen oder gegen fremde Sachen gerichtetes aktives Tun. Durch Einsatz bzw. In-Bewegung-Setzen physischer Kraft muss die Integrität einer Person oder die Substanz einer Sache beeinträchtigt werden[10]. Keine Gewalttätigkeit im Sinne des § 21 liegt vor, wenn Personen in der Absicht, eine Versammlung zu verhindern, lange vor Beginn der Veranstaltung alle Plätze eines Saales besetzen. Auch die Anwendung psychischen Zwanges ist keine Gewalttätigkeit.
Die Gewaltanwendung muss nicht unmittelbar am Veranstaltungsort erfolgen. Sie kann an jedem Ort vorgenommen werden, beispielsweise in der Wohnung des Leiters oder eines Redners der geplanten Versammlung[11].

2. Androhung von Gewalt

Androhen von Gewalttätigkeiten ist nicht gleichzusetzen mit dem Begriff   **9**
Drohung im Sinne des § 240 StGB. Der Täter muss in der Vorstellung handeln, der Drohungsadressat sei überzeugt, durch angedrohte Gewalttätigkeiten objektiv gefährdet zu sein. Auf eine tatsächliche Gefährdung möglicher Opfer kommt es nicht an, es genügt, dass die Ankündigung objektiv bedrohlich erscheint. So ist beispielsweise die Bedrohung mit einer Spielzeug- oder Wasserpistole schon ein Fall der Androhung von Gewalt, falls sich aus der Situation ergibt, dass der Bedrohte dieses Verhalten als gefährlich ansieht.

3. Grobe Störungen

Grobe Störungen sind solche Einwirkungen auf den ordnungsgemäßen Ab-   **10**
lauf einer Versammlung oder eines Aufzuges, die als besonders schwere Beeinträchtigung des Veranstaltungs- oder Leitungsrechts empfunden werden.

---

9 *Köhler/Dürig-Friedl*, § 21 Rz. 2.
10 *Lenckner*, in: Schönke/Schröder, 26. Aufl., § 125, Rz. 6.
11 *Ott/Wächtler*, § 21, Rz. 3.

Grob stört ferner, wer durch sein Verhalten das Teilnahmerecht friedlicher Teilnehmer besonders schwer beeinträchtigt[12].

Grobe Störungen können auf vielfältige Weise verursacht werden, z. B. durch ständiges unbegründetes Applaudieren oder wenn nach jedem Satz des Redners im Sprechchor »Bravo« gerufen wird, außerdem durch Werfen von Stink- oder Rauchbomben, lautstarkes Spielenlassen von Radiogeräten u. Ä.. Keine Störung sind Zwischenrufe, Missfallenskundgebungen, Äußern von Gegenmeinungen, Verlangen nach Diskussion u. Ä., soweit sie nicht gerade den Zweck verfolgen, die Durchführung der Versammlung zu verhindern.

Der Begriff der groben Störung ist nicht gleichzusetzen mit dem Störverhalten, das nach den §§ 11 Abs. 1, 18 Abs. 3 und 19 Abs. 4 zum Ausschluss führen kann.

III. Innerer Tatbestand

11 Der innere Tatbestand verlangt *Vorsatz* (§ 15 StGB) und die *Absicht* der Versammlungssprengung.

12 *Vorsätzlich* handelt der Täter, wenn er weiß oder davon ausgeht, dass die Veranstaltung nicht verboten ist. Insoweit genügt bedingter Vorsatz[13]. Geht der Täter aber irrigerweise davon aus, dass es sich um eine verbotene Veranstaltung handelt, entfällt gemäß § 16 Abs. 1 Satz 1 StGB der Vorsatz.

13 Die Absicht des Täters als Form des direkten Vorsatzes, (bedingter Vorsatz genügt nicht)[14] muss auf Verhinderung, Sprengung oder sonstige Vereitelung einer Versammlung oder eines Aufzuges gerichtet sein. Näheres zum Begriff Absicht s. Rz. 2.

IV. Strafverfolgungsmaßnahmen

14 Im Falle einer Versammlungssprengung sind Beweissicherungsmaßnahmen erforderlich. Das vor einer Versammlungssprengung nach § 12 a gewonnene Bild- und Tonmaterial kann als Beweismaterial eingebracht werden. Dagegen spricht nicht, dass diese Datenerhebung ursprünglich ein versammlungsrechtlicher, gegen Störer einer Versammlung gerichteter Eingriff im Sinne des § 12 a ist und keine Strafverfolgungsmaßnahme.

15 Die vom Täter gebrauchten Mittel der Gewaltanwendung bzw. Gewaltandrohung oder Störung sind als Beweismittel sicherzustellen (§ 111 b

---

12 *Ott/Wächtler*, § 21, Rz. 5; *Benrath*, JR 1984, 1.
13 *Köhler/Dürig-Friedl*, § 21 Rz. 4.
14 *Ott/Wächtler*, § 21, Rz. 11; *Köhler/Dürig-Friedl*, § 21 Rz. 4.

StPO) oder zu beschlagnahmen (§ 94 StPO). Sie können als Tatwerkzeuge durch den Richter eingezogen werden.

Einziehungsermächtigung ist § 74 StGB, nicht § 30.

V. Konkurrenzen

Tateinheit im Sinne des § 52 StGB ist möglich mit: Nötigung (§ 240 StGB), **16** Körperverletzungs- und Tötungsdelikten (§§ 223 ff. und 211 ff. StGB), Hausfriedensbruch (123 ff. StGB), und Landfriedensbruch (§ 125 StGB).

Die Störung einer Versammlung ohne Sprengungsabsicht ist ordnungswidrig nach § 29 Abs. 1 Nr. 4.

§ 22

Wer bei einer öffentlichen Versammlung oder einem Aufzug dem Leiter oder einem Ordner in der rechtmäßigen Ausübung seiner Ordnungsbefugnisse mit Gewalt oder Drohung mit Gewalt Widerstand leistet oder ihn während der rechtmäßigen Ausübung seiner Ordnungsbefugnisse tätlich angreift, wird mit Freiheitsstrafe bis zu einem Jahr oder mit Geldstrafe bestraft.

I. Allgemeines

1. Zweck der Vorschrift

1   § 22 dient dem Schutz der Personen, die für die ordnungsgemäße Durchführung öffentlicher Versammlungen oder Aufzüge verantwortlich sind. Nicht geschützt durch § 22 sind Ordnungskräfte nichtöffentlicher Versammlungen. Diese Inkonsequenz gegenüber dem weitergehenden Schutzgedanken des § 21 mag darin begründet sein, dass Leiter und Ordner nichtöffentlicher Versammlungen mit dem ihnen übertragenen auch gegenüber Teilnehmern bestehenden unbeschränkten Hausrecht größere Einwirkungsmöglichkeiten haben.

Schutzzweck ist zum einen die ungestörte Wahrnehmung der Ordnungsbefugnisse durch Leiter und Ordner, zum anderen der persönliche Schutz dieser Funktionsträger.

2. Täter

2   Täter können sowohl Versammlungsteilnehmer als auch außenstehende Dritte sein. Insbesondere ist es denkbar, dass die Begehungsweise »tätlicher Angriff« auch von Nichtteilnehmern ausgehen kann, etwa wenn aus größerer Entfernung mit Waffengewalt auf Ordner oder Leiter eingewirkt wird.

3. Funktionen des Leiters und der Ordner

3   Die Ordnungsbefugnisse des Leiters ergeben sich aus den §§ 8, 9 Abs. 1, 18 Abs. 1 und 19 Abs. 1. Ordner haben die vom Leiter übertragenen Befugnisse (Rz. 1 zu § 9 und Rz. 6 zu § 10). Die Wahrnehmung der Ordnungsbefugnisse ist zeitlich und sachlich begrenzt.

Zeitlich beginnt der Schutz des § 22, sobald der Leiter seine Funktionen tatsächlich wahrnimmt. Er endet, nachdem der Leiter die Veranstaltung geschlossen hat (§ 8 Satz 2) bzw. für beendet erklärt hat (§ 19 Abs. 3). Der Schutz besteht weiter, wenn der Leiter eine Versammlung im geschlossenen Raum lediglich unterbrochen hat. Der Schutz endet, wenn die Polizei die Versammlung bzw. den Aufzug unterbrochen oder aufgelöst hat.

Eine sachliche Begrenzung der Ordnungsbefugnisse von Leiter und Ordner liegt darin, dass sie *rechtmäßig* ausgeübt werden müssen. Auch ihr persönlicher Schutz (Rz. 1) hängt davon ab.

Rechtmäßige Ausübung der Ordnungsbefugnisse durch den Leiter verlangt, dass er im Rahmen der ihm zustehenden Rechte bleibt (Rz. 15 zu § 8). Er darf nicht willkürlich entscheiden.

Die Ordner handeln nur rechtmäßig, wenn sie rechtmäßige Weisungen des Leiters befolgen. Ordnerfunktionen haben sie nur, wenn sie unbewaffnet, nicht uniformiert und entsprechend § 9 Abs. 1 Satz 2 kenntlich gemacht sind[1].

Ordner haben nur übertragene Befugnisse. Ihr Recht, Ordnungsfunktionen wahrzunehmen, leitet sich aus dem Leitungsrecht ab, allerdings nur, soweit das Leitungsrecht rechtmäßig ausgeübt wird. Ordner genießen folglich keinen Schutz im Sinne des § 22, wenn sie rechtswidrige Weisungen des Leiters befolgen[2]. **4**

II. Die Straftat

Die Tat kann sowohl dadurch begangen werden, dass der Täter durch Anwendung von Gewalt (Rz. 8 zu § 21) oder durch Drohung mit Gewalt (Rz. 9 zu § 21) Leiter oder Ordner bei Wahrnehmung ihrer Ordnungsfunktion Widerstand leistet, als auch dadurch, dass Leiter oder Ordner bei Wahrnehmung ihrer Ordnungsfunktion tätlich angegriffen werden. **5**

Strafrechtlich relevant sind Widerstands- und Angriffshandlungen nur, soweit sich diese gegen Leiter und/oder Ordner während der rechtmäßigen Ausübung ihrer Ordnungsfunktionen richten. Werden solche Handlungen nur *bei Gelegenheit* begangen, erfüllt das nicht den Tatbestand des § 22. Es kann aber Nötigung (§ 240 StGB) oder Körperverletzung (§ 223 ff. StGB) sein.

1. Widerstandsleistung

Widerstandshandlungen sind alle aktiv gegen Leiter und/oder Ordner gerichteten Aktionen, die geeignet sind, die rechtmäßige Ausübung der Ordnungsfunktion zu erschweren. Die Rechtmäßigkeit der Wahrnehmung der Ordnungsfunktionen ist nicht objektive Bedingung der Strafbarkeit, sondern Tatbestandsmerkmal[3]. Das gilt auch bei tätlichem Angriff (Rz. 8 f.). Strafrechtlich relevant sind diese Handlungen aber erst dann, wenn sie un- **6**

---

1 *Ott/Wächtler*, § 22, Rz. 1; *Köhler/Dürig-Friedl*, § 22 Rz. 5 f.
2 *Ott/Wächtler*, § 22, Rz. 1.
3 *Ott/Wächtler*, § 22, Rz. 2.

ter Anwendung von Gewalt oder durch Drohen mit Gewalt begangen werden.

7   Unter Gewalt versteht man die Anwendung physischer Kraft. Drohen mit Gewalt ist folglich dann gegeben, wenn die Anwendung physischer Kraft angedroht wird. Passiver Widerstand erfüllt nicht den Tatbestand.

2. Tätlicher Angriff

8   Tätlicher Angriff ist jede absichtliche, unmittelbar auf den Körper eines anderen zielende Einwirkung, ohne dass es auf den beabsichtigen Erfolg ankommt.

9   Geschützt sind Leiter und Ordner nicht nur bei der unmittelbaren Wahrnehmung ihrer Ordnungsfunktionen, sondern auch auf dem Wege zu dem Ort, wo sie ihre Funktion wahrnehmen wollen, etwa wenn ein Ordner sich zu einem Störer begibt, um ihn aus dem Saal zu weisen.

10   Der subjektive Tatbestand erfordert Vorsatz; bedingter Vorsatz genügt[4].

III. Konkurrenzen

11   Tateinheit ist möglich mit Hausfriedensbruch (§ 123 StGB), Körperverletzungs- und Tötungsdelikten (§§ 223 ff. und 211 ff. StGB), Beleidigung (§§ 185 ff.), Sachbeschädigung (§ 303 StGB) und mit Versammlungsvereitelung (§ 21).

12   Gesetzeskonkurrenz besteht gegenüber Nötigung (§ 240 StGB), soweit eine Widerstandshandlung im Sinne des § 22 Gewaltanwendung oder Drohung im Sinne des § 240 StGB impliziert. Insoweit geht § 22 als Spezialgesetz vor.

Bloßer Ungehorsam gegenüber Leiter oder Ordner ist ordnungswidrig nach § 29 Abs. 1 Nr. 4.

---

4   *Ott/Wächtler*, § 22, Rz. 10; *Köhler/Dürig-Friedl*, § 22 Rz. 9.

§23

Wer öffentlich, in einer Versammlung oder durch Verbreiten von Schriften, Ton- oder Bildträgern, Abbildungen oder anderen Darstellungen zur Teilnahme an einer öffentlichen Versammlung oder einem Aufzug auffordert, nachdem die Durchführung durch ein vollziehbares Verbot untersagt oder die Auflösung angeordnet worden ist, wird mit Freiheitsstrafe bis zu einem Jahr oder mit Geldstrafe bestraft.

I. Allgemeines

§ 23 wurde durch Änderungsgesetz vom 9. 6. 1989 (BGBl. I S. 1059) wieder **1** eingefügt. Die Vorschrift entspricht weitgehend dem 1973 aufgehobenen § 23 des VersG. Der Gesetzgeber sah sich zur Wiedereinführung veranlasst, um den »zuständigen Behörden ein wirksames Mittel in die Hand zu geben, um Verbote und Auflösungsverfügungen durchzusetzen«[1]. Dabei stellt sich mit *Kunert*[2] die Frage, wie dieser vom Gesetzgeber verfolgte Zweck erreicht werden soll. Täter kann nur sein, wer auffordert, nicht die Aufgeforderten. Wer der Aufforderung folgt und an einer verbotenen oder aufgelösten Versammlung teilnimmt, begeht lediglich eine Ordnungswidrigkeit nach § 29 Abs. 1 Nr. 1 bzw. 2.

II. Begriffsklärung

1. Auffordern

Auffordern meint, bei dem oder den Aufgeforderten den Entschluss zu wecken, an einer öffentlichen Versammlung oder an einem Aufzug teilzunehmen, obwohl die Durchführung dieser Versammlung bzw. dieses Aufzuges durch vollziehbares Verbot oder die Fortsetzung der Versammlung bzw. des Aufzugs durch vollziehbare Auflösungsverfügung untersagt ist. Zur Vollziehbarkeit vgl. Rz. 7. **2**

2. Öffentlich

Öffentlich ist die Aufforderung, wenn sie von unbestimmt vielen Personen, **3** die mit dem Auffordernden nicht durch persönliche Beziehungen verbunden sind, unmittelbar wahrgenommen werden kann. Der Ort, von dem aus aufgefordert wird, muss nicht öffentlich sein.

---

1 *BT-Drucks.* 11/2834, S. 12.
2 *Kunert*, NVwZ 1989, 455.

3. In einer Versammlung

4 Versammlung im Sinne des § 23 ist sowohl die öffentliche Versammlung mit Einschluss der Aufzüge als auch die nichtöffentliche Versammlung.

4. Durch Verbreiten

5 Verbreiten von Schriften, Ton- oder Bildträgern, Abbildungen oder anderen Darstellungen meint eine Aufforderung, die nicht expressis verbis erfolgt. Wer z. B. lediglich den Inhalt einer Schrift bekannt gibt oder ein Tonband abspielt oder ein Bild zeigt etc., kann zwar den Tatbestand des Aufforderns erfüllen, verbreitet aber nicht. Zum Verbreiten gehört, dass der zu verbreitende Gegenstand in den Besitz des Aufgeforderten kommt. Verbreiten kann auch durch neue Techniken und Informationswege (Fax, Internet, SMS) erfolgen.

6 Schriften sind verkörperte Gedankenerklärungen. Tonträger sind wiedergebbare Schallaufnahmen, wie Tonbänder und Schallplatten. Bildträger sind z. B. Filme und Video-Kassetten. Abbildungen und sonstige Darstellungen sind nur dann solche im Sinne des § 23, wenn sie in dem Betrachter den Entschluss wecken, an einer verbotenen oder aufgelösten Veranstaltung teilzunehmen.

III. Die Straftat

7 Der Tatbestand des § 23 kann auf drei verschiedene Weisen erfüllt werden. Die Tat kann *öffentlich, in einer Versammlung* oder durch *Verbreiten* von Schriften etc. begangen werden. Erforderlich ist immer, dass der Täter auf eine oder mehrere dieser Begehungsweisen zur Teilnahme an einer öffentlichen Versammlung oder an einem Aufzug auffordert, obwohl die Durchführung dieser Versammlung durch vollziehbares Verbot oder die Fortsetzung der Versammlung durch vollziehbare Auflösungsverfügung untersagt ist.

Ein durch Verwaltungsakt erlassenes Verbot ist vollziehbar, wenn die zuständige Behörde den sofortigen Vollzug angeordnet hat und ein Antrag auf Wiederherstellung der aufschiebenden Wirkung erfolglos bleibt. Das Verbot ist ferner sofort vollziehbar, wenn es von einem Polizeivollzugsbeamten als unaufschiebbare Maßnahme (§ 80 Abs. 2 Nr. 2 VwGO) ausgesprochen wird. Verbote werden allerdings nur selten von Polizeivollzugsbeamten ausgesprochen. Dagegen wird die Auflösungsverfügung (Auflösung ist die Beendigung einer Versammlung durch Verwaltungsakt) regelmäßig als unaufschiebbare Maßnahme von Polizeivollzugsbeamten erlassen. Sie ist als Anwendungsfall des § 80 Abs. 2 Nr. 2 VwGO stets sofort vollziehbar.

Unbeachtlich ist, ob die Aufforderung zum Erfolg geführt hat[3]. Dem Ad- **8**
ressaten braucht sie auch nicht zur Kenntnis gekommen zu sein[4]. So ist der
Tatbestand auch dann erfüllt, wenn der Adressat infolge hohen Geräusch-
pegels die Aufforderung nicht verstanden hat. Der Tatbestand erfasst nur
ein durch Verfügung der zuständigen Verbotsbehörde angeordnetes Verbot,
nicht das gesetzliche Verbot aus § 16 Abs. 1.

Wer durch Verbreiten von Schriften etc. auffordert, muss die Schriften **9**
etc. dem Adressaten zugänglich machen. Das Verlesen einer Schrift, das Abspielen eines Tonbandes oder einer Video-Kassette, sofern das nicht öffentlich oder in einer Versammlung geschieht, ist kein Auffordern im Sinne des
§ 23.

Die Vollziehbarkeit des Verbotes ist Tatbestandsmerkmal, die Rechtmä- **10**
ßigkeit objektive Bedingung der Strafbarkeit[5].

Die Tat kann nur vorsätzlich begangen werden (§ 15 StGB). **11**

Der Vorsatz des Täters braucht sich nicht darauf zu erstrecken, dass seine
Aufforderung beachtet wird. Ohne Bedeutung ist auch, ob der Täter das
Verbot bzw. die Auflösungsverfügung für rechtswidrig hält[6].

IV. Konkurrenzen

Gesetzeskonkurrenz besteht zu § 111 StGB. Im Verhältnis zu § 111 StGB **12**
hat § 23 als Spezialgesetz Vorrang. Das gilt auch gegenüber § 116 OWiG,
der denjenigen mit Geldbuße bedroht, der öffentlich oder in einer Versammlung oder durch Verbreiten von Schriften zur Begehung einer mit
Geldbuße bedrohten Handlung auffordert. Die Teilnahme an einer verbotenen Versammlung ist eine mit Geldbuße bedrohte Handlung, vgl. § 29
Abs. 1 Nr. 1.

3 *RGSt* 5, 60.
4 *RGSt* 58, 198.
5 *BVerfGE* 87, 399 (408 f.); *Ott/Wächtler*, § 23, Rz. 9; unklar *Rühl*, in: Ridder u. a.,
§ 23, Rz. 3 und 10.
6 *Köhler/Dürig-Friedl*, § 23, Rz. 4.

§ 24

Wer als Leiter einer öffentlichen Versammlung oder eines Aufzuges Ordner verwendet, die Waffen oder sonstige Gegenstände, die ihrer Art nach zur Verletzung von Personen oder Beschädigung von Sachen geeignet und bestimmt sind, mit sich führen, wird mit Freiheitsstrafe bis zu einem Jahr oder mit Geldstrafe bestraft.

1 Nach § 24 wird die in § 9 Abs. 1 Satz 2 und in den §§ 18 Abs. 1 bzw. 19 Abs. 1 Satz 2 (jeweils i. V. mit § 9 Abs. 1 Satz 2) verbotene Verwendung bewaffneter Ordner mit Strafe bedroht.

Die Handlung besteht in der Verwendung bewaffneter Ordner.

2 Unter Verwendung ist sowohl die Bestellung der Ordner als auch deren Einsatz (Beauftragung mit konkreten Ordnungsfunktionen) zu verstehen. Die Verwendung erstreckt sich auf die Zeit vom Beginn der Versammlung bis zur Beendigung (Schließen durch den Leiter oder Auflösen durch die zuständige Behörde). Unerheblich ist, ob die Ordner mit einer weißen Armbinde (§ 9 Abs. 1 Satz 2) gekennzeichnet sind[1].

Zu den Begriffen Waffen bzw. sonstige Gegenstände im Sinne des § 24 vgl. Rz. 15 ff. zu § 2.

Schutzwaffen (§ 17 a) sind keine Waffen im Sinne des § 24.

3 Täter im Sinne des § 24 kann nur der Leiter einer öffentlichen Versammlung oder eines Aufzuges sein. Veranstalter, die nicht selbst Leiter sind (§ 7 Abs. 2), sondern die Leitung einer anderen Person übertragen haben (§ 7 Abs. 3), können nicht zugleich Täter, wohl aber Anstifter (§ 26 StGB) oder Gehilfe (§ 27 StGB) sein[2].

4 Bewaffnete Ordner sind weder Täter noch Teilnehmer im Sinne des § 24. Sie machen sich nach § 27 strafbar[3].

5 Der Leiter muss vorsätzlich handeln. Er muss wissen oder billigend in Kauf nehmen (bedingter Vorsatz), dass die verwendeten Ordner bewaffnet sind. Da der Leiter keine Befugnis hat, Ordner vor ihrem Einsatz körperlich zu durchsuchen, kann ihm kein Vorwurf gemacht werden, wenn ein Ordner eine Waffe bei sich verborgen hält.

---

1 *Ott/Wächtler*, § 25, Rz. 1.
2 *Ott/Wächtler*, § 24, Rz. 3; *Köhler/Dürig-Friedl*, § 24 Rz. 2.
3 *Krüger*, S. 64.

§ 25

Wer als Leiter einer öffentlichen Versammlung unter freiem Himmel oder eines Aufzuges
1. die Versammlung oder den Aufzug wesentlich anders durchführt, als die Veranstalter bei der Anmeldung angegeben haben, oder
2. Auflagen nach § 15 Abs. 1 oder 2 nicht nachkommt,
wird mit Freiheitsstrafe bis zu 6 Monaten oder mit Geldstrafe bis zu einhundertachtzig Tagessätzen bestraft.

Täter kann nur der Leiter (Rz. 6 zu § 7) einer öffentlichen Versammlung **1** unter freiem Himmel oder eines Aufzugs sein.

Wenn der Veranstalter, der kraft Gesetzes (§ 7 Abs. 2) Leiter ist, die Leitung einer anderen Person übertragen hat (§ 7 Abs. 3), ist er nicht Täter. Er kann aber gegenüber dem eingesetzten Leiter Anstifter (§ 26 StGB) oder Gehilfe (§ 27 StGB) sein[1].

Der Tatbestand enthält zwei Alternativen. Alt. 1 stellt darauf ab, dass die **2** Veranstaltung wesentlich anders durchgeführt wird, als in der Anmeldung angegeben. Alt. 2 verlangt, dass vollziehbare Auflagen nach § 15 Abs. 1 oder 2 missachtet werden.

Wesentlich anders als in der Anmeldung angegeben führt der Leiter die **3** Versammlung oder den Aufzug durch, wenn infolge der Abweichung eine Lage entsteht, die es der Polizei nicht mehr ermöglicht, die Veranstaltung zu schützen bzw. das Versammlungsrecht mit kollidierenden Rechtsgütern zu harmonisieren. *Köhler/Dürig-Friedl*[2] sehen unter Berufung auf *OLG Koblenz*[3] eine Abweichung von der Anmeldung schon dann als wesentlich an, wenn die Versammlung in der Art ihrer Gestaltung in einem Ausmaß von der Anmeldung abweicht, dass eine *polizeiliche Überwachung* unmöglich gemacht oder wesentlich erschwert wird. Übersehen wird dabei, dass Polizeibeamte keinen *Überwachungsauftrag* haben, sondern einen versammlungsspezifischen Schutzauftrag (vgl. Rz. 27 zu § 19). Polizeiliche Präsenz und polizeiliche Maßnahmen bei Versammlungen sind nur dann gerechtfertigt, wenn sie dem Schutz der Versammlungsfreiheit und der Wahrung der Rechte Dritter dienen. Auf Lageänderungen muss sie sich einstellen.

Geringe Abweichungen von den Angaben in der Anmeldung sind uner- **4** heblich, z. B. bei Aufzügen ein Abweichen vom Zeitplan infolge von Ver-

---

1 *Ott/Wächtler*, § 25, Rz. 1.
2 *Köhler/Dürig-Friedl*, § 25, Rz. 3.
3 GA 1981, 175.

kehrsstockungen[4]. Unerheblich sind auch Abweichungen von solchen Angaben, die der Veranstalter zwar gemacht hat, zu denen er aber nicht verpflichtet gewesen wäre, z. B. wenn weniger Transparente als angegeben mitgeführt werden[5] oder die Art und Weise des Lautsprechereinsatzes.

5   Mit *Auflagen* nach § 15 sind beschränkende Verfügungen (Rz. 43 zu § 15) gemeint. Bei diesen Verfügungen ist zu differenzieren zwischen solchen, die nach § 15 Abs. 1 oder Abs. 2 vor Beginn einer Versammlung unter freiem Himmel oder eines Aufzuges erlassen werden, und denjenigen, die nach § 15 , Abs. 3 also während einer Veranstaltung, erlassen werden (Rz. 138 zu § 15). Nur die beschränkenden Verfügungen nach § 15 Abs. 1 oder Abs. 2 sind gemeint. Auch die als *Auflagen* bezeichneten Beschränkungen, die von Verwaltungsgerichten oder vom Bundesverfassungsgericht verfügt werden, sind keine *Auflagen* i. S. des § 25 Nr. 2[6]. Insoweit gilt der eindeutige Text der Strafrechtsnorm des § 25.

6   Die Nichtbeachtung einer *Auflage* nach § 15 Abs. 3 oder einer gerichtlichen bzw. verfassungsgerichtlichen *Auflage* ist weder strafbar noch ordnungswidrig[7]. Insoweit gibt es eine sachlich nicht gerechtfertigte Regelungslücke[8].

7   *Auflagen* im Sinne des § 25 Nr. 2 müssen (wie die Verbotsverfügungen in §§ 23, 26 Nr. 1 und 29 Nr. 1 bzw. die *Auflagen* in § 29 Abs. 1 Nr. 3) *vollziehbar* sein[9]. Ist der sofortige Vollzug nicht angeordnet worden, handelt der Leiter im Falle der Nichtbeachtung nicht tatbestandsmäßig im Sinne des § 25, Nr. 2. In Rechtsprechung und Literatur wird dies zum Teil bestritten[10].

8   Die Vollziehbarkeit der *Auflagen* nach § 15 Abs. 1 oder 2 gehört zum gesetzlichen Tatbestand der Nr. 2 des § 25, obwohl sie dort nicht ausdrücklich genannt ist. Nur wenn der Betroffene die Verfügung gegen sich gelten lassen muss, kann ihm die Missachtung vorgeworfen werden[11]. Das entspricht der insoweit einschlägigen Rechtsprechung[12]. Dass die Vollziehbarkeit zum

---

4 *BayVGH*, Beschluss vom 12. 9. 1980 – CE/CS A 1618; *Ott/Wächtler*, § 25, Rz. 3.
5 *Ott/Wächtler*, § 25, Rz. 3.
6 *Dietel*, Die Polizei 2002, 96.
7 *Gintzel*, Die Polizei 1982, 299 (301); so auch *Werner*, S. 111, unter Hinweis auf das Analogieverbot des Art. 103 Abs. 2 GG.
8 *Gintzel*, Die Polizei 1982, 299 (301).
9 *Gintzel*, Die Polizei 1982, 299 (301); so auch *BGHSt* 23, 86 (92); *Breitbach*, in: Ridder u. a., § 25, Rz. 38 f. verlangt Vollstreckbarkeit, ohne allerdings den Unterschied zur Vollziehbarkeit deutlich zu machen.
10 Der Meinungsstreit bezüglich der Frage, ob Vollziehbarkeit der Auflage Tatbestand des § 25 ist, scheint überwunden, vgl. *Werner*, S. 111 f.
11 *BGHSt* 23, 86 (92).
12 *BGHSt* 23, 86 (92), *OLG Hamm*, StV 1982, 170 (171).

Tatbestand gehört, ergibt sich im Übrigen auch daraus, dass der Gesetzgeber im Änderungsgesetz vom 25. 9. 1978 (BGBl. I 1571)[13] nur die Missachtung von *vollziehbaren* Auflagen nach § 15 Abs. 1 für Teilnehmer mit Geldbuße bedroht hat (§ 29 Abs. 1 Nr. 3), obwohl als Adressat dieser *vollziehbaren* Auflagen nur der Veranstalter in Frage kommt.

Vollziehbarkeit ist mehr als Wirksamkeit. Wirksamkeit tritt mit Bekannt- **9** gabe der Verfügung ein. Vollziehbar wird eine Verfügung, wenn sie unanfechtbar geworden oder der sofortige Vollzug angeordnet worden ist (§ 80 Abs. 2 Nr. 4 VwGO) oder es sich bei der Verfügung um die unaufschiebbare Anordnung eines Polizeivollzugsbeamten handelt (§ 80 Abs. 2 Nr. 2 VwGO). Für Verfügungen nach § 15 Abs. 1 kommt wohl nur die Anordnung der sofortigen Vollziehung in Betracht.

Die Anordnung der sofortigen Vollziehung ist auch aus Gründen der **10** Rechtssicherheit geboten. Strafbarkeit kann nicht ohne Vollziehbarkeit vom Gesetzgeber gewollt sein. Sonst käme es zu dem unhaltbaren Ergebnis, dass zwar Strafverfolgungsmaßnahmen getroffen werden müssten, das andauernde strafbare Verhalten aber nicht unterbunden werden dürfte, weil die unbeachtet gelassenen Auflagen nur unter den Voraussetzungen vollzogen werden dürfen, die in dem Verwaltungsvollstreckungsgesetz des jeweils betroffenen Landes geregelt sind.

Warum der Gesetzgeber in § 25 Nr. 2 die sofortige Vollziehung im Ge- **11** gensatz zu §§ 23, 26 Nr. 1 und 29 Abs. 1 Nr. 1 und 3 nicht ausdrücklich im Tatbestand genannt hat, ist nicht ersichtlich. Auch aus den Gesetzesmaterialien lässt es sich nicht entnehmen[14]. Alles spricht für ein Versehen.

Die Rechtmäßigkeit der vollziehbaren *Auflage* nach § 15 Abs. 1 oder 2 ist **12** nicht Tatbestandsmerkmal, sondern objektive Bedingung der Strafbarkeit[15].

Die Tat kann nur vorsätzlich begangen werden. Bedingter Vorsatz ge- **13** nügt. Erforderlich ist, dass der Leiter den Inhalt der Anmeldung bzw. den Regelungsinhalt der Auflagen kennt.

---

13 Das gilt auch für die Änderung vom 24. 3. 2005 (BGBl. I S. 969).
14 Vgl. *BT-Drucks.* 8/1845 S. 11; *Werner*, S. 115.
15 *OLG Celle*, NJW 1977, 444; *OLG Köln*, NPA 891, Bl. 7; *OLG Köln*, NStZ 1981, 227; *OLG Koblenz*, NStZ 1981, 187; *OLG Hamm*, StV 1982, 170; a. A. *Breitbach*, in: Ridder u. a., § 25, Rz. 45 f.

§ 26

Wer als Veranstalter oder Leiter
1. eine öffentliche Versammlung oder einen Aufzug trotz vollziehbaren Verbots durchführt oder trotz Auflösung oder Unterbrechung durch die Polizei fortsetzt oder
2. eine öffentliche Versammlung unter freiem Himmel oder einen Aufzug ohne Anmeldung (§ 14) durchführt,

wird mit Freiheitsstrafe bis zu einem Jahr oder mit Geldstrafe bestraft.

I. Die Straftat in Nr. 1

1. Täter

1 Täter ist, wer als Veranstalter oder Leiter eine öffentliche Versammlung oder einen Aufzug trotz vollziehbaren Verbots durchführt oder trotz Auflösung oder Unterbrechung durch die Polizei fortsetzt (Nr. 1), wobei Verbot und Auflösung materielle Rechtswidrigkeit der Versammlung voraussetzen[1].

Nach der Rechtsprechung des *BayObLG* kann auch der Leiter einer Spontanversammlung Täter sein[2], ebenso der Veranstalter, soweit eine Person als Veranstalter in Betracht kommt[3]. Zwar fehlt es bei Spontanveranstaltungen regelmäßig an der eindeutigen Bestellung eines Leiters, die Leitereigenschaft kann sich aber aus der Wahrnehmung typischer Leiteraufgaben ergeben. Wer den Ablauf der Versammlung bestimmt, über die Unterbrechung und Schließung entscheidet, ist Leiter[4].

Veranstalter und Leiter können auch gemeinschaftlich als Mittäter (§ 25 Abs. 2 StGB) handeln.

Wer über Fernsehen oder Rundfunk auffordert, an verbotenen Veranstaltungen teilzunehmen, kann als Mitveranstalter Täter sein[5].

2. Durchführung einer verbotenen Veranstaltung

2 Tatbestandsmäßig handelt, wer eine öffentliche Versammlung in geschlossenen Räumen oder unter freiem Himmel oder einen Aufzug trotz vollziehbaren und rechtmäßigen[6] Verbots durchführt. Das Verbot wird im Ein-

---

1 Zur formellen und materiellen Rechtswidrigkeit von Versammlungen vgl. *Werner*, S. 107.
2 *BayObLG*, NJW 1970, 480; a. A. *Ott/Wächtler*, § 26, Rz. 1.
3 *BayObLG*, MDR 1979, 80.
4 *BayObLG*, NJW 1970, 480; *OLG Düsseldorf*, NJW 1978, 118.
5 *BGH*, NStZ 1984, 28.
6 *BVerfGE* 87, 399 (408 f.).

zelfall durch Verbotsverfügung (§ 5 bzw. § 15 Abs. 1 oder 2) bestimmt. Die Regelung stellt nur auf versammlungsbehördlich angeordnete Verbote ab. Für die Missachtung des gesetzlichen Versammlungsverbots aus § 16 Abs. 1 i. V. m. dem jeweiligen Bannmeilengesetz des Bundes oder eines Landes besteht für die Teilnahme an einer öffentlichen Versammlung unter freiem Himmel in der Bannmeile mit § 29 a eine besondere Bußgeldvorschrift.

Ein durch schriftliche Verfügung ausgesprochenes Verbot nach § 5 bzw. § 15 Abs. 1 oder 2 ist vollziehbar, wenn die zuständige Behörde den sofortigen Vollzug angeordnet hat (§ 80 Abs. 2 Nr. 4 VwGO). Die Vollziehbarkeit wird aufgehoben, wenn einem Antrag auf Wiederherstellung der aufschiebenden Wirkung stattgegeben wird (§ 80 Abs. 5 VwGO).

Durchgeführt im Sinne des § 26 wird schon, wenn der Leiter die Veran- **3** staltung eröffnet. Das Zusammenkommen der Versammlungsteilnehmer ist noch keine *Durchführung* im Sinne des § 26[7].

3. Fortsetzung einer aufgelösten oder unterbrochenen Veranstaltung

Auflösung und Unterbrechung ergehen in aller Regel als unaufschiebbare **4** Anordnungen von Polizeivollzugsbeamten. Sie sind kraft Gesetzes (§ 80 Abs. 2 Nr. 2 VwGO) sofort vollziehbar, unabhängig davon, ob Widerspruch eingelegt worden ist oder nicht[8].

Verbotene Versammlungen müssen gemäß § 15 Abs. 4 stets aufgelöst werden (Rz. 135 ff. zu § 15). Erfasst sind hierbei nicht nur versammlungsbehördliche Verbote, sondern auch das gesetzliche Verbot aus § 16 i. V. m. dem jeweiligen Bannmeilengesetz.

Eine aufgelöste Versammlung wird fortgesetzt, wenn der Veranstalter, **5** insbesondere aber der für den ordnungsgemäßen Ablauf der Versammlung bzw. des Aufzugs verantwortliche Leiter, erkennbar darauf hinwirkt oder billigend in Kauf nimmt, dass die Teilnehmer sich nicht unverzüglich entfernen (Rz. 7 zu § 29). Eine unterbrochene Versammlung wird fortgesetzt, wenn sich am Versammlungsablauf nichts ändert oder neue versammlungstypische Aktivitäten erfolgen.

Beide Begehensweisen setzen Vorsatz (§ 15 StGB) voraus. Bedingter Vor- **6** satz genügt.

Wenn aus Gründen der Gefahrenabwehr (bau-, feuer-, gesundheitspoli- **7** zeiliche Maßnahme) ein Platzverweis ausgesprochen wird, der dem Anschein nach einer Auflösung gleichkommt, ist die Fortsetzung der Veranstaltung an einem ungefährlichen Ort zulässig (Rz. 17 zu § 13). Wird die Veranstaltung an dem gefährlichen Ort fortgesetzt, ist das nicht tatbe-

---

7 *Breitbach*, in: Ridder u. a., § 26, Rz. 20; a. A. wohl *Ott/Wächtler*, § 26, Rz. 4; so auch *Werner*, S. 109.
8 *BGHSt* 23, 86 (92).

standsmäßig im Sinne des § 26 Nr. 1[9]. Der Platzverweis kann aber mit Zwangsmitteln durchgesetzt werden.

4. Konkurrenzen

8 Neben einem Vergehen nach § 26 Nr. 1 2. Alt. kommt eine Ordnungswidrigkeit nach § 29 a in Betracht, wenn Veranstalter oder Leiter an einer nach § 16 Abs. 1 i. V. m. dem jeweiligen Bannmeilengesetz verbotenen und gemäß § 15 Abs. 3 aufgelösten Versammlung selbst teilnehmen oder andere dazu auffordern.

II. Die Straftat in Nr. 2

1. Täter

9 Täter ist, wer als Veranstalter oder Leiter eine öffentliche Versammlung unter freiem Himmel oder einen Aufzug ohne Anmeldung durchführt (Nr. 2).

Auch wer nicht ausdrücklich als Leiter bestellt ist, aber erkennbar Leiterfunktionen wahrnimmt (Rz. 1) und die Versammlung bzw. den Aufzug durchführt, kann Täter sein[10]. Bei absichtlich verschleierter Leiter- und Veranstalteridentität, wie sie insbesondere bei konspirativ angelegten Veranstaltungen extremistischer Gruppierungen festzustellen ist (Rz. 6 zu § 2), muss die Leitereigenschaft dadurch beweisbar belegt werden, dass die tatsächliche Wahrnehmung typischer Leiteraufgaben dokumentiert wird. Wer über bloße Ordnertätigkeit hinaus den Ablauf der Versammlung bestimmt, also über Beginn, Unterbrechung, Beendigung, Rednereinsatz, Marschweg usw., überhaupt die Art und Weise der Durchführung der Veranstaltung regelt, ist auch strafrechtlich als Leiter verantwortlich (Rz. 6 zu § 7).

Die Verantwortlichkeit des Veranstalters kann ebenso aus der Wahrnehmung typischer Veranstaltertätigkeiten geschlossen werden. Im Übrigen vgl. Rz. 1.

2. Zum Tatbestand

10 Tatbestandsmäßig handeln Veranstalter bzw. Leiter, die eine öffentliche Versammlung unter freiem Himmel oder einen Aufzug durchführen, ohne die Veranstaltung nach § 14 angemeldet zu haben. Tatbestandsmäßig ist aber nicht die unterlassene Anmeldung, sondern die *Durchführung* der Ver-

---

9 Zu den unterschiedlichen Begründungen vgl. *Drews/Wacke/Vogel/Martens*, S. 176 f. mit weiteren Hinweisen auf das Schrifttum.

10 *BGHSt* 23, 46 (59); a. A. *Werbke*, NJW 1970, 1 (5) und *Breitbach*, in: Ridder u. a., § 26, Rz. 13; *Ott/Wächtler*, VersG, § 26, Rz. 1; dafür *BayObLG*, NJW 1970, 480; *OLG Düsseldorf*, NJW 1978, 118.

anstaltung trotz Nichtanmeldung[11]. Nur das ist vorwerfbar. Insoweit treffen die von *Breitbach* geäußerten Bedenken[12] nicht zu.

Die Teilnahme an einer nicht angemeldeten Veranstaltung (Versammlung unter freiem Himmel bzw. Aufzug) ist weder strafbar noch ordnungswidrig[13].

3. Rechtsprechung des BVerfG zu Spontan- und Eilversammlungen

Die Anmeldepflicht nach § 14 gilt nicht für Sofortversammlungen (Spontanversammlungen im engeren Sinne – Rz. 18 zu § 14)[14]. Eine Anmeldung ist hier aus tatsächlichen Gründen unmöglich. Ein Beharren auf der Anmeldepflicht würde zur generellen Unzulässigkeit von Spontanversammlungen führen. Das schränkt das Grundrecht der Versammlungsfreiheit stärker ein, als es aus sachlichen Gründen geboten ist und ist deshalb mit dem Grundrecht auf Versammlungsfreiheit unvereinbar[15].

Anders als bei Sofortversammlungen ist bei Eilversammlungen (Spontanversammlungen im weiteren Sinne, Rz. 18 zu § 14) nicht die Anmeldung unmöglich, sondern die Einhaltung der 48-Stundenfrist. Veranstalter bzw. Leiter sind demnach unter Beachtung der Eigenart der Versammlung zur Anmeldung verpflichtet. § 14 ist zu beachten und verfassungskonform dahin auszulegen, dass die Anmeldung zu erfolgen habe, sobald das möglich ist. »*Regelmäßig wird das etwa zeitgleich mit dem Entschluss, eine Versammlung zu veranstalten, spätestens mit der Bekanntgabe der Fall sein.*«[16] Insoweit genügt auch § 26 Nr. 2 für Eilversammlungen den Anforderungen des Bestimmtheitsgebotes nach Art. 103 Abs. 2 GG, denn für den Normadressaten ist damit das Risiko der Strafbarkeit bei Nichtanmeldung mit der von Art. 103 Abs. 2 GG geforderten Klarheit erkennbar[17].

Damit macht das BVerfG die Anwendbarkeit des § 14 für Eilversammlungen von der tatsächlichen *Möglichkeit* der Anmeldung abhängig. Das bedeutet, dass die Anmeldepflicht auch bei Eilversammlungen dann entfällt, wenn die Anmeldung aus tatsächlichen Gründen nicht erfolgen kann.

Zuständige Behörde für die Anmeldung ist nicht überall die Polizei als Behörde mit Dauerpräsenz[18], sondern eine Behörde der sonstigen Ordnungsverwaltung (Rz. 17 zu § 14). Wer anmelden will, ist von der Organi-

11

12

13

14

---

11 *BVerfGE* 85, 69 (73).
12 *Breitbach*, NJW 1984, 842.
13 *Werner*, S. 100.
14 *BVerfGE* 69, 315 (350 f.); 85, 69 (74 f.).
15 *BVerfGE* 85, 69 (75).
16 *BVerfGE* 85, 69 (75).
17 *BVerfG*, 85, 69 (76); *BVerfG*, NJW 1995, 3112.
18 Ausgenommen die Länder Berlin, Brandenburg, Nordrhein-Westfalen und Sachsen.

sationsstruktur dieser Behörden abhängig und auf deren Verkehrszeiten oder darauf angewiesen, ob die Behörde über einen Notdienst oder über E-Mail erreichbar ist. Das führt bei Eilversammlungen zu erheblichen Schwierigkeiten, besonders an Wochenenden sowie an Sonn- und Feiertagen. Deshalb ist die Nichtbeachtung der Ordnungsvorschrift des § 14 auch grundsätzlich kein Auflösungsgrund für den im VersG nicht vorgesehene Versammlungstyp der Eilversammlung[19].

15   Die in den Vorauflagen gegen die Verfassungsmäßigkeit des § 26 Nr. 2 geäußerten und im Schrifttum geteilten Bedenken[20] sind wegen der strikten Verbindlichkeit der verfassungsgerichtlichen Entscheidung zum § 26 Nr. 2[21] für alle Gerichte und Behörden (§ 31 Abs. 1 sowie Abs. 2 i. V. mit § 13 Nr. 8 a BVerfGG) unbeachtlich. Sie sind aber nicht ausgeräumt.

4. Kritische Anmerkungen zur Senatsentscheidung

16   Die wesentlichen Argumente gegen die Entscheidung des Senats sind in dem abweichenden Votum der Verfassungsrichterin *Seibert* und des Verfassungsrichters *Henschel* zusammengefasst[22].

Danach verpflichtet § 14 jeden, der die Absicht hat, eine Versammlung unter freiem Himmel oder einen Aufzug zu veranstalten, dies »*spätestens 48 Stunden vor der Bekanntgabe*« anzumelden. Eine Ausnahme für Eilversammlungen ist nicht vorgesehen. Während aus dem Begriff »Veranstalten« geschlossen werden kann, dass Spontanversammlungen von § 14 nicht erfasst werden, sind bei Eilversammlungen die gesetzlichen Tatbestandsmerkmale erfüllt, sodass sich die fristgebundene Anmeldepflicht auch auf sie erstreckt. Einer verfassungskonformen Auslegung steht der klare Wortlaut entgegen[23]. Die Annahme, dass die Anmeldung so früh wie möglich, spätestens mit der Bekanntgabe zu erfolgen habe, lässt sich aus § 14 nicht ableiten. Sachlich ist das eine richterrechtliche Ergänzung der Tatbestandsvoraussetzungen, die sich nicht mehr im Rahmen des Gesetzeswortlauts hält.

17   Art. 103 Abs. 2 GG verpflichtet nicht nur den Gesetzgeber, die Voraussetzungen der Strafbarkeit konkret zu umschreiben, sondern setzt auch richterlicher Auslegung Grenzen. Ein den Anforderungen der Rechtssicherheit genügendes Gesetz muss für den Rechtsunterworfenen erkennen

---

19 Siehe Fn. 26 u. 27.
20 So auch: *Hölscheidt*, DVBl. 1987, 671; *Hoffmann/Riem*, AK-GG, Art. 58, Rz. 51; *Breitbach*, NJW 1984, 845; *Werbke*, NJW 1970, 5; *Ott/Wächtler*, § 26, Rz. 4; *Quilisch*, S. 135; im Ergebnis auch *Denninger*, DRiZ 1969, 71; *Geis*, NVwZ 1992, 1025 (1031).
21 *BVerfGE* 85, 69 (76).
22 *BVerfGE* 85, 69 (77); s. auch *Gallwas*, JA 1986, 490.
23 *BVerfGE* 27, 278 (295).

lassen, was rechtens sein soll[24], insbesondere welches Verhalten strafbar ist[25]. Aus der Verweisung (*§ 14*) in § 26 Nr. 2 ist nicht ablesbar, ob nur Nichtanmeldung oder auch verspätete Anmeldung bzw. unvollständige Anmeldung (ohne Bezeichnung der Person des Leiters oder des Gegenstandes der Versammlung) gemeint ist. Die Grenze zwischen Dürfen und Nichtdürfen ist nicht hinreichend deutlich. Die von der Senatsmehrheit vorgenommene Auslegung überschreitet diese Grenzen. Zwar schließt Art. 103 Abs. 2 GG die Verwendung auslegungsbedürftiger Begriffe in Strafrechtsnormen und deren richterliche Konkretisierungen nicht aus. Darum geht es aber nicht, denn die Strafrechtsnorm des § 26 Nr. 2 i. V. m. § 14 ist bei Eilversammlungen in ihrer Tragweite für den Normadressaten nicht erkennbar. Das Verschulden hierfür trifft den Gesetzgeber. Das darf nicht zu Lasten des Normadressaten gehen. Seinem rechtsstaatlichen Schutz dient der strenge Gesetzesvorbehalt des Art. 103 Abs. 2 GG.

5. Weitere Anmerkungen

Der Gesetzgeber musste bei Normierung der Anmeldepflicht und bei Festsetzung der Rechtsfolgen für Verletzungen dieser Pflicht verfassungskonformer Anwendung Raum geben. Das hätte spätestens mit den Änderungsgesetzen vom 18. 7. 1985 (BGBl. I S. 1511) und vom 9. 6. 1989 (BGBl. I S. 1059) erfolgen können. Aus seiner Untätigkeit könnte geschlossen werden, dass er eine Anmeldepflicht für Spontanversammlungen (Sofort- bzw. Eilversammlungen) nicht für erforderlich und daher auch nicht für regelungsbedürftig gehalten hat, mit der Folge, dass § 14 auf Sofort- und Eilversammlungen nicht anwendbar ist[26]. 18

Aus den BT-Drucks., die zu den Änderungsgesetzen vom 18. 7. 1985 (BGBl. I S. 1511) und vom 9. 6. 1989 (BGBl. I S. 1059) vorliegen, ergeben sich dafür allerdings keine Anhaltspunkte. Es spricht vielmehr dafür, dass der Gesetzgeber von dieser Regelungslücke Kenntnis hatte, sie aber bewusst nicht schließen wollte[27]. *Schnupp* weist insoweit auf die Begründung des Regierungsentwurfs zu §§ 22 bis 29[28] hin. Schon dort gab es den Begriff *Spontankundgebungen*. Darunter wurden Veranstaltungen verstanden, die zwar anmeldepflichtig sind, aber weder angemeldet noch ausdrücklich verboten waren. Das Beharren auf der Anmeldepflicht nach § 14, das zur gene-

---

24 *BVerfGE* 5, 25 (31); 8, 274 (302).
25 *BVerfGE* 14, 245 (251).
26 Für generelle Nichtanwendbarkeit des VersG auf Spontanversammlungen vgl. *Merten*, MDR 1968, 621 (624); *Hoch*, JZ 1969, 19; *Schwäble*, S. 199; *Vogel*, S. 18; *Gusy*, JuS 1986, 612; *Hesse*, Rz. 408; *Broß*, S. 82; vgl. auch *Werner*, S. 104 ff.
27 So auch *Schnupp*, DÖV 1992, 245 (248).
28 *BT-Drucks*. I/1102 vom 26. 6. 1950, S. 11.

rellen Unzulässigkeit von Spontanversammlungen führt, hat danach der Gesetzgeber bewusst in Kauf genommen. Bei bewusster Untätigkeit des Gesetzgebers ist die vom BVerfG vorgenommene *verfassungskonforme* Auslegung eben keine Auslegung, auch keine Rechtsfortbildung, sondern Rechtsetzung. Das aber gerade liegt nicht in seiner Kompetenz[29].

19 Für Eilversammlungen können bezüglich des Zeitpunktes, zu dem die Anmeldung zu erfolgen hat, nicht andere, insbesondere nicht schärfere Maßstäbe gelten als das bei anderen anmeldepflichtigen Veranstaltungen der Fall ist. Dieses Übermaß wird aber gefordert, wenn eine gesetzlich erfüllbare Pflicht durch eine nichterfüllbare Pflicht ersetzt wird[30]. Bei allen anmeldepflichtigen Versammlungen muss die Anmeldung spätestens 48 Stunden vor Bekanntgabe der Absicht, sich zu versammeln, erfolgen, bei Eilversammlungen spätestens zum Zeitpunkt der Bekanntgabe. Damit wird nicht ein Tatbestandsmerkmal *gemildert*[31], sondern ein Tatbestandsmerkmal inhaltlich (erschwerend) verändert[32]. Diese Veränderung bewirkt die Unerfüllbarkeit der Ansprüche (vgl. Rz. 12), die mit der verkürzten Meldepflicht postuliert werden[33]. Wenn das darüber hinaus dazu führt, dass die Strafbarkeit der Durchführung einer Eilversammlung von den Verkehrszeiten der zuständigen Behörden abhängig ist, so ist das auch mit dem Gleichheitssatz nicht mehr in Einklang zu bringen[34].

20 Der Gesetzgeber sollte aus der auch nach der verfassungsgerichtlichen Entscheidung fortbestehenden Rechtsunklarheit Konsequenzen ziehen und die Regelungen des § 14 und/oder des § 26 Nr. 2 novellieren.

---

29 *Geis*, NVwZ 1992, 1025 (1027) mit Hinweisen auf die insoweit ergangene Rechtsprechung des BVerfG.
30 *Geis*, NVwZ 1992, 1025 (1031).
31 *BVerfGE* 85, 69 (78 f.).
32 *Geis*, NVwZ 1992, 1025 (1031).
33 *Herzog*, in: Maunz/Dürig, Art. 8, Rz. 100, weist auf die Vorliebe des Gesetzgebers für weitgreifende Rechtsbegriffe hin. Sie können zwar »mit verhältnismäßig geringer Mühe auf ein verfassungsrechtlich erträgliches Maß restringiert werden, die aber in der einen wie der anderen Auslegung einmal dem Bürger die gerade bei politisch relevanten Rechten unerläßliche Rechtssicherheit verweigern, zum anderen den größten Teil der Verantwortung für die richtige Anwendung des Gesetzes der Polizei in die Schuhe schieben und schließlich kaum eine politisch brisante Entscheidung der Polizei rechtlich unmittelbar einsichtig« machen. Das gilt in noch höherem Maße für richterrechtliche Begriffe.
34 *Geis*, NVwZ 1992, 1025 (1031).

§ 27

(1) Wer bei öffentlichen Versammlungen oder Aufzügen Waffen oder sonstige Gegenstände, die ihrer Art nach zur Verletzung von Personen oder Beschädigung von Sachen geeignet und bestimmt sind, mit sich führt, ohne dazu behördlich ermächtigt zu sein, wird mit Freiheitsstrafe bis zu einem Jahr oder mit Geldstrafe bestraft. Ebenso wird bestraft, wer ohne behördliche Ermächtigung Waffen oder sonstige Gegenstände im Sinne des Satzes 1 auf dem Weg zur öffentlichen Versammlungen oder Aufzügen mit sich führt, zu derartigen Veranstaltungen hinschafft oder sie zur Verwendung bei derartigen Veranstaltungen bereithält oder verteilt.

(2) Wer

1. entgegen § 17 a Abs. 1 bei öffentlichen Versammlungen unter freiem Himmel, Aufzügen oder sonstigen öffentlichen Veranstaltungen unter freiem Himmel oder auf dem Weg dorthin Schutzwaffen oder Gegenstände, die als Schutzwaffen geeignet und den Umständen nach dazu bestimmt sind, Vollstreckungsmaßnahmen eines Trägers von Hoheitsbefugnissen abzuwehren, mit sich führt,

2. entgegen § 17 a Abs. 2 Nr. 1 an derartigen Veranstaltungen in einer Aufmachung, die geeignet und den Umständen nach darauf gerichtet ist, die Feststellung der Identität zu verhindern, teilnimmt oder den Weg zu derartigen Veranstaltungen in einer solchen Aufmachung zurücklegt oder

3. sich im Anschluss an oder sonst im Zusammenhang mit derartigen Veranstaltungen mit anderen zusammenrottet und dabei

   a) Waffen oder sonstige Gegenstände, die ihrer Art nach zur Verletzung von Personen oder Beschädigung von Sachen geeignet und bestimmt sind, mit sich führt,

   b) Schutzwaffen oder sonstige in Nummer 1 bezeichnete Gegenstände mit sich führt oder

   c) in der Nummer 2 bezeichneten Weise aufgemacht ist,

wird mit Freiheitsstrafe bis zu einem Jahr oder mit Geldstrafe bestraft.

I. Die Straftat in Abs. 1

1. Täter

Täter kann jeder sein, der *in* oder auf dem Wege *zu* einer öffentlichen Versammlung *Waffen* oder ihnen gleichgestellte *gefährliche Gegenstände mit sich führt* oder sie zum Veranstaltungsort *hinschafft* oder *bereithält* bzw. *verteilt*. Mit öffentlicher Versammlung sind sowohl solche in geschlossenen

Räumen als auch solche unter freiem Himmel mit Einschluss der Aufzüge gemeint.

Das Verbot betrifft nicht nur Versammlungsbeteiligte (Veranstalter, Leiter, Ordner, Teilnehmer), sondern jedermann.

Der Täter kann auf drei verschiedene Weisen tatbestandsmäßig im Sinne von Abs. 1 handeln.

2. Zur Tatbestandsmäßigkeit

2 Die Tat kann dadurch begangen werden, dass der Täter eine Waffe oder einen gefährlichen Gegenstand ohne behördliche Erlaubnis (Rz. 33 ff. zu § 2) *bei* einer öffentlichen Versammlung oder einem Aufzug oder *auf dem Wege* zu einer solchen Veranstaltung *mit sich führt.*

Mit sich führen bedeutet, dass der Täter die tatsächliche Gewalt über die Waffe bzw. den gefährlichen Gegenstand hat und sich dieser Tatsache bewusst ist (Rz. 26 zu § 2). *Auf dem Wege* zu einer öffentlichen Versammlung befindet sich, wer sich allein oder mit anderen zielgerichtet auf den Veranstaltungsort zubewegt. Im Übrigen vgl. Rz. 26 zu § 2. Zu den Begriffen *Waffen* und *sonstige Gegenstände* vgl. Rz. 15 ff. zu § 2.

Bei gefährlichen Gegenständen (Waffen im nichttechnischen Sinne) müssen Zwecktauglichkeit und Zweckbestimmung für Angriffshandlungen vorliegen. Zweckeignung ist anzunehmen, wenn die Verletzung einer Person oder die Beschädigung einer Sache mit dem gefährlichen Gegenstand tatsächlich möglich ist. Zweckbestimmung ist gegeben, wenn nach dem Willen des Trägers mit dem Gegenstand Personen verletzt oder Sachen beschädigt werden sollen. Bezüglich Zweckeignung und Zweckbestimmung mitgeführter Gegenstände liegt die Beweislast bei der zuständigen Behörde. Bei Gegenständen, die üblicherweise in Kraftfahrzeugen mitgeführt werden (z. B. Wagenheber, Reservekanister, Werkzeug) fehlt es regelmäßig an dieser Zweckbestimmung[1].

Der Täter muss Angriffs- oder Verteidigungsabsicht in Bezug auf Personen oder Beschädigungsabsicht in Bezug auf Sachen haben.

3 Die Tat kann auch dadurch begangen werden, dass der Täter Waffen bzw. gefährliche Gegenstände zum Veranstaltungsort *hinschafft.* Zum Begriff *Hinschaffen* vgl. Rz. 27 zu § 2. *Mitsichführen* erfolgt durch potenzielle Teilnehmer, *Hinschaffen* ist auch durch unbeteiligte Dritte möglich.

4 Die Tat kann schließlich dadurch begangen werden, dass der Täter Waffen bzw. gefährliche Gegenstände zum Zweck der Verwendung bei einer Versammlung oder einem Aufzug *bereithält* oder *verteilt.*

Bereithalten ist ein umfassender Begriff. Der Täter muss in der Lage sein, Waffen bzw. Gegenstände jederzeit einem Dritten auszuhändigen. Bereit-

---

1 So aber *OVG Münster*, DVBl. 1982, 653; krit. dazu *Schwabe*, DVBl. 1982, 655.

halten umfasst auch Tätigkeiten wie Lagern, Verbergen, Verbringen an einen anderen Ausgangsort und Ähnliches mehr.

Verteilen heißt Übergabe an Dritte. Dabei spielt es keine Rolle, ob der Dritte die Waffe bzw. den Gegenstand nach Übergabe auf dem Wege zu einer Versammlung mitführt oder zum Versammlungsort hinschafft oder seinerseits zum Verteilen bereithält.

Taten nach Abs. 1 verlangen Vorsatz.

II. Die Straftat in Abs. 2

1. Täter

Täter nach Abs. 2 kann jeder sein, auch wenn er nicht Versammlungsteil- **5** nehmer ist. Die Strafrechtsnorm des Abs. 2 bezieht sich nur auf öffentliche Veranstaltungen jeder Art unter freiem Himmel, nicht auf Veranstaltungen in geschlossenen Räumen. Erfasst sind neben Versammlungen und Aufzügen auch Veranstaltungen ohne versammlungsrechtlichen Bezug. Zum Begriff dieser Veranstaltungen und zu den rechtlichen Bedenken vgl. Rz. 3 zu § 17 a.

2. Zur Tatbestandsmäßigkeit

Abs. 2 regelt drei Straftatbestände. Zum Ersten kann die Tat darin bestehen, **6** dass der Täter Schutzwaffen im technischen (Rz. 14 zu § 17 a) oder im nichttechnischen Sinne (Rz. 15 zu § 17 a) bei einer öffentlichen Versammlung unter freiem Himmel oder einem Aufzug bzw. einer sonstigen öffentlichen Veranstaltung unter freiem Himmel (Rz. 3 und 18 zu § 17 a) oder auf dem Weg dorthin (Rz. 18 zu § 17 a) ohne Erlaubnis (Rz. 33 zu § 17 a) mit sich führt.

Zum Zweiten kann die Tat darin bestehen, dass der Täter unerlaubt trotz **7** Vermummung (Rz. 23–26 zu § 17 a) an einer derartigen Veranstaltung teilnimmt (Rz. 28 zu § 17 a) oder den Weg dorthin (Rz. 29 zu § 17 a) vermummt zurücklegt.

Zum Dritten kann die Tat darin bestehen, dass sich mehrere Personen, die **8** Waffen im technischen oder nichttechnischen Sinne (Rz. 15 und 16 zu § 2) bzw. Schutzwaffen im technischen bzw. im nichttechnischen Sinne (Rz. 15 und 16 zu § 17 a) mitführen (Rz. 2) oder im Sinne des Abs. 2 Nr. 2 vermummt sind, *zusammenrotten.*

Um eine Zusammenrottung handelt es sich, wenn mehrere Personen mit erkennbar friedensstörendem Willen zu einem gemeinschaftlichen Handeln zusammentreten[2]. Eine Zusammenrottung verlangt eine geringere Anzahl

---

2 *BGH*, NJW 1954, 1694; *Knape*, Die Polizei 2004,103 (Fallbeispiel).

von Personen als eine Menschenmenge im Sinne des § 125 StGB. Zur Menschenmenge gehört das Kriterium der zunächst bestehenden Unüberschaubarkeit, was aber schon bei 15 bis 20 Personen angenommen werden kann[3]. Eine Zusammenrottung kann im Zusammenhang mit oder nach einer Veranstaltung erfolgen. Der Gesetzgeber wollte mit dieser Regelung das gefährliche Verhalten von Kleingruppen[4] unter Strafe stellen, und zwar unabhängig davon, ob sie sich in einer Veranstaltung oder losgelöst davon friedensstörend betätigen. Wie das Uniformierungsverbot gehört diese Regelung eigentlich nicht in das VersG, sondern in das StGB.

Täter kann nur sein, wer bewaffnet, schutzbewaffnet oder vermummt ist. Nicht betroffen sind Personengruppen, die sich zwar zusammengerottet haben und friedensstörenden Willen durch lautstarkes Skandieren aggressiver Parolen bekunden, aber nicht im Sinne des Abs. 2 Nr. 3 ausgerüstet sind.

Auch Taten nach Abs. 2 verlangen Vorsatz.

9 Zu Taten nach Abs. 1 oder 2 benutzte Gegenstände (Waffen, Schutzwaffen, Vermummungsgegenstände) sind nach § 111 StPO sicherzustellen. Sie unterliegen als Beziehungsgegenstände (§ 30) der Einziehung. Das gilt auch für abgelegte Gegenstände, die keinem Täter zugeordnet werden können.

3. Zur Verfassungsmäßigkeit der Strafnorm

10 Gegen die Strafbarkeit der Passivbewaffnung und der Vermummung bestehen verfassungsrechtliche Bedenken[5]. In Frage gestellt sind die inhaltliche Bestimmtheit und die Verhältnismäßigkeit der Regelung.

11 Hinsichtlich des Begriffs »Schutzwaffe« erscheinen Bedenken gegen die inhaltliche Bestimmtheit unbegründet[6]. Fraglich ist jedoch die inhaltliche Bestimmtheit der Begriffe identitätsverschleiernde *»Aufmachung«* sowie *»auf dem Weg«* zu einer Veranstaltung.

Eine den Anforderungen der Rechtssicherheit und Berechenbarkeit genügende Strafnorm muss für die potentiell Betroffenen hinreichend deutlich machen, was verboten ist, damit sie ihr Verhalten entsprechend einrichten können[7]. Keinesfalls darf eine unbestimmt gehaltene Strafnorm darauf

---

3 *BGHSt* 33, 308.
4 *Gintzel*, Die Polizei 1982, 302.
5 *Jahn*, JZ 1988, 547 f., 550 f.; *Lenckner*, in: Schönke/Schröder, 26. Aufl., § 125, Rz. 31 a; *Kleine Strafrechtskommission* des Deutschen Richterbundes, DRiZ 1988, 30; ausführlich *Werner*, S. 203 ff.
6 *Lenckner*, in: Schönke/Schröder, 26. Aufl., § 125, Rz. 1.
7 *BVerfGE* 5, 25 (31); 8, 274 (302); 14, 245 (251); 41, 315 (319); missverständlich BT-Drucks. 11/4359, S. 21, wo allein auf das hinreichende Erkenntnisvermögen der Polizei abgestellt wird; kritisch dazu *Maatz*, MDR 1990, 585.

abzielen, von zulässiger Rechtsausübung, hier der Ausübung der Versammlungsfreiheit, abzuschrecken.

Beim Passivbewaffnungsverbot hat der Gesetzgeber teilweise (Rz. 21 zu **12**
§ 17 a) schützenswerte Interessen (Sicherung gegen Angriffe durch gewalttätige Dritte) vom Verbot ausgenommen, indem er bei Schutzwaffen im nichttechnischen Sinne als Zielrichtung nur die Abwehr von Vollstreckungsmaßnahmen zuständiger und befugter Träger von Hoheitsbefugnissen pönalisiert hat.

Auch das Vermummungsverbot erfasst nur die identitäts*verschleiernde* **13**
Aufmachung, nicht eine Aufmachung, die sich auf Meinungsäußerung oder Kunstausübung richtet (Rz. 26 zu § 17 a). Der Verbotstatbestand enthält aber selbst keine Ausnahmeregelung für eine identitätsverschleiernde Aufmachung, die sich nicht gegen zulässige polizeiliche Identitätsfeststellung, sondern solche durch Dritte richtet[8], z. B. ausländische »Dienste« oder inländische oder andere unbefugte nichtpolizeiliche Institutionen[9], von denen Repressalien oder Diskriminierung befürchtet werden. Entbindung von der Geltung der Strafnorm durch Erwirken einer nach § 17 a Abs. 3 Satz 2 möglichen Ausnahme bei der (örtlich und sachlich) zuständigen Behörde kompliziert die Regelung für Personen, die von auswärts anreisen oder sich kurzfristig zur Teilnahme entschließen.

Insoweit bestehen hinsichtlich der inhaltlichen Bestimmtheit der Strafnorm der Nr. 2 erhebliche verfassungsrechtliche Bedenken[10].

Der Begriff »auf dem Weg« (Rz. 18 zu § 17 a) muss im Sinne verfassungs- **14**
konformer Interpretation eng ausgelegt werden. Nur dann entspricht er dem Bestimmtheitsgebot des Art. 103 Abs. 2 GG.

Hinsichtlich der Verhältnismäßigkeit[11] der Strafbewehrung bestehen Be- **15**
denken besonders in Bezug auf das Vermummungsverbot[12]. Eine gesichtsverbergende Aufmachung ist in viel höherem Maße als die Mitführung von Schutzwaffen geeignet, die mit der Versammlungs- und Demonstrationsfreiheit garantierte Gestaltungsfreiheit der Ausdrucksmittel (Rz. 46 ff. zu § 1) in Anspruch zu nehmen. Deshalb ist gesetzgeberische Zurückhaltung geboten. Ob die Aufstufung der Missachtung des Vermummungsverbots von einer Ordnungswidrigkeit zu einer Straftat den im Übermaßverbot zusammengefassten Grundsätzen der Geeignetheit, der Erforderlichkeit und der Verhältnismäßigkeit entspricht, ist äußerst fraglich.

---

8 *BT-Drucks.* 10/3580, S. 2 und 4; Rz. 9 zu § 17 a.
9 *Hoffmann-Riem*, AK-GG, Art. 8, Rz. 25.
10 *Jahn*, JZ 1988, 548; a. A. *Meyn*, S. 282 f.; *Amelung*, StV 1989, 74.
11 Gemeint ist Verhältnismäßigkeit im Sinne des Übermaßverbots (Rz. 87 zu § 15),
    also Geeignetheit, Erforderlichkeit und Proportionalität.
12 *Jahn*, JZ 1988, 550 f.; *Rudolphi*, StV 1989, 75.

16   Dass die Aufstufung zur Straftat geeignetes Mittel zur Vermeidung der
von Vermummten ausgehenden Straftaten sei, ist mehr unbegründete Spe-
kulation als sichere Prognose[13]. Auch dass die Aufstufung zur Straftat das
unvermeidliche gesetzliche Mittel zur Vermeidung veranstaltungsbezogener
Straftaten sei, weil administrative Maßnahmen keinen Erfolg versprechen,
widerspricht der aktuellen Rechtswirklichkeit, die kein gravierendes An-
steigen solcher Straftaten erkennen lässt[14]. Maßgebend für die Strafbewehrung waren nicht Krawalle bei Fußballspielen, sondern Ausschreitungen
bei politischen Veranstaltungen, im Wesentlichen begangen durch den
»Schwarzen Block« der militanten Autonomen. Bei solchen Gruppierungen
greift aber schon das strafbewehrte Uniformierungsverbot des § 3 i. V. mit
§ 28 (Rz. 1 zu § 3), sodass insoweit kein Regelungsbedarf bestand, allenfalls
eine Klarstellung in § 3.

17   Auch die Abwägung der gesetzgeberischen Anliegen gegenüber der bewirkten faktischen Einschränkung der Versammlungs- und Demonstrationsfreiheit, die sich aus der Abschreckungswirkung der Strafbewehrung
des Vermummungsverbots insbesondere für solche Personen ergibt, die das
Verbot eigentlich nicht treffen will, die aber dem Strafbarkeitsrisiko aus-
weichen, ist misslungen.

Insoweit bestehen auch hinsichtlich der Beachtung des Übermaßverbots
in der Strafnorm der Nr. 2 erhebliche verfassungsrechtliche Bedenken.

Verfassungsrechtliche Bedenken setzen die Geltung der Strafnorm nicht
außer Kraft, solange die Verfassungswidrigkeit nicht durch das Bundesverfassungsgericht festgestellt ist. Geboten ist jedoch sorgfältige verfassungskonforme Interpretation in dem Sinne, dass die Strafbarkeit nicht allein aus
der Tatbestandserfüllung des abstrakten Gefährdungsdelikts abgeleitet
wird, sondern dass berücksichtigt werden muss, ob aus der Art und Weise
der Tatbegehung die Absicht der Unfriedlichkeit erkennbar wurde[15].

III. Konkurrenzen

18   § 27 Abs. 1 ist gegenüber § 52 Abs. 3 Nr. 9 WaffG Spezialnorm[16]. Sie ist außerdem die weiter gehende Regelung, da sie zum einen nicht nur das Mitführen von Waffen i. S. des Waffengesetzes, sondern auch anderer gefährlicher Gegenstände erfasst und zum anderen über das Mitführen *bei* einer
Versammlung hinausgehende Tatbestandsalternativen enthält. Sofern aller-

---

13 So auch *Werner*, S. 205.
14 *Jahn*, JZ 1988, 550, mit Hinweis auf *v. Mutius*, Jura 1988, 30.
15 *Maatz*, MDR 1990, 581; *Werner*, VR 2000, 383.
16 *Bertuleit/Breithach/Herkströter*, in: Ridder u. a., § 27, Rz. 10; *Ott/Wächtler*,
     § 27, Rz. 4; a. A. *Köhler/Dürig-Friedl*, § 27 Rz. 10.

dings Waffen i. S. des WaffG ohne die durch Waffenschein nachzuweisende Erlaubnis mitgeführt werden (Mitführen schließt »Führen« nach der Diktion des WaffG als Ausübung der tatsächlichen Gewalt außerhalb des eigenen befriedeten Besitztums, der Wohnung, der Geschäftsräume – Anl. 1 zum WaffG, Abschn. 2 Nr. 4 –) ein, ist einerseits die Strafnorm des § 52 Abs. 1 Nr. 2 WaffG und andererseits die Strafbestimmung des § 27 Abs. 1 in Tateinheit verletzt. Es dürfte keinem Zweifel unterliegen, dass bewaffnete Versammlungsteilnehmer eine größere Gefahr für die öffentliche Sicherheit darstellen als bewaffnete Teilnehmer eines Volksfestes. Der Gesetzgeber sollte daher die Strafandrohungen harmonisieren.

Alle Tatbestandsalternativen des § 27 treten gegenüber § 125 bzw. § 125 a zurück[17].

---

17 *Potrykus/Steindorf*, Waffenrecht, 7. Aufl. 1998, § 39, Anm. 1; *BGH*, NJW 1985, 501.

§ 28

Wer der Vorschrift des § 3 zuwiderhandelt, wird mit Freiheitsstrafe bis zu zwei Jahren oder mit Geldstrafe bestraft.

1   § 28 wurde durch das 6. Strafrechtsänderungsgesetz vom 30. 6. 1960 (BGBl. I, S. 478) geändert. Bei dieser Strafrechtsnorm handelt es sich um eine Blankettvorschrift. Sie legt die Rechtsfolgen fest, die sich aus einem Verstoß gegen § 3 ergeben.

2   Täter kann jeder sein, der öffentlich oder in einer Versammlung, Uniformen, Uniformteile oder gleichartige Kleidungsstücke als Ausdruck politischer Gesinnung trägt. Zur Tathandlung im Einzelnen vgl. Rz. 5 ff. zu § 3.

3   Die Tat kann nur vorsätzlich (§ 15 StGB) begangen werden. Bedingter Vorsatz reicht aus.

4   Uniformen und Uniformteile sowie die ihnen gleichgestellten gleichartigen Kleidungsstücke sind Beziehungsgegenstände im Sinne des § 30. Sie sind sicherzustellen bzw. zu beschlagnahmen, weil sie gemäß § 30 eingezogen werden können.

5   Zur Fragwürdigkeit der hohen Strafandrohung im Verhältnis zur Missachtung des Bewaffnungsverbotes bzw. des Passivbewaffnungs- und Vermummungsverbots in § 27 vgl. Rz. 26 zu § 3.

§ 29

(1) Ordnungswidrig handelt, wer

1. an einer öffentlichen Versammlung oder einem Aufzug teilnimmt, deren Durchführung durch vollziehbares Verbot untersagt ist,

1.a[1] entgegen § 17 a Abs. 2 Nr. 2 bei einer öffentlichen Versammlung unter freiem Himmel, einem Aufzug oder einer sonstigen öffentlichen Veranstaltung unter freiem Himmel oder auf dem Weg dorthin Gegenstände, die geeignet und den Umständen nach dazu bestimmt sind, die Feststellung der Identität zu verhindern, mit sich führt,

2. sich trotz Auflösung einer öffentlichen Versammlung oder eines Aufzuges durch die zuständige Behörde nicht unverzüglich entfernt,

3. als Teilnehmer einer öffentlichen Versammlung unter freiem Himmel oder eines Aufzuges einer vollziehbaren Auflage nach § 15 Abs. 1 oder 2 nicht nachkommt,

4. trotz wiederholter Zurechtweisung durch den Leiter oder einen Ordner fortfährt, den Ablauf einer öffentlichen Versammlung oder eines Aufzuges zu stören,

5. sich nicht unverzüglich nach seiner Ausschließung aus einer öffentlichen Versammlung oder einem Aufzug entfernt,

6. der Aufforderung der Polizei, die Zahl der von ihm bestellten Ordner mitzuteilen, nicht nachkommt oder eine unrichtige Zahl mitteilt (§ 9 Abs. 2),

7. als Leiter oder Veranstalter einer öffentlichen Versammlung oder eines Aufzuges eine größere Zahl von Ordnern verwendet, als die Polizei zugelassen oder genehmigt hat (§ 9 Abs. 2, § 18 Abs. 2), oder Ordner verwendet, die anders gekennzeichnet sind, als es nach § 9 Abs. 1 zulässig ist, oder

8. als Leiter den in eine öffentliche Versammlung entsandten Polizeibeamten die Anwesenheit verweigert oder ihnen keinen angemessenen Platz einräumt.

(2) Die Ordnungswidrigkeit kann in den Fällen des Absatzes 1 Nr. 1 bis 5 mit einer Geldbuße bis tausend Deutsche Mark und in den Fällen des Absatzes 1 Nr. 6 bis 8 mit einer Geldbuße bis zu fünftausend Deutsche Mark geahndet werden.

---

1 Eingefügt durch Art. 3 des Gesetzes zur Änderung des Strafgesetzbuches, der Strafprozeßordnung und des Versammlungsgesetzes und zur Einführung einer Kronzeugenregelung bei terroristischen Straftaten vom 9. 6. 1989 (BGBl. I S. 1059).

I. Allgemeines

1   § 29 enthält Bußgeldtatbestände, die leichtere Verstöße gegen versammlungsgesetzliche Verbote bzw. Pflichten mit Geldbuße bedrohen. Die für
die Ahndung dieser Ordnungswidrigkeiten zuständige Bußgeldbehörde
wird durch Landesrecht bestimmt.

2   Soweit durch Landesrecht zugelassen, können die Ordnungswidrigkeiten
des Abs. 1 durch Verwarnung mit Verwarnungsgeld geahndet werden.

II. Die mit Geldbuße bedrohten Handlungen

1. Teilnahme an verbotenen Veranstaltungen

3   Zum Begriff des Teilnehmers vgl. Rz. 236 zu § 1 und Rz. 1 zu § 10 sowie
Rz. 51 zu § 13.
    Das Verbot muss durch wirksame auf § 5 oder § 15 Abs. 1 oder 2 gestütz-
te Verfügung ausgesprochen sein. Zur Vollziehbarkeit des Verbots vgl. Rz. 2
zu § 26. Wer an einer im befriedeten Bannkreis stattfindenden verbotenen
Versammlung teilnimmt, verstößt gegen die Regelung des § 29 a, die als
Spezialnorm Vorrang hat.

4   Die Rechtmäßigkeit des Verbots ist kein Tatbestandsmerkmal, sondern
objektive Bedingung der Ahndbarkeit[2].
    Die Begehung der Ordnungswidrigkeit kann mit auf allgemeines Polizei-
recht gestützten Maßnahmen verhindert werden[3].

1. a. Mitführen von Vermummungsgegenständen

5   Ordnungswidrig handelt, wer bei einer öffentlichen Versammlung oder einem Aufzug unter freiem Himmel (Rz. 9 ff. zu Abschn. III) oder einer
sonstigen öffentlichen Veranstaltung unter freiem Himmel (Rz. 3 zu § 17 a)
oder auf dem Weg dorthin (Rz. 18 zu § 17 a) Vermummungsgegenstände
»mit sich führt«.
    Diese Bußgeldregelung ist im Rahmen des vom Gesetzgeber verfolgten
Zweckes durchaus angemessen. Die gegen die Strafbarkeit von Verstößen
gegen das Vermummungsverbot geäußerten verfassungsrechtlichen Bedenken (Rz. 13 ff. zu § 27) wegen Verletzung des Verhältnismäßigkeitsprinzips
bestehen hier nicht.
    Vermummungsgegenstände sind solche, bei denen Eignung und sachbe-
zogene Zweckbestimmung den Schluss zulassen, dass sie zur Identitätsver-

---

2 *BVerfGE* 87, 399 (408 f.); *BVerfG*, NJW 1995, 3111.
3 *VG Würzburg*, NJW 1980, 2542.

schleierung bestimmt sind, z. B. Masken, Kapuzen, Schminkutensilien, Farben u. Ä.

Im Gegensatz zu den Waffen und Schutzwaffen im nichttechnischen Sin- 6
ne, bei denen es neben der Feststellung der objektiven Eignung als Waffe oder als Schutzwaffe auf den Nachweis ankommt, dass der Träger sie er- kennbar als Waffe oder Schutzwaffe verwenden *will* (subjektive Zweckbe- stimmung), darf die Zweckbestimmtheit von zur Identitätsverschleierung geeigneten Gegenständen aus den »Umständen« geschlossen werden (sach- bezogene Zweckbestimmung). Damit sollen zu erwartende Beweisschwie- rigkeiten vermieden werden. Der Schluss aus den Umständen auf die Zweckbestimmung darf bei unbefangener Betrachtung keinen vernünftigen Zweifel offen lassen. Das wird etwa bei Schminkutensilien und Masken, die nicht notwendigerweise der Identitätsverschleierung, sondern auch anderen nicht rechtswidrigen Zwecken, etwa zulässiger Meinungsäußerung oder Kunstausübung (Rz. 7 zu § 17 a) dienen können, nicht immer leicht abzu- grenzen sein. Mitgeführte Vermummungsgegenstände sind sicherzustellen. Sie unterliegen als Beziehungsgegenstände der Einziehung.

2. Nichtentfernen nach Auflösung

Die Entfernungspflicht entsteht bei *Versammlungen* in geschlossenen Räu- 7
men sowie bei Versammlungen unter freiem Himmel mit Bekanntgabe der Auflösungsverfügung (§ 13 Abs. 2 bzw. § 18 Abs. 1 i. V. mit § 13 Abs. 2). Bei *Aufzügen* besteht keine Entfernungspflicht kraft Gesetzes. § 19 enthält keine Verweisung auf § 13 Abs. 2 (Rz. 4 zu § 19). Insoweit besteht eine Re- gelungslücke. Die Entfernungspflicht muss bei Aufzügen mit einer entsprechenden Anordnung in der Auflösungsverfügung verbunden wer- den. § 29 Abs. 1 Nr. 2 begründet nicht die Pflicht, sich nach Auflösung zu entfernen, sondern setzt diese Pflicht voraus. Sie besteht für alle Versamm- lungsbeteiligten, also auch für Veranstalter, Leiter und Ordner[4].

Die Betroffenen haben sich »unverzüglich«, d. h. ohne schuldhaftes Zö- gern, zu entfernen.

Die Rechtmäßigkeit der Auflösungsverfügung ist objektive Bedingung der Ahndbarkeit[5]. Die Missachtung der Pflicht zum Sichentfernen muss vorsätzlich erfolgen.

Zwischen § 29 Abs. 1 Nr. 2 und § 113 OWiG besteht Idealkonkurrenz[6]. 8
Der Tatbestand des § 113 Abs. 1 OWiG verlangt nach der Auflösungsver- fügung, die die Versammlung zur Ansammlung werden lässt (Rz. 50 zu

4 *Gintzel*, Die Polizei 1986, 188.
5 *BVerfGE* 87, 399 (408 f.).
6 *Köhler/Dürig-Friedl*, § 29 Rz. 4; *Ott/Wächtler*, § 29, Rz. 2; a. A. *Offczors*, in: Ridder u. a., § 29, Rz. 14 ff.

§ 13), eine *dreimalige* Aufforderung zum Sichentfernen. Auflösungsverfügung und (erste) Aufforderung zum Sichentfernen müssen zeitlich abgesetzt ergehen und dürfen von den Adressaten nicht als Einheit begriffen werden[7]. Die Ordnungswidrigkeit nach § 113 Abs. 1 OWiG verlangt Vorsatz nur hinsichtlich der Missachtung der Aufforderung zum Sichentfernen und Kenntnis der Rechtmäßigkeit dieser Anordnung. Nach § 113 Abs. 2 OWiG handelt jedoch auch derjenige ordnungswidrig, der die Rechtmäßigkeit fahrlässig nicht erkennt.

3. Nichtbeachtung beschränkender Verfügungen

9   Täter nach § 29 Abs. 1 Nr. 3 kann nur sein, wer Teilnehmer einer Versammlung unter freiem Himmel oder eines Aufzuges ist und einer vollziehbaren Auflage nach § 15 Abs. 1 oder 2 nicht nachkommt. Er muss sich in der Versammlung oder dem Aufzug befinden und daran teilhaben (Rz. 236 zu § 1 und Rz. 1 zu § 10). Eine Versammlung bzw. ein Aufzug im Sinne des § 29 Abs. 1 Nr. 3 beginnt mit dem Zeitpunkt des Sichversammelns am Versammlungsort bzw. der Formierung des Aufzuges am Abmarschort. Personen, die sich auf dem Wege zum Versammlungsort bzw. Abmarschort befinden, sind potenzielle Teilnehmer. Soweit sie gegen Auflagen verstoßen, die dem Veranstalter auferlegt wurden (z. B. Gebot bestimmte Größenordnungen von Transparenten zu beachten), handeln sie (noch) nicht ordnungswidrig. Gegen potenzielle Teilnehmer sind nur präventiv-polizeiliche Maßnahmen zulässig.

10   Vollziehbare Auflagen im Sinne des § 29 Abs. 1 Nr. 3 sind beschränkende Verfügungen im Sinne des § 15 Abs. 1 oder 2 (Rz. 92 zu § 15). Mit diesen Verfügungen sollen prognostizierte Gefahren abgewehrt werden. Die Nichtbeachtung beschränkender Verfügungen nach § 15 Abs. 3 (Rz. 138 ff. zu § 15), mit denen konkrete Gefahren abgewehrt werden sollen, ist nicht ordnungswidrig[8]. Gleiches gilt für verwaltungsgerichtlich bestimmte »Auflagen« nach § 80 Abs. 5 Satz 4 VwGO, die keine versammlungsrechtlichen Rechtsfolgen auslösen[9].

Auflagen im Sinne des § 15 Abs. 1 oder 2 sind vollziehbar, wenn der sofortige Vollzug nach § 80 Abs. 2 Nr. 4 VwGO angeordnet wurde und – gegebenenfalls – ein Antrag auf Wiederherstellung der aufschiebenden Wirkung ohne Erfolg geblieben ist.

---

7 *OLG Karlsruhe*, NJW 1974, 2144.
8 *Gintzel*, Die Polizei 1982, 301.
9 *Dietel*, Die Polizei 2003, 96.

Neben der tatbestandsmäßigen Vollziehbarkeit ist die *Rechtmäßigkeit* der beschränkenden Verfügung als objektive Bedingung Voraussetzung der Ahndbarkeit[10].

Der Gesetzgeber hat mit § 29 Abs. 1 Nr. 3 eine Regelung getroffen, die **11** kaum geeignet ist, seinen Absichten zu entsprechen. Er wollte zur »Wahrung der Friedlichkeit« öffentlicher Versammlungen die Pflicht zur Beachtung von »Auflagen« durch Teilnehmer mit einer Bußgeldsanktion nachdrücklich unterstreichen[11]. Die von ihm genannten Beispiele (a.a.O.) zeigen, dass er die Bußgeldsanktion schon für die Anmarschphase wollte. So spricht er von einer »Auflage«, die einen »bestimmten Marschweg« vorschreibt. Wie die Absichten des Gesetzgebers aber auch immer gewesen sein mögen, für eine Ausweitung der Ordnungswidrigkeit auch auf potenzielle Teilnehmer bleibt kein Raum. Dem widerspricht der insoweit klare Gesetzestext, der auf konkrete *Teilnahme* abstellt.

Die Rechtmäßigkeit der beschränkenden Verfügung ist objektive Bedin- **12** gung der Ahndbarkeit[12]. Zur Rechtmäßigkeit gehören insbesondere die inhaltliche Bestimmtheit, die Zumutbarkeit sowie die Beachtung des Übermaßverbots.

Die Missachtung der durch vollziehbare beschränkende Verfügung begründeten Verbote oder Gebote muss vorsätzlich erfolgen. Das setzt Kenntnis der »Auflagen« voraus. Der Gesetzgeber hat sich vorgestellt, dass diese Kenntnis den Teilnehmern durch die zuständigen Behörden vermittelt wird, etwa durch Lautsprecherdurchsagen oder Handzettel.

Soweit beschränkende Verfügungen das Mitführen bestimmter Gegenstände (z. B. überlange oder überschwere Transparentstangen) verbieten, unterliegen diese verbotenen Gegenstände als Beziehungsgegenstände der Einziehung (Rz. 3 zu § 30).

4. Störung von Veranstaltungen

Die Tat besteht in der vorsätzlichen Störung einer öffentlichen Versamm- **13** lung oder eines Aufzuges. Sie kann auch von einem Nichtversammlungsteilnehmer begangen werden[13]. Zum Begriff Störung Rz. 4 f. zu § 11. Ordnungsrechtlich relevant ist die Störung aber erst, wenn zumindest eine zweimalige Zurechtweisung durch Leiter oder Ordner vorausgegangen sind. Generelle Ordnungsrufe genügen nicht. Der Täter muss Adressat der Zurechtweisung gewesen sein und auch wissen, dass er gemeint war. Sofern

---

10 *BVerfGE* 87, 399 (408).
11 *BT-Drucks.* 8/1845, S. 11.
12 *Ott/Wächtler*, § 29, Rz. 7; *Köhler/Dürig-Friedl*, § 29 Rz. 5; a. A. wohl *Kühl*, StV 1987, 125.
13 *Offczors*, in: Ridder u. a., § 29, Rz. 19.

es sich um *grobe* Störungen handelt, die auf das Verhindern oder Sprengen bzw. sonstiges Vereiteln der Durchführung einer Versammlung abzielen, gilt der Straftatbestand des § 21.

5. Nichtentfernen nach Ausschlussanordnung

14 Der Ausschluss kann durch den Leiter angeordnet (§ 11 Abs. 1) oder durch die zuständige Behörde (in der Regel die Polizei) verfügt (§§ 11 Abs. 2, 17 a Abs. 4, 18 Abs. 3, 19 Abs. 4) sein. Das Ausschlussrecht des Leiters besteht nur für Versammlungen in geschlossenen Räumen. Nach Ausschluss ist der Ausgeschlossene verpflichtet, sich sofort (augenblicklich) zu entfernen. Zur Entfernungspflicht nach Ausschluss aus einem Aufzug vgl. Rz. 27 ff. zu § 19 und Rz. 7 zu § 29. Zur Begründung der Entfernungspflicht aus einem Aufzug bedarf es einer mit der Ausschlussverfügung verbundenen besonderen Anordnung (Platzverweisung)[14]. Ordnungswidrig verhält sich, wer sich nicht *unverzüglich* (ohne schuldhaftes Zögern) entfernt.

6. Verweigerung bzw. Unrichtigkeit der Angaben in Bezug auf die Zahl der verwendeten Ordner

15 Täter kann nur der Leiter einer öffentlichen Versammlung oder eines Aufzugs sein, da nur er verpflichtet ist, Angaben über die Zahl der zu verwendenden Ordner zu machen (§ 9 Abs. 2 bzw. §§ 18 Abs. 2 und 19 Abs. 1). Die unrichtigen Angaben brauchen nicht in Täuschungsabsicht gemacht worden zu sein. Es genügt, dass die Angaben verweigert oder unrichtig abgegeben werden.

16 Die Unrichtigkeit muss sich auf die Zahl der Ordner beziehen. Falsche Angaben über Name und Wohnung der Ordner sind nach § 29 Nr. 6 nicht ordnungswidrig.

7. Unzulässige Verwendung von Ordnern

17 Täter nach § 29 Nr. 7 können sowohl der Veranstalter als auch der Leiter sein. Die mit Geldbuße bedrohte Handlung besteht entweder in der Verwendung einer größeren Zahl von Ordnern, als die zuständige Behörde erlaubt hat, oder darin, dass Veranstalter oder Leiter Ordner verwenden, die anders gekennzeichnet sind, als es § 9 Abs. 1 zulässt.

8. Verweigerung von Anwesenheit und angemessenem Platz

18 Täter kann nur der Leiter einer öffentlichen Versammlung, nicht der Leiter eines Aufzuges sein. Mangels ausdrücklicher Verweisung in § 19 Abs. 1 auf § 12 (Rz. 4 zu § 19) gilt der Tatbestand nicht für den Leiter eines Aufzuges.

---

14 *Gintzel*, Die Polizei 1986, 188.

Das folgt aus dem Grundsatz der Bestimmtheit von Strafnormen. In Nr. 8 hätte es wie in Nr. 7 der Klarstellung bedurft, dass auch der Leiter eines Aufzuges vom Tatbestand betroffen werden soll.

Zum Begriff Polizeibeamter vgl. Rz. 1 ff. zu § 12, zur Angemessenheit des Platzes Rz. 23 zu § 12.

Die Ordnungswidrigkeit besteht darin, dass der Leiter entsandten Poli- **19** zeibeamten entweder die Anwesenheit verweigert oder ihnen keinen angemessenen Platz einräumt.

§ 29 a

(1) Ordnungswidrig handelt, wer entgegen § 16 Abs. 1 an einer öffentlichen Versammlung unter freiem Himmel oder an einem Aufzug teilnimmt oder zu einer öffentlichen Versammlung unter freiem Himmel oder zu einem Aufzug auffordert.

(2) Die Ordnungswidrigkeit kann mit einer Geldbuße bis zu dreißigtausend Deutsche Mark1 geahndet werden.

1   Die Regelung ersetzt die Strafnorm des § 106 a StGB, die durch Art. 5 des Gesetzes zur Neuregelung des Schutzes von Verfassungsorganen des Bundes aufgehoben wurde. Im Gegensatz zu § 23, der die Aufforderung zur Teilnahme an einer vollziehbar verbotenen öffentlichen Versammlung als Vergehen einstuft, ist die Regelung in § 29 a lediglich als Ordnungswidrigkeit ausgestaltet, allerdings mit einer hohen Bußgeldandrohung. Gegenüber § 29 Abs. 1 Nr. 1 ist § 29 a Abs. 1 1. Alt. Spezialvorschrift.

2   Die Herabstufung zur Ordnungswidrigkeit entbindet die Polizei vom Strafverfolgungszwang und gibt ihr die Möglichkeit, in Ausnahmefällen bei geringem Unrechtsgehalt der Bannkreisverletzung von Beweissicherungsmaßnahmen zur Einleitung eines Bußgeldverfahrens abzusehen, um unnötige Eskalationen zu vermeiden[2].

3   § 29 a statuiert ein abstraktes Gefährdungsdelikt. Deshalb ist es unzulässig, den Gegenbeweis zu führen, dass eine Gefahr für die geschützten Rechtsgüter nicht bestanden habe. Ein solcher Beweis ist für die Rechtswidrigkeit des Handelns unbeachtlich[3].

---

1 Zur Umstellung auf Euro-Beträge vgl. Fn. 1 zu Abschn. IV.
2 *Wiefelspütz*, NVwZ 2000, 1018.
3 A. A. *Werner*, NVwZ 200, 374.

§ 30

Gegenstände, auf die sich eine Straftat nach § 27 oder 28 oder eine Ordnungswidrigkeit nach § 29 Abs. 1 Nr. 1 a oder 3 bezieht, können eingezogen werden. § 74 a des Strafgesetzbuches und § 23 des Gesetzes über Ordnungswidrigkeiten sind anzuwenden.

Die Bestimmung wurde durch Einführungsgesetz zum Gesetz über Ord- **1** nungswidrigkeiten (EGOWiG) vom 24. 5. 1968 (BGBl. I S. 503) eingefügt[1].

Die besondere Einziehungsermächtigung war erforderlich, da Waffen **2** bzw. Uniformen, Uniformteile oder gleichartige Kleidungsstücke sowie Schutzwaffen und Vermummungsgegenstände nicht Tatwerkzeuge im Sinne des § 74 StGB sind. Diese Gegenstände beziehen sich lediglich auf eine Tat oder sind Gegenstand der Tat (amtliche Begründung zum Art. 32 EGO-WiG, durch den § 29 a – jetzt § 30 – in das VersG eingefügt wurde).

Beziehungsgegenstände im Sinne der §§ 27, 28 und 29 Abs. 1 Nr. 1 a und **3** 3 sind sicherzustellen (§§ 111 b ff. StPO).

Soweit es sich um Gegenstände im Sinne der §§ 27 und 28 handelt, beziehen sie sich auf eine Straftat. Die Bestimmungen der StPO sind insoweit unmittelbar anzuwenden. Beziehungsgegenstände können gleichzeitig Beweismittel sein. Dann sind sie nach § 94 StPO zu beschlagnahmen. Sofern sie als Tatinstrument verwendet wurden, unterliegen sie den Einziehungsvorschriften des StGB.

Beziehungsgegenstände, die sich auf eine Ordnungswidrigkeit im Sinne des § 29 Abs. 1 Nr. 1 a oder 3 beziehen, sind gemäß § 46 OWiG in sinngemäßer Anwendung der genannten Bestimmungen der StPO sicherzustellen bzw. zu beschlagnahmen.

Über die Einziehung entscheidet bei Gegenständen, die sich auf eine **4** Straftat beziehen, das Gericht, soweit sich die Gegenstände auf eine Ordnungswidrigkeit beziehen, die zuständige Verfolgungsbehörde (vgl. Anh. 8).

Der neu eingefügte Satz 2 in § 30 ermöglicht die so genannte »Dritteinziehung«. Beziehungsgegenstände nach Satz 1 (Rz. 2) können gemäß des für anwendbar erklärten § 74 a StGB[2] bzw. des § 23 OWiG[3] auch dann ein-

1 Zuletzt geändert durch Art. 3 des Gesetzes zur Änderung des Strafgesetzbuches und des Versammlungsgesetzes und zur Einführung einer Kronzeugenregelung bei terroristischen Straftaten vom 9. 6. 1989 (BGBl. I S. 1059).
2 § 74 a StGB:
Verweist das Gesetz auf diese Vorschrift, so dürfen die Gegenstände abweichend von § 74 Abs. 2 Nr. 1 auch dann eingezogen werden, wenn derjenige, dem sie zur Zeit der Entscheidung gehören oder zustehen

gezogen werden, wenn der Täter, bei dem die Gegenstände sichergestellt wurden, geltend macht, dass sie nicht ihm, sondern einem Dritten gehören. Voraussetzung ist, dass der als Eigentümer in Betracht kommende Dritte mindestens leichtfertig dazu beigetragen hat, dass die Gegenstände Beziehungsgegenstände werden konnten. Weil Täter in der Vergangenheit eine Einziehung dadurch zu vermeiden suchten, dass sie vorgaben, nicht Eigentümer der Beziehungsgegenstände zu sein, sah der Gesetzgeber ein Bedürfnis für eine praktikable Einziehungsregelung[4].

---

    1. wenigstens leichtfertig dazu beigetragen hat, dass sie Sache oder das Recht Mittel oder Gegenstand der Tat oder ihrer Vorbereitung gewesen ist, oder
    2. die Gegenstände in Kenntnis der Umstände, welche die Einziehung zugelassen hätten, in verwerflicher Weise erworben hat.
3 § 23 OWiG:
    Verweist das Gesetz auf diese Vorschrift, so dürfen die Gegenstände abweichend von § 22 Abs. 2 Nr. 1 auch dann eingezogen werden, wenn derjenige, dem sie zur Zeit der Entscheidung gehören oder zustehen
    1. wenigstens leichtfertig dazu beigetragen hat, daß die Sache oder das Recht Mittel oder Gegenstand der Handlung oder ihrer Vorbereitung gewesen ist, oder
    2. die Gegenstände in Kenntnis der Umstände, welche die Einziehung zugelassen hätten, in verwerflicher Weise erworben hat.
4 *BT-Drucks.* 11/4359, S. 31.

Abschnitt V Schlussbestimmungen

§ 31

(1) Die Vorschriften über Versammlungen und Aufzüge
1. des Vereinsgesetzes vom 19. April 1908 (Reichsgesetzbl. S. 151) und der Änderungsgesetze vom 19. Juni 1916 (Reichsgesetzbl. S. 635) und vom 19. April 1917 (Reichsgesetzbl. S. 361),
2. der Verordnung des Reichspräsidenten zur Erhaltung des inneren Friedens vom 19. Dezember 1932 (Reichsgesetzbl. I S. 548),
3. der Verordnung des Reichspräsidenten zum Schutze des deutschen Volkes vom 4. Februar 1933 (Reichsgesetzbl. I S. 35),
werden aufgehoben.

(2) § 107 a des Strafgesetzbuchs in der Fassung des Gesetzes zur Änderung des Strafgesetzbuchs vom 23. Mai 1923 (Reichsgesetzbl. I S. 296) wird aufgehoben.

§ 32 (gegenstandslos)

§ 33

Dieses Gesetz tritt vierzehn Tage nach seiner Verkündung in Kraft.

Anhang

1 Grundgesetz

Vom 23. 5. 1949, zuletzt geändert durch Gesetz vom 26. 7. 2002 (BGBl. I S. 2863) – Auszug –

Art. 8

(1) Alle Deutschen haben das Recht, sich ohne Anmeldung oder Erlaubnis friedlich und ohne Waffen zu versammeln.

(2) Für Versammlungen unter freiem Himmel kann dieses Recht durch Gesetz oder auf Grund eines Gesetzes beschränkt werden.

2 Konvention zum Schutz der Menschenrechte und Grundfreiheiten

Vom 4. 11. 1950 (BGBl. 1952 II, S. 686), zuletzt geändert durch Prot. Nr. 9 vom 6. 11. 1990 (BGBl. II, S. 3624)

Art. 11

(1) Alle Menschen haben das Recht, sich friedlich zu versammeln und sich frei mit anderen zusammenzuschließen, einschließlich des Rechts, zum Schutze ihrer Interessen Gewerkschaften zu bilden und diesen beizutreten.

(2) Die Ausübung dieser Rechte darf keinen anderen Einschränkungen unterworfen werden als den vom Gesetz vorgesehenen, die in einer demokratischen Gesellschaft mit Interesse der äußeren und inneren Sicherheit, zur Aufrechterhaltung der Ordnung und zur Verbrechensverhütung, zum Schutze der Gesundheit und der Moral oder zum Schutze der Rechte und Freiheiten anderer notwendig sind. Dieser Artikel verbietet nicht, dass die Ausübung dieser Rechte für Mitglieder der Streitkräfte, der Polizei oder der Staatsverwaltung gesetzlichen Einschränkungen unterworfen sind.

Art. 16

Keine der Bestimmungen der Artikel 10, 11 und 14 darf so ausgelegt werden, dass sie den Hohen Vertragschließenden Parteien verbieten, die politische Tätigkeit von Ausländern Beschränkungen zu unterwerfen.

3   Gesetz über den Aufenthalt, die Erwerbstätigkeit und die Integration von Ausländern im Bundesgebiet (Aufenthaltsgesetz – AufenthG)

Vom 30. Juli 2004 (BGBl. I S. 1950), geändert durch Gesetz vom 14. März 2005 (BGBl. I S. 721)

§ 47   Verbot und Beschränkung der politischen Betätigung

(1) Ausländer dürfen sich im Rahmen der allgemeinen Rechtsvorschriften politisch betätigen. Die politische Betätigung eines Ausländers kann beschränkt oder untersagt werden, soweit sie

1. die politische Willensbildung in der Bundesrepublik Deutschland oder das friedliche Zusammenleben von Deutschen und Ausländern oder von verschiedenen Ausländergruppen im Bundesgebiet, die öffentliche Sicherheit und Ordnung oder sonstige erhebliche Interessen der Bundesrepublik Deutschland beeinträchtigt oder gefährdet,

2. den außenpolitischen Interessen oder den völkerrechtlichen Verpflichtungen der Bundesrepublik Deutschland zuwiderlaufen kann,

3. gegen die Rechtsordnung der Bundesrepublik Deutschland, insbesondere unter Anwendung von Gewalt, verstößt oder

4. bestimmt ist, Parteien, andere Vereinigungen, Einrichtungen oder Bestrebungen außerhalb des Bundesgebiets zu fördern, deren Ziele oder Mittel mit den Grundwerten einer die Würde des Menschen achtenden staatlichen Ordnung unvereinbar sind.

(2) Die politische Betätigung eines Ausländers wird untersagt, soweit sie

1. die freiheitliche demokratische Grundordnung oder die Sicherheit der Bundesrepublik Deutschland gefährdet oder den kodifizierten Normen des Völkerrechts widerspricht,

2. Gewaltanwendung als Mittel zur Durchsetzung politischer, religiöser oder sonstiger Belange öffentlich unterstützt, befürwortet oder hervorzurufen bezweckt oder geeignet ist oder

3. Vereinigungen, politische Bewegungen oder Gruppen innerhalb oder außerhalb des Bundesgebiets unterstützt, die im Bundesgebiet Anschläge gegen Personen oder Sachen oder außerhalb des Bundesgebiets Anschläge gegen Deutsche oder deutsche Einrichtungen veranlasst, befürwortet oder angedroht haben.

4 Strafgesetzbuch

**In der Neufassung der Bekanntmachung vom 13. 11. 1998 (BGBl. I
S. 3322), zuletzt geändert durch Gesetz vom 24. 3. 2005 (BGBl. I S. 969)
– Auszug –**

§ 130 Volksverhetzung

(1) Wer in einer Weise, die geeignet ist, den öffentlichen Frieden zu stören,
1. zum Hass gegen Teile der Bevölkerung aufstachelt oder zu Gewalt- oder Willkürmaßnahmen gegen sie auffordert oder
2. die Menschenwürde anderer dadurch angreift, dass er Teile der Bevölkerung beschimpft, böswillig verächtlich macht oder verleumdet,
wird mit Freiheitsstrafe von drei Monaten bis zu fünf Jahren bestraft.

(2) Mit Freiheitsstrafe bis zu drei Jahren oder mit Geldstrafe wird bestraft, wer
1. Schriften (§ 11 Abs. 3), die zum Hass gegen Teile der Bevölkerung oder gegen eine nationale, rassische, religiöse oder durch ihr Volkstum bestimmte Gruppe aufstacheln, zu Gewalt- oder Willkürmaßnahmen gegen sie auffordern oder die Menschenwürde anderer dadurch angreifen, dass Teile der Bevölkerung oder eine vorbezeichnete Gruppe beschimpft, böswillig verächtlich gemacht oder verleumdet werden,
   a) verbreitet,
   b) öffentlich ausstellt, anschlägt, vorführt oder sonst zugänglich macht,
   c) einer Person unter achtzehn Jahren anbietet, überlässt oder zugänglich macht oder
   d) herstellt, bezieht, liefert, vorrätig hält, anbietet, ankündigt, anpreist, einzuführen oder auszuführen unternimmt, um sie oder aus ihnen gewonnene Stücke im Sinne der Buchstaben a bis c zu verwenden oder einem anderen eine solche Verwendung zu ermöglichen, oder
2. eine Darbietung des in Nummer 1 bezeichneten Inhalts durch Rundfunk verbreitet.

(3) Mit Freiheitsstrafe bis zu fünf Jahren oder mit Geldstrafe wird bestraft, wer eine unter der Herrschaft des Nationalsozialismus begangene Handlung der in § 220 a Abs. 1 bezeichneten Art in einer Weise, die geeignet ist, den öffentlichen Frieden zu stören, öffentlich oder in einer Versammlung billigt, leugnet oder verharmlost,

(4) Mit Freiheitsstrafe bis zu drei Jahren oder mit Geldstrafe wird bestraft, wer öffentlich oder in einer Versammlung den öffentlichen Frieden in einer die Würde der Opfer verletzenden Weise dadurch stört, dass er die

nationalsozialistische Gewalt- und Willkürherrschaft billigt, verherrlicht oder rechtfertigt.

(5) Absatz 2 gilt auch für Schriften (§ 11 Abs. 3) des in den Absätzen 3 und 4 bezeichneten Inhalts.

(6) In den Fällen des Absatzes 2, auch in Verbindung mit Absatz 5, und in den Fällen der Absätze 3 und 4 gilt § 86 Abs. 3 entsprechend.

5 Gesetz zur Regelung des öffentlichen Vereinsrechts (Vereinsgesetz)

Vom 5. 8. 1964 (BGBl. I S. 593), zuletzt geändert durch Gesetz vom 22. 8. 2002 (BGBl. I S. 3390) – Auszug –

§ 3

(1) Ein Verein darf erst dann als verboten (Artikel 9 Abs. 2 des Grundgesetzes) behandelt werden, wenn durch Verfügung der Verbotsbehörde festgestellt ist, dass seine Zwecke oder seine Tätigkeit den Strafgesetzen zuwiderlaufen oder dass er sich gegen die verfassungsmäßige Ordnung oder den Gedanken der Völkerverständigung richtet; in der Verfügung ist die Auflösung des Vereins anzuordnen (Verbot). Mit dem Verbot ist in der Regel die Beschlagnahme und die Einziehung des Vereinsvermögens zu verbinden.

(2) Verbotsbehörde ist
1. die oberste Landesbehörde oder die nach Landesrecht zuständige Behörde für Vereine und Teilvereine, deren erkennbare Organisation und Tätigkeit sich auf das Gebiet eines Landes beschränken;
2. der Bundesminister des Innern für Vereine und Teilvereine, deren Organisation oder Tätigkeit sich über das Gebiet eines Landes hinaus erstrecken.

Die oberste Landesbehörde oder die nach Landesrecht zuständige Behörde entscheidet im Benehmen mit dem Bundesminister des Innern, wenn sich das Verbot gegen den Teilverein eines Vereins richtet, für dessen Verbot nach Satz 1 Nr. 2 der Bundesminister des Innern zuständig ist. Der Bundesminister des Innern entscheidet im Benehmen mit den Behörden, die nach Satz 1 Nr. 1 für das Verbot von Teilvereinen zuständig gewesen wären.

(3) Das Verbot erstreckt sich, wenn es nicht ausdrücklich beschränkt wird, auf alle Organisationen, die dem Verein derart eingegliedert sind, dass sie nach dem Gesamtbild der tatsächlichen Verhältnisse als Gliederung dieses Vereins erscheinen (Teilorganisationen). Auf nichtgebietliche Teilorganisationen mit eigener Rechtspersönlichkeit erstreckt sich das Verbot nur, wenn sie in der Verbotsverfügung ausdrücklich benannt sind.

(4) Das Verbot ist schriftlich oder elektronisch mit einer dauerhaft überprüfbaren Signatur nach § 37 Abs. 4 des Verwaltungsverfahrensgesetzes abzufassen, zu begründen und dem Verein, im Falle des Absatzes 3 Satz 2 auch den Teilorganisationen, zuzustellen. Der verfügende Teil des Verbots ist im Bundesanzeiger und danach im amtlichen Mitteilungsblatt des Landes bekannt zu machen, in dem der Verein oder, sofern sich das Verbot hierauf beschränkt, der Teilverein seinen Sitz hat; Verbote nach § 15 werden nur im Bundesanzeiger bekannt gemacht.

6 Bannmeilengesetze

Bund

Gesetz über befriedete Bezirke für Verfassungsorgane des Bundes (BefBezG)

Vom 11. August 1999 (BGBl. I, S. 1818), geändert durch Gesetz vom 20. Juni 2003 (BGBl. I, S. 864)

§ 1 Befriedete Bezirke

Durch dieses Gesetz werden für die nachstehend genannten Verfassungs-organe befriedete Bezirke gebildet, in denen öffentliche Versammlungen unter freiem Himmel und Aufzüge nur nach Maßgabe des § 5 zulässig sind.

§ 2 Deutscher Bundestag

Die Abgrenzung des befriedeten Bezirks für den Deutschen Bundestag umfasst das Gebiet der Bundeshauptstadt Berlin, das umgrenzt wird durch die Wilhelmstraße bis zur Straße Unter den Linden, die Straße Unter den Linden bis zum Pariser Platz, den Pariser Platz, den Platz vor dem Brandenburger Tor bis zur Straße des 17. Juni, die Straße des 17. Juni bis zur Entlastungsstraße, die Entlastungsstraße, die Heinrich-von-Gagern-Straße, die Willy-Brandt-Straße, die Moltke-Brücke, das nördliche Spreeufer bis zur Reinhardt-Straße, die Reinhardt-Straße bis zur Stadtbahntrasse, die Stadtbahntrasse bis zur Luisenstraße, die Luisenstraße und die Marschallbrücke. Soweit die genannten Straßen, Plätze und Brücken den befriedeten Bezirk umgrenzen, gehören sie nicht zu dem befriedeten Bezirk. Dies gilt nicht für die Wilhelmstraße und die Willy-Brandt-Straße.

§ 3 Bundesrat

Die Abgrenzung des befriedeten Bezirks für den Bundesrat umfasst das Gebiet der Bundeshauptstadt Berlin, das umgrenzt wird durch den Potsdamer Platz, den Leipziger Platz und die Leipziger Straße vom Potsdamer Platz bis zur Wilhelmstraße, die Wilhelmstraße von der Leipziger Straße bis zur Niederkirchnerstraße, die Niederkirchnerstraße von der Wilhelmstraße bis zur Stresemannstraße und die Stresemannstraße von der Niederkirchnerstraße bis zum Potsdamer Platz. Soweit die genannten Straßen und Plätze den befriedeten Bezirk umgrenzen, gehören sie nicht zu dem befriedeten Bezirk. Dies gilt nicht für den Leipziger Platz, die Leipziger Straße und die Niederkirchnerstraße.

§ 4 Bundesverfassungsgericht

Die Abgrenzung des befriedeten Bezirks für das Bundesverfassungsgericht umfasst das Gebiet der Stadt Karlsruhe, das umgrenzt wird durch den Zirkel von der Herrenstraße bis zur Hans-Thoma-Straße, die Hans-Thoma-Straße bis zur Bismarckstraße, die Gebäudenordseiten der Gebäude der Orangerie, der Schauhäuser des Botanischen Gartens, des Torbogengebäudes, der Badischen Weinstuben, die Schlossgartenmauer mit dem Mühlburger Tor von den Badischen Weinstuben zum Durmflügel des Schlosses, die Nordostseite des Durmflügels des Schlosses bis zum Südwestflügel des Schlosses, den Weg parallel zur verlängerten Waldstraße vom Südwestflügel des Schlosses bis zur Straße Unterführung Schlossplatz, die Straße Unterführung Schlossplatz bis zur Herrenstraße, die Herrenstraße bis zum Zirkel. Die genannten Straßen und Wege gehören zum befriedeten Bezirk, soweit sie ihn umgrenzen.

§ 5 Zulassung von Versammlungen

(1) Öffentliche Versammlungen unter freiem Himmel und Aufzüge innerhalb der befriedeten Bezirke sind zuzulassen, wenn eine Beeinträchtigung der Tätigkeit des Deutschen Bundestages und seiner Fraktionen, des Bundesrates und des Bundesverfassungsgerichts sowie ihrer Organe und Gremien und eine Behinderung des freien Zugangs zu ihren in dem befriedeten Bezirk gelegenen Gebäuden nicht zu besorgen ist. Davon ist im Falle der §§ 2 und 3 in der Regel dann auszugehen, wenn die Versammlung oder der Aufzug an einem Tag durchgeführt werden soll, an dem Sitzungen der in Satz 1 genannten Stellen nicht stattfinden.

(2) Die Zulassung kann mit Auflagen verbunden werden.

(3) Durch die Zulassung werden die übrigen Vorschriften des Versammlungsgesetzes, inbesondere der §§ 14 und 15, nicht berührt.

§ 6 Verfahren

Über Anträge auf Zulassung entscheidet das Bundesministerium des Innern jeweils im Einvernehmen mit dem Präsidenten der in den §§ 2 bis 4 genannten Verfassungsorgane.

§ 7 Antragsfrist

Anträge auf Zulassung von Versammlungen nach § 5 sollen spätestens sieben Tage vor der beabsichtigten Versammlung oder dem Aufzug beim Bundesministerium des Innern eingereicht werden.

§ 8 Darstellung in Kartenform

Das Bundesministerium des Innern kann die in den §§ 2 bis 4 festgelegten Beschreibungen der befriedeten Bezirke in Kartenform im Gemeinsamen Ministerialblatt veröffentlichen.

§ 9 Bericht des Bundesministeriums des Innern

Das Bundesministerium des Innern erstattet dem Deutschen Bundestag jeweils binnen eines Jahres nach der konstituierenden Sitzung des Deutschen Bundestages einen Bericht über die Erfahrungen mit dem Verfahren gemäß §§ 5 bis 7 dieses Gesetzes.

Baden-Württemberg

Bannmeilengesetz des Landes Baden-Württemberg

Vom 12. November 1963 (GBl. S. 175), geändert durch Gesetz vom 28. 7. 1970 (GBl. S. 421)

§ 1

Der befriedete Bannkreis des Landtags (§ 16 des Versammlungsgesetzes vom 24. Juli 1953 – BGBl. I S. 684 –) umfasst das Gebiet der Stadt Stuttgart, das begrenzt wird durch
die Planie vom Charlottenplatz bis zur Südwestecke des Neuen Schlosses,
die verlängerte Baufluchtlinie der Westseite des Südflügels und der Westseite des Nordflügels des Neuen Schlosses von der Planie bis zur Bolzstraße,
die Verbindungslinie von der Nordwestecke des Neuen Schlosses zur Südostecke des Kunstgebäudes (ohne Arkadenvorbau),
die Baufluchtlinie des Kunstgebäudes von seiner Südostecke bis zu seiner Nordostecke,
die Verbindungslinie von der Nordostecke des Kunstgebäudes bis zur Westspitze des Anlagensees,
die Ufermauer des südlichen Teils des Anlagensees von seiner Westspitze über die Südwestspitze, die Südspitze und die Südostecke bis zur Ostspitze,
die Ufermauer des nordöstlichen Teils des Anlagensees von seiner Ostspitze bis zur Nordostspitze,
die Verbindungslinie von der Nordostspitze des Anlagensees zur Nordostkante der Freitreppe des Württembergischen Staatstheaters,

die Außenwände der Eingangs- und Kassenhalle des Württembergischen Staatstheaters über die gesamte Breite der Freitreppe bis zu deren Südkante, die Südkante der Freitreppe über die Baufluchtlinie an der Südseite des Württembergischen Staatstheaters bis zur Konrad-Adenauer-Straße, die Konrad-Adenauer-Straße vom Württembergischen Staatstheater bis zum Charlottenplatz einschließlich der Fußgängerbrücke über die Konrad-Adenauer-Straße.

Die Verkehrsflächen der genannten Straßen und Plätze, ausgenommen die Fußgängerbrücke über die Konrad-Adenauer-Straße und die Ausgänge des Verkehrsbauwerks, Charlottenplatz zum Akademiegarten, gehören nicht zum befriedeten Bannkreis.

§ 2

(1) Von dem Verbot des § 16 Abs. 1 des Versammlungsgesetzes, innerhalb des befriedeten Bannkreises öffentliche Versammlungen unter freiem Himmel und Aufzüge zu veranstalten, kann das Innenministerium im Einvernehmen mit dem Präsidenten des Landtags Ausnahmen zulassen.

(2) Anträge auf Zulassung einer Ausnahme sind spätestens zehn Tage vor der Veranstaltung bei der Ortspolizeibehörde in Stuttgart einzureichen.

(3) Durch die Zulassung einer Ausnahme nach Absatz 1 werden die übrigen Vorschriften des Versammlungsgesetzes, insbesondere § 14, nicht berührt.

§ 3

Dieses Gesetz tritt am Tage nach seiner Verkündung in Kraft.

Bayern

Gesetz über die Befriedung des Landtagsgebäudes des Freistaates Bayern

Vom 7. März 1952 (GVBl. S. 99)

Der Landtag des Freistaates Bayern hat das folgende Gesetz beschlossen, das nach Anhörung des Senats hiermit bekannt gemacht wird:

Artikel 1

(1) Innerhalb des befriedeten Bannkreises des Landtagsgebäudes dürfen Versammlungen unter freiem Himmel und Umzüge nicht stattfinden. Das

447

in Art. 113 der Verfassung des Freistaates Bayern und in Art. 8 des Grundgesetzes für die Bundesrepublik Deutschland gewährleistete Grundrecht der Versammlungsfreiheit wird insoweit eingeschränkt.

(2) Ausnahmen können vom Staatsministerium des Innern im Einvernehmen mit dem Präsidenten des Landtages zugelassen werden.

Artikel 2

Den befriedeten Bannkreis des Landtagsgebäudes bestimmt das Staatsministerium des Innern im Einvernehmen mit dem Präsidenten des Landtages. Der Halbmesser des Bannkreises um das Landtagsgebäude darf 1 km nicht überschreiten.

Artikel 3

Dieses Gesetz tritt am 1. März 1952 in Kraft.

Verordnung zur Durchführung des Gesetzes über die Befriedung des Landtagsgebäudes

Vom 30. April 1969 (GVBl. S. 136)

Auf Grund des Art. 2 Satz 1 des Gesetzes über die Befriedung des Landtagsgebäudes vom 7. 3. 1952 (BayBS I S. 435) wird im Einvernehmen mit dem Präsidenten des Landtags bestimmt:

§ 1

Der befriedete Bannkreis des Landtagsgebäudes umfasst das nachfolgend umgrenzte Gebiet:
Max-Weber-Platz, Innere Wiener Straße, Wiener Straße, Wiener Platz, Innere Wiener Straße, Am Gasteig, Ludwigsbrücke, Westufer der Isar, Prinzregentenbrücke, südliches Rondell am Friedensengel, Prinzregentenstraße, Ismaninger Straße, Max-Weber-Platz.
Die angeführten Straßen und Plätze sind nicht Teil des befriedeten Bannkreises.

§ 2

(1) Die Verordnung vom 17. Juli 1952 (BayBS I S. 435) wird aufgehoben.
(2) Diese Verordnung tritt am 1. Mai 1969 in Kraft.

Berlin

Gesetz über die Befriedung des Tagungsortes des Abgeordnetenhauses von Berlin (Berliner Bannmeilengesetz)

Vom 13. März 1983 (GVBl. S. 482), zuletzt geändert durch Gesetz vom 16. Februar 1998 (GVBl. S. 18)

§ 1

(1) Der befriedete Bannkreis des Tagungsortes des Abgeordnetenhauses von Berlin wird durch folgende Straßen begrenzt:
Leipziger Platz und Leipziger Straße
vom Potsdamer Platz bis zur ehemaligen Otto-Grotewohl-Straße,
Straßenzug ehemalige Otto-Grotewohl-Straße und Wilhelmstraße von der Leipziger bis zur Anhalter Straße,
Anhalter Straße von der Wilhelmstraße bis zur Stresemannstraße,
Stresemannstraße von der Anhalter Straße bis zum Potsdamer Platz.
(2) Die Gehwege und die Fahrbahn der Stresemannstraße zwischen Köthener und Dessauer Straße gehören zum Bannkreis. Die Gehwege und Fahrbahnen der übrigen in Absatz 1 genannten Straßen und Plätze gehören nicht zum Bannkreis.

§ 2

(1) Innerhalb des befriedeten Bannkreises (§ 1) sind nach § 16 Abs. 1 des Versammlungsgesetzes in der Fassung der Bekanntmachung vom 15. November 1978 (BGBl. I S. 1789/GVBl. S. 2274) öffentliche Versammlungen unter freiem Himmel und Aufzüge verboten.
(2) Ausnahmen von dem Verbot kann der Präsident des Abgeordnetenhauses im Einvernehmen mit dem Senator für Inneres zulassen. Sie sind an den Tagen zuzulassen, an denen keine Sitzungen des Abgeordnetenhauses oder seiner Organe und Ausschüsse stattfinden.
(3) Der Präsident unterrichtet des Ältestenrat unverzüglich über die Zulassung und Ablehnung von Ausnahmen nach Absatz 2.

§ 3

Allgemeine Anordnungen über das Betreten des Abgeordnetenhauses von Berlin erlässt der Präsident des Abgeordnetenhauses.

§ 4   In-Kraft-Treten

Hansestadt Hamburg

Bannkreisgesetz der Hansestadt Hamburg

**Vom 5. Februar 1985 (GVBl. S. 61), geändert durch Gesetz vom
8. Oktober 1986 (GVBl. S. 326)**

§ 1 Bannkreis

(1) Der befriedete Bannkreis umfasst das Gebiet, das folgende Straßen und Grundstücke begrenzen:
Jungfernstieg ab Einmündung Neuer Wall – Bergstraße – Schmiedestraße bis Kreuzung Domstraße – Ost-West-Straße bis Einmündung Neue Burg – Neue Burg bis Einmündung Trostbrücke – Grundstück der ehemaligen Nikolaikirche – Hopfenmarkt ab Einmündung Hahntrapp – Kleiner Burstah – Großer Burstah ab Einmündung Kleiner Burstah – Graskeller Neuer Wall.

(2) Die Flächen der genannten Straßen und Grundstücke gehören nicht zum befriedeten Bannkreis.

§ 2 Ausnahmen vom Versammlungsverbot

(1) Ausnahmen von dem Verbot öffentlicher Versammlungen unter freiem Himmel und von Aufzügen im befriedeten Bannkreis sind zuzulassen, wenn eine Beeinträchtigung der Tätigkeit der Bürgerschaft, ihrer Organe oder Gremien oder eine Behinderung des freien Zugangs zum Rathaus nicht zu befürchten ist.

(2) Nicht zulässig sind Ausnahmen, sofern die Versammlung oder der Aufzug
1. am Tage einer Sitzung der Bürgerschaft oder des Bürgerausschusses,
2. am Tage einer Sitzung des Ältestenrats oder der Fraktion
stattfinden soll.

§ 3 Verfahren

Über Ausnahmen nach § 2 Absatz 1 entscheidet der Senat im Einvernehmen mit dem Präsidenten der Bürgerschaft. Die Feststellung, ob eine Beeinträchtigung der Tätigkeit der Bürgerschaft, ihrer Organe oder Gremien zu befürchten ist, trifft der Präsident der Bürgerschaft.

§ 4 In-Kraft-Treten

Hessen

Gesetz über die Bannmeile des Hessischen Landtags

Vom 25. Mai 1990 (GVBl. S. 173), zuletzt geändert durch Gesetz vom 15. Dezember 2004 (GVBl. I S. 450)

§ 1

Für den Hessischen Landtag wird ein befriedeter Bannkreis (Bannmeile) gebildet, in dem nach § 16 Abs. 1 des Versammlungsgesetzes in der Fassung der Bekanntmachung vom 15. November 1978 (BGBl. I S. 1790), zuletzt geändert durch Gesetz vom 9. Juni 1989 (BGBl. I S. 1059), öffentliche Versammlungen unter freiem Himmel und Aufzüge grundsätzlich verboten sind.

§ 2

Die Bannmeile umfasst das Gebiet der Landeshauptstadt Wiesbaden, das durch folgende Straßen und Plätze begrenzt wird:
die Marktstraße von der Grundstücksgrenze 8/10 bis zur Einmündung der Neugasse und der Grabenstraße, die Grabenstraße, die Goldgasse von Grundstücksgrenze 7/5 bis zur Mühlgasse, die Mühlgasse, die Straße »Schloßplatz« von der Mühlgasse bis zur Herrnmühlgasse, die Straße »Marktplatz« von der Herrnmühlgasse bis Grundstücksgrenze »Marktplatz« 9/7, von dort in gedachter Linie quer über die Straße zum Südturm der Marktkirche, entlang der südwestlichen Gebäudeflucht bis zur nordwestlichen Ecke der Kirche, quer über die Straße zur nordöstlichen Torfahrt des Rathauses, entlang der ostwärtigen und südlichen Gebäudeflucht bis zur Südspitze des Rathauses, quer über die Marktstraße bis zur Grundstücksgrenze Marktstraße 8/10
sowie die Marktstraße, die Grabenstraße, die Goldgasse, die Mühlgasse, die Straßen »Schlossplatz« und »Marktplatz«, soweit sie die Bannmeile begrenzen.

§ 2 a[*]

Die Bannmeile umfasst auch den an das Gebiet nach § 2 angrenzenden Bereich bis zu einer gedachten Linie vom Südturm der Marktkirche zur Südspitze des Rathauses.

---

[*] (§ 2 a tritt am 31. Dezember 2006 außer Kraft.)

§ 3

(1) Ausnahmen von dem Verbot für öffentliche Versammlungen unter freiem Himmel und Aufzüge innerhalb der Bannmeile kann das Ministerium des Innern im Einvernehmen mit dem Präsidenten des Landtags für den Einzelfall oder bestimmte regelmäßig wiederkehrende Veranstaltungen zulassen.

(2) Ausnahmen sollen zugelassen werden, wenn die Versammlung oder der Aufzug an Tagen durchgeführt werden soll, an denen Sitzungen des Landtags, seiner Organe und Ausschüsse und der Fraktion nicht stattfinden.

§ 4

Der Antrag auf Zulassung einer Ausnahme für den Einzelfall soll spätestens am zehnten Tag vor der beabsichtigten Versammlung oder dem Aufzug beim Polizeipräsidium Westhessen eingereicht werden.

§ 5

Das Gesetz über die Bannmeile des Hessischen Landtags vom 10. Juni 1970 (GVBl. I S. 359) wird aufgehoben.

§ 6

Dieses Gesetz tritt am Tage nach der Verkündung in Kraft und mit Ablauf des 31. Dezember 2007 außer Kraft.

Niedersachsen

Niedersächsisches Bannmeilengesetz

Vom 12. Juni 1962 (GVBl. S. 55), zuletzt geändert durch Gesetz vom 22. September 1997 (GVBl. S. 420)

Der Niedersächsische Landtag hat das folgende Gesetz beschlossen:

§ 1

Für den Niedersächsischen Landtag wird ein befriedeter Bannkreis gebildet, in dem nach § 16 des Versammlungsgesetzes vom 24. Juli 1953 (BGBl. I S. 684) öffentliche Versammlungen unter freiem Himmel und Aufzüge verboten sind.

§ 2

Der Bannkreis umfasst im Gebiet der Landeshauptstadt Hannover außer den Freiflächen auf dem Landtagsgrundstück die Schlossstraße, die Leinstraße, den Hinrich-Wilhelm-Kopf-Platz, den Bohlendamm einschließlich des östlich angrenzenden Arkadenganges, den Platz der Göttinger Sieben und die südlich angrenzende Wehranlage bis zum Fahrbahnrand der Karmarschstraße und die südwestlich der Leine zwischen Schlossstraße und Karmarschstraße gelegenen Grünflächen bis zum Fahrbahnrand des Leibnizufers und des Friederikenplatzes. Die genaue Abgrenzung des Bannkreises ergibt sich aus der Anlage zu diesem Gesetz.

§ 3

Der Minister des Innern kann im Einvernehmen mit dem Präsidenten des Landtages in Einzelfällen Ausnahmen von dem Verbot öffentlicher Versammlungen unter freiem Himmel und von Aufzügen innerhalb des befriedeten Bannkreises zulassen.

§ 4

Verwaltungsbehörde im Sinne des § 36 Abs. 1 Nr. 1 des Gesetzes über Ordnungswidrigkeiten ist bei Ordnungswidrigkeiten nach § 112 des Gesetzes über Ordnungswidrigkeiten, soweit es sich um Verstöße gegen Anordnungen des Niedersächsischen Landtages oder seines Päsidenten handelt, der Präsident des Landtages.

§ 5

Dieses Gesetz tritt am 1. September 1962 in Kraft.

Nordrhein-Westfalen

Bannmeilengesetz des Landtags Nordrhein-Westfalen

Vom 25. Februar 1969 (GVBl. S. 142), geändert durch Gesetz vom 14. Juni 1988 (GVBl. S. 246)

Der Landtag hat das folgende Gesetz beschlossen, das hiermit verkündet wird:

§ 1

(1) Für den Landtag Nordrhein-Westfalen wird ein befriedeter Bannkreis gebildet, in dem nach § 16 des Versammlungsgesetzes vom 24. Juli 1953 (BGBl. I S. 684) in der Fassung der Bekanntmachung vom 15. November 1978 (BGBl. I S. 1789) öffentliche Versammlungen unter freiem Himmel und Aufzüge verboten sind.

(2) Ausnahmen von diesem Verbot kann der Präsident des Landtags im Benehmen mit dem Innenminister zulassen.

§ 2

Der Befriedete Bannkreis wird in der Landeshauptstadt Düsseldorf wie folgt und wie aus der Anlage ersichtlich bestimmt:
a) im Norden
   durch das Molenfundament einschließlich Steinschüttung entlang dem Grundstück, wobei die östliche und westliche Grenze auf der Promenade jeweils durch besonders verlegte Pflastersteine kenntlich gemacht sind;
b) im Westen
   ausgehend von der Rheinuferpromenade im Bereich der Grünflächen markiert durch besondere Plattierungen, im Bereich der Busparkplätze durch deren äußere Begrenzung und weiterhin bis zur Stromstraße durch eine sichtbare Kante entlang der Einfahrt zur Tiefgarage;
c) im Süden
   westlich beginnend an der Einfahrt zur Tiefgarage die innere Grenze des Radweges, im weiteren Verlauf innerhalb der Feuerwehrzufahrt durch eine herausgehobene Pflasterung, im Bereich des Grünstreifens durch Betonsteine bis zur östlichen Grundstücksgrenze unter Ausklammerung des Treppenaufgangs;
d) im Osten
   beginnend an der Stromstraße durch die Bastion, im weiteren Verlauf durch die äußere Grenze des Weges unter Einbeziehung des Rondells Trafostation, endend auf der Rheinuferpromenade.

§ 3

Dieses Gesetz tritt mit Wirkung vom 1. Februar 1969 in Kraft.

Rheinland-Pfalz

Landesgesetz über die Befriedung des Landtagsgebäudes (Bannmeilengesetz)

Vom 23. Februar 1966 (GVBl. S. 60), geändert durch Gesetz vom 21. Juli 2003 (GVBl. S. 155)

Der Landtag von Rheinland-Pfalz hat das folgende Gesetz beschlossen, das hiermit verkündet wird:

§ 1

Für den Landtag von Rheinland-Pfalz wird ein befriedeter Bannkreis gebildet, in dem nach § 16 des Versammlungsgesetzes vom 24. Juli 1953 (BGBl. I S. 684) öffentliche Versammlungen unter freiem Himmel und Aufzüge verboten sind.

§ 2

Der Bannkreis in der Landeshauptstadt Mainz wird begrenzt durch die Straßen Zeughausgasse, Mitternacht, Petersplatz, Große Bleiche von der Einmündung Petersplatz bis zur Einmündung in die Rheinstraße beim Schlosstor,
durch das Rheinufer in Höhe des Schlosstores bis zum Beginn der südlich der Straßenbrücke befindlichen Ufertreppe und durch eine von der Ufertreppe bis zur Einmündung der Zeughausgasse in die Rheinstraße zu ziehende gerade Linie.
Die Verkehrsflächen der genannten Straßen und Plätze gehören zum Bannkreis.

§ 3

(1) Der Minister des Innern kann im Einvernehmen mit dem Präsidenten des Landtages in Einzelfällen Ausnahmen von dem Verbot öffentlicher Versammlungen unter freiem Himmel und von Aufzügen innerhalb des befriedeten Bannkreises zulassen.

(2) Die Zulassung einer Ausnahme ist spätestens zehn Tage vor der Veranstaltung bei dem Polizeipräsidium in Mainz einzureichen.

§ 4

Dieses Gesetz tritt am Tage nach seiner Verkündung in Kraft.

Saarland

Gesetz Nr. 970 über den Landtag des Saarlandes

Vom 20. Juni 1973 (Amtsbl. S. 517 [528])

Bannmeilenregelung – Auszug –

XI. Abschnitt   Befriedung des Landtagsgebäudes

§ 81   Verbot von Versammlungen und Umzügen

(1) Innerhalb des befriedeten Bezirks des Landtagsgebäudes in Saarbrücken dürfen Versammlungen unter freiem Himmel und Umzüge nicht stattfinden.

(2) Ausnahmen können vom Präsidium zugelassen werden.

§ 82   Grenzen des befriedeten Bezirks

(1) Die Grenzen des befriedeten Bezirks bilden:
Im Nordosten: Die Hindenburgstraße zwischen der Pestelstraße und der Spichererbergstraße;
Im Südosten: Die Pestelstraße;
Im Südwesten: Die Talstraße von der Spichererbergstraße bis zur Pestelstraße;
Im Nordwesten: Die Spichererbergstraße von der Talstraße bis zur Hindenburgstraße.

(2) Die benannten Straßenzüge innerhalb der angegebenen Grenzen gehören zu dem befriedeten Bezirk.

Thüringen

Gesetz über die Bannmeile des Thüringer Landtags

Vom 14. Mai 1991 (GVBl. S. 82), zuletzt geändert durch Gesetz vom 23. September 2003 (GVBl. S. 437)

Der Thüringer Landtag hat das folgende Gesetz beschlossen:

§ 1

Für den Thüringer Landtag wird ein befriedeter Raum (befriedeter Bannkreis) gebildet, in dem nach § 16 Abs. 1 des Versammlungsgesetzes öffentliche Versammlungen unter freiem Himmel und Aufzüge grundsätzlich verboten sind.

§ 2

Der befriedete Raum in der Landeshauptstadt Erfurt wird umgrenzt
1. im Norden
   durch die nördliche Grenze des Grundstücks des Thüringer Landtags
   sowie – in den angrenzenden öffentlichen Verkehrsräumen – durch die
   Fluchtlinie dieser Grenze,
2. im Osten
   durch den befestigten Bereich der Jürgen-Fuchs-Straße, der den Beet-
   hovenplatz in westlicher Richtung begrenzt,
3. im Süden
   durch den nördlichen Gehweg der Johann-Sebastian-Bach-Straße,
4. im Westen
   durch den östlichen Gehweg der Arnstädter Straße vor dem Grundstück
   des Thüringer Landtags bis zum Radweg.
   Der befestigte Bereich der Jürgen-Fuchs-Straße und die genannten Gehwege sind Teil des befriedeten Raums.

§ 3

Ausnahmen von dem Verbot für öffentliche Versammlungen unter freiem
Himmel und Aufzüge innerhalb der Bannmeile kann das Innenministerium
im Einvernehmen mit dem Präsidenten des Landtags für den Einzelfall oder
bestimmte regelmäßig wiederkehrende Veranstaltungen zulassen.

§ 4

Der Antrag auf Zulassung einer Ausnahme für den Einzelfall ist spätestens 48 Stunden vor der beabsichtigten Versammlung oder dem Aufzug bei
der Stadt Erfurt einzureichen.

§ 5

Dieses Gesetz tritt am Tage nach der Verkündung in Kraft.

7 Gesetz über Ordnungswidrigkeiten

In der Fassung der Bekanntmachung vom 19. Februar 1987 (BGBl. I S. 603), zuletzt geändert durch Gesetz vom 22. August 2002 (BGBl. I S. 3387) – Auszug –

Unerlaubte Ansammlung (§ 113)

(1) Ordnungswidrig handelt, wer sich einer öffentlichen Ansammlung anschließt oder sich nicht aus ihr entfernt, obwohl ein Träger von Hoheitsbefugnissen die Menge dreimal rechtmäßig aufgefordert hat, auseinander zu gehen.

(2) Ordnungswidrig handelt auch der Täter, der fahrlässig nicht erkennt, dass die Aufforderung rechtmäßig ist.

(3) Die Ordnungswidrigkeit kann in den Fällen des Absatzes 1 mit einer Geldbuße bis zu tausend Deutsche Mark, in den Fällen des Absatzes 2 mit einer Geldbuße bis zu fünfhundert Deutsche Mark geahndet werden.

Öffentliche Aufforderung zu Ordnungswidrigkeiten (§ 116)

(1) Ordnungswidrig handelt, wer öffentlich, in einer Versammlung oder durch Verbreiten von Schriften, Ton- oder Bildträgern, Abbildungen oder Darstellungen zu einer mit Geldbuße bedrohten Handlung auffordert.

(2) Die Ordnungswidrigkeit kann mit einer Geldbuße geahndet werden. Das Höchstmaß der Geldbuße bestimmt sich nach dem Höchstmaß der Geldbuße für die Handlung, zu der aufgefordert wird.

8 Zuständigkeitsregelungen

Baden-Württemberg

Verordnung des Innenministeriums über Zuständigkeiten nach dem Versammlungsgesetz (Vers.GZuV)

Vom 25. Mai 1977 (GBl. S. 196), zuletzt geändert durch Verordnung vom 14. August 1986 (GBl. S. 308)

Auf Grund von § 52 Abs. 1 und § 54 Abs. 1 Satz 2 Halbsatz 2 des Polizeigesetzes in der Fassung der Bekanntmachung vom 16. Januar 1968 (GBl. S. 61) wird verordnet:

§ 1 Sachliche Zuständigkeit

(1) Die Kreispolizeibehörden sind zuständig
1. für die Durchführung des Gesetzes über Versammlungen und Aufzüge (Versammlungsgesetz),
2. für Maßnahmen auf Grund des Polizeigesetzes, die der Durchsetzung versammlungsrechtlicher Vorschriften und Anordnungen dienen,
soweit nicht der Polizeivollzugsdienst die polizeilichen Aufgaben wahrnimmt.
(2) Oberste Landesbehörde im Sinne von § 3 Abs. 2 Satz 2 des Versammlungsgesetzes ist das Innenministerium; es entscheidet im Benehmen mit dem Ministerium für Kultus und Sport.

§ 2 Örtliche Zuständigkeit

Örtlich zuständig ist die Kreispolizeibehörde, in deren Bezirk die Versammlung oder der Aufzug stattfindet. Berührt ein Aufzug die Bezirke mehrerer Kreispolizeibehörden, so ist die Kreispolizeibehörde zuständig, in deren Bezirk er beginnt.

§ 3 In-Kraft-Treten

Diese Verordnung tritt am Tage nach ihrer Verkündung in Kraft.

Bayern

Gesetz zur Ausführung des Versammlungsgesetzes (AGVersammlG)

Vom 15. Juli 1957 (GVBl. S. 160), zuletzt geändert durch Gesetz vom 28. 4. 1978 (GVBl. S. 172)

Artikel 1
Zu § 2 Abs. 3

Die Ermächtigung zum Erscheinen mit Waffen in einer öffentlichen Versammlung oder in einem Aufzug nach § 2 Abs. 3 des Gesetzes über Versammlungen und Aufzüge (Versammlungsgesetz) vom 24. Juli 1953 (BGBl. I S. 684) wird von der Kreisverwaltungsbehörde erteilt. Für Personen, die wegen der von ihnen wahrzunehmenden hoheitlichen Aufgaben erheblich gefährdet sind, kann die Ermächtigung auch von der Behörde erteilt werden, die die Bescheinigung nach § 6 Abs. 2 des Waffengesetzes ausstellt.

Artikel 2
Zu § 3 Abs. 2 Satz 2

Die Entscheidung nach § 3 Abs. 3 Satz 2 des Versammlungsgesetzes, ob sich ein Jugendverband, der sich nicht über das Gebiet des Freistaates Bayern hinaus erstreckt, vorwiegend der Jugendpflege widmet, wird vom Staatsministerium des Innern im Einvernehmen mit dem Staatsministerium für Unterricht und Kultus getroffen. Die Entscheidung ist im Bayerischen Staatsanzeiger zu veröffentlichen.

Artikel 3
Zu § 5

Für das Verbot der Abhaltung einer Versammlung in geschlossenen Räumen nach § 5 des Versammlungsgesetzes ist die Kreisverwaltungsbehörde zuständig. In unaufschiebbaren Fällen erlässt die Polizei an Stelle der Kreisverwaltungsbehörde das Verbot.

Artikel 4
Zu § 9 Abs. 2, § 13 Abs. 1, § 18 Abs. 3, § 19 Abs. 4

Polizei im Sinne des § 9 Abs. 2, § 13 Abs. 1, § 18 Abs. 3, § 19 Abs. 4 des Versammlungsgesetzes sind die im Vollzugsdienst tätigen Dienstkräfte der Polizei des Staates und der Gemeinden.

Artikel 5 (aufgehoben)

Artikel 6
Zu § 14 Abs. 1

Für die Entgegennahme der Anmeldung einer öffentlichen Versammlung unter freiem Himmel oder eines Aufzuges nach § 14 Abs. 1 des Versammlungsgesetzes ist die Kreisverwaltungsbehörde zuständig.

Artikel 7
Zu § 15

(1) Für das Verbot und die Festlegung bestimmter Auflagen für eine Versammlung unter freiem Himmel oder für einen Aufzug nach § 15 Abs. 1 des Versammlungsgesetzes ist die Kreisverwaltungsbehörde zuständig. In

unaufschiebbaren Fällen kann die Polizei an Stelle der Kreisverwaltungsbehörde die notwendigen Maßnahmen treffen.

(2) Die Auflösung einer Veranstaltung nach § 15 Abs. 2 und 3 des Versammlungsgesetzes obliegt der Polizei.

Artikel 8
Zu § 18 Abs. 2, § 19 Abs. 1 Satz 2

Die Genehmigung zur Verwendung von Ordnern bei Versammlungen unter freiem Himmel und bei Aufzügen nach § 18 Abs. 2, § 19 Abs. 1 Satz 2 des Versammlungsgesetzes wird von der Kreisverwaltungsbehörde erteilt.

Artikel 9 und 10 (aufgehoben)

Artikel 11
In-Kraft-Treten

Berlin

Allgemeines Gesetz zum Schutz der öffentlichen Sicherheit und Ordnung in Berlin

Vom 14. April 1992 (GVBl. S. 119, zuletzt geändert durch Gesetz vom 27. Januar 2005 (GVBl. S. 91) – Anlage 2

(Zuständigkeitskatalog Ordnungsaufgaben Abschnitt 3 Nr. 23)
– Auszug –

DRITTER ABSCHNITT

Ordnungsaufgaben der Sonderbehörden

Nr. 23

Polizeipräsident in Berlin

Zu den Ordnungsaufgaben des Polizeipräsidenten in Berlin gehören:
(3) die Versammlungsaufsicht; die Aufgaben der Verwaltungsbehörde nach den §§ 61 bis 63 und 71 des Bürgerlichen Gesetzbuchs und der Anmeldebehörde nach der Verordnung zur Durchführung des Vereinsgesetzes;

Brandenburg

Verordnung zur Übertragung der Zuständigkeiten nach dem Versammlungsgesetz (ZustVO VersammG)

Vom 29. Oktober 1991 (GVBl. S. 470), zuletzt geändert durch Verordnung vom 18. Dezember 2001 (GVBl. S. 282)

Aufgrund des § 5 Abs. 2 Satz 2 des Landesorganisationsgesetzes und § 36 Abs. 2 Satz 1 des Gesetzes über Ordnungswidrigkeiten (OWiG) in der Fassung der Bekanntmachung vom 19. Februar 1987 (BGBl. I S. 602) verordnet die Landesregierung:

§ 1

Zuständige Behörde nach § 2 Abs. 3, § 5, § 14, § 15 und § 17 a des Versammlungsgesetzes ist das Polizeipräsidium.

§ 2

Der Zentraldienst der Polizei mit seiner Zentralen Bußgeldstelle der Polizei ist zuständig für die Ahndung von Ordnungswidrigkeiten nach § 29 des Versammlungsgesetzes. Daneben sind die Polizeipräsidien zuständig für die Verfolgung von Ordnungswidrigkeiten.

§ 3

Diese Verordnung tritt am Tage nach der Verkündung in Kraft.

Hansestadt Bremen

Verordnung über die Zuständigkeit der Verwaltungsbehörden nach dem Versammlungsgesetz

Vom 9. Februar 1993 (GVBl. S. 63)

Aufgrund des § 79 Abs. 3 des Bremischen Polizeigesetzes vom 21. März 1983 (Brem. GBl. S. 141, 301–205-a-1), das zuletzt durch Artikel 3 § 9 des Gesetzes vom 18. Februar 1992 (Brem. GBl. S. 31) geändert worden ist, verordnet der Senat:

§ 1

(1) Sachlich zuständige Verwaltungsbehörden nach § 14 Abs. 1, § 15 Abs. 1, § 17 a Abs. 3 und 4 sowie § 18 Abs. 2 des Versammlungsgesetzes in der Fassung der Bekanntmachung vom 15. November 1978 (BGBl. I S. 1790), das zuletzt durch Artikel 3 Abs. 1 des Gesetzes vom 9. Juni 1989 (BGBl. I S. 1059) geändert worden ist, sind die Ortspolizeibehörden,

(2) die zum Erscheinen mit Waffen zu einer öffentlichen Versammlung oder zu einem Aufzug nach § 2 Abs. 3 des Versammlungsgesetzes erforderlichen behördlichen Ermächtigungen erteilen

a) soweit es sich um Veranstaltungen handelt, bei denen es herkömmlichem Brauch entspricht, Waffen mitzuführen, die Ortspolizeibehörden,

b) in den übrigen Fällen der Senator für Inneres und Sport.

(3) Oberste Landesbehörde nach § 3 Abs. 2 Satz 2 des Versammlungsgesetzes ist der Senator für Gesundheit, Jugend und Soziales.

§ 2

Diese Verordnung tritt am Tage nach ihrer Verkündung in Kraft. Gleichzeitig tritt die Verordnung über die Zuständigkeit der Verwaltungsbehörden nach dem Versammlungsgesetz vom 21. Dezember 1965 (Brem. GBl. S. 158 – 2170-a-1) außer Kraft.

Hansestadt Hamburg

Anordnung über Zuständigkeiten im Versammlungsrecht und öffentlichen Vereinsrecht

vom 10. 12. 1968 (Amtl. Anz. S. 1513) – (Auszug) –

I.

(1) Zuständig für

1. die Durchführung des Gesetzes über Versammlungen und Aufzüge (Versammlungsgesetz) vom 24. Juli 1953 (Bundesgesetzblatt I Seite 684) in seiner jeweiligen Fassung,

2. . . .

3. die Entgegennahme von Anträgen nach § 2 des Bannkreisgesetzes vom 4. November 1968 (Hamburgisches Gesetz- und Verordnungsblatt Seite 241)

ist die Behörde für Inneres.

(2) Sie ist oberste Landesbehörde nach § 3 Absatz 2 des Versammlungsgesetzes und nach § 3 Abs. 2 und § 4 Abs. 1 des Vereinsgesetzes.

Hessen

Hessisches Gesetz über die öffentliche Sicherheit und Ordnung (HSOG)

In der Fassung der Bekanntmachung vom 14. Januar 2005 (GVBl. I S. 174)

Zuständig für das Versammlungswesen sind: in Gemeinden mit mehr als 7500 Einwohnern die Bürgermeister (Oberbürgermeister) als örtliche Ordnungsbehörde, im Übrigen die Landräte als Behörden der Landesverwaltung und die Oberbürgermeister in kreisfreien Städten als Kreisordnungsbehörden.

Mecklenburg-Vorpommern

Gesetz über die Funktionalreform

Vom 5. Mai 1994 (GVBl. S. 566)

Artikel 7   Versammlungswesen

Die Aufgaben nach dem Versammlungsgesetz werden auf die Landkreise und die kreisfreien Städte übertragen, soweit nicht durch das Versammlungsgesetz oder durch Rechtsverordnung bestimmte Aufgaben staatlichen Behörden vorbehalten werden.

Landesverordnung über die zuständigen Behörden nach dem Versammlungsgesetz (VersG-ZustVO)

Vom 21. Juli 1994 (GVBl. S. 804) GS Meckl.-Vorp. Gl. Nr. 200–1–101, geändert durch VO vom 4. August 2003 (GVBl. S. 408)

Aufgrund des § 1 Abs. 1 des Zuständigkeitsneuregelungsgesetzes vom 20. Dezember 1990 (GVOBl. M-V 1991 S. 2) und des Artikel 7 des Gesetzes über die Funktionalreform vom 5. Mai 1994 verordnet die Landesregierung mit Ausnahme des § 4, den der Innenminister aufgrund des § 36 Abs. 2 Satz 2 des Ordnungswidrigkeitengesetzes in Verbindung mit § 1 Satz 1 der Landesverordnung vom 12. März 1991 (GVOBl. M-V S. 77) verordnet.

§ 1 Oberste Landesbehörde

Der Innenminister ist oberste Landesbehörde nach § 3 Abs. 2 Satz 2 des Versammlungsgesetzes in der Fassung der Bekanntmachung vom 15. November 1978 (BGBl. I S. 1790), zuletzt geändert durch Artikel 3 des Gesetz vom 9. Juni 1989 (BGBl. I S. 1059).

§ 2 Sachliche Zuständigkeit

Die Landräte und die Oberbürgermeister (Bürgermeister) der kreisfreien Städte als Kreisordnungsbehörden sind die nach dem Versammlungsgesetz sachlich zuständigen Behörden. Für Personen; die wegen der von ihnen wahrzunehmenden hoheitlichen Aufgaben erheblich gefährdet sind, kann die Ermächtigung nach § 2 Abs. 3 des Versammlungsgesetzes auch von der Behörde erteilt werden, die die Bescheinigung nach § 55 Abs. 2 Satz 1 des Waffengesetzes ausstellt.

§ 3 Örtliche Zuständigkeit

(1) Örtlich zuständig ist die Kreisordnungsbehörde, in deren Zuständigkeitsbereich die Versammlung oder der Aufzug stattfindet.

(2) Berührt ein Aufzug die Zuständigkeitsbereiche mehrerer Kreisordnungsbehörden, so ist die Kreisordnungsbehörde örtlich zuständig, in deren Zuständigkeitsbereich der Aufzug beginnt.

(3) Haben mehrere in Zuständigkeitsbereichen verschiedener Kreisordnungsbehörden beginnende Aufzüge einen gemeinsamen Endpunkt, so ist die Kreisordnungsbehörde örtlich zuständig, in deren Zuständigkeitsbereich der Endpunkt liegt.

(4) In den Fällen der Absätze 2 und 3 entscheidet die zuständige Kreisordnungsbehörde im Benehmen mit den übrigen betroffenen Kreisordnungsbehörden.

§ 4 Ordnungswidrigkeiten

Für die Verfolgung und Ahndung von Ordnungswidrigkeiten nach § 29 des Versammlungsgesetzes sind die Kreisordnungsbehörden zuständig.

§ 5

Diese Verordnung tritt am Tage nach ihrer Verkündung in Kraft.

Niedersachsen

Verordnung über Zuständigkeiten auf verschiedenen Gebieten der Gefahrenabwehr (Zust. VO Nds. SOG)

Vom 18. Oktober 1994 (GVBl. S. 457), zuletzt geändert durch Verordnung vom 17. Februar 2003 (GVBl. S. 125)
– Auszug –

§ 4

Die Landkreise, kreisfreien Städte, großen selbständigen Städte und selbständigen Gemeinden sind zuständig für
1. die Aufgaben nach dem Versammlungsgesetz in der Fassung vom 15. November 1978 (BGBl. I S. 1789), zuletzt geändert durch Artikel 3 Abs. 1 des Gesetzes vom 9. Juni 1989 (BGBl. I S. 1059); die Zuständigkeitsregelung in § 5 Nr. 1 bleibt unberührt.

§ 5

(1) Die Polizeidirektionen sind an Stelle der Städte Braunschweig und Hannover zuständig für
1. die Aufgaben nach dem Versammlungsgesetz in der Fassung vom 15. November 1978 (Bundesgesetzbl. I S. 1789), zuletzt geändert durch Artikel 3 Abs. 1 des Gesetzes vom 9. Juni 1989 (Bundesgesetzbl. I S. 1059),
2. ...
(2) und (3) ...

Nordrhein-Westfalen

Verordnung über Zuständigkeiten nach dem Versammlungsgesetz

Vom 2. Februar 1987 (GVBl. S. 62)

§ 1

Zuständige Behörde nach § 2 Abs. 3, § 5, § 14, § 15 und § 17 a Abs. 3 und 4 des Versammlungsgesetzes in der Fassung der Bekanntmachung vom 15. November 1978 (BGBl. I S. 1789), geändert durch Gesetz vom 18. Juli 1985 (BGBl. I S. 1511), ist die Kreispolizeibehörde.

§ 2

Die Zuständigkeit für die Verfolgung und Ahndung von Ordnungswidrigkeiten nach § 29 des Versammlungsgesetzes wird der Kreispolizeibehörde übertragen.

§ 3

Die Verordnung tritt am Tage nach ihrer Verkündung in Kraft. Gleichzeitig tritt die Verordnung über Zuständigkeiten nach dem Versammlungsgesetz vom 5. Januar 1970 (GV. NW. S. 36), geändert durch Verordnung vom 29. Oktober 1974 (GV. NW. S. 1069), außer Kraft.

Rheinland-Pfalz

Anmerkung

Rheinland-Pfalz hat im Gegensatz zu anderen Bundesländern keine ausdrückliche versammlungsrechtliche Zuständigkeitsregelung. Soweit versammlungsgesetzliche Befugnisnormen ausdrücklich der Polizei zugeordnet sind (§§ 9 Abs. 2, 12, 12 a, 13, 18 Abs. 3, 19 Abs. 4 und 19 a VersG) besteht eine Zuständigkeit der staatlichen Polizeiverwaltung[1]. In allen übrigen Bestimmungen ergibt sich eine Zuständigkeit der örtlichen Ordnungsbehörden. Davon abweichende Regelungen sind bisher nicht ergangen.

---

1 *Roos*, Polizei- und Ordnungsbehördengesetz Rheinland-Pfalz, 2. Aufl. 2000, § 77, Rz. 1, verweist auf die Zuständigkeitsvermutung zu Gunsten der Ordnungsbehörden, soweit es nicht um »polizeitypische« Aufgaben der Gefahrenabwehr geht.

Saarland
Verordnung über Zuständigkeiten nach dem Versammlungsgesetz

Vom 17. September 1991 (ABl. S. 1066), geändert durch Gesetz vom
27. November 1996 (ABl. S. 1313)
– Auszug –

Artikel 1 Übertragung von Zuständigkeiten auf die Mittelstädte

Auf Grund des § 7 des Kommunalselbstverwaltungsgesetzes (KSVG) in
der Fassung der Bekanntmachung vom 18. April 1989 (Amtsbl. S. 557) verordnet die Landesregierung:

§ 1

(1) Den Oberbürgermeistern der Mittelstädte werden folgende Aufgaben
der Landräte als untere staatliche Verwaltungsbehörden übertragen:
1. ...
2. ...
3. die Durchführung des Gesetzes über Versammlungen und Aufzüge (Versammlungsgesetz) in der Fassung der Bekanntmachung vom 15. November 1978 (BGBl. I S. 1789), zuletzt geändert durch Gesetz vom
   9. Juni 1989 (BGBl. I S. 1959), soweit die Zuständigkeit nicht der Polizei
   vorbehalten ist, sowie auf Grund des § 36 Abs. 2 Satz 1 des Gesetzes
   über Ordnungswidrigkeiten (OWiG) in der Fassung der Bekanntmachung vom 19. Februar 1987 (BGBl. I S. 602), zuletzt geändert durch
   Art. 2 des Gesetzes vom 30. August 1990 (BGBl. I S. 1853):
   die Verfolgung und Ahndung von Ordnungswidrigkeiten nach § 29 Versammlungsgesetz;

Artikel 5 Verordnung über Zuständigkeiten nach dem
         Versammlungsgesetz

Auf Grund des § 5 Abs. 3 des Gesetzes über die Organisationen der Landesverwaltung vom 2. Juli 1969 (Amtsbl. S. 445), zuletzt geändert durch
Gesetz vom 28. Januar 1987 (Amtsbl. S. 122), und des § 36 Abs. 2 Satz 1 des
Gesetzes über Ordnungswidrigkeiten in der Fassung der Bekanntmachung
vom 19. Februar 1987 (BGBl. I S. 602), zuletzt geändert durch Artikel 2 des
Gesetzes vom 30. August 1990 (BGBl. I S. 1853), verordnet die Landesregierung zur Ausführung des Versammlungsgesetzes:

§ 1

Zuständige Behörden für die Durchführung des Gesetzes über Versammlungen und Aufzüge (Versammlungsgesetz) sind die Landkreise, der Stadtverband Saarbrücken – mit Ausnahme der Landeshauptstadt Saarbrücken – die Landeshauptstadt Saarbrücken und die kreisfreien Städte. In unaufschiebbaren Fällen kann die Vollzugspolizei die notwendigen Maßnahmen treffen.

§ 2

Zuständige Behörden für die Verfolgung und Ahndung von Ordnungswidrigkeiten sind die Landkreise, der Stadtverband Saarbrücken – mit Ausnahme der Landeshauptstadt Saarbrücken – die Landeshauptstadt Saarbrücken und die kreisfreien Städte

§ 3

Mit In-Kraft-Treten dieser Verordnung tritt die Verordnung über die Regelung von Zuständigkeiten nach dem Versammlungsgesetz vom 12. Juni 1984 (Amtsbl. S. 610) außer Kraft.

Sachsen

Verordnung des Sächsischen Staatsministeriums des Innern über Zuständigkeiten nach dem Versammlungsgesetz (VersG-ZuVO)

Vom 7. Mai 1992 (GVBl. S. 231)

Aufgrund von § 51 Abs. 1 und § 53 Abs. 2 Satz 2 des Polizeigesetzes des Freistaates Sachsen (SächsPolG) vom 30. Juli 1991 (SächsGVBl. S. 291) wird verordnet:

§ 1   Sachliche Zuständigkeit

(1) Die Kreispolizeibehörden sind sachlich zuständig für die Durchführung des Gesetzes über Versammlungen und Aufzüge (Versammlungsgesetz) in der Fassung der Bekanntmachung vom 15. November 1978 (BGBl. I S. 1790), zuletzt geändert durch Gesetz vom 9. Juni 1989 (BGBl. I S. 1059), soweit in Absatz 2 nichts anderes bestimmt ist; sie sind insbesondere zuständig für

1. die Erteilung der Ermächtigung zum Tragen von Waffen und ähnlichen Gegenständen nach § 2 Abs. 2 Versammlungsgesetz,
2. das Verbot von Versammlungen in geschlossenen Räumen nach § 5 Versammlungsgesetz,
3. Die Entgegennahme der Anmeldungen von öffentlichen Versammlungen unter freiem Himmel und von Aufzügen nach § 14 Abs. 1 Versammlungsgesetz,
4. das Verbot und die Auflösung von Versammlungen oder Aufzügen sowie die Erteilung von Auflagen nach § 15 Versammlungsgesetz,
5. die Zulassung von Ausnahmen vom Schutzwaffen- und Vermummungsverbot nach § 17 a Abs. 3 Satz 2 Versammlungsgesetz,
6. die Genehmigung der Verwendung von Ordnern nach § 18 Abs. 2 und § 19 Abs. 1 Satz 2 Versammlungsgesetz,
7. Maßnahmen aufgrund des Polizeigesetzes, die der Durchsetzung versammlungsrechtlicher Vorschriften oder Anordnungen dienen.

(2) Der Polizeivollzugsdienst ist sachlich zuständig für

1. die Geltendmachung des Auskunftsrechts über die Zahl der Ordner und die angemessene Beschränkung der Zahl der Ordner nach § 9 Abs. 2 Versammlungsgesetz,
2. Bild- und Tonaufnahmen nach § 12 a Versammlungsgesetz, 3. die Auflösung von Versammlungen und Aufzügen nach § 13 Abs. 1 und § 15 Abs. 2 und 3 Versammlungsgesetz,
4. die Anordnungen zur Durchsetzung des Schutzwaffen- und Vermummungsverbots nach § 17 a Abs. 4 Satz 1 Versammlungsgesetz,
5. den Ausschluss von Personen und Teilnehmern nach § 17 a Abs. 4 Satz 2, § 18 Abs. 3 und § 19 Abs. 4 Versammlungsgesetz.

(3) Die sachliche Zuständigkeit des Polizeivollzugsdienstes nach § 43 Abs. 2 SächsPolG für die in Absatz 1 genannten Maßnahmen bleibt unberührt.

(4) Das Sächsische Staatsministerium des Innern ist zuständig für die Erteilung der Ausnahmegenehmigung vom Uniformverbot bei Jugendverbänden nach § 3 Abs. 2 Satz 2 Versammlungsgesetz. Es entscheidet im Einvernehmen mit dem Sächsischen Staatsministerium für Kultus. Die Entscheidung ist im Sächsichen Amtsblatt bekannt zu machen.

§ 2 Örtliche Zuständigkeit

(1) Örtlich zuständig ist die Kreispolizeibehörde, in deren Bezirk die Versammlung oder der Aufzug stattfindet.

(2) Berührt ein Aufzug die Bezirke mehrerer Kreispolizeibehörden, so ist die Kreispolizeibehörde örtlich zuständig, in deren Bezirk der Aufzug beginnt.

(3) Haben mehrere in Bezirken verschiedener Kreispolizeibehörden beginnende Aufzüge einen gemeinsamen Endpunkt, so ist die Kreispolizeibehörde örtlich zuständig, in deren Bezirk der Endpunkt liegt.

(4) In den Fällen der Absätze 2 und 3 entscheidet die zuständige Kreispolizeibehörde im Benehmen mit der übrigen betroffenen Kreispolizeibehörden.

§ 3 In-Kraft-Treten

Diese Verordnung tritt am Tage nach ihrer Verkündung in Kraft.

Sachsen-Anhalt

Verordnung über die Zuständigkeit auf verschiedenen Gebieten der Gefahrenabwehr (ZustVO SOG)

Vom 21. Juli 2002 (GVBl. S. 328)
– Auszug –

Aufgrund des § 89 Abs. 3 und 4 Satz 1 des Gesetzes über die öffentliche Sicherheit und Ordnung des Landes Sachsen-Anhalt in der Fassung der Bekanntmachung vom 16. November 2000 (GVBl. LSA S. 594), zuletzt geändert durch Artikel 26 des Dritten Rechtbereinigungsgesetzes vom 7. Dezember 2001 (GVBl. LSA S. 540), wird im Einvernehmen mit dem Ministerium für Gesundheit und Soziales, dem Kultusministerium, dem Ministerium für Wirtschaft und Arbeit, dem Ministerium für Landwirtschaft und Umwelt und dem Ministerium für Bau und Verkehr verordnet:

§ 1 Versammlungswesen, Vereinswesen, polizeiliche Soforthilfe

(1) Zuständig für die Aufgaben nach dem Versammlungsrecht sind
1. die Landkreise und die kreisfreie Stadt Dessau,
2. die jeweilige Polizeidirektion anstelle der kreisfreien Städte Halle und Magdeburg,
3. die jeweilige Polizeidirektion anstelle der Landkreise und der kreisfreien Stadt Dessau, wenn sie vom Regierungspräsidium im Einzelfall dazu bestimmt wird.

Schleswig-Holstein

Landesverordnung über die zuständigen Behörden nach dem Versammlungsgesetz

Vom 1. Februar 1973 (VBl. S. 27), zuletzt geändert durch Gesetz vom 21. Dezember 1999 (GVBl. Nr. 1 2000 S. 29)

Aufgrund des § 28 Abs. 1 des Landesverwaltungsgesetzes verordnet die Landesregierung:

§ 1

Der Innenminister ist oberste Landesbehörde nach § 3 Abs. 2 Satz 2 des Versammlungsgesetzes vom 24. Juli 1953 (Bundesgesetzbl. I S. 684), zuletzt geändert durch Gesetz vom 20. Mai 1970 (Bundesgesetzbl. I S. 505).

§ 2

Die Landräte und die Bürgermeister der kreisfreien Städte als Kreisordnungsbehörden sind zuständig für
1. die Ermächtigung zum Erscheinen mit Waffen bei öffentlichen Versammlungen und Aufzügen (§ 2 Abs. 3 des Versammlungsgesetzes),
3. die Entgegennahme der Anmeldung von öffentlichen Versammlungen unter freiem Himmel und von Aufzügen (§ 14 Abs. 1 des Versammlungsgesetzes),
4. das Verbot und die Auflösung von öffentlichen Versammlungen unter freiem Himmel und von Aufzügen sowie die Erteilung von Auflagen (§ 15 des Versammlungsgesetzes),
5. die Genehmigung, Ordner bei öffentlichen Versammlungen unter freiem Himmel und bei Aufzügen zu verwenden (§ 18 Abs. 2 und § 19 Abs. 1 Satz 2 des Versammlungsgesetzes).

§ 3

Die Bürgermeisterinnen und Bürgermeister der amtsfreien Gemeinden und die Amtsvorsteherinnen und Amtsvorsteher als örtliche Ordnungsbehörden sind zuständig für das Verbot von öffentlichen Versammlungen in geschlossenen Räumen (§ 5 des Versammlungsgesetzes).

§ 4

Diese Verordnung tritt am Tage nach ihrer Verkündung in Kraft.

Kiel, den 1. Februar 1973

Thüringen

Zweite Thüringer Verordnung zur Bestimmung von Zuständigkeiten im Geschäftsbereich des Thüringer Innenministeriums

Vom 12. Februar 1992 (GVBl. S. 66) – Auszug –

§ 18 Versammlungen

(1) Die Kreisverwaltungsbehörden sind zuständig für
1. die Ermächtigung zum Erscheinen mit Waffen bei öffentlichen Versammlungen und Aufzügen gemäß § 2 Abs. 3,
2. das Verbot von öffentlichen Versammlungen gemäß § 5,
3. die Entgegennahme der Anmeldung von öffentlichen Versammlungen unter freiem Himmel und von Aufzügen gemäß § 14 Abs. 1,
4. das Verbot und die Auflösung von öffentlichen Versammlungen unter freiem Himmel und von Aufzügen sowie die Erteilung bestimmter Auflagen gemäß § 15,
5. die Genehmigung der Verwendung von Ordnern bei öffentlichen Versammlungen unter freiem Himmel und bei Aufzügen gemäß § 18 Abs. 2 und § 19 Abs. 1 Satz 2 des Versammlungsgesetzes in der Fassung vom 15. November 1978 (BGBl. I S. 1789), zuletzt geändert durch Artikel 3 Abs. 1 des Gesetzes vom 9. Juni 1989 (BGBl. I S. 1059).

Für Personen, die wegen der von ihnen wahrzunehmenden hoheitlichen Aufgaben erheblich gefährdet sind, kann die Ermächtigung gemäß § 2 Abs. 3 des Versammlungsgesetzes auch von derjenigen Behörde erteilt werden, die die Bescheinigung gemäß § 6 Abs. 2 des Waffengesetzes ausstellt. In unaufschiebbaren Fällen sind für Entscheidungen gemäß den §§ 5, 15 und 17 a des Versammlungsgesetzes die im Vollzugsdienst tätigen Dienstkräfte der Polizei zuständig.

(2) Polizei im Sinne des § 9 Abs. 2, § 13 Abs. 1, § 18 Abs. 3 und § 19 Abs. 4 des Versammlungsgesetzes sind die im Vollzugsdienst tätigen Dienstkräfte der Polizei.

Sachregister

Die römischen Ziffern vor dem Bindestrich bezeichnen die Abschnitte, die arabischen die Paragraphen des Versammlungsgesetzes, die Ziffern hinter dem Bindestrich die Randziffern.